MSTK2440 Training Kit

♣ 완성품 판매
RAM 별도 판매

저 자 : 홍건표/하동호 공저
ISBN : 89-7101-770-8
판 형 : B5
쪽 수 : 728
가 격 : 35,000원

MSTK2440 Training Kit의 주요 사양

항 목	사 양	
CPU	Samsung S3C2440A-40 (ARM920T with MMU) - CPU Operation Frequency : Up to 400MHz	
Boot ROM	AM29LV800 Nor Flash (1MByte) K9F1208 Nand Flash (64MByte)	
SDRAM	K4S561632E 4EA (128MByte)	
LCD	2.8" LTP280QV-E01 (240×320 Size TFT LCD, Touch Screen)	
Peripheral	IDE & CF Interface	XC95144XL-TQ100 (각각 1 Port)
	Ethernet	CS8900A (10 Based-T 1 Port)
	SD/MMC	1 Slot
	Audio	UDA1341TS (Audio Jack)
	Serial	RS-232 2 Port
	USB	Host & Device
	Speaker	0.25W/20mm
	JTAG	20 Pin Box Header
	Infrared Receiver	KSM603LM
	Key Pad	4EA & 1 External Interrupt SW
	Connector	Data, Address, Camera, IrDA External Interrupt, GPIO
Internal Function	IIC	AT24C16 EEPROM
	Timer, Watch-Dog, RTC, ADC(10bit 8:1 Mux CH & Pen Drag)	
OS Support	uC/OS-II	
OPerating Temperature	0 ~ 70°C	

MSTK2440은 삼성전자 S3C2440A(ARM920T 코어) 기반의 트레이닝 키트입니다. S3C2440A는 최대 400MHz까지의 빠른 속도와 다양한 Peripheral을 가지고 있는 강력한 프로세서이며 RTOS(Real Time O/S) 포팅 및 Pen Drag, CF & HDD 인터페이스가 가능하다.

http://www.ohm.co.kr

Ohm사 · R&C사 홈페이지 안내

OHM사 홈페이지를 방문하시면 보다 많은 정보를 얻을 수 있습니다. 앞으로도 OHM사는 엔지니어들을 위한 학습교재와 최신 기술들을 보급하여 나가는데 최선을 다할 것이며 엔지니어들이 우대받는 세상이 되도록 선도하여 나가겠습니다.

▶ 도서상품

OHM사에서 발행되는 교재를 직접 구매할 수 있으며, 상품에 따라 정해진 마일리지를 적립하여 드리고, 일정 금액이 적립되면 현금과 동일하게 사용할 수 있습니다.

▶ 키트상품

교재와 관련하여, 부설기관인 R&C사에서 교육용 키트를 제작, 그와 관련된 장비 등의 기자재를 함께 판매하고 있습니다.

▶ 특판상품

교재와 함께 그에 관련된 학습용 키트를 한데 모아 특판 상품으로 구성하여 개별 구입시보다 저렴하게 구입할 수 있도록하여 판매하고 있습니다.

▶ 할인상품

교재 및 R&C사에서 제작되는 학습용 키트상품 중 일부 품목의 할인율을 높혀 매우 저렴한 가격에 판매하고 있습니다.

▶ 커뮤니티

교재 및 학습용 키트에 대한 의문점을 분야별로 세분화된 커뮤니티를 통해 저자들과 관련 분야의 전문가들에게 직접 질문하고 상담할 수 있습니다.

▶ 상품관련 자료실

교재 및 R&C사에서 제작되는 학습용 키트상품 관련 예제소스 등의 본사 상품에 관련된 자료을 열람하고 다운로드 하실 수 있습니다.

E-mail : ohm@ohm.co.kr

ARM920T S3C2410A, S3C2440A를 이용한

개발자들을 위한 ARM 프로세서
- 기초에서 실무까지 -

홍 건 표 · 하 동 호 공저

Ohm사

머 리 말

ARM 프로세서는 임베디드 시스템에서 많이 사용되고 있는 프로세서이다. 왜 ARM인가? ARM 프로세서는 빠르고 소비전력도 적으며 제조사별 개발환경도 크게 다르지 않다. 동일한 ARM 코어를 사용하기 때문에 컴파일러도 동일하며 사용하는 어셈블러 명령어도 동일하다. 물론 일반프로세서와 달리 특이한 구석이 있어서 처음 시작하기에 조금 어렵게 생각되는 부분은 있으나 한번 접해본 후에는 다른 응용분야로의 적용은 일도 아니다.

이 책은 삼성전자에서 개발한 모바일 프로세서인 S3C2410A, 2440A를 모델로 하여 집필하였다. 삼성전자의 ARM 프로세서를 선택하였던 이유는 400MHz 정도의 빠른 속도를 가지고 있으며 다양한 Peripheral 장치(TFT LCD Controller, Nand Flash Controller, Serial Controller 등)가 내장되어 있고, 또한 시장에서 네비게이션이나 PMP와 같은 모바일 제품 및 다양한 분야에 많이 사용되고 있기 때문이다. 필자도 LCD 검사장비를 개발할 때 사용하였던 프로세서이기도 하여 선택하였다.

이 책은 실무위주의 내용으로 구성하였다. ARM 프로세서를 처음 접하는 사람들부터 실무적인 접근을 해보고 싶은 사람들까지를 그 대상으로 한다. ARM 프로세서가 최초 부팅하는 스타트업 코드부터 GPIO, 인터럽트, 타이머, UART, USB, TFT LCD, ADC, TOUCH, RTC, WDT, NAND FLASH, SD, IIC, IIS, PLL&POWER, DMA 제어 등 C 프로그램까지의 일련의 과정을 소개하였다. 개발환경 구축, 개발시 알고 있어야 할 사항, 어셈블러 명령어 및 C 프로그램 기법, 다양한 Peripheral 응용을 통해서 그 동안 독자들이 사용하였던 기능 외에 다양한 경험을 해 볼 수 있을 것이다.

우리나라의 경우 엔지니어의 생명력이 비교적 짧은 것 같다. 기술의 흐름은 빠르게 바뀌어가고 엔지니어는 계속 학습을 해야 경쟁력이 생기니, 어느 정도 나이가 들면 공부하기도 쉽지 않고 해서 그만두는 경우가 많은 것 같다. 밤을 새워 개발하는 경우도 많고 그에 비해 적당한 대접도 받지 못하는 경우가 많다보니 아무래도 이공계 기피현상이 생기는 것이 당연한 현상일 것이다. 하지만 젊어서의 고생은 노후에 대한 보험이라고 생각되며 이 길은 정직하기에 투자한 만큼 반드시 보람도 있다고 생각된다. 여러분들도 노력하시어 꼭 보람을 얻으시길 바란다.

필자가 ARM 프로세서를 처음 접하였을 때의 막연했던 기억을 더듬으며 자세히 다루려 노력하였으며 독자들이 좀더 쉽고 빠르게 접할 수 있기를 바라는 마음으로 집필하였다. 이 책을 쓰는 데는 아래에 나오는 참고문헌들과 삼성전자에서 제공하는 레퍼런스 코드를 참조하였음을 밝혀둔다.

하드웨어 제작까지 포함하여 총 6개월간의 집필기간이 흘러갔다. 몸은 피곤하였지만 엔지니어 생활 중 가장 행복한 시간이었으며 많은 학습이 되었고 보람된 일이었다고 생각한다. 이 책의 출판에 애써주신 Ohm사의 곽종학 사장님 이하 편집부 직원분들께 감사드리며, 끝으로 지민이가 앞으로 인생을 살아가는 데 이 책이 조금이나마 기쁨이 되었으면 하는 바람이다.

2006년 4월 저자 씀

참고문헌

[1] *ARM Developer Suite Version 1.2 Assembler Guide*, Advanced RISC Machines, 2001.

[2] *ARM Product Backgrounder*, Advanced RISC Machines, 2005.

[3] *ARM7TDMI Core Processor*, Advanced RISC Machines, 2001.

[4] *ARM10 Thumb Family 300MHz low-power system-on-a-chip processor*, Advanced RISC Machines, 2000.

[5] *ARM720T Technical Reference Manual*, Advanced RISC Machines, 2001.

[6] *ARM920T System-on-chip Open OS Processor*, Advanced RISC Machines, 2003.

[7] *ARM920T Technical Reference Manual*, Advanced RISC Machines, 2001.

[8] *S3C2440A 32-BIT CMOS MICROCONTROLLER USER's MANUAL*, Samsung Electronics, 2004.

[9] *S3C2410A 200MHz & 266MHz 32-BIT RISC MICROPROCESSOR USER's MANUAL*, Samsung Electronics, 2004.

[10] *SECJTAG FLASH USER's GUIDE*, Samsung Electronics, 2003.

[11] Andrew Sloss, *ARM System Developer's Guide*, Morgan Kaufmann, 2004.

[12] David Seal, *ARM Architecture Reference Manual*, Addison-Wesley, 2nd ed., 2000.

차 례

3. SEC ARM920T의 개요

4. SEC ARM9 프로세서의 구조 및 주변회로 설계

5. S3C2440A 시작하기

6. GPIO(General Purpose Input Output)

7. 인터럽트 컨트롤러(Interrupt Controller)

8. PWM(Pulse Width Modulation) 타이머

9. UART(Universal Asynchronous Receiver Transmitter)

10. USB Controller

11. LCD Controller

12. ADC & Touch Screen Interface

13. RTC(Real Time Clock)

14. Watchdog Timer

15. NAND Flash Controller

제 1 장 ARM 프로세서

1.1 ARM 프로세서란

1.2 ARM 프로세서의 종류 및 특징

1.3 ARM920T 프로세서의 아키텍처

1.4 동작모드 및 예외처리

1. ARM 프로세서

우리가 사용하는 마이크로프로세서와 마이크로컨트롤러의 범위는 정말 광범위하다. Z80, 8051, AVR 등을 비롯하여 x86계열 프로세서, DSP 등 그 종류와 사용범위는 이루 말할 수 없다. 보통은 마이크로프로세서와 마이크로 컨트롤러를 구분하여 말하지만, 최근에 나오는 칩들은 대부분 외부장치들이 붙어서 나오므로 구분하는 것이 크게 의미가 없어졌다. 그 만큼 사용용도가 광범위하고 그 기능이 보다 다양해졌기 때문이다.

ARM이란 프로세서는 현재 사용되어지는 칩들 중에 가장 많이 사용되는 프로세서 중에 하나이다. RISC(Reduced Instruction Set Computer) 기반의 저전력, 고집적도 설계로 개발자와 칩메이커로부터 가장 환영받는 프로세서가 되었다. ARM프로세서는 1985년에 ARM1 프로토 타입이 만들어진 이후 꾸준히 진보하여 전세계 휴대폰의 80%가 ARM 프로세서를 장착할 만큼 16/32비트 임베디드 시스템을 장악하게 되었다. 이 장에서는 임베디드 시스템 개발자라면 꼭 알아야 할 ARM 프로세서의 개념과 그 구조를 설명할 것이다.

1.1 ARM 프로세서

ARM 프로세서를 설명하기에 앞서 ARM 코어를 설계하는 영국에 소재한 ARM사(Advanced RISC Machines Ltd.,)에 대해 설명하지 않을 수 없다. 영국에 있는 ARM사는 1990년 APPLE 컴퓨터, Acorn Computer Group, VLSI Technology란 회사가 공동 투자하여 만든 벤처회사였다. 1991년 ARM6 패밀리를 공식적으로 내놓았고, 그 다음 연도에 VLSI Technology와 정식 라이센스 계약을 맺었다. 그 이후 SHARP, GEC, TI 등 유명업체들과 라이센스를 맺고 계속해서 진보해 오고 있는 중이다.

그럼 여기에서 판매란 말을 사용하지 않고 라이센스란 말을 사용하는 이유는 무엇일까? ARM사는 칩을 제조하지는 않는다. 오로지 ARM 코어(CORE)만을 설계, 개발하는 일종의 연구단체이기 때문이다. ARM사와 라이센스 계약을 맺고 ARM 코어에 대한 사용권을 받은 뒤, 그 코어에 주변장치(메모리, GPIO, UART 등)를 설계하여 칩을 만들게 되는 것이다.

그 예로 ATMEL이나 INTEL, 삼성전자의 ARM CPU는 ARM사의 ARM 코어에 GPIO, UART, TIMER, Memory 컨트롤러 등을 같이 패키징하여 칩을 제조하고 있다.

핵심적인 코어만 같을 뿐, LCD 컨트롤러를 연결하거나 DSP를 함께 내장하여 PDA, GPS, PMP 등에 다양하게 사용되고 있는 것이다. 삼성전자는 ARM사의 ARM7, ARM9 코어를 라이센스 받아 S3C44B0(ARM7TDMI), S3C2410A, S3C2440A(ARM920T) 등의 프로세서들을 생산하고 있다.

결론적으로 ARM 프로세서란 것은 ARM사에서 설계한 CPU 코어(ARM 마이크로 아키텍쳐)를 바탕으로 개발된 칩을 의미하는 것이다.

1.1.1 ARM 프로세서의 특징

- 저전력 소모

  ARM 프로세서의 가장 큰 특징으로는 전력소모가 작다는 것을 들 수 있다. 실제로 ARM 프로세서를 사용해보면 칩에서 거의 열이 나지 않는다. 최근에는 배터리를 이용한 휴대용 기기가 많기 때문에 그러한 제품들의 소비전력을 줄이는 것은 제품개발시 가장 중요한 항목 중에 하나이다.

- 소형의 다이사이즈

  이는 제품의 소형화와도 밀접한 관계가 있다. 제품이 워낙 소형화 되다보니 칩 면적이 작다는 것은 그 만큼 공간 활용에 유리한 것이다. 또한 칩 면적이 작으면 발열문제나 고속화에도 유리하고 제조 원가도 줄일 수 있다.

- 효율적인 명령 셋

  ARM의 명령 셋은 그 종류가 적지만 다양하게 적용시킬 수 있는 특징이 있다. 어떻게 보면 종류는 작지만 활용방법이 너무 다양해서 그 내용이 많아 보일 수 있으나 어느 정도의 규칙성을 이해하면 강력한 명령 셋이란 것을 알 수 있다. ARM의 명령 셋은 다른 RISC와 달리 가변 사이클로 명령이 실행되고 Thumb 명령 코드를 지원하기 때문에 코드의 집적 효율을 높일 수 있다.

- 32Bit RISC 프로세서

  ARM은 내부적으로 32Bit의 데이터 버스와 32Bit의 어드레스 버스를 제공 한다. 외부와의 인터페이스로 16비트를 사용하거나 24비트를 사용하기도 하지만 ARM 모드에서 ARM 코어는 32비트로 데이터를 처리한다. Thumb 모드의 경우도 코드가 16비트 형태이지만 하드웨어적으로는 32비트로 처리한다.

- 엔디안(Endian) 모드 지원

  자세한 내용은 2장에서 설명하겠지만, 엔디안 모드는 워드(여기서는 4바이트) 단위의 데이터 중에서 바이트 데이터가 어떠한 순서로 정렬할지를 정하는 것이다. 4바이트 한 워드 중에서 첫번째 바이트를 LSB(Least Significant Byte)부터 채워 나갈 것인지 MSB(Most Significant Byte)부터 채워나갈지 정하는 것으로 이해하면 된다. ARM프로세서는 두 방식, Big 엔디안과 Little 엔디안을 모두 지원한다.

- 고성능 RISC

  ARM의 경우 3V를 사용하고 25MHz의 클럭을 사용할 때 약 17MIPS 속도가 나온다고 한다. 파이프라인이나 캐쉬 같은 하드웨어적인 기능과 동작모드를 구분하는 방식으로 인터럽트 처리나 예외 처리에 있어 높은 성능을 보장해 준다.

1.1.2 RISC(Reduced Instruction Set Computer)

CPU를 조금이라도 공부했던 사람이면 한번쯤은 들어봤을 만한 용어들이다. RISC (Reduced Instruction Set Computer)는 우리가 보통 리스크 칩이라고 하고, 말 그대로 명령셋을 줄인 형태의 CPU 구조이다. CISC(Complex Instruction Set Computer)는 복잡한 명령셋을 가진 구조, 즉 필요한 동작에 대한 대부분의 명령셋을 갖추도록 설계된 CPU 구조이다. 아마도 여러분들도 대충 이 정도는 들어봤을 것이다. CISC 구조의 CPU는 요구되는 능력을 가장 효율적인 방법으로 제공했었다. 그러나 작업시에 특정한 명령어가 80% 이상을 차지하는 것에 착안하여 명령어 셋 자체를 가장 자주 사용되는 명령어만으로 개수를 줄여 실행시간을 줄일 수 있는 방법이 고안되었는데, 이것이 RISC이다.

최근에 반도체 메이커들에 의해 생산되는 마이크로컨트롤러들은 대부분 RISC 구조를 갖는다. RISC 구조가 간단한 하드웨어 구조로 구현되고 빠른 명령 처리 시간을 가짐으로써 인터럽트나 실시간 신호처리에 보다 적합하기 때문이다. CISC 구조는 하드웨어 적으로 복잡한 명령셋을 구현하므로 CPU 구조가 복잡하지만 소프트웨어 작성에 있어서 많은 부분을 하드웨어 처리에 의존할 수 있다. RISC 구조는 명령어들의 복잡도를 줄여 하드웨어 구조를 간결하게 하므로 이 경우 CISC 구조에서 하드웨어가 처리하던 작업을 소프트웨어에서 직접 구현해 줘야 한다. 두 구조 모두 나름대로의 장점과 단점이 있다.

• RISC의 특징

- 고정된 명령어 길이를 사용하고 한 클럭에 한 명령이 실행된다.
- 데이터 처리 명령어는 레지스터에 있는 데이터만 가지고 처리하고 메모리를 액세스할 때는 별도의 명령을 사용한다.(Load, Store)
- RISC 구조의 경우 비교적 많은 레지스터군을 갖는다. Load, Store 명령을 효율적으로 지원하고 범용 목적으로 사용하기 위해 CISC 구조보다 레지스터 개수가 많다.
- 파이프라인 구조를 채택하고 있다. 명령어를 파이프라인을 통해 작은 단계로 쪼개어 병렬로 실행함으로써 한 클럭에 한 명령어를 실행할 수 있다.

RISC 프로세서는 위에서 나열한 특징처럼 구조가 간단하므로 하드웨어 제작시 비교적 작은 면적(칩 사이즈)을 차지하고 명령어를 간단하게 함으로써 개발시간을 단축시킬 수도 있다. 그럼에도 불구하고 고정길이 명령이 가지는 단점인 실행 코드의 코드 밀도가 문제가 된다. 하드웨어의 간단한 구조를 소프트웨어에서 대신해야 하므로 코드의 길이가 증가하고 메모리의 액세스 빈도가 증가하여 성능이 저하되는 현상이 있을 수도 있다. RISC 구조를 이용한 CPU의 경우 코드 작성과 실행코드 생성에 있어서 CISC 구조의 CPU 보다 주의해야 한다.

ARM 프로세서의 경우, 기본적으로 RISC 구조를 가진다. 따라서 간결한 하드웨어와 함께 저전력, 고속 프로세서의 구현이 가능한 것이다. 하지만 ARM 프로세서는 전형적인 RISC 구조를 조금 벗어나 CPU를 설계함으로써 RISC 구조의 단점을 일부 개선하였다. ARM 프로세서의 명령어는 대부분 단일 클럭으로 실행되나 그렇지 않은 명령어들도 있다. 메모리 블록 전송의 경우가 그러하다. 이 경우 한 명령에 의해 메모리를 연속적으로 액세스하게 되므로 코드사이즈와 속도 향상에도 도움이 된다. 그리고 배럴쉬프터(Barrel Shifter) 하드웨어를 내장하여 한 명령에서 일부 연산처리를 동시에 가능하게 해준다. 이것에 의해 코어의 성능과 코드 집적도를 향상시킬 수 있는 많은 명령어들을 포함할 수 있게 되었다. 또 한 가지 ARM 프로세서에는 32비트 ARM 모드 외에도 16비트 Thumb 모드에서 동작하는 16비트 Thumb 명령셋이 있다. Thumb 명령셋은 32비트 명령셋을 16비트로 압축한 것으로 이 경우 30%정도 코드 집적도를 향상시켜 준다.

1.2 ARM 프로세서의 종류 및 특징

1985년에 ARMv1을 발표하고 현재 ARMv6를 내놓았다. 오랜 기간을 거치면서 진보되어 왔으나 실제로 CPU시장에서 제대로 적용된 아키텍쳐는 ARMv3부터이다. 실제로는 ARMv4 아키텍쳐가 시장에서 제일 인기를 얻었고 현재도 많이 사용되고 있는 아키텍쳐이다. 요즘 반도체 메이커별로 대부분 ARM7TDMI 코어를 바탕으로 한 제품과 ARM920T 코어를 바탕으로 한 제품을 내놓고 있다. 삼성전자는 앞에서 언급했듯이 S3C44B0 (ARM7TDMI), S3C2410A, S3C2440A(ARM920T) 제품이, 하이닉스는 ARM7TDMI 코어를 내장한 HMS39C7092란 제품이 비교적 많이 사용된다. 그 외에 ATMEL은 AT91SAM7S (ARM7TDMI) 시리즈가 요즘 인기를 끌고 있고, ARM920T코어를 내장한 AT91RM9200칩도 있다. 인텔은 ARM코어를 사용하면서도 비교적 ARM이란 말을 쓰지 않는다. 한때 StrongARM(ARM7TDMI)이 인기를 끌었고, 요즘은 XScale이란 프로세서가 PDA나 모바일 장치에 가장 많이 사용되고 있다.

1.2.1 ARM 아키텍쳐 버전 및 특징

[그림 1.1]은 ARM 아키텍쳐 버전과 리비전 히스토리를 보여주고 있다. 그림에서 보다시피 요즘 가장 널리 사용되는 코어인 ARM7TDMI와 ARM920T는 ARMv4 아키텍쳐이다. ARM사의 홈페이지 www.arm.com에 가면 각 버전별 특징과 기술자료들이 많이 있으니 ARM을 공부하면서 원론적인 내용은 ARM사의 홈페이지 자료들을 참조하면 많은 도움이 될 것이다.

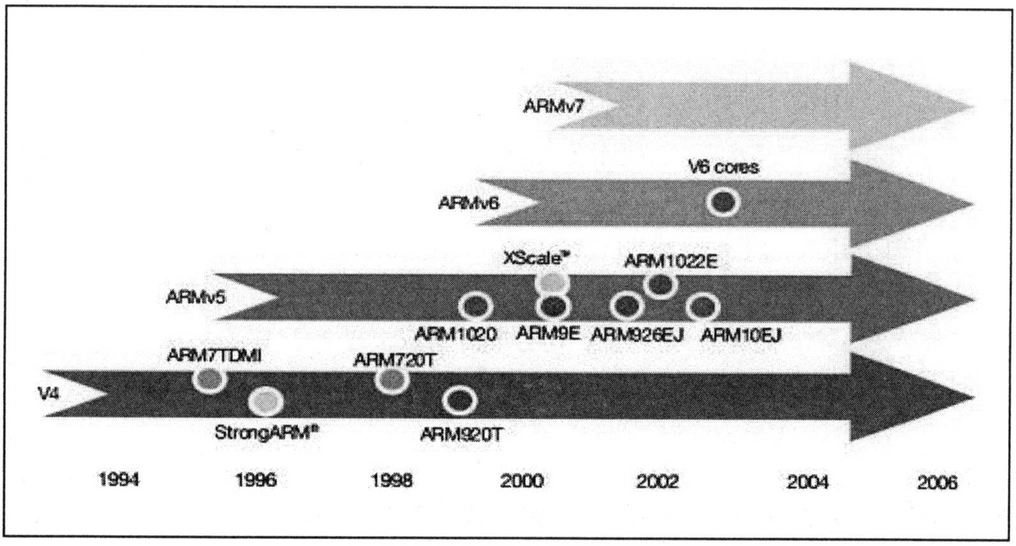

[그림 1.1] ARM 리비전 및 제품군

ARM 아키텍쳐의 기본적인 구분은 ISA(Istruction Set Architecture, 명령셋 구조)가 기본이 된다. ISA는 임베디드 기술의 진보와 함께 계속 개선되었고, 이전 버전의 코드가 버전 업된 아키텍쳐에서도 실행 가능하도록 기본구조를 유지하는 방법을 택하였다. 물론 ISA버전이 높아지면서 하드웨어 구조도 그에 맞게 개선하고 새로운 기능이 추가되었다. 여기서 ISA 버전별 특징에 대해 간단히 알아보자.

▶ ARMv1. [ARM1 코어]

ARM1 코어에 적용되었고 상용으로는 사용하지 않았다.

- 기본적인 데이터 처리 명령(곱셈명령 없음)
- 바이트, 워드, 멀티 워드 Load/Store 명령
- 브랜치 명령, 브랜치 링크 명령
- 소프트웨어 인터럽트 명령
- 26비트 어드레싱

▶ ARMv2. [ARM2,ARM3 코어]

ARMv1의 확장버전이다.

- 곱셈명령
- Fast 인터럽트 모드의 레지스터 추가
- 코프로세서 지원
- 32비트 곱셈기
- 온칩 캐쉬

▶ ARMv3, ARMv3M. [ARM6, ARM7DI 코어]

- CPSR(Current Program Status Register)과 SPSR(Saved Program Status Register) 분리
- 새로운 CPSR과 SPSR에 따른 MRS, MSR 명령 추가
- Singed/Unsigned 곱셈 확장 명령
- Data Abort, Prefetch Abort, Undefined Instruction 익셉션 새로 추가
- 32비트 어드레싱
- MMU(Memory Management Unit) 지원

▶ ARMv4, ARMv4T. [ARM7TDMI, ARM9T 코어]

- Signed/Unsigned Half-워드 Load/Store 명령

- Thumb 명령 추가
- System 모드 추가

ARMv3까지는 26비트 어드레싱 모드를 함께 지원했으나, ARMv4부터는 지원하지 않는다.

▶ ARMv5, ARMv5TE, ARMv5TEJ [ARM9E, ARM10E, ARM7EJ, ARM926EJ 코어]

- ARM/Thumb 상태 간 상호작업 효율성 개선
- count leading zeros(clz) 명령 추가
- 소프트웨어 breakpoint 명령 추가
- 코프로세서 명령 추가
- 곱셈 명령에 따른 플래그 적용규칙을 엄격히 함
- DSP형 명령 추가
- 자바 가속기

다섯 가지 아키텍쳐별 특징을 간단히 나열해 보았다. 크게는 다섯 가지의 버전이 있지만 조금 세부적으로 ARMv4T나 ARMv5TE처럼 새로운 기능이 적용된 아키텍쳐가 있다. 여기서 버전 뒤의 문자는 다음과 같은 뜻을 가지고 있다.

[표 1.1]을 참조하기 바란다.

▶ 'T'(Thumb Instruction Set)

Thumb 명령셋은 ARM 명령셋의 서브셋으로 메모리 효율성과 코드 사이즈를 고려한 16비트 명령셋을 가진다는 것을 뜻한다. Thumb 버전 2까지 있고 ARMv4에는 Thumb 버전 1이 적용되었고 ARMv5에는 Thumb 버전 2가 적용되었다.

▶ 'M'(Long Multiply Instruction)

확장된 곱셈 명령을 지원한다는 의미로 32비트×32비트→64비트, 32비트×32비트+64비트→64비트 형태의 곱셈 명령을 지원한다.

▶ 'E'(Enhanced DSP Instruction)

향상된 DSP(Digital Signal Processing) 명령이 적용된 버전임을 의미한다.

다음 [표 1.1]은 ARM 버전별 특징을 요약한 것이다. 참조하기 바란다.

[표 1.1] ARM 버전별 특징

구 분	ARM 명령셋 버전	Thumb 명령셋 버전	확장 곱셈 명령	Enhanced DSP 명령
ARMv3	3	None	No	No
ARMv3M	3	None	Yes	No
ARMv4M	4	None	Yes	No
ARMv4	4	None	No	No
ARMv4TM	4	1	Yes	No
ARMv4T	4	1	No	No
ARMv5M	5	None	Yes	No
ARMv5	5	None	No	No
ARMv5TM	5	2	Yes	No
ARMv5T	5	2	No	No
ARMv5TE	5	2	Yes	Yes

▶ ARM 패밀리

앞에서 ARM 아키텍쳐 버전별 특징을 간략히 알아보았다. 코어명을 같이 나열한 것을 보면, ARM7TDMI, ARM9T, ARM10E 등 ARM 패밀리군 뒤에 문자가 더 붙는다. 이는 그 프로세서가 갖는 특징을 나타내는 것으로 아키텍쳐 별 문자 규칙과 유사하고 다금과 같은 규칙을 따른다.

```
ARM{x}{y}{z}{T}{D}{M}{I}{E}{J}{F}{S}
```

여기서,

x : 제품군(패밀리)

y : MMU/MPU

z : 캐시

T : Thumb 16비트 명령셋

D : JTAG Debug 지원

M : 확장 곱셈기
I : Embedded ICE Macrocell
E : Enhance DSP 명령
J : Jazelle (Java 가속기능)
F : VFP 장치 (Vector Floating Point)
S : Synthesizable(코어가 합성 가능한 소스형태로 공급)

ARM7TDMI 이후에 나온 모든 ARM 코어는 TDMI라는 문자가 포함되어 있지 않더라도 기본적으로 TDMI 특징을 내장하고 있다.

▶ ARM7 패밀리

ARM7 패밀리는 데이터 버스와 명령어 버스가 동일한 폰노이만형 아키텍처를 채택한 구조로 뛰어난 성능에 비해 저전력, 작은 다이사이즈로 ARM 제품군 중에 가장 많이 사용되고 있는 제품군이다. 주로 핸드폰이나 휴대용 오디오 장치, 모뎀 등 광범위하게 사용하고 있다.

[표 1.2] ARM7 패밀리

구 분	설 명	ISA
ARM7TDMI	ARM7 패밀리 중에 가장 기본적인 구조의 코어로 저전력, 작은 사이즈, 저비용에 비해 고성능을 자랑하는 ARM7 코어 중 대표적인 코어이다.	ARMv4T
ARM7TDMI-S	ARM7TDMI 코어의 Synthesizable 버전이다. VHDL, Verilog 형태로 제공되며, 개발시간 단축에 효과 적이다.	ARMv4T
ARM720T	OS 사용을 위해 ARM7TDMI 코어에 MMU와 8KB 캐쉬를 내장한 코어이다.	ARMv4T
ARM7EJ-S	ARM7TDMI 코어의 Synthesizable 버전으로 Java 어플리케이션의 가속기능을 내장하고 있다.	ARMv5TEJ

ARM7TDMI 코어의 바이너리 코드는 같은 제품군의 다른 코어에도 100% 실행가능하고 ARM9, ARM10 패밀리에서도 실행 가능하다. 신속한 명령 실행을 위해서 3단 파이프라인(페치→디코드→실행)을 채택하고 있다. 또한 ARM7TDMI는 신속한 디버깅을 위해 내부상태 모니터링이 가능한 하드웨어 JTAG 디버깅을 지원한다.

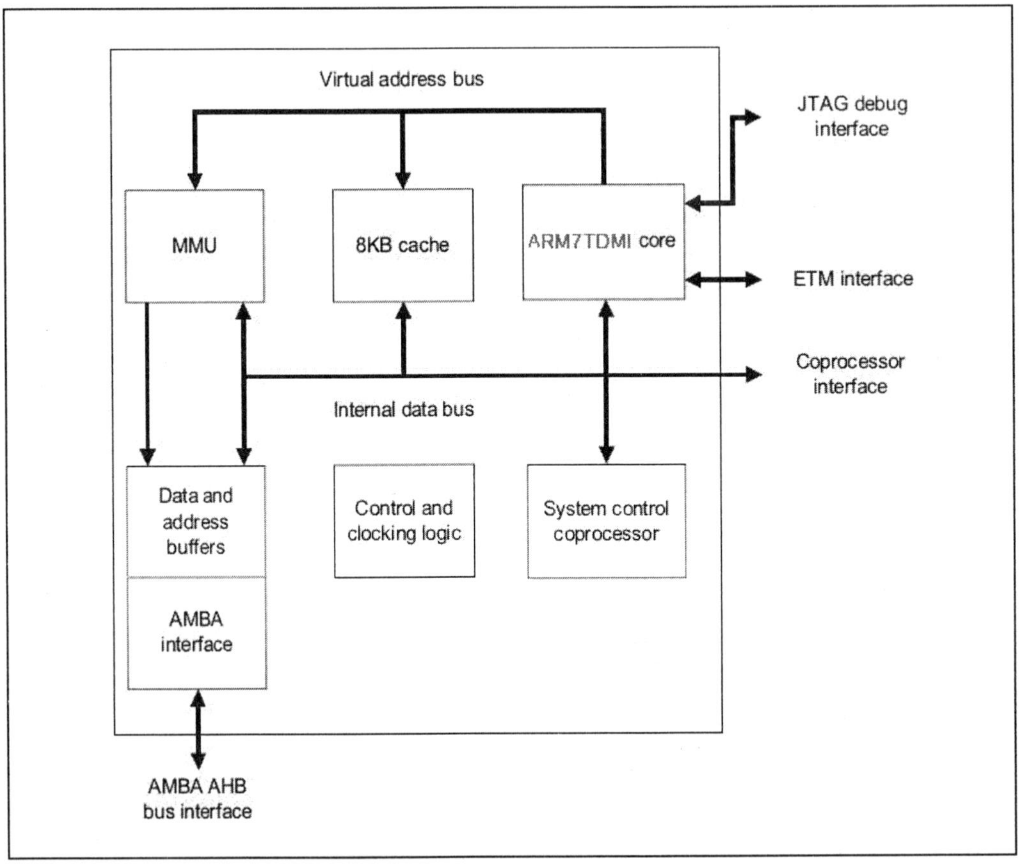

[그림 1.2] ARM7 패밀리의 구조

[그림 1.2]는 ARM720T의 구조이다. ARM7 패밀리는 매크로셀 내부의 버스는 하나로 되어 있으며, 이 하나의 버스에 MMU, 8KB 캐쉬를 연결해 매크로셀화한 프로세서가 ARM720T이다.

▶ ARM9 패밀리

ARM7코어의 고성능 제품군이다. 기본적으로 ARM7 패밀리와 같은 ISA 버전이고 보다 높은 실행 클럭과 5단 파이프라인을 채택해 동시처리 능력과 실행속도를 향상시켰다. 주로 OS를 탑재한 스마트폰, PDA 등에 많이 사용된다. 또한 IP 공유기 같은 네트워크장비나 셋톱박스, 영상처리용 기기에도 많이 사용된다.

ARM9 패밀리는 ARM9TDMI 코어를 기본으로 하고 ARM920T, ARM922T, ARM940T를 포함하는 ARM9T 제품군과 ARM926EJ-S, ARM946E-S, ARM966E-S를 포함하는 ARM9E 제품군이 있다.

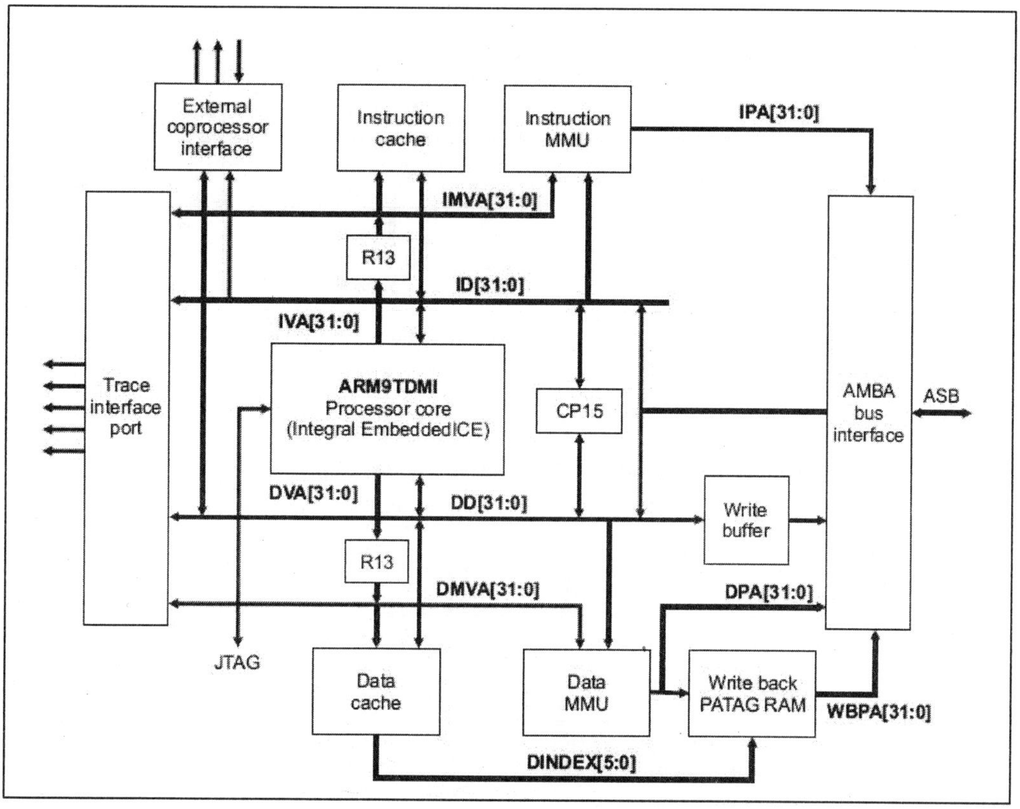

[그림 1.3] ARM9 패밀리의 구조(ARM920T)

[그림 1.3]은 ARM9 패밀리 중 ARM920T의 구조를 보여주고 있다. ARM9TDMI코어를 기본으로 하여 16KB 명령 캐쉬와 16KB 데이터 캐쉬를 내장하고 있고 명령 버스와 데이터 버스가 따로 존재하는 하바드 아키텍쳐를 채택하고 있다. 5단 파이프라인(페치→디코드→실행→메모리→Write)을 채택하여 실행속도를 향상시켰고, WinCE나 Linux 사용을 위한 MMU도 내장되어 있다.

▶ARM10 패밀리

ARM10 패밀리는 ARM10TDMI를 기본코어로 사용하고, MMU와 32KB 명령 캐쉬와 32KB 데이터 캐쉬를 연결한 ARM1020T를 기본구조로 하고 있다. 실제 제품은 ARM1020T를 바탕으로 기능을 확장한 ARM1020E, ARM1022E, ARM1026EJ-S 제품이 있다. ARM10 패밀리는 VFP(Vetor Floating Point) 코프로세서 인터페이스가 내장되어 고속의 실수 연산이 가능하다. 따라서 ARM10 패밀리 제품은 기존의 모바일 기기 외에도 3D 그래픽, 음성인식, 합성 등의 응용에도 사용 가능하다.

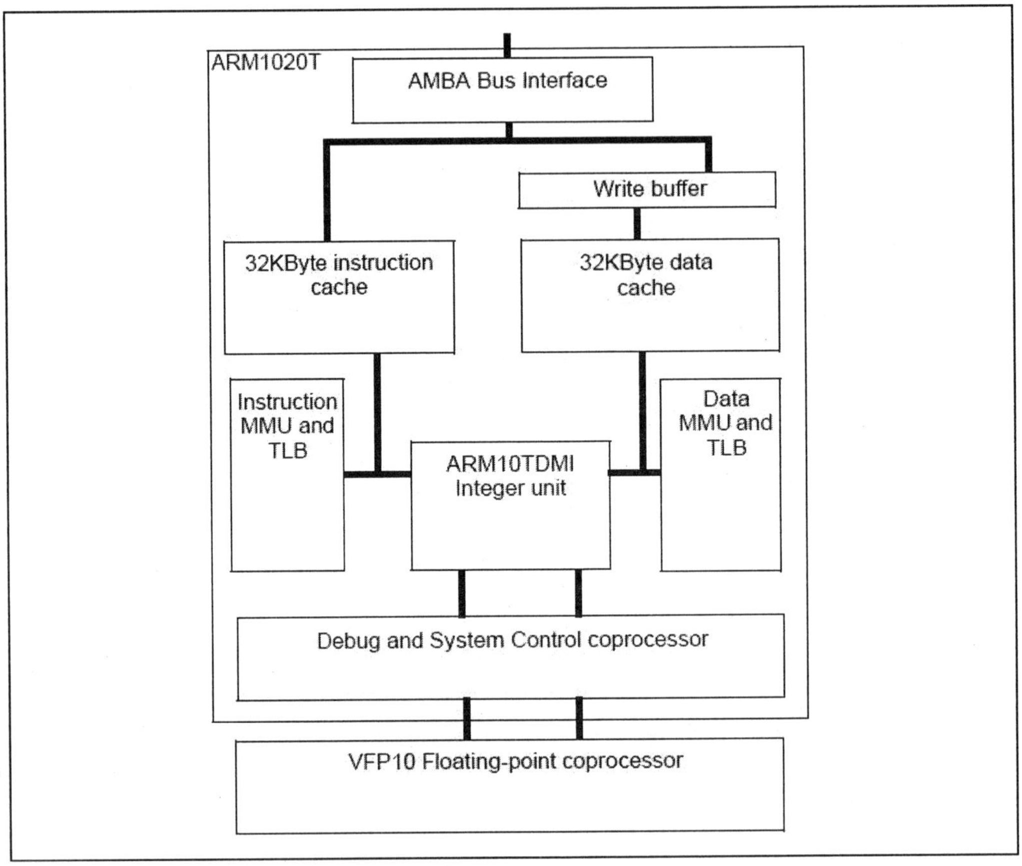

[그림 1.4] ARM10 패밀리의 구조

[그림 1.4]는 ARM1020T의 기본구조이다. ARM10 제품군은 6단 파이프(페치→발행(Issue)→디코드→실행→메모리→Write)를 채용하고 있다. 기존의 ARM7, 9 패밀리와 달리 LSU(Load Store Unit)가 추가로 있어 명령 실행과 동시에 Load, Store 처리가 가능하다. 즉 6단 파이프 처리중 3단계부터는 기존의 파이프 라인과 병행하여 '어드레스 계산→메모리→메모리→Write'를 처리하게 된다.

1.3 ARM920T 프로세서의 아키텍쳐

이 책에서 소개하는 S3C2410A, S3C2440A는 ARM920T 코어에 바탕을 둔 프로세서들이다. 따라서 ARM920T 코어가 가지는 특징을 모두 포함하고 있다. 앞에서도 간단하게 언급했지만 ARM9TDMI 코어가 포함되어 있고, 하바드 아키텍쳐 구조를 가진다. 그 외에도 ARM 디버깅 아키텍쳐를 지원하고 AMBA(Advanced Microcontroller Bus

Architecture) 시스템 인터페이스를 내장하고 있다. 이미 [그림 1.3]에서 ARM920T의 구조를 블록도로 소개했었다.

1.3.1 System Control Coprocessor(CP15)

[그림 1.3]을 보면 CP15라는 블록이 있다. ARM920T에 있어서 메모리와 코어의 시스템 기능(MMU, Cache, Write Buffer 등)은 [그림 1.3]에서처럼 시스템 제어 코프로세서(System Control Coprocessor)라는 Coprocessor15(CP15)에 의해서 제어된다. CP15는 32비트 길이를 가지는 16개의 주요 레지스터로 구성된다. CP15의 16개 레지스터는 MCR(Write to CP15), MRC(Read from CP15)란 명령어에 의해 액세스 가능하고 레지스터별 주요 기능은 다음과 같다.

[표 1.3] CP15 레지스터 맵

레지스터	주요기능	설 명	비 고
Register0	ID codes	ID and Cache type	Read-only
Register1	Control bits	Miscellaneous control bit	Read/Write
Register2	Memory protection and control	MMU: Translation table base PU : Cachability bits	Read/Write
Register3	Memory protection and control	MMU : Domain access control PU : Bufferability bits	Read/Write
Register4	Memory protection and control	MMU : Reserved PU : Reserved	-
Register5	Memory protection and control	MMU : Fault Address PU : Access permission bits	Read/Write
Register6	Memory protection and control	MMU : Fault address PU : Protection area control	Read/Write
Register7	Cache and write buffer	Cache/write buffer control	Write-only
Register8	Memory protection and control	MMU: TLB control PU : Reserved	Write-only
Register9	Cache and write buffer	Cache lockdown	Read/Write
Register10	Memory protection and control	MMU : TLB lockdown PU : Reserved	Read/Write
Register11	Reserved	-	-
Register12	Reserved	-	-
Register13	Process ID	Process ID	Read/Write
Register14	Reserved	-	-
Register15	Test Configuration	Test Configuration	Read/Write

[표 1.3]에서 CP15의 레지스터별 기본기능을 간략하게 소개하였다. CP15는 MMU(Memory Management Unit)의 기능 설정에 꼭 필요한 레지스터이다. 상세한 내용은 ARM사의 ARM920T 테크니컬 레퍼런스 문서를 참조하기 바란다. ARM사의 홈페이지에는 각 코어별 상세한 레퍼런스 자료를 많이 공개하고 있다.

1.3.2 MMU(Memory Management Unit)

MMU는 ARM에서 사용되는 하드웨어 기반의 메모리 관리장치이다. MMU는 메모리를 세밀하게 제어할 수 있는 변환 테이블 세트를 사용하여 접근권한과 가상 메모리 맵핑 기능을 제공한다. 즉 ARM에서 사용하는 MMU의 사용용도는 크게 가상 어드레스를 물리 어드레스로 변환해주는 맵핑 기능과 메모리 접근 권한을 제어하는 보호기능을 가지는 것이다.

MMU는 멀티태스킹을 지원하는 복잡한 플랫폼 운영체제를 위해 설계되었다. 하드웨어적으로 TLB(Translation Lockaside Buffer)와 변환 테이블 제어로직(Translation Table Walking Logic), 접근 제어로직으로 구성된다.

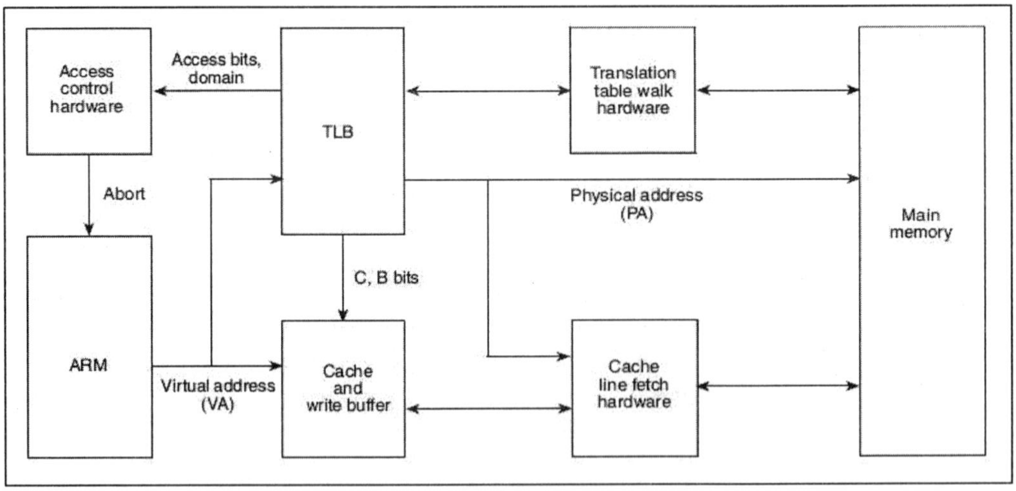

[그림 1.5] MMU의 기본구조

1.3.3 Cache & Write Buffer

Cache 메모리와 Write 버퍼는 메모리 시스템의 성능을 향상시키기 위한 구성요소들이다. Cache 메모리라는 것은 고속의 CPU와 비교적 저속인 메인메모리 사이에 위치하는 고속의 메모리이다. 자주 사용되는 명령이나 데이터를 저장해서 CPU가 외부 메모리를 액세스하기 전에 Cache 메모리에 해당되는 데이터가 있을 경우, 외부 메모리를 액세스 하지 않고 Cache 메모리에서 데이터를 읽어 들여 속도를 향상시키는 것이다. Cache 메모리의 적중률이 높아지면 그만큼 외부 메모리 액세스 횟수가 줄어들어 시스템 성능을 향상시킬 수 있다.

Write Buffer는 메인메모리(외부메모리 또는 On-Chip 메모리)에 대한 저장(store) 기능을 최적화 하는 목적의 메모리 블록이다. 메모리 저장(Store) 명령이 실행되면 데이터와 어드레스 같은 내용이 고속으로 Write 버퍼로 우선 저장된다. 그러면 Write 버퍼는 외부메모리에 데이터를 전송하고 그동안 CPU는 그 이후의 명령을 계속 진행하게 된다.

1.3.4 AMBA(Advacned Microcontroller Bus Architecture)

AMBA는 SoC(System-on-Chip)를 구성함에 있어 마이크로 컨트롤러 내부의 기능 블록들 간의 데이터 전송을 위한 버스 구조를 말하는 것이다.

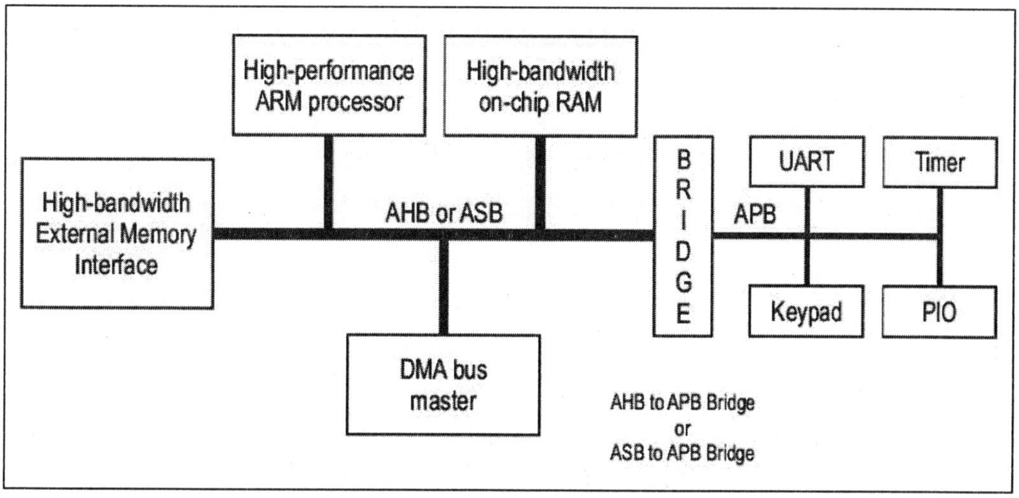

[그림 1.6] 기본적인 AMBA 시스템

ARM사에 의해서 설계 제안되었고 공개된 버스 표준이다. ARM 프로세서들은 전부 AMBA 구조를 가지고 현재 AMBA 3버전까지 공개되어 있다. ARM920T는 AMBA 2를 채택하고 있고 기본적으로 다음의 3가지 버스 사양을 가진다.

- Advanced High-performance Bus (AHB)

  AMBA AHB는 고성능, 높은 클럭을 가지는 시스템을 위한 버스 구조로 시스템의 백본(Backbone)버스로 동작한다. AHB는 프로세서와 On-chip메모리나 외부메모리, 그리고 주변장치와의 효율적인 연결방법을 지원한다. 또한 AHB는 칩 설계시의 합성(synthesis) 디자인 플로우와 자동 테스트 기법의 효율성을 보장해 준다. S3C2410A, S3C2440A에서는 AHB 구조를 적용하고 있다.

- Advanced System Bus (ASB)

  AMBA ASB는 고성능 시스템을 위한 버스 구조로 AHB 정도의 고성능 버스를 필요로 하지 않는 용도에 적합한 시스템 버스이다. ASB는 프로세서와 On-chip메모리나 외부 메모리, 그리고 주변장치와의 효율적인 연결방법을 지원한다.

- Advanced Peripheral Bus (APB)

  AMBA APB는 저전력 주변장치를 위한 버스구조이다. APB는 주변장치와의 연결에 있어 복잡함을 줄여주고 전력소비를 줄이게끔 최적화되어 있다. APB는 브리지를 통해 AHB, ASB 시스템 버스와 연결하여 사용할 수 있다. [그림 1.6]을 참조하기 바란다.

1.3.5 ARM9TDMI 코어

[그림 1.7]은 ARM9 제품군의 공통 코어로 사용되는 ARM9TDMI 코어의 상세 블록도이다. 코어 내부의 세부 장치는 대체로 이전 버전의 코어나 이후 버전의 코어에도 똑같이 적용된다.

- A,B 버스

  ARM 코어 내부에는 연산시 입력 값을 전달하는 버스가 있다. 37개의 레지스터 뱅크와 ALU와의 연결버스가 A버스이고 Barrel 쉬프터와 연결되어 있는 버스가 B버스이다. B버스는 쉬프트 연산을 하는 경우나 상수 데이터가 이동하는 버스이다.

- ALU 버스

  연산결과를 레지스터 뱅크에 전달하는데 사용되는 버스이다.
  예를 들면, ADD r0, r1, #2 이 경우 r1은 A버스, #2 상수는 B버스를 거쳐서 ALU에 입력되고 연산결과 값(r1+2)은 ALU 버스를 통해 r0에 전달된다.

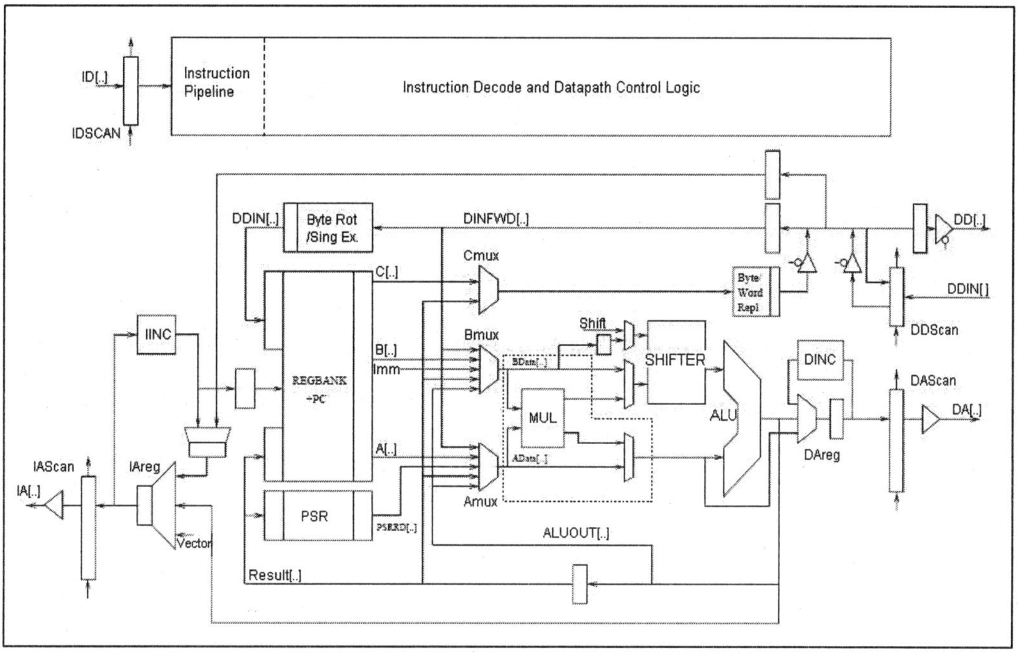

[그림 1.7] ARM9TDMI의 구조

- REGBANK(Register Bank)

ARM에는 31개의 32Bit 범용 레지스터와 6개의 상태 레지스터가 있다. 동작 모드와 명령셋 상태(ARM, Thumb)에 따라 다르게 적용된다.

- Barrel Shifter

Barrel 쉬프터는 해당되는 비트 수만큼 쉬프트(shift) 또는 로테이트(rotate) 시킨 결과를 출력하는 일종의 쉬프트 레지스터이다.

- ALU(Arithmetic Logic Unit)

32비트 산술, 논리 연산이 가능한 연산장치이다. ALU의 한쪽 입력은 Barrel 쉬프터의 출력이 연결되어 있어 인수 하나는 레지스터에서 바로 들어오고, 다른 하나는 레지스터나 버스에서 Barrel 쉬프터를 거쳐 입력된다.
이렇듯 Barrel 쉬프터가 있어 별도의 쉬프트 명령을 사용하지 않고, 한 문장의 명령 내에서 쉬프트 연산까지 다 처리할 수 있다.

- 곱셈기(Multiplier)

32비트×32비트 곱셈을 하거나, ALU와 함께 32비트×32비트+32비트 형태의 누적 곱셈 연산을 한다.

- **명령 파이프라인(Instruction Pipe Line)**

  명령 파이프라인은 RISC 프로세서가 명령어를 실행하기 위해 사용하는 명령처리 구조이다. 파이프라인은 한 명령어가 디코드되어 실행되는 동안, 다음 명령어를 미리 읽어와 디코드 함으로써 실행속도를 향상시켜 준다.

ARM920T에서는 Fetch→Deocde→Execute→Memory→Write의 5단계를 가지는 5단 파이프라인을 채택하고 있다. [그림 1.8]을 보면 이해가 쉬울 것이다. 첫번째 사이클에서 '명령 1'이 페치되고, 두번째 사이클에서 '명령 1'을 디코드하는 동안 '명령 2'의 페치를 시작한다. 세번째 사이클에서 '명령 1'은 실행, '명령 2'는 디코드, '명령 3'은 페치 과정을 진행하는 것이다.

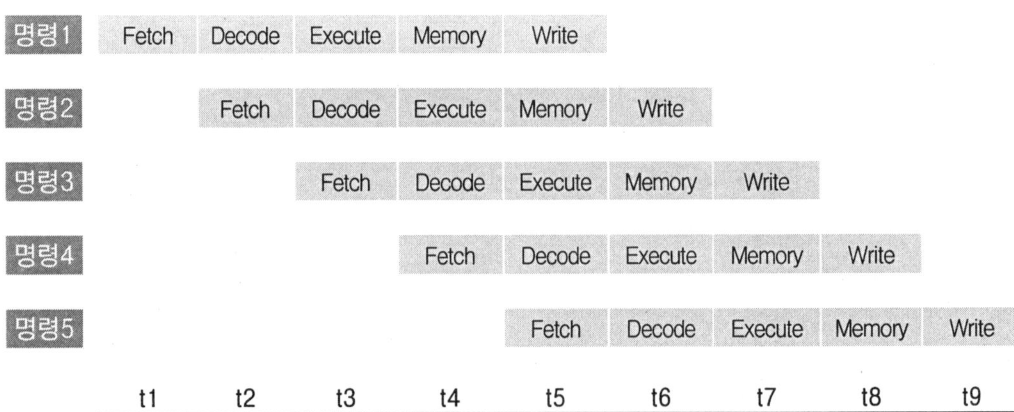

[그림 1.8] 5단 파이프라인

이렇게 해서 다섯 사이클이 지나고 여섯 번째 사이클부터 '명령 2'의 처리도 다 끝이 난다. 이런 식으로 한 사이클에 한 명령이 처리되는 효과를 가지는 것이다.

1.3.6 프로세서 실행 상태

ARM920T의 프로세서 실행 상태는 32비트 명령을 사용하는 32비트 ARM 상태와 16비트 명령을 사용하는 16비트 Thumb 상태가 있다. 두 상태 간 전환은 소프트웨어 적으로도 가능하고(2장 내용 참조), 이때 레지스터의 사용 범위가 달라지는데 레지스터 설명을 참조하기 바란다.

1.3.7 레지스터

ARM920T에는 32비트의 크기를 가지는 37개의 레지스터를 가지고 있다. 범용 레지스터 31개와 6개의 상태 레지스터(Status Register)로 이루어져 있으나, 이들을 한꺼번에 사용할 수는 없다. 동작모드(Operating Mode)에 따라 사용 가능한 레지스터의 제한을 받는다. ARM 프로세서에서는 User, FIQ, IRQ, Supervisor, Abort, System, Undefined 모드까지 총 7개를 가지고 있는데, 여기에 대해서는 뒤에서 다시 알아보도록 하겠다.

▶ ARM 동작상태 레지스터 셋(ARM State Register set)

ARM 동작상태 레지스터 맵

System & User	FIQ	Supervisor	Abort	IRQ	Undefined
R0	R0	R0	R0	R0	R0
R1	R1	R1	R1	R1	R1
R2	R2	R2	R2	R2	R2
R3	R3	R3	R3	R3	R3
R4	R4	R4	R4	R4	R4
R5	R5	R5	R5	R5	R5
R6	R6	R6	R6	R6	R6
R7	R7	R7	R7	R7	R7
R8	R8_fiq	R8	R8	R8	R8
R9	R9_fiq	R9	R9	R9	R9
R10	R10_fiq	R10	R10	R10	R10
R11	R11_fiq	R11	R11	R11	R11
R12	R12_fiq	R12	R12	R12	R12
R13	R13_fiq	R13_svc	R13_abt	R13_irq	R13_und
Rr14	R14_fiq	R14_svc	R14_abt	R14_irq	R14_und
r15(PC)	r15(PC)	R15(PC)	R15(PC)	R15(PC)	R15(PC)

ARM 동작상태 상태 레지스터

System & User	FIQ	Supervisor	Abort	IRQ	Undefined
CPSR	CPSR	CPSR	CPSR	CPSR	CPSR
	SPSR_fiq	SPSR_svc	SPSR_abt	SPSR_irq	SPSR_und

(음영) = Banked 레지스터

[그림 1.9] ARM 동작상태에서 레지스터

[그림 1.9]에서 음영으로 처리된 레지스터들은 User모드와 System모드에서는 범용 레지스터 이지만, 그 외에 모드에서는 모드별로 다른 용도로 사용되는 레지스터를 표시한 것이다. CPSR(Current Program Status Register) 레지스터는 프로세서의 상태를 저장하는 레지스터로 컨디션 플래그와 현재의 동작모드를 가리키는 비트들로 구성된다. 그리고 R0~R15 레지스터 중 R13, R14, R15는 다음과 같은 부가적인 기능을 가진다.

[표 1.4] 특정 목적으로 사용하는 레지스터

레지스터	설 명
R13	Stack Pointer(SP)로 사용한다. 하드웨어적으로 정의 되어 있지 않고 각 프로세서 모드마다 각각의 스택을 지정하는 데 사용하므로 사용자 모드와 시스템 모드에서는 같지만, 그 이외의 다른 모드에서는 각각 다른 레지스터가 된다.
R14	Link 레지스터(LR)로 사용하며 다음과 같은 특별한 기능이 있다. • 각 모드에서 서브루틴을 콜하면 서브루틴이 끝난 후 복귀할 리턴 어드레스를 저장 • 예외(Exception)가 발생했을 때, 예외 처리가 끝난 후 복귀할 리턴 어드레스를 저장 • 그 이외에는 범용 레지스터로 사용가능하다.
R15	Program Counter(PC)로 사용하며, 범용 레지스터 R0~R14와 같이 사용할 수 있으나 주의를 요한다.

▶ THUMB 동작상태 레지스터 셋(THUMB State Register Set)

ARM 프로세서의 명령들은 효율은 좋지만, 32비트로 고정되어 있기 때문에 메모리에 대한 코드 집적도가 떨어진다. 혹은 16비트의 메모리를 액세스 하는 경우는 16비트 코드를 이용하는 것이 보다 유리하다. 이런 문제점을 개선하기 위해 ARM 프로세서는 Thumb 이라는 아키텍쳐를 적용하여 16비트 명령셋을 포함시켰다. Thumb 동작상태에서의 레지스터 셋은 ARM 동작상태에서 레지스터 셋의 서브셋이다. Thumb 동작상태에서는 R0~R7레지스터와 Stack Pointer, Link Register, Program Counter가 그대로 사용된다. CPSR과 SPSR 상태 레지스터도 그대로 사용된다. [그림 1.10]은 Thumb 동작상태에서의 레지스터 셋이다.

[그림 1.10]에서 음영으로 처리된 레지스터들은 User모드와 System모드에서는 범용 레지스터 이지만 그 외에 모드에서는 모드별로 다른 용도로 사용되는 레지스터를 표시한 것이다. 원칙적으로 Thumb 모드에서는 R0~R7 레지스터만을 범용 레지스터로 사용해야 한다. 하지만 일부 명령에서는 R8~R15를 한정적으로 액세스 할 수 있다. 구체적으로 MOV, CMP, ADD 명령에서 R8~R15 레지스터를 오퍼랜드로 취급할 수 있다. 상세한 내용은 2장을 참조하기 바란다.

Thumb 동작상태 레지스터 맵

System & User	FIQ	Supervisor	Abort	IRQ	Undefined
R0	R0	R0	R0	R0	R0
R1	R1	R1	R1	R1	R1
R2	R2	R2	R2	R2	R2
R3	R3	R3	R3	R3	R3
R4	R4	R4	R4	R4	R4
R5	R5	R5	R5	R5	R5
R6	R6	R6	R6	R6	R6
R7	R7	R7	R7	R7	R7
R13	R13_fiq	R13_svc	R13_abt	R13_irq	R13_und
R14	R14_fiq	R14_svc	R14_abt	R14_irq	R14_und
r15(PC)	r15(PC)	R15(PC)	R15(PC)	R15(PC)	R15(PC)

Thumb 동작상태 상태 레지스터

System & User	FIQ	Supervisor	Abort	IRQ	Undefined
CPSR	CPSR	CPSR	CPSR	CPSR	CPSR
	SPSR_fiq	SPSR_svc	SPSR_abt	SPSR_irq	SPSR_und

(음영) = Banked 레지스터

[그림 1.10] Thumb 동작상태에서 레지스터

▶ 프로그램 상태 레지스터(Program Status Register)

ARM920T에는 현재 프로세서의 상태를 저장하는 CPSR(Current Program Status Register)과 예외처리 중에 CPSR의 값을 일시적으로 보존하기 위해 사용되는 SPSR (Save Process Status Register)이라는 상태 레지스터가 있다.

• 조건 플래그(Condition Flag)

연산결과에 따라 변화하는 비트들로 다음과 같은 플래그가 있다.

N(Negative) : 연산 결과가 음수인 경우 셋

Z(Zero) : 연산 결과가 0이면 셋

C(Carry) : 연산 결과 캐리가 발생하면 셋

V(Overflow) : 연산 결과에서 오버플로우가 발생하면 셋

- 제어 비트(Control Bit)

인터럽트 가능여부를 제어하거나 동작모드를 설정할 때 사용된다.

I(Interrupt) - 0:인터럽트 요청 가능, 1:인터럽트 요청 불가

F(Fast Interrupt) - 0:고속인터럽트 요청 가능, 1:고속인터럽트 요청 불가

T(Thumb) - 0:ARM 동작상태, 1:Thumb 동작상태

M4~M0 : 프로세서의 동작모드(동작모드 설명 참조)

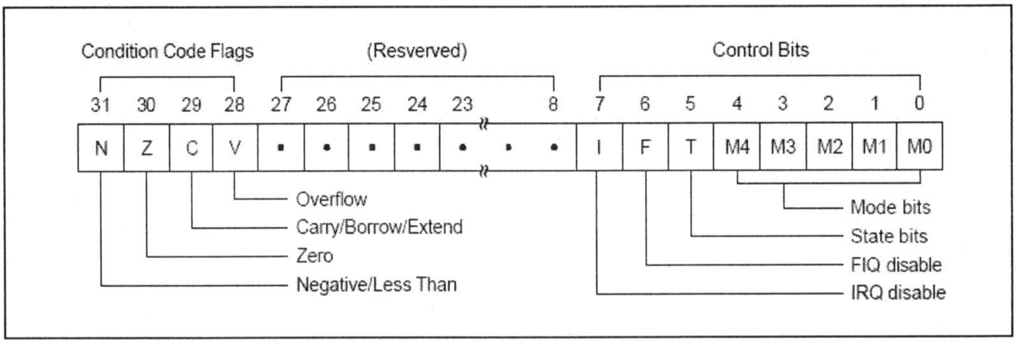

[그림 1.11] 프로그램 상태 레지스터(PSR)

1.4 동작모드 및 예외(Exception) 처리

ARM 프로세서는 OS(Operating System)를 위한 보호모드 지원과 빠른 Context Switching을 위해 동작모드와 예외(Exception) 처리라는 기능을 가지고 있다. 실제 사용자의 필요에 의해 동작모드를 변경시킬 수도 있고, 예외가 발생하면 예외처리를 위해 동작모드가 변경되기도 한다. ARM 프로세서의 모드 전환 기법(전환방법, 하드웨어 구조)은 태스크 전환시 Context Switching의 오버헤드(Overhead) 시간을 최대한 줄여 준다.

1.4.1 동작모드

ARM 프로세서에는 7개의 동작모드가 있다. 레지스터 맵에서도 보았듯이 User, System, FIQ, Supervisor, Abort, IRQ, Undefined 모드 총 7개 모드를 가지고 있다. 각 모드별 의미를 간단하게 설명하면 다음과 같다.

- User (usr) : ARM 프로그램을 실행하는 Normal 상태
- System (sys) : OS를 위한 특권 사용자 모드

- FIQ (fiq) : 빠른 처리를 필요로 하는 높은 우선순위를 가지는 인터럽트가 발생했을 때의 처리 모드
- IRQ (irq) : 일반적인 인터럽트를 핸들링 하기 위한 모드
- Supervisor (svc) : OS를 위한 보호모드(부팅시 최초 시작모드)
- Abort mode (abt) : 명령 프리페치 Abort 발생(메모리 액세스 violation)
- Undefined (und) : 정의되지 않은 명령이 실행된 경우

이 중에서 User 모드를 제외한 6개 동작모드는 특권모드(Privilege Mode)라고 한다. 그리고 System 모드를 제외한 5개의 동작모드는 익셉션(exception), 즉 예외처리와 관련된 동작 모드이다.

특권모드에서는 CPSR의 M[4:0] 비트를 조작하거나 익셉션에 의해 동작모드를 변경할 수 있지만 User 모드에서는 직접 동작모드를 변경할 수 없다. 특권모드에서 CPSR 동작모드 비트를 변경해 User 모드로 진입하면 리셋 될 때까지 모드를 변경할 수 없게 되는 것이다. 다음의 [표 1.5]는 모드 비트값과 그에 해당하는 동작모드를 나열한 것이다.

[표 1.5] 동작 모드

M[4:0]	모 드	Visible THUMB 레지스터	Visible ARM 레지스터
10000	User	R0~R7, LR, SP PC, CPSR	R0~R14, PC, CPSR
10001	FIQ	R~R7, LR_fiq, SP_fiq PC, CPSR, SPSR_fiq	R0~R7, R14_fiq..R8_fiq, PC, CPSR, SPSR_fiq
10010	IRQ	R0~R7, LR_irq, SP_irq PC, CPSR, SPSR_irq	R0~R12, R14_irq, R13_irq, PC, CPSR, SPSR_irq
10011	Supervisor	R0~R7, LR_svc, SP_svc, PC, CPSR, SPSR_svc	R0~R12, R14_svc, R13_svc, PC, CPSR, SPSR_svc
10111	Abort	R0~R7, LR_abt, SP_abt, PC, CPSR, SPSR_abt	R0~R12, R14_abt, R13_abt, PC, CPSR, PSR_abt
11011	Undefined	R0~R7, LR_und, SP_und, PC, CPSR, SPSR_und	R0~R12, R14_und, R13_und, PC, CPSR
11111	System	R0~R7, LR, SP PC, CPSR	R0~R14, PC, CPSR

1.4.2 익셉션(Exception) 처리

익셉션이란 명령어들의 순차적인 실행을 중단시켜야 하는 상태를 말한다. 시스템이 리

셋 되거나 인터럽트가 발생하는 경우, 잘못된 명령이 실행되는 경우 등 말 그대로 예상 외의 이벤트가 발생한 것을 뜻하는 것이다. ARM 프로세서는 이러한 예외 상황을 처리하기 위해 7가지의 익셉션으로 분리하여 처리하고 있다.

다음의 [표 1.6]은 7가지 익셉션과 특징을 나열한 것이다.

[표 1.6] 익셉션의 종류

익셉션	이벤트	동작 모드	익셉션 벡터
Reset	리셋 입력	Supervisor모드	0x00000000
Undefined Instruction	정의되지 않은 명령 실행	Undefined 모드	0x00000004
Software Interrupt	소프트웨어 인터럽트 요구	Supervisor모드	0x00000008
Prefetch Abort	유효하지 않은 명령 페치	Abort 모드	0x0000000C
Data Abort	메모리 데이터 액세스 실패	Abort 모드	0x00000010
Interrupt Request	일반 인터럽트 요청	IRQ 모드	0x00000018
Fast Interrupt Request	고속 인터럽트 요청	FIQ 모드	0x0000001C

앞에서도 언급했다시피 동작모드들 중 5개는 익셉션에 관련된 동작모드이다. 7가지 익셉션이 발생하면 해당 동작모드로 전환하여 익셉션을 처리한다. 프로그램 실행 중에 외부장치에 의해 인터럽트가 발생하면 CPU는 현재의 프로세서 상태를 저장하고 동작모드를 IRQ 모드로 전환한다. 인터럽트 처리가 모두 끝나면 저장된 프로세서 상태를 다시 복원시켜 이전에 실행하던 루틴으로 돌아간다. 익셉션 처리순서에 대해서 알아보자.

- **익셉션 진입**

① 익셉션 모드의 LR(Link Register)에 PC(Program Counter) 값을 저장한다.

② 익셉션 모드의 SPSR(Save Process Status Register)에 현재 CPSR(Current Program Status Register)을 복사한다.

③ CPSR의 모드 비트를 변경하여 익셉션 모드로 진입한다.

④ PC에 익셉션 벡터 어드레스를 저장하여 해당 어드레스로 분기시킨다.

① ② ③ 과정은 하드웨어적으로 수행된다. 예를 들어 SVC 모드에서 IRQ 인터럽트가 발생하면 IRQ모드로 전환하기 위해 LR_irq=PC(현재 PC값), SPSR_irq=CPSR(현재 CPSR값)과 같이 백업작업이 자동으로 수행된다.

• **프로그램 복귀**

① LR에 저장된 값을 익셉션별 리턴 옵셋을 계산하여 PC에 옮겨 넣는다.

② SPSR에 저장된 값을 CPSR에 복사한다.

③ 인터럽트 Diable 플래그가 셋 되어 있으면, 클리어 시킨다.

[표 1.8]을 보면 각 익셉션별로 복원 명령이 있다. IRQ를 예를 들면, SUBS PC, R14, #4라는 복원 명령으로 ① ② 역할을 하는 것이다. SUBS 명령어 뒤에 붙은 'S' 옵션으로 SPSR에 백업되어 있던 값이 CPSR로 복원되는 것이다. 보통은 'S' 옵션으로 상태플래그를 업데이트 하는데 사용하지만, 데이터 처리 명령에서 오퍼랜드로 PC(R15)가 사용되면 SPSR의 값을 CPSR로 복원하라는 의미이다.

▶ 리셋 익셉션

리셋 신호(nRESET)가 발생하면, ARM920T 코어는 프로그램 실행을 멈추고, 리셋 신호가 해제된 후 다음과 같이 처리한다.

① PC와 CPSR의 값을 R14_svc와 SPSR_svc에 복사한다. 이때 PC와 CPSR값은 정의되지 않은 임의의 값이다.

② 모드 비트 M[4:0]을 10011(Supervisor 모드)로 변경시키고 I, F, T비트를 클리어 한다.

③ PC에 0x00000000번지(Reset 익셉션 벡터)를 로드시켜 새로운 명령을 페치하도록 한다.

④ ARM 동작상태에서 프로그램을 실행한다.

▶ Data Abort 익셉션

메모리 컨트롤러나 MMU에서 유효하지 않은 메모리 주소(실제 메모리가 없는 주소)를 액세스 하거나 접근 권한이 없는 메모리를 액세스 할 때 발생하는 익셉션이다. 예외처리 절차를 거쳐 Abort 동작모드로 진입하여 0x00000010번지의 Data Abort 익셉션 벡터테이블에 있는 명령을 실행한다. 보통은 Data Abort 익셉션을 처리하는 서비스 루틴의 시작 번지를 저장한다.

▶ Fast Interrupt Request 익셉션

고속의 데이터 처리를 지원하기 위한 익셉션으로 외부에서 nFIQ 신호가 입력되면 발생된다.

FIQ 인셉션이 발생하면 예외처리 절차를 거쳐 동작모드를 FIQ 모드로 변경한다. 이

때 다른 익셉션과 달리 FIQ 익셉션 처리에서는 F비트(FIQ 요청 불가)를 셋 시켜서 처리하는 동안 새로운 FIQ를 처리할 수 없도록 한다. 이것은 리셋 익셉션 처리중에도 같으며 다른 익셉션 동작모드에서는 FIQ 사용이 가능하다.
FIQ 동작모드에서는 0x0000001C번지의 FIQ 익셉션 벡터 테이블에 있는 명령을 실행한다. FIQ의 벡터 어드레스는 벡터 테이블의 마지막 위치에 있기 때문에 별도의 분기명령이 필요없이 0x0000001C번지부터 서비스 루틴이 위치할 수 있다. 따라서 분기에 필요한 시간마저도 줄일 수 있다.

▶ Interrupt Rquest 익셉션

ARM 프로세서에 일반 인터럽트 신호 nIRQ가 입력되면 발생하는 익셉션이다. IRQ 익셉션은 FIQ 익셉션에 비해 우선순위가 낮기 때문에 IRQ 익셉션 처리도중에 FIQ 익셉션이 발생하면 FIQ 익셉션을 먼저 처리하고 IRQ 익셉션 처리 핸들러에 제어권을 넘겨준다. 하지만 다른 익셉션 처리 중에는 IRQ 익셉션이 발생하지 않는다.([표 1.7] 참조)
예외처리 절차를 거쳐 IRQ 동작모드로 변경하여 0x00000018번지의 IRQ 익셉션 벡터 테이블에 있는 명령을 실행한다. 보통은 이 번지에 인터럽트 처리를 위한 분기주소를 저장한다.

▶ Prefetch Abort 익셉션

메모리에서 명령을 읽어들이지 못하거나 페치한 명령이 유효하지 않을 때 발생하는 익셉션이다. 예외처리 절차를 거쳐 Abort 동작모드로 진입하여 0x0000000C번지의 Prefetch Abort 익셉션 벡터테이블에 있는 명령을 실행한다.

▶ Software Interrupt 익셉션

Software Interrupt 익셉션은 SWI 명령이 실행되고 다른 높은 우선순위의 익셉션이 없는 경우 발생하는 익셉션이다. SWI 명령은 Supervisor 모드로 진입하기 위해 사용하는데, 보통은 Supervisor 모드에서 실행할 수 있는 일부 기능을 사용하기 위해 필요한 익셉션이다. 예를 들면 OS(Operating System)의 일부 기능을 사용하기 위해서 SWI 익셉션을 사용한다.
예외처리 절차를 거쳐 Supervisor 동작모드로 진입하여 0x00000008번지의 Software Interrupt 익셉션 벡터테이블에 있는 명령을 실행한다.

▶ Undefined Instruction 익셉션

정의되지 않은 명령이 명령 파이프라인의 실행단계에 이르렀거나 코프로세서 명령이 잘못 되었을 경우 발생하는 익셉션이다. 예외처리 절차를 거쳐 Undefined 동작모드로 진입하여 0x00000004번지의 Undefined Instruction 익셉션 벡터테이블에 있는 명령을 실행한다.

▶ 익셉션 우선 순위

여러 개의 익셉션이 동시에 발생할 경우, 프로세서는 우선순위 메커니즘에 의해 높은 순위의 익셉션을 먼저 처리해 준다. [표 1.7]을 보자.

[표 1.7] 익셉션의 우선순위

익셉션	우선순위	IRQ Disable 비트	FIQ Disable 비트
Reset	1	1	1
Data Abort	2	1	X
Fast Interrupt Request	3	1	1
Interrupt Request	4	1	X
Prefetch Abort	5	1	X
Undefined Instruction Software Interrupt	6	1	X

[표 1.7]은 각 익셉션의 우선순위를 나열한 표이다. Undefined Instruction과 Software Interrupt 익셉션은 같은 우선순위를 가지고 있으며 동시에 발생하는 경우는 없다. Software Interrupt 익셉션은 SWI 명령에 의해 발생하므로 잘못된 명령을 실행해 발생하는 Undefined Instruction 익셉션이 발생한 상태에서 동시에 SWI 명령을 실행할 수 없기 때문이다.

익셉션이 발생하여 동작모드를 변경할 때 IRQ Disable 비트를 모두 1로 만들기 때문에 익셉션 처리중에는 인터럽트가 발생되지 않는다. 다만 FIQ의 경우, Reset과 FIQ 익셉션을 제외하고는 동시에 FIQ 익셉션을 처리할 수 있다.

▶ 익셉션 복귀 주소

다음의 [표 1.8]은 익셉션에서 복귀할 때의 복귀 어드레스를 보여주고 있다.

[표 1.8] 익셉션 복귀 어드레스

익셉션	복귀 명령	LR에 저장된 이전 상태	복귀 어드레스	설 명
SWI	MOVS PC, R14_svc	PC+4	LR	SWI 바로 다음의 명령
UDEF	MOVS PC, R14_und	PC+4	LR	Udef. 바로 다음 명령
FIQ	SUBS PC, R14_fiq, #4	PC+4	LR-4	FIQ 핸들러 복귀 주소
IRQ	SUBS PC, R14_irq, #4	PC+4	LR-4	IRQ 핸들러 복귀 주소
PABT	SUBS PC, R14_abt, #4	PC+4	LR-4	PABT를 발생시킨 명령
DABT	SUBS PC, R14_abt, #8	PC+8	LR-8	DABT를 발생시킨 명령
RESET	N/A	-	-	-

[표 1.8]에서 LR에 저장된 이전상태라는 것은 익셉션 모드로 진입할 때 LR(Link Register)에 저장된 어드레스 값을 의미한다. 복귀 어드레스는 익셉션 처리를 끝내고 프로그램으로 복귀할 어드레스 값을 의미하는데 복귀 명령에 나와 있는 코드를 실행하면 이전 상태로 복귀할 수 있다.

이처럼 복귀하는 어드레스의 옵셋이 동일하지 않고 다른 이유는 각 익셉션의 특성상 실행하던 명령어가 있는 곳으로 복귀해야 하거나 다음 명령이 있는 곳으로 복귀해야 정상적인 처리가 되기 때문이다. 파이프라인과 이전에 PC가 가리키는 값, 그리고 복귀 지점을 고려하여 LR과 연산한 결과를 PC에 대입해야 한다.

여기까지 ARM 프로세서의 기본적인 내용을 알아보았다. 2장에서는 기본적인 하드웨어 지식을 바탕으로 프로그램에 필요한 명령어들에 대해 알아보도록 하겠다.

제 2 장

ARM 920T 프로그래밍

2. ARM920T 프로그래밍

ARM 프로세서를 사용하면서 어셈블리어만을 가지고 프로그램을 코딩하는 경우는 거의 없다. 보통의 경우 스타트업 파일을 어셈블리어로 작성하고 나머지는 C언어를 이용해 코딩하게 된다. ARM 코딩에서 스타트업 파일은 중요한 몫을 한다. 따라서 ARM 명령어에 대한 기본적인 지식이 필요하므로 반드시 익혀둘 필요가 있다. 여기에서는 ADS컴파일러에 포함된 어셈블러를 기준으로 설명할 것이다.

2.1 프로그래밍 모델

1장에도 나와 있지만 ARM 프로세서에는 두 개의 동작 상태가 있다. 32bit 명령어가 실행되는 ARM 동작상태와 16bit 명령어가 실행되는 THUMB 동작상태가 있다. 이 부분은 어플리케이션의 용도에 따라 처리속도를 향상시키거나 실행코드 사이즈를 줄이는 데 중요한 것이다. 이 두 가지 기준에 따라 ARM 프로세서에 사용되는 코드도 ARM 명령셋과 THUMB 명령셋 두 가지로 나뉜다.

2.1.1 동작 상태간 전환

▶ THUMB 상태의 진입

THUMB 동작상태로 진입은 BX 명령에 의해 가능하다. BX 다음에 오는 오퍼랜드 레지스터의 bit[0]을(2.3.4 BX명령 참조) 셋 시키고 BX 명령을 실행하면 THUMB 동작상태로 전환된다. THUMB 동작상태에서 익셉션이 발생하면 ARM 상태로 전환되는데(어드레스 벡터를 읽기 위해), 익셉션에서 복귀할 때 자동으로 THUMB 상태로 전환된다.

▶ ARM 상태의 진입

ARM 동작상태로 진입은 오퍼랜드 레지스터의 bit[1:0]을 클리어 하고 BX명령을 실행하면 된다. 앞에서도 언급했듯이 THUMB 동작상태에서 익셉션이 발생하면 익셉션 벡터 어드레스를 로딩하기 위해 자동으로 ARM 상태로 전환된다.

2.1.2 메모리 포맷

ARM920T는 메모리 내부에서 값이 배열되는 순서인 빅-엔디안(Big-Endian)과 리틀-엔디안(Little-Endian)을 모두 지원한다.

▶ 빅-엔디안 포맷

예를 들어 0x3210, 0x7654, 0xBA98 이란 값이 있을 때, 빅-엔디안 포맷일 때 메모리에 저장되는 순서는 [그림 2.1]과 같다. MSB(Most Significant Byte)가 한 워드(Word)의 최하위 어드레스에 저장되는 것이다.

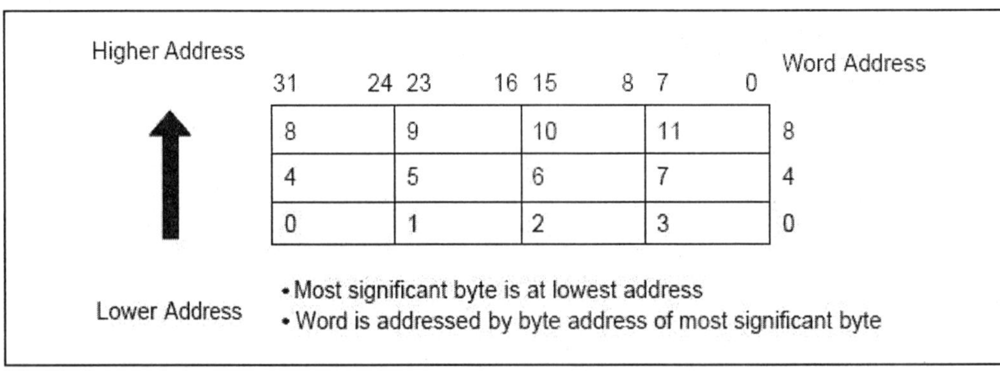

[그림 2.1] 빅-엔디안(Big-Endian) 모드에서 메모리 정렬

▶ 리틀-엔디안(Little-Endian) 포맷

리틀-엔디안 포맷에서는 MSB(Most Significant Byte)가 한 워드(Word)의 최상위 어드레스에 저장되는 것이다.

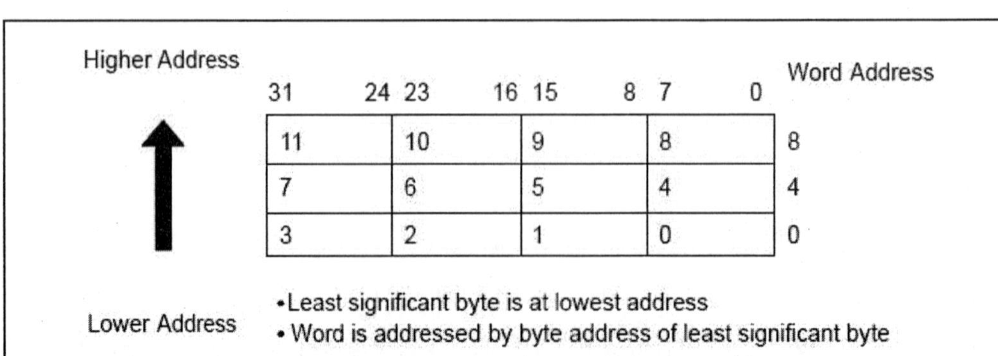

[그림 2.2] 리틀-엔디안(Little-Endian) 모드에서 메모리 정렬

2.1.3 명령어 길이

ARM 상태에서는 32비트이고, THUMB 상태에서는 16비트이다.

2.1.4 데이터 타입

ARM920T에서는 바이트(8비트), Half-워드(16비트), 워드(32비트) 세 가지 타입의 데이터형을 지원한다.

2.2 ARM920T 프로그래밍 개요

ARM920T에는 앞에서 설명한바와 같이 ARM 명령셋과 THUMB 명령셋으로 나뉜다. 시스템이 필요로 하는 데이터 처리속도나 코드사이즈의 효율성에 따라 선택해 사용하게 된다. 여기에서는 두 명령셋의 기본적인 특성과 차이점을 알아보고 2.3과 2.4에서 자세한 명령어를 다루도록 하겠다.

2.2.1 ARM 명령셋 개요(32비트 명령셋)

모든 ARM 명령셋은 32비트 길이의 워드(Word) 단위로 정렬되어 메모리에 저장된다. 그래서 ARM 동작상태에서는 명령어코드에 관계된 어드레스의 bit[1:0]은 항상 0이다. 하지만 ARM 동작상태에서 THUMB 동작상태로 전환 할 경우 bit[0]을 1로 한다. 즉 한 워드(4바이트)씩 메모리에 정렬되면 코드가 저장되는 어드레스도 0, 4, 8단위로 된다. 분기명령을 실행하더라도 0, 4, 8단위가 되므로 특수한 용도로 사용할 때만 bit[0]의 값이 1로 바뀌게 되는 것이다.(BX 명령에 의해 전환 가능)

ARM 명령셋은 기능별로 다음과 같이 분류된다.

- 데이터 처리(Data Processing) 명령

  데이터의 비교, 논리, 산술 연산을 하는 명령

- **한 개 레지스터의 로드, 스토어(Single Register Load and Store) 명령**
  한 개의 레지스터와 메모리간의 데이터 전송에 필요한 명령

- **다수 레지스터의 로드, 스토어(Multiple Register Load and Store) 명령**
  다수의 레지스터와 메모리간의 데이터 전송에 필요한 명령

- **상태 레지스터 액세스(Status Register Access) 명령**
  CPSR 또는 SPSR과 범용레지스터 간 데이터를 이동하는 명령

- **분기(Branch) 명령**
  루프를 구성하거나 조건 분기, 서브루틴 호출, 프로세서의 상태(ARM, THUMB) 변경에 필요한 명령

- **세마포어(Semaphore) 명령**
  메모리 세마포어에 관계된 명령

- **코프로세서(Coprocessor) 명령**
  코프로세서 액세스시 필요한 명령

2.2.2 THUMB 명령셋 개요(16비트 명령셋)

THUMB 명령셋은 ARM 명령셋의 16비트 버전이다. 기능적으로 ARM 명령셋과 비교해 구조적인 차이점 외에 대부분 유사한 기능을 한다. 모든 명령어는 16비트 길이이고 Half-워드 형태로 메모리에 저장된다. 16비트 버전이라고 해도 ARM 동작상태에서 지원하는 어드레스 공간과 데이터형은 변경되지 않는다.

보통의 경우 THUMB 코드는 동일한 ARM 코드보다 30%정도 코드사이즈가 줄어든다. 이는 16비트 시스템이나 메모리가 제한적인 시스템에서 ARM 명령셋을 사용하는 경우 보다 코드 집적도를 높여주고 보다 좋은 성능을 얻을 수 있다. 다만 ARM 동작상태일 때와 몇 가지 차이점이 있다. 대표적으로 ARM 동작상태일 때와 레지스터의 액세스 범위가 틀리다. THUMB 동작상태에서는 범용레지스터로 R0에서 R7까지 8개만 사용 가능하다. 그리고 S접미사가 붙는 조건 명령셋을 사용할 수 없고, 단지 CPSR의 상태 플래그(Status Flag)를 이용한 분기만 가능하다.

THUMB 동작상태에서는 논리, 산술 연산과 쉬프트 연산을 묶어서 1명령에 실행할 수 없다. 따라서 THUMB 동작상태에서는 쉬프트 연산을 별개로 사용하게 된다. 마지막으로 THUMB 동작상태에서는 ARM 동작상태에서 사용가능한 명령어 군 중에서 코프로세서 명령과 세마포어 명령이 없고, CPSR과 SPSR 액세스 명령이 없다.

2.2.3 ARMASM 어셈블러

ARMASM은 ADS(ARM Developer Suite)에 내장된 어셈블러이다. 그 외에 GCC 어셈블러나 컴파일러 개발사에서 나오는 어셈블러들이 있으나 여기에서는 우리가 사용하게 될 ADS에 내장된 ARMASM을 기준으로 할 것이다.

▶ 소스파일의 구조

다음은 어셈블리어를 이용해 코딩할 때의 기본 포맷이다.

```
{label} {instruction|directive|pseudo-instruction) {;comment}
{레이블}        {명령| 디렉티브 | 의사-명령}            {주석}
```

- 명령니모닉(Instruction mnemonics), 디렉티브(Directives), 그리고 레지스터 이름의 규칙은 대문자나 소문자 사용이 가능하나 대소문자 병행표기는 안된다.
- 명령어, 디렉티브, 의사명령 앞에는 스페이스나 탭 같은 공백이 꼭 있어야 한다. 레이블과 구분하기 위함이다.
- 한 라인이 길어지는 경우 백슬래시(backslash '\')에 의해 다음 라인으로 분리 가능하다.
- 레이블
  분기할 어드레스를 대신하는 심볼이다. 문자열 앞에 공백 없이 처음에 위치한다.
- 주석
  ';'세미콜론을 이용하여 세미콜론 뒷부분에 문장 삽입이 가능하고, 컴파일 과정에는 아무런 영향을 미치지 않는다.

다음은 어셈블리어를 이용해 코딩한 예제이다. 첫번째 라인은 ARMex라는 코드블록임을 알려주고 있다. ENTRY 디렉티브(지시어)는 첫번째 명령 실행이 시작되는 위치를 알려주는 디렉티브이다. 그리고 마지막 줄에 있는 END는 실행이 끝나는 지점을 표시하게 되는데 소스파일의 끝은 항상 END 디렉티브로 끝나야 한다.

```
    AREA ARMex, CODE, READONLY
                            ; Name this block of code ARMex
    ENTRY                   ; Mark first instruction to execute
START
    MOV r0, #10             ; Set up parameters
    MOV r1, #3
    ADD r0, r0, r1          ; r0 = r0 + r1
STOP
    MOV r0, #0x18           ; angel_SWIreason_ReportException
    LDR r1, =0x20026        ; ADP_Stopped_ApplicationExit
    SWI 0x123456            ; ARM semihosting SWI
    END                     ; Mark end of file
```

▶ ARMASM 어셈블러

PC운영체제의 커맨드라인에서 사용법은 다음과 같다.

```
armasm [-16|-32] [-apcs [none|[/qualifier[/qualifier[...]]]]][-bigend|-littleend] [-checkreglist] [-cpu
cpu] [-depend dependfile|-m|-md] [-errors errorfile] [-fpu name] [-g] [-help] [-i dir [,dir]…]
[-keep] [-list [listingfile] [options]] [-maxcache n] [-memaccess attributes] [-nocache] [-noesc]
[-noregs] [-nowarn] [-o filename] [-predefine "directive"] [-split_ldm] [-unsafe] [-via file]
inputfile
```

'armasm'이란 명령어 뒤에 옵션이 굉장히 많이 붙는다. 하지만 ADS를 사용할 경우 커맨드 라인에서 어셈블 할 일이 없으므로 꼭 필요한 사람은 ADS의 Assembler Reference 문서가 있는데 그것을 참조하면 된다. 한 가지 'armasm'이란 명령 바로 뒤에 [-16|-32]란 옵션이 있다. 이는 ARM 명령 셋인지 THUMB 명령 셋인지를 구분하는 옵션이다. 디폴트는 [-32]이고 소스파일 앞부분에 CODE 16이란 디렉티브를 삽입하여도 THUMB 명령 셋으로 인식한다.

▶ 일반적인 사항들

- 심볼 이름에는 문자 A~Z(a~z), 숫자(0~9), 밑줄('_')만 사용할 수 있다.
- 심볼 이름의 첫 글자에 숫자를 사용할 수 없다.
- 심볼 이름은 명령어, 디렉티브, 어셈블러에 내장된 변수나 심볼 이름과 같으면 안된다.
- 문자열의 표시
  문자열은 " "로 둘러싸 표시한다. 예를 들면 "This is String" 이런 식으로 문장의 앞뒤를 " "로 둘러싸면 된다.

  EX. abc SETS "This is string literals"
- 숫자의 표시
  ADS어셈블러에서는 다양한 숫자의 표시 방식을 지원한다. 10진수, 16진수 외에도 3진수, 7진수도 사용가능하다.

> - decimal-digit : 0-9까지의 10진수
> - hexadecimal-digit : 0-F까지의 16진수
> - n_base-n-digit : 0-(n-1)까지의 2~9(n)진수
> - character : ' '로 묶여지는 문자상수. 인용부호(')를 표시할 때에는 \'를 사용

다음의 사용 예를 보면 이해가 빠를 것이다.

```
a       SETA    34906           ; 10진수
addr    DCD     0XA10E          ; 16진수
        ...
        DCD     2_11001010      ; 2진수
c3      SETA    8_74007         ; 8진수
        ...
        LDR     r1,='A'         ; 문자상수
        ADD     r3,r2,#'\'      ; 인용부호(')의 표시
```

GCC 어셈블러나 다른 컴퍼일러를 보면 주로 10진수, 16진수 외에 2진수(b접두어), 8진수(o)만 주로 지원하는데 ADS 어셈블러의 경우 n_base-n 형태로 해서 다양한 진수 표현을 지원한다.

▶ 연산자

단일연산자(Unary Operators)

[표 2.1] 단일연산자(Unary Operator)

연산자	사용법	설 명
?	?A	A심볼이 정의된 라인의 생성된 실행코드 사이즈
BASE	:BASE:A	A가 PC 또는 레지스터 relative 수식일 때, BASE 연산자는 그 수식의 레지스터의 개수를 리턴
INDEX	:INDEX:A	A가 레지스터-relative 수식일 때, 베이스 레지스터로부터의 옵셋을 리턴
+ and -	+A -A	+값, -값을 표시
LEN	:LEN:A	A문자열의 길이
CHR	:CHR:A	A 한 문자의 아스키코드
STR	:STR:A	A의 16진수(Hexadecimal) 문자열
NOT	:NOT:A	A의 비트반전
LNOT	:LNOT:A	A의 논리적 반전(TRUE, FALSE로만 표시)
DEF	:DEF:A	A가 정의 되어 있으면 {TRUE}, 아니면 {FALSE}

바이너리 연산자(Binary Operators)

어셈블리어를 이용하여 프로그램을 만들 때, 때로는 오퍼랜드로 연산자를 이용하여 수식(expression)을 만들 때도 있다. 바이너리 연산자는 두 서브수식의 연산에 필요한 연산자이다. 바이너리 연산자는 단일연산자(Unary Operator)보다 우선순위가 낮다. 바이너리 연산자들 간의 우선순위는 아래 표의 위에서 아래로의 순서와 같다.

[표 2.2] 바이너리연산자(Binary Operator)

연산자	사용법	설 명
		곱셈, 나눗셈 연산자
*	A * B	곱셈
/	A / B	나눗셈
MOD	A:MOD:B	A modulo B (A를 B로 나눈 나머지)
		문자열조작 연산자 (A : 문자열, B : 숫자)
LEFT	A:LEFT:B	A문자열의 좌측 B 개수 만큼의 글자
RIGHT	A:RIGHT:B	A문자열의 우측 B 개수 만큼의 글자
CC	A:CC:B	A문자열 끝에 B문자열을 연결
		쉬프트 연산자

ROL	A:ROL:B	B비트수 만큼 A를 Rotate-LEFT
ROR	A:ROR:B	B비트수 만큼 A를 Rotate-RIGHT
SHL	A:SHL:B	B비트수 만큼 A를 Shift-LEFT
SHR	A:SHR:B	B비트수 만큼 A를 Shift-RIGHT
덧셈, 뺄셈, 논리연산자		
+	A + B	A와 B를 더함
-	A - B	A에서 B를 뺌
AND	A:AND:B	A와 B의 비트 AND 연산
OR	A:OR:B	A와 B의 비트 OR 연산
EOR	A:EOR:B	A와 B의 비트 Exclusive OR 연산
관계연산자		
=	A = B	A와 B가 같음
>	A > B	A가 B보다 크다
>=	A >= B	A가 B보다 크거나 같다
<	A < B	A가 B보다 작다
<=	A <= B	A가 B보다 작거나 같다
/=	A /= B	A와 B가 다르다
<>	A <> B	A와 B가 다르다
불(Boolean) 연산자 (결과가 TRUE 또는 FALSE임)		
LAND	A:LAND:B	A와 B의 Logical AND
LOR	A:LOR:B	A와 B의 Logical OR
LEOR	A:LEOR:B	A와 B의 Logical Exclusive OR

▶ 어셈블러 지시어(Directives)

어셈블러 지시어(Directive)는 어셈블러가 어셈블 할 때 필요한 정보를 제공해 준다. 다음의 표는 ADS 어셈블러에서 주로 사용하는 지시어들이다.

[표 2.3] 어셈블러 지시어

지시어	설 명
ALIGN	정해진 단위로 어드레스 정렬
AREA	새로운 코드나 데이터 섹션을 어셈블 하도록 알림
ASSERT	주어진 assertion 문장이 Fail이면 에러 메시지 생성
CN	코프로세서 레지스터에 이름을 부여
CODE16, CODE32	THUMB 명령셋, ARM 명령셋임을 알림
CP	특정 코프로세서 레지스터에 이름을 부여
DCB	바이트 단위의 메모리 지정(확보)
DCD, DCDU	워드단위의 메모리 지정

DCDO	Static 베이스 레지스터로부터 상대주소에 해당되는 주소의 메모리 지정(워드 단위)
DCFD, DCFDU	배정밀실수(double-precision floating point number)의 메모리 지정
DCFS, DCFSU	단정밀실수(single-precision floating point number)의 메모리 지정
DCI	ARM 상태에서는 4바이트 단위, THUMB 상태에서는 2바이트 단위의 메모리 지정
DCQ, DCQU	8바이트 단위의 메모리 지정
DCW, DCWU	Half-Word(2바이트) 단위의 메모리 지정
DN, SN	Double-precision VFP레지스터에 이름을 부여 Single-precision VFP레지스터에 이름을 부여
END	소스의 끝임을 알림
ENTRY	실행코드의 시작점을 알림
EQU	숫자상수에 대해 심볼 이름을 부여
EXPORT, GLOBAL	링커에게 다른 파일에서 심볼을 사용할 수 있게 알림
EXPORTAS	EXPORT가 가능하게끔 허용
EXTERN	다른 오브젝트 파일에 심볼이 있음을 알림
FIELD	Storage-Map의 어드레스를 지정할 때 사용
FN	특정 FPA floating-point 레지스터에 이름을 부여
GBLA, GBLL, GBLS	전역 산술변수(A), 논리변수(L), 문자열변수(S) 선언
GET or INCLUDE	어셈블 할 다른 파일을 현재의 파일에 포함시킴
IF ~ ELSE ~ ENDIF	어셈블 순서나 선택 어셈블을 위한 지시어
IMPORT	현재의 소스에 정의된 이름이 아님을 알림
INCBIN	어셈블 된 파일을 포함시킴
INFO	어셈블시 다양한 형태의 에러 메시지 생성
LCLA, LCLL, LCLS	로컬 산술변수(A), 논리변수(L), 문자열변수(S) 선언
LTORG	현재의 Literal Pool을 어셈블 하도록 하는 지시
MACRO, MEND	매크로 정의의 시작과 끝을 알림
MAP	Storage-Map 시작주소를 지정함
MEXIT	매크로의 중간에서 매크로를 빠져나갈 때 사용
NOFP	floating-point 명령 사용 못하게 함
REQUIRE	섹션간의 의존상태를 명시
RLIST	범용 레지스터 셋에 이름을 부여
RN	특정레지스터에 레지스터 이름을 정의
ROUT	로컬 레이블의 유효범위를 지정
SETA, SETL, SETS	로컬, 전역 변수의 값 설정
SPACE	0으로 채워진 메모리 블록 지정
WHILE, WEND	명령어를 반복실행해주는 루프 지시어 WHILE로 시작하고 WEND에서 끝남

2.3 ARM 명령셋

2.3에서는 32비트 명령셋인 ARM 명령셋에 대해 간단하게 다루겠다. [그림 2.3]에서 32비트 명령어를 구성하는 세부 내용을 보여주고 있다.

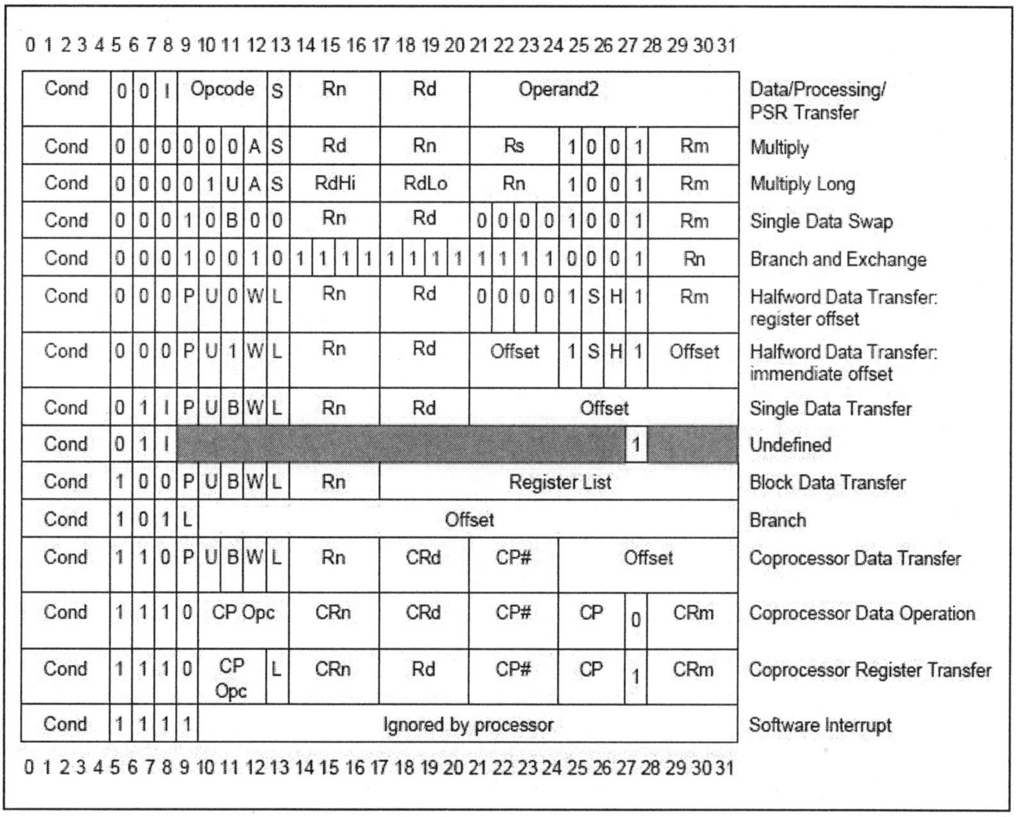

[그림 2.3] ARM 명령셋의 포맷

[표 2.4]는 ARM 명령셋 전부를 정리해 놓은 것이다. 여기에서는 간략하게 참조만 하고 뒷부분에서 명령어를 개별적으로 다룰 것이다.

[표 2.4] ARM 명령셋

명령어	동 작	사용법
ADC	Add with carry	Rd: = Rn + Op2 + Carry
ADD	Add	Rd: = Rn + Op2
AND	AND	Rd: = Rn AND Op2
B	Branch	R15: = address

BIC	Bit clear	Rd: = Rn AND NOT Op2
BL	Branch with link	R14: = R15, R15: = address
BX	Branch and exchange	R15: = Rn, T bit: = Rn[0]
CDP	Coprocessor data processing	(Coprocessor-specific)
CMN	Compare Negative	CPSR flags: = Rn + Op2
CMP	Compare	CPSR flags: = Rn - Op2
EOR	Exclusive OR	Rd: = (Rn AND NOT Op2) OR (Op2 AND NOT Rn)
LDC	Load coprocessor from memory	Coprocessor load
LDM	Load multiple registers	Stack manipulation (Pop)
LDR	Load register from memory	Rd: = (address)
MCR	Move CPU register to coprocessor register	cRn: = rRn {<op>cRm}
MLA	Multiply accumulate	Rd: = (Rm × Rs) + Rn
MOV	Move register or constant	Rd: = Op2
MRC	Move from coprocessor or register to CPU register	Rn: = cRn {<op>cRm}
MRS	Move PSR status/flags to register	Rn: = PSR
MSR	Move register to PSR status/flags	PSR: = Rm
MUL	Multiply	Rd: = Rm × Rs
MVN	Move negative register	Rd: = 0 × FFFFFFFF EOR Op2
ORR	OR	Rd: = Rn OR Op2
RSB	Reverse subtract	Rd: = Op2 - Rn
RSC	Reverse subtract with Carry	Rd: = Op2 - Rn - 1 + Carry
SBC	Subtract with Carry	Rd: = Rn - Op2 - 1 + Carry
STC	Store coprocessor register to memory	address: = CRn
STM	Store Multiple	Stack manipulation (Push)
STR	Store register to memory	<address>: = Rd
SUB	Subtract	Rd: = Rn - Op2
SWI	Software Interrupt	OS call
SWP	Swap register with memory	Rd: = [Rn], [Rn] := Rm
TEQ	Test bitwise equality	CPSR flags: = Rn EOR Op2
TST	Test bits	CPSR flags: = Rn AND Op2

기본적으로 명령셋은 다음처럼 표현한다.

```
ADD{cond}{S} Rd, Rn, Op2    ; Rd = Rn + Op2
```

{ } 부분은 생략 가능한 옵션으로 {cond}는 명령의 조건실행 지정이다. 조건실행에 사

용되는 접미사를 붙여 사용할 수 있다. {S}는 명령 실행 결과에 따라 조건 플래그의 변경을 지정하는 접미사로 사용하는 경우에는 조건 플래그에 영향을 준다.

▶ 조건 실행

대부분의 ARM 명령어에는 조건실행을 위한 코드가 있다. 주로 상태 플래그에 따라 명령의 실행여부와 분기 조건을 설정하기 위한 것으로 [표 2.5]에 조건코드를 나타내는 접미사를 정리해 놓았다.

[표 2.5] ARM 조건실행코드 접미사

코드	접미사	상태 플래그	의 미
0000	EQ	Z = 1	EQual
0001	NE	Z = 0	Not Equal
0010	CS/HS	C = 1	Carry Set, Higher or Same (unsigned greater than or same)
0011	CC/LO	C = 0	Carry Clear, Lower(unsigned Less than)
0100	MI	N = 1	Negative(Minus)
0101	PL	N = 0	Positive or Zero(Plus)
0110	VS	V = 1	Overflow Set
0111	VC	V = 0	No Overflow(Overflow Clear)
1000	HI	C = 1 and Z = 0	unsigned higher
1001	LS	C = 0 or Z = 1	Lower or Same(unsigned less than or same)
1010	GE	N = V	signed Greater than or Equal
1011	LT	N < > V	signed less Than
1100	GT	Z = 0 and (N = V)	signed Greater Than
1101	LE	Z = 1 or (N < > V)	signed Less than or Equal
1110	AL	무시	Always(보통은 생략)

2.3.1 ARM 메모리 액세스 명령

메모리 액세스 명령은 레지스터와 메모리 사이에 데이터를 전송하는 명령어이다.

▶ LDR 그리고 STR 명령, 워드와 부호 없는 바이트형의 전송

Load Register, Store Register 명령은 32비트의 한 워드 데이터를 전송하거나, 한 바이트의 값을 나머지 세 바이트에 0으로 채워서 32비트로 확장된 데이터를 전송한다. LDR은 메모리([Rn])에서 레지스터(Rd)로 데이터를 전송하고 STR은 레지스터

(Rd)에서 메모리([Rn])로 데이터를 저장한다.

LDR과 STR은 다음의 네 가지 형태로 사용한다.

- Zero offset

  op{cond}{B}{T} Rd, [Rn]

- Pre-index offset

  op{cond}{B} Rd, [Rn, Offset}{!}

- Program-relative

  op{cond}{B} Rd, label

- Post-index offset

  op{cond}{B}{T} Rd, [Rn], Offset

여기서,

op : LDR(Load Register) 또는 STR(Store Register)

cond : 조건 실행 옵션([표 2.5] 참조)

B : 바이트 전송임을 표시하는 접미사로 한 바이트를 제외한 세 바이트(워드 단위로 전송하므로)는 0으로 채워져 전송된다.

T : 접미사 T는 프로세서가 특권 모드일 경우 실행되며, 특권 모드(Privileged Mode)에서 프로세서가 사용자 모드(User Mode)일 때처럼 메모리를 액세스하기 위하여 사용한다.

Rd : ARM 레지스터(r0~r15)

Rn : 메모리 어드레스를 가리키는 레지스터이다. 아래의 경우 Rn은 Rd와 같아서는 안된다.

- pre-indexed with write-back offset
- post-indexed offset

label : 레이블은 Program-Relative 표현이다. 레이블은 현재 명령에서 ±255바이트 이내의 어드레스에 위치해야 한다.

offset : Rn 베이스 어드레스에서 ±4096(12비트) 범위의 수식 또는 값

! : Write-back을 지정. Write-back을 지정하면, 베이스 레지스터 Rn±Offset

의 결과를 Rn에 다시 써넣는다.

- Zero offset

Rn이 가지고 있는 값이 바로 메모리 어드레스를 가리킨다.

- Pre-indexed offset

데이터를 전송하기 전에 Rn의 값에 옵셋값을 더하고, 계산된 어드레스의 메모리를 액세스한다. Write-back이 지정되어 있으면 계산된 어드레스를 Rn에 다시 써넣는다.

- Program-relative

Pre-indexed 형태의 또 다른 사용법으로 PC(Program Counter)로 레이블의 상대 옵셋을 계산하여 데이터를 전송한다. 여기서는 Write-back을 지정할 수 없다.(보통의 경우 코드 메모리임)

- Post-indexed offset

Post-indexed에서는 Write-back이 자동으로 지정되어 있다. Pre-index와 달리 Rn이 지정하는 어드레스의 메모리를 액세스 하고, 이후에 Rn과 옵셋을 더하여 Rn에 다시 써넣는다.

- R15(Program Counter)의 사용

R15를 Rd로 사용하는 경우는 PC에 어드레스를 로드시키는 경우가 되므로 해당 어드레스로 분기하게 된다. R15를 베이스 레지스터 Rn으로 사용하는 경우는 가능하면 피해야 한다. 이 경우에는 Write-back을 지정할 수 없다.

사용예 1. Zero offset의 경우

```
LDR   r8, [r10]   ; [r10]이 가리키는 메모리의 내용을 R8로 전송
LDR   r7, [r0]    ; [r0]이 가리키는 메모리의 내용을 R7로 전송
LDRB  r8, [r10]   ; [r10]이 가리키는 메모리의 내용을 r8로 바이트 전송
STR   r8, [r10]   ; r8의 내용을 [r10]이 가리키는 메모리 어드레스에 전송
STR   r7, [r0]    ; r7의 내용을 [r0]이 가리키는 메모리 어드레스에 전송
STRB  r8, [r10]   ; r8의 내용을 [r10]이 가리키는 메모리 어드레스에
                  ; 바이트 전송
```

사용예 2. Pre-indexed offset의 경우

```
LDR   r6, [r1,#4]   ; [r1+4]에 해당하는 메모리 어드레스의 값을 r6으로 전송
```

```
LDR   r6, [r1,#4]!  ; r1에 [r1+4] 값을 써넣고 그에 해당하는 메모리
                    ; 어드레스의 값을 r6에 전송
                    ; r6 = mem32[r1+4]
                    ; r1 = r1+4
LDRB  r6, [r1,#4]   ; [r1+4]에 해당하는 메모리 어드레스의 값을 r6로
                    ; 바이트 전송
STR   r6, [r1,#4]   ; r6의 값을 [r1+4]에 해당하는 메모리 어드레스로 전송
STR   r6, [r1,#4]!  ; r1에 [r1+4] 값을 써넣고 r6의 값을 r1이 가리키는
                    ; 메모리 어드레스에 전송
                    ; mem32[r1+4] = r6
                    ; r1 = r1+4
STRB  r6, [r1,#4]   ; r6의 값을 [r1+4]에 해당하는 메모리 어드레스로
                    ; 바이트 전송
```

사용예 3. Program-relative의 경우

```
LDR   r0, localdata ; localdata 레이블이 가리키는 어드레스의 값을
                    ; r0으로 전송
```

사용예 4. Post-indexed offset의 경우

```
LDR   r5, [r7], #-8 ; [r7]이 가리키는 메모리 어드레스의 값을 r5에 전송
                    ; 하고 r7-8 값을 r7에 저장
LDRB  r5, [r7], #-8 ; [r7]이 가리키는 메모리 어드레스의 값을 r5에
                    ; 바이트전송 하고 r7-8 값을 r7에 저장
STR   r5, [r7], #-8 ; r5의 값을 [r7]이 가리키는 메모리 어드레스에
                    ; 저장하고 r7-8 값을 r7에 저장
STRB  r5, [r7], #-8 ; r5의 값을 [r7]이 가리키는 메모리 어드레스에
                    ; 바이트 전송하고 r7-8 값을 r7에 저장
```

▶ LDR 그리고 STR 명령, Half-워드와 부호있는 바이트형의 전송

8비트 부호있는 한 바이트와 Half-워드(부호에 상관없음) 값을 메모리에서 레지스터로 전송하는 명령(LDR)과 Half-워드 값이 저장된 레지스터의 값을 메모리에 저장하는 명령(STR)이다. 이때 부호있는 데이터는 32비트의 부호있는 값으로 확장되고 부호가 없는 Half-워드의 경우 나머지는 0으로 채워진다.

LDR과 STR은 다음의 네 가지 형태로 사용한다.

- Zero offset

  op{cond}type Rd, [Rn]

- Pre-index offset

  op{cond}type Rd, [Rn, Offset}{!}

- Program-relative

  op{cond}type Rd, label

- Post-index offset

  op{cond}type Rd, [Rn], Offset

여기서,

type :	SH	부호 있는 Half-워드의 경우(LDR에만 사용)
	H	부호 없는 Half-워드의 경우
	SB	부호 있는 바이트의 경우(LDR에만 사용)

- R15(Program Counter)의 사용

  r15에 Half-워드나 바이트 값을 로드시키는 명령을 사용하면 안된다.

사용예

```
LDRSH   r11.[r6]       ; [r6]이 가리키는 메모리의 내용을 R11로 Half-워드
                       ; 전송한다. 32비트 부호 있는 값으로 확장한다.
LDRH    r1, [r0, #22]  ; [r0+22]가 가리키는 메모리의 내용을 R1로 전송
STRH    r4, [r0,r1]!   ; [r0+r1]의 값을 r0에 써넣고 r0이 가리키는 메모리
                       ; 어드레스에 r4의 Half-워드 값을 전송
                       ; r0 = r0+r1
LDRSB   r6, constf     ; constf 레이블이 가리키는 어드레스의 값을 r6에
                       ; 바이트 전송. 32비트 부호 있는 값으로 확장한다.
```

▶ LDM 그리고 STM 명령

블록 데이터 전송(Block Copy)에 사용되는 명령어로 다수의 레지스터와 메모리 간의 데이터 전송에 사용된다. 명령의 형태는 다음과 같다.

```
op{cond}mode Rn{!}, reglist{^}
```

여기서,

- op : LDM 또는 STM 명령
- cond : 조건 실행 옵션([표 2.5] 참조)
- mode : IA 전송 후에 어드레스를 증가
  - IB 전송 전에 어드레스를 증가
  - DA 전송 후에 어드레스를 감소
  - DB 전송 전에 어드레스를 감소
  - FD 스택의 경우로 스택 포인터가 하위 주소로 감소하므로 Descending 방식. 마지막 스택포인터에 데이터가 존재함
  - ED 스택의 경우로 스택 포인터가 하위 주소로 감소하므로 Descending 방식. 마지막 스택포인터에 데이터가 비어 있음
  - FA 스택의 경우로 스택 포인터가 상위 주소로 증가하므로 Ascending 방식. 마지막 스택포인터에 데이터가 존재함
  - EA 스택의 경우로 스택 포인터가 상위 주소로 증가하므로 Ascending 방식. 마지막 스택포인터에 데이터가 비어 있음
- Rn : 어드레스를 가리키고 있는 베이스 레지스터이다. R15는 사용해선 안된다.
- ! : Write-back 옵션
- reglist : 레지스터 리스트이다. 콤마로 분리하여 레지스터를 나열하거나 레지스터 레인지를 지정할 수 있다.
- ^ : 유저모드나, 시스템모드를 제외한 특권모드에서만 사용된다.
  두 가지 목적으로 사용되는데 첫번째, 명령어가 LDM이고 레지스터 리스트에 PC(r15)가 포함되어 있다면, 보통의 블록전송 동작에 SPSR이 CPSR로 복사되는 기능이 더해진다. 이는 익셉션 핸들러에서 리턴하는 것으로 익셉션 모드에서 사용하게 된다.
  두번째, 전송된 레지스터는 현재 뱅크 레지스터에는 없고 사용자 모드의 레지스터에 있는 경우, 이 명령은 프로세스 모드 교체 때에 사용자 모드 상태를 보존하는 데 편리하다.

사용예 LDMFD, STMFD, LDMIA, STMIA

IA는 'Increment & After'의 약자로 데이터 액세스 후 어드레스를 증가하는 방식이다. Write-back 옵션으로 어드레스는 증가한다.

```
LDMIA  r0!, {r5-r12}  → r5 = mem32[r0+0], r6 = mem32[r0+1],....
                        r12 = mem32[r0+7]
STMIA  r1!, {r5-r12}  → mem32[r1+0] = r5, mem32[r1+1] = r6,....
                        mem32[r1+7] = r12
```

FD는 'Full & Descending'의 약자로 스택이 하위 주소로 감소하는 것을 말한다. 'sp-1'은 실제 스택어드레스가 하위주소방향으로 진행한다는 의미이다.
스택 방식에는 Ascending 방식과 Descending 방식이 있는데 우리가 사용하는 스택 방식은 Descending 방식이고 그 중에서도 Full Descending 방식이다.

```
STMFD  sp!, {r3-r12}  → mem32[sp-0] = r12, mem32[sp-1] = r11,....
                        mem32[sp-9] = r3
LDMFD  sp!, {r3-r12}  → r3 = mem32[sp+0], r4 = mem32[sp+1],....
                        r12 = mem32[sp+9]
```

LDMFD & STMFD 사용시 메모리 상태

```
ldr r0, =0x0
ldr r1, =1
ldr r2, =2
ldr r3, =3
ldr r4, =4
ldr r5, =5
ldr r6, =6
ldr r7, =7
ldr r8, =8
ldr r9, =9
ldr r10, =10
ldr r11, =11
ldr r12, =12

STMFD   sp!, {r0-r4}
LDMFD   sp!, {r8-r12}
```

위와 같은 코드를 실행하게 되면 r8=0, r9=1, r10=2, r11=3, r12=4 값이 대입되는 것을 확인할 수 있다. 왜 그러한지 다음을 보자.

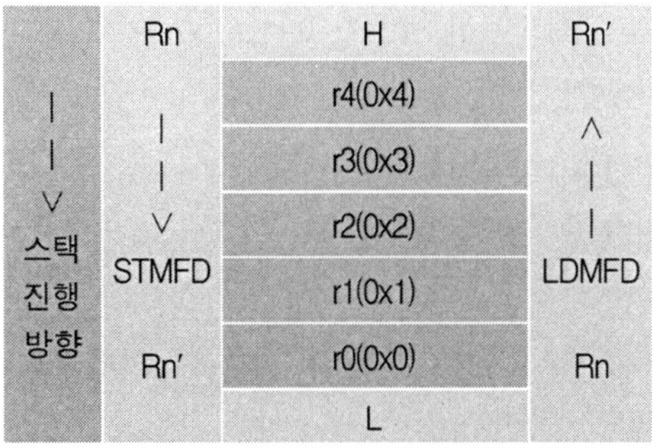

[그림 2.4] STMFD & LDMFD

STMFD sp!, {r0-r4} 명령 실행으로 다음과 같은 순서로 메모리에 쌓이게 된다. r4부터 r0 순으로 데이터 대입이 이루어진다.('sp-*'인 이유는 스택 진행방향이 하위어드레스 방향이기 때문이다.)

① mem32[sp-0] = r4
② mem32[sp-1] = r3
③ mem32[sp-2] = r2
④ mem32[sp-3] = r1
⑤ mem32[sp-4] = r0

LDMFD sp!, {r8-r12} 명령 실행으로 다음과 같은 순서로 메모리에 쌓이게 된다. r8부터 r12순으로 데이터 대입이 이루어진다.

① r8 = mem32[sp+0], 여기서의 sp는 [그림 2.4]에서의 r0가 보이는 위치이다.
② r9 = mem32[sp+1]
③ r10 = mem32[sp+2]
④ r11 = mem32[sp+3]
⑤ r12 = mem32[sp+4]

LDMIA & STMIA 사용시 메모리 상태

```
ldmia   r0!, {r1, r2, r3, r4, r5}
stmia   r6!, {r1, r2, r3, r4, r5}
```

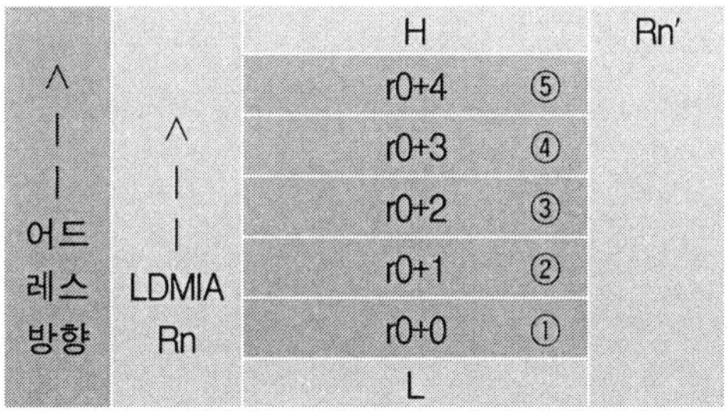

[그림 2.5] LDMIA

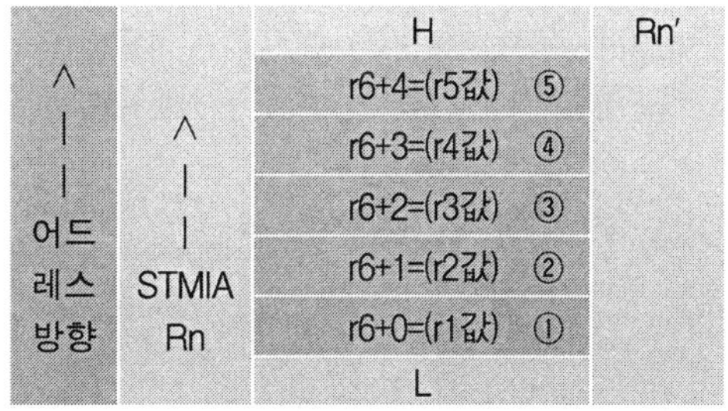

[그림 2.6] STMIA

[그림 2.5]는 LDMIA 실행시의 메모리 상태를 보여주는 것으로 r1=mem32[r0+0], r2=mem32[r0+1], ... r5 = mem32[r0+4]를 대입하는 것이다. 즉, r0+0 위치의 메모리 내용부터 r0+4까지의 메모리 내용을 r1~r5 레지스터에 대입하는 명령이다.

Rn은 최초 베이스 번지를 나타내며 Rn′는 명령실행 후 변경된 베이스번지를 가리킨다. ①~⑤는 명령이 실행되는 순서를 나타내는 것이다.

[그림 2.6]은 STMIA 실행시의 메모리 상태를 보여주는 것으로 mem32[r6+0]=r1, mem32[r6+1]=r2, ... mem32[r6+4]=r5 값을 대입하는 것이다. 즉, r6+0 위치부터 r6+4 까지의 메모리 내용에 r1~r5 레지스터 값을 대입하는 명령이다.

LDMDA & STMDA 사용시 메모리 상태

```
ldmda   r0!, {r1, r2, r3, r4, r5}
stmda   r6!, {r1, r2, r3, 4, r5}
```

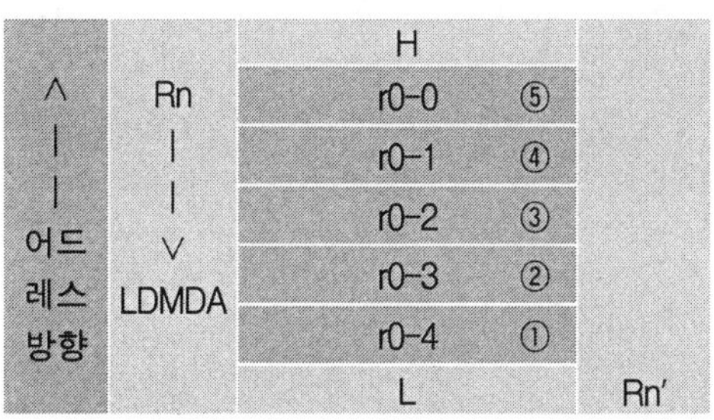

[그림 2.7] LDMDA

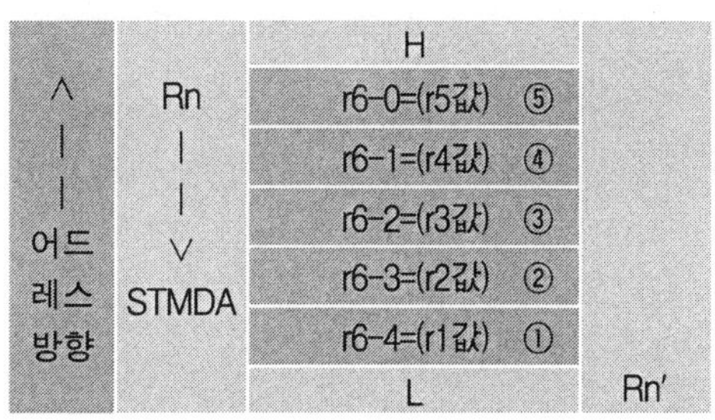

[그림 2.8] STMDA

[그림 2.7]은 LDMDA 실행시의 메모리 상태를 보여주는 것으로 r1=mem32[r0-4], r2=mem32[r0-3], ... r5=mem32[r0-0]을 대입하는 것이다. 즉, r0-4 위치의 메모리 내용부터 r0-0까지의 메모리 내용을 r1~r5 레지스터에 대입하는 명령이다.

[그림 2.8]은 STMDA 실행시의 메모리 상태를 보여주는 것으로 mem32[r6-4]=r1,

mem32[r6-3]=r2, ... mem32[r6-0] = r5 값을 대입하는 것이다. 즉, r6-4 위치부터 r6-0까지의 메모리 내용에 r1~r5 레지스터 값을 대입하는 명령이다.

Block Copy 사용 예

```
        ldr     r0, =src
        ldr     r1, =dst
        mov     r2, #size
        stmfd   sp!, {r3-r12}
        add     r3, r0, r2              ; Source End Address
blockcopy
        ldmia   r0!, {r5-r12}
        stmia   r1!, {r5-r12}
        cmp     r0, r3
        bcc     blockcopy

        ldmfd   sp!, {r3-r12}
```

위 코드는 블록 복사의 사용 예를 보여주고 있다. src(소스 어드레스)부터 dst(목적지 어드레스)까지 size(데이터 블록 크기) 만큼을 복사하는 루틴이다.

blockcopy 루틴을 보면 'ldmia r0!, {r5-r12}' 명령이 있다. 이는 'r0 + *'의 값을 r5부터 r12까지 대입하는 부분으로 r5 = mem32[r0+0], r6 = mem32[r0+1], ... r12 = mem32[r0+7]로 되는 것이다.

'stmia r1!, {r5-r12}'는 반대로 mem32[r1+0]=r5, mem32[r1+1]=r6, ... mem32[r1+7]=r12로 되는 것으로 즉, 'r1 + *'의 메모리 공간에 r5부터 r12까지의 값을 대입하는 것이다. 여기서 r0은 소스어드레스이고 r1은 목적지 어드레스이므로 결국 r0의 내용을 r1로 주소를 증가하면서 복사(copy)하게 되는 것이다.

만약 위 명령을 LDR/STR 과 같은 단일 명령을 사용하였다면 LDR로만 r5부터 r12까지 8번의 명령 패치와 8번의 메모리 액세스가 필요하고 STR까지 하면 총 8바이트의 크기를 복사하는데 16번의 명령 패치와 16번의 메모리 액세스를 하여야 한다. 그러나 LDM/STM 같은 다중전송 레지스터를 사용하면 각각 1번의 메모리 패치와 8번의 메모리 액세스가 실행되므로 명령을 패치하는 시간을 줄일 수 있게 된다. 또한 메모리 블록 복사를 하는 데이터 크기가 크면 클수록 더욱 그러하므로 영상데이터를 실시간으로 복사해야 하는 경우나 실시간을 요구하는 시스템 등에는 아주 유용하게 사용할 수 있다. 이러한 식으로 코드 최적화를 실행하면 시스템의 처리속도와 성능을 향상시킬 수 있다.

▶ SWP 명령어

SWP 명령어는 바이트 또는 워드 데이터를 레지스터와 메모리 사이에 교환하는 명령이다. 명령의 형태는 다음과 같다.

```
SWP{cond}{B} Rd, Rm, [Rn]
```

여기서,

cond	: 조건 실행 옵션([표 2.5] 참조)
B	: 바이트 교환(Swap)임을 표시하는 접미사
Rd	: [Rn]이 가리키는 메모리 어드레스의 값이 저장될 레지스터
Rm	: [Rn]이 가리키는 메모리 어드레스에 저장할 값을 가진 레지스터
Rn	: 메모리 어드레스를 가지는 레지스터로 Rd, Rm과 같으면 안된다.

기본 동작은 [Rn]이 가리키는 메모리 어드레스의 내용을 Rd에 전송하고, Rm의 값을 [Rn]이 가리키는 메모리 어드레스로 전송한다.

사용예

```
SWP   r3, r5, [r7] ; [r7]이 가리키는 메모리 어드레스의 내용을 r3에
                   ; 전송하고 r5의 값을 [r7]이 가리키는 메모리
                   ; 어드레스로 전송
SWPB  r3, r5, [r7] ; [r7]이 가리키는 메모리 어드레스의 내용을 r3에
                   ; 바이트 전송하고 r5의 값을 [r7]이 가리키는 메모리
                   ; 어드레스로 바이트 전송
```

2.3.2 ARM 데이터처리 명령

데이터 처리 명령은 레지스터간의 데이터 전송 및 데이터 비교, 연산을 하는 명령어이다.

▶ 다양한 형태의 제2오퍼랜드(Second Operand)

ARM의 데이터처리 명령어 들은 오퍼랜드2를 가지는데, 이는 각 데이터 처리명령의 사용형태에서 Operand2로 표기한다. 예를 들면 데이터 연산명령들에서 op{cond}{S} Rd, Rn, Operand2와 같은 명령 형태로 표현된다.

오퍼랜드2의 사용형태는 다음과 같다.

```
#immed_8r
Rm{, shift}
```

여기서,

immed_8r : 8비트 이미디어트(Immediate) 로테이트이다. 여기에 오는 상수는 8비트(0~255)의 숫자와 4비트의 로테이트 숫자로 어셈블된다. 0~255의 값이면 로테이트 숫자가 0이 되고, 255보다 큰 값은 8비트 값에 '4비트 값×2'만큼의 로테이트 수로 표현된다.
따라서 최종의 로테이트 수는 0, 2, 4... 30이 되는 것이다.

Rm : Operand2의 값을 가지게 되는 레지스터

shift : Rm에 적용할 수 있는 쉬프트 옵션으로 ASR, ASL, LSL, LSR, ROR, RRX 중 한 가지이다.

여기에서 immed_8r에 대해 좀더 상세히 설명하도록 하겠다. 이 표현은 기계어로 어셈블하여 코드를 생성할 때 사용되는 표현법이긴 하나, 사용자도 꼭 알아둬야 한다. 예를 들어 'MOV r0, #1020'이란 명령은 r0에 10진수 1020을 전송하라는 표현이다. 여기에서 1020은 분명히 255가 넘는 값이다. 하지만 그냥 저렇게 표현해도 r0에 10진수 1020이 전송된다. 즉, 8비트 이미디어트 로테이트 표현은 유저가 직접 표현하는 것은 아니다.

그럼 여기서 1020이란 값을 함께 풀어보자.

1020 = 0x000003FC이고 2진수로 2_00000000000000000000001111111100이다. 그럼 0xFF란 값을 30비트 오른쪽으로 로테이트 시켜보자. 그러면 앞의 0x000003FC란 값이 나오게 된다. 즉 기계어 코드로 표현될 때는 0xFF라는 8비트 값과 0x0F(0x0F×2=30) 로테이트 수로 표현되는 것이다. 따라서 'ADD r3, r7, #1023'에서 1023이란 값은 8비트 값을 4비트 로테이트 한 값으로 표현이 안 되므로 잘못된 표현이다.

ARM 명령어에서의 쉬프트 명령어들은 다른 명령어와의 조합으로만 사용이 가능하다. ARM 프로세서 내부에는 배럴 쉬프트라는 하드웨어 로직이 있어서 쉬프트 명령어가 포함되어 있는 다른 명령어의 처리도 1Clock 연산이 가능하다.

사용예

```
ADD r1, r2, r3, LSL #4 ; r1 = r2+(r3<<4). r3을 왼쪽으로 4비트 쉬프트한 후
                       ; r2와 더한 값을 r1에 저장한다.
```

- ASR(Arithmetic Shift Right)

ASR은 n비트만큼 오른쪽으로 쉬프트 시키는 것으로 Rm을 2^n으로 나누는 의미이다. 이때, 쉬프트 된 왼쪽 공간은 부호비트인 최상위 비트 bit[31]을 복사하여 채우게 된다.

- ASL(Arithmetic Shift Right)

LSL명령과 같으므로 LSL명령을 참조한다.

- LSR(Logical Shift Right)

LSR은 n비트만큼 오른쪽으로 쉬프트 시키는 것으로 Rm을 2^n으로 나누는 의미이다. 이 때, 쉬프트 된 왼쪽 공간은 0으로 채워진다.

- LSL(Logical Shift Left)

LSL은 n비트만큼 왼쪽으로 쉬프트 시키는 것으로 Rm에 2^n을 곱하는 의미이다. 이 때, 쉬프트 된 오른쪽 공간은 0으로 채워진다.

- ROR(Rotate Right)

ROR은 n비트만큼 오른쪽으로 로테이트 시키는 것으로 최하위 비트 bit[0]이 최상위 비트 bit[31]로 옮겨가게 된다. 물론 다른 비트들도 한 칸씩 로테이트 되고 최하위 비트에서 최상위로 로테이트 되는 비트는 캐리 플래그에도 전송된다. [그림 2.9]는 3비트 ROR시키는 것이다.

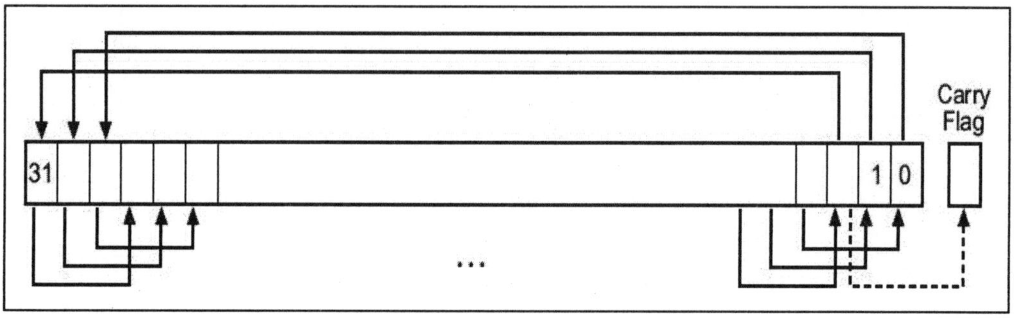

[그림 2.9] ROR(Rotate Right)

- RRX(Rotate Right one bit with eXtend)

RRX는 Rm레지스터와 캐리를 묶은 전체가 1비트 오른쪽으로 로테이트 하는 것이다.

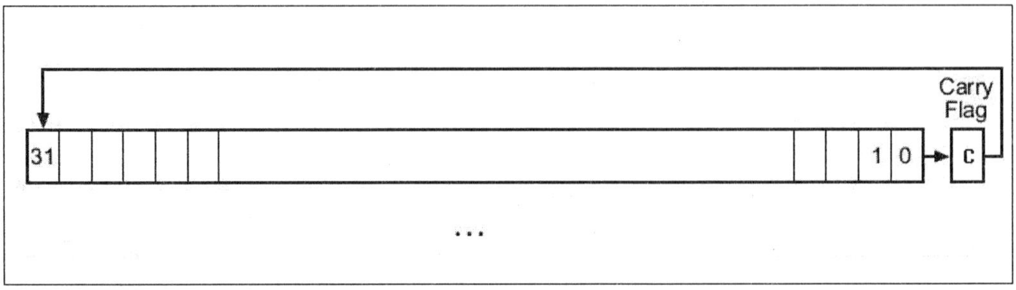

[그림 2.10] RRX(Right Rotate one bit with eXtend)

▶ MOV, MVN 명령어

레지스터끼리 데이터를 주고받거나 레지스터에 값을 전송하는 명령어이다. 사용 형태는 다음과 같다.

```
MOV{cond}{S} Rd, Operand2
MVN{cond}{S} Rd, Operand2
```

여기서,

cond : 조건 실행 옵션([표 2.5] 참조)
S : 명령 실행 결과에 따라 조건 플래그의 변경을 지정하는 접미사
Rd : 결과가 저장될 ARM 레지스터
Operand2 : 앞의 오퍼랜드2 내용 참조

MOV 명령은 오퍼랜드2의 값을 Rd 레지스터에 복사한다. MVN은 오퍼랜드2의 값에 NOT(1의 보수)을 취하여 Rd 레지스터에 전송한다.

[표 2.6] MOV/MVN 명령에서 상태 플래그

구 분	설 명
V 플래그	영향 없음
C 플래그	오퍼랜드2의 자체 연산결과에서 캐리 발생시 '1'
Z 플래그	전송결과가 0(Zero)일 때 '1'
N 플래그	전송결과가 음수(Negative) 일 때 '1'

사용예 1. MOV

```
MOV    r5, r2        ; r2의 값을 r5에 복사
MOVS   r5, r2        ; r2의 값을 r5에 복사, 상태플래그 변경 있음
```

```
MOVS   r0, r0, ASR r3 ; r0값을 r3만큼 ASR하고 그 값을 r0에 저장
                      ; 상태플래그 변경 있음
MOVEQ r2, r9          ; z=1이면, r9의 값을 r2에 복사
```

사용예 2. MVN

```
MVN    r2, #0xF0      ; 0xF0를 NOT한 값 0x0F를 r2에 저장
MVN    r5, r2         ; r2를 NOT한 값을 r5에 저장
```

▶ ADD, SUB, RSB, ADC, SBC, 그리고 RSC 명령

이 명령들은 덧셈, 뺄셈을 하는 명령어로 캐리를 적용할 수도 있고 반대 방향으로 뺄셈하는 명령도 있다. 물론 연산에 따라 상태플래그에 적용도 가능하다. 사용 형태는 다음과 같다.

```
op{cond}{S} Rd, Rn, Operand2
```

여기서,

op : ADD, SUB, RSB, ADC, SBC, RSC 중 한 명령
cond : 조건 실행 옵션([표 2.5] 참조)
S : 명령 실행 결과에 따라 조건 플래그의 변경을 지정하는 접미사
Rd : 결과가 저장될 레지스터
Rn : ARM 레지스터
Operand2 : 앞의 오퍼랜드2 내용 참조

기본동작은 Rn과 오퍼랜드2의 연살결과를 Rd에 저장하는 것으로, 오퍼랜드는 각각 32비트 정수로 취급하고, S플래그가 지정되면 CPSR의 각 플래그는 다음과 같이 영향을 받는다.

[표 2.7] 덧셈/뺄셈 연산에서 상태플래그

구 분	설 명
V 플래그	오버플로우(Overflow)가 발생하면 '1'로 셋
C 플래그	덧셈에서 캐리(Carry)가 발생하면 '1'
Z 플래그	연산결과가 0(Zero)일 때 '1'
N 플래그	연산결과가 음수(Negative) 일 때 '1'

사용예 1. ADD, ADDC

```
ADD   r2, r1, r3         ; r2 ← r1 + r3, 상태플래그 변경 없음
ADC   r5, r1, r3         ; r5 ← r1 + r3 + C(Carry)
ADDS  r4, r0, r2         ; r4 ← r0 + r2, 상태플래그 변경 있음
ADD   r5, r5, #1         ; r5 ← r5 + 1
ADD   r1, r1, r2 LSL #2 ; r1 ← r1 + r2× 4
ADDS  r0, r0, r2         ; 64비트 덧셈(r1r0 ← r1r0 + r3r2)
ADC   r1, r1, r3         ; 자리올림을 더하여 덧셈
```

사용예 2. SUB, SBC

```
SUB   r0, r0, r2         ; r0 ← r0 - r2
SBC   r1, r1, r3         ; r1 ← r1 - r3 - not C
SUBS  r3, r6, r9         ; 96비트 뺄셈(r5r4r3 ← r6r7r8 = r9r10r11)
                         ; 빌림수가 있으면 C=0 ;
SBCS  r4, r7, r10        ; 하위자리의 빌림수를 적용하여 뺄셈
SBC   r5, r8, r11        ; 하위자리의 빌림수를 적용하여 뺄셈
```

사용예 3. RSB, RSC

```
RSB   r0, r0, r2         ; r0 ← r2 - r0, 상태플래그 변경 없음
```

부호반전인 경우 사용하면 편리하다.

```
MOV   r0, #5       ; r0 = 5
RSB   r0, r0, #0   ; r0 = -5
RSC   r0, r0, r2   ; r0 ← r2 - r0, 상태플래그 변경 있음
```

▶ AND, ORR, EOR(Exclusive OR), 그리고 BIC(Bit Clear) 명령어

논리연산 명령어들로 비트 단위로 AND, OR, EOR, 그리고 비트 클리어(Bit Clear) 연산을 수행한다. 사용 형태는 다음과 같다.

```
op{cond}{S} Rd, Rn, Operand2
```

여기서,

op : AND, ORR, EOR, 또는 BIC 중 한 명령
cond : 조건 실행 옵션([표 2.5] 참조)
S : 명령 실행 결과에 따라 조건 플래그의 변경을 지정하는 접미사

Rd : 결과가 저장될 ARM 레지스터
Rn : ARM 레지스터
Operand2 : 앞의 오퍼랜드2 내용 참조

기본동작은 Rn과 오퍼랜드2의 논리연산 결과를 Rd에 저장하는 것으로 오퍼랜드는 각각 32비트 정수로 취급하고 S 플래그가 지정되면 CPSR의 각 플래그는 다음과 같이 영향을 받는다.

[표 2.8] 논리 연산에서 상태플래그

구 분	설 명
V 플래그	영향 없음
C 플래그	오퍼랜드2의 연산에서 캐리가 발생하면 '1'
Z 플래그	연살결과가 0일 때 '1'
N 플래그	연살결과의 MSB가 1일 때 '1'

사용예 1. AND

```
AND   r9, r2, #0xFF00   ; r9 ← r2 AND 0xFF00, 상태플래그 변경 없음
ANDS  r9, r2, #0xFF00   ; r9 ← r2 AND 0xFF00, 상태플래그 변경 있음
```

사용예 2. ORR

```
ORR   r2, r0, r5        ; r2 ← r0 OR r5
```

사용예 3. EOR

```
EORS  r0, r0, r3, LSL #2 ; r0 ← r0 EOR (r3×4), 상태플래그 변경 있음
```

사용예 4. BIC

```
BICS  r8, r10, #0x10    ; r8 ← r10 AND (NOT 0x10), 상태플래그 변경 있음
```

▶ TST(Test) 그리고 TEQ(Test Equivalence)

특정 비트를 테스트하는 명령어들로 사용형태는 다음과 같다.

```
TST{cond} Rn, Operand2
TEQ{cond} Rn, Operand2
```

여기서,

cond : 조건 실행 옵션([표 2.5] 참조)
Rn : ARM 레지스터

Operand2 : 앞의 오퍼랜드2 내용 참조

TST 명령의 기본동작은 Rn에 오퍼랜드2의 값을 AND시켜 결과가 상태플래그에 미치는 영향을 알아보는 것으로 AND와 유사하나 그 결과를 레지스터에 저장하지는 않는다.
TEQ 명령은 Rn에 오퍼랜드2의 값을 EOR(Exclusive OR) 시켜 결과가 상태플래그에 미치는 영향을 알아보는 것이다. 마찬가지로 그 결과를 레지스터에 저장하지 않는다. 따라서 TST명령과 TEQ명령에서 {S}옵션은 필요가 없다. 연산결과에 따른 상태플래그는 앞의 [표 2.8] 논리연산 상태플래그 적용과 같다.

사용예 TST, TEQ

```
TST   r0, #0x3F8  ; r0 AND 0x3F8, 결과에 따라 상태플래그에 영향을 준다.
TEQ   r10, r9     ; r10 EOR r9, 결과에 따라 상태플래그에 영향을 준다.
```

▶ CMP(Compare) 그리고 CMN(Compare Negative)

CMP와 CMN은 레지스터와 오퍼랜드2 사이의 값을 비교하는 명령어이다. 연산을 하여 그 결과에 따라 상태플래그를 업데이트 하는데 그 결과를 다시 레지스터에 저장하지는 않는다. 사용형태는 다음과 같다.

```
CMP{cond} Rn, Operand2
CMN{cond} Rn, Operand2
```

여기서,

cond : 조건 실행 옵션([표 2.5] 참조)
Rn : ARM 레지스터
Operand2 : 앞의 오퍼랜드2 내용 참조

CMP 명령은 Rn에서 오퍼랜드2를 빼는 연살결과로 상태 플래그를 업데이트 한다. SUBS 명령과 유사하나 레지스터에 값을 저장하지는 않는다. CMN은 Rn과 오퍼랜드2의 값을 더한 연살결과로 상태 플래그를 업데이트 한다. ADDS 명령과 유사하나 레지스터에 값을 저장하지는 않는다. 연살결과에 따라 상태플래그 N, Z, C, V 모두에 영향을 준다.

사용예 1. CMP

```
CMP   r2, r9      ; r2-r9 연살결과에 따라 상태플래그 변경
```

```
CMP   r0, #6400   ; r0-6400 연살결과에 따라 상태플래그 변경
```

사용예 2. CMN

```
CMN   r2, r9      ; r2+r9 연살결과에 따라 상태플래그 변경
CMN   r0, #6400   ; r0+6400 연살결과에 따라 상태플래그 변경
```

2.3.3 ARM 곱셈 명령

▶ MUL, MLA 명령

32비트×32비트 명령어로 결과는 하위 32비트만 저장한다. 사용형태는 다음과 같다.

```
MUL{cond}{S} Rd, Rm, Rs       ; Rd ← Rm × Rs
MLA{cond}{S} Rd, Rm, Rs, Rn   ; Rd ← Rm × Rs + Rn
```

여기서,

cond : 조건 실행 옵션([표 2.5] 참조)
S : 명령 실행 결과에 따라 조건 플래그의 변경을 지정하는 접미사
Rd : 결과가 저장될 ARM 레지스터(r15 사용불가)
Rm,Rs,Rn : 오퍼랜드 ARM 레지스터(r15 사용불가)

MUL 명령은 Rm과 Rs의 값을 곱하여 연산결과 중 오버플로우 값은 버리고 32비트 값만 Rd에 저장한다. MLA는 Rm과 Rs의 값을 곱하고 그 결과에 Rn값을 더하여 Rd에 저장한다. 이때도 32비트 값만 저장하게 된다. MUL/MLA 명령에서는 오버플로우를 제외한 하위 32비트 값만 저장하게 되므로 부호가 있고, 없고에 따라 명령어를 달리 사용하지 않아도 된다. 그리고 Rd와 Rm을 똑같은 레지스터로 지정할 수 없고 r15는 사용하면 안된다.

[표 2.9] MUL/MLA 연산에서 상태플래그

구 분	설 명
V 플래그	영향 없음
C 플래그	ARM 아키텍쳐 v5 이후부터 C플래그에 영향 없음 v4 이전에 대해서는 C 플래그는 무시
Z 플래그	연살결과가 0일 때 '1'
N 플래그	연살결과의 MSB가 1일 때 '1'

사용예 1. MUL

```
MUL    r10, r2, r5      ; r10 ← r2 × r5
MULS   r0, r2, r2       ; r0 ← r2 × r2, 상태플래그 변경 있음
MUL    r15, r0, r3      ; r15는 사용할 수 없으므로 잘못된 표현이다.
MLA    r1, r1, r6       ; Rd와 Rm은 같을 수 없다.
```

사용예 2. MLA

```
MLA    r10, r2, r1, r5  ; r10 ← r2 × r1 + r5
MLAS   r8, r6, r3, r8   ; r8 ← r6 × r3 + r8, 상태플래그 변경 있음
```

▶ UMULL, UMLAL, SMULL, 그리고 SMLAL 명령

32비트×32비트 명령어로 결과는 64비트로 저장한다. 사용 형태는 다음과 같다.

op{cond}{S} RdLo, RdHi, Rm, Rs

여기서,

op	: UMULL, UMLAL, SMULL, SMLAL 명령 중 한 명령
cond	: 조건 실행 옵션([표 2.5] 참조)
S	: 명령 실행 결과에 따라 조건 플래그의 변경을 지정하는 접미사
RdLo, RdHi	: 결과가 저장될 ARM 레지스터(r15 사용불가)
Rm,Rs	: 오퍼랜드 ARM 레지스터(r15 사용불가)

UMULL 명령은 부호없는 정수형 32비트×32비트 연산의 결과를 MSB는 RdHi레지스터에 LSB는 RdLo레지스터에 저장한다.

RdHi:RdLo ← (unsigned) (Rm×Rs)

UMLAL 명령은 부호 없는 정수형 32비트×32비트 연산의 결과를 RdHi레지스터와 RdLo레지스터가 갖고 있는 값에 더하여 MSB는 RdHi레지스터에 LSB는 RdLo레지스터에 저장한다.

RdHi:RdLo ← (unsigned)(RdHi:RdLo + Rm × Rs)

SMULL 명령은 부호있는 정수형 32비트×32비트 연산의 결과를 MSB는 RdHi레지스터에 LSB는 RdLo레지스터에 저장한다.

RdHi:RdLo ← (signed)(Rm × Rs)

SMLAL 명령은 부호있는 정수형 32비트×32비트 연산의 결과를 RdHi레지스터와 RdLo레지스터가 갖고 있는 값에 더하여 MSB는 RdHi레지스터에 LSB는 RdLo레지스터에 저장한다.

RdHi:RdLo ← (signed)(RdHi:RdLo + Rm × Rs)

r15레지스터는 사용할 수 없고, RdHi, RdLo, Rm은 각각 다른 레지스터를 사용해야 한다. 조건플래그의 적용은 MUL/MLA 명령 때와 같다.

사용예 1. UMULL

```
UMULL  r0, r4, r5, r6  ; r4r0 ← r5 × r6
UMULLS r0, r4, r5, r6  ; r4r0 ← r5 × r6, 상태플래그 변경 있음
```

사용예 2. UMLAL

```
UMLALS r4, r5, r3, r8  ; r5r4 ← r5r4 + r5 × r6
```

사용예 3. SMULL

```
SMULL  r0, r1, r9, r0  ; r1r0 ← r9 × r10 (부호 있음)
                       ; r0는 rs자리에 있으므로 중복 가능
```

사용예 4. SMLAL

```
SMLAL  r8, r9, r7, r6  ; r9r8 ← r9r8 + r7 × r6 (부호 있음)
```

2.3.4 ARM 분기(Branch) 명령

분기 명령은 무조건 분기, 조건 분기, 간접 분기, 서브루틴 콜 등의 명령이다.

▶ B(Branch), BL(Branch with Link) 명령

```
B{cond} label
BL{cond} label
```

여기서,

cond : 조건 실행 옵션([표 2.5] 참조)

label : Program-relative 표현(Register-relative와 구분할 것)

B(Branch) 명령은 무조건 분기 명령으로 label이 가리키는 어드레스로 분기하는 명령이다. BL은 다음 실행할 명령의 어드레스를 r14(link register lr)로 복사하고 label이 가리키는 어드레스로 분기한다. B와 BL 명령은 ±32MB 범위까지 분기 가능한데, 옵셋은 명령의 프리페치를 고려하여 현재 명령의 8바이트 앞을 가리키고 있는 것으로 계산된다.

사용예 1. B

```
B      loopA      ; loopA 레이블이 가리키는 어드레스로 분기
BEQ    loopA      ; Z=1일 때, loopA 레이블이 가리키는 어드레스로 분기
```

사용예 2. BL

```
BL     SUB        ; SUB라는 서브루틴 콜
       ...
SUB
       MULS r0, r2, r2    ; 서브루틴
       .
MOV    PC, r14            ; 리턴
```

▶ BX(Branch and Optionally exchange instruction set) 명령

```
BX{cond} Rm
```

여기서,

cond : 조건 실행 옵션([표 2.5] 참조)

Rm : 분기할 주소를 가진 ARM 레지스터
Rm레지스터의 bit[0]을 1로 하고 BX명령을 실행하면, CPSR의 T플래그가 1로 셋 되고, THUMB상태로 전환된다.

BX 명령은 Rm이 가리키는 어드레스로 분기하거나 Rm의 bit[0]을 '1'로 하여 THUMB 명령셋으로 전환할 때 사용된다.

2.3.5 기타 ARM 명령어들

▶ SWI(Software Interrupt) 명령

SWI 익셉션을 발생시키는 명령어이다. 사용 형태는 다음과 같다.

```
SWI{cond} immed_24
```

여기서,

cond : 조건 실행 옵션([표 2.5] 참조)

immed_24 : 24비트 정수형 값(0~224-1)

SWI는 SWI익셉션을 발생시키는 명령어로 이는 프로세서 모드가 Supervisor 모드로 변경된다. 이 명령은 상태 플래그에 영향을 주지 않는다.

▶ MRS 명령

CPSR 또는 SPSR의 내용을 다른 레지스터로 전송하는 명령어이다. 사용 형태는 다음과 같다.

```
MRS{cond} Rd, psr
```

여기서,

cond : 조건 실행 옵션([표 2.5] 참조)

Rd : 목적 레지스터(r15 사용불가)

psr : CPSR 또는 SPSR

MRS는 MSR과 조합하여 psr의 값을 읽고 변경하는 데 사용하게 된다. 이 명령은 상태플래그에 영향을 주지 않는다.

사용예

```
MRS    r3, SPSR    ; SPSR의 내용을 r3에 전송
```

▶ MSR 명령

이미디어트 상수나 범용레지스터의 값을 이용해 CPSR, SPSR 레지스터의 특정 비트들을 변경한다. 사용 형태는 다음과 같다.

```
MRS{cond} <psr>_<field>, #immed_8
MRS{cond} <psr>_<field>, Rm
```

여기서,

cond : 조건 실행 옵션([표 2.5] 참조)

<psr> : CPSR 또는 SPSR

<filed> : c 제어필드(control field) 마스크 바이트 PSR[7:0]

x 확장필드(extension field) 마스크 바이트 PSR[15:8]

s 상태필드(status field) 마스크 바이트 PSR[23:16]

f 플래그필드(flags field) 마스크 바이트 PSR[31:24]

immed_8 : 8비트 이미디어트 데이터

Rm : 소스 레지스터

MSR 명령에서는 psr과 c, x, s, f 필드를 조합하여 사용하게 되는데, 예를 들어 CPSR_f라고 하면 CPSR의 플래그 필드가 되는 것이다. SPSR도 마찬가지다.

사용예

```
MRS   CPSR_f, r5    ; r5레지스터의 값으로 CPSR의 플래그 필드값을 변경
MSR   CPSR_f, 0xA0 ; N Z C V를 1010으로 변경
```

2.4 THUMB 명령셋

	15	14	13	12	11	10	9	8	7	6	5	4	3	2	1	0	
1	0	0	0	Op		Offset5					Rs			Rd			Move Shifted register
2	0	0	0	1	1	I	Op	Rn/offset3			Rs			Rd			Add/subtract
3	0	0	1	Op		Rd			Offset8								Move/compare/add/ subtract immediate
4	0	1	0	0	0	0	Op				Rs			Rd			ALU operations
5	0	1	0	0	0	1	Op		H1	H2	Rs/Hs			Rd/Hd			Hi register operations /branch exchange
6	0	1	0	0	1	Rd			Word8								PC-relative load
7	0	1	0	1	L	B	0	Ro			Rb			Rd			Load/store with register offset
8	0	1	0	1	H	S	1	Ro			Rb			Rd			Load/store sign-extended byte/halfword
9	0	1	1	B	L	Offset5					Rb			Rd			Load/store with immediate offset
10	1	0	0	0	L	Offset5					Rb			Rd			Load/store halfword
11	1	0	0	1	L	Rd			Word8								SP-relative load/store
12	1	0	1	0	SP	Rd			Word8								Load address
13	1	0	1	1	0	0	0	0	S	SWord7							Add offset to stack pointer
14	1	0	1	1	L	1	0	R	Rlist								Push/pop register
15	1	1	0	0	L	Rb			Rlist								Multiple load/store
16	1	1	0	1	Cond				Softset8								Conditional branch
17	1	1	0	1	1	1	1	1	Value8								Software interrupt
18	1	1	1	0	0	Offset11											Unconditional branch
19	1	1	1	1	H	Offset											Long branch with link
	15	14	13	12	11	10	9	8	7	6	5	4	3	2	1	0	

[그림 2.11] THUMB 명령셋 포맷

THUMB 명령셋은 ARM 명령셋의 16비트 버전으로 보면 된다. ARM 명령은 한 워드의 코드로 구성 가능하므로 그 실행 효율은 좋으나, 길이가 32비트로 고정되어 있기 때문에 메모리의 효율적 이용과 일부 16비트 시스템에 있어서 비효율적이다. 따라서 THUMB 아키텍쳐는 이와 같은 문제를 해결하기 위해서 만든 16비트 길이의 명령셋이다. [그림 2.11]은 THUMB 명령셋의 포맷이다.

2장의 앞부분에서도 언급했지만, THUMB 명령셋은 ARM 명령셋을 대부분 포함하고 있으나 그 사용 방법과 구조적 특징에 있어서는 일부 다른 점들이 있다. S접미사가 붙는 조건 명령셋을 사용할 수 없고, 쉬프트 연산을 묶어 한 명령으로 실행하는 것도 안된다. 코프로세서, 세마포어 명령군도 없으며 CPSR과 SPSR을 액세스 하는 명령도 없다. 그리고 1장에서도 언급했지만 [그림 2.12]처럼 레지스터의 액세스 범위도 틀려진다.

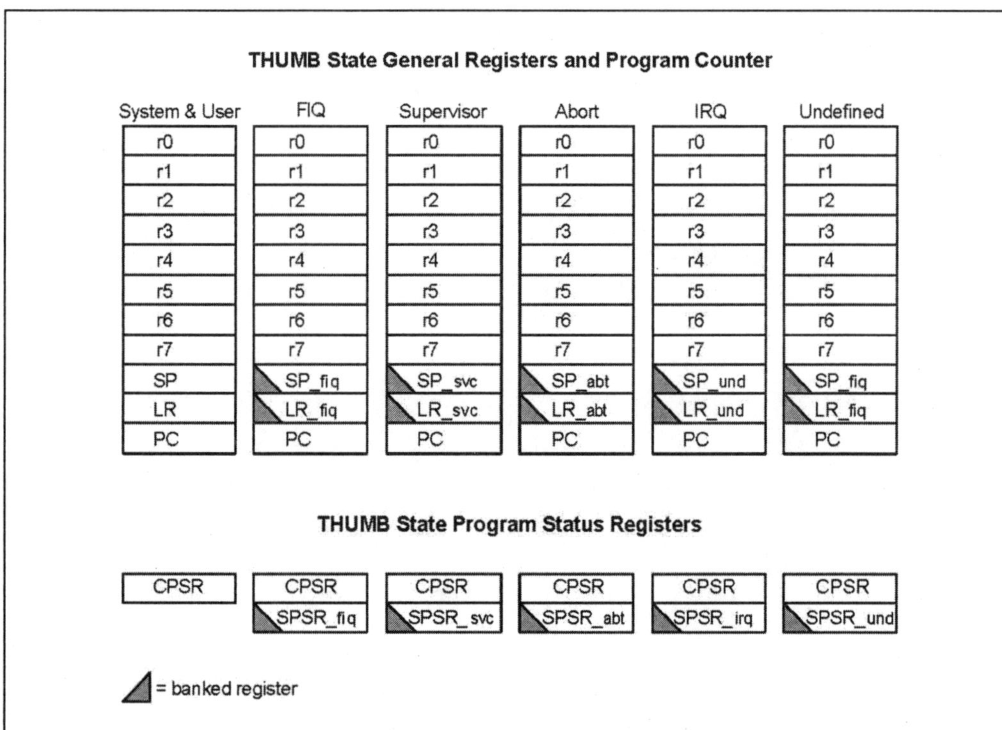

[그림 2.12] THUMB 상태에서의 레지스터

범용 레지스터는 r0~r7로 줄어드는데 일부 명령에 한해서 r8~r15를 오퍼랜드로 취급할 수 있다. 이는 [표 2.10]에 표시되어 있다.(진하게 음영처리한 부분) [표 2.10]은 THUMB 명령셋 전부를 정리해 놓은 것이다.

[표 2.10] THUMB 명령셋

명령어	동 작	Lo-Register Operand	Hi-Register Operand
ADC	Add with Carry	Y	
ADD	ADD	Y	Y
AND	AND	Y	
ASR	Arithmetic Shift Right	Y	
B	Unconditional branch	Y	
Bxx	Conditional branch	Y	
BIC	Bit Clear	Y	
BL	Branch and Link		
BX	Branch and Exchange	Y	Y
CMN	Compare Negative	Y	
CMP	Compare	Y	Y
EOR	EOR	Y	
LDMIA	Load multiple	Y	
LDR	Load word	Y	
LDRB	Load byte	Y	
LDRH	Load halfword	Y	
LSL	Logical Shift Left	Y	
LDSB	Load sign-extended byte	Y	
LDSH	Load sign-extended halfword	Y	
LSR	Logical Shift Right	Y	
MOV	Move register	Y	Y
MUL	Multiply	Y	
MVN	Move Negative register	Y	
NEG	Negate	Y	
ORR	OR	Y	
POP	Pop register	Y	
PUSH	Push register	Y	
ROR	Rotate Right	Y	
SBC	Subtract with Carry	Y	
STMIA	Store Multiple	Y	
STR	Store word	Y	
STRB	Store byte	Y	
STRH	Store halfword	Y	
SWI	Software Interrupt		
SUB	Subtract	Y	
TST	Test bits	Y	

2.4.1 THUMB 메모리 액세스 명령

메모리 액세스 명령은 레지스터와 메모리 사이에 데이터를 전송하는 명령어이다.

▶ LDR(Load Register), STR(Store Register) 명령

레지스터에서 해당 옵셋의 메모리 어드레스에 값을 저장하고, 저장된 값을 레지스터로 전송하는 명령이다. 사용형태는 다음과 같다.

```
op  Rd, [Rn, Rm]
op  Rd, [Rn, #immed_5x4]
opH Rd, [Rn, #immed_5x2]
opB Rd, [Rn, #immed_5x1]
```

여기서,

op : LDR 또는 STR 명령
H : 부호 없는 Half-워드형 정수 전송
B : 부호 없는 바이트 정수 전송
Rd : 메모리에 전송할 값을 가지고 있거나 전송받을 레지스터(r0~r7)
Rn : 베이스 어드레스 값을 가지고 있는 레지스터(r0~r7)
Rm : 옵셋값을 가지는 레지스터(r0~r7)
immed_5xN : 옵셋값으로 5비트(0~31)의 값과 N(1, 2, 4)의 곱으로 표현되는 이미디어트 값

LDR 명령은 Rn(베이스 어드레스)과 옵셋(immed_5xN)에 의해 지정되는 메모리의 값을 읽어오는 명령어이고, STR명령은 Rn과 옵셋에 의해 지정되는 메모리에 Rd의 값을 저장하는 명령이다. 이때, 옵셋은 바이트, Half-워드, 워드 전송에 따라 5비트의 값에 N(1, 2, 4)을 곱한 값으로 표현된다. N을 곱하는 이유는 바이트 전송이냐 워드 전송이냐 종류에 따라 메모리 어드레스를 액세스 하는 단위가 틀리기 때문이다. immed_5xN은 사용자가 메모리 정렬 단위에 맞게 값을 쓰면 어셈블 할 때 어셈블러가 자동으로 표현해준다. 사용자는 전송 단위에 맞게 값을 지정해야 한다.

사용예 1. LDR

```
LDR   r3, [r5,#0]  ; [r5+0]이 가리키는 메모리 어드레스의 값을 r3에 전송
LDR   r4, [r2,r1]  ; [r2+r1]이 가리키는 메모리 어드레스의 값을 r4에 전송
```

```
LDRB  r1, [r0,#3]  ; [r0+3]이 가리키는 메모리 어드레스의 값을 r1에
                   ; 바이트 전송, 바이트 전송이므로 3이란 값이 허용
LDRH  r4, [r7,#4]  ; [r7+4]가 가리키는 메모리 어드레스의 값을 r4에
                   ; Half-워드 전송
```

사용예 2. STR

```
STRB  r0, [r3,#31] ; r0의 값을 r[r3+31]이 가리키는 메모리 어드레스에
                   ; 바이트 저장
STRH  r7, [r3,#16] ; r7의 값을 [r3+16]이 가리키는 메모리 어드레스에
                   ; Half-워드 저장
STR   r3, [r2,r6]  ; r3의 값을 [r2+r6]이 가리키는 메모리 어드레스에
                   ; 워드 저장
```

잘못된 예

```
LDR   r13, [r5,#40]   ; High 레지스터(r8~r15)는 허용되지 않음
LDRH  r6, [r0,#-6]    ; 마이너스 옵셋은 지원하지 않음
STRB  r0, [r3,#32]    ; 32는 바이트 전송의 옵셋 범위를 벗어남
SRTH  r7, [r3,#15]    ; Half-워드 전송에서 옵셋은 짝수여야 함
```

▶ LDR 그리고 STR 명령(PC 또는 SP relative)

PC, SP를 사용하는 LDR, STR 명령이다. 단, STR의 PC relative 사용은 안된다. 사용 형태는 다음과 같다.

```
LDR Rd, [PC, #immed_8x4]
LDR Rd, [SP, #immed_8x4]
LDR Rd, label
STR Rd, [SP, #immed_8x4]
```

여기서,

- Rd : 메모리에 전송할 값을 가지고 있거나 전송받을 레지스터(r0~r7)
- immed_8x4 : 옵셋값으로, 8비트(0~255)의 값과 4의 곱으로 표현되는 이미디어트 값. 단, 범위는 0~1020이다.
- label : PC-relative 형태의 레이블

PC 또는 SP에 저장된 베이스 어드레스에 옵셋의 값을 더하여 메모리 어드레스를

계산하는데, PC를 사용하는 경우는 워드 정렬이므로 bit[1:0]은 무시된다.

사용예

```
LDR   r2, [pc,#1016]   ; [pc+1016]이 가리키는 메모리 어드레스의 값을 r2에
                       ; 전송
LDR   r5, localdata    ; 레이블 localdata가 가리키는 메모리 어드레스의
                       ; 값을 r5에 전송
LDR   r0, [sp,#920]    ; [sp+920]이 가리키는 메모리 어드레스의 값을 r0에
                       ; 전송
STR   r1, [sp,#20]     ; r1이 가진 값을 [sp+20]이 가리키는 메모리 어드레스에
                       ; 저장
```

잘못된 예

```
LDR   r13, [pc,#8]     ; High 레지스터(r8-r15)는 사용불가
STR   r7, [pc,#64]     ; PC-relative 표현의 STR 명령은 없음
STRH  r0, [sp,#16]     ; PC, SP relative표현의 Half-워드, 바이트 전송은 지
                       ; 원하지 않음
LDR   r2, [pc,#81]     ; 이미디어트 값은 4의 배수이어야 함
LDR   r1, [pc,#-24]    ; 마이너스 옵셋은 지원하지 않음
STR   r1, [sp,#1024]   ; 이미디어트 값의 최대값은 1020
```

▶ PUSH, POP 명령

레지스터의 값을 스택에 Push하고 Pop하는 명령이다. 사용 형태는 다음과 같다.

```
PUSH {reglist}
POP  {reglist}
PUSH {reglist, lr}
POP  {reglist, PC}
```

여기서,

reglist : 콤마로 구분하여 나열한 레지스터들 또는 레지스터의 범위를 지정한 리스트

레지스터 리스트의 지정방법은 콤마를 사용하여 r0, r1, r2처럼 나열하거나 r0-r2처럼 범위를 지정해 줘도 된다. 레지스터들을 스택에 저장할 때 순번이 낮은 레지스터(r0가 가장 낮음)가 스택의 하위 어드레스 쪽으로 저장된다. 이 명령들은 조건플래그

에 영향을 주지 않는다.

POP {reglist, PC}의 경우, 스택에서 POP된 어드레스가 PC로 들어가기 때문에 분기를 야기 시킨다. 서브루틴을 시작하기 전에 lr을 PUSH하고 PC에 다시 POP하여 서브루틴에서 리턴하도록 사용 가능하다.

사용예 1. PUSH

```
PUSH   {r0,r3,r5}  ; r0, r3, r5레지스터를 Push
PUSH   {r1,r4-r7}  ; r1과 r4, r5, r6, r7 레지스터를 Push
PUSH   {r0, LR}    ; r0, lr을 Push
```

사용예 2. POP

```
POP   {r2,r5}       ; r2, r5 레지스터 Pop
POP   {r0-r7,PC}    ; r0~r7 레지스터를 Pop하고 서브루틴에서 리턴
```

▶ LDMIA, STMIA 명령

레지스터 군과 메모리 블록 사이에 데이터를 전송하는 명령이다. 사용형태는 다음과 같다.

```
op Rn!, {reglist}
```

여기서,

op : LDMIA 또는 STMIA
Rn : 베이스 어드레스를 가지고 있는 레지스터(r0~r7)
reglist : 레지스터 리스트

레지스터들을 메모리에 저장할 때 순번이 낮은 레지스터(r0가 가장 낮음)부터 베이스 어드레스에 저장된다. 데이터 전송이 끝난 후 Rn에는 베이스어드레스에 레지스터가 메모리를 차지하는 만큼(레지스터 개수×4) 더하여 Rn에 저장한다.

사용예 1. LDMIA

```
LDMIA   r3!, {r0, r4}     ; [r3]이 가리키는 메모리 어드레스의 값을 r0, r4에
                          ; 전송  r0=mem32[r3+0], r4=mem32[r3+1]
LDMIA   r5!, {r0, r7}     ; [r5]가 가리키는 메모리 어드레스의 값을 r0, r7을
                          ; 전송  r0=mem32[r5+0], r7=mem32[r5+1]
```

사용예 2. STMIA

```
STMIA   r0!, {r6, r7}       ; r6, r7 값을 r0이 가르키는 메모리 영역에 전송
                            ; mem32[r0+0]=r6, mem32[r0+1]=r7
STMIA   r3!, {r3, r5, r7}   ; r3, r5, r7 값을 r3이 가르키는 메모리 영역에 전송
                            ; mem32[r3+0]=r3, mem32[r3+1]=r5
                            ; mem32[r3+1]=r7
```

2.4.2 THUMB 산술연산 명령

산술연산에 사용되는 명령으로 덧셈, 뺄셈, 곱셈 연산이 있다.

▶ ADD, SUB (하위 레지스터) 명령

하위 레지스터(r0~r7)를 사용하는 덧셈, 뺄셈 명령이다. 사용형태는 다음과 같다.

```
op Rd, Rn, Rm          ; Rd ← Rn + Rm
op Rd, Rn, #expr3      ; Rd ← Rn + expr3
op Rd, #expr8          ; Rd ← Rd + expr8
```

여기서,

op : ADD 또는 SUB

Rd : 결과가 저장될 목적지 레지스터로 세번째의 사용 형태에서는 오퍼랜드1 로도 사용된다.(r0~r7)

Rn : 오퍼랜드1 레지스터(r0~r7)

Rm : 오퍼랜드2 레지스터(r0~r7)

expr3 : -7 ~ +7 범위의 정수형 수식

expr8 : -255 ~ +255 범위의 정수형 수식

연살결과에 따라 상태플래그 N, Z, C, V플래그를 변경시킨다.

사용예

```
ADD   r3, r1, r5   ; r3 ← r1 + r5
ADD   r0, r4, #5   ; r0 ← r4 + 5
ADD   r7, #201     ; r7 ← r7 + 201
SUB   r0, r4, #3   ; r0 ← r4 - 3
```

잘못된 예

```
ADD   r9, r2, r6   ; 상위 레지스터(r8~r15) 사용 불가
SUB   r4, r5, #201 ; expr3 형태의 범위 초과
```

▶ ADD, High 또는 Low 레지스터 명령

```
ADD Rd, Rm     ; Rd ← Rd + Rm
```

여기서,

```
Rd     ; 목적지 레지스터와 오퍼랜드1로 사용(r0~r15)
Rm     ; 오퍼랜드2 레지스터(ro~r15)
```

Rd와 Rm이 모두 하위 레지스터(r0~r7)이면 연산결과에 따라 상태플래그 N, Z, C, V가 변경되고 그 외의 경우는 상태플래그에 영향을 주지 않는다.

사용예

```
ADD   r12, r4    ; r12 ← r12 + r4
ADD   r10, r11   ; r10 ← r10 + r11
```

▶ ADD, SUB 명령(sp, stack point)

이미디어트 상수에 의해 sp의 값을 증가시키거나 감소시킨다.
사용형태는 다음과 같다.

```
ADD sp, #expr    ; sp ← sp + expr
SUB sp, #expr    ; sp ← sp - expr
```

여기서,

```
expr   : -508 ~ +508 사이의 4의 배수인 정수 수식
```

이 명령은 상태플래그에 영향을 주지 않는다.

사용예

```
ADD   sp, #312  ; sp ← sp + 312
SUB   sp, #96   ; sp ← sp - 96
```

▶ ADD 명령(pc 또는 sp relative)

sp 또는 pc에 이미디어트 상수를 더하여 하위 레지스터에 저장하는 명령이다. 사용

형태는 다음과 같다.

```
ADD Rd, Rp, #expr     ; Rd ← Rp + expr
```

여기서,

Rd : 목적지 레지스터(r0~r7)

Rp : sp 또는 pc

expr : 0~1020 사이의 4의 배수

이 명령은 상태플래그에 영향을 주지 않는다.

사용예

```
ADD   r5, sp, #64     ; r5 ← sp + 64
ADD   r2, pc, #980    ; r2 ← pc + 980
```

▶ ADC, SBC, MUL 명령

캐리를 포함한 덧셈, 캐리를 포함한 뺄셈, 그리고 곱셈 명령이다. 사용형태는 다음과 같다.

```
ADC Rd, Rm     ; Rd ← Rd + Rm + Carry
SBC Rd, Rm     ; Rd ← Rd - Rm - NOT(Carry)
MUL Rd, Rm     ; Rd ← Rd × Rm
```

여기서,

Rd : 목적지 레지스터. 오퍼랜드1로도 사용(r0~r7)

Rm : 오퍼랜드2 레지스터(r0~r7)

ADC와 SBC의 연산결과는 N, Z, C, V상패플래그에 영향을 주고, MUL 명령은 N, Z플래그에만 영향을 준다.

사용예

```
ADC   r2, r4     ; r2 ← r2 + r4 + Carry
SBC   r2, r4     ; r2 ← r2 - r4 - NOT(Carry)
MUL   r2, r4     ; r2 ← r2 × r4
```

2.4.3 THUMB 데이터 처리 명령

데이터 처리 명령은 레지스터간의 데이터 전송 및 데이터 비교, 연산을 하는 명령어이다.

▶ **AND, ORR, EOR, BIC 명령**

비트 단위로 논리연산을 하는 명령어이다. 사용형태는 다음과 같다.

```
op Rd, Rm
```

여기서,

op : AND, ORR, EOR, BIC 명령 중 한 명령
Rd : 목적지 레지스터. 오퍼랜드1로도 사용(r0~r7)
Rm : 오퍼랜드2 레지스터(r0~r7)

기본적인 동작은 ARM 명령셋의 경우와 같다. 상태플래그는 N, Z플래그에만 영향을 준다.

▶ **ASR, LSL, LSR, ROR 명령**

쉬프트 또는 로테이트 명령들이다. ARM 명령셋과 달리 THUMB 명령셋에는 한 동작 코드에 쉬프트나 로테이트를 한 번에 처리할 수 없어서 쉬프트, 로테이트 명령을 따로 준비하고 있다. 사용형태는 다음과 같다.

```
op Rd, Rs
op Rd, Rm, #expr
```

여기서,

op : ASR Arithmetic Shift Right
LSL Logical Shift Left
LSR Logical Shift Right
ROR Rotate Right (ROR은 'ROR Rd, Rs' 형태로만 사용 가능)
Rd : 목적지 레지스터. 레지스터제어 쉬프트(Register-Controlled Shift)에서는 소스레지스터로도 사용.(r0~r7)
Rs : 레지스터제어 쉬프트(Register-Controlled Shift) 형식에서 쉬프트 할 값을 가지는 레지스터(r0~r7)

Rm : 이미디어트 값 쉬프트에서 소스레지스터로 사용
expr : 이미디어트 쉬프트 값 op가 LSL이면 0~31 사이의 값이어야 하고, 그 외에는 1~32 사이의 값이다.

상태플래그는 연산결과에 따라 N, Z, C플래그에 영향을 주지만 V플래그에는 영향을 주지 않는다.

사용예

```
ASR  r3, r5      ; 레지스터제어 쉬프트 형식. r3를 r5의 값만큼
                 ; 오른쪽으로 산술 쉬프트
LSR  r0, r2, #6  ; r2를 오른쪽으로 6비트 논리 쉬프트하여 r0에 저장
LSL  r0, r4, #0  ; C, V 플래그가 변하지 않는 것을 제외하고는 MOV r0, r4와
                 ; 같은 표현이다.
```

▶ CMP, CMN 명령

CMP와 CMN은 레지스터와 오퍼랜드2 사이의 값을 비교하는 명령어이다.
사용형태는 다음과 같다.

```
CMP Rn, #expr
CMP Rn, Rm
CMN Rn, Rm
```

여기서,

Rn : 오퍼랜드1 레지스터
expr : 0~255의 정수 수식
Rm : 오퍼랜드2 레지스터

CMP 명령은 Rn에서 Rm 또는 expr 값을 빼는 연살결과로 상태 플래그를 업데이트 한다. 하지만 연산결과를 레지스터에 저장하지는 않는다. CMN은 Rn과 Rm값을 더한 연살결과로 상태 플래그를 업데이트 한다. 연살결과에 따라 상태플래그 N, Z, C, V 모두에 영향을 준다.
레지스터 사용범위는 [표 2.10]에도 표시되어 있지만 CMP 일부 명령 형태에서는 상위 레지스터 사용이 가능하다. 명령 표현 중에 'CMP Rn, Rm'의 형태에서는 상위 레지스터 사용이 가능하다. 나머지는 하위 레지스터(r0~r7)만 사용 가능하다.

사용예

```
CMP   r2, #255   ; r2-255 연살결과에 따라 상태플래그 변경
CMP   r7, r12    ; r7-r12 연살결과에 따라 상태플래그 변경
                 ; 'CMP Rn, Rm' 형태이므로 상위 레지스터 사용가능
CMN   r1, r5     ; r1+r5 연살결과에 따라 상태플래그 변경
```

▶ MOV, MVN, NEG 명령

레지스터끼리 데이터를 주고받거나 레지스터에 값을 전송하는 명령어이다. 사용형태는 다음과 같다.

```
MOV Rd, #expr
MOV Rd, Rm
MVN Rd, Rm
NEG Rd, Rm
```

여기서,

Rd : 목적지 레지스터
expr : 0~255사이의 정수 수식
Rm : 소스 레지스터

MOV 명령은 Rm이나 expr의 값을 Rd로 전송하는 명령이다. MVN은 Rm의 값에 NOT(1의 보수)을 취하여 Rd 레지스터에 전송한다. NEG 명령은 Rm의 값에 -1을 곱한 값을 Rd에 저장한다. 'MOV Rd, Rm'의 사용 형태에서는 r0~r15 모든 레지스터가 사용 가능하나 다른 경우에는 하위 레지스터만 사용 가능하다.
상태플래그 업데이트 조건은 명령 사용 형태에 따라 조금씩 다르다. 다음을 참고하길 바란다.

-MOV Rd, #expr과 MVN 명령에서는 N, Z플래그는 업데이트 되고 나머지 플래그에는 영향을 주지 않는다.
-NEG 명령은 N, Z, C, V 모든 플래그에 영향을 준다.
-Rd, Rm 둘 중에 한 개라도 상위 레지스터이면, 상태플래그에 영향을 주지 않는다.
-Rd, Rm 둘 다 하위 레지스터이면 N, Z플래그가 업데이트 되고 C, V플래그는 클리어 된다.

상태플래그가 업데이트 되는 조건을 외우려고 하면 복잡해 보이지만 앞에서 언급한

내용과 논리적으로 따져보면 굳이 외우지 않아도 된다. THUMB 명령셋에서 상위레지스터를 사용하는 경우는 상태플래그에 영향을 주지 않는다. 그리고 연산이 아닌 명령은 C, V플래그에 영향을 주지 않는다.

사용예

```
MOV    r3, #0     ; r3 ← 0
MOV    r0, r12    ; r0 ← r12, r12가 상위레지스터이므로 상태 플래그 변화 없음
MOV    r7, r1     ; r7 ← r1
NEG    r2, r2     ; r2 ← -r2
```

▶ TST 명령

특정비트를 테스트하는 명령어로 사용형태는 다음과 같다.

```
TST Rn, Rm
```

여기서,

Rn : 오퍼랜드1(r0~r7)
Rm : 오퍼랜드2(r0~r7)

TST 명령의 Rn에 Rm의 값을 AND시켜 결과가 상태플래그에 미치는 영향을 알아보는 것으로 AND와 유사하나 그 결과를 레지스터에 저장하지는 않는다. 상태플래그는 N, Z에만 영향을 주고 C, V에는 영향을 주지 않는다.

2.4.4 THUMB 분기 명령

무조건 분기, 조건 분기, 간접 분기 등에 관계된 명령어이다.

▶ B명령

B명령은 THUMB 명령셋에서 유일하게 조건 실행 옵션을 지원하는 명령이다. 사용형태는 다음과 같다.

```
B{cond} label
```

여기서,

cond : 조건 실행 옵션([표 2.5] 참조)

label : Program-relative 표현이다. 어드레스 범위는 조건실행 코드를 사용하면 -252~+258 범위이고, 사용하지 않으면 ±2KByte이다.

▶ BL 명령

BL은 다음 실행할 명령의 어드레스를 r14(link register, lr)로 복사하고 label이 가리키는 어드레스로 분기한다. 사용 형태는 다음과 같다.

```
BL label
```

여기서,

label : Program-relative 표현이다. 어드레스 범위는 ±4MByte 범위이다.

제 3 장

SEC ARM920T의 개요

3. SEC ARM920T의 개요

현재 삼성전자에서 생산되는 ARM 코어를 내장한 모바일 프로세서는 대표적으로 S3C2410A 프로세서를 비롯하여 카메라인터페이스 기능을 가진 프로세서와 MPEG4 하드웨어 코덱 기능을 가진 제품 등 여러 가지가 생산되고 있다. 그 중에서도 대표적으로 S3C2410A와 S3C2440A는 국내 모바일 기기에 가장 많이 사용된다.

S3C2410A와 S3C2440A는 카메라 인터페이스와 동작 주파수를 제외하고는 대부분 유사한 구조를 하고 있다. 따라서 이 책에서는 S3C2410A의 기능을 다 포함하고 있는 S3C2440A를 기본으로 하여 설명할 것이다. 또한 S3C2410A를 쉽게 사용하기 위해서 S3C2440A와의 차이점은 중간 중간에 언급하는 방식으로 진행할 것이다.

3.1 SEC 모바일프로세서 패밀리 소개 및 개요

[표 3.1] 삼성전자의 모바일프로세서

파트넘버	기 능	특 징	패키지
S3C44B0	ARM7TDMI	66MHz	160 LQFP, FBGA
S3C2410	ARM920T	266MHz, MMU, NAND Flash Boot Loader, ROM/SRAM/SDRAM Control, STN/TFT LCD Control, Touch Panel Control, MMC/SD Card, USB, ADC 10bit	272 FBGA
S3C2440	ARM920T	400MHz, 2410's Feature + CAM Interface	289 FBGA
S3C24A0	ARM920EJ	200MHz, 2410's Feature + CAM Interface, MPEG4	337 FBGA

▶ S3C44B0 프로세서

간단한 모바일 기기나 범용 어플리케이션에 사용되도록 만들어진 프로세서로 ARM7TDMI 코어를 내장하고 있으며, 최대 동작주파수는 66MHz이다

▶ S3C2410A 프로세서

주로 모바일 기기에 사용하기 위해 설계된 프로세서로 모바일 기기에 꼭 필요한 Flash/SDRAM

등을 액세스하기 위한 컨트롤러와 MMC/SD카드 컨트롤러, STN/TFT LCD 컨트롤러 등을 내장하고 있다. 최대 동작속도는 266MHz이다. 주로 자동차 네비게이션 등에 많이 사용되어 진다.

▶ S3C2440A 프로세서

S3C2410A의 모든 기능에 카메라 인터페이스 기능이 추가되었고 최대 동작속도는 400MHz이다. 최근의 모바일 기기들은 보통 카메라 기능을 가지고 있다. 따라서 S3C2440A에서는 16Mega pixel까지 처리 가능한 카메라 DSP를 내장하여 최신의 PDA 등에 사용될 수 있도록 설계되었다.

▶ S3C24A0 프로세서

S3C2410A의 기능에 카메라 인터페이스와 MPEG4 기능이 추가된 프로세서로 최대 동작속도는 200MHz이다. Encoding과 Decoding 기능을 모두 가지고 있는 MPEG4 하드웨어 코덱이 내장되어 있으며, 352×288 사이즈 영상 이미지 30fps 리얼타임 처리가 가능하다. 337-pin FBGA이다.

3.2 SEC ARM920T 프로세서의 구조 및 기능

S3C2440A는 소형 사이즈이면서 저가격, 저전력, 고성능의 마이크로컨트롤러로써, 휴대형 장치와 범용 기기에 탑재되도록 설계되었다. S3C2440A는 각각 분리된 16KB의 명령어 캐쉬, 16KB의 데이터 캐쉬, 가상 메모리를 핸들링하는 MMU, LCD 컨트롤러(STN & TFT), NAND 플래시 부트 로더, 시스템 관리자(칩 선택 로직과 SDRAM 컨트롤러), 3채널의 UART, 4채널의 DMA, 4채널의 PWM 타이머, I/O 포트, RTC, 8채널의 멀티플렉싱 10-bit ADC와 터치스크린 인터페이스, IIC-BUS 인터페이스, IIS-BUS 인터페이스, USB 호스트, USB 디바이스, SD 호스트 & 멀티미디어 카드(MMC) 인터페이스, 2채널의 SPI와 클럭 발생을 위한 PLL 등을 내장하고 있다.

S3C2440A는 ARM920T 코어, 0.13um의 CMOS 표준 cell, 메모리 컴파일러 등을 이용해서 개발되었다. 이 제품은 비용과 전력에 민감한 응용분야에 적용되도록 설계되었으며, AMBA(Advanced Micro Controller Bus Architecture)라고 불리는 버스 아키텍쳐를 채택하였다. S3C2440A는 ARM사에서 개발한 ARM920T RISC 프로세서를 CPU 코어로 사용하고 있다. ARM920T는 MMU, AMBA, 각 8-워드 라인 길이를 갖는 16KB의 명령

어 캐쉬와 16KB의 데이터 캐쉬가 분리되어 있는 하바드 캐쉬 아키텍쳐로 구성되어 있다. S3C2440A는 많은 주변장치를 내장하고 있기 때문에 시스템 구성비용을 최소화 할 수 있고, 추가적인 부품 장착 없이도 여러 기능들을 사용할 수 있다.

삼성전자의 S3C2440A는 휴대용기기와 범용의 임베디드 장치와 같은 통합시스템에 적용이 용이 하도록 설계된 강력한 CPU이다. 1장에서 언급한 ARM920T CPU 코어를 내장하여 16/32-bit의 RISC 아키텍쳐와 막강한 명령셋을 가진다. 또한 임베디드 시스템의 필수 운영체제들인 WinCE, EPOC 32, 그리고 리눅스 등을 지원할 수 있는 MMU (Memory Management Unit) 장치를 내장하여 운영체제의 메모리 관리를 용이하게 해준다. 그 외에도 ARM 디버그 아키텍쳐를 지원하는 ARM920T CPU 코어 내부에 향상된 마이크로프로세서 버스 아키텍쳐(AMBA)를 내장하고 있다.

5장을 보면 이 책을 보다 효율적으로 활용하기 위한 개발키트(MSTK2440)를 소개하는 내용이 있다. 5장에서 삼성 S3C2440A를 이용하여 WinCE와 리눅스를 실행하는 화면을 볼 수 있을 것이다. 여러분은 PC기능에 못지않은 ARM9 프로세서의 기능을 경험하게 될 것이다. 그리고 이 프로세서는 임베디드 시스템이 아닌 비운영체제 시스템(NON-OS SYSTEM)에 있어서도 탁월한 성능을 발휘한다. 내장된 주변장치 기능을 충분히 활용한다면 어떠한 시스템에도 장착이 가능하다. 단 BGA타입이므로 간단하게 납땜을 한다거나 해서 사용이 불가능하므로, 그 용도에 맞는 적절한 CPU를 사용하면 될 것이다.

본론으로 돌아와 S3C2440A의 구체적인 내용을 정리하면 다음과 같다. 장황하게 나열되어 있지만 칩의 기능을 이해하는 데 있어 중요한 내용이므로 자세히 보도록 하자.

- 1.2V의 내부 전압, 1.8V/2.5V/3.0V/3.3V 메모리, 16KB의 I-Cache, 16KB의 D-Cache/MMU를 갖는 3.3V 외부 I/O 마이크로 프로세서
- 외부 메모리 컨트롤러(SDRAM 컨트롤러와 칩 선택 로직)
- 1채널의 LCD 전용 DMA를 갖는 LCD 컨트롤러
  (4K의 컬러 STN과 256K의 컬러 TFT LCD)
- 외부의 request 핀을 갖는 4채널의 DMA
- 3채널의 UART(IrDA 1.0, 64-Byte Tx FIFO, 64-Byte Rx FIFO), 2채널의 SPI
- 1채널의 멀티-마스터 IIC-BUS
- SD 호스트 인터페이스 버전 1.0 & 멀티-미디어 카드 프로토콜 버전 2.11과 호환
- 2포트의 USB 호스트, 1포트의 USB 디바이스(버전 1.1)
- IIS 오디오코덱 인터페이스
- AC'97 오디오코덱 인터페이스
- 카메라 인터페이스(최대 4096x4096 픽셀 지원)
- 4채널의 PWM 타이머 & 1채널의 내부 타이머
- 와치독 타이머
- 130-bit의 범용 I/O 포트, 24-채널의 외부 인터럽트 소스

- 전원 컨트롤 : Normal, Slow, Idle, Sleep(파워-off) 모드
- 8채널(8:1 MUX)의 10-bit ADC와 터치스크린 인터페이스
- Calendar 기능을 하는 RTC
- 칩에 내장된 PLL 클럭 발생기

▶ 시스템 관리자(System Manager)

- 리틀/빅 엔디안 지원
- 고속버스모드와 비동기버스모드 지원
- 어드레스 공간 : 각 뱅크당 128M Byte(총 1G Byte)
- 각 뱅크당 8/16/32-bit의 데이터 버스 폭의 설정 가능
- 뱅크 0에서 뱅크 6까지 고정된 뱅크 스타트 어드레스
- 뱅크 7은 뱅크 스타트 어드레스와 뱅크 사이즈 조정 가능
- 8개의 메모리 뱅크
  ROM, SRAM, 기타에 6개의 메모리 뱅크
  ROM/SRAM/SDRAM에 2개의 메모리 뱅크
- 모든 메모리 뱅크에 대한 액세스 사이클의 설정 가능
- 버스 사이클을 늘리기 위한 외부의 지연 시그널 지원
- SDRAM의 파워-다운시에 Self-refresh 모드 지원
- 다양한 형태의 ROM 부팅 지원(NOR/NAND 플래시, EEPROM, 기타)

▶ NAND 플래시 부트 로더

- NAND 플래시 메모리에서 부팅
- 부팅용 4KB의 내부 버퍼(Stepping Stone)
- 부팅 후 NAND 플래시 메모리의 저장 기능 지원
- Advanced NAND 플래시 지원

▶ 캐쉬 메모리

- I-Cache(16KB)와 D-Cache(16KB)를 갖는 64-way set-associative 캐쉬
- 라인당 8워드의 길이를 가지며, 1개의 유효 비트와 2개의 dirty 비트를 가짐
- Pseudo 랜덤 혹은 라운드 로빈 대체 알고리즘
- 메모리 쓰기 모드에서 write-through 혹은 write-back 캐쉬 기능
- 쓰기 버퍼는 16워드의 데이터와 4개의 어드레스를 유지

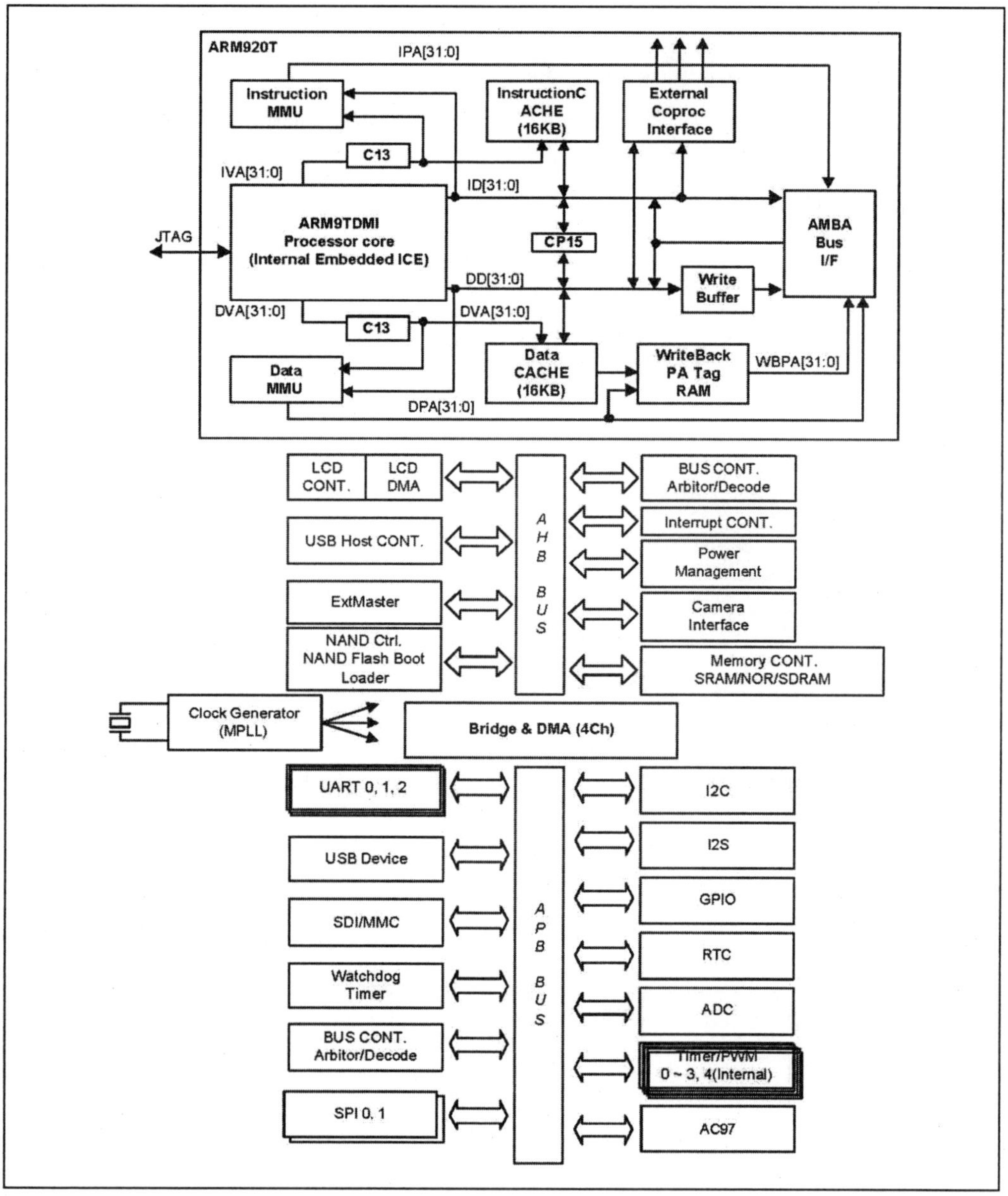

[그림 3.1] 삼성 S3C2440A의 구조

▶ 클럭 & 파워 관리자

- 온-칩 MPLL과 UPLL :
  UPLL은 USB 호스트/디바이스 동작에 사용되는 클럭을 발생
  MPLL은 MCU가 최대 1.3V에서 400MHz로 동작하도록 하는 클럭을 발생
- 클럭은 소프트웨어적인 컨트롤에 의해서 각각의 기능 블록에 선택적으로 공급될

수 있음

- 파워 모드 : Normal, Slow, Idle, Sleep(파워-off) 모드
- EINT[15:0] 혹은 RTC 알람 인터럽트를 이용한 Wake-Up

▶ 인터럽트 컨트롤러

- 60개의 인터럽트 소스(1개의 와치독 타이머, 5개의 타이머, 9개의 UART, 24개의 외부 인터럽트, 4개의 DMA, 2개의 RTC, 2개의 ADC, 1개의 IIC, 2의 SPI, 1개의 SDI, 2개의 USB, 1개의 LCD, 1개의 Battery Fault, 1개의 NAND, 2개의 카메라, 1개의 AC'97)
- 외부 인터럽트 소스에서의 레벨/엣지 모드
- 엣지와 레벨의 극성 선택 기능
- 빠른 인터럽트 요구(FIQ)를 지원

▶ 펄스 폭 변조(PWM)를 갖는 타이머

- 4채널 16-bit PWM 타이머/1채널 16-bit 내부타이머 (DMA-based or 인터럽트-based 동작)
- 출력 duty 사이클, 주파수, 극성의 소프트웨어적인 설정 가능
- 데드-존 발생
- 외부 클럭 소스 지원

▶ RTC(Real Time Clock)

- full 클럭 형태 : 밀리 초(msec), 초, 분, 시, 요일, 일, 월, 년
- 32.768KHz로 동작
- 알람 인터럽트
- 틱(tick) 인터럽트

▶ 범용 I/O 포트

- 24개의 외부 인터럽트 포트
- 130비트의 멀티 플렉싱 입력/출력 포트

▶ UART

- DMA-based 혹은 인터럽트-based 동작을 하는 3채널 UART

- 5-bit, 6-bit, 7-bit, 8-bit의 시리얼 데이터 송/수신(Tx/Rx)을 지원
- UART 동작에 외부 클럭(UCLK) 공급 가능
- IrDA 1.0 지원
- Loopback 모드로 테스트 가능
- 각 채널은 내부에 64-byte의 Tx FIFO와 64-byte의 Rx FIFO를 가짐

▶ DMA 컨트롤러

- 4채널의 DMA 컨트롤러
- 메모리 간, I/O에서 메모리, 메모리에서 I/O, I/O 간의 전송 지원
- 전송률 향상을 위한 Burst 전송 모드

▶ A/D 컨버터 & 터치스크린 인터페이스

- 8채널의 멀티플렉싱 ADC
- 최대 500KSPS와 10-bit 분해능
- 내장된 FET로 직접 터치스크린 인터페이스 가능

▶ STN LCD 디스플레이

- 3가지 형태의 STN LCD 패널 지원 : 4-bit 듀얼 스캔, 4-bit 싱글 스캔, 8-bit 싱글 스캔 디스플레이 형태
- 모노크롬 모드, 4gray 레벨, 16gray 레벨, 256컬러와 4096컬러의 STN LCD 지원
- 멀티스크린 사이즈를 지원
  - 실제 스크린 사이즈 : 640×480, 320×240, 160×160 등
  - 최대 가상 스크린 사이즈는 4Mbyte
  - 256컬러 모드에서의 최대 가상 스크린 사이즈 : 4096×1024, 2048×2048, 1024×4096 등

▶ TFT 컬러 디스플레이

- 1, 2, 4, 8bpp(bit-per-pixel)의 팔레트 컬러 디스플레이 지원
- 16, 24bpp의 non-팔레트 트루 컬러 디스플레이 지원
- 24bpp 모드에서 최대 16M 컬러 지원
- LPC3600, LCC3600 타이밍 컨트롤러 내장
- 멀티 스크린 사이즈를 지원

실제 스크린 사이즈 : 640×480, 320×240, 160×160 등
최대 프레임버퍼 사이즈는 4Mbyte
64K 컬러 모드시의 최대의 가상 스크린 사이즈 : 2048×1024 등

▶ 와치독 타이머

- 16-bit 와치독 타이머
- 타임-아웃시 인터럽트 요구 혹은 시스템 리셋

▶ IIC-Bus 인터페이스

- 1채널의 멀티-마스터 IIC-Bus
- 시리얼 8-bit의 양방향 데이터 전송은 표준 모드에서 100Kbit/S이며, 빠른 모드에서는 400Kbit/S까지 사용 가능

▶ IIS-Bus 인터페이스

- DMA-based 동작을 위한 오디오 인터페이스에 1채널의 IIS-Bus가 사용됨
- 8/16-bit 데이터 전송
- Tx/Rx에 128Byte(64-Byte + 64-Byte) FIFO
- IIS 포맷과 MSB-justified 데이터 포맷 지원

▶ AC'97 오디오 코덱 인터페이스

- 16bit샘플 지원
- 1채널 스테레오 PCM입력 / 1채널 스테레오 PCM 출력
- 1채널 마이크 입력

▶ USB 호스트

- 2-포트의 USB 호스트
- OHCI Rev. 1.0으로 컴파일
- USB 스펙 버전 1.1과 호환

▶ USB Device

- 1-포트의 USB 디바이스
- USB 디바이스에 5개의 엔드 포인트
- USB 스펙 버전 1.1과 호환

▶ SD 호스트 인터페이스

- Normal, Interrupt, DMA 데이터 전송모드
  (Byte, Halfword, Word)
- DMA burst4 액세스 지원(only word transfer)
- SD 메모리 카드 프로토콜 버전 1.0과 호환
- SDIO 카드 프로토콜 버전 1.0과 호환
- Tx/Rx용 64byte FIFO
- DMA-based 혹은 인터럽트-based 동작
- 멀티미디어 카드 프로토콜 버전 2.11과 호환

▶ SPI 인터페이스

- 2채널의 시리얼 인터페이스 프로토콜 버전 2.11과 호환
- Tx/Rx용 2×8bit의 쉬프트 레지스터
- DMA-based 혹은 인터럽트-based 동작

▶ CAMERA 인터페이스

- ITU-R BT 601/656 8-bit 모드지원
- DZI(Digital Zoom In) 기능
- 프로그램 가능한 비디오 싱크 신호 극성
- 최대 4096×4096 픽셀 입력 지원
- 이미지 미러, 회전지원(X축 미러, Y축 미러, 180° rotation)
- 카메라 출력 포맷(RGB16/24-bit와 YCbCr 4:2:0/4:2:2 포맷)

▶ 전압의 동작 범위

- 300MHz 1.2V 코어전압
  400MHz 1.3V 코어전압
- 메모리 : 1.8V/2.5V/3.0V/3.3V
- I/O : 3.3V

▶ 주파수의 동작 범위

- 최대 400MHz까지 동작 가능

▶ **패키지**

- 289핀의 FBGA 타입

S3C2410A는 S3C2440A와 비교해 다음과 같은 차이점을 가진다.

- 1.8V의 내부 전압, 2.5V3.3V 메모리, 16KB의 I-Cache/16KB의 D-Cache MMU를 갖는 3.3V 외부 I/O 마이크로 프로세서
- 117-bit의 범용 I/O 포트 / 24-채널의 외부 인터럽트 소스
- UART 내부 버퍼레지스터 32(TX:16바이트 + RX:16바이트)바이트
- 터치스크린 인터페이스를 위해 별도의 외부 FET 필요
- 카메라 인터페이스 없음
- AC'97코덱 인터페이스 없음
- 전압의 동작 범위
  코어: 1.8V 메모리: 2.5V/3.3V I/O: 3.3V
- 주파수의 동작범위
  최대 266MHz까지 동작 가능
- 패키지 272핀의 FBGA 타입

3.3 S3C2440A의 핀배치 및 기능

S3C2440A의 핀배치 및 기능, 사용법은 이전의 소형 CPU에 비해 상당히 복잡하다. 자주 사용하는 기능은 일부 외우겠지만 내용이 많아 프로그램을 할 때마다 데이타쉬트를 참조하거나 기존의 제작된 코드를 재사용하게 된다. 따라서 여러분은 데이터쉬트의 핀배치도 및 기능관련 테이블, 중요레지스터, 신호선들의 타이밍에 관한 자료를 따로 철하여 관리 하는 것이 여러분의 수고를 덜어 줄 것이다.

[그림 3.2]는 S3C2440A의 핀 배치도이다. S3C2410A의 경우 가운데 부분에 핀이 좀 비어 있으나 S3C2440A는 S3C2410A보다 17핀이 많아 패키지 아래가 그림처럼 꽉 차있다. DIP타입, QFP패키지와 달리 가로세로의 숫자와 알파벳을 이용하여 A1, C2, E3 이런 식으로 핀 번호를 붙인다. 이제 여기서 각 신호선들의 기능을 설명할 것이다. 물론 4장부터 각 주변장치들을 설명할 때 다시 언급하겠지만 아래의 표는 신호선들을 기능별로 나누어 표시한 중요한 테이블이다. CPU자체의 기능이 워낙 많다보니 그 내용도 많지만 유심히 읽어보기 바란다. 회로도를 보면 NET이름으로 표시를 하게 되는데 그 NET명만 보고도 뭐하는 핀이었더라 정도는 알아야 한다.

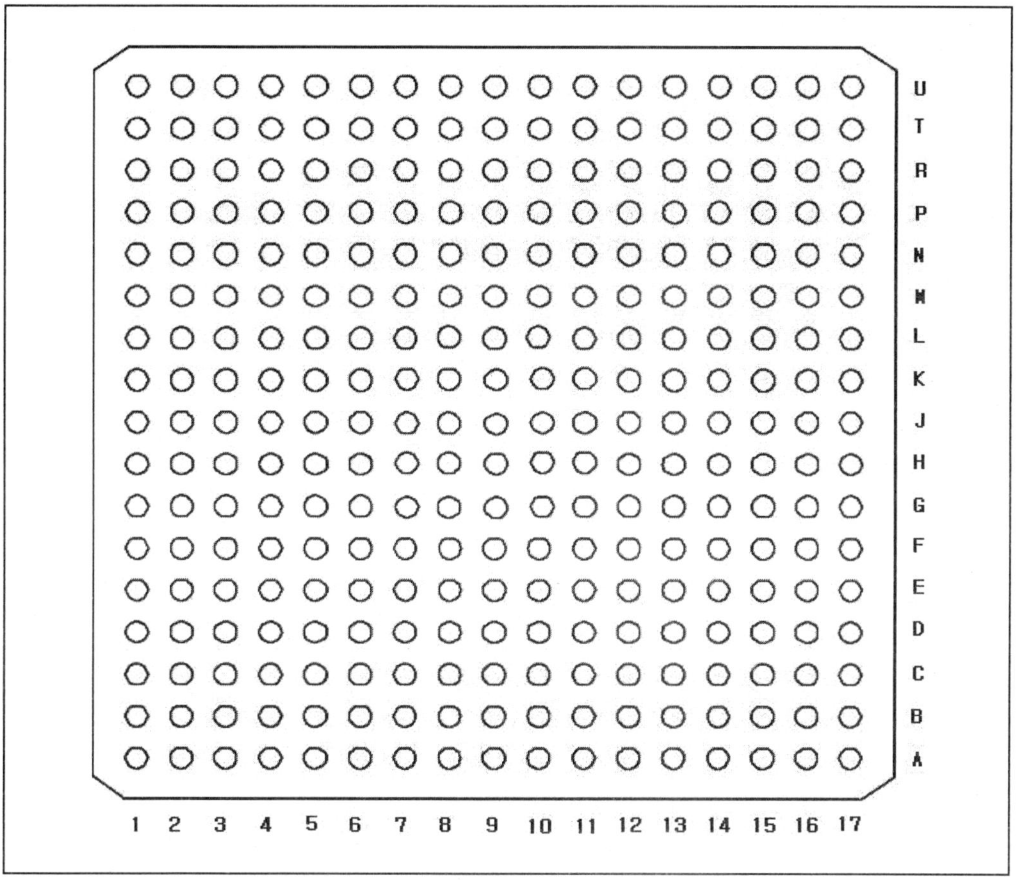

[그림 3.2] S3C2440A의 핀배치도(BOTTOM VIEW)

▶ 버스 컨트롤러

신호선	Input/Output	설 명
BUS CONTROLLER		
OM[1:0]	I	부트모드를 결정한다. 테스트모드 여부와 nGCS0 bank의 버스폭을 결정한다. 00 : Nand-boot 01:16-bit 10: 32-bit 11: Test mode
ADDR[26:0]	O	어드레스 버스 출력
DATA[31:0]	I/O	데이터버스 입출력. 프로그램적으로 8/16/32bit 변경가능
nGCS[7:0]	O	General Chip Select. nGCS[7:6]은 SDRAM사용 가능
nWE	O	Write Enable 출력
nOE	O	Output Enable 출력
nXBREQ	I	Bus Hold Request
nXBACK	O	Bus Hold Acknowledge
nWAIT	I	외부 wait신호 입력

▶ SDRAM/SRAM

신호선	Input/Output	설 명
SDRAM / SRAM		
nSRAS	O	SDRAM 열(Row) 어드레스 스트로브
nSCAS	O	SDRAM 행(Column) 어드레스 스트로브
nSCS[1:0]	O	SDRAM chip select
DQM[3:0]	O	SDRAM 데이터 마스크
SCLK[1:0]	O	SDRAM 클럭
SCKE	O	SDRAM 클럭 Enable
nBE[3:0]	O	Upper 바이트/Lower 바이트 Enable(16비트 SRAM인 경우)
nWBE[3:0]	O	Write 바이트 Enable

▶ NAND 플래시

신호선	Input/Output	설 명	
NAND FLASH			
CLE	O	커맨드 래치 Enable	
ALE	O	어드FP스 래치 Enable	
nFCE	O	NAND플래시 칩 Enable	
nFRE	O	NAND플래시 Read Enable	
nFWE	O	NAND플래시 Write Enable	
NCON	O	NAND플래시 Configuration	사용하지 않는 경우에는
FRnB	O	NAND플래시 Ready & Busy	VDDMOP에 Pull up하여야 한다.

▶ LCD제어 장치

신호선	Input/Output	설 명
LCD Control Unit		
VD[23:0]	O	STN/TFT/SEC(삼성전자)TFT : LCD 데이터 버스
LCD_PWREN	O	STN/TFT/SEC TFT : LCD 패널 파워 Enable 제어 신호
VCLK	O	STN/TFT : LCD 클럭
VFRAME	O	STN : LCD 프레임 신호
VLINE	O	STN : LCD 라인 신호
VM	O	STN : LCD 열(Column)과 행(Row) 전압 극성 제어
VSYNC	O	TFT : 수직 동기 신호
HSYNC	O	TFT : 수평 동기 신호
VDEN	O	TFT : 데이터 Enable
LEND	O	TFT : 라인 엔드 신호

STV	O	SEC TFT : SEC TFT LCD패널 제어 신호
CPV	O	SEC TFT : SEC TFT LCD패널 제어 신호
LCD_HCLK	O	SEC TFT : SEC TFT LCD패널 제어 신호
TP	O	SEC TFT : SEC TFT LCD패널 제어 신호
STH	O	SEC TFT : SEC TFT LCD패널 제어 신호
LCD_LPCOE	O	SEC TFT : SEC의 특정 TFT LCD의 제어신호
LCD_LPCREV	O	SEC TFT : SEC의 특정 TFT LCD의 제어신호
LCD_LPCREVB	O	SEC TFT : SEC의 특정 TFT LCD의 제어신호

▶ 카메라 인터페이스

신호선	Input/Output	설 명
CAMERA Interface		
CAMRESET	O	카메라 소프트웨어 리셋
CAMCLKOUT	O	클럭 출력(카메라 쪽으로)
CAMPCLK	I	픽셀클럭 입력(카메라로부터)
CAMHREF	I	수평 동기 신호(카메라로부터)
CAMVSYNC	I	수직 동기 신호(카메라로부터)
CAMDATA[7:0]	I	픽셀 데이터(YCbCr)

▶ 인터럽트 제어 장치

신호선	Input/Output	설 명
Interrupt Control Unit		
EINT[23:0]	I	외부 인터럽트 Request

▶ DMA

신호선	Input/Output	설 명
DMA		
nXDREQ[1:0]	I	외부 DMA 요구
nXDACK[1:0]	O	외부 DMA acknowledge

▶ UART

신호선	Input/Output	설 명
UART		
RxD[2:0]	I	UART 수신데이터 입력

TxD[2:0]	O	UART 송신데이터 출력
nCTS[1:0]	I	UART CTS(Clear To Send) 입력
nRTS[1:0]	O	UART RTS(Request To Send) 출력
UEXTCLK	I	UART 외부 클럭 입력

▶ AD 컨버터

신호선	Input/Output	설 명
ADC		
AIN[7:0]	AI	ADC입력
Vref	AI	AD컨버터 레퍼런스 전압

▶ IIC-Bus

신호선	Input/Output	설 명
IIC-BUS		
IICSDA	I/O	IIC-Bus 데이터
IICSCL	I/O	IIC-Bus 클럭

▶ IIS-Bus

신호선	Input/Output	설 명
IIS-BUS		
I2SLRCK	I/O	IIS-Bus 채널 선택 클럭
I2SSDO	O	IIS-Bus 시리얼 데이터 출력
I2SSDI	I	IIS-Bus 시리얼 데이터 입력
I2SSCLK	I/O	IIS-Bus 시리얼 클럭
CDCLK	O	코덱 시스템 클럭

▶ AC'97

신호선	Input/Output	설 명
AC'97		
AC_SYNC		48MHz Fixed Rate Sample Sync
AC_BIT_CLK	I/O	12.288MHz 시리얼 데이터 클럭
AC_nRESET	O	AC'97 마스터 H/W 리셋
AC_SDATA_IN	I	시리얼 AC'97 입력 스트림
AC_SDATA_OUT	O	시리얼 AC'97 출력 스트림

▶ 터치스크린

신호선	Input/Output	설　　명
TOUCH SCREEN		
nXPON	O	플러스 X축 온-오프 제어 신호
XMON	O	마이너스 X축 온-오프 제어 신호
nYPON	O	플러스 Y축 온-오프 제어 신호
YMON	O	마이너스 Y축 온-오프 제어 신호

▶ USB HOST

신호선	Input/Output	설　　명
USB HOST		
DN[1:0]	I/O	USB HOST의 DATA(-) (15kΩ풀다운)
D{[1:0]	I/O	USB HOST의 DATA(+) (15kΩ풀다운)

▶ USB DEVICE

신호선	Input/Output	설　　명
USB DEVICE		
PDN0	I/O	USB 장치의 DATA(-) (Sleep 모드에서 전력소모를 줄이기 위해470kΩ풀다운)
PDP0	I/O	USB 장치의 DATA(+) (1.5kΩ풀업)

▶ SPI

신호선	Input/Output	설　　명
SPI		
SPIMISO[1:0]	I/O	SPI장치가 마스터 모드일 때 데이터 입력, SPI장치가 슬레이브 모드일 때 데이터 출력
SPIMOSI[1:0]	I/O	SPI장치가 마스터 모드일 때 데이터 출력, SPI장치가 슬레이브 모드일 때 데이터 입력
SPICLK[1:0]	I/O	SPI 클럭
nss[1:0]	I	SPI 칩세렉트(슬레이브 모드에서만 사용)

▶ SD 카드 인터페이스

신호선	Input/Output	설　　명
SD		
SDDAT[3:0]	I/O	SD 데이터 송신/수신
SDCMD	I/O	SD 응답 수신/커맨드 송신
SDCLK	O	SD 클럭

▶ GENERAL PORT

신호선	Input/Output	설 명
GENERAL PORT		
GPn[129:0]	I/O	범용 입출력 포트(일부는 출력만 가능)

▶ 타이머/PWM

신호선	Input/Output	설 명
TIMER/PWM		
TOUT[3:0]	O	타이머 출력
TCLK[1:0]	I	외부 타이머 클럭 입력

▶ JTAG TEST LOGIC

신호선	Input/Output	설 명
JTAG TEST LOGIC		
nTRST	I	nTRST(TAP Controller Reset) TAP 컨트롤러 리셋
TMS	I	TMS(TAP Controller Mode Select) TAP 컨트롤러의 상태를 제어 10kΩ 풀업저항 연결
TCK	I	TCK(TAP Controller Clock) TAP 컨트롤러 클럭 입력 10kΩ 풀업저항 연결
TDI	I	TDI(TAP Controller Data Input) 시리얼 데이터, 명령 입력 10kΩ 풀업저항 연결
TDO	O	TDO(TAP Controller Data Output) 시리얼 데이터, 명령 출력

▶ 리셋, 클럭, 파워

신호선	Input/Output	설 명
RESET, CLOCK & POWER		
XTOpll	AO	OM[3:2]=00b일 때, MPLL CLK와 UPLL CLK에 XTOpll 사용 OM[3:2]=01b일 때, MPLL CLK에만 XTOpll 사용 OM[3:2]=10b일 때, UPLL CLK에만 XTOpll 사용
MPLLCAP	AI	메인클럭용 루프 필터 캐패시터(Loop Filter Capacitor)
UPLLCAP	AI	USB 클럭용 루프 필터 캐패시터
XTIrtc	AI	RTC에 사용되는 32.768KHz 크리스탈 입력
XTOrtc	AO	32.768KHz 크리스탈 출력
CLKOUT[1:0]	O	클럭 출력
nRESET	ST	리셋입력. 전압이 안정된 후 4클럭 이상 'L'레벨 유지

nRSTOUT	O	외부장치를 위한 리셋 출력 (nRSTOUT = nRESET & nWDTRST & SW_RESET)
PWREN	O	1.2V/1.3V 코어전압 온-오프제어
nBATT_FLT	I	배터리 상태 검출(사용하지 않을 때는 VDDOP에 연결)
OM[3:2]	I	클럭 소스 결정 OM[3:2]=00b, 크리스탈이 MPLL과 UPLL CLK 소스로 사용 OM[3:2]=01b, MPLL CLK 소스로는 크리스탈이 UPLLCLK 소스로는 EXTCLK가 사용 OM[3:2]=10b, MPLL CLK 소스로는 EXTCLK가 UPLL CLK 소스로는 크리스탈이 사용 OM[3:2]=11b, EXTCLK가 MPLL과 UPLL CLK 소스로 사용
EXTCLK	I	외부 클럭소스(External Clock Source)
XTIpll	AI	내부 발진회로를 위한 크리스탈 입력

▶ 파 워

신호선	Input/Output	설 명
POWER		
VDDalive	P	리셋블록과 포트 상태 레지스터 VDD
VDDiarm	P	ARM 코어 로직 VDD
VDDi	P	내부블록 코어 로직 VDD
VSSi/VSSiarm	P	코어 로직 VSS
VDDi_MPLL	P	MPLL 아날로그 & 디지털 VDD
VSSi_MPLL	P	MPLL 아날로그 & 디지털 VSS
VDDOP	P	I/O 포트 VDD(3.3V)
VDDMOP	P	메모리 I/O VDD 3.3V : SCLK 135MHz까지 2.5V : SCLK 135MHz까지 1.8V : SCLK 93MHz까지
VSSOP	P	I/O 포트 VSS
RTCVDD	P	RTC VDD(3.0V, 입력범위:1.8V~3.6V) RTC를 사용하지 않을 때는 전원에 연결
VDDi_UPLL	P	UPLL 아날로그 디지털 VDD
VSSi_UPLL	P	UPLL 아날로그 디지털 VSS
VDDA_ADC	P	ADC VDD(3.3V)
VSSA_ADC	P	ADC VSS

※ Note : I/O:input output. AI/AO:analog input output. ST:schmitt trigger. P:power.

여기까지 삼성전자 ARM 프로세서인 S3C2440A에 대해 개괄적으로 살펴보았다. CPU가 워낙 많은 기능을 가지고 있다보니 관련된 핀 수도 상당히 많은 편이다. 차이점은 데이터쉬트를 참조하길 바라고 4장부터 장치별 상세 내용을 다루도록 하겠다.

제 4 장

SEC ARM9 프로세서의 구조 및 주변회로 설계

4. SEC ARM9 프로세서의 구조 및 주변회로 설계

3장에서 S3C2440A의 기본적인 구조 및 특징, 기능에 대해 살펴보았다. 이제 4장부터는 S3C2440A를 사용하기 위한 실무적인 내용 위주로 설명할 것이다. 우선 CPU동작에 필수적 요소인 전원, 클럭에 관한 내용, 부팅 및 데이터 저장에 필요한 메모리 관리 장치들을 언급하고, 그 이후에 메모리 구성 방법이라든지 외부장치 연결방법을 설명한다. 하지만 하드디스크 인터페이스나 네트워크 인터페이스 같은 배보다 배꼽이 더 큰 내용은 이 책에서 모두 언급할 수는 없으므로 Training Kit 제작사를 통해 기술지원을 받거나 일부 생략하는 내용이 있을 수도 있다.

주로 S3C2440A CPU와 주변소자들 간의 연결방법을 다루고 구체적인 레지스터 설정방법과 프로그램 방법은 6장 이후에서 다루도록 한다. 기본적인 연결형태를 보고 회로도와 사용된 소자의 데이터쉬트를 참조하면 이해가 보다 빠를 것이다.

[그림 4.1]은 S3C2440A의 기본구조와 외부에 연결할 수 있는 장치들을 보여주고 있다. 키보드, LCD, 여러 가지 플래시 메모리, 그리고 USB 장치를 연결할 수 있다. 여러분이 사용하는 PC와 한번 비교해 보기 바란다. PC는 보통 본체와 모니터, 그리고 키보드 마우스로 구성된다. 그리고 본체 내부에 네트워크 카드와 사운드카드, 하드디스크, CD-ROM, USB를 내장하고 있다. 이제 [그림 4.1]과 비교해 보면, 키보드, LCD, IIS 사운드, 네트워크 인터페이스 등 PC와 별반 다를 게 없다. 하드디스크와 CD-ROM도 IDE 인터페이스를 통해 어렵지 않게 구현 가능하다. 이렇게 대단한 기능을 갖추고서도 S3C2440A의 가격은 만원대에 구입이 가능하다. 물론 PC만큼의 성능을 바랄 순 없지만 대부분 흉내 낼 수는 있다. 여기에 전용 운영체제가 개발되고 S3C2440A 시스템에서 돌아가는 컴파일러마저 개발된다면, S3C2440A 시스템에서 프로그램을 개발하고 직접 실행하는 것이 가능해지는 것이다. PC가 있기 때문에 이러한 가능성은 거의 없지만 그 만큼 응용범위가 광범위하다는 것이다. 필자가 평소 많이 생각해 왔던 상상이다. 실현 불가능한 상상이 아니라 본다. 이 책을 접하는 독자들이 향후에 충분히 구현해 낼 수 있으리라고 본다.

본론으로 돌아와 여기서부터 클럭과 전원관리에 대해서 설명하도록 하겠다. 정말 기본이 되는 내용이면서도 시스템의 성능을 보다 최적화하는데 필수적인 내용이므로 필독해 주길 바란다.([그림 4.1]은 S3C2440A의 일반적인 블록도를 보인 것으로 MSTK2440과는 차이가 있다. 5장 참조)

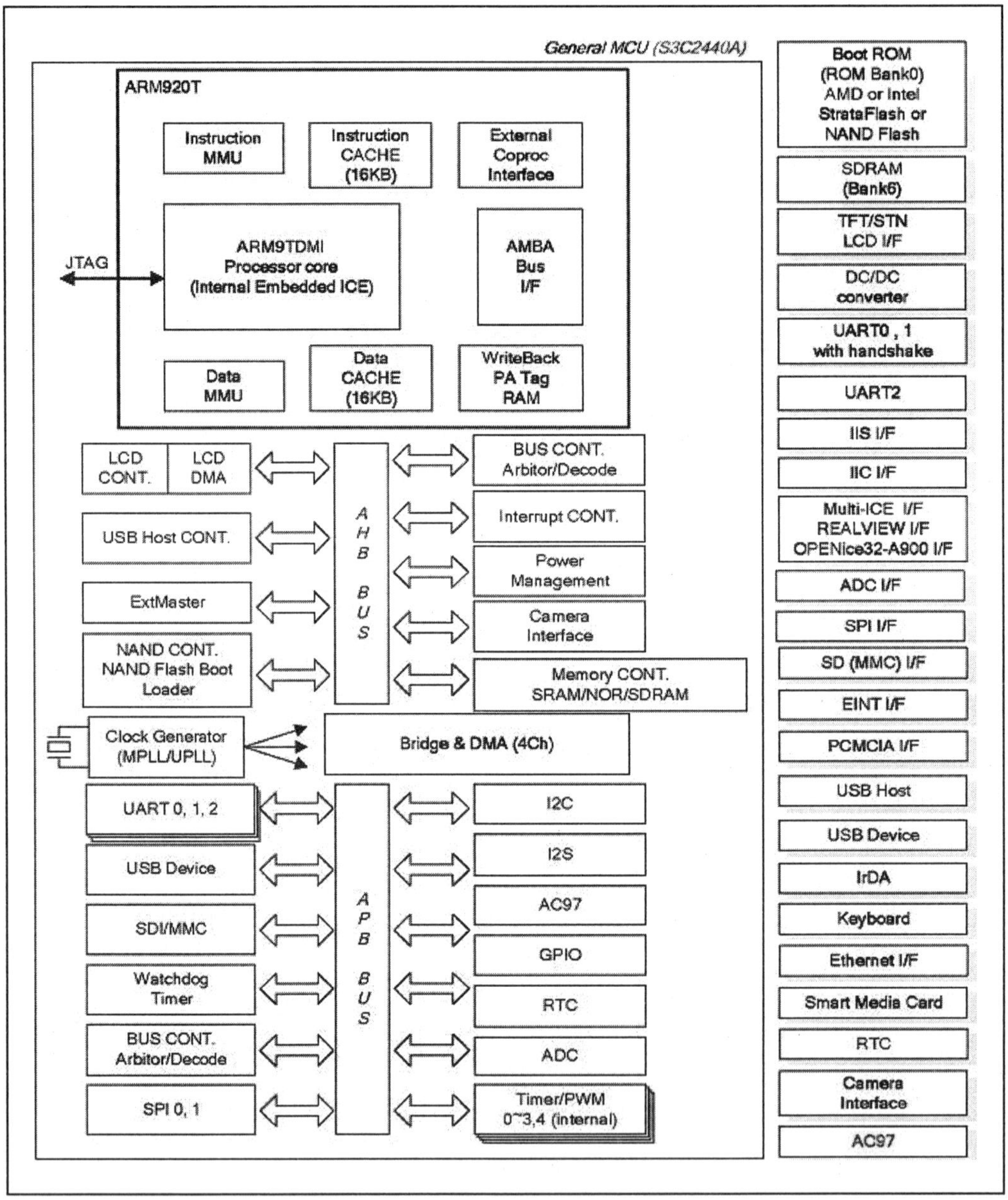

[그림 4.1] S3C2440A 시스템 기본 블록도

4.1 클럭과 전원관리(Clock & Power Management)

클럭과 전원관리 블록은 클럭제어(Clock Control), USB제어(USB Control), 전원제어 (Power Control) 세 부분으로 구성된다. 클럭제어로직(Clock Control Logic)에서 FCLK

(코어 클럭), HCLK(AHB 버스 클럭), 그리고 PCLK(APB 버스 클럭)에 필요한 클럭을 발생시킨다. S3C2440A에는 두 개의 PLL(Phase Locked Loop)을 내장하고 있다. FCLK와 HCLK, 그리고 PCLK에 사용되어지는 PLL(MPLL) 한 개와 USB 블록(48MHz)에 사용되는 PLL(UPLL) 한 개이다. 클럭제어로직에서는 PLL을 사용하지 않는 저속 클럭 발생이 가능하며, 또한 전력소비를 줄이기 위해 각각의 내부장치에 클럭을 공급할 것인지 말 것인지의 제어가 가능하다.

CPU가 동작함에 있어 전원제어로직(Power Control Logic)에서는 소비전력을 줄이기 위해 여러 가지 동작 모드를 제공한다. 실제로 S3C2440A에서는 네 가지의 전원모드로 동작 가능하다.

NORMAL 모드 : 모든 내부장치들에 클럭 공급이 가능한 모드이다. 이 모드에서 모든 장치들이 동작하면 전력소비는 최대가 된다. 단 사용하지 않는 내부장치들에 클럭 공급을 중지시켜 전력소비를 줄일 수 있다.

SLOW 모드 : 보통 클럭속도가 높아지면 그 만큼 소비전력도 증가한다. SLOW모드에서는 내부의 PLL을 사용하지 않고 외부클럭을 입력받아 사용한다. PLL에서의 전력소비를 줄일 수 있다.

IDLE 모드 : FCLK에 공급되는 클럭을 중지시키는 모드이다. CPU코어에서 소비되는 전력소모를 줄일 수 있다. 다른 장치들에는 클럭을 공급하므로 인터럽트 요구에 의해서 IDLE모드에서 탈출할 수 있다.

SLEEP 모드 : 이 모드에서는 내부의 전원공급 자체를 중지시킨다. Wake-Up 로직에만 전원을 공급하여 대부분의 전력소비를 차단시킨다. EINT[15:0] 또는 RTC 알람(Alarm) 인터럽트에 의해 모드 탈출이 가능하다.

4.1.1 클럭제어로직의 구조 및 기능

[그림 4.2]에서 클럭제어로직의 구조를 보여주고 있다. 메인 클럭소스는 외부 크리스탈(XTIpll)이나 외부클럭(EXTCLK)를 통해 입력된다. 이 책에서 사용하는 Traning Kit의 경우 16.9344 MHz의 크리스탈을 사용하고 있다. 또한 클럭제어로직에는 외부크리스탈과 연결되는 발진기(Oscillation Amplifier)와 S3C2440A에서 사용되는 고속의 클럭을 만들어 내는 두 개의 PLL을 내장하고 있다.

이 클럭은 전원모드별로 차단이 가능하며, 또한 내부의 각 장치들에 개별적으로 클럭의 공급 차단이 가능하다.

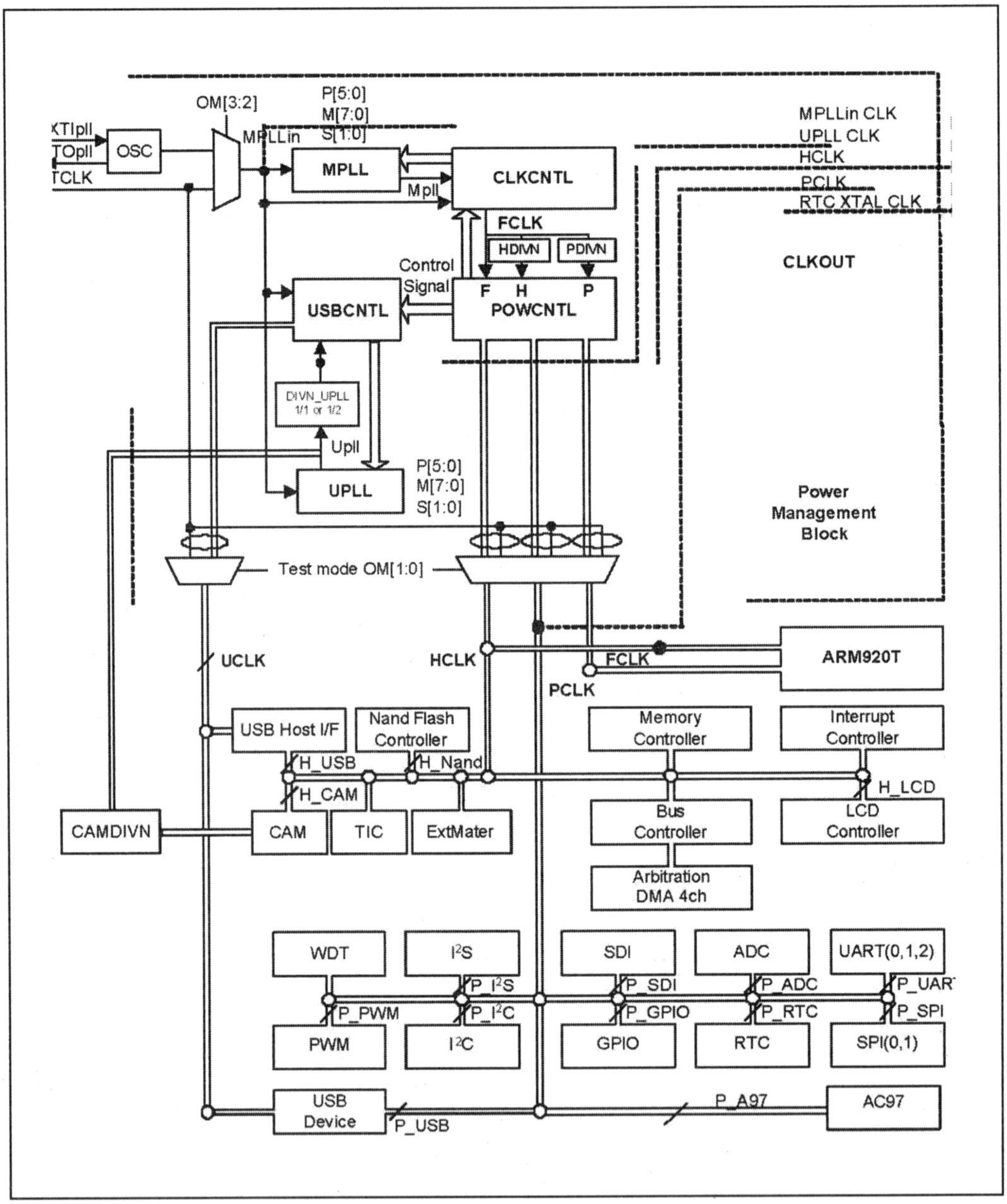

[그림 4.2] 클럭 발생기(Clock Generator) 블록도

▶ 클럭소스(Clock Source)의 선택

[표 4.1]은 모드선택 핀(OM3[T13핀], OM2[P13핀])에 따라 클럭소스 선택 방법을 보여주고 있다. 부팅시 nRESET신호의 라이징 엣지(Rising Edge)에서 OM[3:2]핀 입력에 따라 클럭소스를 선택한다.

[표 4.1] 부팅시 클럭 소스의 선택

OM[3:2]	MPLL 상태	UPLL 상태	메인 클럭 소스	USB 클럭 소스
00	On	On	Crystal	Crystal
01	On	On	Crystal	EXTCLK
10	On	On	EXTCLK	Crystal
11	On	On	EXTCLK	EXTCLK

리셋 후에 MPLL이 기동되더라도 MPLL의 출력이 바로 시스템 클럭으로 사용되지 않는다. 소프트웨어에서 MPLLCON 레지스터를 제대로 설정해야만 시스템의 클럭으로 사용되어진다.

▶ PLL(Phase Locked Loop)

[그림 4.3]은 S3C2440A에 내장된 PLL의 구조이다. 그림에서 MPLLCAP과 UPLLCAP을 유심히 봐야한다. VCO(voltage Controlled Oscillator)의 안정된 발진을 위해 루프 필터(Loop Filter, 여기에서는 RC로 구성된 Low Pass 필터)를 사용하게 된다. 필터의 저항은 CPU에 내장되어 있고 캐패시터는 MPLLCAP(N14)핀과 UPLLCAP(P17) 핀에 연결한다. 사용되는 값은 [표 4.2]를 참조하기 바란다.

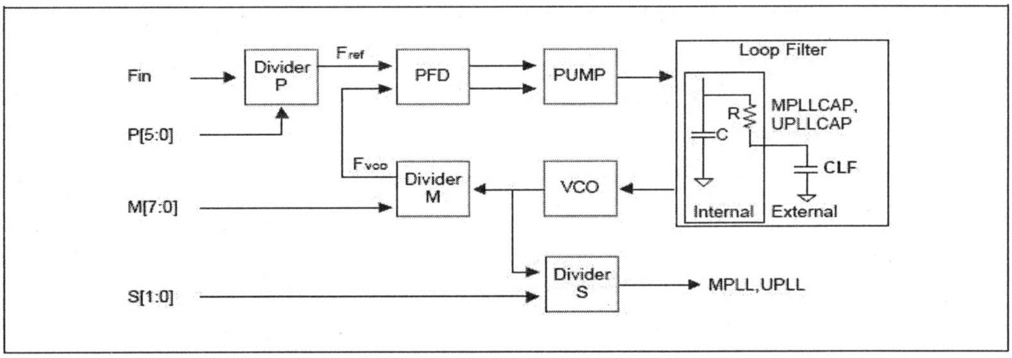

[그림 4.3] PLL(Phase-Locked Loop)의 구조

[표4.2] Loop Filter 구성

루프 필터 캐패시터	CLF	MPLLCAP : 1.3nF± 5%
		UPLLCAP : 700pF± 5%
외부 크리스탈 주파수	-	12~20 MHz
외부 크리스탈에 사용되는 캐패시터	CEXT	15~22 pF

▶ 클럭회로 구성

S3C2440A에서는 외부에 크리스탈을 연결하거나 직접 클럭(오실레이터)을 공급하여 동작 가능하다.

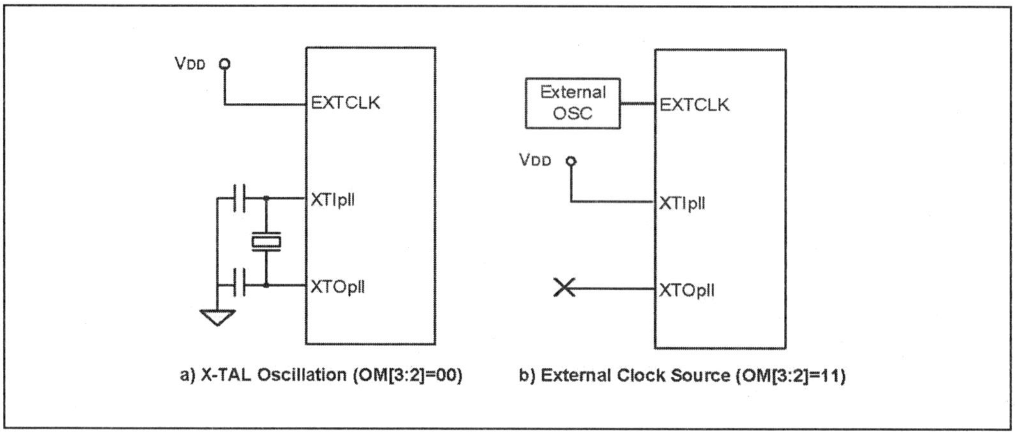

[그림 4.4] 클럭회로의 구성

위에서 언급한 것처럼 OM[3:2]핀의 입력으로 크리스탈을 사용할 것인지, 외부의 발진기를 사용할 것인지 선택 가능하다. 크리스탈 사용시 연결하는 캐패시터의 값은 앞의 [표 4.2]를 참조하면 된다.

▶ PLL 파워-온-리셋 시퀀스(Power-On-Reset Sequence)

우선 아래의 [그림 4.5]를 보면, 전원이 공급되고 PLL이 안정된 FCLK를 공급하는 순서를 볼 수 있다.

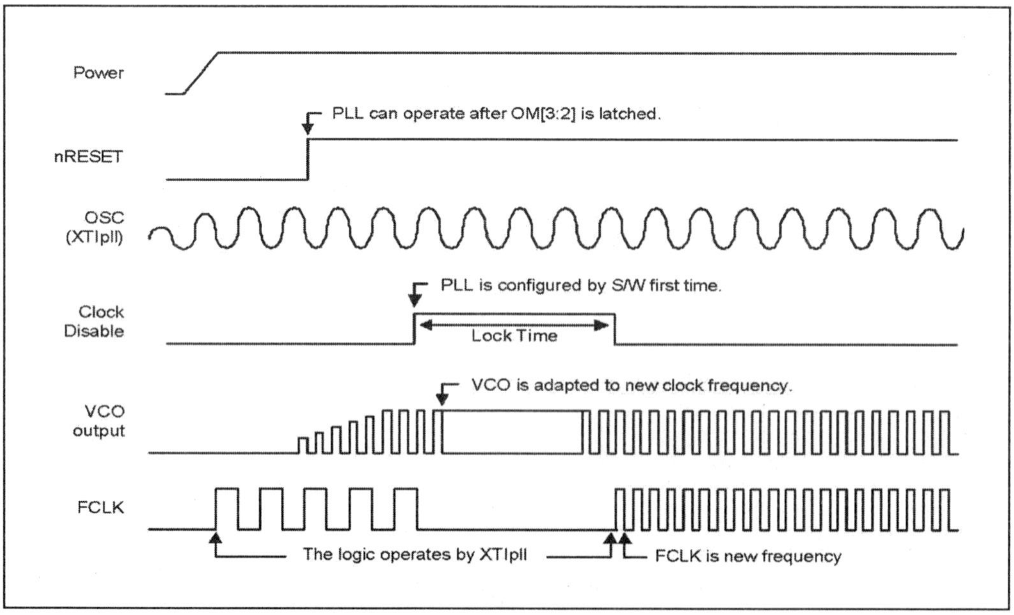

[그림 4.5] PLL 파워-온-리셋 시퀀스

전원이 공급되고 리셋이 완료되는 시점, 리셋신호의 라이징 엣지에서 OM[3:2]핀 입력을 래치시킨다. 그림처럼 크리스탈 입력 설정이라면, PLLCON 레지스터를 소프웨어에서 설정해주고 VCO가 안정화되는 시간을 거쳐 정상적인 FCLK가 발생된다.

▶ USB 클럭 제어

[표 4.3] USB 클럭 제어

조 건	UCLK 상태	UPLL 상태
리셋 후	XTIpll or EXTCLK	On
UPLL 세팅 후	L: PLL lock time 48MHz: PLL lock time 이후	On
UPLL off(CLKSLOW 레지스터)	XTIpll or EXTCLK	OFF
UPLL on(CLKSLOW 레지스터)	48MHz	On

S3C2440A는 UPLL을 이용해 USB host와 USB Device 장치에 48MHz의 클럭이 공급된다.

▶ FCLK, HCLK 그리고 PCLK

앞에서 FCLK, HCLK, PCLK 용어에 대해 간단하게만 설명하였다. 여기서 구체적인 용도와 사용 방법에 대해 알아보자. 시스템의 명령실행속도와 메모리, 주변장치의 동작 속도와 관계되므로 기억해 두도록 하자.

- **FCLK** : ARM920T 코어에서 사용되는 클럭이다.
- **HCLK** : AHB 버스에 사용되는 클럭이다. 메모리 컨트롤러, 인터럽트 컨트롤러, LCD 컨트롤러, DMA와 USB HOST 블록에 사용된다.
- **PCLK** : APB 버스에 사용되는 클럭이다. WDT, IIS, IIC, 타이머, MMC 인터페이스, AD컨버터, UART, GPIO, RTC, SPI와 같은 장치들에 사용된다.

S3C2440A에서는 FCLK,와 HCLK 그리고 PCLK의 클럭비 조정이 가능하다. 외부 메모리 또는 각 장치들의 동작속도가 ARM920T 코어속도에 비해 현저히 느리기 때문에 적절히 조절해 줄 필요가 있다. 이는 CLKDIVN 제어 레지스터의 HDIVN과 PDIVN 값을 설정하여 변경 가능하다.

[표 4.4] FCLK, HCLK, PCLK 클럭 비율 설정

HDIVN	PDIVN	HCLK3_HALF/ HCLK4_HALF	FCLK	HCLK	PCLK	Divide Ratio
0	0	-	FCLK	FCLK	FCLK	1 : 1 : 1(Default)
0	1	-	FCLK	FCLK	FCLK / 2	1 : 1 : 2
1	0	-	FCLK	FCLK / 2	FCLK / 2	1 : 2 : 2
1	1	-	FCLK	FCLK / 2	FCLK / 4	1 : 2 : 4
3	0	0 / 0	FCLK	FCLK / 3	FCLK / 3	1 : 3 : 3
3	1	0 / 0	FCLK	FCLK / 3	FCLK / 6	1 : 3 : 6
3	0	1 / 0	FCLK	FCLK / 6	FCLK / 6	1 : 6 : 6
3	1	1 / 0	FCLK	FCLK / 6	FCLK / 12	1 : 6 : 12
2	0	0 / 0	FCLK	FCLK / 4	FCLK / 4	1 : 4 : 4
2	1	0 / 0	FCLK	FCLK / 4	FCLK / 8	1 : 4 : 8
2	0	0 / 1	FCLK	FCLK / 8	FCLK / 8	1 : 8 : 8
2	1	0 / 1	FCLK	FCLK / 8	FCLK / 16	1 : 8 : 16

CLKDIVN 설정은 PLL LOCK 타임 이후에 적용되며, 또한 HCLK 클럭 기준으로 1.5클럭 이후에 변경된 주파수가 공급된다. 실무에 적용하는 방법은 5장과 19장에서 자세히 다루도록 하겠다.

4.1.2 전원제어로직(Power Control Logic)의 구조 및 기능

전원관리블록(Power Management Block)은 시스템의 전력소비를 줄이기 위해 소프트웨어 적으로 시스템의 클럭을 제어하게 해준다. 클럭제어로직의 경우는 내부의 장치별로 클럭의 공급여부를 결정할 수 있었지만, 전원관리 블록에서는 전원관리 모드에 따라 시스템의 클럭이 공급되는 범위를 조절한다.

[그림 4.6]에서 보다시피 전원관리 블록은 각 장치별이 아닌, FCLK, HCLK, PCLK, UCLK를 동시에 제어할 수 있다.

앞에서 언급했던 내용처럼 S3C2440A에는 4가지의 전원 모드가 있다. [그림 4.7]에서 각 전원모드간의 상태전환을 보여주고 있다. 물론 이들 모드 전환이 자유롭게 되는 것은 아니고 외부 인터럽트나 소프트웨어적인 설정에 의해서 서로 전환되게 된다.

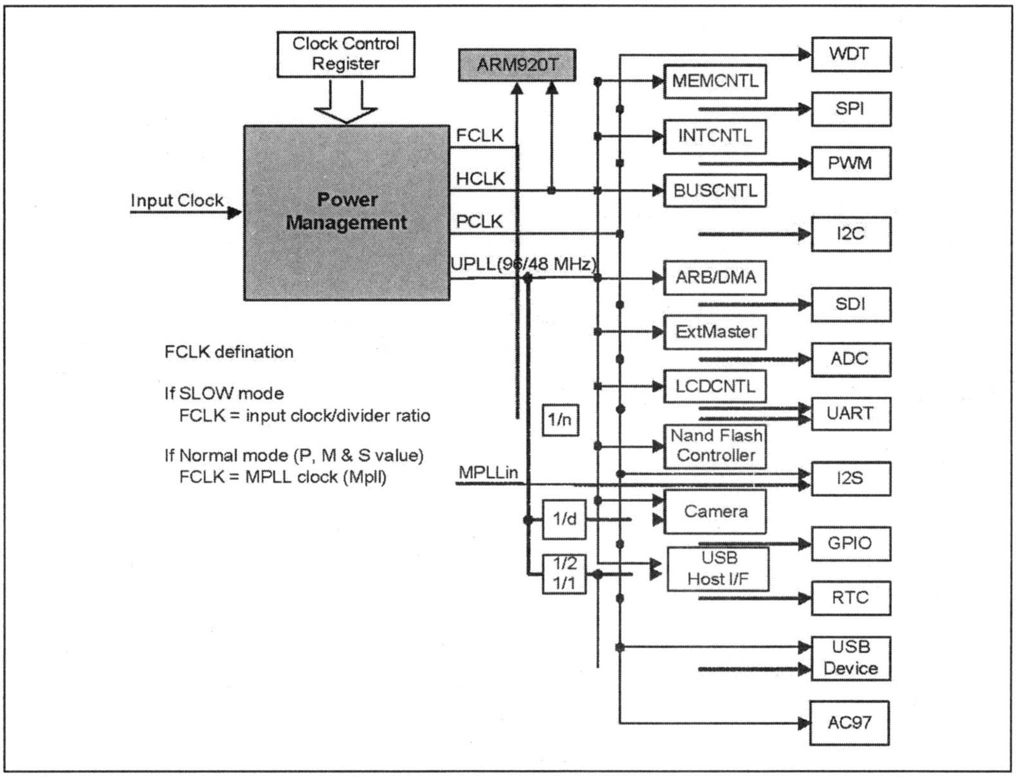

[그림 4.6] 클럭 분배 블록도

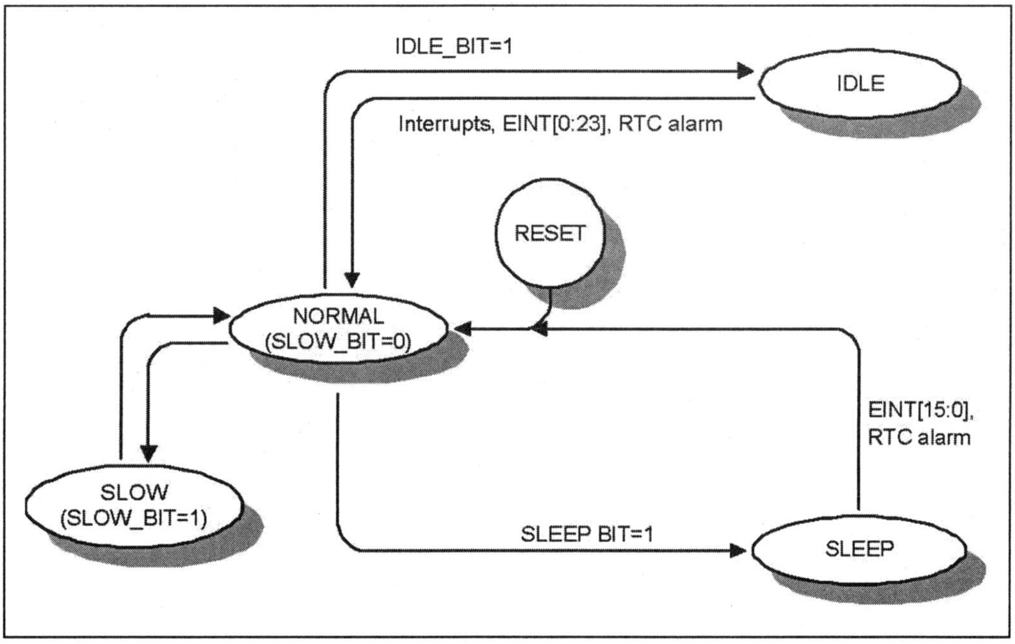

[그림 4.7] 전원모드의 상태도

다음에 보여주는 표는 각 전원 모드별 클럭의 공급범위를 나열하고 있다. 4장의 첫부분에서 설명했던 모드별 동작 상태를 알기 쉽게 표시한 것이다.

[표 4.5] 각 전원모드 별 클럭과 전원상태

모드	ARM920T	AHB Modules (1)/WDT	전원관리	GPIO	RTC 클럭	APB Modules (2) & USBH/LCD/NAND
NORMAL	O	O	O	SEL	O	SEL (3)
IDLE	X	O	O	SEL	O	SEL
SLOW	O	O	O	SEL	O	SEL
SLEEP	OFF	OFF	wake-up 이벤트 기다림	이전 상태	O	OFF

※ (1) USB Host, LCD 컨트롤러, 그리고 NAND 컨트롤러는 제외
(2) WDT는 제외, CPU가 액세스하는 RTC 인터페이스는 포함
(3) SEL(Selectable) O : Enable, X : Disable, OFF : 파워오프

4.1.3 CLOCK 발진기와 전원관리 SPECIAL 레지스터

▶ PLL 설정

LOCK TIME COUNT REGISTER(LOCKTIME)

레지스터	어드레스	R/W	설 명	초기값
LOCKTIME	0x4C000000	R/W	PLL lock time count register	0xFFFFFFFF

LOCKTIME	비트	설 명	초기값
U_LTIME	[31:16]	UPLL lock time count value for UCLK. (U_LTIME > 300uS)	0xFFFF
M_LTIME	[15:0]	MPLL lock time count value for FCLK, HCLK, and PCLK (M_LTIME > 300uS)	0xFFFF

두 개의 표에서 첫번째 표는 레지스터에 대한 설명이고, 두번째 표는 레지스터 내에서 각 기능에 해당되는 비트를 표시한 것이다.

PLL CONTROL REGISTER

레지스터	주소	R/W	설 명	초기값
MPLLCON	0x4C000004	R/W	MPLL 세팅 레지스터	0x00096030
UPLLCON	0x4C000008	R/W	UPLL 세팅 레지스터	0x0004d030

PLLCON	비트	설　　명	초기값
MDIV	[19:12]	Main divider control	0x96 / 0x4d
PDIV	[9:4]	Pre-divider control	0x03 / 0x03
SDIV	[1:0]	Post divider control	0x0 / 0x0

데이터쉬트를 보면 MDIV, PDIV, SDIV값을 설정하기 위한 복잡한 수식들이 있다. 물론 데이터쉬트에서도 상세하게 다루고 있지는 않다. 또한 적당한 PLL 설정값을 선택하기 힘들기 때문에 데이터쉬트에서는 동작주파수에 따라 권장값을 제공하고 있다.

UPLL과 MPLL값을 설정할 때에는 UPLL값을 먼저 설정하고 7NOP(No Operation) 정도의 간격을 두고 MPLL값을 설정한다. 참고로 이 책에서 사용되는 Traning Kit는 16.9344MHz의 외부 크리스탈을 사용하고 있다.

[표 4.6] PLL 설정값의 선택

입력주파수	출력주파수	MDIV	PDIV	SDIV
12.0000MHz	48.00MHz (UPLL)	56(0x38)	2	2
12.0000MHz	96.00MHz (UPLL)	56(0x38)	2	1
12.0000MHz	271.50MHz	173(0xad)	2	2
12.0000MHz	304.00MHz	68(0x44)	1	1
12.0000MHz	405.00MHz	127(0x7f)	2	1
12.0000MHz	532.00MHz	125(0x7d)	1	1
16.9344MHz	47.98MHz (UPLL)	60(0x3c)	4	2
16.9344MHz	95.96MHz (UPLL)	60(0x3c)	4	1
16.9344MHz	266.72MHz	118(0x76)	2	2
16.9344MHz	296.35MHz	97(0x61)	1	2
16.9344MHz	399.65MHz	110(0x6e)	3	1
16.9344MHz	530.61MHz	86(0x56)	1	1
16.9344MHz	533.43MHz	118(0x76)	1	1

[표 4.6]은 입력 클럭에 따른 PLL 설정값과 출력주파수이다.

▶ CLOCK CONROL REGISTER(CLKCON)

레지스터	어드레스	R/W	설　　명	초기값
CLKCON	0x4C00000C	R/W	Clock generator control register	0xFFFFF0

CLKCON	비트	설 명	초기값
AC97	[20]	PCLK, AC97 block. 0 = Disable 1 = Enable	1
Camera	[19]	HCLK, Camera block. 0 = Disable, 1 = Enable	1
SPI	[18]	PCLK, SPI block. 0 = Disable, 1 = Enable	1
IIS	[17]	PCLK, IIS block. 0 = Disable, 1 = Enable	1
IIC	[16]	PCLK, IIC block. 0 = Disable, 1 = Enable	1
ADC & Touch Screen	[15]	PCLK, ADC block. 0 = Disable, 1 = Enable	1
RTC	[14]	PCLK, RTC control block. 0 = Disable 1 = Enable 이 비트를 0으로 설정해도 RTC 자체는 동작함.	1
GPIO	[13]	PCLK, GPIO block. 0 = Disable, 1 = Enable	1
UART2	[12]	PCLK, UART2 block. 0 = Disable, 1 = Enable	1
UART1	[11]	PCLK, UART1 block. 0 = Disable, 1 = Enable	1
UART0	[10]	PCLK, UART0 block. 0 = Disable, 1 = Enable	1
SDI	[9]	PCLK, SDI block. 0 = Disable, 1 = Enable	1
PWMTIMER	[8]	PCLK, PWM TIMER block. 0 = Disable 1 = Enable	1
USB device	[7]	PCLK, USB device block. 0 = Disable 1 = Enable	1
USB host	[6]	HCLK, USB host block. 0 = Disable 1 = Enable	1
LCDC	[5]	HCLK, LCDC block. 0 = Disable, 1 = Enable	1
NAND Flash Controller	[4]	HCLK, NAND Flash Controller block. 0 = Disable 1 = Enable	1
SLEEP	[3]	SLEEP mode 진입 설정 0 = Disable 1 = Transition to SLEEP mode	0
IDLE BIT	[2]	IDLE mode 진입 설정 0 = Disable 1 = Transition to IDLE mode 이 비트는 자동으로 클리어 되지 않음.	0
Reserved	[1:0]	Reserved	0

위의 레지스터를 설정함으로써 장치별로 클럭의 공급 유무를 결정할 수 있다. 예를 들면 CLKCON 레지스터의 18번째 비트를 0으로 설정함으로써 SPI 장치에 대한 클럭 공급을 중지시킬 수 있다. 앞에서 설명했다시피 이러한 기능은 클럭제어로직(Clock Control Logic)에서 담당하고 있다.

▶ CLOCK DIVIDER CONTROL REGISTER(CLKDIVN)

4.1.1의 끝부분에 FCLK와 HCLK, PCLK에 클럭 비율을 설정하는 내용을 설명하였다. CLKDIVN 레지스터를 설정함으로써 그 비율 변경이 가능하다. 설정비율은 [표

4.4]를 참조하기 바란다.

레지스터	어드레스	R/W	설 명	초기값
CLKDIVN	0x4C000014	R/W	Clock divider 제어 레지스터	0x00000000

CLKDIVN	비트	설 명	초기값
DIVN_UPLL	[3]	UCLK 선택 레지스터(UCLK must be 48MHz for USB) 0: UCLK = UPLL clock (48MHz) 1: UCLK = UPLL clock / 2 (96MHz)	0
HDIVN	[2:1]	00 : HCLK = FCLK/1 01 : HCLK = FCLK/2 10 : HCLK = FCLK/4 when CAMDIVN[9] = 0 HCLK = FCLK/8 when CAMDIVN[9] = 1 11 : HCLK = FCLK/3 when CAMDIVN[8] = 0 HCLK = FCLK/6 when CAMDIVN[8] = 1	00
PDIVN	[0]	0 : PCLK 클럭 = HCLK/1 1 : PCLK 클럭 = HCLK/2	0

S3C2410A에서는 LOOP 필터 캐패시터 값과 동작주파수 등이 일부 다르므로 실제 프로그램을 할 때도 설정값들이 다르다. 그 값은 S3C2410A 데이터쉬트에서 확인할 수 있다.

여기까지 클럭제어로직(Clock Control Logic)과 전원제어로직(Power Control Logic)에 대해 살펴보았다. 중요한 내용은 대부분 언급하였으나 필자가 설명이 따로 필요 없다고 판단되는 항목이나 너무 상세한 내용은 언급하지 않았다. 책 지면에 데이터쉬트에 있는 내용 전부를 기재할 수는 없다. 단지 여러분이 책 내용을 이해하는데 필요하고 S3C2440A 프로세서를 사용하는 데 있어서 꼭 알아야 할 사항들을 우선적으로 설명하였다. 번거로울 수 있지만 일부 항목은 데이터쉬트를 참조하기 바란다.

4.2 메모리 컨트롤러(Memory Controller)

S3C2440A에는 외부 메모리를 액세스하기 위해 필요한 신호를 발생하고 받아들이는 메모리 컨트롤러가 있다. 이 컨트롤러는 AHB 버스에 연결되어 외부 SRAM / ROM / SDRAM과 인터페이스 하는 역할을 한다.

일반 EPROM에서부터 플래시, EEPROM과 SRAM, SDRAM의 사용이 가능하다. SDRAM의 경우 액세스 방법이 일반 메모리와 상이하고 주기적으로 리프레시가 필요한

데, S3C2440A에서는 이러한 기능을 모두 지원한다.

- 리틀/빅 엔디안(Endian) 소프트웨어적으로 선택 가능
- 어드레스 공간 : 뱅크당 128M 바이트(총 1GB/8뱅크)
- BANK0(16/32비트)를 제외한 다른 뱅크는 8/16/32비트 액세스 가능
- 6개의 뱅크에는 ROM, SRAM 기타 외부장치 연결
  나머지 두 개의 뱅크는 그 외에도 SDRAM이 연결 가능(BANK6, 7)
- 7개의 뱅크는 시작 어드레스가 정해져 있고 한 개의 뱅크는 시작 주소와
  뱅크 사이즈가 변경 가능(BANK7)
- 모든 메모리 뱅크의 액세스 사이클(타임)은 프로그램에서 조절 가능
- 외부의 Wait신호 입력 지원
- SDRAM은 리프레쉬(Refresh)와 파워다운 모드를 지원

4.2.1 메모리 맵과 타이밍

[그림 4.8]은 S3C2440A(S3C2410A도 같음)의 메모리 맵이다. 총 8개의 뱅크를 가지고 있으며 기본적으로 각 뱅크의 사이즈는 128MB이다. 각 뱅크는 신호선 nGCS[7:0]에 해당되는데, 각 뱅크의 시작번지는 프로그램시에 그 nGCS에 연결된 장치의 베이스 어드레스가 된다. 예를 들면 BANK3에 이더넷 컨트롤러 칩을 연결했다고 하면 0x18000000번지가 그 장치의 베이스 어드레스가 되는 것이다.

OM[1:0]입력 (OM1[U15], OM0[R14]핀)의 구성에 따라 부트모드 변경이 가능하다. OM[1:0]이 01 또는 10이면 nGCS0에 연결된 부트 ROM에 의해 부팅되고, OM[1:0]이 00이면 NAND 플래시 메모리로 부팅 가능하다. 리눅스나 WinCE 같은 OS들은 OS 자체의 용량이 크기 때문에 NAND플래시 메모리 부팅을 주로 이용한다. [그림 4.8]에서 ROM부트모드일 때와 NAND플래시 부트모드일 때의 뱅크구성을 확인할 수 있다.

[그림 4.8]에서 SROM은 ROM 또는 SRAM 타입의 메모리를 의미한다. BANK0은 ROM 부트모드에서 부트롬이 연결되는데, BANK0은 16/32비트 액세스만 가능하다. 따라서 외부에 ROM을 연결할 때 16비트 또는 32비트 구성을 해주어야 한다. BANK0 ROM의 데이터 폭은 OM[1:0]에 의해 결정할 수 있다.

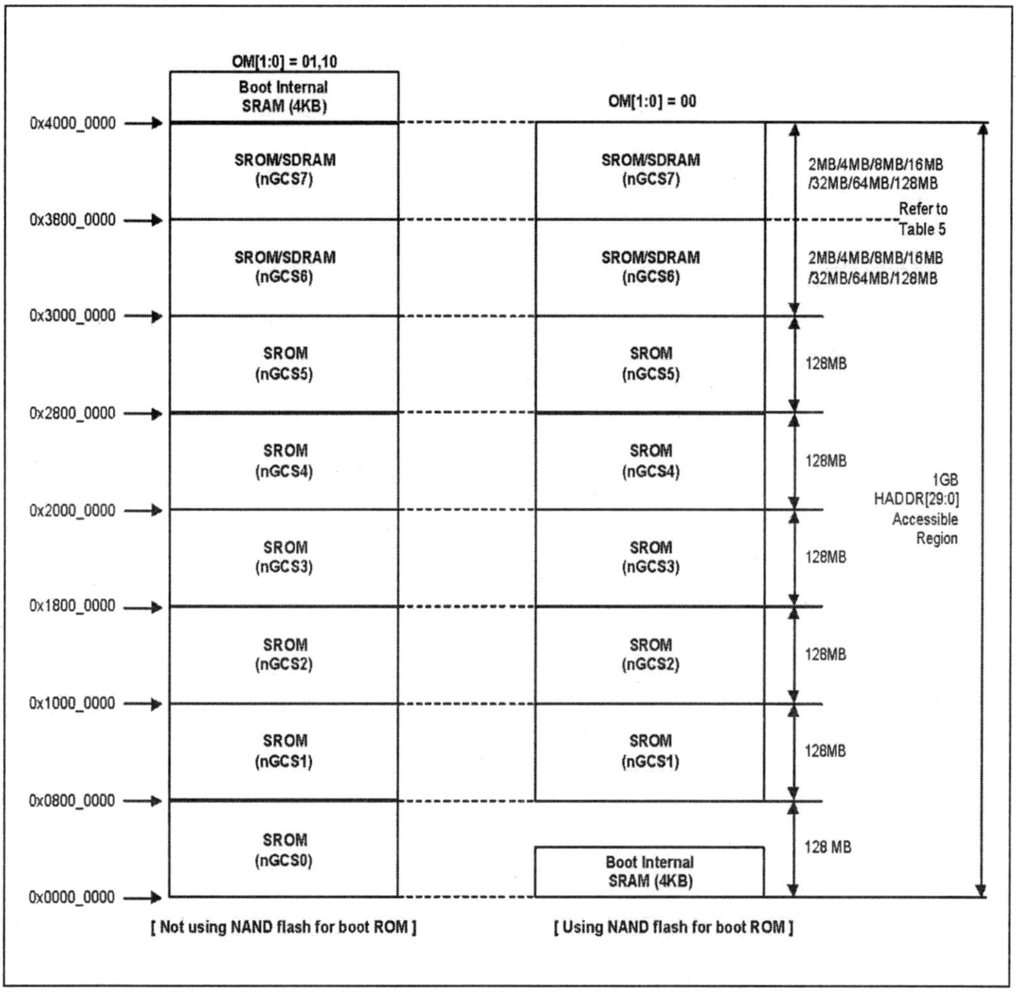

[그림 4.8] S3C2440A 메모리 맵

[표 4.7] 부트 모드 설정

OM1(Operating Mode 1)	OM0(Operating Mode 0)	부트 ROM 데이터 폭
0	0	NAND 플래시 모드
0	1	16비트
1	0	32비트
1	1	테스트 모드

메모리 연결방법은 이후에 언급하기로 하고 BANK6, 7은 SDRAM이 연결 가능한 뱅크이다. BANK7은 시작 번지가 변경될 수 있으며, S3C2440A에 SDRAM을 연결할 때 BANK6과 BANK7에 연결된 SDRAM의 메모리 사이즈는 같아야 한다.

[표 4.8]에서 SDRAM의 용량 구성별로 시작 어드레스와 끝 어드레스를 설명하고 있다. BANK7도 한 개의 뱅크이므로 최대 128MB까지 사용 가능하다.

[표 4.8] BANK 6/7 어드레스

어드레스	2MB	4MB	8MB	16MB	32MB	64MB	128MB
BANK6							
시작	0x30000000	0x30000000	0x30000000	0x30000000	0x30000000	0x30000000	0x30000000
끝	0x301FFFFF	0x303FFFFF	0x307FFFFF	0x30FFFFFF	0x31FFFFFF	0x33FFFFFF	0x37FFFFFF
BANK7							
시작	0x30200000	0x30400000	0x30800000	0x31000000	0x32000000	0x34000000	0x38000000
끝	0x303FFFFF	0x307FFFFF	0x30FFFFFF	0x31FFFFFF	0x33FFFFFF	0x37FFFFFF	0x3FFFFFFF

▶ nGCS 액세스 사이클(nGCS Access Cycle)

[그림 4.9]는 S3C2440A의 외부 액세스 사이클이다.

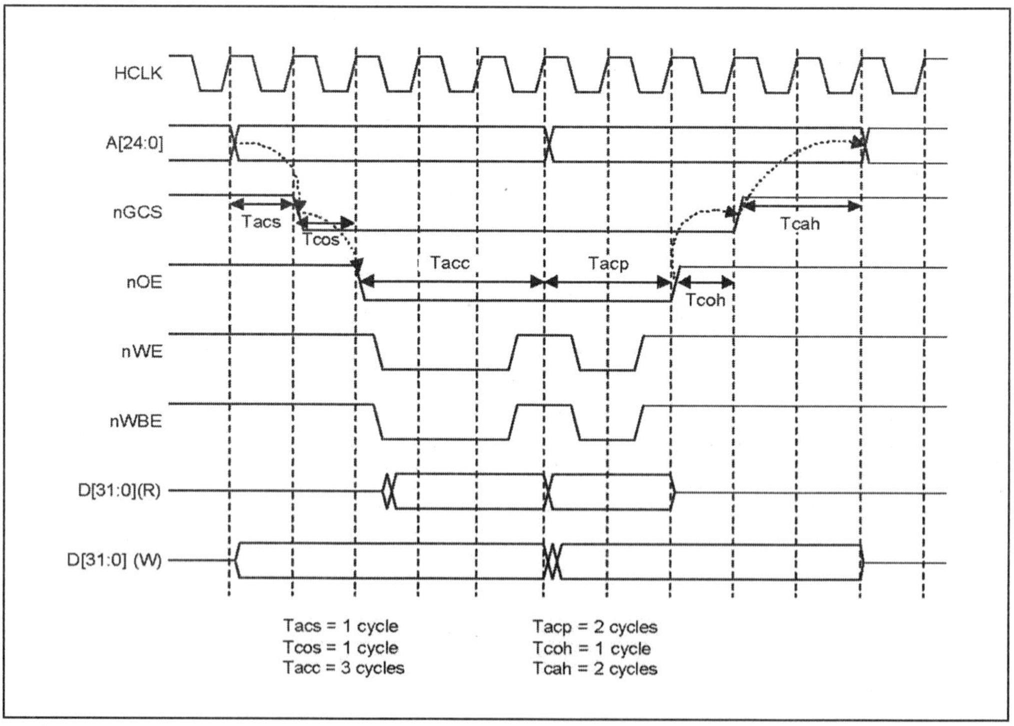

[그림 4.9] S3C2440A nGCS 타이밍

칩세렉트 신호와 Read 신호 Write 신호에 대한 타이밍을 눈여겨 봐야 한다. S3C2440A

에서는 이러한 액세스 타이밍을 프로그램으로 조정 가능하다. 외부장치들이 느린 경우가 많기 때문에 응답속도를 고려하여 쉽게 인터페이스할 수 있다.(Setup time, Hold time, acress time 조정) [그림 4.9]처럼 클럭 단위로 신호의 지연이 가능하다. 이는 BANKCONn 레지스터를 설정하면 변경 가능하다. 설정값에 대해서는 레지스터 설명 부분에서 언급하도록 하겠다.

▶ nWAIT 핀 동작(nWAIT Pin Operation)

nWAIT 핀은 외부장치가 직접 액세스 타이밍을 조절할 수 있도록 지연신호를 입력받을 수 있다. BWSCON 레지스터의 WSn 비트를 설정함으로써 각 뱅크별 nWAIT 사용여부를 결정할 수 있다. nWAIT가 검출되면 nWAIT 신호에 의해 nOE 신호가 연장(prolong)되고 nWAIT 신호가 다시 'H'로 되면 바로 다음 클럭에서 nOE 신호가 H(de-asserted)로 된다. nWE 신호에 대해서도 같이 적용된다.

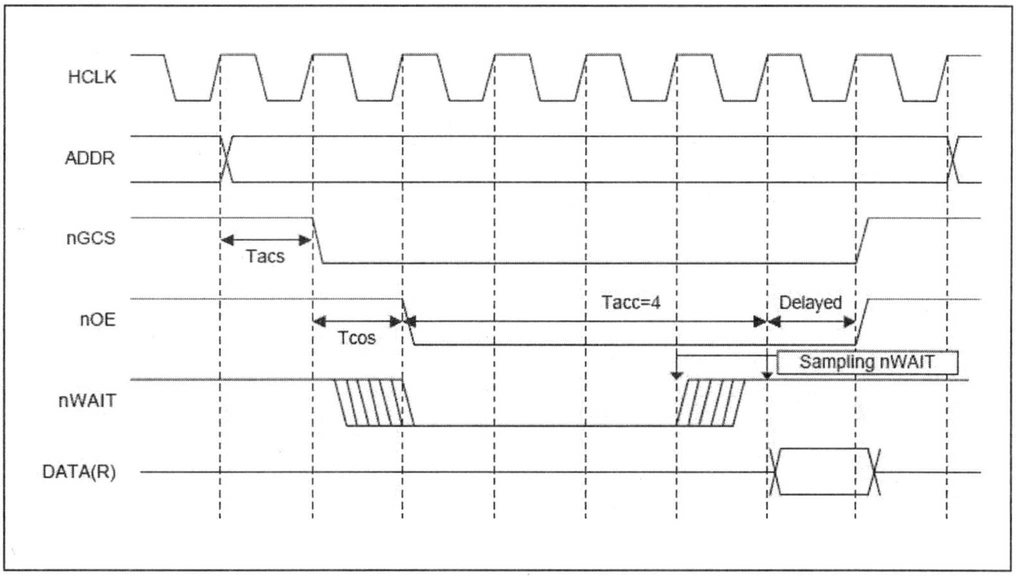

[그림 4.10] nWAIT 사용시 타이밍

▶ nXBREQ/nXBACK 핀 동작

nXBREQ 신호가 검출되면, S3C2440A는 nXBACK를 'L'로 만들어 응답한다. 이때 어드레스버스와 데이터버스는 Hi-Z 상태가 된다. 다시 nXBREQ 신호가 'H'로 되면 nXBACK 신호도 'H' 상태가 되고 어드레스버스와 데이터버스도 정상상태로 돌아온다.

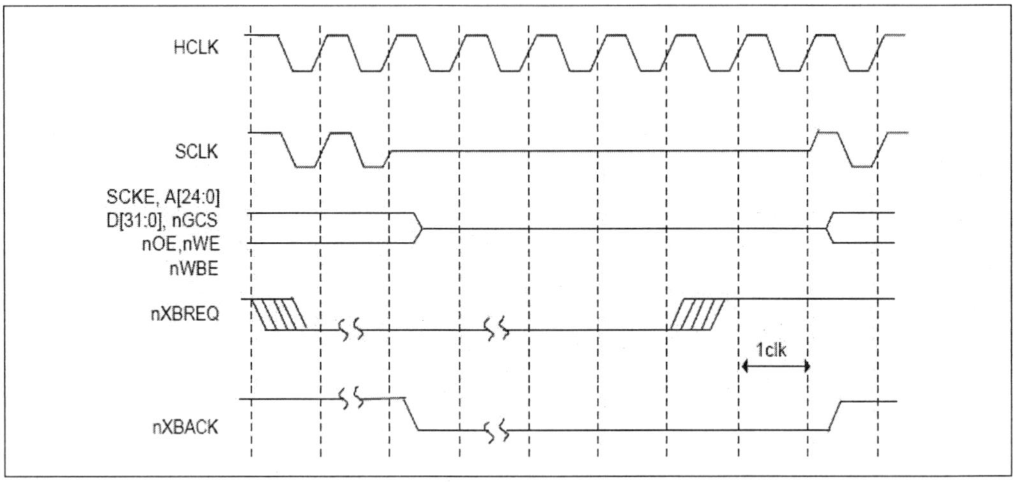

[그림 4.11] S3C2440A nBREQ/nXBACK 타이밍

▶ SDRAM의 타이밍

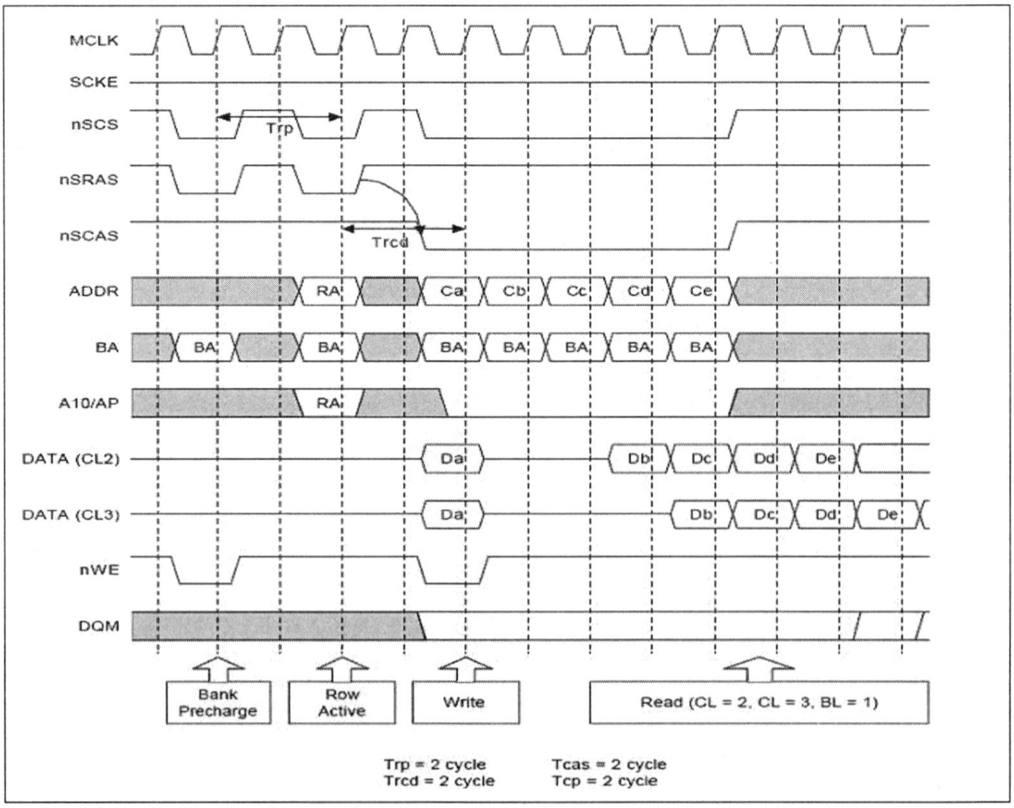

[그림 4.12] S3C2440A SDRAM 타이밍

[그림 4.12]는 SDRAM의 타이밍도이다.

4.2.2 메모리제어 레지스터

▶ 버스폭과 WAIT 제어 레지스터(Bus Width & Wait Control Register)

레지스터	어드레스	R/W	설 명	초기값
BWSCON	0x48000000	R/W	버스폭과 WAIT 제어 레지스터	0x000000

BWSCON	비트	설 명	초기값
ST7	[31]	BANK7에 연결된 SRAM의 UB/LB 사용여부 결정 0 = UB/LB 사용하지 않음(nWBE[3:0]으로 사용) 1 = UB/LB 사용함(nBE[3:0]으로 사용)	0
WS7	[30]	BANK7의 WAIT 사용여부 결정 0 = WAIT Disable, 1 = WAIT Enable	0
DW7	[29:28]	BANK7의 데이터 버스폭 결정 00=8비트, 01=16비트, 10=32비트, 11=예비	0
ST6	[27]	BANK6에 연결된 SRAM의 UB/LB 사용여부 결정 0 = UB/LB 사용하지 않음(nWBE[3:0]으로 사용) 1 = UB/LB 사용함(nBE[3:0]으로 사용)	0
WS6	[26]	BANK6의 WAIT 사용여부 결정 0 = WAIT Disable, 1 = WAIT Enable	0
DW6	[25:24]	BANK6의 데이터 버스폭 결정 00=8비트, 01=16비트, 10=32비트, 11=예비	0
ST5	[23]	BANK5에 연결된 SRAM의 UB/LB 사용여부 결정 0 = UB/LB 사용하지 않음(nWBE[3:0]으로 사용) 1 = UB/LB 사용함(nBE[3:0]으로 사용)	0
WS5	[22]	BANK5의 WAIT 사용여부 결정 0 = WAIT Disable, 1 = WAIT Enable	0
DW5	[21:20]	BANK5의 데이터 버스폭 결정 00=8비트, 01=16비트, 10=32비트, 11=예비	0
ST4	[19]	BANK4에 연결된 SRAM의 UB/LB 사용여부 결정 0 = UB/LB 사용하지 않음(nWBE[3:0]으로 사용) 1 = UB/LB 사용함(nBE[3:0]으로 사용)	0
WS4	[18]	BANK4의 WAIT 사용여부 결정 0 = WAIT Disable, 1 = WAIT Enable	0
DW4	[17:16]	BANK4의 데이터 버스폭 결정 00=8비트, 01=16비트, 10=32비트, 11=예비	0
ST3	[15]	BANK3에 연결된 SRAM의 UB/LB 사용여부 결정 0 = UB/LB 사용하지 않음(nWBE[3:0]으로 사용) 1 = UB/LB 사용함(nBE[3:0]으로 사용)	0
WS3	[14]	BANK3의 WAIT 사용여부 결정 0 = WAIT Disable, 1 = WAIT Enable	0

DW3	[13:12]	BANK3의 데이터 버스폭 결정 00=8비트, 01=16비트, 10=32비트, 11=예비	0
ST2	[11]	BANK2에 연결된 SRAM의 UB/LB 사용여부 결정 0 = UB/LB 사용하지 않음(nWBE[3:0]으로 사용) 1 = UB/LB 사용함(nBE[3:0]으로 사용)	0
WS2	[10]	BANK2의 WAIT 사용여부 결정 0 = WAIT Disable, 1 = WAIT Enable	0
DW2	[9:8]	BANK2의 데이터 버스폭 결정 00=8비트, 01=16비트, 10=32비트, 11=예비	0
ST1	[7]	BANK1에 연결된 SRAM의 UB/LB 사용여부 결정 0 = UB/LB 사용하지 않음(nWBE[3:0]으로 사용) 1 = UB/LB 사용함(nBE[3:0]으로 사용)	0
WS1	[6]	BANK1의 WAIT 사용여부 결정 0 = WAIT Disable, 1 = WAIT Enable	0
DW1	[5:4]	BANK1의 데이터 버스폭 결정 00=8비트, 01=16비트, 10=32비트, 11=예비	0
DW0	[2:1]	BANK0의 데이터 버스폭(읽기전용) 01=16비트, 10=32비트 OM[1:0]에 의해 버스폭 결정	-
Reserved	[0]	Reserve to 0	0

S3C2440A에서는 DATA0에서 DATA31까지 32비트의 데이터버스를 지원한다. 그리고 이 데이터버스는 프로그램에 의해 8비트, 16비트, 32비트로 변경가능하다. 단, BANK0은 예외이다. BWSCON 레지스터를 설정함으로써 데이터버스 폭을 변경하고 외부 WAIT의 사용여부를 결정할 수 있다. BANK0은 BWSCON 레지스터에 의해 변경이 안되고 OM[1:0] 외부 핀에 의해 결정된다. BANK0의 DW0 값은 단지 현재의 버스폭이 몇 비트인지 읽을 수만 있다.

▶ 뱅크 제어 레지스터(Bank Control Register) : nGCS0–nGCS5

레지스터	어드레스	R/W	설 명	초기값
BANKCON0	0x48000004	R/W	Bank0 제어 레지스터	0x0700
BANKCON1	0x48000008	R/W	Bank1 제어 레지스터	0x0700
BANKCON2	0x4800000C	R/W	Bank2 제어 레지스터	0x0700
BANKCON3	0x48000010	R/W	Bank3 제어 레지스터	0x0700
BANKCON4	0x48000014	R/W	Bank4 제어 레지스터	0x0700
BANKCON5	0x48000018	R/W	Bank5 제어 레지스터	0x0700

BANKCONn	비트	설 명	초기값
Tacs	[14:13]	Address set-up time before nGCSn 00 = 0 clock 01 = 1 clock 10 = 2 clocks 11 = 4 clocks	00
Tcos	[12:11]	Chip selection set-up time before nOE 00 = 0 clock 01 = 1 clock 10 = 2 clocks 11 = 4 clocks	00
Tacc	[10:8]	Access cycle 000 = 1 clock 001 = 2 clocks 010 = 3 clocks 011 = 4 clocks 100 = 6 clocks 101 = 8 clocks 110 = 10 clocks 111 = 14 clocks nWAIT를 사용하면, Tacc≥4clocks 이어야 함	111
Tcoh	[7:6]	Chip selection hold time after nOE 00 = 0 clock 01 = 1 clock 10 = 2 clocks 11 = 4 clocks	000
Tcah	[5:4]	Address hold time after nGCSn 00 = 0 clock 01 = 1 clock 10 = 2 clocks 11 = 4 clocks	00
Tacp	[3:2]	Page mode access cycle @ Page mode 00 = 2 clocks 01 = 3 clocks 10 = 4 clocks 11 = 6 clocks	00
PMC	[1:0]	Page mode configuration 00 = normal(1 data) 01 = 4 data 10 = 8 data 11 = 16 data	00

▶ 뱅크 제어 레지스터(Bank Control Register) : nGCS6, nGCS7

레지스터	주소	R/W	설 명	초기값
BANKCON6	0x4800001C	R/W	Bank 6 제어 레지스터	0x18008
BANKCON7	0x48000020	R/W	Bank 7 제어 레지스터	0x18008

BANKCONn	비트	설 명	초기값
MT	[16:15]	BANK6, BANK7의 메모리타입 결정 00 = ROM or SRAM 01 = Reserved 10 = Reserved 11 = Sync. DRAM	11
Memory Type = ROM or SRAM [MT=00] (15-bit)			
Tacs	[14:13]	Address set-up time before nGCS 00 = 0 clock 01 = 1 clock 10 = 2 clocks 11 = 4 clocks	00
Tcos	[12:11]	Chip selection set-up time before nOE 00 = 0 clock 01 = 1 clock	00

		10 = 2 clocks 11 = 4 clocks	
Tacc	[10:8]	Access cycle 000 = 1 clock 001 = 2 clocks 010 = 3 clocks 011 = 4 clocks 100 = 6 clocks 101 = 8 clocks 110 = 10 clocks 111 = 14 clocks	111
Tcoh	[7:6]	Chip selection hold time after nOE 00 = 0 clock 01 = 1 clock 10 = 2 clocks 11 = 4 clocks	00
Tcah	[5:4]	Address hold time after nGCSn 00 = 0 clock 01 = 1clock 10 = 2 clocks 11 = 4 clocks	00
Tacp	[3:2]	Page mode access cycle @ Page mode 00 = 2 clocks 01 = 3 clocks 10 = 4 clocks 11 = 6 clocks	00
PMC	[1:0]	Page mode configuration 00 = normal(1 data) 01 = 4 consecutive accesses 10 = 8 consecutive accesses 11 = 16 consecutive accesses	00
Memory Type = SDRAM [MT=11] (4-bit)			
Trcd	[3:2]	RAS to CAS delay 00 = 2 clocks 01 = 3 clocks 10 = 4 clocks	10
SCAN	[1:0]	Column address number 00 = 8-bit 01 = 9-bit 10= 10-bit	00

S3C2440A는 뱅크 제어 레지스터(Bank Control Register)의 해당 비트값을 변경하여 외부에 연결된 장치를 액세스하는 타이밍 조절이 가능하다. BANK6과 BANK7은 ROM, SRAM 외에도 SDRAM을 연결할 수 있기 때문에 사용방법이 조금 다르다. SDRAM은 일반적인 ROM, SRAM과 액세스 방법이 다르므로 BANK6과 BANK7에 연결된 메모리의 타입을 지정해주고 액세스 타이밍을 변경해야 한다.

4.3 NAND 플래시 컨트롤러(NAND Flash Controller)

S3C2440A에는 NAND 플래시 컨트롤러가 내장되어 있다. 4장에서 NAND 플래시 컨트롤러에 대해 언급하는 이유는 메모리의 한 종류이기도 하지만, NAND 플래시를 이용

해 부팅이 가능하기 때문이다. 리눅스나 WinCE 같은 경우 OS 자체의 사이즈가 크기 때문에 BANK0에 연결된 ROM에 운영체제를 적재하기가 쉽지 않다. 가능하다 해도 비용면에서 상당히 비효율적이다. NOR 플래시와 비교해서 NAND 플래시는 용량에 비해 가격이 저렴하고 대용량 메모리를 연결할 수 있다. 실제로 시중에 판매되는 SD/MMC카드, CF카드 등은 모두 NAND 플래시 구조이다.

S3C2440A는 NAND 플래시에 있는 부트코드를 실행할 수 있는데, 부트과정에 Steppingstone이라 불리는 내부 SRAM을 사용하게 된다. [그림 4.8]의 메모리 맵을 보면 OM[1:0]=00으로 설정했을 때, NAND 플래시 부트모드가 되고 내부의 SRAM (Steppingstone)이 메모리 0x00000000번지에 위치하게 된다. NAND 플래시의 처음 4KB를 NAND 플래시 컨트롤러 내부의 SRAM(SteppingStone)에 로딩하여 부트코드를 실행한다. 보통은 실행속도를 높이기 위해 부트코드에 의해서 NAND 플래시에 저장되어 있는 프로그램을 SDRAM으로 로딩시켜 실행시킨다.

- Auto 부트 : 리셋 후 부트코드를 SteppingStone SRAM에 전송하고, 바로 실행된다.
- NAND 플래시 인터페이스 : 256Words, 512Byte, 1KWords 그리고 2KByte Page 지원
- 소프트웨어 모드 : 유저가 프로그램으로 직접액세스 가능
- 인터페이스 : 8비트/16비트 버스 인터페이스
- 하드웨어 ECC 발생 : 에러검출 및 알림
- SFR(레지스터) 인터페이스 : 리틀엔디안 모드 지원. 데이터, ECC데이터 레지스터는 Byte/Half Word/Word단위로 액세스 가능. 나머지 레지스터는 Word단위로 액세스
- Steppingstone 인터페이스 : 리틀/빅 엔디안 모드 지원
  Byte/Half Word/Word 액세스
- Steppingstone 4KB 내부 SRAM은 NAND 플래시 부팅 이후에 다른 용도로 사용 가능하다.

4.3.1 NAND 플래시 컨트롤러의 구조 및 기능

[그림 4.13]에 NAND 플래시 컨트롤러의 블록도가 나와 있다. 앞에서 간략히 설명했던 것처럼, Steppingstone과 ECC 발생기와 NAND 플래시 인터페이스간의 연결을 쉽게 확인할 수 있다.

NAND 플래시의 연결은 비교적 간단한 편이다. 데이터버스(8비트 또는 16비트)를 연결하고 nFCE(Chip Enable), CLE(Command Latch Enable), ALE(Address Latch Enable), nFRE(Read Enable), nFWE(Write Enable), FRnB(Ready/Busy) 신호선만 연결하면 된

다. 괄호 속에 풀어서 쓴 용어만 봐도 쉽게 이해될 것이다.

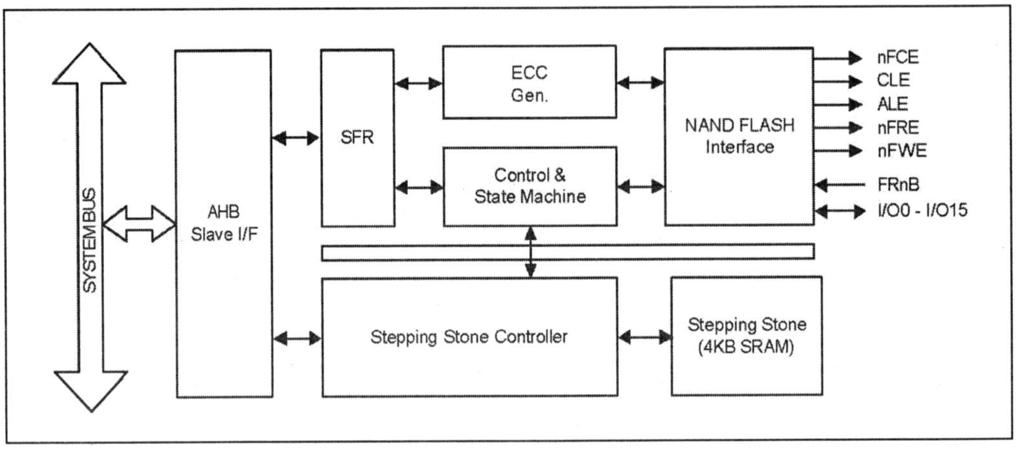

[그림 4.13] NAND 플래시 컨트롤러 블록도

구체적인 설명에 앞서 NAND 플래시 설정핀에 대해 알아볼 필요가 있다. NAND 플래시를 이용해 부팅을 하는 경우, 프로그램에서 설정하지 않고 하드웨어 핀 입력을 통해서 연결된 NAND 플래시의 액세스 모드를 인식하게 된다. 그 역할을 하는 핀은 NCON(R12), GPG13(T11), GPG14(L11), GPG15(U13)이다.

```
OM[1:0] = 00  (NAND 플래시 부트 모드)

NCON    NAND 플래시 메모리 선택(Normal/Advance)
        0 : Normal NAND 플래시(256Words/512Bytes page size,
                               3/4 address cycle)
        1 : Advance NAND 플래시(1KWords/2KBytes page size,
                               4/5 address cycle)
GPG13   NAND 플래시 메모리 페이지 용량 선택
        0 : Page=256Words(NCON = 0) or Page=1KWords(NCON = 1)
        1 : Page=512Bytes(NCON = 0) or Page=2KBytes(NCON = 1)
GPG14   NAND 플래시 메모리 어드레스 사이클 선택
        0 : 3 address cycle(NCON = 0) or 4 address cycle(NCON = 1)
        1 : 4 address cycle(NCON = 0) or 5 address cycle(NCON = 1)
GPG15   NAND 플래시 메모리 버스폭 선택
        0 : 8비트 버스폭
        1 : 16비트 버스폭
```

NCON, GPG13, GPG14, GPG15핀을 풀업 시킨다던지, 풀다운을 시켜서 설정해주면 NAND 부팅시에 자동으로 인식하게 된다. [표 4.9]는 NAND 플래시 설정 테이블이다. 사용되는 NAND 플래시에 따라 외부 입력(풀업 or 풀다운)을 설정하는 방법과 그 의미를 보여준다.

[표 4.9] NAND 플래시 메모리 설정테이블

NCON	GPG13	GPG14	GPG15
0 : Normal NAND	0 : 256Words	0 : 3-Addr	0 : 8비트 버스
	1 : 512Byte	1 : 4-Addr	
1 : Advance NAND	0 : 1kWords	0 : 4-Addr	0 : 16비트 버스
	1 : 2kByte	1 : 5-Addr	

다음의 예는 특정한 NAND 플래시 메모리를 연결했을 때, 설정방법의 예를 들고 있다. 여기에 있는 제품은 모두 삼성전자 NAND 플래시이다.

Parts	Page size/Total size	NCON	GPG13	GPG14]	GPG15
K9S1208V0M-xxxx	512Byte / 512Mbit	0	1	1	0
K9K2G16U0M-xxxx	1kWords / 2Gbit	1	0	1	1

이 책에서 사용하는 키트에서도 K9F1208 NAND 플래시를 사용하고 있다. 5장의 회로도에서 볼 수 있는데, NCON과 GPG15는 풀다운, GPG13, GPG14는 풀업하여 사용하고 있다.

▶ 부트 로더 펑션(Boot Loader Function)

[그림 4.14]는 앞에서 설명했던 AUTO 부트를 실행하는 부트로더의 블록도이다. NAND 플래시 부트에 필요한 NAND 플래시 컨트롤러, Steppingstone 등의 관계를 순차적으로 보여주고 있다.

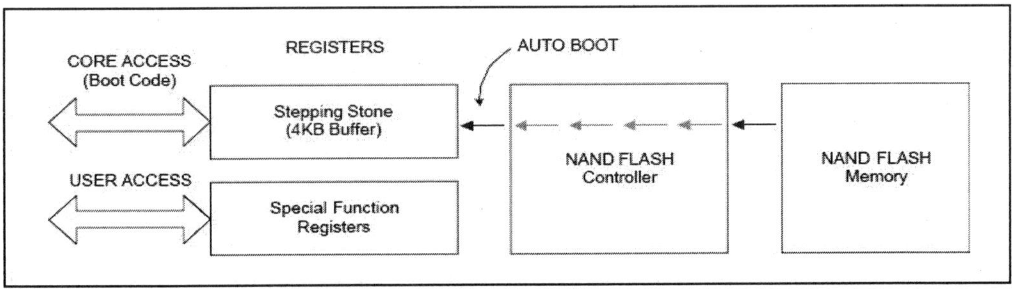

[그림 4.14] NAND 플래시 부트로더

리셋 하는 동안 NAND 플래시 컨트롤러는 설정핀의 입력에 따라 연결된 NAND 플래시에 대한 정보를 얻어낸다. 리셋 후에 NAND 플래시의 처음 4kB를 내부 Steppinstone에 전송하고 직접 실행하게 된다.

▶ NAND 플래시 액세스 타이밍

[그림 4.15]와 [그림 4.16]은 NAND 플래시에 커맨드와 어드레스를 전송하고 데이터를 읽고 쓰는 타이밍을 표시하고 있다.

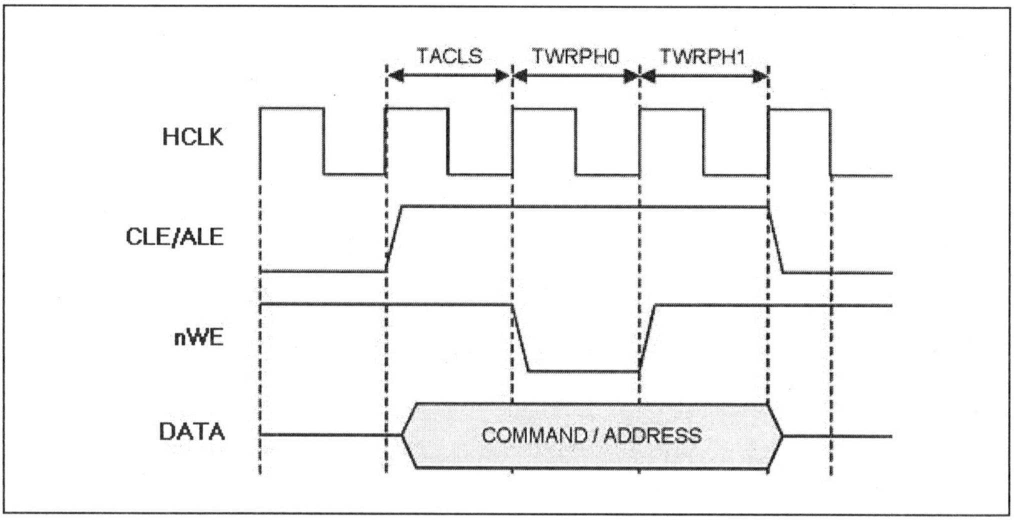

[그림 4.15] NAND 플래시 CLE와 ALE 타이밍

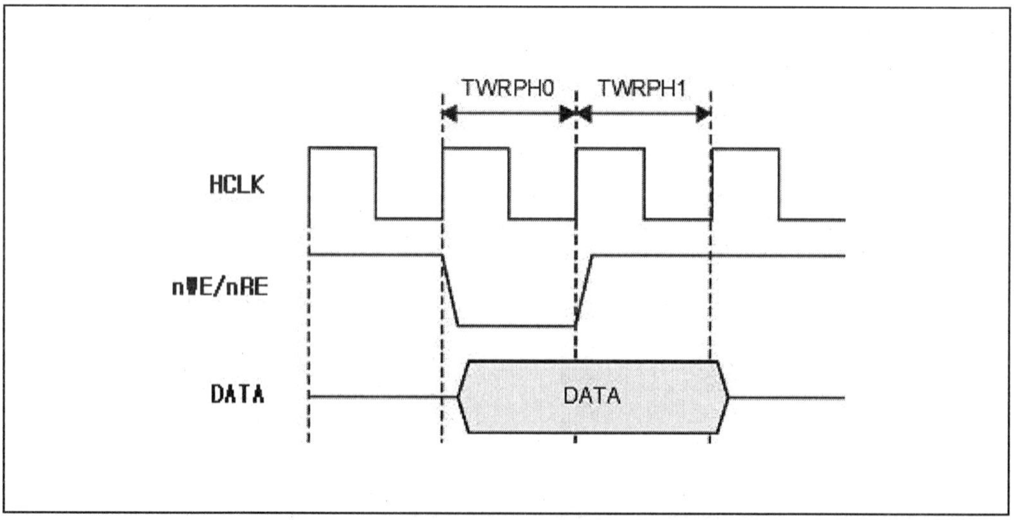

[그림 4.16] NAND 플래시 nWE와 nRE 타이밍

NAND 플래시의 액세스는 다음의 다섯 과정을 거친다.

- 커맨드 레지스터에 써넣기(Command Cycle)
- 어드레스 레지스터에 써넣기(Address Cycle)
- 데이터 레지스터에 써넣기(Write Cycle)
- 데이터 레지스터에서 읽어오기(Read Cycle)
- 메인 ECC 레지스터와 스페어(spare) ECC 레지스터 읽어오기

NAND 플래시는 NOR 플래시와 달리 공통의 데이터 버스를 통해 커맨드와 어드레스, 데이터를 구분하여 액세스 한다. 따라서 NAND 플래시 액세스의 모든 과정은 위의 다섯 과정 중에 해당된다. 4장에서는 이 정도만 설명하고 구체적인 내용은 15장에서 다시 다루도록 하겠다.
앞에서 S3C2440A의 기본동작에 필요한 3가지 요소를 알아보았다. 4.1은 시스템의 기본설정이므로 성능과도 밀접하게 연결된다. 4.2와 4.3에서는 S3C2440A에 연결되는 메모리와 메모리 구조를 살펴봄으로써 메모리 회로의 설계와 프로그래밍에 있어 중요한 역할을 한다. 이 책 또는 데이터쉬트의 어느 한 부분도 중요하지 않은 내용은 없다. 여러분이 S3C2440A를 사용함에 있어 전문가가 되기 위해서는 세세한 부분까지도 다 중요한 내용이므로 그 의미와 방법들을 잘 알아두기 바란다.

4.4 주변회로의 설계

S3C2440A는 저비용 고성능의 16/32비트 RISC 프로세서이다. 소형의 칩에 여러 분야에 응용할 수 있는 다양한 기능이 내장되어 있다. LCD를 인터페이스 할 수 있고, 대용량의 플래시 메모리도 연결하며, 카메라 모듈까지도 연결 가능하다. 비교적 손쉽게 하드웨어를 구성할 수 있고, 소프트웨어도 여러분이 참고할 만한 자료가 풍부한 편이다.
이번 장에서는 S3C2440A에 인터페이스 할 수 있는 주변회로의 기본구성에 대해 알아보도록 하겠다.

4.4.1 메모리 인터페이스 설계

▶ 부트롬 구성

S3C2440A에서 부트롬에 해당되는 것은 BANK0에 연결되는 EEPROM이나 FLASH 메모리와 NAND 플래시 컨트롤러에 연결되는 NAND 플래시 메모리이다. 이 두 가지는 OM[1:0]핀의 구성에 따라 선택할 수 있다.

[표 4.10] 부트 모드의 선택

OM[1:0]	데이터 버스 폭
00	NAND 부트
01	16-bit (half-word)
10	32-bit (word)
11	테스트 모드

▶ NAND 플래시를 이용한 구성

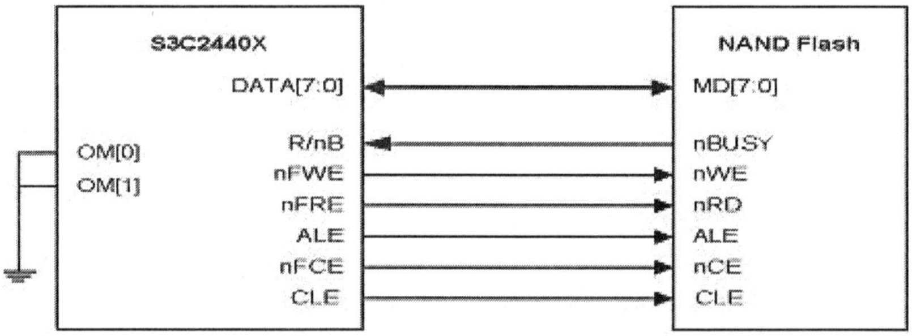

[그림 4.17] NAND 플래시를 이용한 구성

NAND 플래시는 앞에서 설명했다시피, 일반 메모리와 달리 8가닥의 I/O선과 제어신호선에 의해 구성된다. 그리고 [그림 4.17]에는 표시가 안되어 있으나 Ready/nBusy 신호선이 추가로 있다. 말 그대로 NAND 플래시 메모리의 동작상태를 표시하는 신호선으로 프로그램 할 때 폴링방식 또는 인터럽트 방식으로 확인하면서 할 수 있다. NAND 부트로더 이미지는 컴파일, 링크를 거쳐 만든 바이너리 파일을 JTAG 다운로더를 이용해 NAND 플래시에 써넣을 수 있다.

▶ EEPROM/FLASH 메모리를 이용한 구성

8비트 EEPROM/FLASH를 이용해 HALF-WORD 부트 롬 구성

[그림 4.18]에서 8비트 EEPROM 또는 플래시 메모리를 이용해 HALF-WORD 부트 롬을 구성하는 방법을 보여주고 있다. 두 개의 EEPROM 또는 플래시 메모리가 16비트 데이터 중에 UPPER 8비트와 LOWER 8비트를 구성하므로 바이너리의 EVEN 필드와 ODD 필드가 나눠진 메모리 두 개를 이용해야 한다.

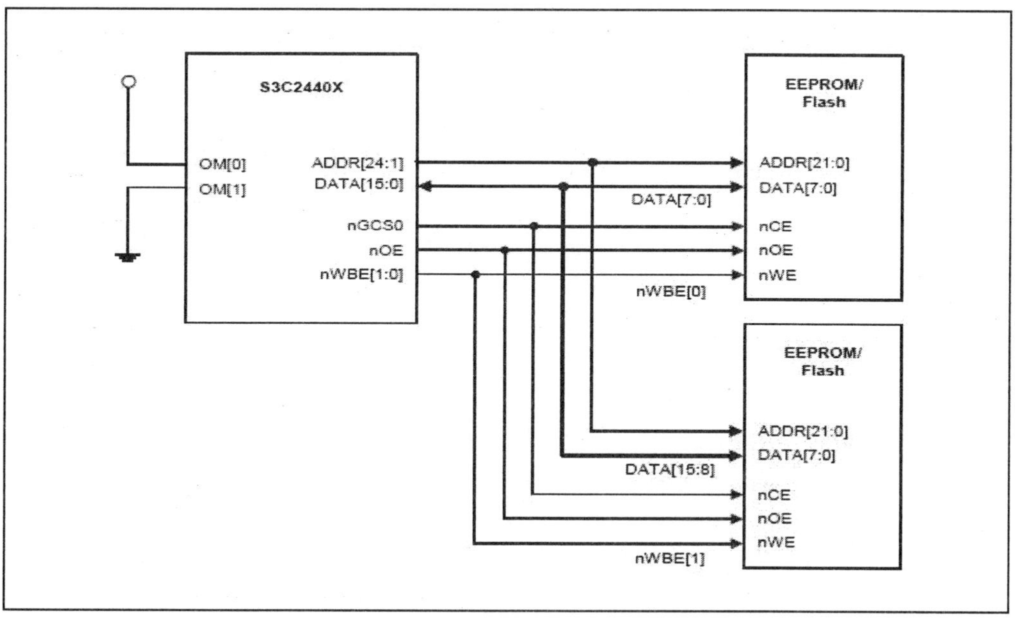

[그림 4.18] 8비트 EEPROM/FLASH를 이용한 HALF-WORD 부트 롬 구성

여기서 주의해야 할 내용이 있다. 두 개의 메모리가 EVEN 필드와 ODD 필드의 데이터를 각각 담고 있어야 한다. 이 순서는 엔디안(Endian) 모드에 따라 반대로 바뀔 수가 있다. 다음의 표를 참조하면 이해가 편할 것이다.

[표 4.11] 엔디안과 부트 롬 이미지의 관계(메모리 2개)

구 분	빅 엔디안	리틀 엔디안
DATA[7:0]	Odd	Even
DATA[15:8]	Even	Odd

16비트 EEPROM/FLASH를 이용해 HALF-WORD 부트 롬 구성

[그림 4.19]에서 16비트 메모리를 이용해 HALF-WORD 부트 롬을 구성하는 방법을

보여주고 있다. 데이터 버스는 16비트를 이용하고 nWBE[1:0] write 신호 대신에 nWE를 사용하면 된다.

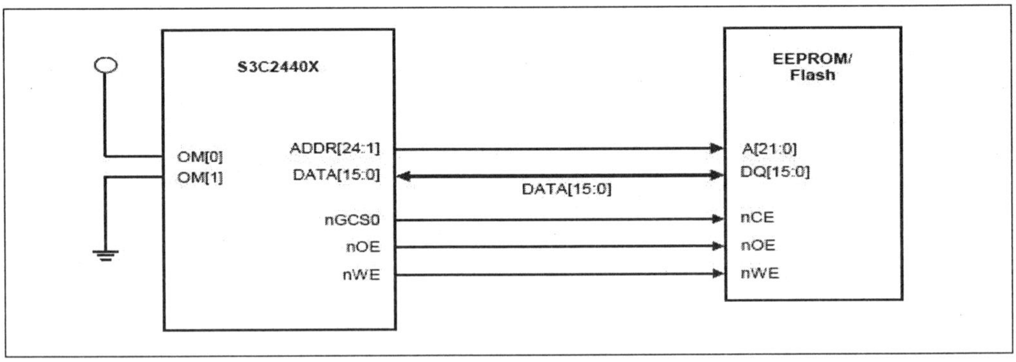

[그림 4.19] 16비트 EEPROM/FLASH를 이용한 HALF-WORD 부트 롬 구성

8비트 EEPROM/FLASH를 이용한 WORD 부트 롬 구성

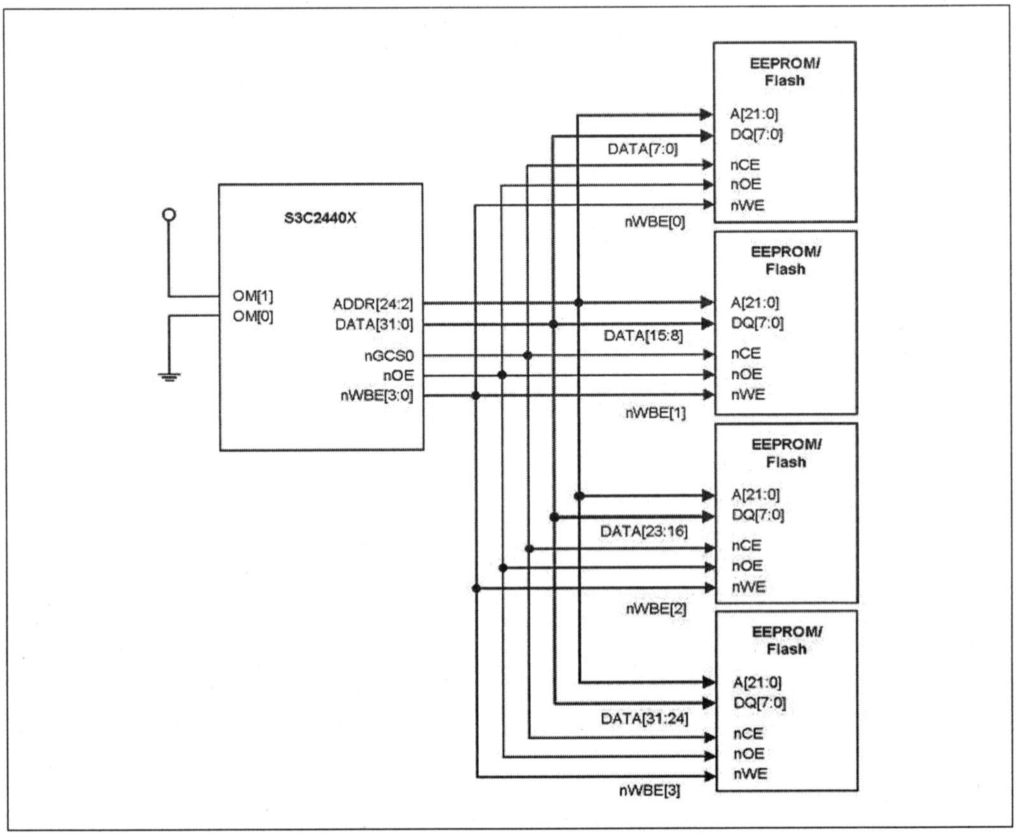

[그림 4.20] 8비트 EEPROM/FLASH를 이용한 WORD 부트 롬 구성

[그림 4.20]에서 8비트 메모리 4개를 이용해 WORD 부트롬을 구성하는 방법을 보여 주고 있다.

여기에서도 엔디안(Endian) 모드에 따라 각 메모리별로 이미지를 저장하는 순서가 달라지게 된다. [그림 4.21]에서처럼 DATA[7:0]에 해당되는 메모리에 저장되는 값은 엔디안 모드에 따라 빅 엔디안일 경우 메모리 주소 3, 7, 11번지에 해당하는 값을 저장하게 되고, 리틀 엔디안일 경우 0, 4, 8번지에 해당하는 값을 저장한다.

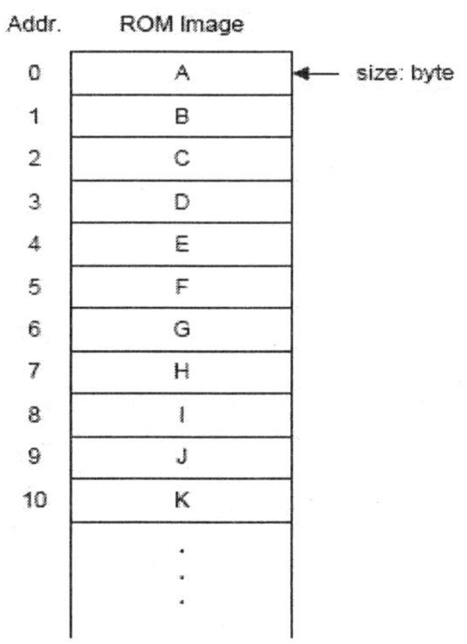

	Big Endian	Little Endian
DATA[31:24]	A, E, I,...	D, H,...
DATA[23:16]	B, F,...	C, G,...
DATA[15:8]	C, G,...	B, F,...
DATA[7:0]	D, H,...	A, E, I,...

[그림 4.21] 엔디안과 부트롬 이미지의 관계(메모리 4개)

▶ ROM/SRAM 뱅크 디자인

BANK0(nGCS0) 이외의 뱅크에 ROM이나 SRAM을 연결하는 경우도 BANK0에 연결하는 방법과 동일하다. BANK0 연결방법을 참고하기 바란다.

▶ SDRAM 뱅크 디자인

BANK6과 BANK7은 ROM/SRAM 이외에도 SDRAM이 사용 가능하다. 연결 방법은 다음과 같다.

[그림 4.22]는 16비트 SDRAM을 이용하여 HALF-WORD구성한 것이다. 16비트 THUMB모드만 사용하는 16비트 시스템이라면 보다 효율적일 수 있다.

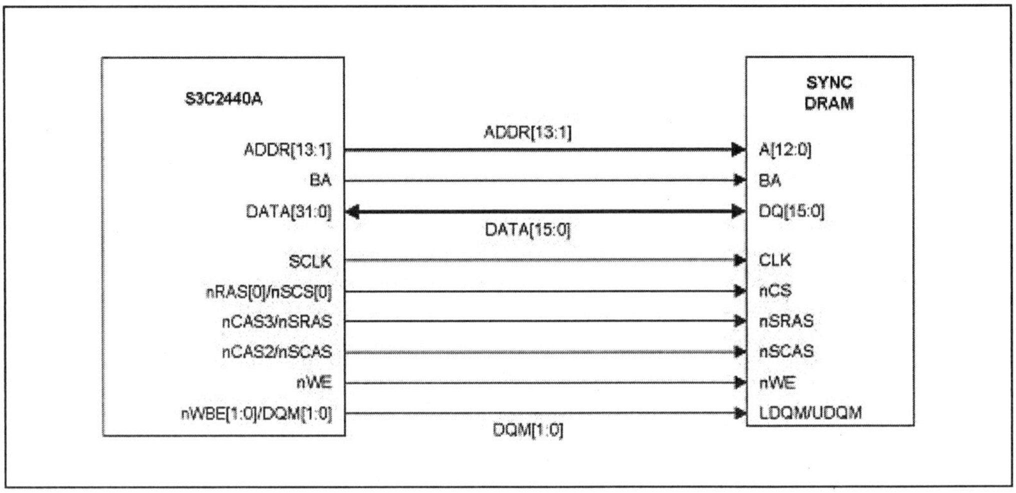

[그림 4.22] 16비트 SDRAM을 이용한 HALF-WORD 구성

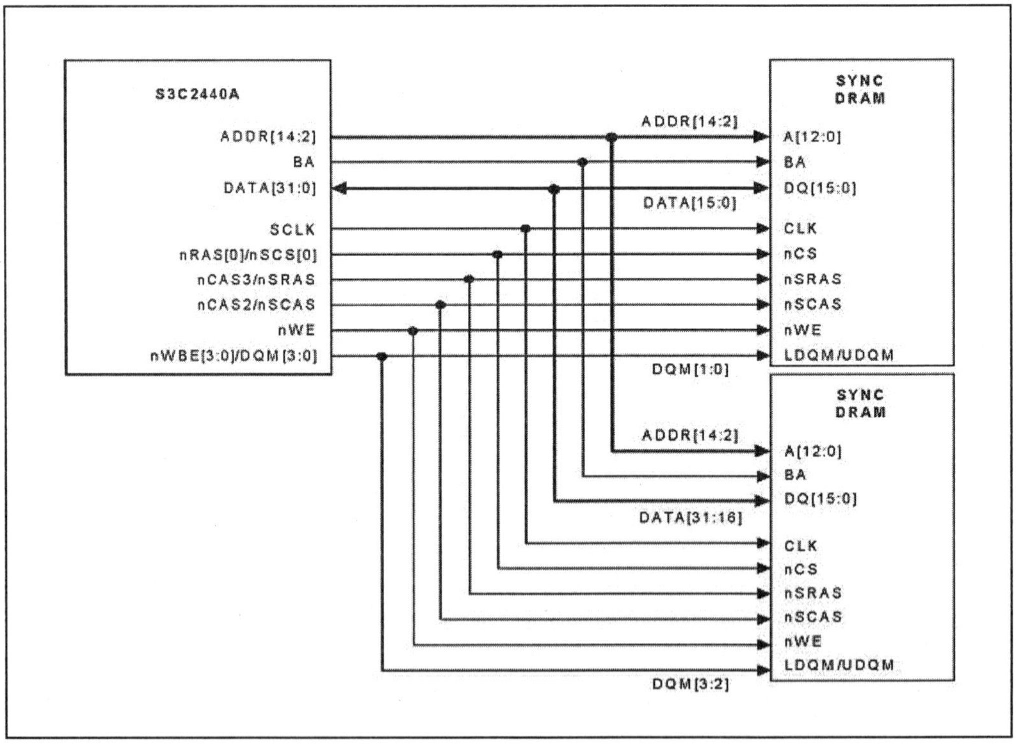

[그림 4.23] 16비트 SDRAM 두 개를 이용한 WORD 구성

32비트 시스템에서 많이 사용하는 디자인으로 [그림 4.23]처럼 두 개의 SDRAM을 이용해 WORD구성을 한다. BANK7에도 SDRAM이 연결 가능하다. 단, 이때는

BANK6에 연결된 SDRAM과 같은 용량의 SDRAM을 사용하여야 한다. 이 책에서 사용하는 트레이닝 키트는 16비트 SDRAM 두 개씩 nGCS6, nGCS7에 연결하여 32비트 SDRAM 두 Bank를 구성하고 있다.

4.4.2 JTAG 포트의 설계

S3C2440A에는 디버깅을 지원하기 위해 MULTI-ICE(ARM사의 ICE장비) 등을 연결할 수 있는 JATG 포트를 내장하고 있다. JTAG 인터페이스를 통해 ICE 장비가 S3C2440A 내부의 TAP(Test Access Port) 컨트롤러를 액세스 할 수 있다.

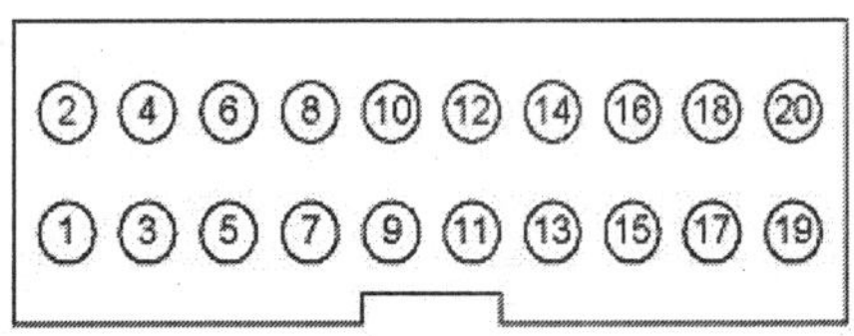

Pin	Name	Function
1	VTref	System Power
2	Vsupply	System Power
3	nTRST	Test reset, active low (connected pull-up reg.)
5	TDI	Test data in (connected pull-up reg.)
7	TMS	Test mode select (connected pull-up reg.)
9	TCK	Test clock (connected pull-up reg.)
11	RTCK	Return test clock (connected pull-down reg.)
13	TDO	Test data out
15	nSRST	Connected to nRESET and nTRST through 470 ohm resister
17	DBGRQ	NC
19	DBGACK	NC
4, 6, 8, 10, 12, 14, 16, 18, 20	GND	System Ground

[그림 4.24] JTAG 커넥터의 핀구성

시스템을 설계할 때 JTAG 포트는 빼먹어선 안되는 중요한 항목이다. 개발 초기에 하드웨어 디버깅을 할 때에도 중요한 역할을 하고, 프로그램 작성시 내부 레지스터나 외부 메모리의 값 변화를 실시간으로 모니터링 하는 것도 가능하다. 또한 JTAG 다운로더를 이용하여 메모리에 써넣고 읽을 때도 JTAG 포트를 이용한다. 시스템 설계시 20핀짜리 박스헤더나 핀헤더를 추가 하여 ICE를 이용한 디버깅과 JTAG 다운로더를 이용해 메모리 읽고 쓰는 기능을 쉽게 이용할 수 있다. 각 신호선들은 10kΩ 저항으로 풀업하여 연결하면 된다.

자세한 연결방법은 [그림 4.25]를 참조하기 바란다.

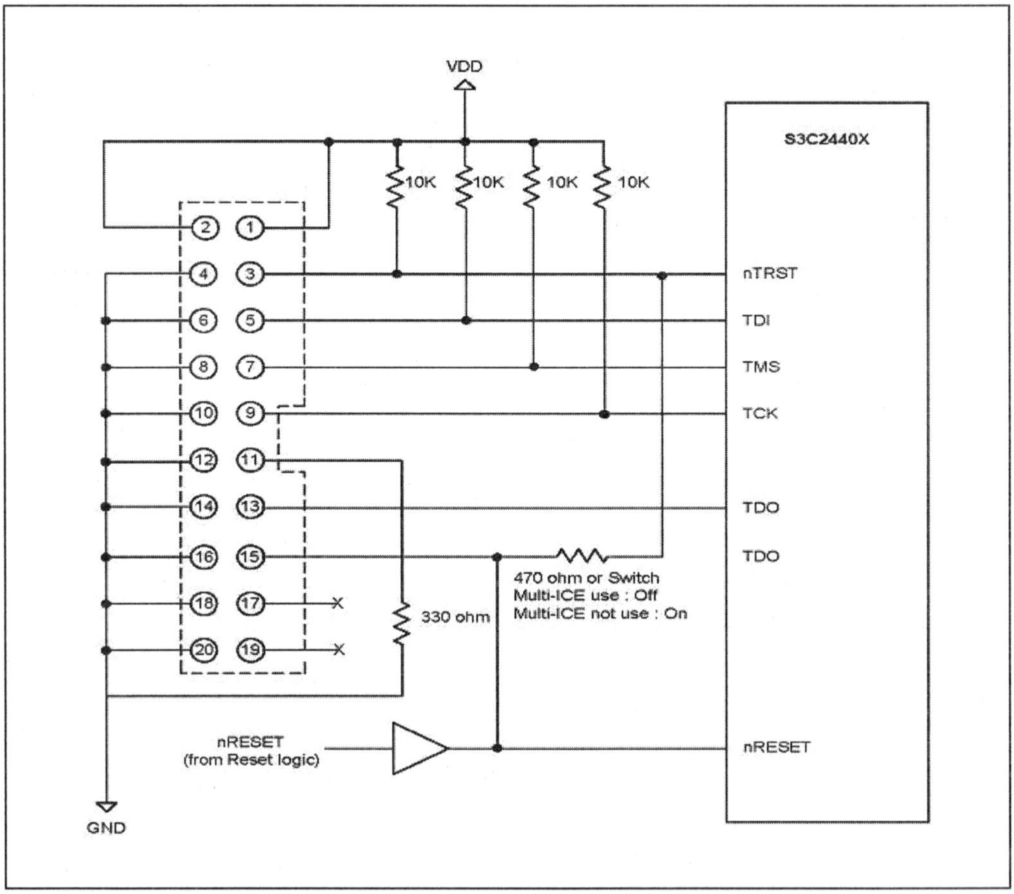

[그림 4.25] JTAG 인터페이스 구성 예

4.4.3 SD(MMC) 인터페이스

SD 메모리 카드는 기본적으로 [그림 4.26]처럼 연결만 하면 된다. 그림에서 nCD_SD와 WP신호선은 SD카드 자체의 신호선은 아니고 SD카드 소켓에서 지원해주는 기능이다. nCD_SD신호선을 통해 SD카드가 삽입되어 있는지 확인하고 WP(Write Protect) 신호선을 통해 SD카드가 쓰기보호(Write Protect) 상태인지 알아낼 수 있다. 이 두 핀을 S3C2440A의 인터럽트 핀이나 GPIO에 연결하여 사용하면 된다. SD카드가 소켓에 장착되어 있는지 없는지 확인하여 오류를 알릴 수도 있고, SD카드가 장착되지 않은 상태에서 데이터 액세스 오류를 없앨 수도 있다.

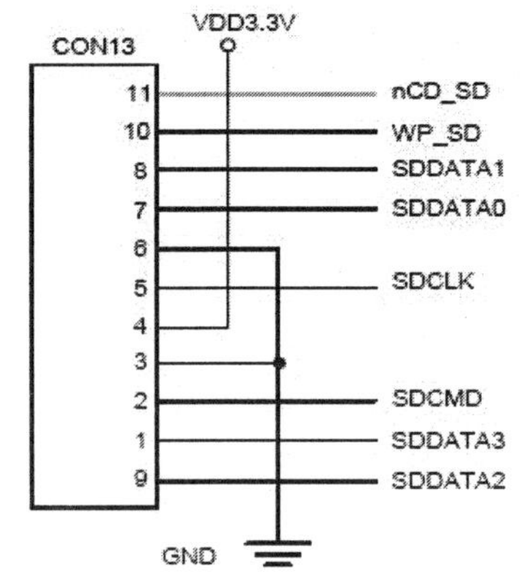

[그림 4.26] SD 인터페이스 연결

4.4.4 USB(Universal Serial Bus) 인터페이스

S3C2440A에는 2개의 USB 호스트(Host)와 1개의 USB 디바이스(Device)가 연결 가능하다. 연결방법은 [그림 4.27]을 참조하기 바란다.

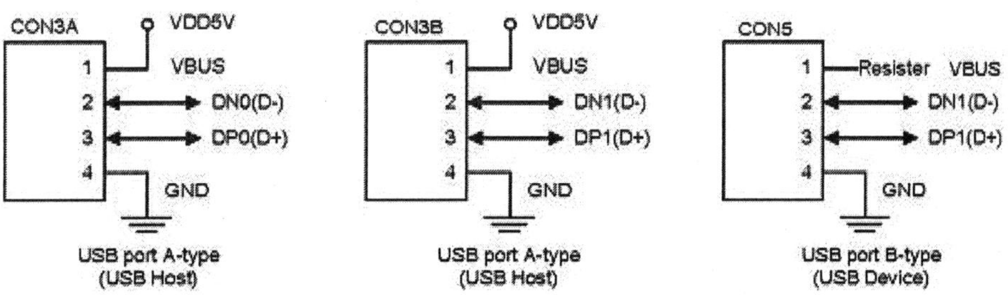

[그림 4.27] USB 인터페이스 연결

4.4.5 UART(Universal Asynchronous Receiver/Transmitter) 인터페이스

S3C2440A는 3개의 서로 독립된 SIO(Serial I/O)포트를 지원한다. 외부와의 연결은 RS-232C 컨버터(SP3232 등)를 거쳐 외부의 D-SUB커넥터에 연결하면 된다.

기본적인 연결방법은 [그림 4.28]과 같다.

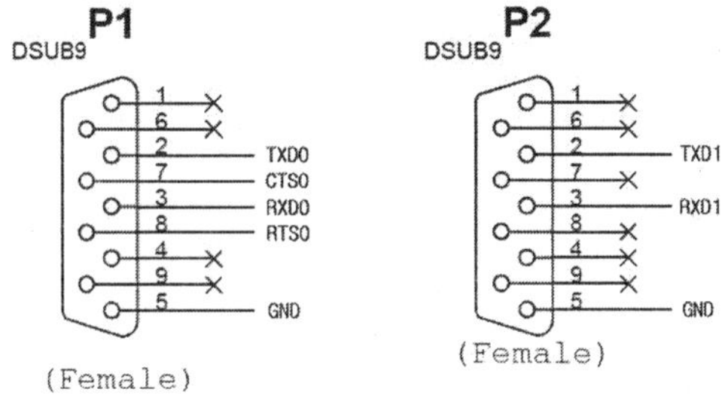

[그림 4.28] UART 포트

UART 연결은 독자들 대부분이 많이 해봤을 것이다. 그 외에 S3C2440A에서는 UART 포트를 IrDA통신에도 사용 가능하다. IrDA 통신을 위해서는 IrDA소자와 IrDA 소자에 맞게 신호를 발생시켜주는 컨트롤러가 필요한데, S3C2440A는 UART 포트 각각에 IrDA 인터페이스가 내장되어 있다.

4.4.6 IIS(Inter-IC Sound) 오디오 인터페이스

S3C2440A에서는 사운드를 지원하기 위해 IIS와 AC97 컨트롤러를 내장하고 있다. 트레이닝 키트에서는 IIS 버스를 지원하는 UDA1341TS 코덱칩을 사용하고 있다.

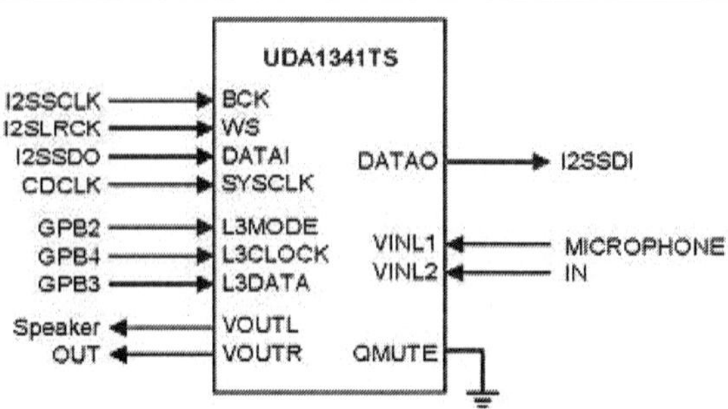

[그림 4.29] S3C2440A와 UDA1341TS 연결

[그림 4.29]처럼 연결하고 UDA1341TS의 아날로그 출력은 이어폰 잭에 연결하면 된다.

4.4.7 LCD 인터페이스

S3C2440A에는 LCD를 인터페이스 할 수 있는 컨트롤러가 내장되어 있다. 삼성의 일부 LCD 제어에 적합한 LPC3600, LCC3600 타이밍 컨트롤러도 내장되어 있고, 또한 대부분의 LCD 제어에 적합한 신호 타이밍을 프로그램에 의해 만들어 낼 수 있다.

LCD 인터페이스에는 고려해야 할 사항들이 여러 가지 있다. 그것은 하드웨어적인 면과 소프트웨어적인 면 모두를 의미하며, TFT LCD는 메이커별 특성이 각기 다르기 때문에 그 인터페이스에 있어 고려해야할 사항이 많다. 11장 LCD 컨트롤러 부분에서 상세하게 다루고 있으니 그 장의 내용들을 참조하기 바란다.

여기까지 이론적인 내용에 대해서는 어느 정도 언급하였다. 다음 장부터는 여러분들이 S3C2440A 시스템을 설계하고 프로그램 하는데 필요한 실무적인 내용을 다루게 된다. 또한 필요한 개발환경에 대해서도 충분히 상세하게 설명할 것이다. 또한 스타트업 코드 설명을 통하여 2장에서 공부하였던 어셈블러 명령어들이 실제로 어떻게 사용되는지도 확인해 볼 수 있을 것이다. S3C2410A CPU 또한 앞에서 언급한 내용에서 벗어나지 않기 때문에 S3C2440A의 사용법을 익히는 것만으로도 S3C2410A에 대해서 대부분 알아간다고 봐도 될 것이다.

제 5 장

S3C 2440A 시작하기

5. S3C2440A 시작하기

5장에서는 이 책에서 실험 교재로 사용하고 있는 'MSTK2440 Training Kit'의 시스템 구성에 대해 살펴보고 S3C2440A 프로세서에는 어떠한 주변 장치들이 연결되는지, 각 뱅크별 메모리 맵은 어떻게 구성되어 있는지 등을 검토해 보도록 하겠다.

▶ MSTK2440의 주요 사양

- S3C2440A : 16/32-bit RISC 마이크로컨트롤러
- X-tal 동작
- 부팅 메모리 : NOR Flash 1MByte 1EA
- 낸드 플래시 : 64MByte 1EA (sop type)
- SDRAM : 128MByte (32MByte x 4)
- TFT/STN LCD와 터치 스크린 패널 인터페이스
- 3채널 UART (IrDA 채널 포함)
- HOST USB 포트 와 Device USB 포트 각각 1EA
- SD (MMC) 인터페이스
- Compact Flash Card 인터페이스
- HDD(Hard Disk Drive) 인터페이스
- JTAG port
- RTC X-tal input logic
- IIC with AT24C16
- A/D Converter 인터페이스
- SPI 인터페이스
- IIS 인터페이스(Audio CODEC)
- EINT 인터페이스
- GPIO Switch 입력 인터페이스
- Ethernet 인터페이스
- Extension connector 40P * 2EA
- LED display (debugging용)
- CAMERA 연결용 외부 커넥터

5.1 MSTK2440 시스템의 구성

[그림 5.1]은 MSTK2440의 시스템 구성을 보여주는 그림으로, ARM920T 내부 코어를 사용하는 삼성전자의 S3C2440A RISC 프로세서를 사용하였다. CPU 코어와 내외부 장치들간의 데이터 전송을 위해 AMBA버스 구조를 채택하고 있다.

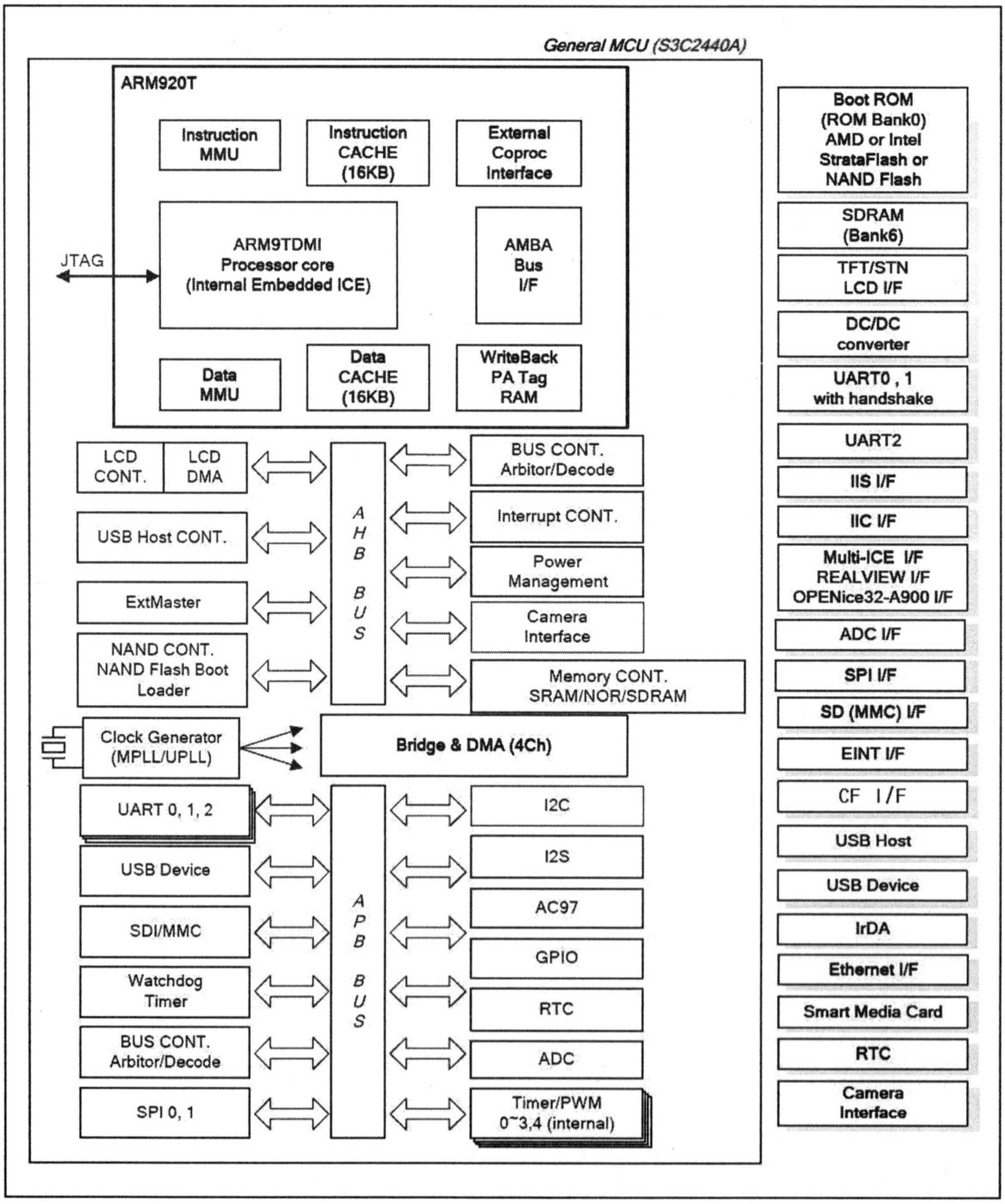

[그림 5.1] MSTK2440 시스템

5.1.1 파 워(전원부)

S3C2440A 프로세서의 코어전압은 300MHz 동작시 1.2V, 400MHz 동작시 1.3V이다. Memory 전압은 3.3V이며, I/O 전압도 3.3V이다.

[표 5.1] S3C2440A ARM 프로세서 전원 사양

신호명	전압	설 명
VDDalive	1.2V	S3C2440A 리셋 블록과 Port status 레지스터 전원 이 전원은 Normal 모드나 Sleep 모드시에도 항상 공급되어야 한다.
VDDiarm	1.2V	ARM 코어를 위한 S3C2440A 코어 로직 전압
VDDi	1.2V	내부 블록을 위한 S3C2440A 코어 로직 전압
VSSi/VSSiarm	GND	S3C2440A 코어 로직 그라운드 전원
VDDi_MPLL	1.2V	S3C2440A MPLL 아날로그, 디지털 전원
VSSi_MPLL	GND	S3C2440A MPLL 아날로그, 디지털 그라운드 전원
VDDOP	3.3V	S3C2440A I/O port 전원 (3.3V)
VDDMOP	3.3V	S3C2440A Memory I/O 전원 3.3V : SCLK up to 135 MHz 2.5V : SCLK up to 135 MHz 1.8V : SCLK up to 93 MHz
VSSOP		S3C2440A I/O Port 그라운드 전원
RTCVDD	3.3V	RTC 전원 (3.0V, 입력 범위 : 1.8 ~ 3.6V)
VDDi_UPLL	1.2V	S3C2440A UPLL 아날로그, 디지털 전원
VSSi_UPLL	GND	S3C2440A UPLL 아날로그, 디지털 그라운드 전원
VDDA_ADC	3.3V	S3C2440A ADC 전원(3.3V)
VSSA_ADC	GND	S3C2440A ADC 그라운드 전원

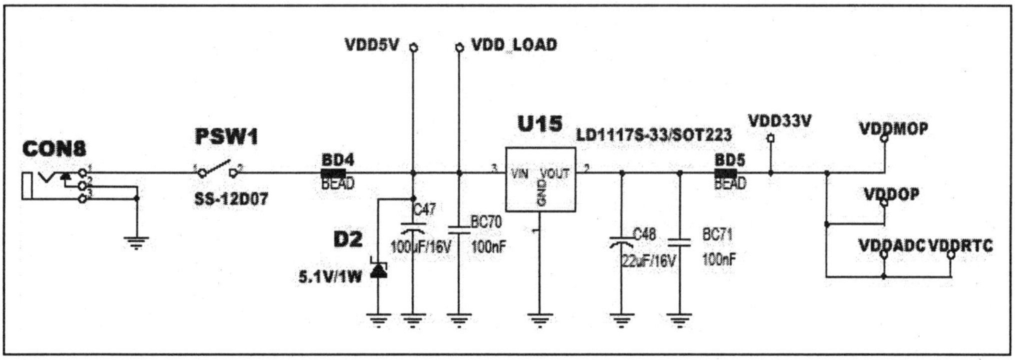

[그림 5.2] MSTK2440 3.3V 전원회로

[그림 5.2]는 MSTK2440 Training Kit에서 사용되는 3.3V 전원공급 회로이다. 회로에

서 LD1117S-33은 VDD 3.3V 전원을 공급하기 위한 전압 드롭 방식의 레귤레이터로 5V 전원 입력을 받아 ARM 프로세서의 VDDMOP, VDDOP, VDDADC, VDDRTC에 동작 전원을 공급하고, AM29LV800 Nor-Flash, K9F1208 NAND-Flash, SDRAM, XC95144XL CPLD, CS8900A Ethernet 컨트롤러에도 3.3V 전압을 공급한다.

그림 좌측의 CON8은 5V 어댑터 플러그가 연결되는 부분이고 PSW라는 Slide 스위치는 전원 On/Off용이다. 5.1V/1W 제너다이오드가 5V 전원 입력 부분에 위치하여 입력전압이 5.1V이상 입력되는 것을 차단하는 보호회로 역할을 한다.

LD1117 레귤레이터에는 여러 타입이 있으며 타사 제품과도 pin-to-pin 호환 가능하다. Fixed 출력방식과 Adjustable 출력방식이 있어서 사용자가 원하는 스펙을 선택할 수 있다. Fixed 방식은 출력전압이 3.3V, 2.5V, 1.8V, 1.2V 등으로 고정되어 있는 타입이고, Adjustable 방식은 출력전압을 조정할 수 있는 방식을 말하는 것이다. MSTK2440 보드에서는 LD1117S-33과 LD1117S-12인 Fixed 출력방식의 레귤레이터를 사용하여 3.3V, 1.2V 전원을 공급한다.

이 레귤레이터의 입력전압 범위는 최대 15V까지이며 출력 전류는 최대 800mA 정도이다. 전압 드롭 방식의 레귤레이터이기 때문에 입력 전압과 출력 전압의 차이가 크면 클수록 레귤레이터에 열이 많이 발생하는 현상이 있으므로 전원부 설계에 있어 고려해야 할 것이다. TFT-LCD 전원 공급부는 향후 확장성을 고려하여 별도의 LD1117S-33 레귤레이터를 사용하였다.

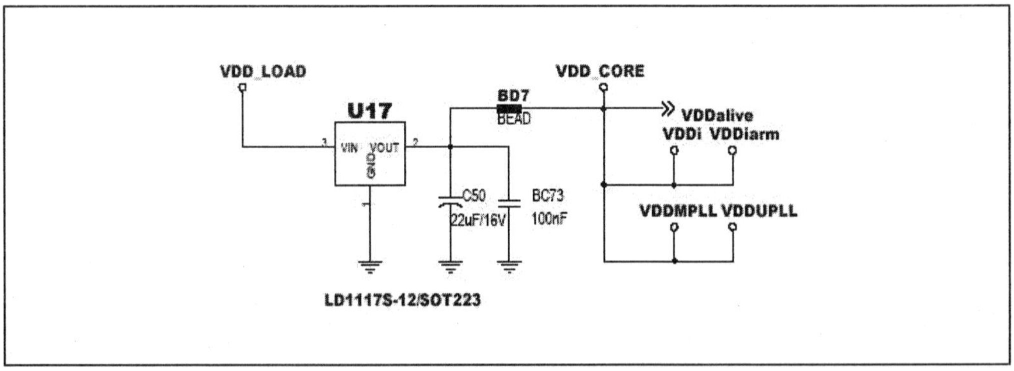

[그림 5.3] MSTK2440 1.2V 전원회로

[그림 5.3]은 1.2V 전원 공급을 위한 부분으로 ARM 프로세서 코어 부분에 전원을 공급하는 회로이다. VDDi, VDDiarm, VDDMPLL, VDDUPLL에 1.2V 전원을 공급하며, LD1117S-12인 고정 출력 방식의 레귤레이터를 사용하였다. ARM 프로세서가 저전력 프로세서이므로 LD1117S-12는 소비전류에 비해 충분한 전류 허용치를 가지고 있다.

5.1.2 리셋 로직(Reset Logic)

리셋 회로는 마이크로프로세서 시스템의 안정된 스타트를 위하여 반드시 필요한 부분이다. 저항(R)과 캐패시터(C)의 시정수로 리셋신호의 길이를 정할 수 있고 74HC14 인버터를 사용하여 아날로그 입력파형을 안정된 디지털 신호로 변환한다. CMOS의 입력단은 MOSFET의 게이트로 되어 있어서 'L' 상태에서도 입력단으로(U12B 3번 핀) 전류가 흘러나오는 일이 없기 때문에 R과 C의 시정수 계산만으로 정확한 리셋신호의 길이를 계산할 수 있다.

ARM 프로세서와 NOR 플래시는 Low Enable 리셋 신호인 nRESET 신호를 사용하고 CS8900A Ethernet 디바이스는 High Enable인 RESET 신호를 사용함으로 반전시켜줘야 한다.

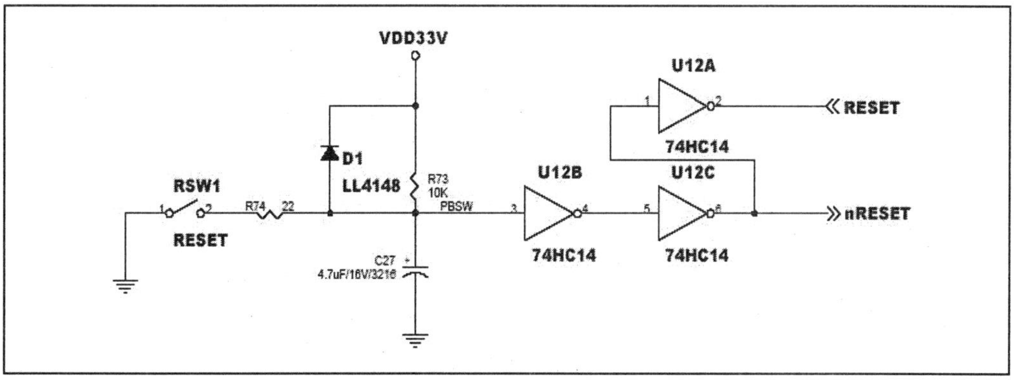

[그림 5.4] MSTK2440 리셋 회로

ARM 프로세서에서 리셋은 최소 4CLK만큼 유지되어야 리셋 신호로서 인지하게 된다.

5.1.3 클럭 소스(Clock Source)와 부트 모드(Boot Mode) 설정

▶ 클럭 소스의 설정

4장에서 설명했다시피 OM[3:2] 설정을 통해 시스템 클럭 및 USB 클럭 소스를 EXTCLK 단자로 외부 클럭을 받을 것인지, 또는 X-TAL 클럭으로 할 것인지를 설정할 수 있다. MSTK2440에서는 OM[3:2] 관련저항은 모두 풀다운 처리하여 MPLL 및 UPLL 모두 XTAL을 클럭 소스로 사용하도록 설정하였다. [그림 5.5]를 참조하기 바란다. [표 5.2]는 OM[3:2] 설정에 따른 클럭 소스를 보여준다.

[표 5.2] System Clock (MPLL) & USB Clock (UPLL)

핀의 기능	OM[3:2]		설 명	
클럭 소스 선택	0	0	MPLL:XTAL,	UPLL:XTAL
	0	1	MPLL:XTAL,	UPLL:EXTAL
	1	0	MPLL:EXTAL,	UPLL:XTAL
	1	1	MPLL:EXTAL,	UPLL:EXTAL

MPLL이 리셋 후, 동작을 시작하더라도 MPLL 출력은 소프트웨어로 MPLLCON 레지스터를 설정하기 전까지는 동작하지 않는다. 즉 원하는 값을 설정하기 전까지는 외부 크리스탈 또는 EXTCLK 소스가 그대로 시스템 클럭으로 사용된다. 만약에 사용자가 MPLLCON 레지스터의 초기값을 그대로 사용하더라도 MPLLCON 레지스터에 그 디폴트 값을 설정해주어야 한다.

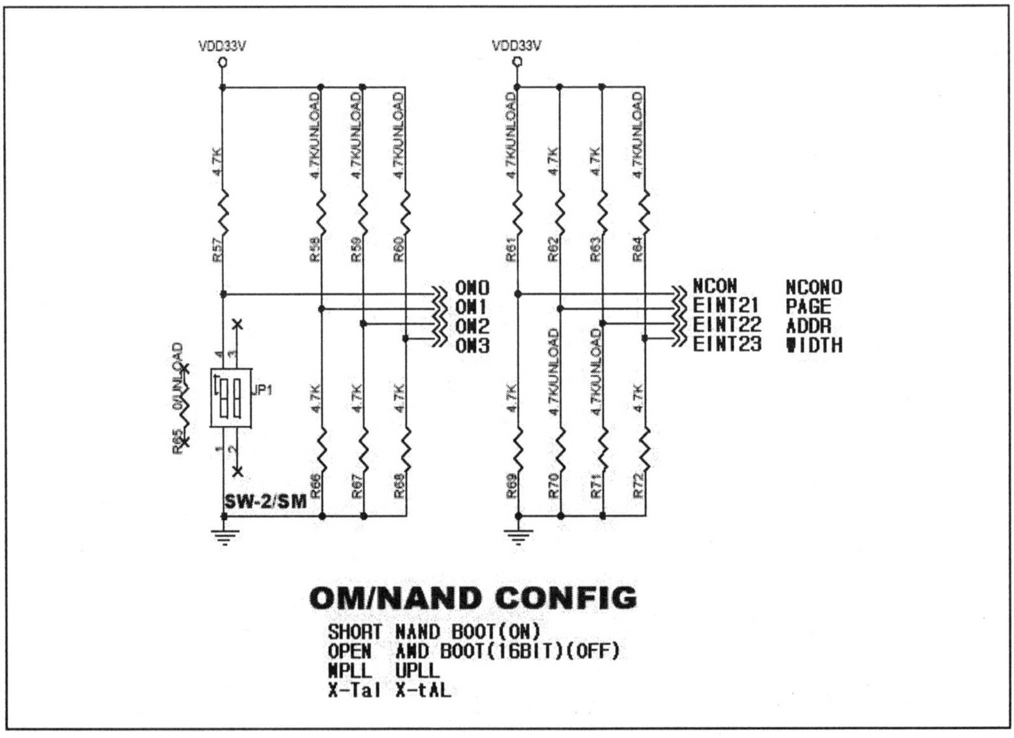

[그림 5.5] 클럭 소스, 부트 모드, NAND 플래시의 설정

▶ 부트 모드 설정

OM[1:0] 설정으로 NAND 플래시 부팅을 할지 또는 NOR 플래시 부팅을 할지 선택할 수 있다. [그림 5.5]에 보이는 스위치(JP1) On/Off로 부팅 모드를 변경할 수 있다.

또한 스위치와 R58, R66 설정을 변경해 BANK0의 데이터 버스폭을 16비트 폭으로 할지 32비트 폭으로 할지 결정할 수 있다.

[표 5.3] 부트 모드 설정

핀의 기능	OM[1:0]		설 명
부트 메모리 타입, 그리고 버스폭 결정	0	0	NAND Boot
	0	1	Half Word(16bit)
	1	0	Word(32bit)
	1	1	Test mode

[표 5.4] NAND 플래시 설정

OM[1:0] = NAND Boot Setting (L, L)			
NCON 0		L	H
		Normal Nand	Advanced Nand
PAGE	L	256	1024
	H	512	2048
ADDR	L	3 Cycle	4 Cycle
	H	4 Cycle	5 Cycle
WIDTH	L	8bit Bus Width	
	H	16Bit Bus Width	

NAND 플래시 부트 모드일 때(OM[1:0]이 00으로 설정) NCON, EINT21(PAGE), EINT22(ADDR), EINT23(WIDTH) I/O 단자로 NAND 플래시 타입 설정을 변경할 수 있다. MSTK2440에서는 NCON이 풀다운, EINT21 풀업, EINT22 풀업, EINT23 풀다운으로 고정되어 있다. [표 5.4]에서 음영으로 처리된 부분이 실제 MSTK2440 보드에서 사용한 NAND 플래시의 설정이다. 여기서 사용된 NAND 플래시는 삼성전자의 K9F1208로 Normal NAND, 512, 4Cycle, 8bit bus폭으로 설정한다.

5.1.4 SDRAM(Synchronous DRAM)

SDRAM의 출현은 마이크로프로세서의 고속화가 진행됨에 기인한다고 볼 수 있다. 빠른 마이크로프로세서가 나오게 되어 보다 빠른 표준의 메모리가 필요하게 되었고, 이에 따라 JDEDC에서 동기 DRAM 표준을 개발하였다. SDRAM은 모든 입출력 신호를 시스템 클럭에 동기화시켜 조절할 수 있으며 이전에 사용되어온 FPM, EDO DRAM과 완전

히 다르게 동작한다.

FPM과 EDO DRAM이 신호에 따라 활성화되는 것과 달리 SDRAM은 외부에서 공급하는 클럭에 동기되어 데이터를 입출력한다. 이러한 클럭 사용으로 신호를 전달할 때 지연시간이 생기는 EDO, FPM보다 훨씬 빠르고, 연속적으로 읽기/쓰기를 할 수 있게 되었다. 메모리 클럭에 동기를 맞춰 모든 메모리 동작이 이루어지면 데이터도 메모리 클럭 주기만큼 빨라진다.

예를 들어 메모리 클럭이 100MHz인 경우 메모리 데이터는 10ns안에 얻을 수 있는데, 이것은 읽기/쓰기 모든 동작에 적용된다. 그 비결은 메모리 안에 내장된 Column Address Latch와 Column Counter이다. 즉 Column 어드레스를 기억시켜 놓고 첫번째 읽을 때는 그 컬럼 어드레스의 메모리 셀을 읽고, 두번째 읽을 때는 어드레스의 카운터를 동작시켜서 다음 Column 어드레스의 메모리 셀을 읽는 것이다. 이렇게 하면 EDO에서의 메모리 컨트롤러가 어드레스를 계속 주어야 하는 제약을 극복할 수 있다. 또한 SDRAM은 종류에 따라 뱅크가 여러 개로 나누어져 있다. 이것으로 하나의 뱅크는 다른 뱅크가 액세스하는 동안에 액세스 대기를 할 수 있어 때때로 여러 개의 뱅크를 사용하는 것은 메모리의 액세스 속도를 높이는데 보다 효율적인 방법이 된다. 유효한(Valid) 데이터를 액세스하기 위해서는 최소한의 delay 타이밍이 필요하기 때문이다.

Part No.	Orgainization	Max Freq.	Interface	Package
K4S560432E-TC(L)75	64M x 4	133MHz (CL=3)	LVTTL	54pin TSOP(II)
K4S560832E-TC(L)75	32M x 8	133MHz (CL=3)		
K4S561632E-TC(L)60/75	16M x 16	166MHz (CL=3)		

Organization	Row Address	Column Address
64Mx4	A0~A12	A0-A9, A11
32Mx8	A0~A12	A0-A9
16Mx16	A0~A12	A0-A8

[그림 5.6] Row & Column Address Configuration

[그림 5.6]의 세 가지 타입 메모리는 모두 같은 용량을 가지고 있는 메모리지만 데이터 비트가 각기 4비트, 8비트, 16비트로 다르다. 데이터 비트에 따라 Column 어드레스는 약간의 차이가 있으므로 유의하길 바란다. MSTK2440에서는 K4S561632E-TL75 16비트 SDRAM을 사용하였다.

A0~A12 어드레스 라인은 Row 어드레스 및 Column 어드레스를 출력하는 라인으로 공통으로 사용하게 된다. 먼저 ROW 어드레스 RA0~RA12를 출력한 후 Column 어드레스 CA0~CA8을 출력하여 그 조합으로 어드레스를 설정하게 된다. Column 어드레스는

각기 (x4:CA0~CA9,CA11), (x8:CA0~CA9), (x16:CA0~CA8)로 데이터 비트에 따라 차이가 난다. ([표 5.5]는 K4S561632 SDRAM의 기능핀에 대한 설명이다.)

[표 5.5] K4S561632 핀 기능 설명

핀	기능	설명
CLK	시스템 클럭 단자	Positive rising edge에서 샘플링
/CS	칩 셀렉트 단자	디바이스 동작에 대한 Enable, Disable
CKE	클럭 Enable 단자	클럭 Enable
A0~A12	어드레스 라인	Row/Column 어드레스 출력
BA0~BA1	뱅크 셀렉트 단자	뱅크 셀렉트
/RAS	ROW 어드레스 스트로브	/RAS가 로우인 상태에서 CLK의 상승 Edge에서 ROW 어드레스가 래치됨 ROW 어드레스 및 precharge Enable
/CAS	COL 어드레스 스트로브	/CAS가 로우인 상태에서 CLK의 상승 Edge에서 Column 어드레스가 래치됨 Column 어드리스 Enable
/WE	라이트 Enable 단자	라이트 동작 및 row precharge Enable /CAS, /WE에서 데이터 래치
DQM	데이터 입/출력 마스크	데이터 입/출력 마스크
DQ0~N	데이터 라인	데이터 입/출력
VDD/VSS	전원	내부 코어 및 입력 버퍼 전원
VDDQ/VSSQ	데이터 출력 전원	노이즈 제거를 위한 출력 버퍼의 절연된 전원
N.C/RFU	No Connection	No Connection

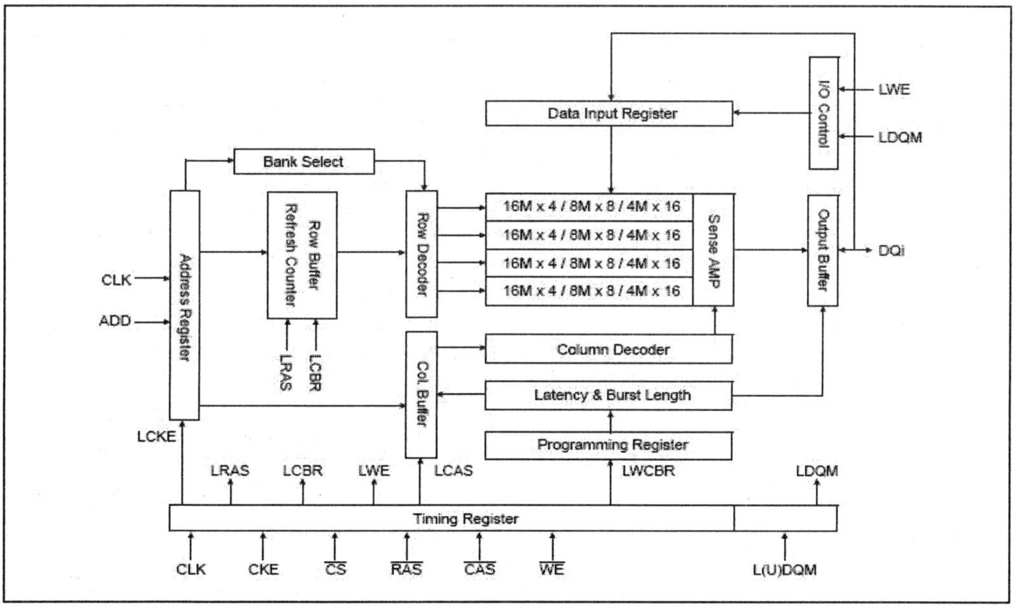

[그림 5.7] SDRAM 내부 블록도

[그림 5.7]은 SDRAM의 내부 블록도를 보인 것이다. SDRAM은 내부에 각기 어드레스 디코더가 있어서 래치 된 Row 어드레스 입력 및 Column 어드레스 입력을 조합하여 최종 어드레스를 설정한다. 출력 버퍼(Output Buffer)에 공급되는 전원은 노이즈 제거를 위해 내부적으로 절연되어 있다. 그 외에 그림에서 보듯이 뱅크 선택부나 타이밍 레지스터부, 어드레스 레지스터부 등이 있다.

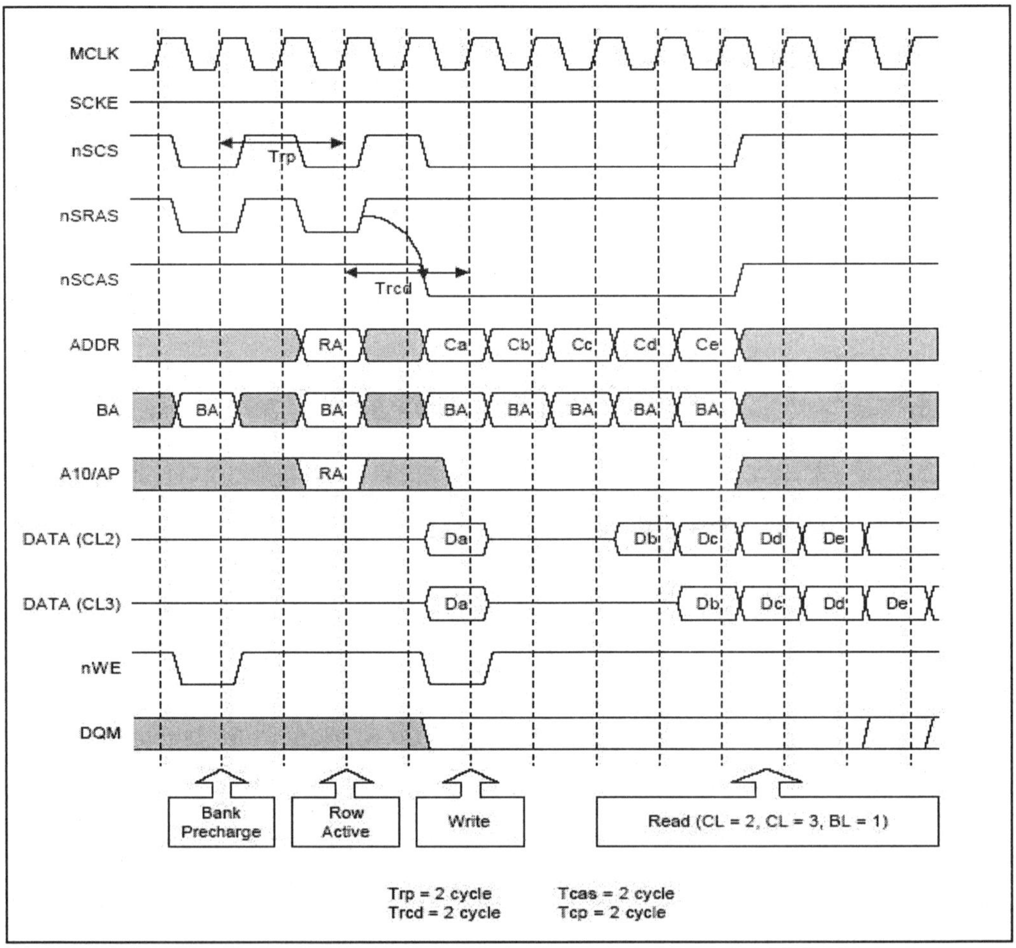

[그림 5.8] SDRAM 액세스 타이밍

[그림 5.8]은 S3C2410A, S3C2440A 프로세서의 SDRAM 인터페이스 타이밍도를 보인 것이다. MCLK로 'HCLK'를 사용하며 시스템 클럭에 따라 133MHz로 동작할 수 있고 100MHz 또는 그 이하의 주파수로 설정할 수도 있다.

프로세서가 SDRAM 메모리를 액세스하고자 할 때의 어드레스 출력 순서는 먼저 Row 어드레스가 출력되고, 그 다음 Column 어드레스를 출력한다. Column 어드레스가 일단 래치 되면, 그 다음부터 데이터의 액세스는 MCLK(CLK)에 동기되어 연속적으로 이루어진다.

Row 어드레스는 ADDR 라인으로 어드레스 출력 후, /RAS 스트로브 신호가 Low인 상태에서 MCLK의 상승 엣지에서 래치되며, Column 어드레스는 어드레스 출력 후, /CAS 스트로브 신호가 Low인 상태에서 MCLK 상승 엣지에서 래치된다. 데이터 쓰기 동작은 Column 어드레스가 래치된 후 /WE(Write Enable) 신호가 Low일 때 MCLK의 상승 엣지에서 이루어진다.

그림에서 보이듯이 데이터 리드시 CL(CAS Latency)이 3인 경우 Column 어드레스 래치 후 MCLK 3클럭 후에 데이터가 출력된다. SDRAM의 Burst length는 1, 2, 4, 8 & Full page를 지원하지만 S3C2410A, S3C2440A 프로세서는 Burst length 1만 지원하며, Burst 타입도 Sequential과 Interleave 두 타입 중 Sequential 타입만 지원한다. Auto-refresh 및 Self-refresh가 가능하고, 여기서 사용하는 Sdram은 64ms Refresh 주기를 가진다.

[그림 5.9]에서 MSTK2440 보드에서 사용된 SDRAM의 연결을 간략히 보여주고 있다. MSTK2440에서는 32MB 크기를 가지는 K4S561632 SDRAM 4개를 사용하였으며 뱅크 6(nGSC6)에 두개, 뱅크7(nGCS7)에 두개의 메모리가 연결되어 있어서 각 뱅크별 64MB 메모리 공간을 가지고 있다.

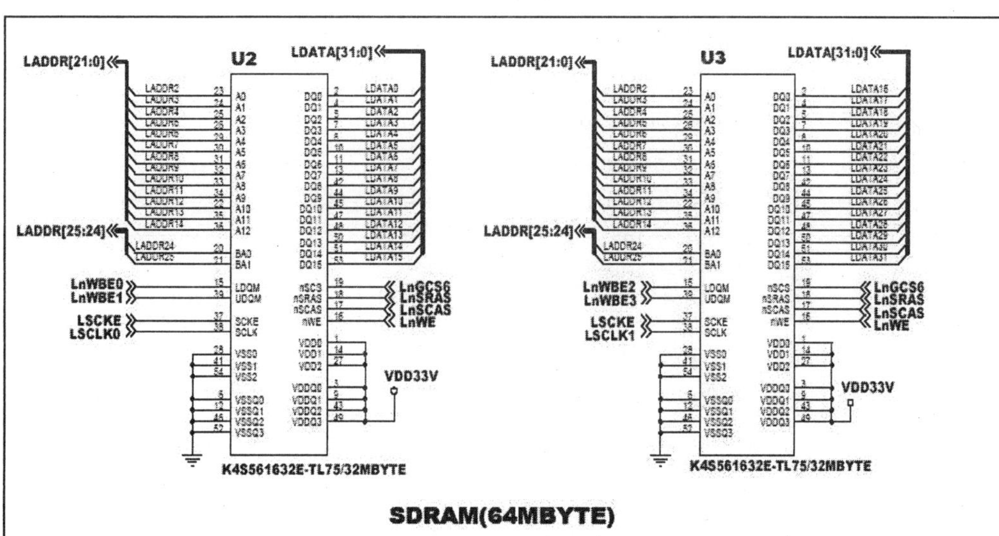

[그림 5.9] MSTK2440 SDRAM의 구성

K4S561632는 256Mbit SDRAM으로 4M×16bit×4Banks Synchronous DRAM이다. K4S561632의 BAx단자는 뱅크 셀렉트 단자로서 하위 16비트 SDRAM의 4뱅크 액세스

및 상위 16비트 SDRAM의 4뱅크 액세스를 할 수 있도록 어드레스 라인을 디자인하여야 한다. 64MB 영역의 32비트 메모리 액세스와 같으므로 BA0에 ADDR24를 BA1에는 ADDR25를 연결함으로써 64MB 전 영역을 액세스할 수 있는 것이다.

5.1.5 NOR 플래시 & NAND 플래시

플래시 메모리는 전원이 없는 상태에서도 메모리에 데이터가 계속 저장되어 있는 메모리이다. 또한, 데이터의 저장/삭제가 비교적 자유롭다. 이런 플래시 메모리는 비트선과 접지선 사이에 셀이 병렬로 배치된 NOR형 구조와 직렬로 배치된 NAND형 구조로 나눌 수 있고 이를 NOR 플래시와 NAND 플래시로 구분하는 것이다.

NOR형은 병렬적인 회로구성에 의해 읽기 속도가 빠르고 블록단위로 소거할 수 있는 등 사용하기가 편리하다는 점에서 장점이 있으며, NAND형은 직렬적으로 선택 게이트를 배치하고 있어 선택 게이트수를 최소화할 수 있어 대용량화가 가능하다는 점에서 각각 장점을 갖고 있다. NAND 플래시는 NOR 플래시보다 용량에 비해 가격이 저렴해 최근의 디지털 기기의 저장장치는 대부분 NAND 플래시가 이용되고 있다.

▶ AM29LV800B NOR FLASH

[표 5.6] Am29LV800B 기능 핀 설명

핀	설 명
A0 - A18	19 어드레스 라인
DQ0 - DQ14	15 데이터 입력/출력
DQ15/A-1	DQ15 일 경우는 워드모드에서의 데이터 입력/출력 A-1인 경우에는 바이트 모드에서의 LSB 어드레스 입력
BYTE#	8 비트 또는 16비트 모드 선택단자 워드모드에서는 BYTE# = 1이고, 데이터 라인은 DQ0 - DQ15 바이트모드에서는 BYTE# = 0이고, 데이터 라인은 DQ0 - DQ7
CE#	칩 Enable 단자
OE#	Output Enable 단자
WE#	Write enable 단자
RESET#	하드웨어 리셋 단자, Active Low
RY/BY#	Ready/Busy# 출력 단자
VCC	VCC 전원
VSS	Device 그라운드
NC	No Connection

디바이스의 정확한 명칭은 'Am29LV800BB-70EC'이다. 8MBit(1M×8Bit/512K×16Bit) CMOS

플래시 메모리이며 3.0Volt-only Read, Program, Erase 기능을 가지고 있다. B는 부트 코드 섹터 구조를 가리키는 말로 Bottom sector를 의미하며 T는 Top Sector를 말하는 것이다. -70은 액세스 속도를 가리키는 말이다. E는 Package 타입을 나타내는 것으로 TSOP 타입을 가리킨다. C는 커머셜 타입을 말하는 것으로 커머셜 타입의 온도 스펙은 0℃ ~ +70℃까지이며, 참고로 D는 커머셜 타입 온도 스펙에 Pb-free package를 뜻하는 것이다. [그림 5.10]에 상세하게 나와 있다.

NOR 플래시는 소프트웨어로 프로그램 가능하기 때문에 디바이스가 보드에 실장되어 있는 상태에서도 언제든지 프로그램 변경이 가능하다. 그리고 Bottom Sector방식이냐 Top Sector 방식이냐에 따라서 어드레스 별 Sector Size가 달라지므로 프로그램 작업시 염두해 두어야 한다. 또한 플래시 Program 및 Erase, 데이터 Protect 및 Unprotect 기능에 관련된 알고리즘과 시퀀스가 있으므로 그 내용을 알고 소프트웨어를 코딩해야 한다.

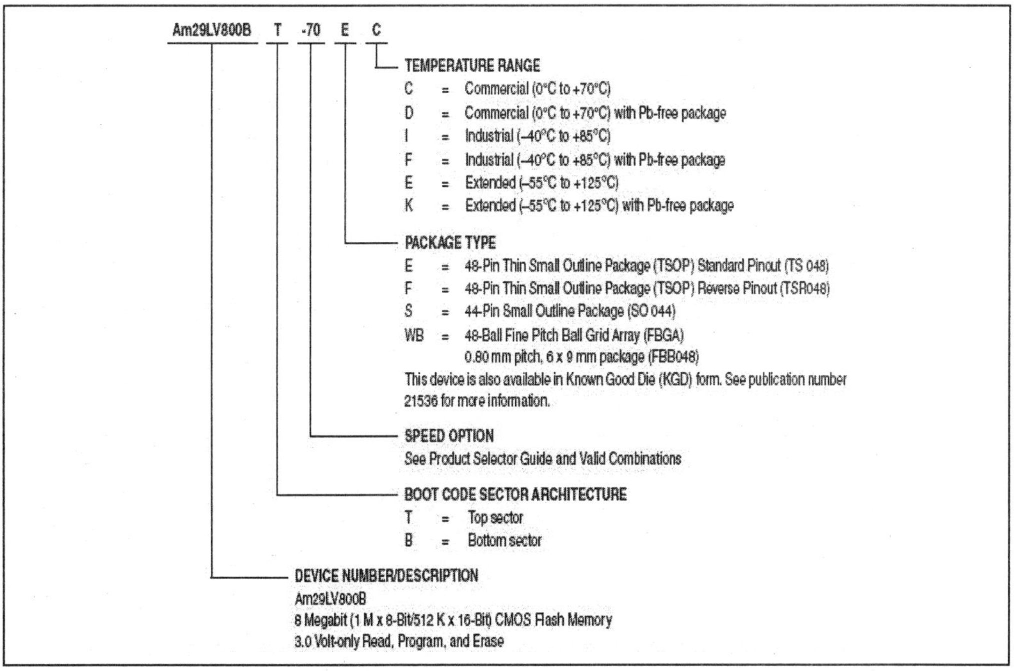

[그림 5.10] AMD standard products(AM29LV800)

한 가지 예로 플래시 메모리를 Program하기 위해서는 먼저 Erase를 시켜야 한다. 다시 말해 Program은 1→0으로는 돼도 0→1로 Program 되지는 않는다. 그렇기 때문에 일단 먼저 필요한 Block을 Erase시키면, 그 Block은 모두 FF상태가 되고 그런 다음 Program을 해야 한다. 만약 내용이 00로 되어 있다면 아무리 외부에서 다른 DATA를 Program 해봐야 00이라는 DATA밖에 읽어내지 못한다. 자외선소거 EPROM과 비슷한 방법이라 생각하면 된다.

Operation		DQ7 (Note 2)	DQ6	DQ5 (Note 1)	DQ3	DQ2 (Note 2)	RY/BY#
Standard Mode	Embedded Program Algorithm	DQ7#	Toggle	0	N/A	No toggle	0
	Embedded Erase Algorithm	0	Toggle	0	1	Toggle	0
Erase Suspend Mode	Reading within Erase Suspended Sector	1	No toggle	0	N/A	Toggle	1
	Reading within Non-Erase Suspended Sector	Data	Data	Data	Data	Data	1
	Erase-Suspend-Program	DQ7#	Toggle	0	N/A	N/A	0

[그림 5.11] 쓰기 동작 상태

또한 적절한 액세스 타이밍이 필요한데 이것은 데이터쉬트에 나와 있는 스펙대로 해주면 되고, Waiting 시간은 하드웨어적으로는 BUSY 단자를 감시하거나 소프트웨어 적으로 해당 비트 상태를 근거로 하여 다음 스텝으로 넘어가면 된다.

Sector	A18	A17	A16	A15	A14	A13	A12	Sector Size (Kbytes/ Kwords)	Address Range (in hexadecimal) (x8) Address Range	(x16) Address Range
SA0	0	0	0	0	0	0	X	16/8	00000h–03FFFh	00000h–01FFFh
SA1	0	0	0	0	0	1	0	8/4	04000h–05FFFh	02000h–02FFFh
SA2	0	0	0	0	0	1	1	8/4	06000h–07FFFh	03000h–03FFFh
SA3	0	0	0	0	1	X	X	32/16	08000h–0FFFFh	04000h–07FFFh
SA4	0	0	0	1	X	X	X	64/32	10000h–1FFFFh	08000h–0FFFFh
SA5	0	0	1	0	X	X	X	64/32	20000h–2FFFFh	10000h–17FFFh
SA6	0	0	1	1	X	X	X	64/32	30000h–3FFFFh	18000h–1FFFFh
SA7	0	1	0	0	X	X	X	64/32	40000h–4FFFFh	20000h–27FFFh
SA8	0	1	0	1	X	X	X	64/32	50000h–5FFFFh	28000h–2FFFFh
SA9	0	1	1	0	X	X	X	64/32	60000h–6FFFFh	30000h–37FFFh
SA10	0	1	1	1	X	X	X	64/32	70000h–7FFFFh	38000h–3FFFFh
SA11	1	0	0	0	X	X	X	64/32	80000h–8FFFFh	40000h–47FFFh
SA12	1	0	0	1	X	X	X	64/32	90000h–9FFFFh	48000h–4FFFFh
SA13	1	0	1	0	X	X	X	64/32	A0000h–AFFFFh	50000h–57FFFh
SA14	1	0	1	1	X	X	X	64/32	B0000h–BFFFFh	58000h–5FFFFh
SA15	1	1	0	0	X	X	X	64/32	C0000h–CFFFFh	60000h–67FFFh
SA16	1	1	0	1	X	X	X	64/32	D0000h–DFFFFh	68000h–6FFFFh
SA17	1	1	1	0	X	X	X	64/32	E0000h–EFFFFh	70000h–77FFFh
SA18	1	1	1	1	X	X	X	64/32	F0000h–FFFFFh	78000h–7FFFFh

[그림 5.12] Am29LV800BB Bottom Boot Block Sector Addresses

[그림 5.11]에서 DQ5를 예를 들어 설명하면 DQ5는 Program 또는 Erase 동작시 오버타임이 발생하면 '1'로 셋 된다. 여기서 오버 타임이란 플래시 내부에는 펄스 카운트가 동작하고 있는데 정해진 펄스 카운터 내에 동작이 완료되지 않으면 Fail 상태가 되어 DQ5는 1로 셋 된다. 예를 들어 이전에 0으로 쓰여 있는 어드레스 위치에 1로 프로그램하려고 하면 Fail 상태가 된다. 이 어드레스에 0이라는 데이터를 1로 바꾸어 주어야만 그

자리에 프로그램을 할 수 있는데 이는 Erase 동작을 통해서만 가능하다. 이런 Fail 상태는 Program이나 Erase 사이클이 완벽하게 이루어지지 않았을 경우 나타나므로 DQ5 비트의 체크는 NOR 플래시 제어에 중요한 비트라 할 수 있다.

플래시 프로그램 방법에 대해서는 소스코드 형태로 제공할 것이므로 소스 코드와 데이터쉬트를 통해 알고리즘 및 시퀀스를 검증해보기 바란다.

Sector	A18	A17	A16	A15	A14	A13	A12	Sector Size (Kbytes/ Kwords)	Address Range (in hexadecimal) (x8) Address Range	(x16) Address Range
SA0	0	0	0	0	X	X	X	64/32	00000h–0FFFFh	00000h–07FFFh
SA1	0	0	0	1	X	X	X	64/32	10000h–1FFFFh	08000h–0FFFFh
SA2	0	0	1	0	X	X	X	64/32	20000h–2FFFFh	10000h–17FFFh
SA3	0	0	1	1	X	X	X	64/32	30000h–3FFFFh	18000h–1FFFFh
SA4	0	1	0	0	X	X	X	64/32	40000h–4FFFFh	20000h–27FFFh
SA5	0	1	0	1	X	X	X	64/32	50000h–5FFFFh	28000h–2FFFFh
SA6	0	1	1	0	X	X	X	64/32	60000h–6FFFFh	30000h–37FFFh
SA7	0	1	1	1	X	X	X	64/32	70000h–7FFFFh	38000h–3FFFFh
SA8	1	0	0	0	X	X	X	64/32	80000h–8FFFFh	40000h–47FFFh
SA9	1	0	0	1	X	X	X	64/32	90000h–9FFFFh	48000h–4FFFFh
SA10	1	0	1	0	X	X	X	64/32	A0000h–AFFFFh	50000h–57FFFh
SA11	1	0	1	1	X	X	X	64/32	B0000h–BFFFFh	58000h–5FFFFh
SA12	1	1	0	0	X	X	X	64/32	C0000h–CFFFFh	60000h–67FFFh
SA13	1	1	0	1	X	X	X	64/32	D0000h–DFFFFh	68000h–6FFFFh
SA14	1	1	1	0	X	X	X	64/32	E0000h–EFFFFh	70000h–77FFFh
SA15	1	1	1	1	0	X	X	32/16	F0000h–F7FFFh	78000h–7BFFFh
SA16	1	1	1	1	1	0	0	8/4	F8000h–F9FFFh	7C000h–7CFFFh
SA17	1	1	1	1	1	0	1	8/4	FA000h–FBFFFh	7D000h–7DFFFh
SA18	1	1	1	1	1	1	X	16/8	FC000h–FFFFFh	7E000h–7FFFFh

[그림 5.13] Am29LV800BT Top Boot Block Sector Addresses

[그림 5.12]는 Bottom Sector방식의 Sector Size를 나타낸 것이고, [그림 5.13]은 Top Sector 방식의 Sector Size를 보여주는 것이다. 프로그램 Write시 Write하는 프로그램에서는 반드시 sector 사이즈를 확인하는 루틴이 있어야 한다.

Description	Mode	CE#	OE#	WE#	A18 to A12	A11 to A10	A9	A8 to A7	A6	A5 to A2	A1	A0	DQ8 to DQ15	DQ7 to DQ0
Manufacturer ID: AMD		L	L	H	X	X	V_{ID}	X	L	X	L	L	X	01h
Device ID: Am29LV800B (Top Boot Block)	Word	L	L	H	X	X	V_{ID}	X	L	X	L	H	22h	DAh
	Byte	L	L	H									X	DAh
Device ID: Am29LV800B (Bottom Boot Block)	Word	L	L	H	X	X	V_{ID}	X	L	X	L	H	22h	5Bh
	Byte	L	L	H									X	5Bh
Sector Protection Verification		L	L	H	SA	X	V_{ID}	X	L	X	H	L	X	01h (protected)
													X	00h (unprotected)

[그림 5.14] Am29LV800B Auto Select Codes (High Voltage Method)

Am29LV800 NOR 플래시는 Auto Select 모드를 지원하는데 이 모드에서는 제조사, 디바이스 ID, Sector Protection 정보 등을 알 수 있다.

Command Sequence (Note 1)		Cycles	First Addr	First Data	Second Addr	Second Data	Third Addr	Third Data	Fourth Addr	Fourth Data	Fifth Addr	Fifth Data	Sixth Addr	Sixth Data
Read (Note 6)		1	RA	RD										
Reset (Note 7)		1	XXX	F0										
Autoselect (Note 8): Manufacturer ID	Word	4	555	AA	2AA	55	555	90	X00	01				
	Byte		AAA		555		AAA							
Autoselect (Note 8): Device ID, Top Boot Block	Word	4	555	AA	2AA	55	555	90	X01	22DA				
	Byte		AAA		555		AAA		X02	DA				
Autoselect (Note 8): Device ID, Bottom Boot Block	Word	4	555	AA	2AA	55	555	90	X01	225B				
	Byte		AAA		555		AAA		X02	5B				
Autoselect (Note 8): Sector Protect Verify (Note 9)	Word	4	555	AA	2AA	55	555	90	(SA) X02	XX00 XX01				
	Byte		AAA		555		AAA		(SA) X04	00 01				
Program	Word	4	555	AA	2AA	55	555	A0	PA	PD				
	Byte		AAA		555		AAA							
Unlock Bypass	Word	3	555	AA	2AA	55	555	20						
	Byte		AAA		555		AAA							
Unlock Bypass Program (Note 10)		2	XXX	A0	PA	PD								
Unlock Bypass Reset (Note 11)		2	XXX	90	XXX	00								
Chip Erase	Word	6	555	AA	2AA	55	555	80	555	AA	2AA	55	555	10
	Byte		AAA		555		AAA		AAA		555		AAA	
Sector Erase	Word	6	555	AA	2AA	55	555	80	555	AA	2AA	55	SA	30
	Byte		AAA		555		AAA		AAA		555			
Erase Suspend (Note 12)		1	XXX	B0										
Erase Resume (Note 13)		1	XXX	30										

[그림 5.15] Am29LV800B 명령 정의

[그림 5.15]는 Am29LV800B 플래시 메모리의 명령을 정의해 놓은 것이다.

여기서 제조사 ID 및 디바이스 ID를 읽는 명령을 간단한 프로그램을 예로 들어 설명해 보도록 하겠다.

```
#define FLASH_ADDR          0x0

int Flash_CheckId(void)
{
    volatile U16 *flashaddr;
    flashaddr =  (U16 *)FLASH_ADDR;
    *(flashaddr)=(U16)0xf0f0;                    ===> ①

    *(flashaddr+0x555)=(U16)0xaaaa;              ===> ②
    *(flashaddr+0x2aa)=(U16)0x5555;
    *(flashaddr+0x555)=(U16)0x9090;
```

```
    manId=(U16)*(flashaddr);                          ===> ③

    *(flashaddr+0x555)=(U16)0xaaaa;                   ===> ④
    *(flashaddr+0x2aa)=(U16)0x5555;
    *(flashaddr+0x555)=(U16)0x9090;
    devId=(U16)*(flashaddr+1);                        ===> ⑤
    *(flashaddr)=(U16)0xf0f0;
    Uart_Printf("\n\rManufacture ID=0x%x, Device ID=0x%x\n\rFlash
                 Type - ", manId, devId);             ===> ⑥
}
```

① 이 부분은 Reset 명령으로 디바이스가 Auto-select 모드인 경우에 필요한 절차이다. Auto-select 모드에서는 제조사 ID나 디바이스 ID등을 알 수 있다.

② [그림 5.15]에 나와 있듯이 버스 사이클 시퀀스에 맞춰서 첫번째에는 어드레스 0x555에 0xaaaa, 두번째에는 0x2aa번지에 0x5555, 세번째에는 0x555번지에 0x9090 데이터를 써넣게 된다.

③ 세번째 시퀀스에서는 X00 번지의 데이터를 읽으면 제조사 ID를 확인할 수 있는데, 여기서 X는 D'ont care이고 뒤가 00 어드레스이면 된다.

④ 디바이스 ID를 읽기 위한 시퀀스로 [그림 5.15]에 나와 있듯이 버스 사이클 시퀀스에 맞춰서 어드레스 0x555에 0xaaaa, 0x2aa 번지에 0x5555, 0x555번지에 0x9090 데이터를 써넣게 된다.

⑤ X00번지의 데이터를 읽으면 디바이스 ID를 확인할 수 있는데, 여기서 X는 D'ont care이고 뒤가 01 어드레스이면 된다.

⑥ 마지막으로 위와 같이 화면에 출력을 해보면 제조사 ID가 0x01, 디바이스 ID가 0x225b임을 확인할 수 있다.(Am29LV800BB는 Bottom Sector 방식이므로 0x225b란 ID를 가지는 NOR 플래시이다.)

[그림 5.16]은 MSTK2440에 실장된 NOR 플래시의 연결 회로도이다. 회로도상에서 보면 A19, A20에 ADDR20, ADDR21이 연결되어 있다. Am29LV800은 1MByte 용량이기 때문에 실제로는 A0~A18까지의 어드레스 라인을 가진다. 16비트 메모리이므로 A18까지만 연결하여도 1MByte인데, 회로상에 A19, A20을 마저 연결한 이유는 더 큰 용량의 메모리를 사용할 수 있도록 확장성을 고려하여 디자인 해놓은 것이다. 같은 자리에 Am29LV160을 연결하여 사용할 수도 있다.

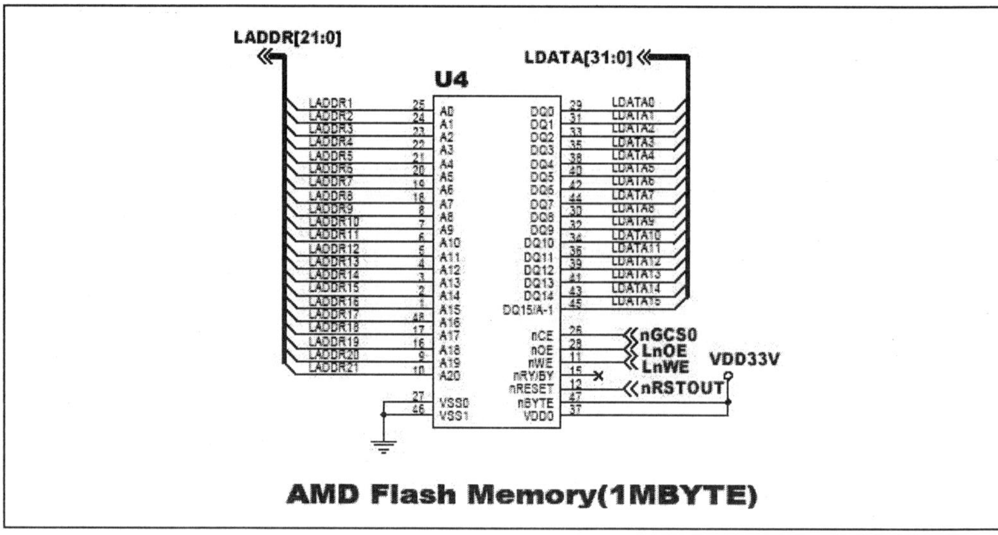

[그림 5.16] MSTK2440 NOR 플래시 구성

▶ K9F1208 NAND FLASH

임베디드 시스템에서 Linux나 WinCE 부팅용 메모리로 NAND 플래시를 주로 사용하는데, 그 이유는 용량에 비해 상대적으로 가격이 저렴하기 때문이다. 여기서는 K9F1208 NAND 플래시를 사용하였다. 64MB의 용량을 가지며 3.3V 전원을 사용한다. NAND 플래시에 대한 자세한 사항은 15장 NAND 플래시 컨트롤러 부분에서 다루도록 하겠다.

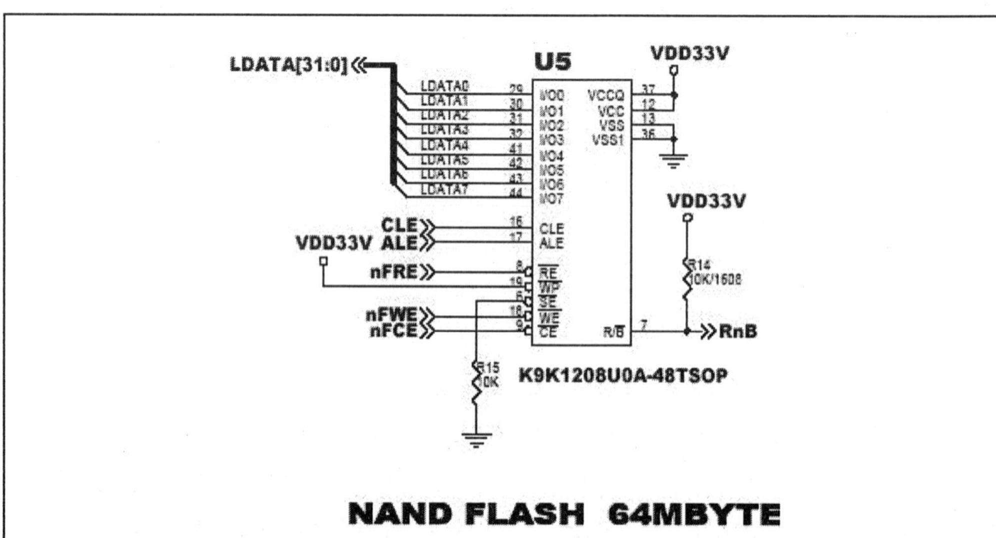

[그림 5.17] MSTK2440 NAND 플래시 구성

5.1.6 RTC(Real Time Clock)

RTC 클럭 소스는 32.768KHz 외부 크리스탈을 사용한다. 알람 인터럽트 또는 OS상에서의 Context Switch(문맥전환)를 위한 틱(tick) 인터럽트도 사용할 수 있다.

5.1.7 GENERAL I/O PORTS

[표 5.7] MSTK2440 I/O 포트

I/O PORT	I/O TYPE	설 명
GPB[8:5]	Output	LED Display
GPG[3,5,6,7]	Input	SW 1, 2, 3, 4 입력
GPF[0,3,4,5,6,7] / GPG[0]	Input	EINT 0, 3, 4, 5, 6, 7, 8

▶ LED 출력회로

MSTK2440 보드에는 4개의 출력 LED가 있으며, 이 LED들은 GPB[8:5] I/O PORT에 연결되어 있다. 각각은 3.3V 전원에 연결되어 I/O PORT를 통해 'L' 출력을 내보내면 점등된다. [그림 5.18]은 GPB[8:5] I/O PORT를 Output으로 설정하여 디버깅용 LED 6, 7, 8, 9를 제어하는 회로이다.

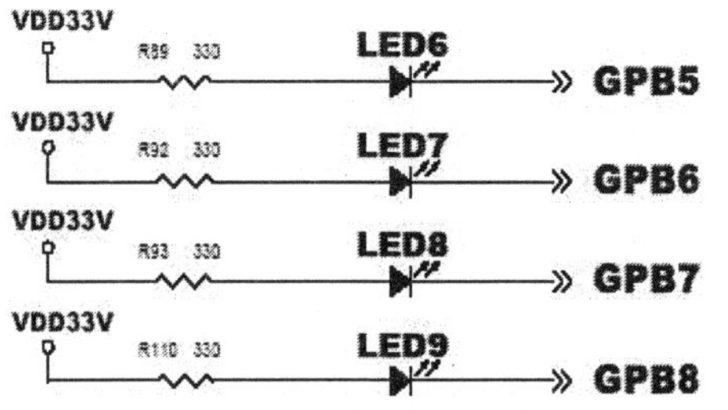

[그림 5.18] GPIO를 이용한 LED 출력회로

▶ 스위치 입력회로

[그림 5.19]는 GPG[3, 5, 6, 7] I/O PORT를 입력으로 설정하여 키 스위치 1, 2, 3, 4 눌림 상태를 읽기 위한 회로이다. GPG[3, 5, 6, 7]은 각각 SW4, SW1, SW2, SW3에 연결되어 있다. S3C2410A, S3C2440A에 있는 범용 I/O PORT는 입, 출력 및 기능핀으로 사용되며, 소프트웨어적으로 I/O 설정을 변경할 수 있다.

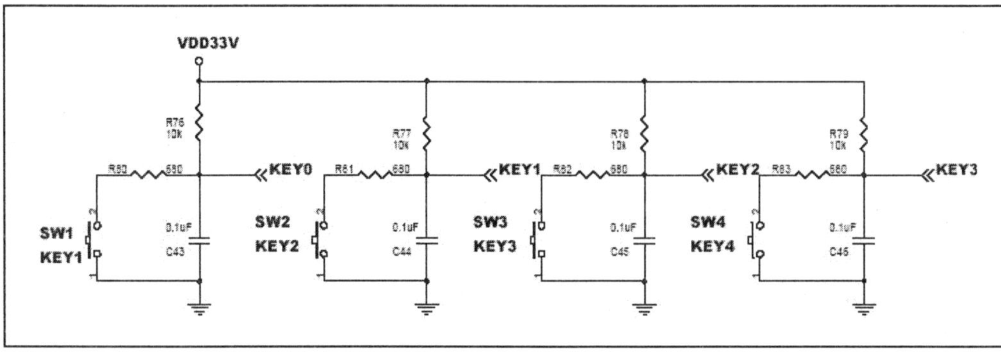

[그림 5.19] GPIO를 이용한 KEY 입력회로

▶ 외부 인터럽트(External Interrupt) 인터페이스

MSTK2440 보드에서는 외부인터럽트를 테스트할 수 있는 몇 가지 방법을 제공하고 있다. [그림 5.20]에서처럼 EINT0에 연결된 스위치가 있어 이를 이용해 외부 인터럽트를 쉽게 테스트해 볼 수 있다.

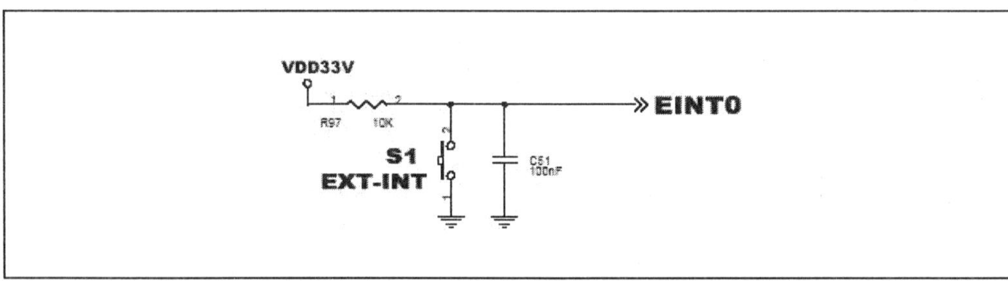

[그림 5.20] MSTK2440 EXTERNAL EINT0 스위치

외부 인터럽트 테스트를 위해 S1 스위치가 GPF[0] PORT에 연결되어 있다. 그리고 EINT[3, 4, 5, 6, 7, 8]로 구성된 CON11 컨넥터를 통해 추가로 외부 인터럽트 테스트를 해 볼 수 있도록 GPF[3, 4, 5, 6, 7] PORT와 GPG[0] PORT를 지원한다.

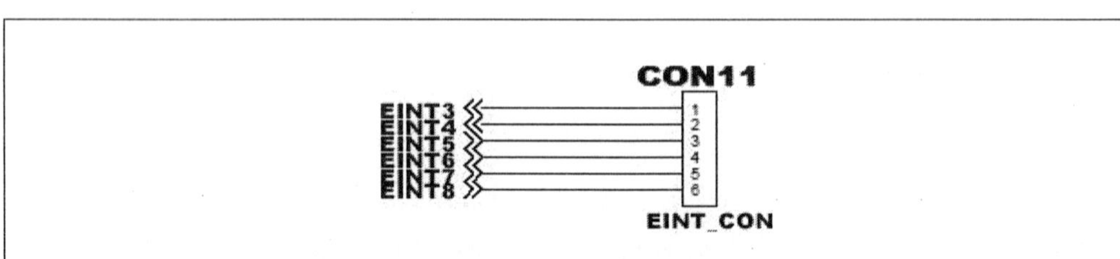

[그림 5.21] MSTK2440 외부 인터럽트 커넥터

[그림 5.21]의 CON11은 외부 인터럽트 사용을 위하여 포트를 확보해 놓은 것이다. 인터럽트 테스트 및 입, 출력 I/O PORT로도 사용가능하다.

5.1.8 LCD INTERFACE

S3C2410A, S3C2440A 프로세서에는 TFT/STN LCD 컨트롤러가 내장되어 있다. LCD 컨트롤러는 비디오 데이터를 제어하는 VFRAME, VLINE, VCLK, VM 등과 같은 제어 신호에 비디오 데이터 VD[23:0]를 더하여 외부 LCD를 구동한다.

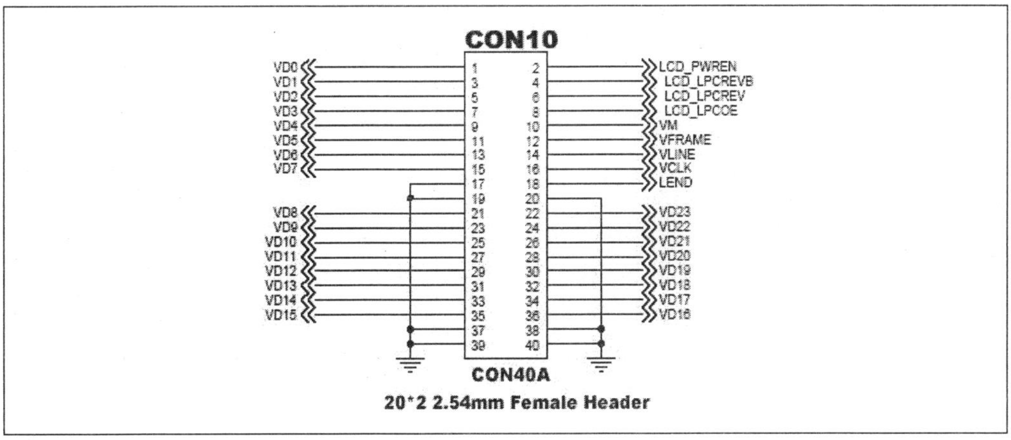

[그림 5.22] MSTK2440 LCD CONNECTOR

LCD 구동을 위한 전압 공급은 CON9에 연결되어 있으며, LCD 초기화에 필요한 리셋 신호도 CON9에 확보되어 있다. CON9와 CON10은 LCD 드라이버(LCD 업보드)와 연결 된다. 현재 LCD 드라이버 보드는 'LTP280QV-E01' 2.8인치 TFT LCD용으로 제작되어 있으며, 이 'LTP280QV-E01' LCD는 터치패널을 내장하고 있다.

LTP280QV-E01 LCD는 Transflective 타입으로 저전력의 터치패널이 부착되어 있다. 또한 6개의 백색 LED로 구성된 백라이트도 내장되어 있는데, 이는 6개의 LED가 직렬로 연결된 구조를 갖는다.

LCD를 구동하기 위해서는 알맞은 전압을 공급해 주는 것이 중요한데 여기서 짚고 넘어가야 할 부분이 DVDD, AVDD, VON, VOFF, VCOM 전압 설정과 백라이트 드라이버 구성 부분이다. 설명을 보면서 LCD 보드의 회로도(첨부된 회로도 참조)를 함께 참조하도록 하자.

[그림 5.23]은 LTP280QV-E01 TFT LCD의 정상동작을 위한 전기적 스펙을 나타낸

것이다. DVDD 전압은 MSTK2440 메인보드에서 3.3V를 공급해주고, AVDD, VON, VOFF 전압은 [그림 5.24] 회로도에서 보다시피 MAX1779 3Ch 출력 DC/DC 컨버터 디바이스를 사용하여 공급해 준다.

Characteristics		Symbol	MIN.	TYP.	MAX.	Unit	Note
Digital supply voltage		DVDD	3.0	3.3	3.6	V	
Analog supply voltage		AVDD	4.5	5	5.5	V	
Gate On voltage		VON	14	15	16	V	
Gate Off voltage		VOFF	-11	-10	-9	V	
Common voltage		VCOMH (Vpp)	3.5	4.3	5.0	V	
Digital supply current		IDVDD	-	1.1	2.0	mA	
Analog supply current		IAVDD	-	6.3	10.0	mA	
Gate supply current		IVON/ VOFF	-	0.3	0.5	mA	
Input voltage	Source driver (High)	VIHS	0.8DVDD	-	DVDD	V	
	Source driver (Low)	VILS	GND	-	0.2DVDD	V	
Power Dissipation	White	PW	-	30	40	mW	(1),(2)
	Black	PB	-	45	55	mW	
	Vertical Stripe	PV	-	40	50	mW	

[그림 5.23] LTP280QV TFT LCD의 전기적 특성

여기에서 DVDD는 TFT LCD 내부의 디지털 로직에 대한 공급 전압이고 AVDD은 LCD 내에 아날로그 부분에 대한 공급전압을 말하는 것이다. VON과 VOFF는 조금 생소할 듯한데, TFT LCD 내부는 각 픽셀을 턴온, 턴오프 하기 위한 FET 소자들이 구성되어 있는데 그에 필요한 공급 전압이다.

그럼 여기에서 LCD 보드의 LCD 구동회로에 대해서도 간단히 알아보자. 참고로, 보통 TFT LCD의 구동에 있어 소형, 중소형, 중형, 대형 LCD에 따라 구동방법이 조금씩 다르다. S3C2410A나 S3C2440A처럼 싱크신호와 비디오 신호선을 이용해서 제어하는 TFT LCD가 있는가 하면 소형 LCD는 GPIO만으로 구동하기도 한다. 최근에 많이 사용되는 LTV350QV-F04 3.5인치 LCD의 경우는 IIC포트를 통해 초기화 하고 화면제어는 비디오 신호선을 이용해서 한다. 실제 TFT LCD구동회로는 공통적으로 AVDD, VON, VOFF 전압을 발생시키는 회로와 백라이트 LED를 구동하는 회로가 포함된다. LCD제어의 상세한 타이밍은 11장에서 알아보기로 하고 먼저 이들 회로에 대해 알아보자.

[그림 5.24]는 MAXIM이라는 IC제조사에서 생산되는 3채널 출력 DC/DC컨버터이다.

MAX1779의 입력 전압은 +2.7V에서 +5.5V이며, 한 채널은 고전력 DC/DC 컨버터이고 다른 두 채널은 저전력 챠지펌프 컨버터이다. 고전력 DC/DC 컨버터는 250KHz Current-Mode PWM Boost 레귤레이터로 91% 고효율에 출력전압 오차범위가 ±1% 정도이며, 출력 전압을 13V까지 만들 수 있다. 듀얼 챠지펌프는 각각 독립적인 스위칭 레귤레이터로 하나는 Positive 출력(VPOS)이고 다른 하나는 Negative 출력(VNEG)을 만들어 낸다. 이 저전력 출력은 외부에 다이오드와 콘덴서를 사용하여 출력 전압을 Up으로는 +40V까지 Down 으로는 -40V까지 출력을 낼 수 있다.

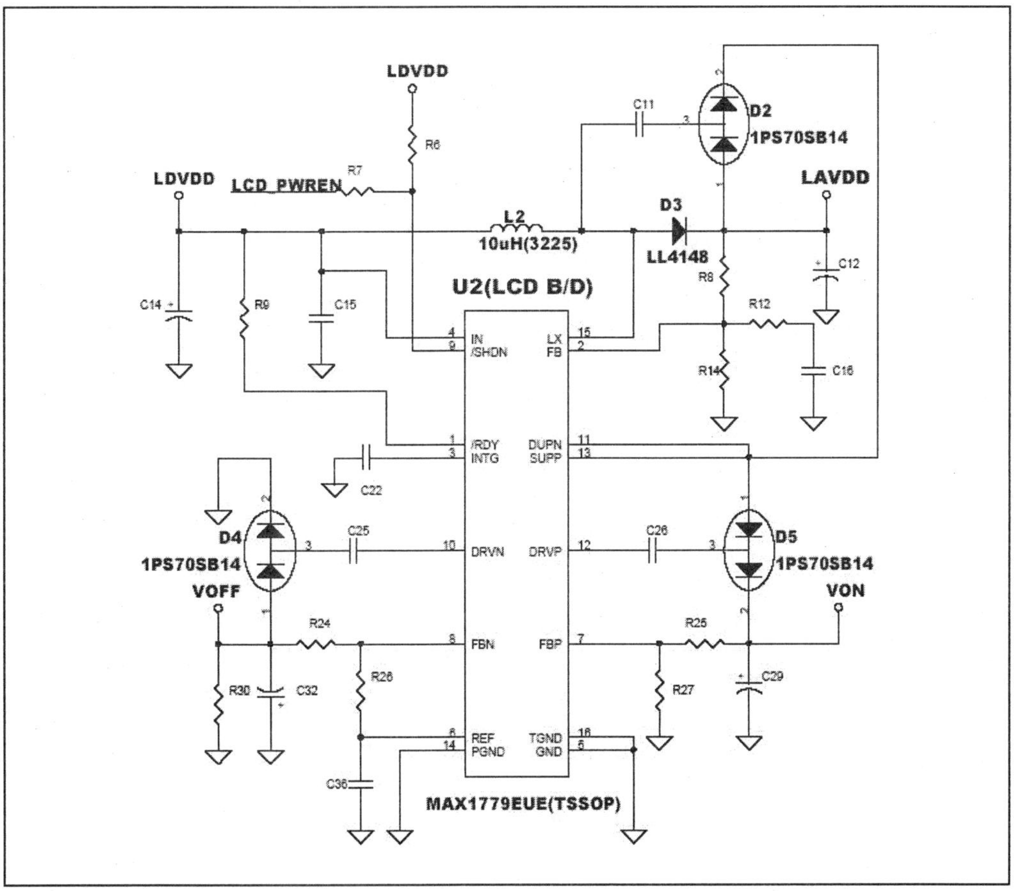

[그림 5.24] MSTK2440 MAX1779 회로

MSTK2440에서는 입력으로 3.3V, 고전력 DC/DC 출력인 LAVDD는 5V, VPOS 출력인 VON 전압은 +15V, VNEG 출력인 VOFF 전압은 -10V이다. 이 출력값은 MAX1779에 연결된 저항값을 변경하여 조정할 수 있고, LCD별 스펙에 맞게 조정해 주면 된다.

[그림 5.25]는 LCD 백라이트 드라이버 회로로 MP1521이라는 칩을 이용해 디자인한

것이다. LCD 백라이트는 CCFL(냉음극형광램프)이라는 인버터타입의 백라이트와 백색 LED를 이용한 백라이트를 많이 사용한다. 백색 LED는 구동이 간편하고 추가 회로가 거의 없어 중소형 LCD의 백라이트로 많이 사용하고 있다.

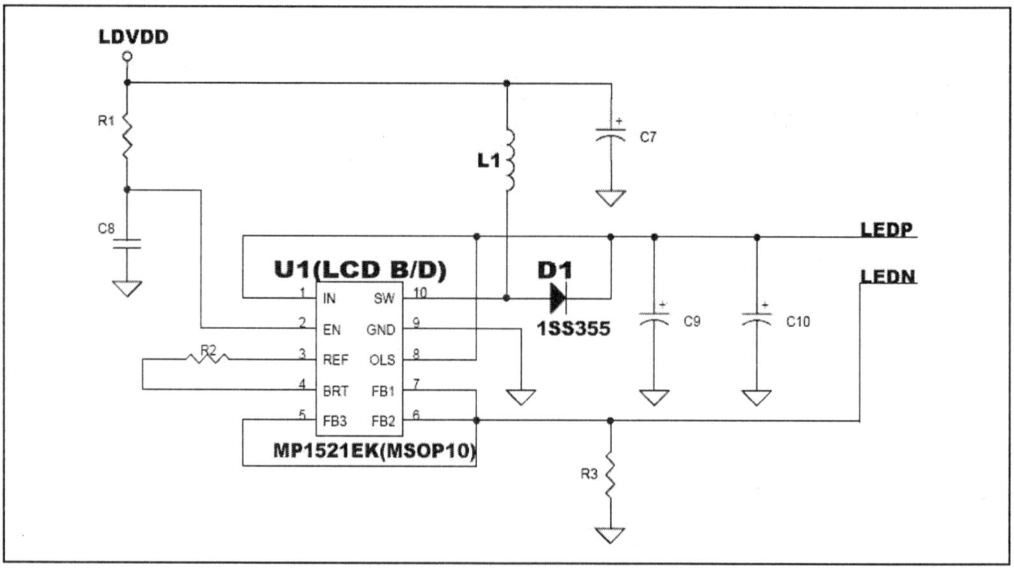

[그림 5.25] MSTK2440 MP1521 회로

MPS라는 메이커에서 생산되는 MP1521은 고효율 백색 LED 드라이버 칩으로써 정전류 레귤레이터로 80mA 이상의 출력 전류 용량을 가지고 있다. 각기 독립적인 전류 감지 피드백(FB1, FB2, FB3) 기능이 있으며, OLS 단자가 LED의 연결 여부를 감지하도록 설계 되어 있다. 또한 저전류(Low Current) 감지 전압 피드백 기능이 있어 부하가 걸리지 않은 경우에는 출력도 발생하지 않는다. Bright 조정핀이 있어 아날로그 방식이나 디지털 PWM방식으로 밝기 조정이 가능하다. LTP280QV-E01에 내장되어 있는 백라이트는 15mA 정도의 전류를 소비하며 소비전력은 300mW 정도이다.

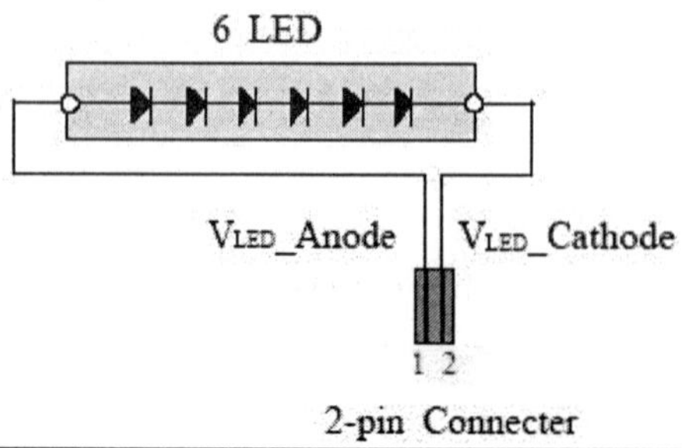

Pin No.	Symbol	I/O
1	LED_ANODE	Anode
2	LED_CATHODE	Cathode

[그림 5.26] LTP280QV TFT LCD 내부 LED 백라이트 구조

[그림 5.26]은 MSTK2440 LCD보드에 사용된 2.8인치 LTP280QV-E01 LCD의 백라이트 LED의 연결을 보여주고 있다. 6개의 백색 LED가 직렬로 연결되어 LCD패널 내에 위치한다.

5.1.9 터치 패널(Touch Panel) 인터페이스

[그림 5.27]은 터치 패널 인터페이스가 연결되는 커넥터를 보여주는 그림이다.

터치 패널은 보통 LCD에 붙어서 출시되는 경우도 있고 패널만 따로 붙일 수도 있다. 터치 패널에 압력이 가해지게 되면 TSXP, TSYP, TSXM, TSYM 신호선들을 통해 터치된 좌표의 값을 전압(ADC)으로 읽어들일 수 있다. 인터럽트를 설정해 두면 터치시에 인터럽트가 발생하므로 프로그램 할 때 편하게 대응할 수 있다.

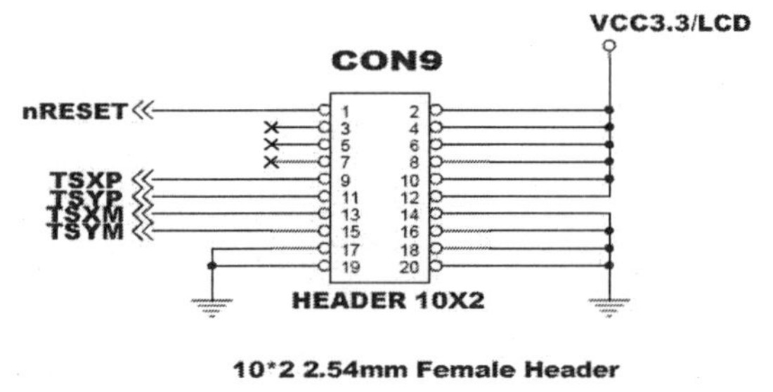

[그림 5.27] MSTK2440 터치 패널 인터페이스 커넥터

S3C2440A에는 4개의 FET 소자가 프로세서 내부에 내장되어 있다. 이는 X, Y포지션을 읽을 때 시퀀스를 제어하기 위한 것이고, S3C2410A에는 FET가 내장되어 있지 않아 보통은 FDC6321이라는 Dual FET칩을 외부에 붙여서 사용해야 한다. S3C2440A와 S3C2410A의 A/D 컨버터 구조를 보면 차이점을 확인할 수 있다. [그림 5.27]에서 nRESET 단자는 TFT LCD 초기화시 필요한 리셋신호이다.

5.1.10 SD(MMC) HOST 인터페이스

SD(Secure Digital) 카드는 우표 크기 정도의 플래시 메모리 카드로 매우 안정적이고 높은 저장 능력을 갖고 있으며, 개인 휴대 정보 단말기(PDA), 디지털 카메라, 디지털 뮤직 플레이어, 휴대 전화, 노트북 컴퓨터, 디지털 캠코더 등의 디지털 제품에 사용된다. 멀티미디어 카드(MMC)와 외관이 유사하나 차이점은 핀의 수가 9개로 MMC보다 2개 더 많고, 두께가 다소 두꺼우며, 동영상 등의 재생시 데이터 처리가 빠르고, 데이터 보안을 위한 암호 설정이 가능한 장점이 있다. S3C2410A, S3C2440A는 SD(MMC) 인터페이스를 지원하며 MSTK2440에는 TOP 마운트형의 SD카드 소켓이 실장되어 있다.

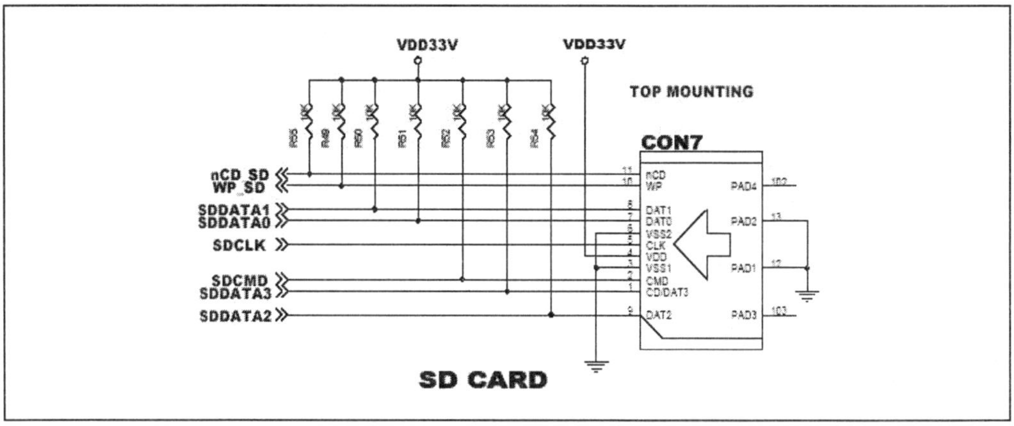

[그림 5.28] MSTK2440 SD 카드 인터페이스

5.1.11 IIC 인터페이스

MSTK2440은 IIC 인터페이스를 지원한다. 1채널의 멀티-마스터 IIC-Bus를 가지며, 시리얼 8비트의 양방향 데이터 전송은 표준모드에서 100kbit/s이며, 빠른 모드에서는 400kbit/s까지 전송 가능하다. MSTK2440 보드에는 시리얼 EEPROM AT24C16이 실장되어 있으며, CMOS 카메라 모듈 액세스를 위한 인터페이스도 IIC방식이다.

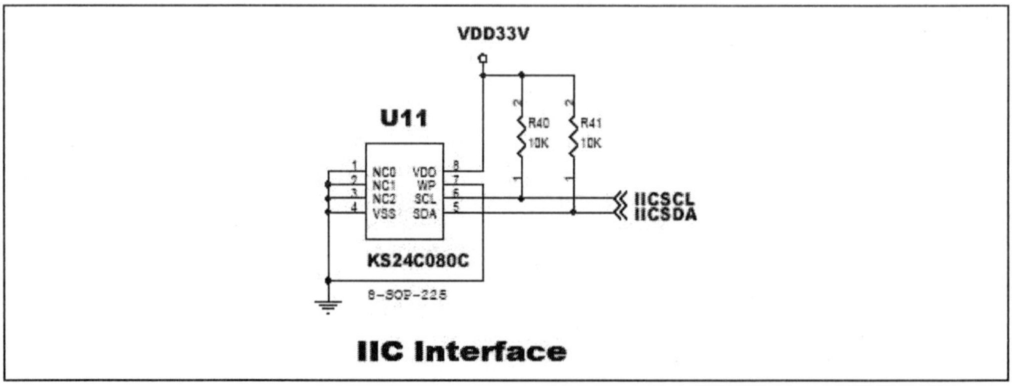

[그림 5.29] MSTK2440 IIC 인터페이스 블록

시리얼 EEPROM의 일반적인 표기방법은 앞부분에 제조회사 이니셜이 붙고 '24' 다음에 동작전압을 의미하는 C또는 LC가 붙는다. 다음이 ROM SIZE 용량이고 그다음에 붙는 명칭에 따라 패키지 타입 또는 동작온도 등으로 나뉘어 진다.

모든 EEPROM은 모두 erase가 가능하며 Write Protection Pin이 있어 내부 데이터 보호 하는데 사용할 수 있다. 이들 EEPROM을 사용할 때 확인해야 할 중요한 사항이 있는데 첫째, write time이다. 한번 쓰고 난 후 다음에 쓰기 동작을 하려면 wait time이 필요하다. EEPROM도 일종의 플래시로서 내부에서 write를 위한 고압(12V)이 필요하다. 따라서 내부적으로 이 전압이 안정화되기 위한 시간이 필요한데 보통 5~10ms정도 된다. 둘째, Page Write시 연속하여 사용할 수 있는 바이트 수이다. 물론 한 바이트씩 쓰고, 읽기가 가능하지만 'Devide ID + Address data + Write' 또는 Read 이런 식으로 한 바이트씩 처리하면 시간이 너무 오래 걸리기 때문에 내부 카운터를 두어서 페이지 단위로 Read, Write를 한다. 제품마다 다소 차이는 있지만 보통 4비트 카운터가 내장되어 있어 16Byte 정도는 연속하여 읽고 쓰기가 가능하다.

5.1.12 IIS 인터페이스

S3C2410A, S3C2440A는 IIS 인터페이스를 지원한다.

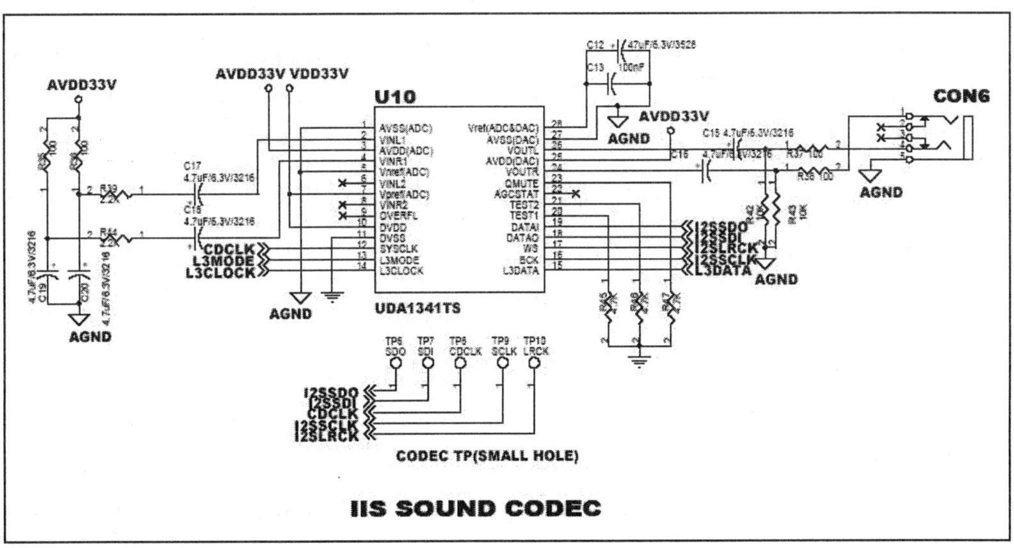

[그림 5.30] MSTK2440 IIS 인터페이스

DMA-based 동작을 하는 오디오 인터페이스를 위해 1채널의 IIS-Bus가 사용된다. 채널당 시리얼로 8/16-bit 데이터 전송을 할 수 있고, Tx/Rx에 128Byte(64Byte+64Byte) 크기의 FIFO 메모리를 가진다. IIS 포맷과 MSB-justified 데이터 포맷을 지원한다. MSTK2440에서는 IIS 방식으로 인터페이스 가능한 필립스사의 UDA1341TS 오디오 코덱 칩이 실장되어 있다.

5.1.13 AC97 Audio-CODEC 인터페이스

S3C2410A에는 없는 기능이다. S3C2440A에 있는 AC97 컨트롤러는 AC97 버전 2.0을 지원한다. AC97 컨트롤러는 Audio 컨트롤러 Link (AC-link)를 이용하여 AC97 코덱과 통신을 한다. AC97 컨트롤러는 코덱에 스테레오 PCM 데이터를 보내고, 그 코덱 디바이스의 Digital/Analog Converter(DAC)는 이 오디오 샘플링 데이터를 아날로그 오디오 웨이브 폼으로 변환한다. 또한 스테레오 PCM 데이터 및 Mono 마이크 입력을 받을 수 있으며 메모리에 저장할 수 있다.

스테레오 PCM 입력과 스테레오 PCM 출력, Mono MIC 입력에 대한 각기 독립적인 채널을 가지며, DMA-based 동작과 Interrupt-based 동작을 할 수 있으며 모든 채널은 16비트 샘플링을 지원한다.

AC97 컨트롤러와 IIS 컨트롤러는 동시에 같이 사용할 수 없다. 같은 핀을 공유하고 있으며, MSTK2440에서 관련 핀들은 UDA1341TS 디바이스에 연결되어 있으나, 이 선들은 TP(Test Pointer)를 따로 확보해 놓았다. AC97을 테스트 해보고 싶은 사용자들은 이 TP에 점퍼선을 연결해서 사용하길 바라며 관련 테스트 코드는 삼성전자 홈페이지에서 다운로드 받을 수 있다.

5.1.14 카메라 인터페이스 커넥터

ITU-R BT.601/656 8-bit 모드로 입력되는 디지털 영상 입력을 받을 수 있으며, Scaling 없이 최대 4096×4096 픽셀 입력이 가능하고(scaling시는 최대 2048×2048 픽셀 입력 가능) CODEC path로 최대 4096×4096 픽셀 출력이 가능하고, PREVIEW path로 최대 640×480 픽셀 출력이 가능하다. Image mirror 및 180° Rotation 기능 및 PIP(Picture in Picture) 구현이 가능하다.

[표 5.8] 카메라 인터페이스 신호 핀

신 호	I/O	동작	설 명
CAMPCLK	I	-	Pixel Clock (외부 카메라 장치로부터 공급됨)
CAMVSYNC	I	H/L	Frame sync (외부 카메라 장치로부터 공급됨)
CAMHREF	I	H/L	Horizontal sync (외부 카메라 장치로부터 공급됨)
CAMDATA[7:0]	I	-	Pixel data (외부 카메라 장치로부터 공급됨)
CAMCLKOUT	O	-	Master clock (CPU에서 카메라 장치로 공급함)
CAMRESET	O	H/L	카메라 장치를 구동시키기 위한 Software 리셋 단자 또는 power down핀

[그림 5.31]은 MSTK2440보드의 카메라 확장 CON13커넥터 연결도이다.

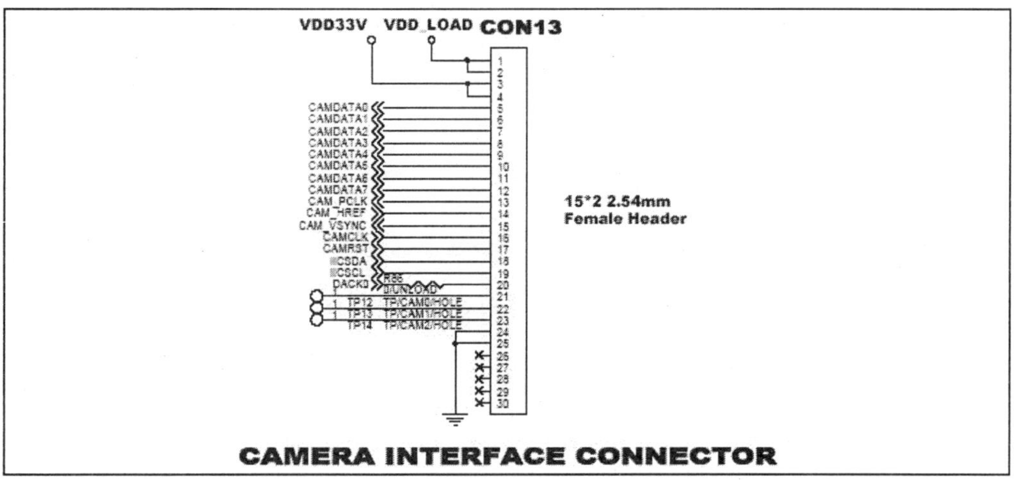

[그림 5.31] MSTK2440 카메라 인터페이스 커넥터

5.1.15 COMPACT FLASH & HARD DISK 인터페이스

Compact Flash card

[그림 5.32] CF 카드

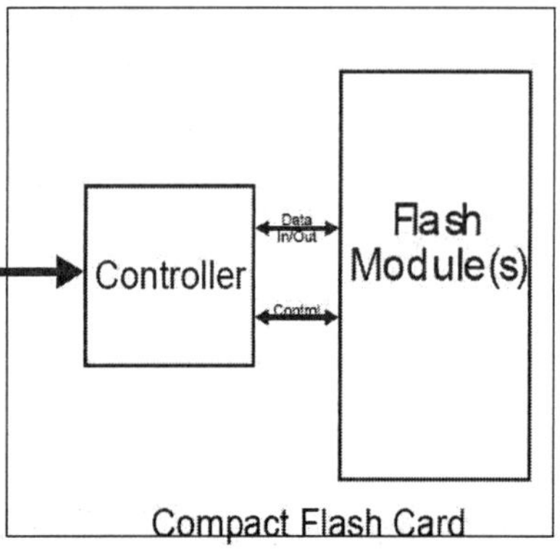

[그림 5.33] CF 인터페이스

MSTK2440에는 IDE HDD 및 CF 카드 액세스가 가능하다. 각각의 디바이스들은 LBA 단위로 읽고 쓰기가 가능하며 최대 2개(Master/Slave)의 디바이스를 연결할 수 있다. (ATA-4이상의 규격을 만족하는 디바이스를 연결하도록 한다.)

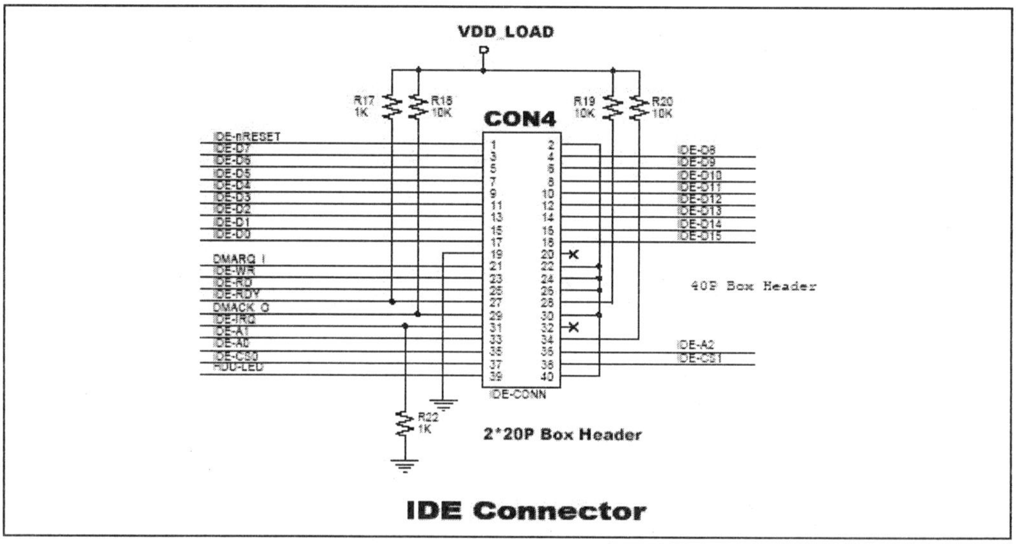

[그림 5.34] MSTK2440 HDD 인터페이스

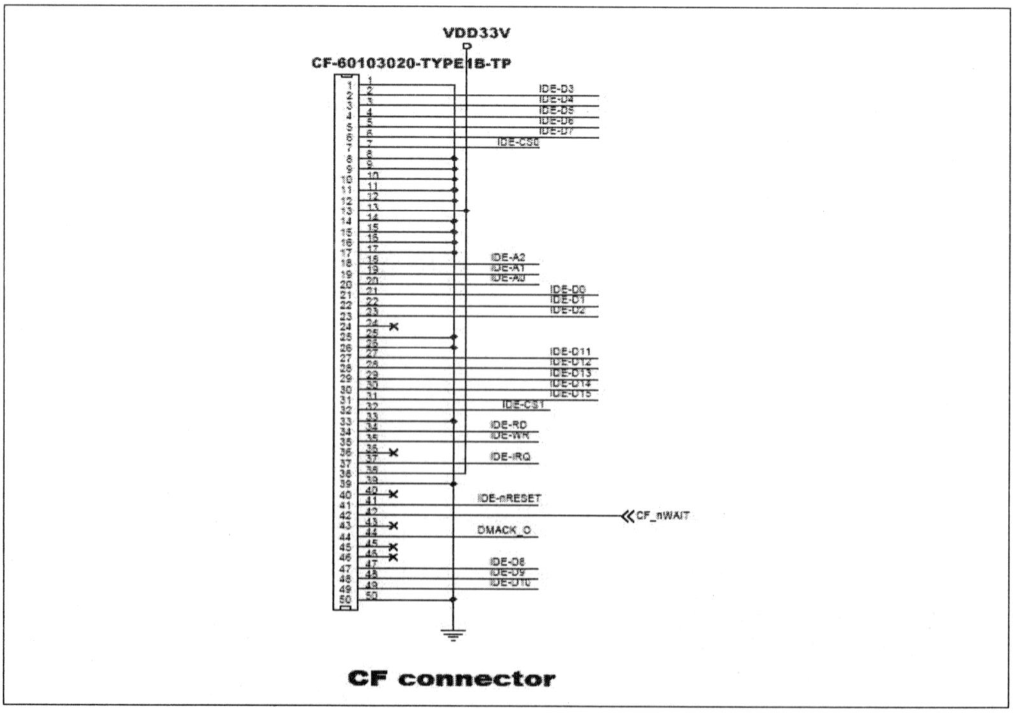

[그림 5.35] MSTK2440 CF 인터페이스

최대용량은 장치별 130G Byte이며 액세스 모드는 PIO모드이다. 액세스 모드에는 PIO 모드와 DMA 모드가 있는데 여기서는 PIO모드로 동작한다. [그림 5.34]는 하드디스크의 IDE 인터페이스를 보여주는 것이고, 마스터/슬레이브 두개까지 연결 가능하니 총 260G Byte까지 확장가능하다. [그림 5.35]는 CF CARD 인터페이스를 보여주는 것이다.

CF테스트를 해보고 싶으면, 시중에 판매하는 CF카드(메이커 상관없음)를 구매해서 테스트 해보길 바라며, FAT(File Allocation Table)도 각자 구현해보길 바란다.

5.1.16 UART & IrDA 인터페이스

MSTK2440은 각기 독립적인 3채널의 비동기 시리얼 포트를 가지고 있다. 그 중 2채널은 UART로 사용하고 1채널은 IrDA용으로 사용하고 있다.

[그림 5.36]은 UART 인터페이스를 위한 MSTK2440 DSUB 컨넥터 라인을 보여주고 있고, [그림 5.37]은 IrDA를 사용할 수 있도록 하는 컨넥터 그림을 보여주고 있다. IrDA 채널은 UART 포트로도 사용할 수 있다.

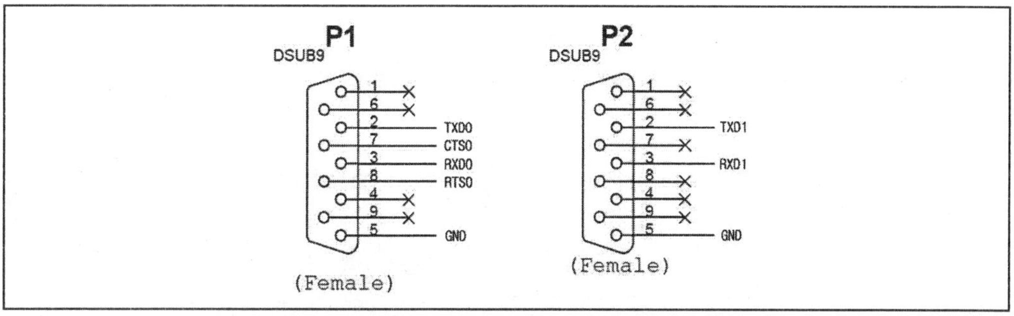

[그림 5.36] MSTK2440 DSUB 컨넥터 연결

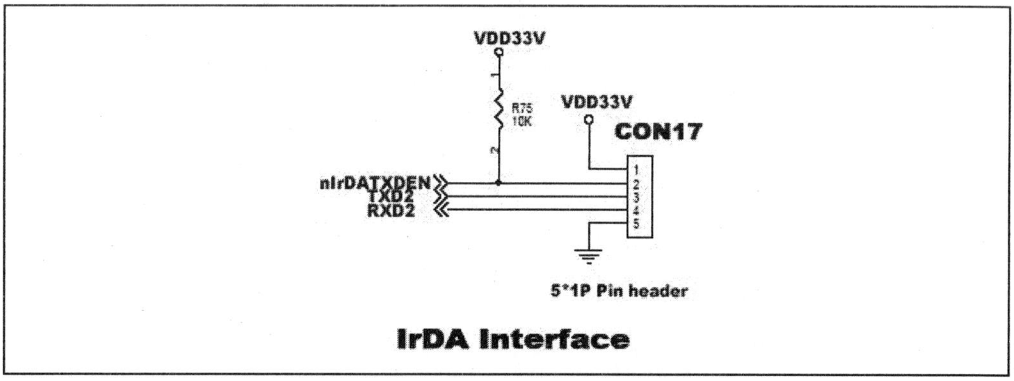

[그림 5.37] MSTK2440 IrDA 인터페이스

UART 사용시 Baudrate(통신속도), Data Bit(5~8비트), Parity Bit(ODD, EVEN, NONE), Stop Bit(1비트, 2비트) 등을 내부 제어 레지스터를 이용해 설정할 수 있다.

S3C2410A, S3C2440A에는 적외선 통신이 가능한 IR(Infrared) 인코더와 디코더를 내장하고 있다. UART 라인 제어 레지스터(ULCONn)에서 IR 모드 비트를 설정하여 사용할 수 있다. S3C2410A, S3C2440A는 전송속도가 2.4kbps~15.2kbps인 IrDA 1.0을 지원한다.

5.1.17 USB 인터페이스

MSTK2440은 USB HOST(CON15) PORT와 USB DEVICE(CON16) PORT를 지원한다.

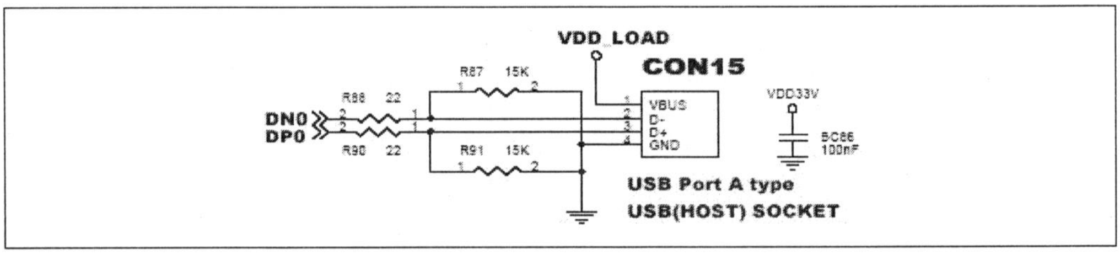

[그림 5.38] USB HOST 인터페이스

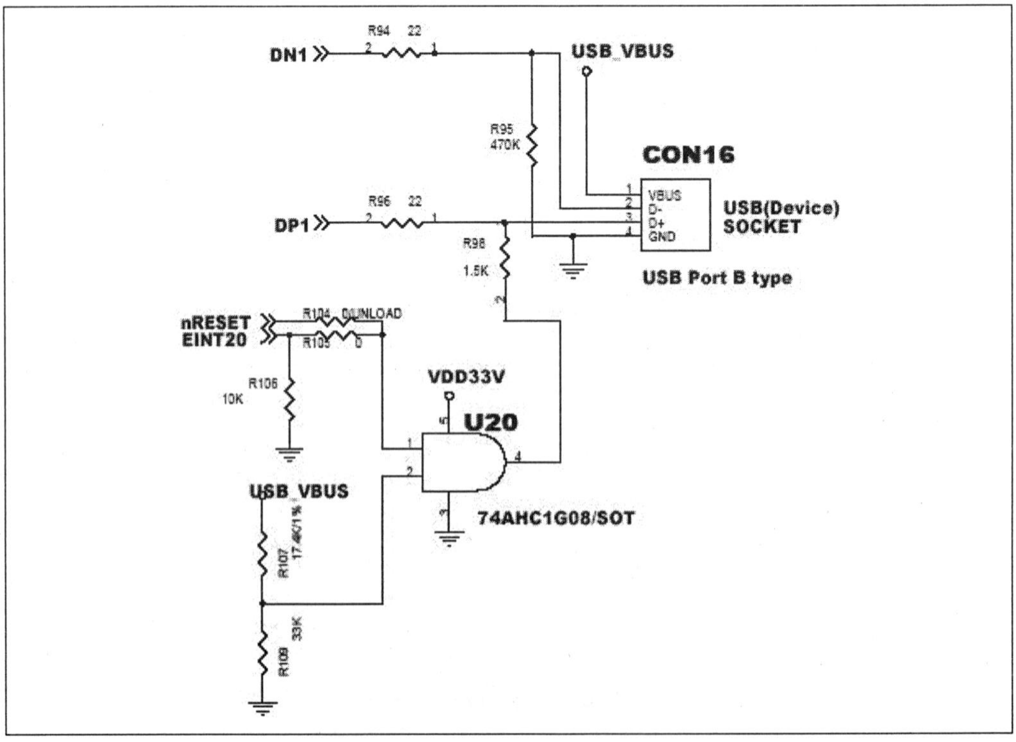

[그림 5.39] USB DEVICE 인터페이스

[그림 5.39]에서 EINT20핀을 이용하여 PC(Host)와의 USB 링크를 Enable 또는 Disable 하도록 제어할 수 있다. EINT20 신호선이 High를 유지하여야 Host와의 링크가 이루어진다. 11장 TFT LCD 제어실습 부분에서 EINT20핀을 이용하여 Host와의 링크를 제어하고 있다.(11장 소스코드 참조)

5.1.18 확장(Extension) 커넥터 인터페이스

[그림 5.40]과 [그림 5.41]에 보이는 컨넥터 CON12, CON14는 외부 확장을 목적으로 확보해 놓은 커넥터이다. CON12에서는 ADDR0~ADDR15까지 16비트 ADDR 라인과 기타 여러 제어선들이 연결되어 있으며, CON14에서는 DATA0~DATA31까지의 데이터 라인 32비트가 연결되어 있고, 외부 디바이스 인터페이스에 필요한 제어선 LnWE(Write Enable)과 LnOE(Output Enable) 신호선이 확보되어 있다. 기타 제어선들은 사용자 목적에 맞도록 소프트웨어 설정을 통하여 입, 출력 및 제어 라인으로 사용 가능하다.

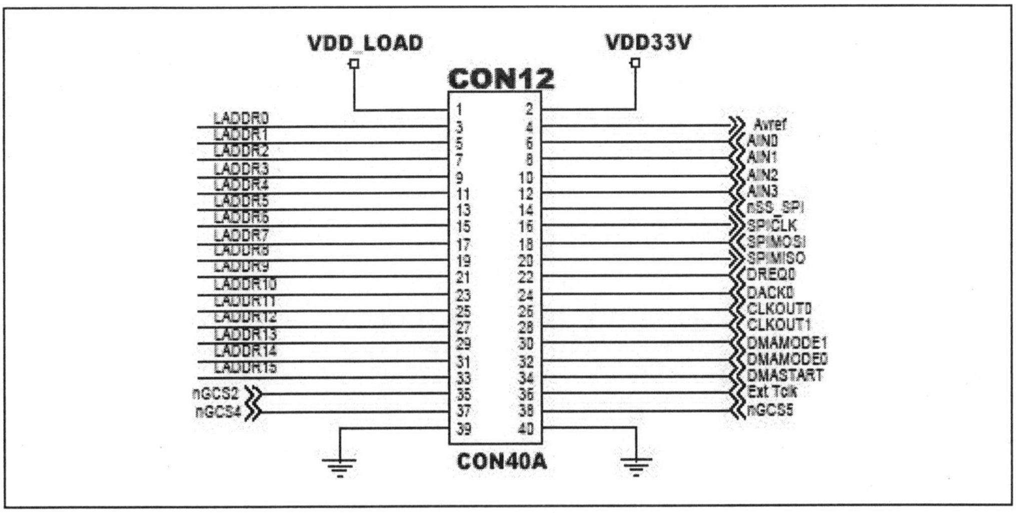

[그림 5.40] MSTK2440 확장 커넥터(CON12)

[표 5.9] 확장커넥터(CON12)

핀번호	설 명	핀번호	설 명	핀번호	설 명	핀번호	설 명
1	VDD_LOAD	11	LADDR4	21	LADDR9	31	LADDR14
2	VDD_3.3V	12	AIN3	22	DREQ0	32	DMAMODE0
3	LADDR0	13	LADDR5	23	LADDR10	33	LADDR15
4	Avref	14	nSS_SPI	24	DACK0	34	DMASTART

5	LADDR1	15	LADDR6	25	LADDR11	35	nGCS2
6	AIN0	16	SPICLK	26	CLKOUT0	36	Ext_Tclk
7	LADDR2	17	LADDR7	27	LADDR12	37	nGCS4
8	AIN1	18	SPIMOSI	28	CLKOUT1	38	nGCS5
9	LADDR3	19	LADDR8	29	LADDR13	39	GND
10	AIN2	20	SPIMISO	30	DMAMODE1	40	GND

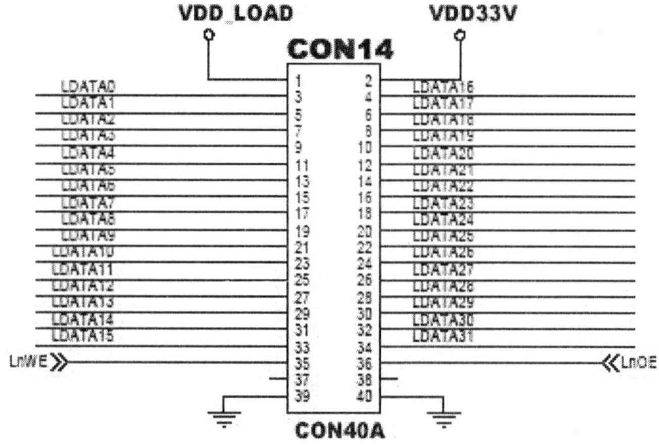

[그림 5.41] MSTK2440 확장 커넥터(CON14)

[표 5.10] 확장 커넥터(CON14)

핀번호	설 명	핀번호	설 명	핀번호	설 명	핀번호	설 명
1	VDD_LOAD	11	LDATA4	21	LDATA9	31	LDATA14
2	VDD_3.3V	12	LDATA20	22	LDATA25	32	LDATA30
3	LDATA0	13	LDATA5	23	LDATA10	33	LDATA15
4	LDATA16	14	LDATA21	24	LDATA26	34	LDATA31
5	LDATA1	15	LDATA6	25	LDATA11	35	LnWE
6	LDATA17	16	LDATA22	26	LDATA27	36	LnOE
7	LDATA2	17	LDATA7	27	LDATA12	37	-
8	LDATA18	18	LDATA23	28	LDATA28	38	-
9	LDATA3	19	LDATA8	29	LDATA13	39	GND
10	LDATA19	20	LDATA24	30	LDATA29	40	GND

5.1.19 MSTK2440 메모리맵

NOR-플래시 부팅

OM[1:0] = 01,10

주소	뱅크	장치
0x4000_0000 --->		
0x3800_0000 --->	SROM/SDRAM (nGCS7)	SDRAM (K4S561632E)
0x3000_0000 --->	SROM/SDRAM (nGCS6)	SDRAM (K4S561632E)
0x2800_0000 --->	SROM (nGCS5)	Reserved
0x2000_0000 --->	SROM (nGCS4)	Reserved
0x1800_0000 --->	SROM (nGCS3)	ETHERNET (CS8900A)
0x1000_0000 --->	SROM (nGCS2)	Reserved
0x0800_0000 --->	SROM (nGCS1)	CPLD (XC95144XL-TQ100)
0x0000_0000 --->	SROM (nGCS0)	NOR-Flash (AM29LV800BB)

(Not using Nand flash for boot ROM)

S3C2410A, S3C2440A ARM 프로세서에는 총 8개의 뱅크(BANK)가 있으며 각 뱅크는 128M Byte의 크기를 가진다.

NAND-플래시 부팅

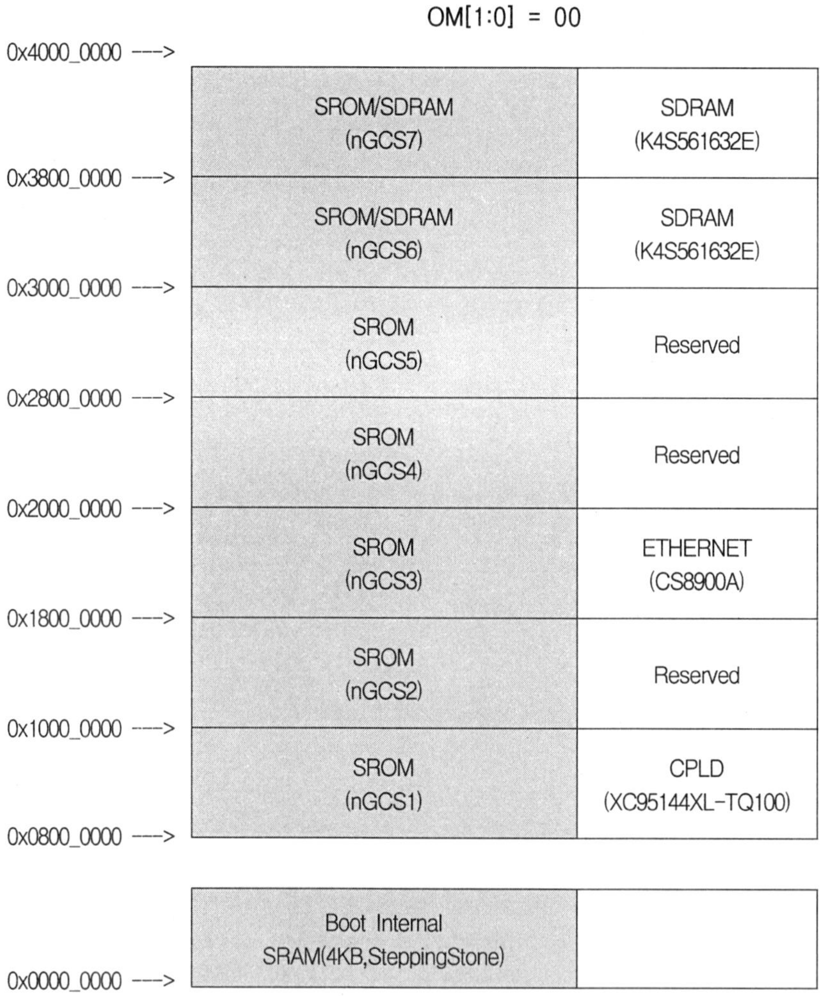

(Using NAND Flash for boot ROM)

5.1.20 회로도

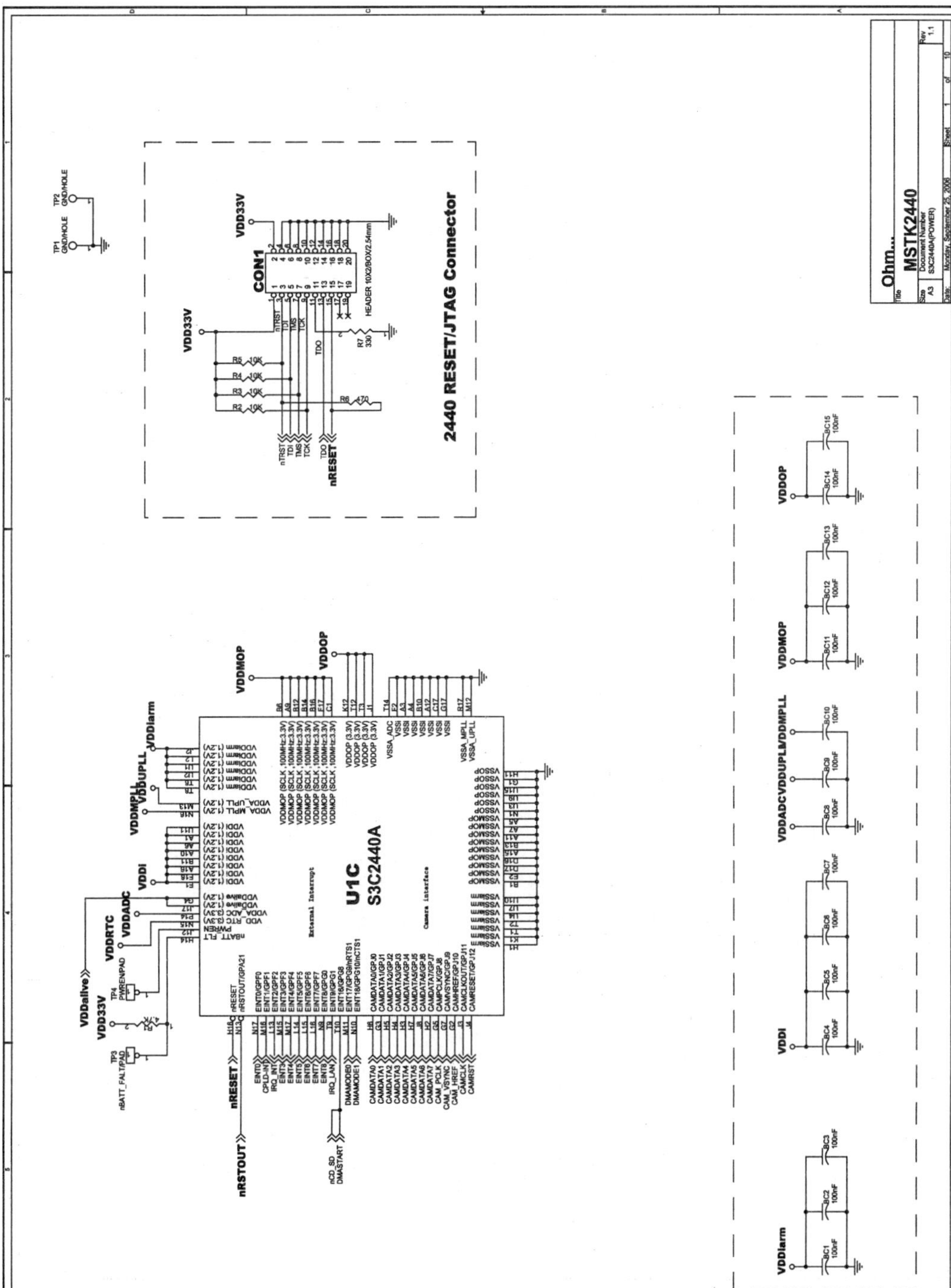

[그림 5.42] MSTK2440 전체 회로도(1/10)

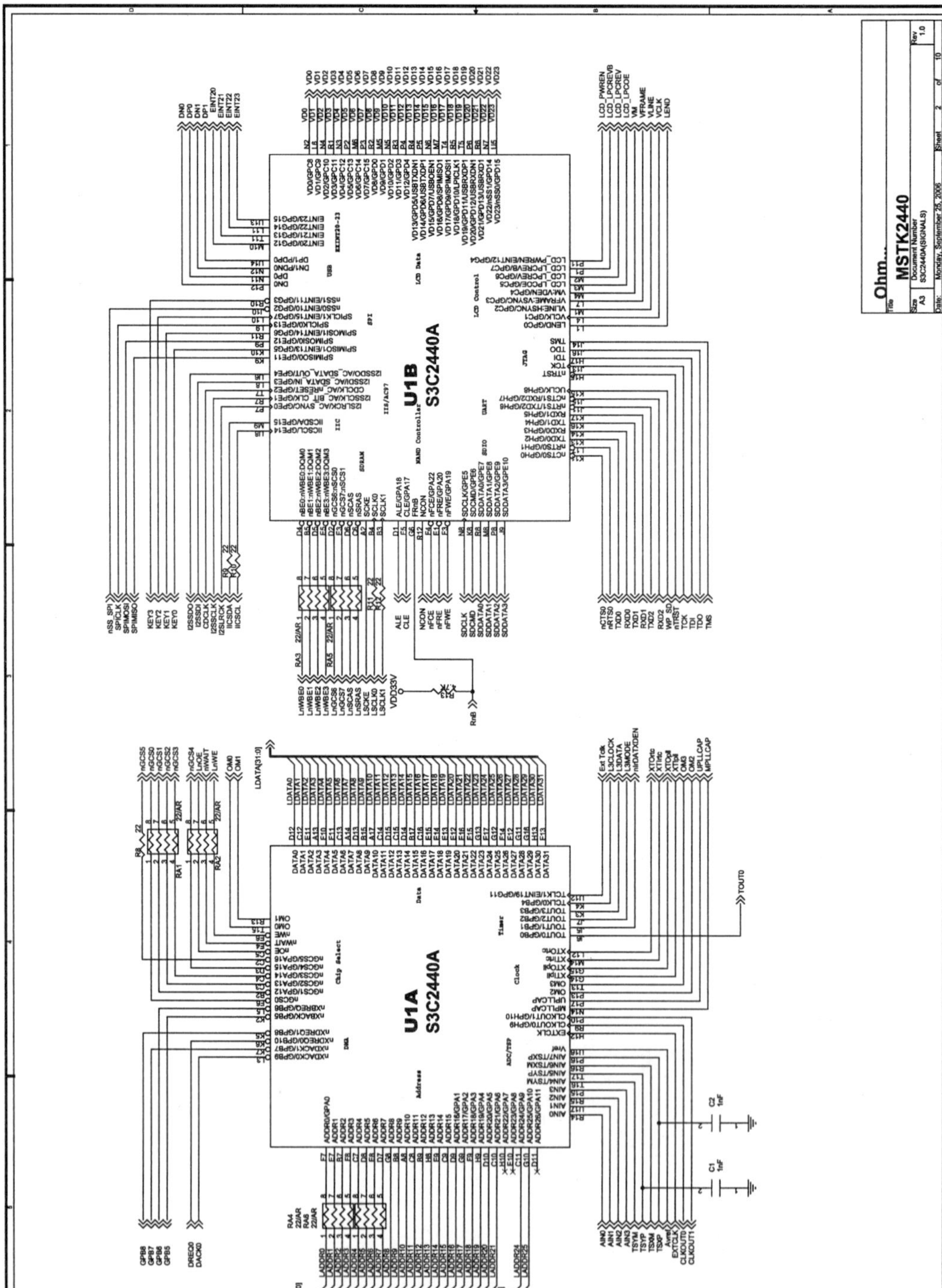

[그림 5.43] MSTK2440 전체 회로도(2/10)

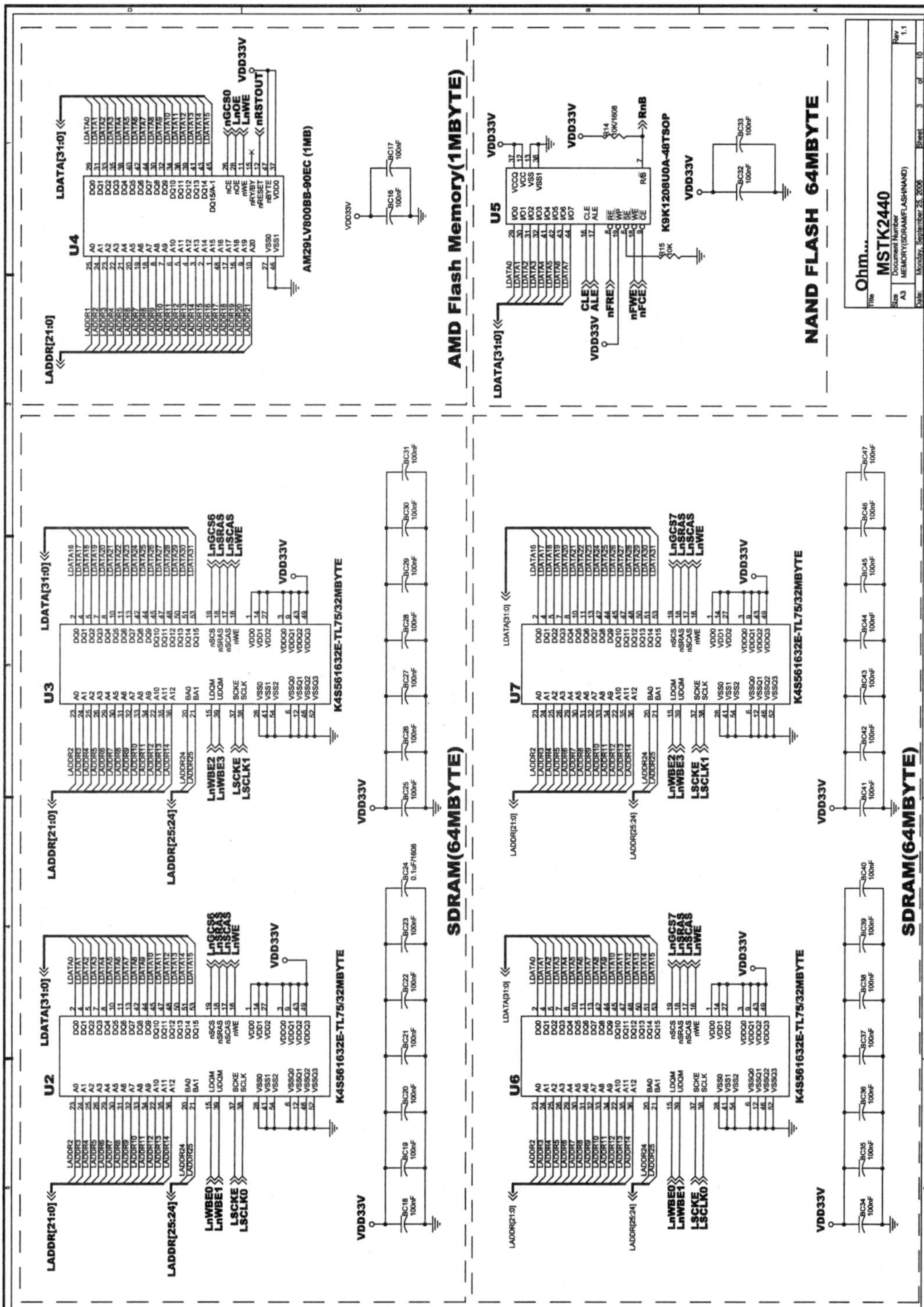

[그림 5.44] MSTK2440 전체 회로도(3/10)

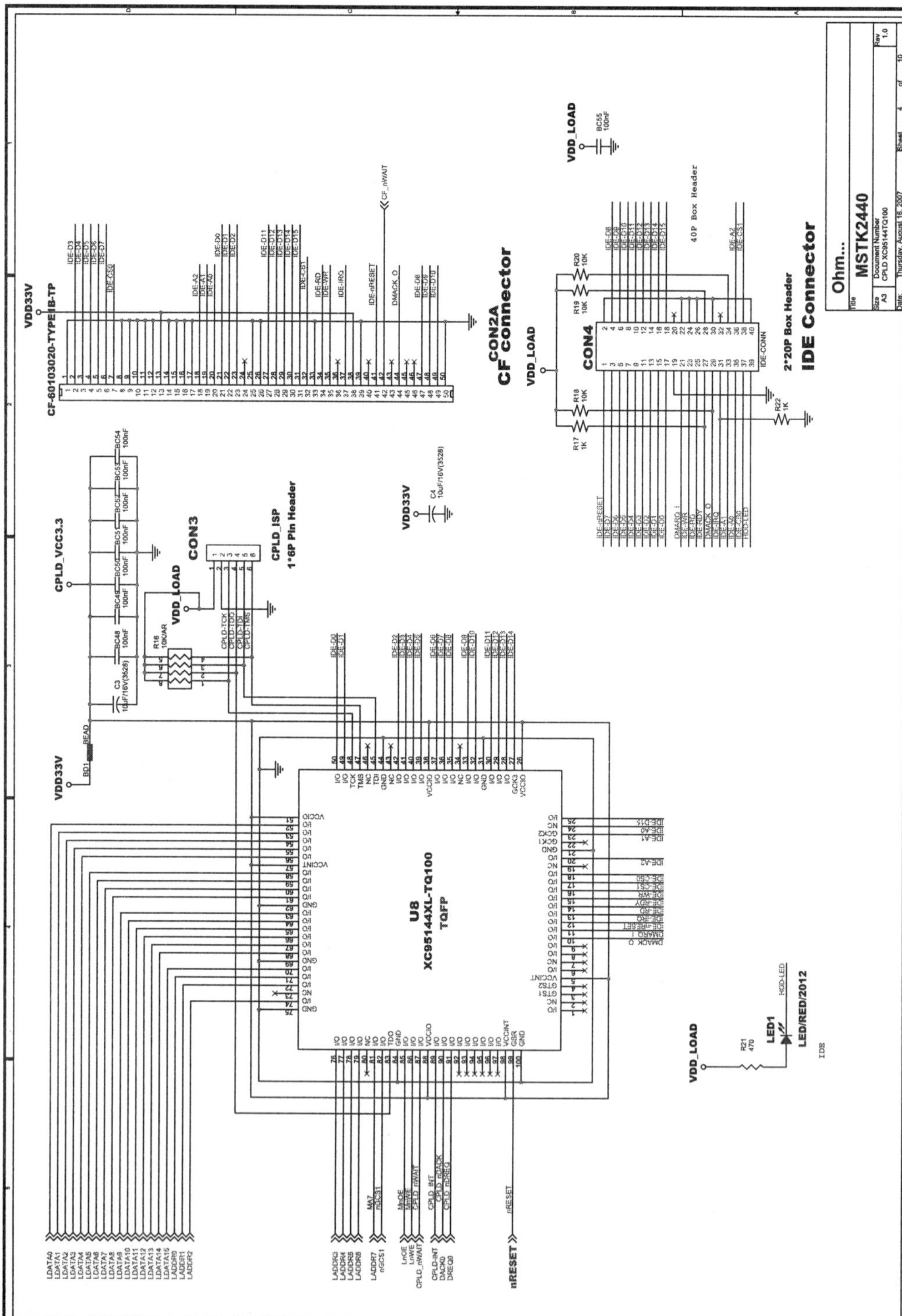

[그림 5.45] MSTK2440 전체 회로도(4/10)

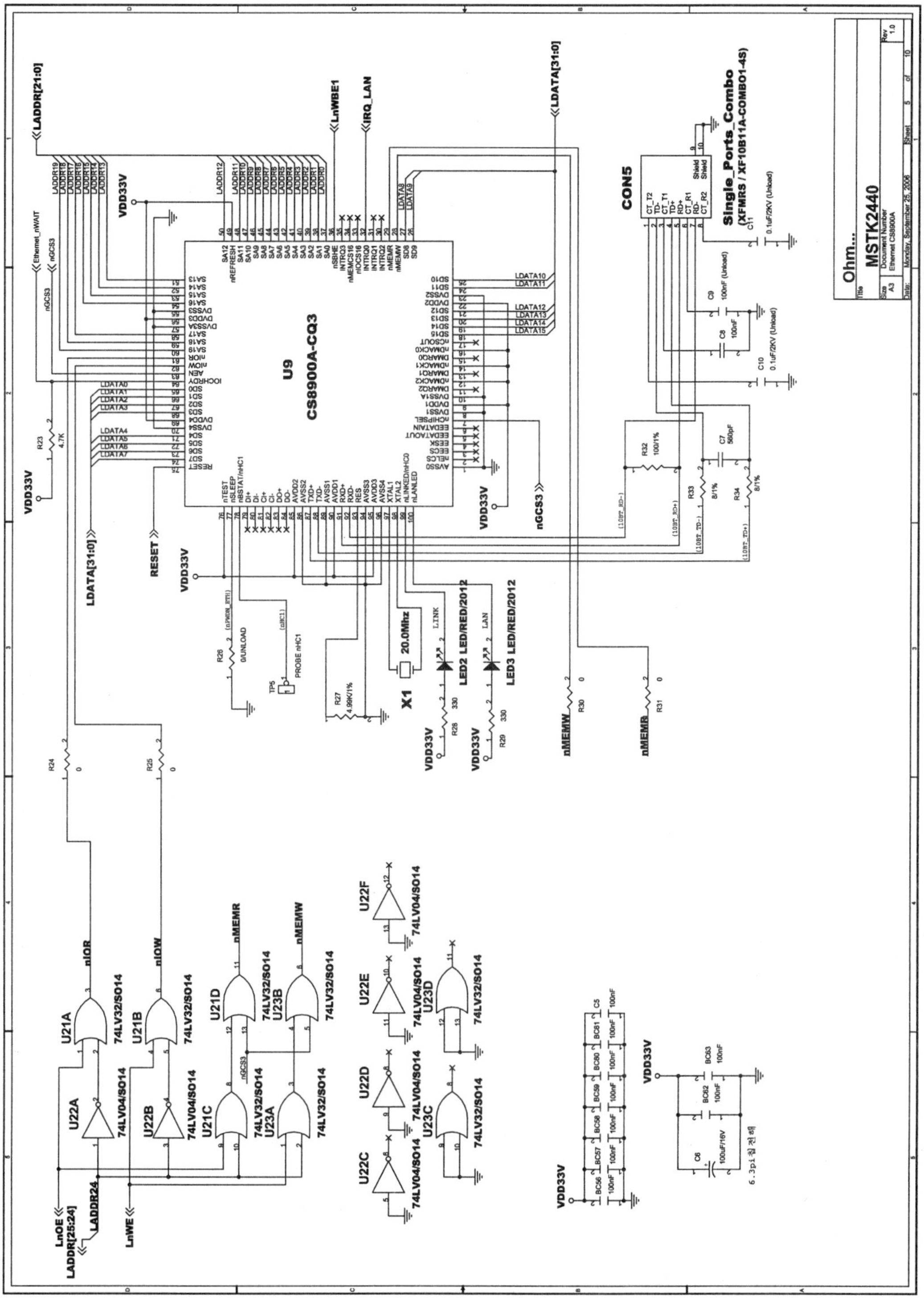

[그림 5.46] MSTK2440 전체 회로도(5/10)

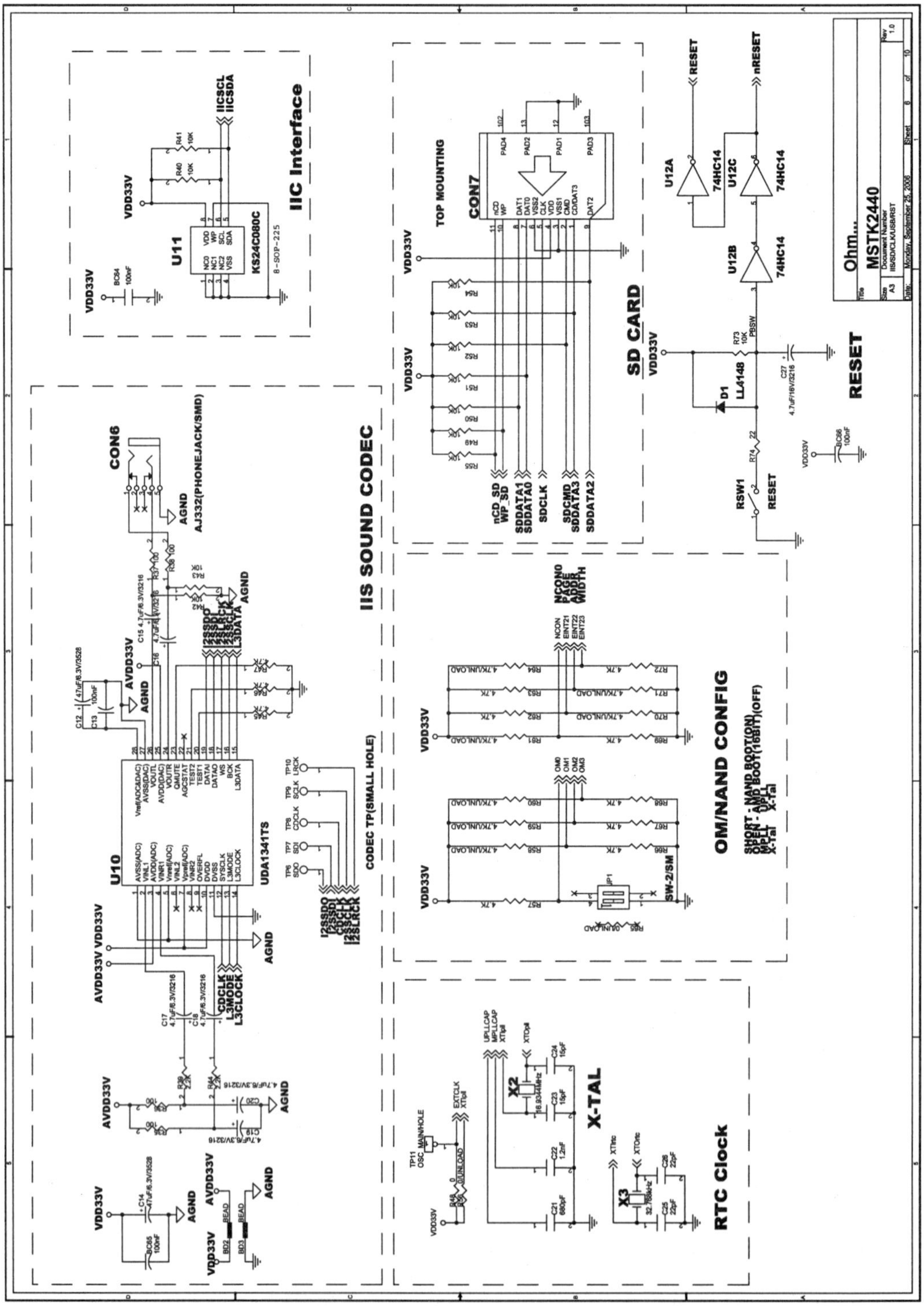

[그림 5.47] MSTK2440 전체 회로도(6/10)

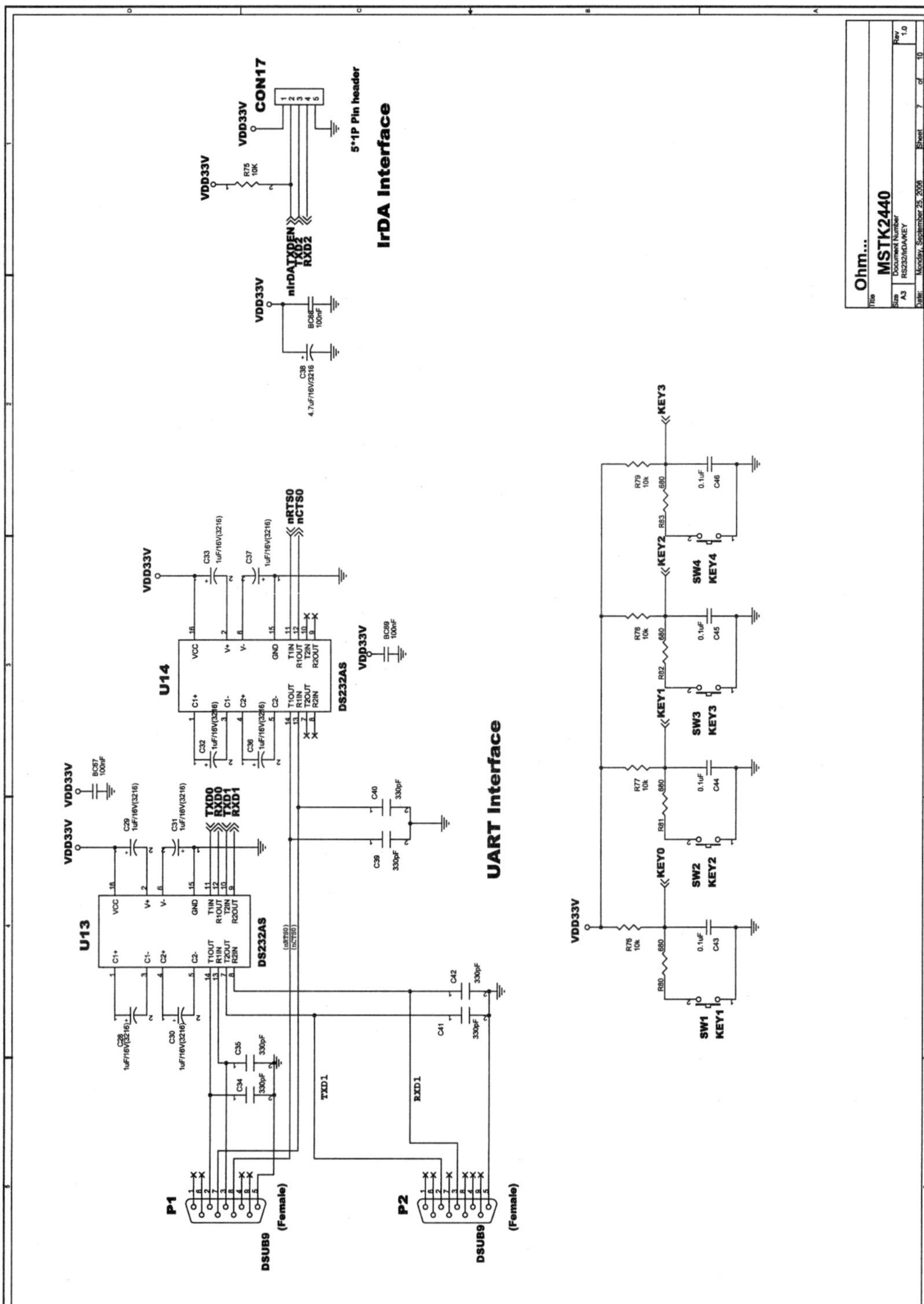

[그림 5.48] MSTK2440 전체 회로도(7/10)

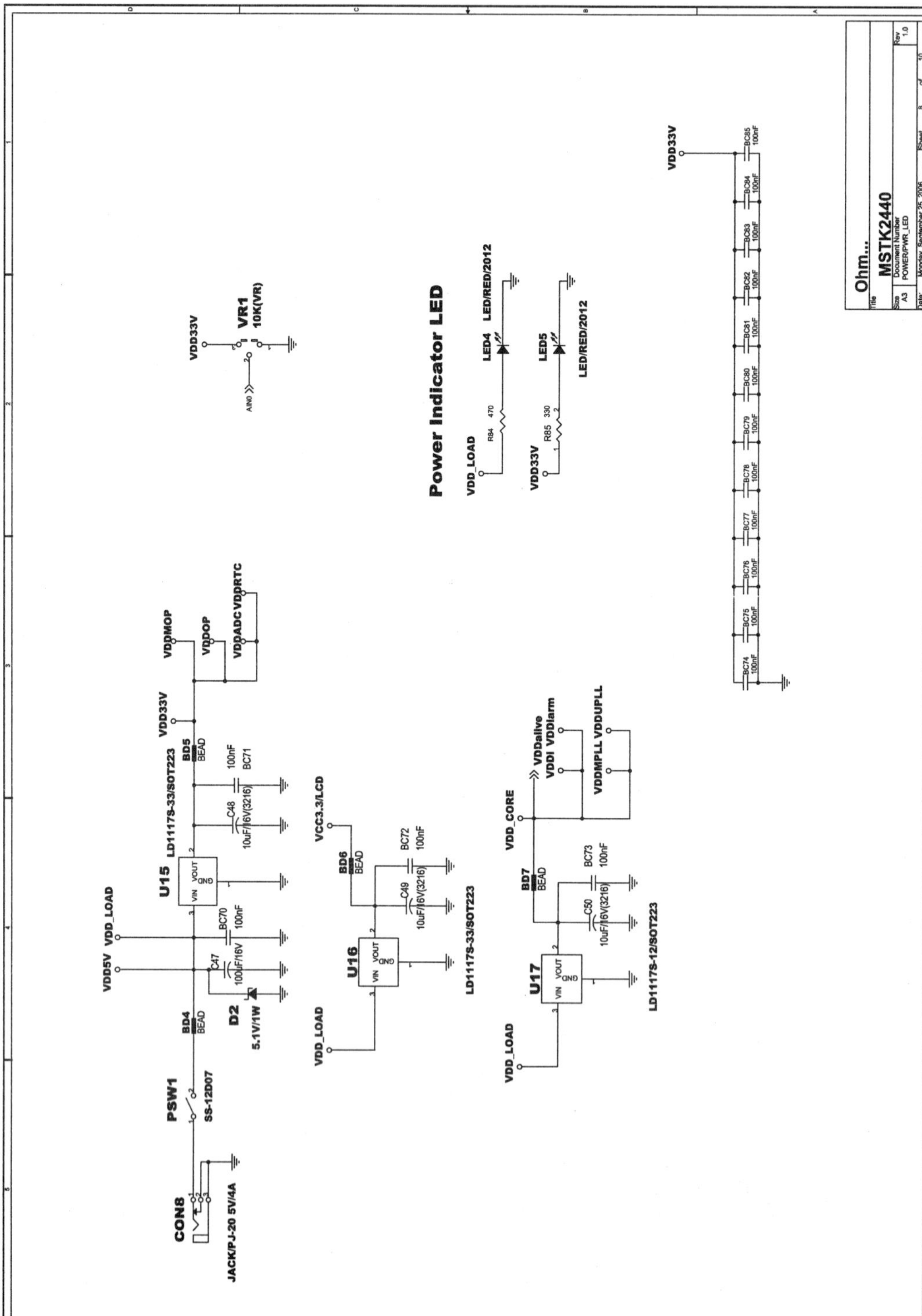

[그림 5.49] MSTK2440 전체 회로도(8/10)

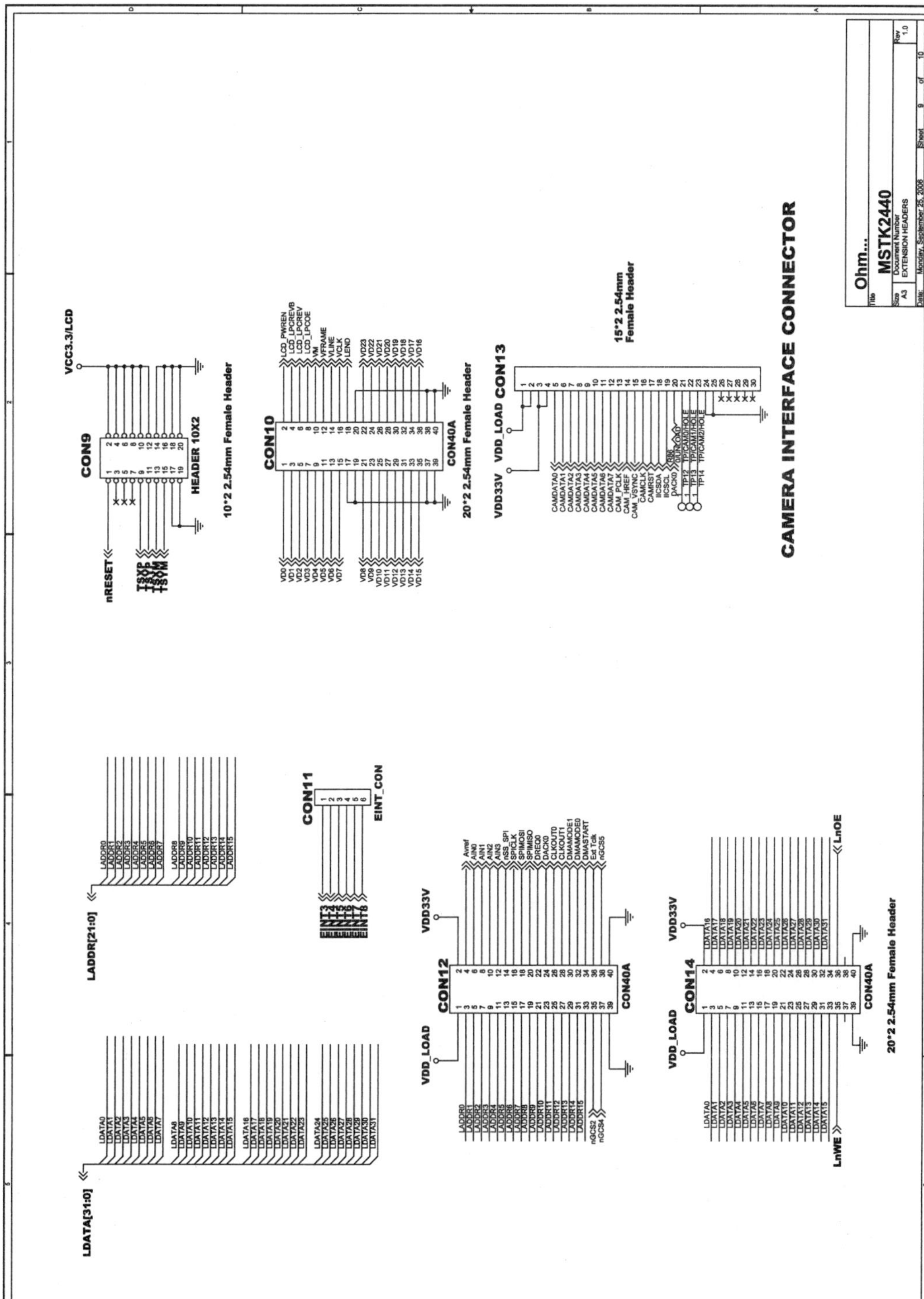

[그림 5.50] MSTK2440 전체 회로도(9/10)

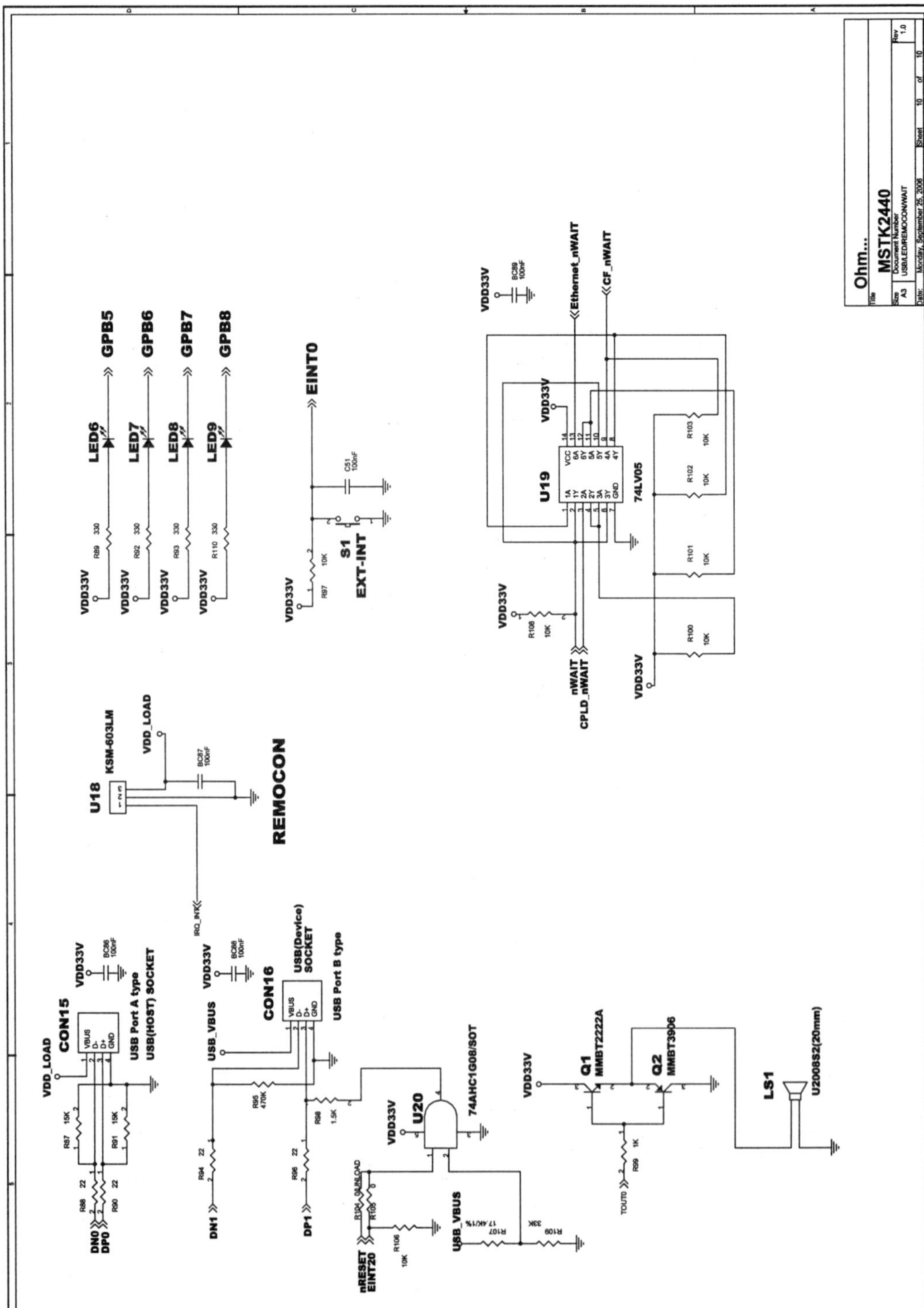

[그림 5.51] MSTK2440 전체 회로도(10/10)

TOP SILK

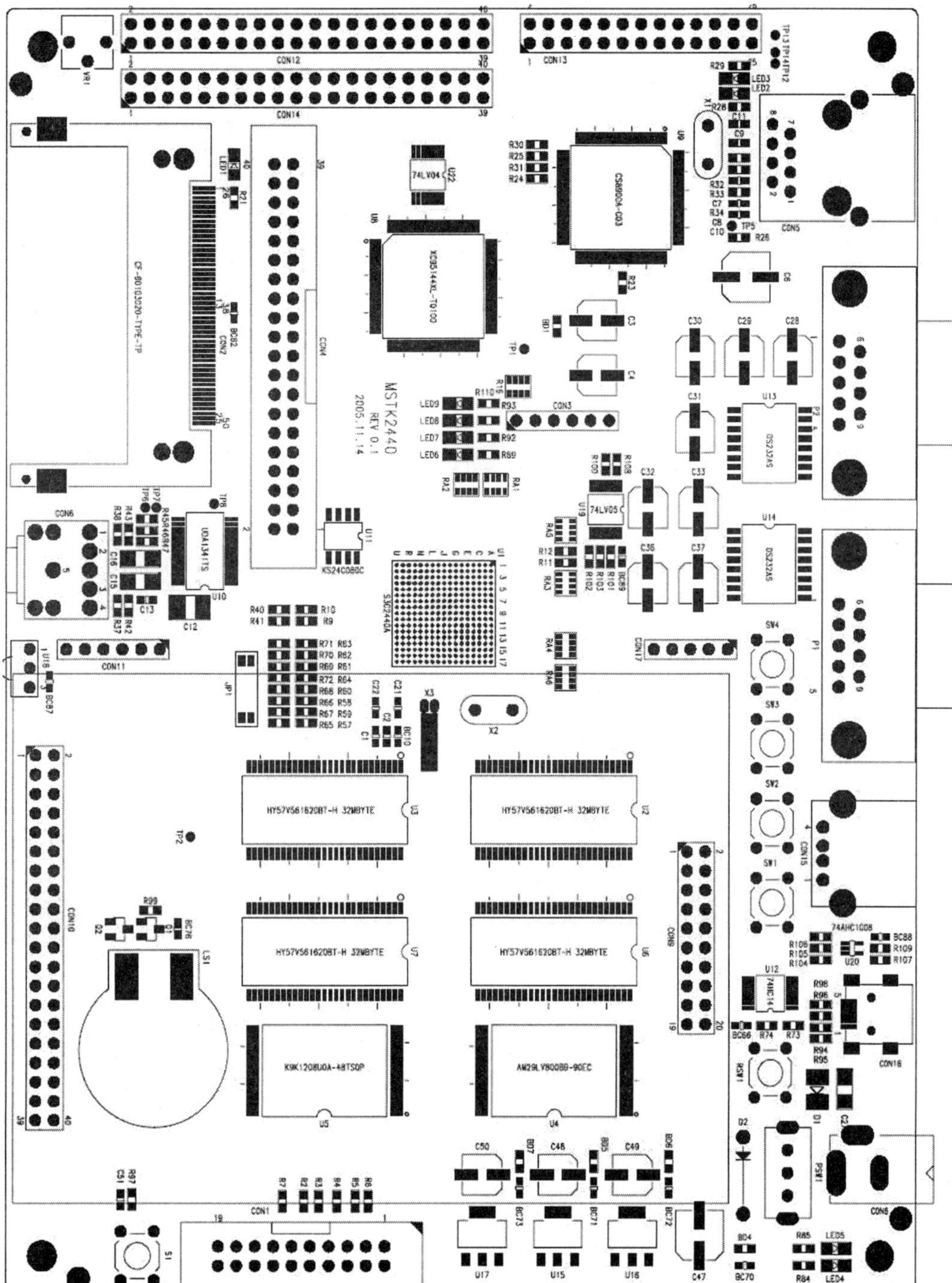

[그림 5.52] MSTK2440 부품 배치도(TOP)

BOTTOM SILK

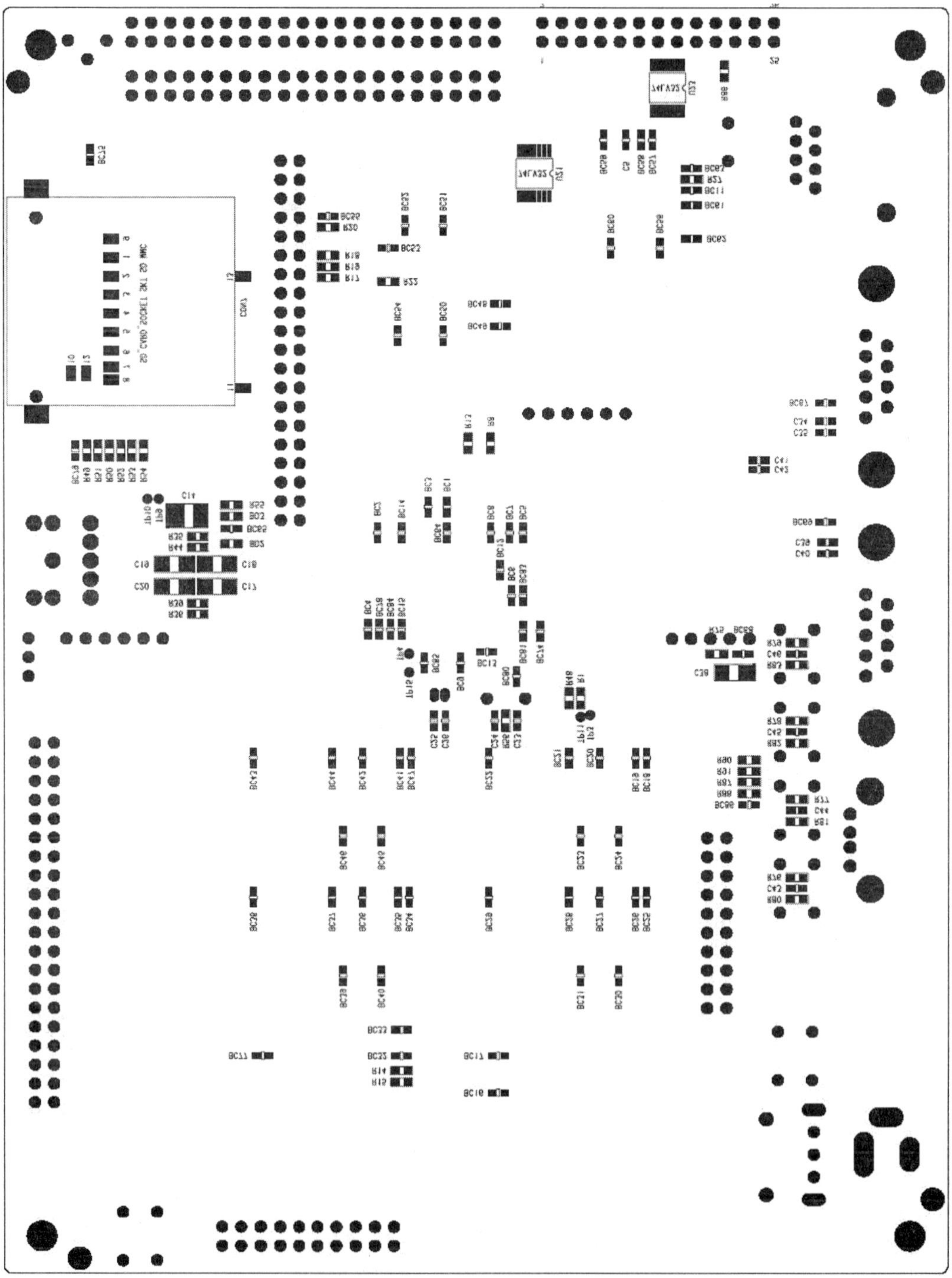

[그림 5.53] MSTK2440 부품 배치도(BOTTOM)

5.1.21 파트리스트

No	Description	Part Name	Maker	Reference	Q'ty
1	CPU	S3C2440A	SEC	U1	
2	EEPROM	24C16	ATMEL	U11	
3	SDRAM	K4S561632/TSOP54		U2,U3,U6,U7	
4	NOR Flash	AM29F800-TSOP48	FUJITSU	U4	
5	NAND Flash	K9F1208U0B		U5	
6	RemoCON IC	KSM-603LM		U18	
7	RS-232 TRX	MAX232CWE	MAXIM	U13,U14	
8	CPLD	XC95144XL-10TQ100	XILINX	U8	
9	TTL IC	74LV32		U21,U23	
10	"	74LV14		U12,U22	
11	"	74LV05		U19	
12	Stereo D/A	74AHC1G08/SOT		U20	
13	Audio AMP	UDA1341TS		U10	
14	Ethernet Controller	CS8900A-CQ3	CIRRUS	U9	
15	Voltage Regulator	LD1117S-33/SOT223	ST	U15,U16	
16	"	LD1117S-12/SOT223	ST	U17	
17	X-TAL	32.768KHz		X3	
18	"	16.934MHz/ATS		X2	
19	"	20.0Mhz/ATS		X1	
20	Ceramic Capacitor	0.1uF/1608		BC1~BC89,C5,C8,C13, C43,C44,C45,C46,C51	
21		0.1uF/1608(Unload)		C9,C10,C11	
22	"	22pF/1608		C25,C26	
23	"	15pF/1608		C23,C24	
24	"	680pF/1608		C21	
25	"	1nF/1608		C1,C2	
26	"	330pF/1608		C34,C35,C39,C40,C41,C42	
27		SW-2/SM		JP1	
28	"	560pF/1608		C7	
29	Chip전해	1uF/16V(3216)		C28,C29,C30,C31, C32,C33,C36,C37	
30	"	10uF/16V(3528)		C4,C3	
31	"	10uF/16V(3216)		C48,C49,C50	
32		1.2nF/1608		C22	
33	"	100uF/16V		C6,C47	
34		47uF/6.8V(3528)		C12,C14	
35	Chip Tantal	4.7uF/16V(3216)		C15,C16,C17,C18, C19,C20,C27,C38	
36	Chip network resisto	10K/1608(4pack)		R16	
37	"	22/1608(4pack)		RA1,RA2,RA3,RA4,RA5,RA6	
38	Chip Resistor	10K/1608		R2,R3,R4,R5,R14,R15,R18, R19,R20,R40,R41,R42,R43, R49,R50,R51,R52,R53,R54, R55,R73,R75,R76,R77,R78, R79,R97,R100,R101,R102, R103,R106,R108	
39	"	470/1608		R6,R21,R84	
40	"	330/1608		R7,R28,R29,R85,R89,R92, R93,R110	
41	"	22/1608		R8,R9,R10,R11,R12,R74, R88,R90,R94,R96	
42	"	0/1608		R24,R25,R30,R31,R48,R105	
43		0/1608(Unload)		R26,R56,R65,R86,R104	
44	"	15K/1608		R91,R87	

45	"	470K/1608		R95	
46	"	1.5K/1608		R98	
47	"	4.7K/1608		R1,R13,R23,R45,R46,R47,R57,R62,R63,R66,R67,R68,R69,R72	
48		4.7K/1608(Unload)		R58,R59,R60,R61,R64,R70,R71	
49	"	1K/1608		R17,R22,R99	
50	"	680/1608		R80,R81,R82,R83	
51	"	4.99K,1%		R27	
52	"	100 ,1%		R32,R35,R36,R37,R38	
53	"	8 ,1%		R33,R34	
54		2.2K/1608		R39,R44	
55		17.4K/1608		R107	
56		33K/1608		R109	
57	"	V/R GFP06S-10K		VR1	
58	Diode	LL4148		D1	
59	Zener Diode	5.1V/1W		D2	
60	Chip LED	RED/2012		LED1,LED2,LED3,LED4,LED5, LED6,LED7,LED8,LED9	
61	Chip Transistor	MMBT2222A		Q1	
62	"	MMBT3906		Q2	
63	Chip Bead	30/500mA/1608		BD1,BD2,BD3,BD4,BD5,BD6,BD7	
64		SW-2		JP1	
65	JTAG PORT	2*10 Box Header		CON1	
66	SD-CARD Socket	SD-629350-TOP-0-PUSH		CON7	
67	CD-CARD Socket	CF-60103020-TYPE1B-TP		CON2	
68	LCD Signal Connecto	2*20p Header Socket		CON10,CON12,CON14	
69	LCD Power Connecto	2*10p Header Socket		CON9	
70	USB Host	USB HOST type		CON15	
71	USB Device	USB Device type		CON16	
72	CPLD ISP Connector	1*6p Pin Header		CON3	
73		1*6p Pin Header		CON11	
74		1*5p Pin Header		CON17	
75	IDE Connector	2*20p Box header		CON4	
76	Stereo JACK	PJ-307		CON6	
77	UTP Port	XF10B11A-COMBO1-4S	XFMRS	CON5	
78	Power JACK	JACK DC-005/2.5pi		CON8	
79	External Connector	2*13p Pin Header		CON13	
80	Serial Port	D-SUB 9F PCB R/A		P1,P2	
81	SMD Speaker	U2008S2(20mm)		LS1	
82	Power Slide S/W	SS-12D07		PSW1	
83	TACK S/W	YST-1103		RSW1,S1	
84	TACK S/W(wKNOB)	YST-1102T		SW1,SW2,SW3,SW4	
85	Test Point	TP		TP1,TP2,TP3,TP4,TP5,TP6,TP7,TP8,TP9,TP10,TP11,TP12,TP13,TP14	
86	PCB	8Layer			

[그림 5.54] MSTK2440 부품리스트

5.2 MSTK2440 Training KIT 따라하기

본 장에서는 MSTK2440 Training Kit를 사용하여 실행 이미지 파일 다운로드 및 NOR 플래시, NAND 플래시 프로그램 방법, JTAG 개발장비를 이용한 디버깅 방법, ADS C 컴파일러 사용방법 등을 소개하도록 하겠다.

DNW라는 삼성전자에서 제공하는 콘솔 프로그램을 이용하여 USB를 이용한 이미지 다운로드 방법이나 JTAG 다운로더(일명 Dongle)를 이용하여 NOR 플래시 프로그램 및 NAND 플래시 프로그램, JTAG 에뮬레이터 개발장비 사용방법 및 하드웨어, 소프트웨어 디버깅 방법, ADS(ARM Developer Suite) C컴파일러를 이용하여 프로젝트를 만들고 최종 이미지 파일 생성까지의 모든 일련의 과정들을 소개하도록 한다.

또한 MSTK2440 보드에 프로그램 되어 있는 모니터 프로그램이 동작하는 과정 및 PC 콘솔에서 MSTK2440 보드로의 이미지파일 다운로드 및 실행 등의 일련의 과정을 확인할 수 있을 것이다. 1장에서 4장까지의 내용이 다소 무거웠다면 본장은 머리를 식힌다는 개념으로 따라해 보면 좋을 것 같다. 본장에서는 삼성전자에서 제공하는 DNW라는 콘솔 프로그램을 이용하였고, 관련자료는 삼성전자 홈페이지에서 다운로드 받을 수 있다.

5.2.1 MSTK2440 개발 환경 구축

MSTK2440의 개발 환경은 [그림 5.55]와 같다. MSTK2440 보드에는 COM1, COM2 UART PORT가 있으며, COM1 PORT(P1)가 PC의 COM PORT와 연결된다.

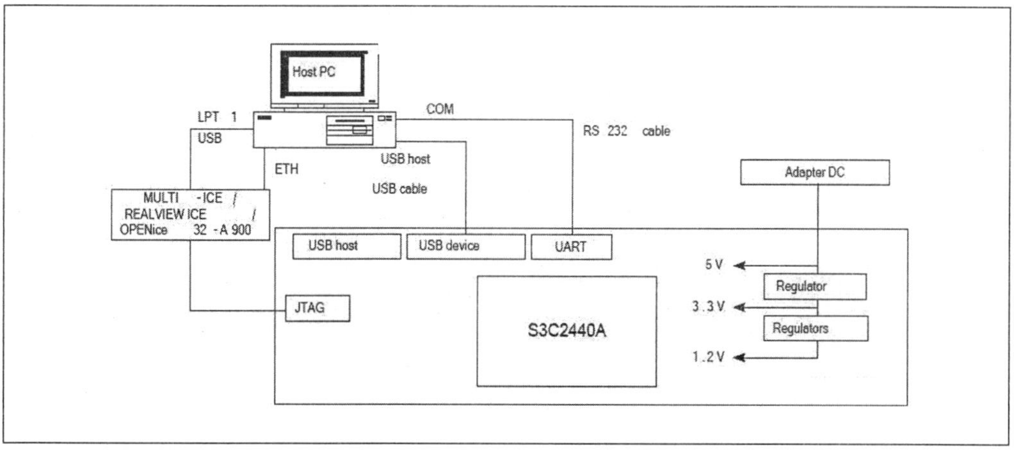

[그림 5.55] MSTK2440 개발환경

MSTK2440 보드의 COM PORT는 디버깅용 PORT로 사용하고 USB device 장치는 이미지 파일(테스트하고자 하는 바이너리 파일) 다운로드를 위하여 PC의 USB HOST 장치와 연결된다.

MULTI-ICE, RealView ICE(RVI), OPENice32-A900와 같은 디버깅 Emulator 장비는 MSTK2440의 JTAG PORT에 연결할 수 있고 Emulator가 없어도 JTAG 다운로더(일명 Dongle)만 있다면, NOR 플래시 및 NAND 플래시에 실행 이미지파일 프로그램이 가능

하다. 물론 하드웨어, 소프트웨어 디버깅을 하기에는 제약이 있고 프로그램 Write 하는데 다소 시간이 소요된다는 단점은 있다. 아무래도 고가의 에뮬레이터 장비와는 그 기능면에서 차이가 있을 수밖에 없다.

▶ RS-232C 케이블 연결

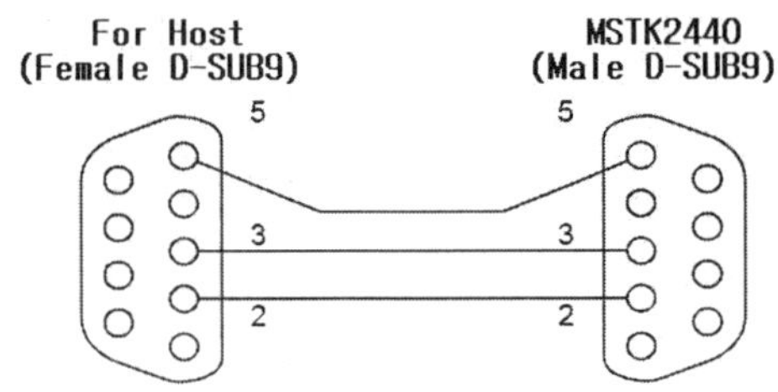

[그림 5.56] RS232C CABLE 연결

HOST PC의 통신 PORT와 MSTK2440보드 COM PORT와의 연결은 [그림 5.56]과 같이 TXD, RXD, GND 세 선만 사용하면 된다.

▶ USB의 연결(Window 98, ME, 2000 or NT)

PC→MSTK2440으로의 실행 이미지파일 다운로드는 USB를 이용해서 하므로 PC에 MSTK2440보드를 인식할 수 있는 USB 드라이버를 설치해야 한다.

USB 드라이버를 설치하기 위한 순서는 다음과 같다.

① MSTK2440 보드에 uMon2440.bin이라는 모니터 실행 이미지를 프로그램한다.
② OM[1:0] 점퍼를 설정한다.(NOR 플래시 부팅)
③ MSTK2440 전원을 켠다.
④ [그림 5.57]에서 [그림 5.60]까지의 순서대로 드라이버를 설치한다.
※ 주의 : secbulk.inf와 secbulk.sys 파일은 같은 디렉토리 내에 있어야 한다.
⑤ dnw.exe를 실행한다.
⑥ MSTK2440 전원을 껐다가 다시 켠다.
⑦ 드라이버 설치가 성공적으로 이루어졌으면 dnw.exe 프로그램 창 Title Bar에 ([USB:OK])라는 메시지를 확인할 수 있다.

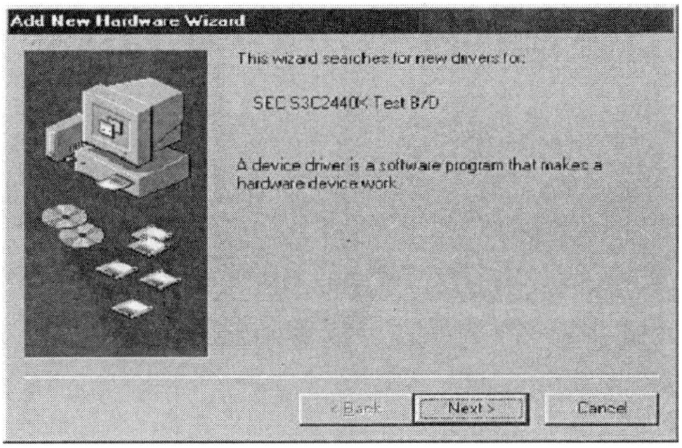

[그림 5.57] USB DEVICE DRIVER 설치 (1)

- 이전에 드라이버를 인스톨한 적이 있다면 C:\WINDOWS\SYSTEM32\DRIVERS 'secbulk.sys'를 새로운 'secbulk.sys'로 교체하도록 한다.
- 'secbulk.sys' 드라이버의 최대 속도는 대략 980KB/s 정도이다.
- 'dnw.exe' : PC USB/Serial 다운로더 콘솔 프로그램이다.
- 'secbulk.inf' and 'secbulk.sys' : PC USB driver.
- 'uMon2440.bin' : S3C2440A USB 다운로드 프로그램(일명 모니터 프로그램)

PC에 하드웨어 드라이버 인스톨하는 과정은 PC를 조금 다뤄본 사람이면 쉽게 할 수 있을 것이다. S3C2440A USB 드라이버는 PC에 특성을 타는 경우도 거의 없어 별문제 없이 쉽게 인스톨 될 것이다. 이 과정까지 다 확인하였으면, 이제 JTAG 다운로더(Dongle)를 사용하기 위해 Parallel 포트 드라이버를 설치해 보자.

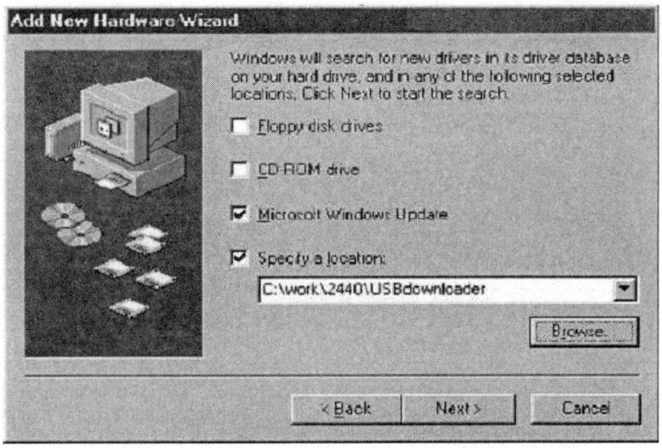

[그림 5.58] USB DEVICE DRIVER 설치 (2)

[그림 5.59] USB DEVICE DRIVER 설치 (3)

[그림 5.60] USB DEVICE DRIVER 설치 (4)

JTAG 다운로더는 PC의 Parallel 포트에 연결해 사용한다. 따라서 다운로더 프로그램이 포트를 사용할 수 있게 별도의 드라이버를 설치해 줘야 한다.
여기서 간단히 설치 예를 들어보겠다.

▶ JTAG 다운로더를 위한 GIVEIO.SYS 설치

Windows 2000/XP에서 GIVEIO.SYS는 SJF.exe가 Parallel 포트로의 접근이 가능하도록 해준다. Windows 95/98에서는 GIVEIO.SYS 파일을 설치하지 않아도 된다. Windows 2000에서는 다음 순서대로 설치하면 된다.

① Administrator로 로그인 한다.(자기계정을 그냥 써도 상관없음)
② giveio.sys 파일을 %window 폴더%\system32\drivers 폴더로 복사한다.
③ 제어판을 실행하고 하드웨어 추가/삭제를 선택한다.
④ '다음'을 선택함. 'Add/Troubleshoot a device' 선택하고 '다음' 선택
⑤ 'Add a new device' 선택하고 '다음' 클릭, 그리고 'No, I want to select the hardware from a list'를 선택한다.
⑥ '다음'을 클릭, '기타 디바이스들'을 고르고 '다음'을 선택, 'Have Disk...'를 선택한다.
⑦ 'Browse...'를 선택하고 해당 폴더로 이동하여 giveio.inf 파일을 열고, 'OK'를 클릭 한다.
⑧ '다음'을 선택, 다시 '다음'을 선택, 그리고 마지막으로 '끝냄'을 선택.
이것으로 Windows 2000에 설치가 완료된다.

설치 순서를 간단하게 나열하였는데 윈도우에 따라 메시지가 조금씩은 틀릴 수 있으니 잘 대응해서 설치하기 바란다. 이 드라이버를 설치하지 않으면, JTAG 다운로더 프로그램을 실행시켰을 때 Parallel 포트를 사용할 수 없다는 에러가 난다.

5.2.2 모니터 프로그램

모니터 프로그램이란 무엇인가? 간단히 말하자면 다운로드 기능을 가지는 감시 프로그램이다. 이것은 필요한 것인가? 이 물음에 대해서는 '꼭 그렇다!'라고 대답할 수는 없을 것이다. 개발자가 시스템을 개발 하는데 있어 구현해야 할 기능들을 코딩하고 그것을 테스트해야 하는데 있어, 어떻게 빠르고 쉽게 할 수는 없을까?라는 생각에서 그 필요성이 대두되었다.

CPU 에뮬레이터나 ROM 에뮬레이터 같은 장비가 있다면 에뮬레이터를 이용해서 빠르고 편리하게 테스트하고자 하는 이미지 파일을 다운로드해서 디버깅 및 프로그램 개발을 할 수 있을 것이다. 하지만 에뮬레이터 장비는 고가의 장비이다 보니 많은 사람들이 사용하는 것은 아니다. 예전에 EPROM을 사용할 때는 프로그램 컴파일을 하고 여기서 만들어진 이미지 파일을 EPROM에 라이트 하고(롬라이터를 이용) 보드에 그 ROM을 꽂아 실험을 하였던 기억이 있다. 프로그램이 잘못되었으면 다시 컴파일 하고 다시 롬에 프로그램하고 다시 보드에 꽂아서 테스트하고, 이러한 과정이 지금 생각해보면 참 번거

로운 방법이었던 것 같다. 하지만 그때는 별다른 방법도 사실 없었다. 물론 위의 얘기는 에뮬레이터가 없었을 때 얘기이다. 지금은 많은 마이컴들이 내부에 플래시 메모리를 내장하고 있고 또한 부트로더가 내장되어 있거나 아니면 저가의 다운로더를 가지고 부트로더 write 및 Application 프로그램 write가 가능해졌다.

왜 이러한 변화가 생겼을까? 마이컴을 생산하는 메이커들도 개발자들이 좀 더 빨리, 좀 더 저렴하게 좋은 결과물을 만들어 내기를 원하기 때문이다. 또한 저렴한 개발비용은 제품의 가격 경쟁력을 높일 수 있는 부분이기도 하다. 그래야 IC 메이커들의 제품들도 더 많이 팔리기 때문이다. 그래서 많은 기능들을 추구하고 사용자가 좀더 편하게 개발할 수 있는 개발환경을 제공하고자하는 것이다.

S3C2410A, S3C2440A 프로세서는 어떠한가? MSTK2440 보드에는 NOR 플래시가 실장되어 있는데, 이 NOR 플래시는 보드에 납땜되어 있어야 하는 타입이라서(소켓화 할 수도 있지만, 제품화하는데 가격적인 문제점이 있다) 이 또한 개발환경 구축이 쉽지만은 않다. 다행히 S3C2410A, S3C2440A 프로세서는 JTAG PORT가 있고, 또한 저가의 JTAG다운로더가 있어서 프로그램 write에는 문제가 없으나, 이마저도 속도가 느린 관계로 프로그램 디버깅시 상당한 시간 손실이 불가피하다.

그렇다면 좀더 빠르고 편리한 방법은 없을까? 방법이 있다. 바로 모니터 프로그램을 사용하면 좋을 것 같다. S3C2410A, S3C2440A 프로세서 관련 모니터 프로그램은 삼성전자 홈페이지에서도 다운받을 수 있다. 이 모니터 프로그램이 하는 일은 무엇인가? UART 또는 USB 채널로부터 데이터 수신을 하여 그 수신된 데이터를 RAM으로 복사하고 다운로드가 정상적으로 완료되었다면, 그 RAM번지로 점프하여 다운로드받은 프로그램을 실행시키는 것이다.

일단 RAM으로 점프하면 그때부터는 RAM에서 프로그램(다운로드한 프로그램)이 실행되는 것이다. 나중에 스타트업 코드 부분에서 다시 설명하겠지만 RAM 프로그램에서는 제2EVT(Exception Vector Table) 번지에 실행하고자 하는 ISR(Interrupt Service routine) 함수의 시작주소를 대입하도록 해놓음으로써 인터럽트도 손쉽게 처리할 수 있다.

인터럽트가 발생하면 ROM의 0x00000018번지로 점프한다. 그 번지에는 제2EVT번지로 점프하도록 분기 주소가 저장되어 있는데, 그 제2EVT번지에 RAM에 저장된 ISR 함수의 시작주소를 넣어 인터럽트 루틴을 처리하게 된다. 즉 원래의 인터럽트 실행번지를 RAM으로 맵핑시키는 것이다. 모니터 프로그램은 통신 채널로 데이터가 수신되는지를 계속 감시하게 되며, 이밖에도 메모리 초기화나 메모리 View, 레지스터 View, 업 로딩 기능 등을 넣어서 개발시 필요한 디버깅 기능으로 사용할 수도 있다.

이렇듯 사용자가 필요로 하는 기능을 넣어서 모니터 프로그램을 만들었다면 JTAG 다운로더를 가지고 NOR 플래시에 프로그램을 write하고 그때부터는 RAM에 프로그램을 다운로드해서 테스트하고 디버깅할 수 있을 것이다. 모니터 프로그램은 ROM에 프로그램 되어 실행되는 것이므로 0x0 번지부터 위치하게 되고 컴파일시 'RO BASE'를 '0x0'번지로 설정해 주어야 한다. 모니터 프로그램을 이용해 RAM에서 실행될 프로그램은 'R0 BASE'를 '0x30000000'번지로 설정해야 한다. 그럼 왜 0x30000000번지인가?에 대해서는 특별한 의미보다는 [그림 5.61]의 메모리맵에서 보듯이 전체적인 메모리 맵상 적당한 위치이기 때문이다.

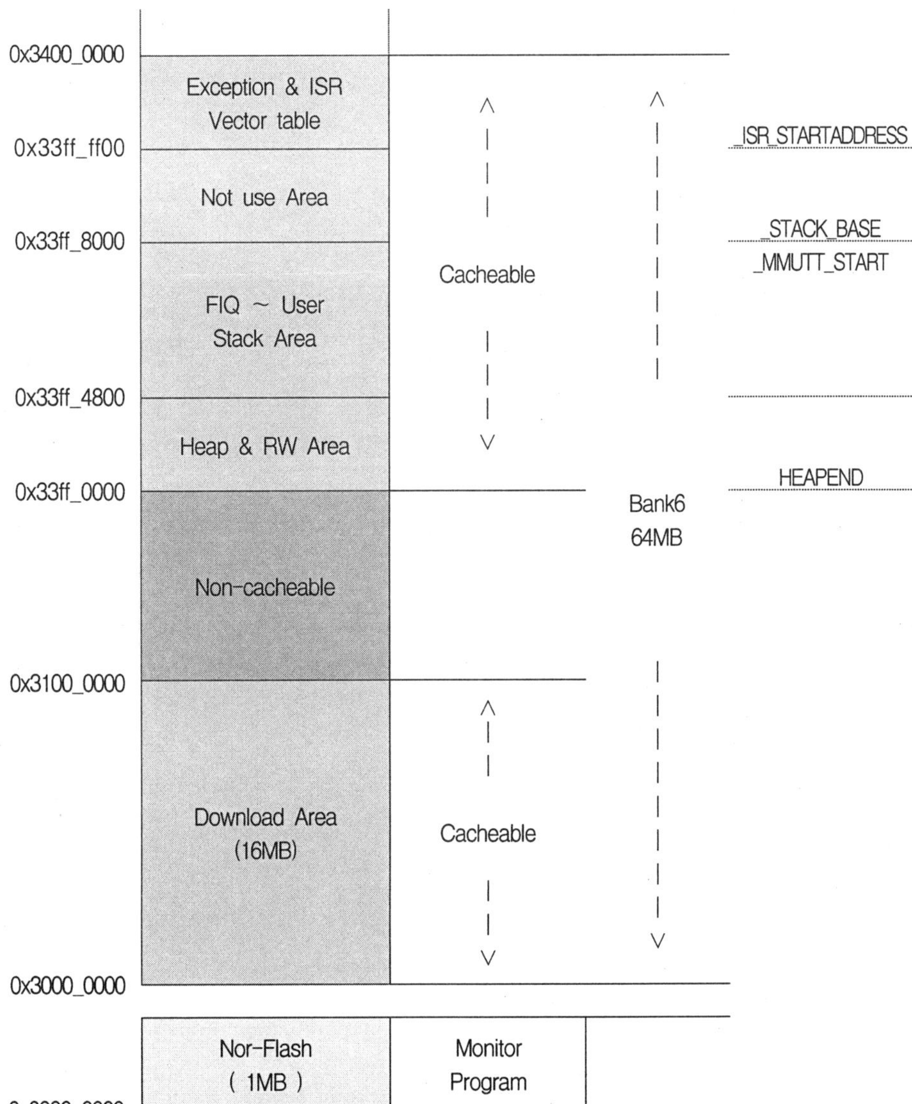

[그림 5.61] 모니터 프로그램 메모리 맵

PC 콘솔 프로그램(DNW)과 MSTK2440 보드의 모니터 프로그램과의 통신 프로토콜은 다음과 같다.

```
USB : addr(4) + size(4) + data(n) + cs(2)
Serial : size(4) + data(n) + cs(2)
```

addr : 다운로드 할 메모리 주소. 크기는 4Byte
size : 다운로드 할 데이터 사이즈. 크기는 4Byte
data : 다운로드 할 데이터. 크기는 (n)Byte
cs : CheckSUM 데이터. 크기는 2Byte

5.2 3 실행 이미지 다운로드

앞에서도 언급했다시피 MSTK2440 보드에 실행이미지를 다운로드 할 때, DNW 라는 프로그램을 사용한다. 에뮬레이터를 이용하는 방법도 있으나 여기에서는 삼성전자에서 제공하는 PC 콘솔프로그램을 사용하도록 하겠다. DNW는 UART 및 USB 인터페이스를 통하여 실행 이미지 다운로드 및 디버깅 등이 가능한 좋은 툴이다. 이 프로그램은 삼성전자 홈페이지에서 다운로드 받을 수 있다.

DNW 설정

1. DNW 프로그램을 실행시킨다.
2. [그림 5.62]와 같이 DNW 프로그램 메뉴의 [Configuration]→[Options]을 선택한다.
3. 시리얼 통신을 위한 보레이트를 설정한다.
   (DNW 프로그램은 Data bits:8-bit / Stop bits:1 / No flow control의 속성을 가진다.)
4. MSTK2440과 PC와의 통신을 위한 COM PORT를 선택한다.
5. USB 다운로드 주소를 설정한다.
   (USB 다운로드 어드레스는 0x30000000번지로 지정한다. 실행 이미지 파일을 0x30000000번지에 로드하게 된다.)
6. OK 버튼을 누른다.

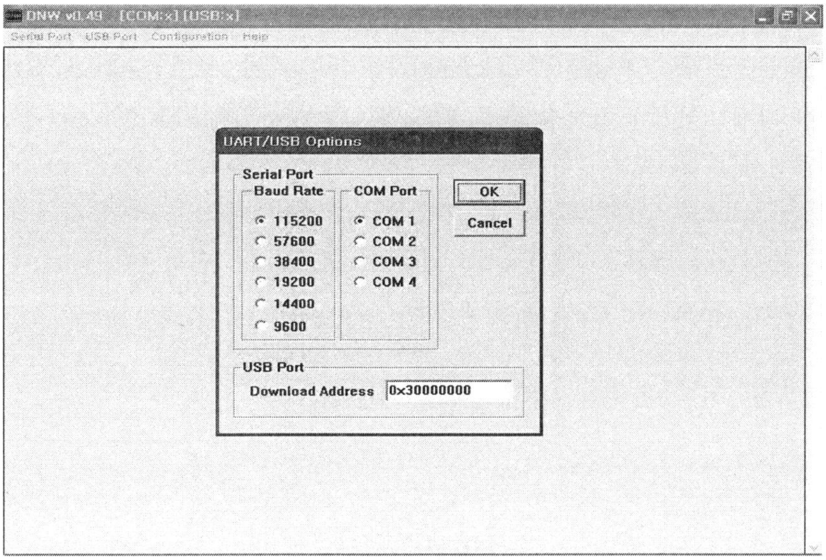

[그림 5.62] DNW 설정

▶ MSTK2440과 HOST PC 연결(DNW 사용)

DNW 메뉴에서 [Serial Port]→[Connect]를 선택한다. PC의 COM PORT가 정상적으로 Enable 되었다면 화면 상단에 보이듯이 [COM1, 115200bps]라는 메시지를 확인할 수 있다.

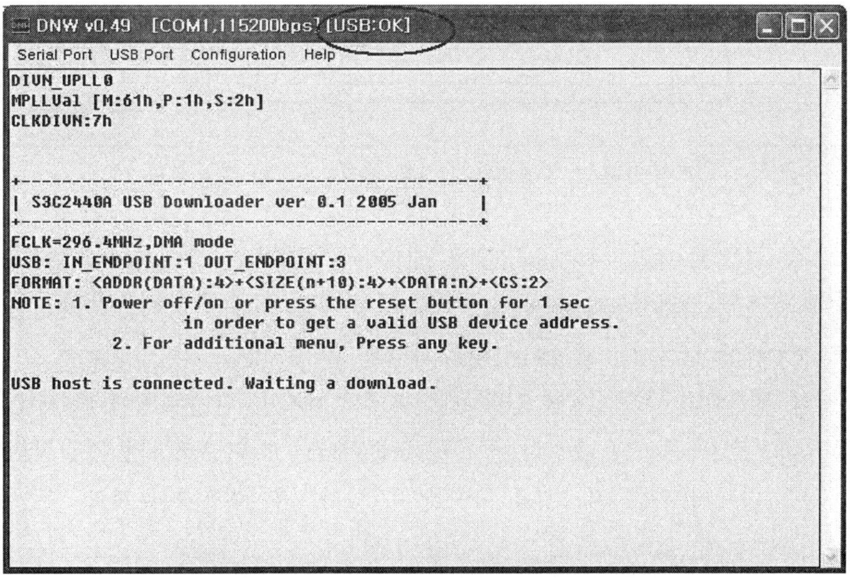

[그림 5.63] MSTK2440 시작화면(DNW)

제대로 COM PORT가 설정되지 않았다면(PC의 COM PORT를 다른 프로그램에서 사용하는 경우도 해당된다) [COM:x]라는 메시지가 보이고, 이 상태에서 메뉴의 [Serial Port]→[Transmit]를 누르게 되면 DNW 화면에 [ERROR:Not Connected]라는 메시지가 뜬다.

USB CABLE을 연결하고 MSTK2440 보드의 전원을 켠다. 화면 상단에 [USB:OK]라는 메시지가 뜨면 PC와의 USB 연결이 정상적으로 이루어진 것을 의미한다. [그림 5.63]은 NOR 플래시 부팅 화면이다.

▶ DNW를 이용한 실행 이미지파일 다운로드

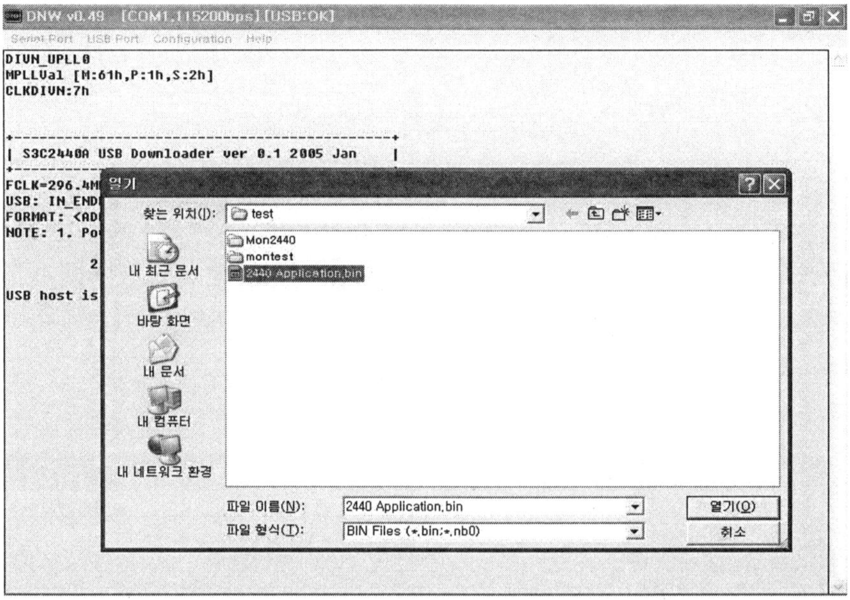

[그림 5.64] DNW를 이용한 이미지 파일 다운로드 (1)

메뉴에서 [USB Port]→[Transmit]를 선택하면 [그림 5.64]와 같은 다이얼로그 창을 볼 수 있으며 '2440Application.bin' 파일을 선택한다. MSTK2440 Training Kit에 포함된 CD롬에서 '2440Application.bin' 파일을 볼 수 있을 것이다.

파일이 선택되고 나면 [그림 5.65]처럼 파일의 내용을 다운로드 하기 시작한다. 화면에는 다운로드 중임을 표시하는 진행창이 나타나고 다운로드가 정상적으로 완료되면 콘솔 창에서 완료 메시지를 확인할 수 있다. 여기에는 다운로드 되는 파일 사이즈, 다운로드에 소요되는 시간 등이 표시된다.

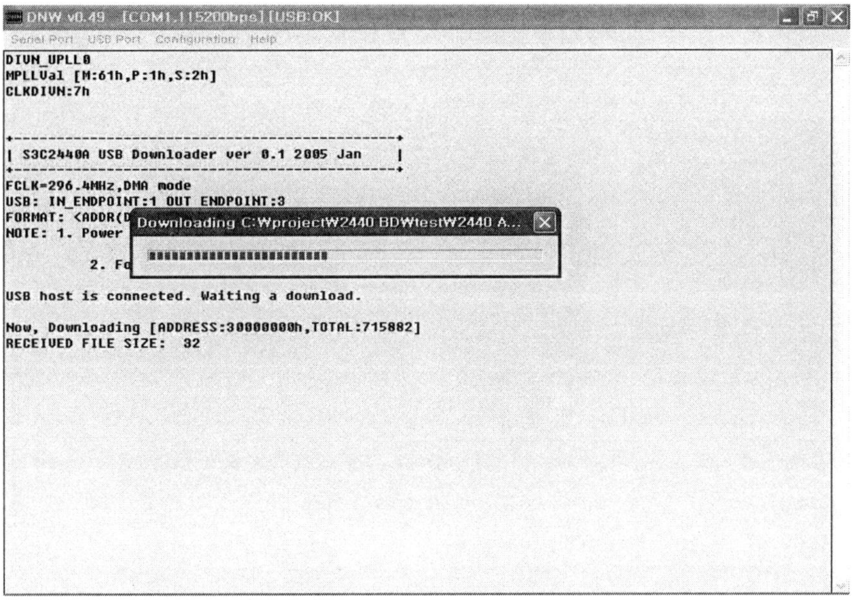

[그림 5.65] DNW를 이용한 이미지 파일 다운로드 (2)

아래의 내용은 다운로드 결과가 dnw 콘솔창에 출력되는 내용이다. 다운로드 되는 번지와 총용량, 전송시간, 최종결과를 보여주고 있다.

```
Now, Downloading [ADDRESS:30000000h,TOTAL:716026]
RECEIVED FILE SIZE: 716026
(854.7KB/S,0.8S)
Now, Checksum calculation
Download O.K.
```

다음의 [그림 5.66]은 다운로드가 완료되고 이미지 파일이 실행되는 화면이다. 다운로드 어드레스는 MSTK2440 보드의 SDRAM 메모리 공간인 '0x30000000'번지인데 정상적인 다운로드가 완료되면 PC(Program Counter)는 모니터 프로그램에 의해 이 주소로 점프하도록 되어있다. 이 순간부터 RAM으로 다운로드 한 이미지 파일이 동작하게 되며, 이미지 파일을 다운받고 램으로 점프 하는 일은 모니터 프로그램이 해주는 것이다.

인터럽트가 발생해도 원래의 인터럽트 벡터가 RAM의 번지로 맵핑되어 있기 때문에 RAM에 있는 인터럽트 서비스 루틴이 실행된다.

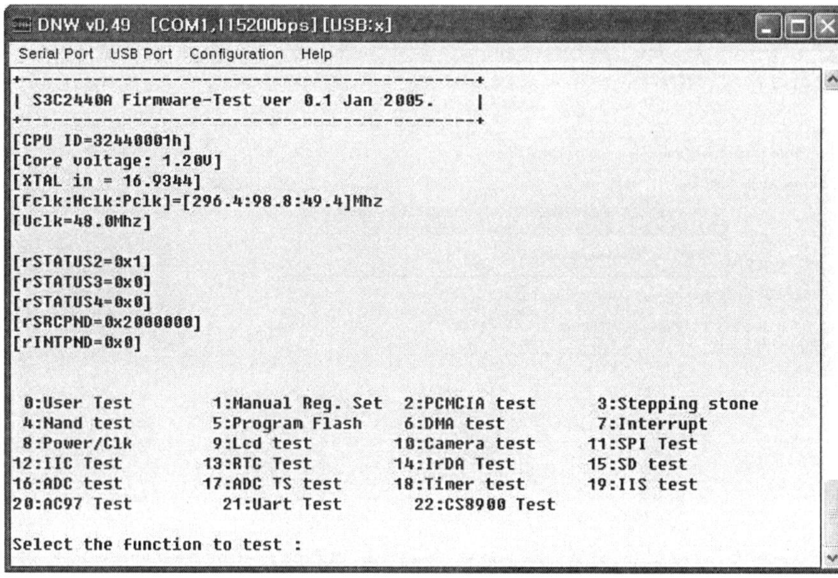

[그림 5.66] 이미지 파일 실행 화면 예

5.2.4 JTAG 다운로더를 이용한 플래시 프로그램 방법

JTAG 다운로더를 이용하여 NOR 플래시 및 NAND 플래시를 프로그램할 수 있다. 지금부터 그 방법을 함께 알아보자.

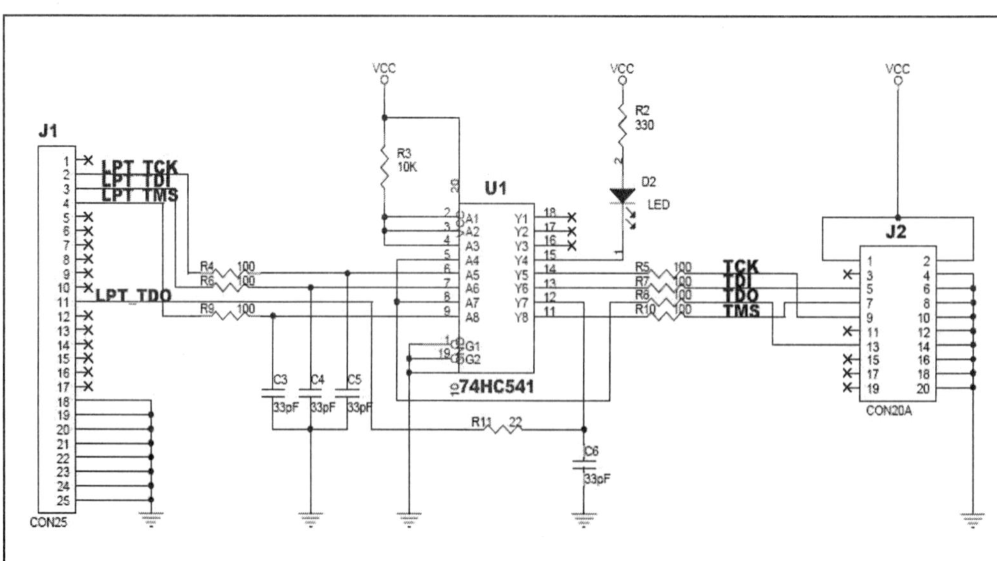

[그림 5.67] JTAG 다운로더 회로도

JTAG 다운로더는 PC의 패러럴 포트와 연결해서 사용한다. [그림 5.67]의 회로도로 다운로더를 제작하고자 한다면 패러럴 케이블 길이가 1m를 넘지 않도록 하기 바란다.

▶ NOR 플래시 프로그램

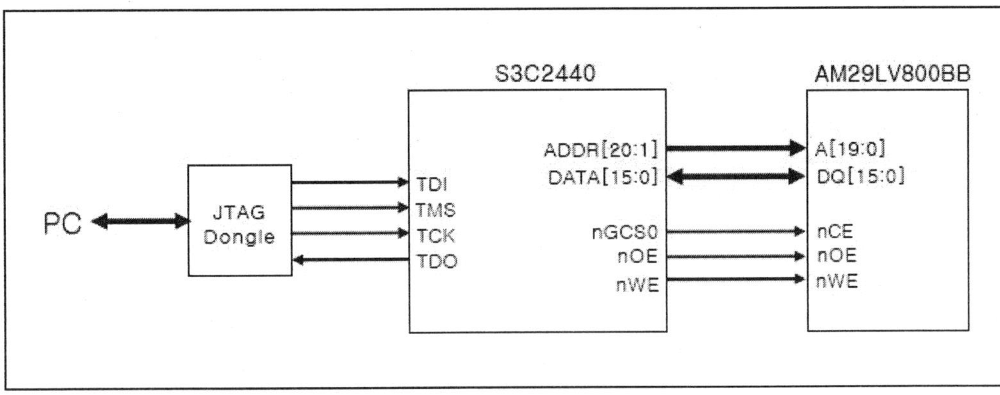

[그림 5.68] JTAG 다운로더와 NOR 플래시 프로그램

[그림 5.68]은 NOR 플래시 프로그램 write 시 PC와 NOR 플래시(AM29LV800BB)와의 하드웨어적인 연결을 보여준다. SJF2440이란 프로그램을 이용하여 프로세서의 JTAG PORT를 통해서 플래시를 프로그램 할 수 있다. 이 프로그램은 프롬프트 모드에서 실행하는 실행파일이다.

앞에서도 잠깐 언급했지만 이 프로그램을 사용하기 위해서는 패러럴 포트 드라이버가 미리 설치되어 있어야 한다. 이 절차를 실행하지 않았다면 5.2.1의 내용처럼 드라이버를 미리 설치해 두기 바란다. 이제 여기에서 SJF2440 프로그램을 이용해 플래시 write 방법을 알아보자.

① [그림 5.69]는 SJF2440 프로그램을 실행시킨 화면이다.
여기서 NOR 플래시에 write 하고자 하는 이미지파일은 'uMon2440.bin'이다. 이 파일은 바로 앞에서 설명했던 모니터 프로그램의 이미지 파일이다. 화면에서 보이는 바와 같이 'SJF2440.exe /f:uMon2440.bin'이라고 써주면 화면에서처럼 'S3C2440X<ID=0x0032409d> is detected'라는 메시지를 확인할 수 있다. 만약 CPU가 Fail이 발생하거나 전원이 투입되지 않은 상황이라면 'ERROR:No CPU is detected<ID=0xffffffff>'라는 메시지를 보게 된다. 정상적으로 CPU를 인식하게 되면 [그림 5.69]와 같은 화면을 볼 수 있다.

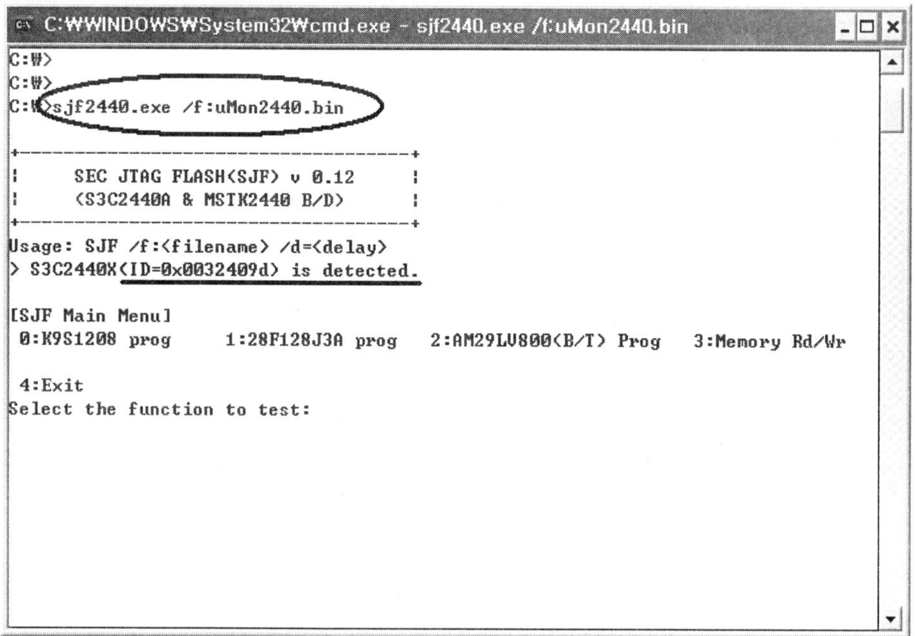

[그림 5.69] SJF2440.EXE 실행 화면

② 여기서는 NOR 플래시에 프로그램하기 위해 메뉴에서 2를 선택한다.

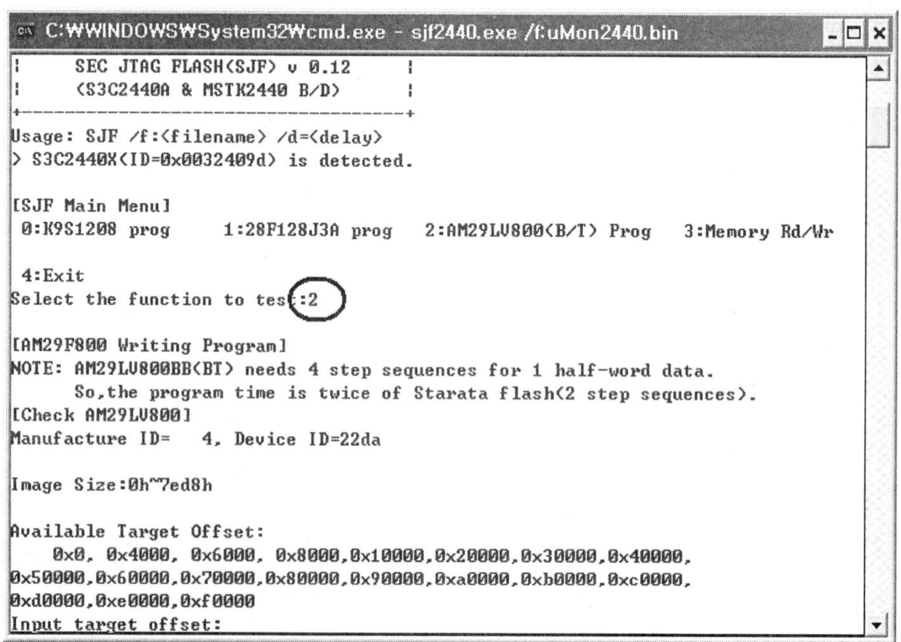

[그림 5.70] NOR 플래시 프로그램 (1)

③ 여기서는 Top Sector 방식의 Sector offset을 보여주고 있으며 0x0번지 NOR 플래시 부팅을 하므로 0x0번지부터 프로그램하여야 한다.
Input Target offset 값을 입력하는 부분으로 '0x0'으로 입력한다.

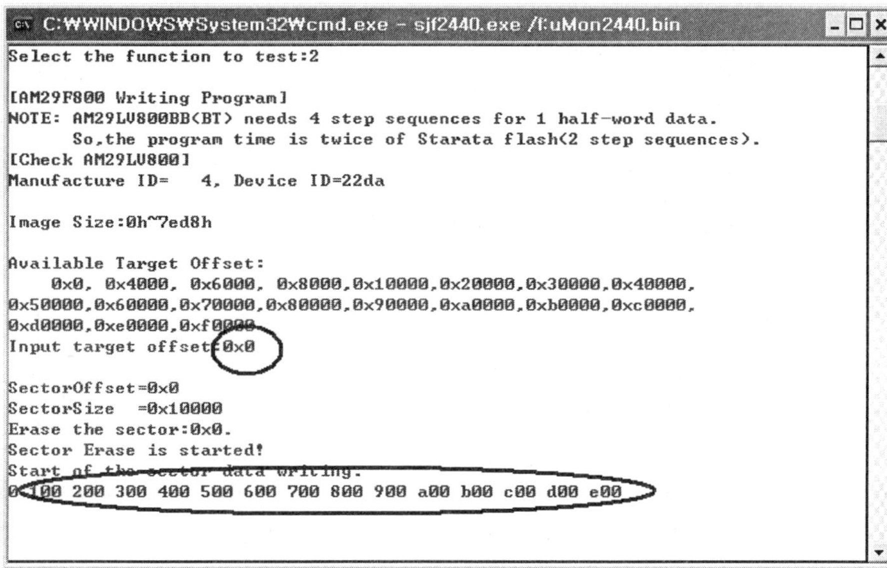

[그림 5.71] NOR 플래시 프로그램 (2)

④ 프로그램이 모두 끝났을 때의 화면이다.

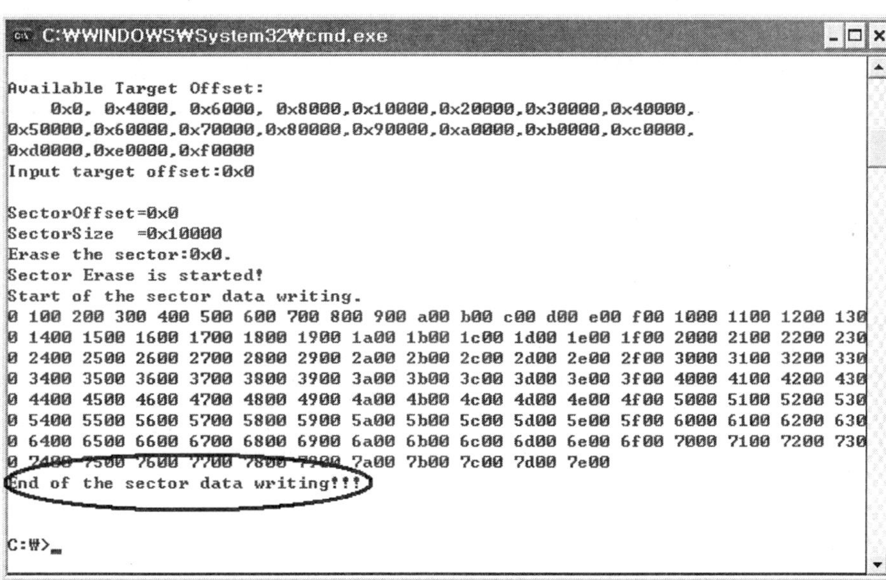

[그림 5.72] NOR 플래시 프로그램 (3)

⑤ DNW를 실행시키고 MSTK2440 전원을 켠다.

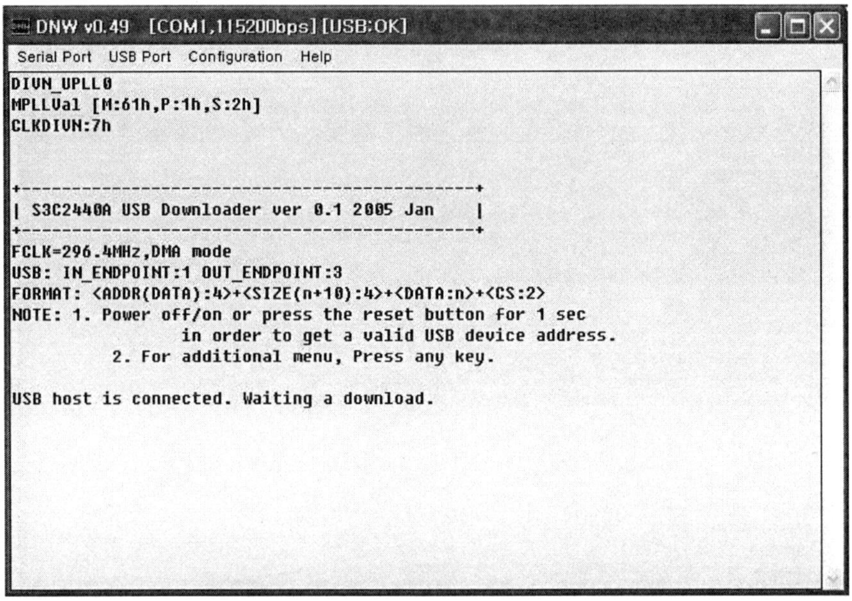

[그림 5.73] NOR 플래시 프로그램 부팅 화면

모니터 프로그램 이미지 파일 uMon2440.bin 파일을 NOR 플래시에 프로그램 한 것이기 때문에 [그림 5.73]과 같은 화면을 확인할 수 있다. 이때 Host PC와 USB 케이블이 연결되어 있어야 [USB:OK]라는 메시지도 확인할 수 있다.

▶ NAND 플래시 프로그램

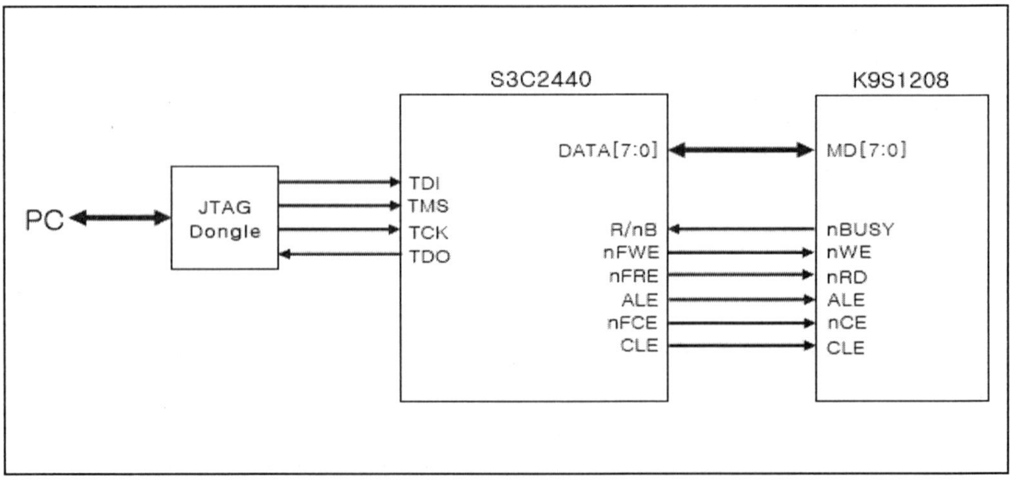

[그림 5.74] JTAG 다운로더와 NAND 플래시 프로그램

① SJF2440 실행 메뉴에서 0번 메뉴를 선택한다.

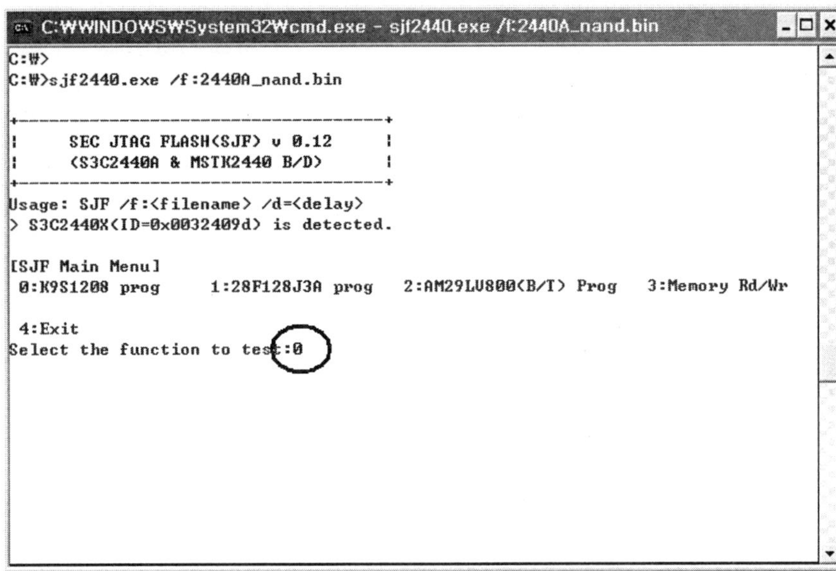

[그림 5.75] NAND 플래시 프로그램 (1)

② 문제가 없다면 [그림 5.76]처럼 NAND 플래시 디바이스의 ID를 확인할 수 있다. ID가 정상적으로 확인되면 문제가 없는 것이므로 프로그램 write를 위한 메뉴 0번을 선택한다.

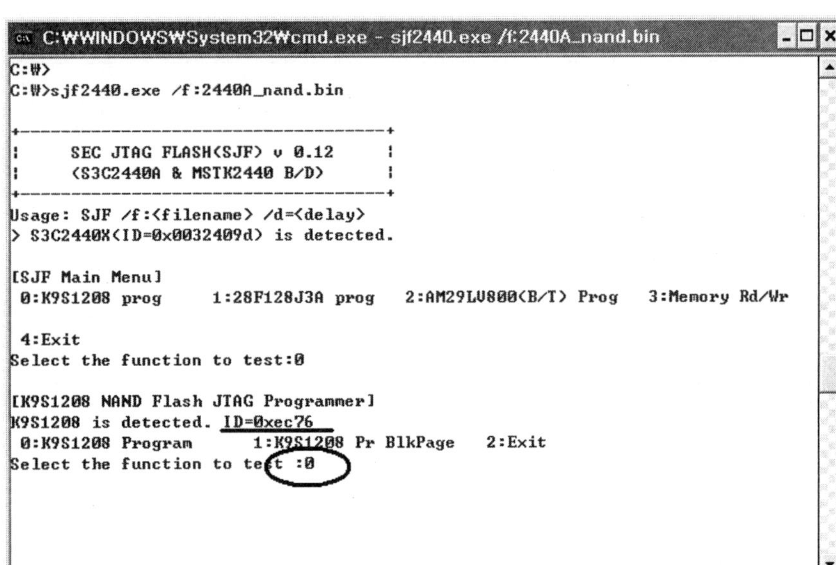

[그림 5.76] NAND 플래시 프로그램 (2)

③ 프로그램 하고자 하는 시작 블록을 지정하는 부분이다. 0부터 4095 사이에 원하는 값을 입력하면 된다. K9F1208는 4096블록으로 구성되어 있으며 한 블록은 32페이지로 구성되어 있고 한 페이지는 528바이트(512B+16B)로 구성되어 있다.

```
C:\WINDOWS\System32\cmd.exe - sjf2440.exe /f:2440A_nand.bin
+------------------------------------+
|     SEC JTAG FLASH(SJF) v 0.12     |
|     (S3C2440A & MSTK2440 B/D)      |
+------------------------------------+
Usage: SJF /f:<filename> /d=<delay>
> S3C2440X(ID=0x0032409d) is detected.

[SJF Main Menu]
 0:K9S1208 prog     1:28F128J3A prog    2:AM29LV800(B/T) Prog    3:Memory Rd/Wr

 4:Exit
Select the function to test:0

[K9S1208 NAND Flash JTAG Programmer]
K9S1208 is detected. ID=0xec76
 0:K9S1208 Program      1:K9S1208 Pr BlkPage    2:Exit
Select the function to test :0

[SMC(K9S1208V0M) NAND Flash Writing Program]

Source size:0h~7c83h

Available target block number: 0~4095
Input target block number:0x0
```

[그림 5.77] NAND 플래시 프로그램 (3)

④ [그림 5.78]은 NAND 플래시 프로그램 write가 완료된 화면이다.

```
C:\WINDOWS\System32\cmd.exe
[SJF Main Menu]
 0:K9S1208 prog     1:28F128J3A prog    2:AM29LV800(B/T) Prog    3:Memory Rd/Wr

 4:Exit
Select the function to test:0

[K9S1208 NAND Flash JTAG Programmer]
K9S1208 is detected. ID=0xec76
 0:K9S1208 Program      1:K9S1208 Pr BlkPage    2:Exit
Select the function to test :0

[SMC(K9S1208V0M) NAND Flash Writing Program]

Source size:0h~7c83h

Available target block number: 0~4095
Input target block number:0x0
target start block number     =0
target size         (0x4000*n) =0x8000
STATUS:Epppppppppppppppppppppppppppppppp
Epppppppppppppppppppppppppppppppp
 0:K9S1208 Program      1:K9S1208 Pr BlkPage    2:Exit
Select the function to test :
C:\>
```

[그림 5.78] NAND 플래시 프로그램 (4)

▶ 특정 어드레스의 데이터 읽고 쓰기

① [그림 5.79]처럼 메뉴에서 3번을 선택한다.

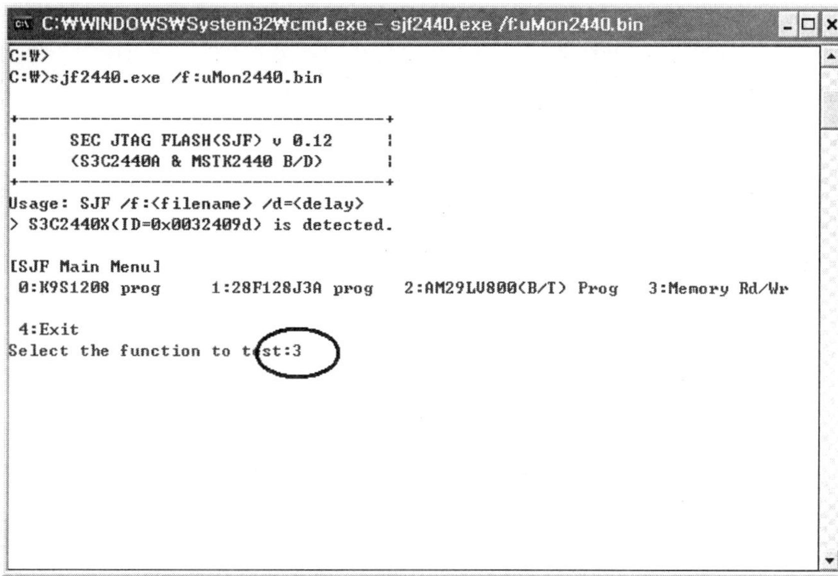

[그림 5.79] Memory Read/Write (1)

② 'help' 명령을 실행시킨 화면이다.

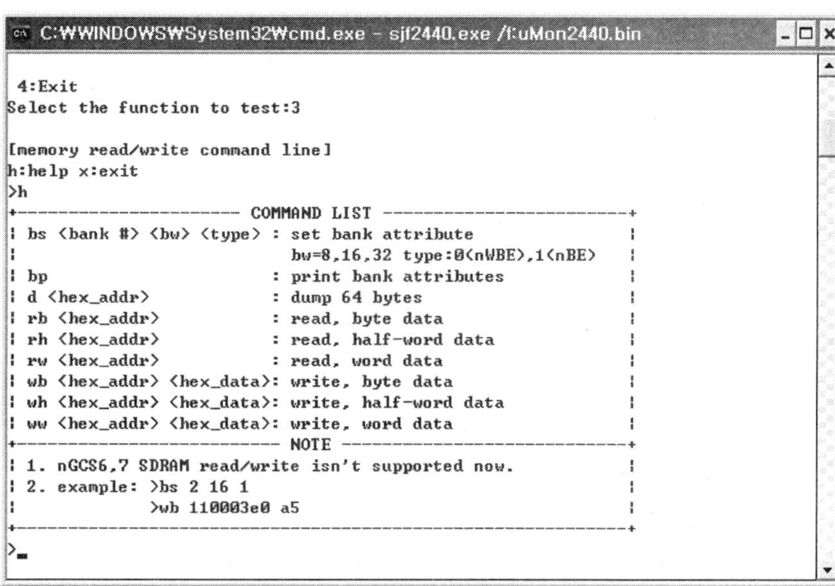

[그림 5.80] Memory Read/Write (2)

③ 'bs' 명령을 실행시킨 화면이다. S3C2410A, S3C2440A 프로세서의 뱅크 속성을 설정할 수 있다. 특정 번지로의 데이터 Reae/Write도 가능하다. (뱅크6, 7 제외)

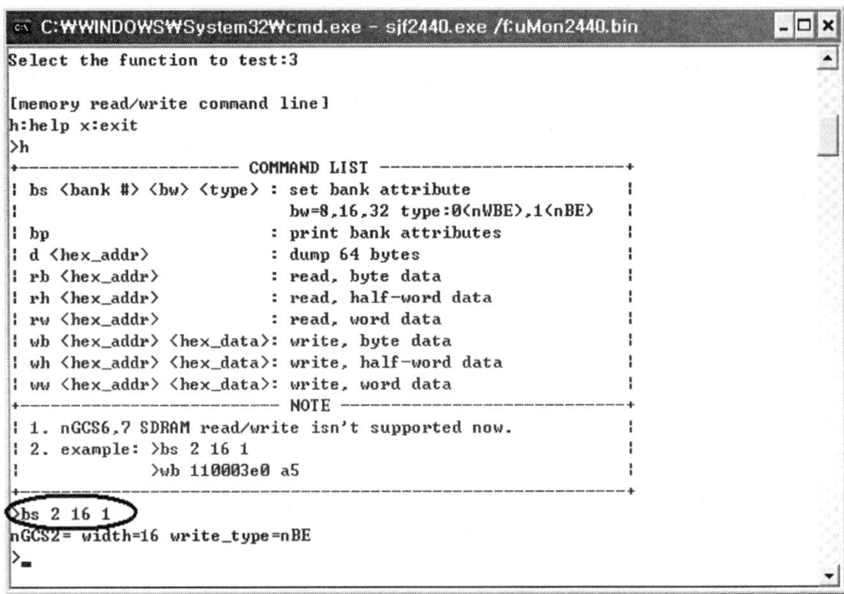

[그림 5.81] Memory Read/Write (3)

5.2.5 DNW 프로그램을 이용한 플래시 프로그램 방법

DNW 프로그램을 이용하여 NOR 플래시 및 NAND 플래시를 프로그램 할 수가 있다. MSTK2440의 NOR 플래시에는 모니터 프로그램이 들어있어 NOR 플래시 부팅이 되면 모니터 프로그램이 실행된다. 여기서 NOR 플래시 또는 NAND 플래시에 업데이트 하고자 하는 이미지 파일을 RAM의 특정번지(0x31000000번지)에 다운로드 한다. 그러고 나서 NOR 플래시 및 NAND 플래시 라이트 기능을 가지는 프로그램을 작성하여 RAM의 실행번지(0x30000000)에 다운로드 시킨다.

RAM에서 실행되는 프로그램(플래시 writing 프로그램)은 0x31000000번지에 있는 이미지를 읽어 들여 0x0번지(NOR 플래시 위치) 또는 NAND 플래시로 라이트 할 수 있다. 앞에서 DNW 연습할 때 다운로드 했던 2440Application.bin 실행 이미지 파일에 플래시 write 기능이 구현되어 있다.

그렇다면 앞에서 설명한 JTAG 다운로더를 이용한 방법과는 어떻게 다른 것인가? DNW를 이용한 방법은 NOR 플래시에 모니터 프로그램이 들어 있어야 한다. 최초 모니터 프로그램 write 작업은 JTAG 다운로더나 에뮬레이터로 해주어야 하고, 이 작업 과정을 거치게 되면 그 다음부터는 DNW를 이용해서 플래시를 업데이트 할 수 있다. 그 write 속도는 JTAG 다운로더 보다 빠르다. 하지만 작성한 프로그램에 문제가 있으면, NOR 플래시에 새로 프로그램 해야 하므로 에뮬레이터나 JATG 다운로더를 다시 이용해야하는 경우가 발생한다. 보통은 내장된 모니터 프로그램을 이용해서 개발을 마치고 최종 이미지파일의 실행번지를 0x0번지로 지정해서 NOR플래시에 write 해주면 된다.

여기서 DNW 프로그램과 2440Application.bin 실행 파일을 이용해서 MSTK2440보드의 NAND 플래시에 WinCE OS를 write하는 예를 들어 보겠다.

① 먼저 DNW를 실행하고 MSTK2440보드의 전원을 On시킨다. 모니터 프로그램 부팅화면이 실행되고 그 상태에서 키보드의 아무키나 누르면 서브 메뉴가 표시된다.

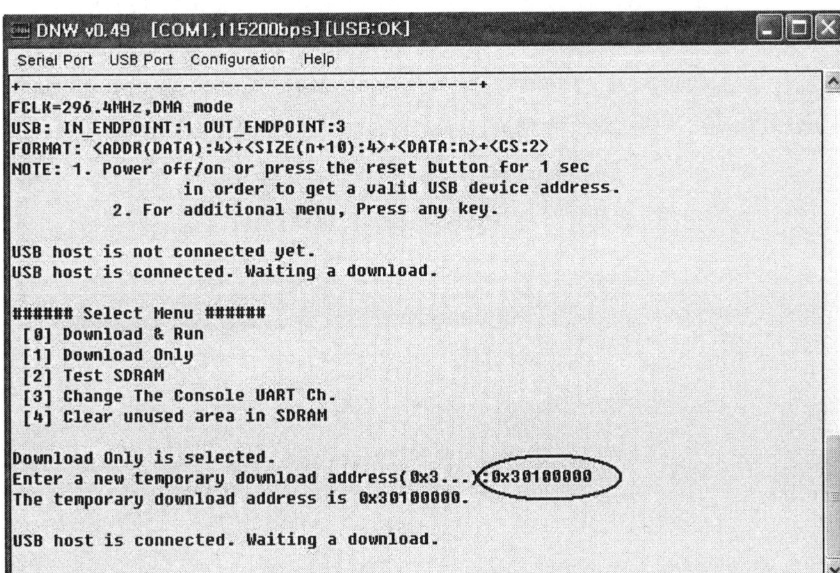

[그림 5.82] DNW를 이용한 NAND 플래시 프로그램 (1)

메뉴에서 1번을 선택한다. 1번 메뉴는 다운로드 할 어드레스를 지정하는 메뉴로, 화면처럼 어드레스를 0x30100000번지로 입력한다. DNW의 메뉴에서 [USB Port]→[Transmit]를 선택한다. 다이얼로그창이 뜨면 loader.bin이라는 이미지 파일을 선택한다. loader.bin은 4장에서 설명했던 NAND 플래시 첫부분에 위치하는 부트로더이다. 이 부트로더 파일이 NAND 플래시 컨트롤러 내부의 메모리(SteppingStone)에서 실행될 이미지 파일이다.

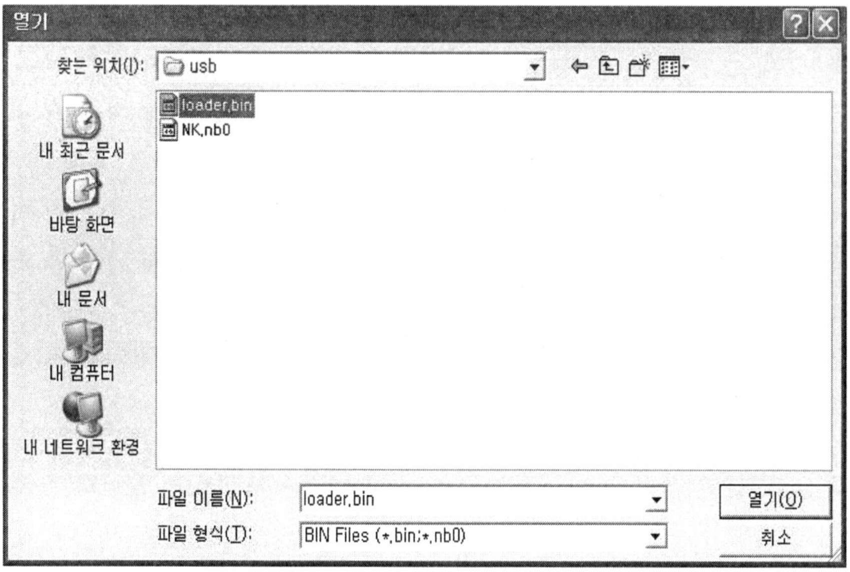

[그림 5.83] DNW를 이용한 NAND 플래시 프로그램 (2)

[그림 5.83]에서처럼 loader.bin을 선택하고 열기를 클릭하면 이 이미지 파일은 0x30100000번지로 다운로드 된다.

② ①과 같은 메뉴에서 다시 1번을 선택하고 0x30104000번지로 설정한다.

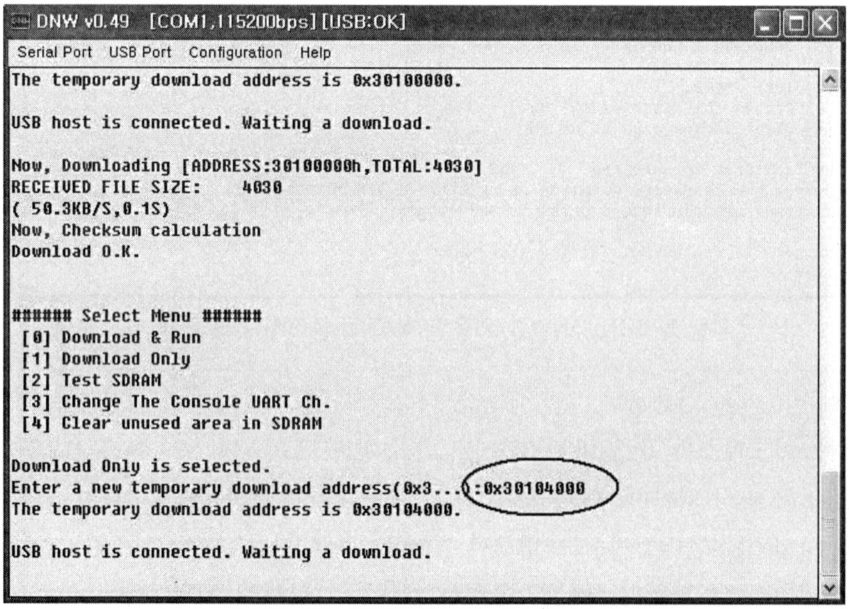

[그림 5.84] DNW를 이용한 NAND 플래시 프로그램 (3)

③ DNW 메뉴에서 [USB Port]→[Transmit]를 선택하여 NK.nb0 파일을 선택한다. 다운로드가 완료되면 파일 사이즈 및 정상적인 다운로드 여부를 확인할 수 있다. NK.nb0 파일은 WinCE커널 이미지 파일이다.

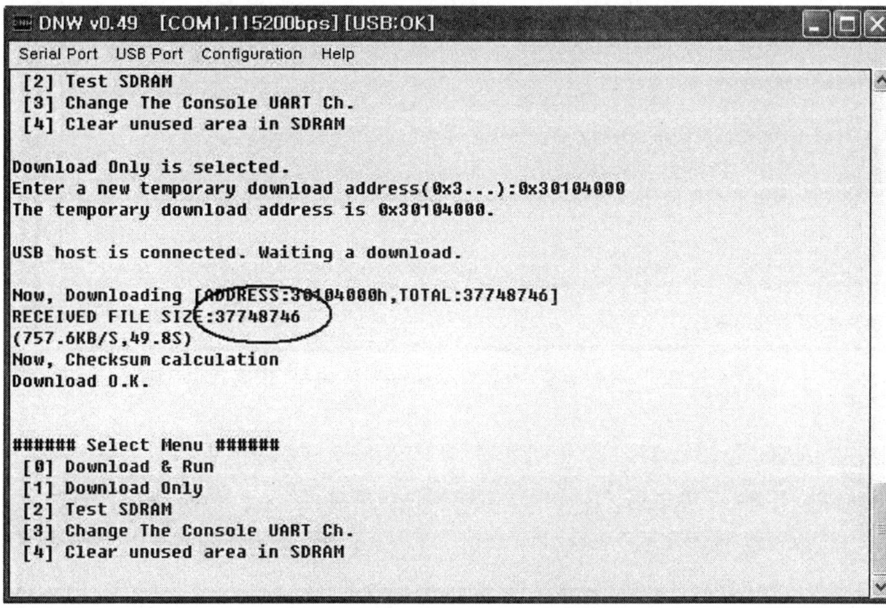

[그림 5.85] DNW를 이용한 NAND 플래시 프로그램 (4)

지금까지의 과정을 정리하면 SDRAM 0x30100000번지에 loader.bin 파일을 0x30104000번지에 NK.nb0 파일을 로드한 것이다.

④ 다시 메뉴가 나오게끔 하고 이번에는 0번을 선택한다. DNW 메뉴에서[USB Port]→[Transmit]를 선택하여 2440Application.bin 파일을 선택, 다운로드한다. 0번 메뉴는 다운로드를 완료하면 설정 번지로 점프를 해서 그 프로그램이 실행되도록 하는 메뉴로 USB 다운로더 주소가 0x30000000 번지로 설정되어 있으므로, 2440Application.bin 파일이 바로 실행될 것이다. 이 파일이 NOR 플래시 및 NAND 플래시 프로그램 write 기능을 가지고 있는 파일이다.

⑤ [그림 5.86]은 '2440Application.bin' 파일이 실행된 화면이다. 0번 메뉴부터 22번 메뉴까지 MSTK2440에 대한 다양한 Peripheral을 테스트해 볼 수 있다. 여기서는 NAND 플래시를 write 하고자 하므로 4번을 선택한다.

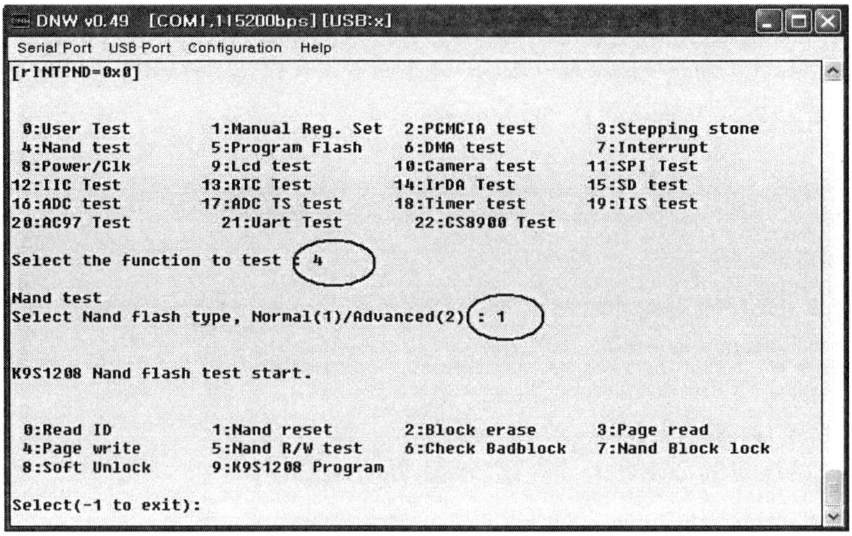

[그림 5.86] DNW를 이용한 NAND 플래시 프로그램 (5)

그러면 NAND 플래시 타입을 물어보는 메뉴가 나오고 Normal 타입 1을 선택한다. 다시 NAND 플래시 프로그램을 하기 위한 서브 메뉴가 나오는데, 여기서 Input target block number를 0x0으로 설정하고, Input targetsize를 0x2000000으로 설정한다. Input targetsize는 파일의 크기에 따라서 조정하면 되는데 파일 크기가 32MB이면 0x2000000으로 46MB이면 0x3000000으로 64MB이면 0x4000000으로 설정하면 된다.

⑥ ①~⑤의 과정이 완료되었으면, MSTK2440보드의 전원을 Off하고 NAND 부트모드로 설정을 변경한다. 변경하는 방법은 [표 5.3]과 [그림 5.5]를 참조하면 된다. 다시 전원을 On시키면 이제 NAND 플래시에 의해서 부팅되는 것을 확인할 수 있다.

[그림 5.87] WinCE 초기화면

[그림 5.87]은 NAND 플래시를 이용해 부팅한 WinCE의 초기 화면이다. WinCE는 여러 분이 사용하는 윈도우의 기본적인 기능이 내장되어 있어 하드웨어 구성만 WinCE 커널과 일치한다면 바로 인터넷 접속이 가능하고 미디어 플레이어를 실행시켜 동영상을 플레이 시킬 수 있다. 여기에서 사용한 파일들은 삼성전자에서 제공받은 파일들이다.

⑥ [그림 5.88]은 WinCE에서 Internet Explorer를 실행시킨 화면이다. 'http://www.microsoft.com' 홈페이지 접속한 화면을 볼 수 있다. LCD에 터치 패널이 붙어 있어서 터치를 통해 실행시킬 수 있다.

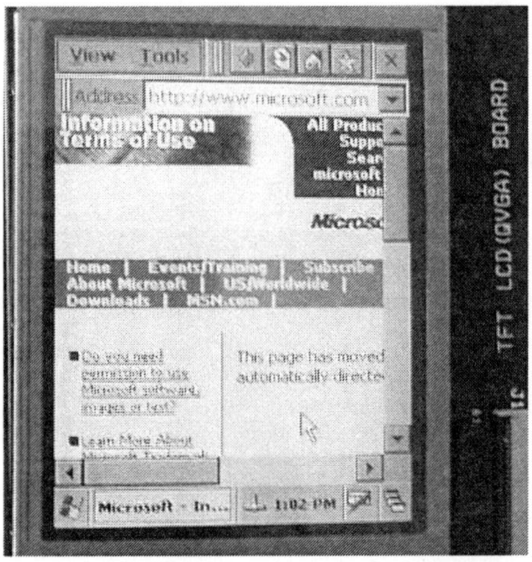

[그림 5.88] WinCE 실행 화면

⑦ 동일한 방법으로 Linux OS도 NAND 플래시에 포팅해 볼 수 있다. DNW 4가지 메뉴 중에 1번 Download only를 선택하고 번지를 0x30100000로 설정(SDRAM에 구울 이미지를 다운로드하는 시작번지), boot.bin(Linux용)을 다운로드한다. 다운로드가 완료되면 DNW에서 0번을 선택 'download & run'을 실행한다. 메뉴에서 [USB Port]→[Transmit]를 선택하여 '2440 Application.bin' 파일을 다운로드한다.
2440Application.bin 파일이 실행되면 NAND 플래시 프로그램 할 수 있는 메뉴를 선택하고(4번→1번→9번 선택) input target block number를 0x0으로 넣고, Input target size에 0x30000을 넣는다. 확인을 누르면 프로그램 작업이 진행된다. 여기서는 boot.bin, 커널, 파일시스템 세 가지 파일을 프로그램 하여야 하는데, 커널과 파일시스템 프로그램 방법은 boot.bin 프로그램 방법과 동일하며 다만 파일 사이즈에 맞춰 block을 계산해서 입력해 주어야한다. 커널은 input target block number를 0xc,

Input target size에 0x200000로 하고 파일시스템은 0x80, 0x3000000(약 50MB)으로 설정한다.

⑧ [그림 5.89]는 MSTK2440보드에서 Linux OS가 부팅된 화면이다. PC나 다른 장비에서 Linux가 실행된 화면과 별반 다를 게 없다. 어차피 커널은 유사하고 사용되는 드라이버만 다르다고 보면 된다. Linux는 공개커널을 비교적 쉽게 구할 수 있고 혹은 저렴한 가격에 구입할 수 있다. 컴파일러도 무료로 사용할 수 있으나 Linux에서 작업을 해야 하므로 나름대로 불편한 점은 있다.

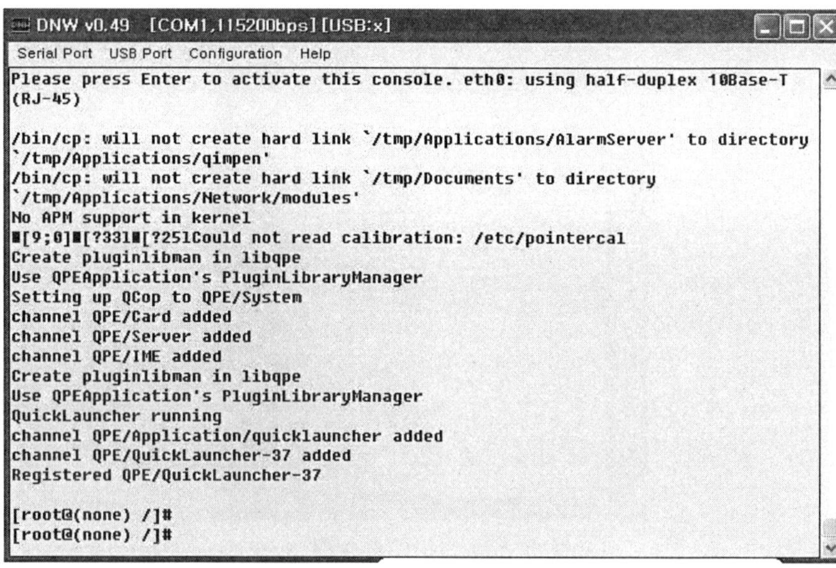

[그림 5.89] Linux 실행 화면

5.2.6 Multi-ICE 에뮬레이터(Emulator)를 이용한 디버깅 방법

에뮬레이터의 종류는 여러 가지가 있으나, 여기에서는 ARM사에서 나오는 에뮬레이터인 Multi-ICE에 대해 소개하기로 하겠다. 에뮬레이터는 고가의 장비이고 사용하지 않는 사람도 많은데 이런 설명이 의미가 있을까? 라는 고민도 해보았다. 그러나 Emulator가 이런 것이다 정도의 정보 제공도 의미가 있다고 판단되어 간략하게 소개하기로 한다.

보통, 최초 하드웨어를 설계하고 PCB를 제작, 부품을 실장하고 동작확인을 하는 과정에서 부팅이 정상적으로 되지 않는다든가 동작이 멈추는 등의 오동작을 하게 되면 과연 어디서부터가 문제이고 어느 부분이 문제이여서 이러한 현상이 생기는 것일까? 등 막연할 때가 있다. 한번쯤 개발해 보았던 플랫폼인 경우는 덜 하겠지만 처음 개발하고자 하는 플랫폼의 경우에는 이런 상황이 대체로 생기는 것 같다.

이럴 경우 에뮬레이터 장비가 있다면 많은 도움이 되는 것이 사실이다. 에뮬레이터를 이용해서 한 명령씩 실행해 볼 수도 있고, 어느 지점에서 Halt가 발생하는지도 찾아 볼 수 있다. 때로는 하드웨어 상에서 PCB 불량이 발생할 수도 있고, 부품 조립과정에서 불량이나 부품 핀 쇼트가 발생할 수도 있다. 인접한 데이터선이 서로 붙어 있는 경우 등 이러한 상황에서 아무리 간단한 프로그램을 동작시킨다 하더라도 제대로 동작할 리가 없다.

보통 최초 개발시 I/O 포트나 UART 채널을 확보하여 테스트 및 디버깅을 하는데, 하드웨어 자체에 문제가 발생하였다면 이러한 방법도 사실 해보지도 못하게 되는 것이다. 또한 S3C2410A, S3C2440A 프로세서는 BGA 타입의 CPU이고 고속의 32비트 프로세서이므로 시스템 자체가 빠르고 상대적으로 복잡해서 오실로스코프나 테스트기 등의 장비로 디버깅하는데도 한계를 느낄 때가 있다. 너무 장황하게 설명을 늘어놓은 것 같은데, 시스템 개발에 있어서 위와 같은 문제는 항상 존재할 수 있기 때문에 에뮬레이터 장비가 있다면 어느 정도 도움이 될 수 있다.

이제 Multi-ICE장비를 이용해 디버깅하는 방법에 대해 같이 알아보도록 하자. 장비가 없는 사람은 그냥 한 번 읽어보기만 하고 만약 장비를 갖고 있다면 함께 따라 해보도록 하자. 시작하기에 앞서 Multi-ICE Server 프로그램과 Axd 디버거 프로그램이 미리 설치되어 있어야 한다. 우선, Multi-ICE 장비를 PC 프린터포트와 MSTK2440 보드의 JTAG PORT에 연결하고 플랫폼(MSTK2440 보드)의 전원을 켠다.

① 시작프로그램에서 [ARM Multi-ICE]→[Multi-ICE Server]를 실행시킨다.

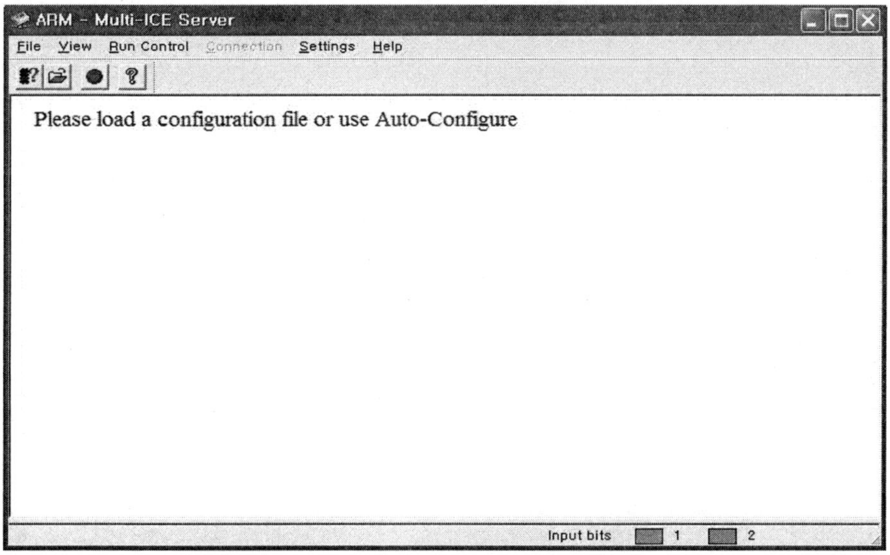

[그림 5.90] Multi-ICE Sever 실행 화면 (1)

② [그림 5.91]은 메뉴에서 [File]→[Auto_Configure]를 실행한 화면이다.

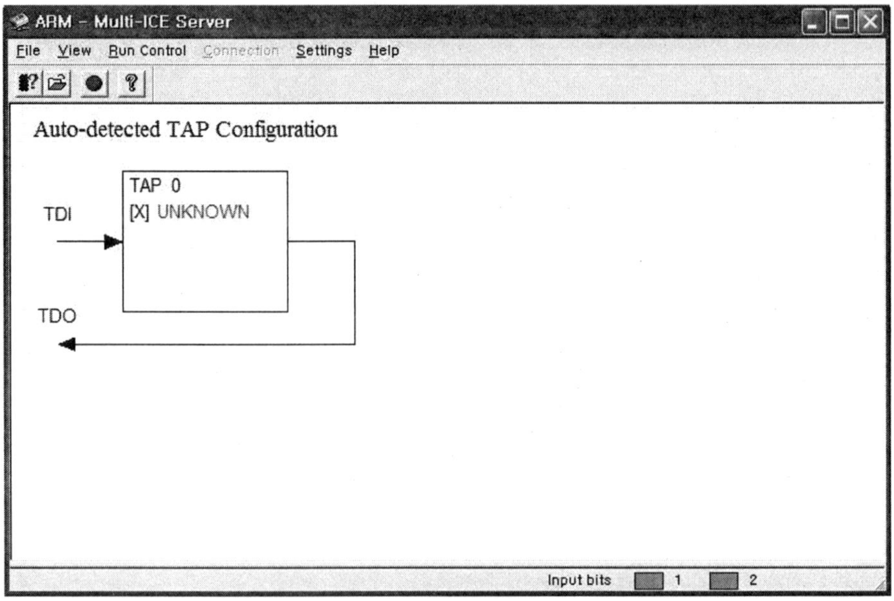

[그림 5.91] Multi-ICE Sever 실행 (2)

③ 여기에서 Auto Configuration을 선택하지 말고 수동으로 구성할 수 있게, 메뉴에서 [File]→[Load_Configuration]을 선택한다. 여기서는 확장자가 'cfg'인 Config 파일을 로드해야 하는데, 다음 내용과 같은 2440.cfg 파일을 에디터를 이용해 미리 만들어 두자. 그리고 파일을 선택하는 다이얼로그 창에서 '2440.cfg' 파일을 선택한다.

```
[TITLE]
Auto-detected TAP Configuration

[TAP 0] ;IR_len=4, ID_code=0032409D
ARM920T

[Timing]
Adaptive=OFF
```

2440.cfg 파일 내용

[그림 5.92]는 2440.cfg 파일을 로드했을 때, 나타나는 화면이다. 로드시킨 Config 파일이 적용된 것을 볼 수 있다.

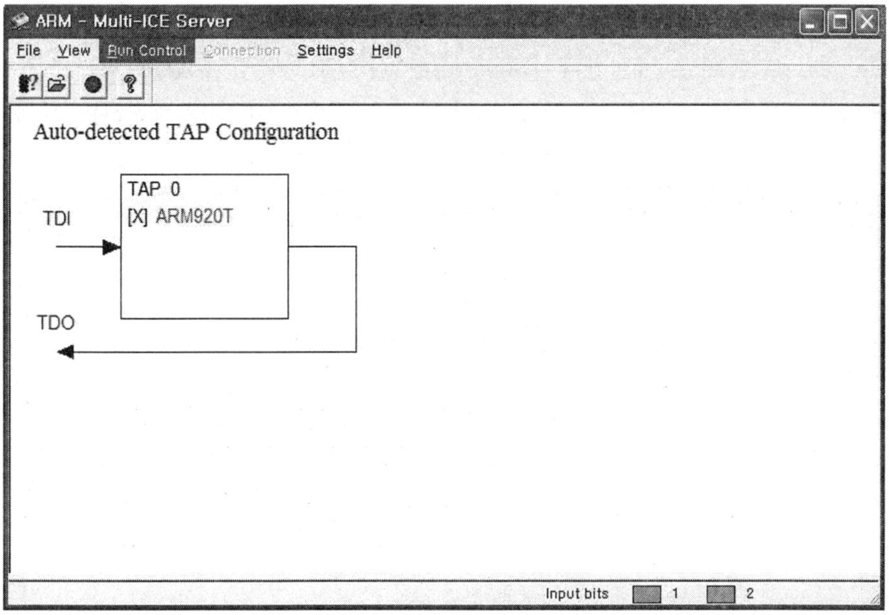

[그림 5.92] Multi-ICE Sever 실행 (3)

④ Multi-ICE Server를 실행시킨 후에는 AXD Debugger Tool을 실행시킨다. 메뉴에서 [Option]→[Configure Target...]을 선택한다.

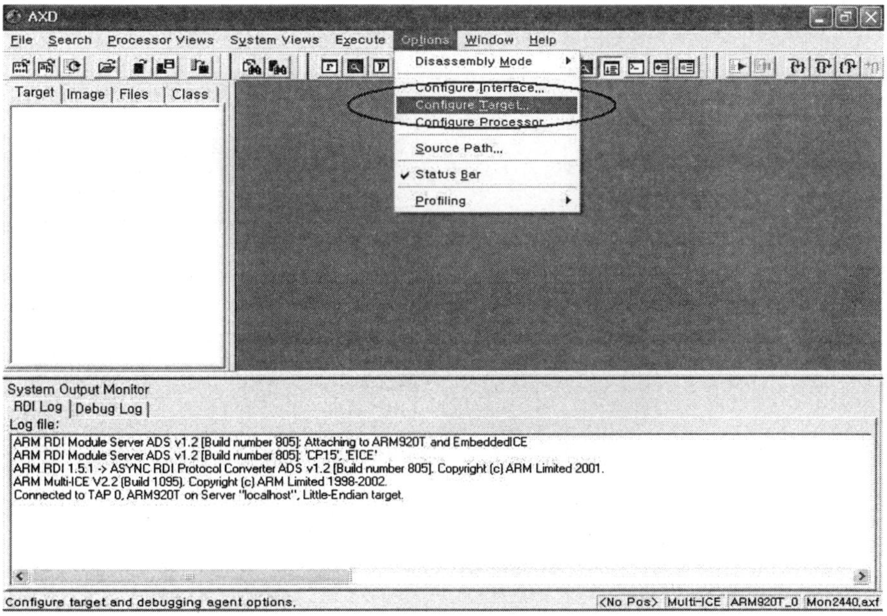

[그림 5.93] Configure Target 설정 (1)

[그림 5.94]의 [ADD] 버튼을 누르고 Muti-ICE가 설치되어 있는 디렉토리를 찾아서 Multi-ICE.dll 파일을 선택한다. [Configure]를 선택하면 팝업 창이 뜨는데 Location of Multi-ICE 부분의 [This computer...]를 누르고 확인 버튼을 클릭하면 된다.

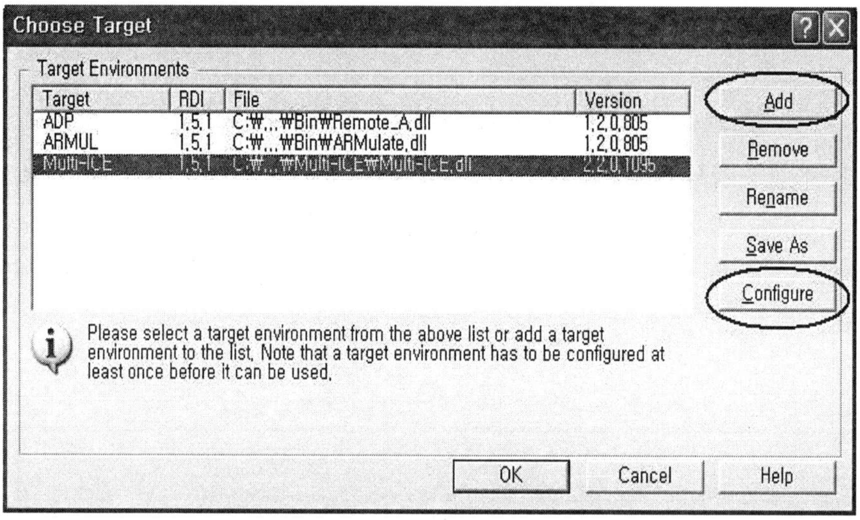

[그림 5.94] Configure Target 설정 (2)

위와 같은 절차가 끝나면 [그림 5.95]와 같이 Target 탭에 'ARM920T_0'이라고 표시되는 것을 확인할 수 있다.

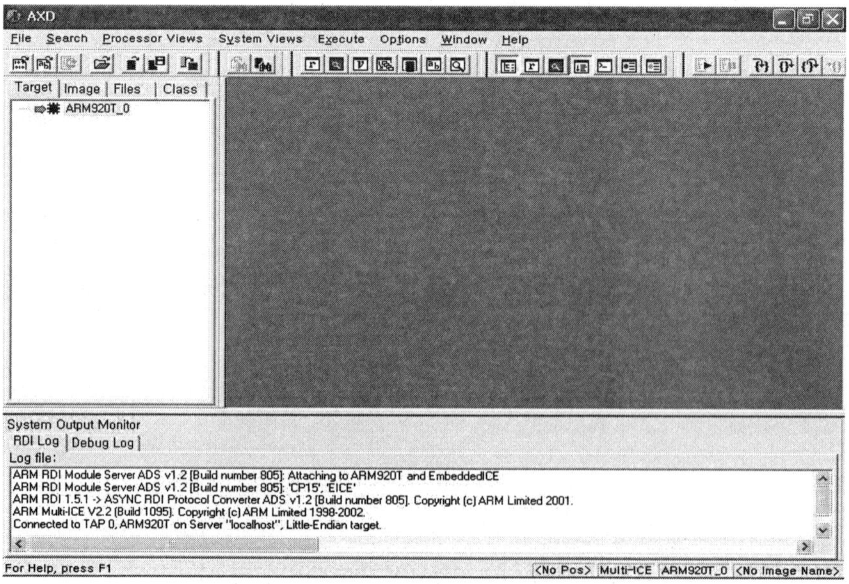

[그림 5.95] Configure Target 설정 (3)

⑤ [그림 5.96]은 Multi-ICE Server와 S3C2440A 프로세서가 정상적으로 링크되었을 때의 화면이다.(ARM920T 글자가 적색으로 보인다.)

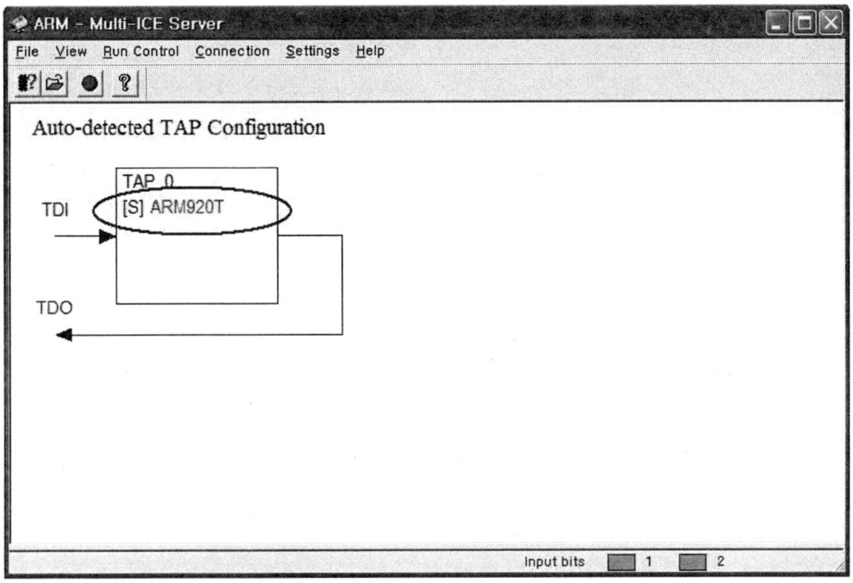

[그림 5.96] Configure Target 설정 (4)

⑥ 메뉴에서 [System views]→[Command Line interface]를 선택한다.

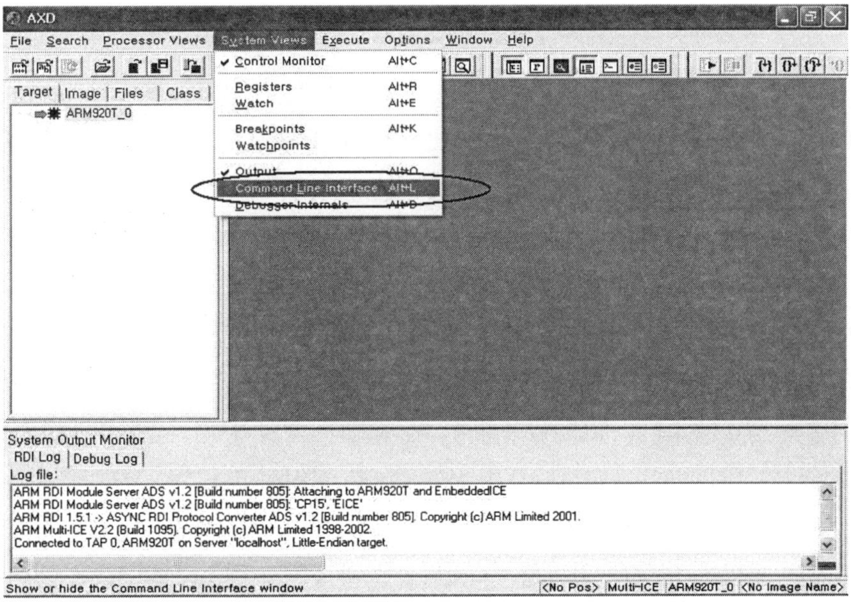

[그림 5.97] Command Line interface 실행 (1)

⑦ [그림 5.98]과 같이 'Debug >' 창이 생기는 것을 볼 수 있다. 이 창을 통해서 CPU 레지스터에 값을 설정할 수 있다.

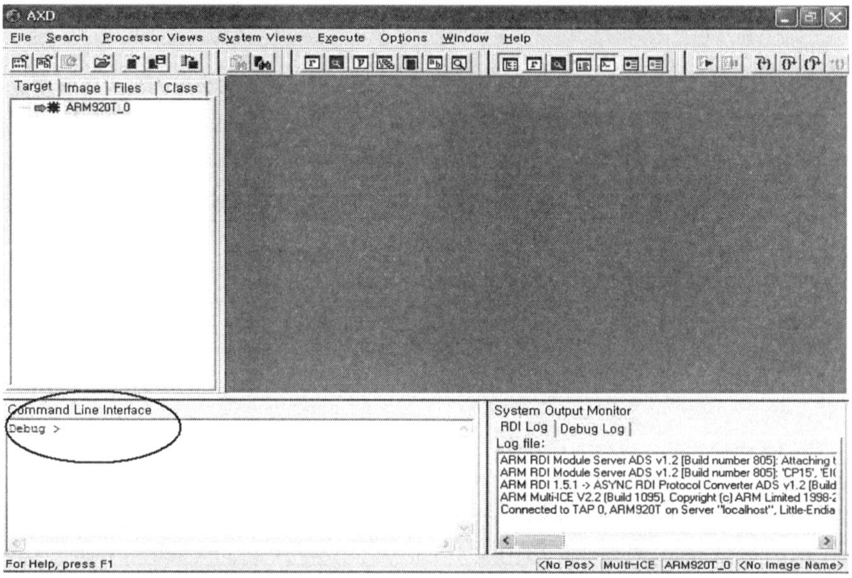

[그림 5.98] Command Line interface 실행 (2)

⑧ 다음 페이지에 보이는 블록 안의 내용을 'Debug >' 창에 써줌으로써 프로세서의 메모리 컨트롤러 레지스터를 초기화할 수 있다. smem 명령 다음의 어드레스 '0x48000000~0x48000030'은 메모리 컨트롤러 레지스터의 주소이고 바로 뒤의 값이 레지스터에 설정하게 될 초기값이다. 마지막 숫자 32는 32비트를 의미한다. ROM이나 SDRAM, 기타 외부디바이스 액세스를 위한 설정값을 나타내는 것이다. 따라서 [그림 5.98]에 나와 있는 윈도우 창에 아래의 명령을 써넣으면 에뮬레이터가 JTAG PORT를 통해 CPU 내부 레지스터에 값을 써넣게 된다. 이 명령어가 실행되면 그 때부터는 외부 메모리가 초기화 설정대로 동작하게 되어 MSTK2440에 이미지 파일 다운로드 및 실행이 가능해진다.

다음 블록안의 명령과 값은 이 보드의 기본 설정이다. 외우고 있기는 힘드므로 파일에 저장해 뒀다가 Multi-ICE를 사용할 때 참조하는 것이 편하다. 실제로 사용할 때에도 파일의 내용을 선택해서 'CTRL+C'를 눌러 복사하고 [그림 5.99]처럼 Command Line Interface 창에 붙여넣기(Paste)를 하면 된다. 매번 명령을 쳐넣지 않고 붙여넣기를 통해 한번에 명령을 입력할 수 있다. 이 과정을 거치고 나면 CPU 내부의 메모리 컨트롤러가 설정값에 맞게 초기화된다.

```
smem 0x48000000, 0x2045550 32
smem 0x48000004, 0x700 32
smem 0x48000008, 0x700 32
smem 0x4800000c, 0x700 32
smem 0x48000010, 0x700 32
smem 0x48000014, 0x700 32
smem 0x48000018, 0x700 32
smem 0x4800001c, 0x18005 32
smem 0x48000020, 0x700 32
smem 0x48000024, 0x8D0459 32
smem 0x48000028, 0x32 32
smem 0x4800002c, 0x30 32
smem 0x48000030, 0x30 32
```

메모리 컨트롤러 초기화 설정 명령

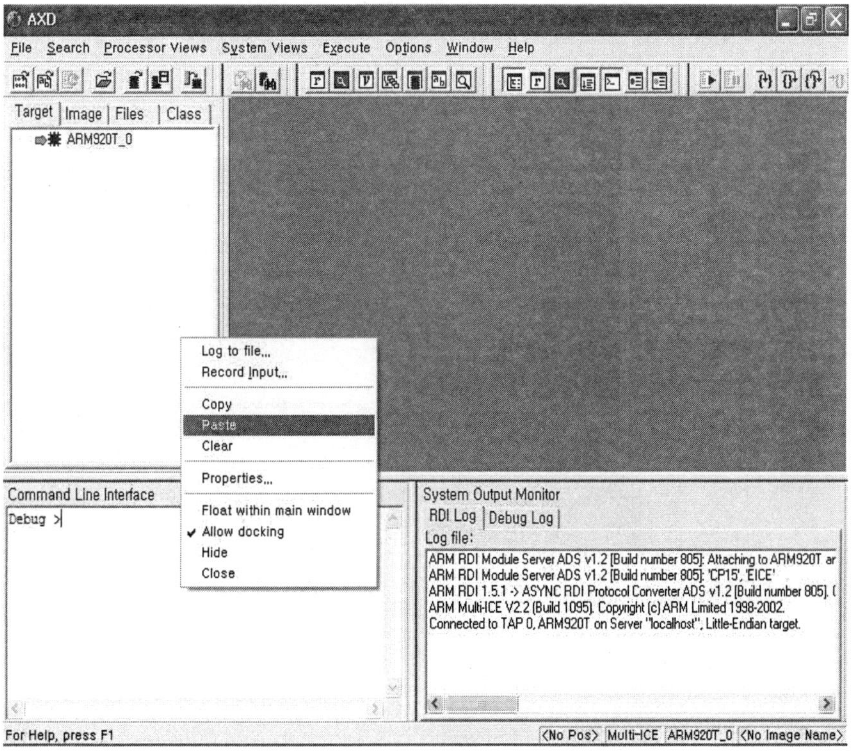

[그림 5.99] 메모리 컨트롤러 초기화 설정 (1)

⑨ 'Debug >' 창에 명령과 설정값이 정상적으로 write된 화면

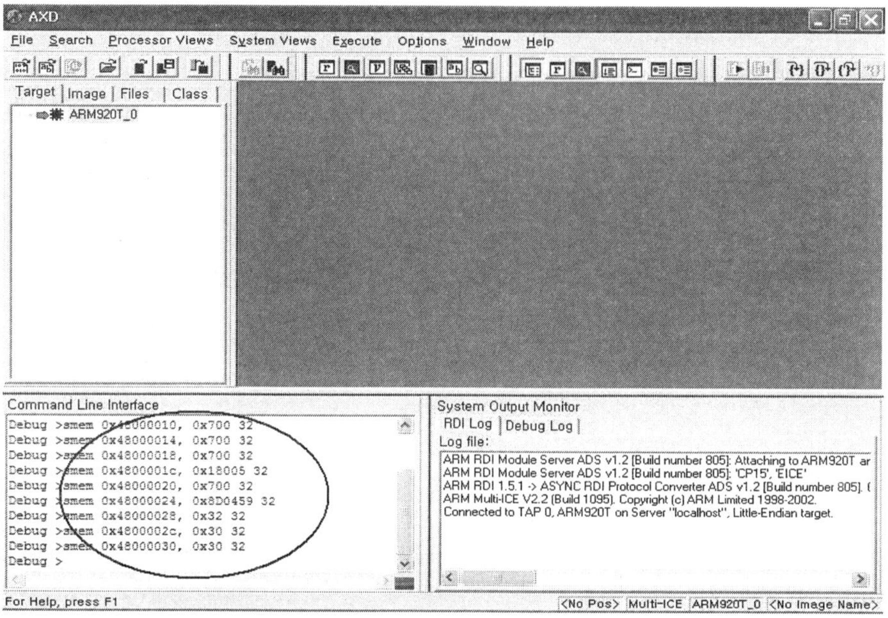

[그림 5.100] 메모리 컨트롤러 초기화 설정 (2)

⑩ 메뉴에서 [File]→[Load Image...]를 선택한다.

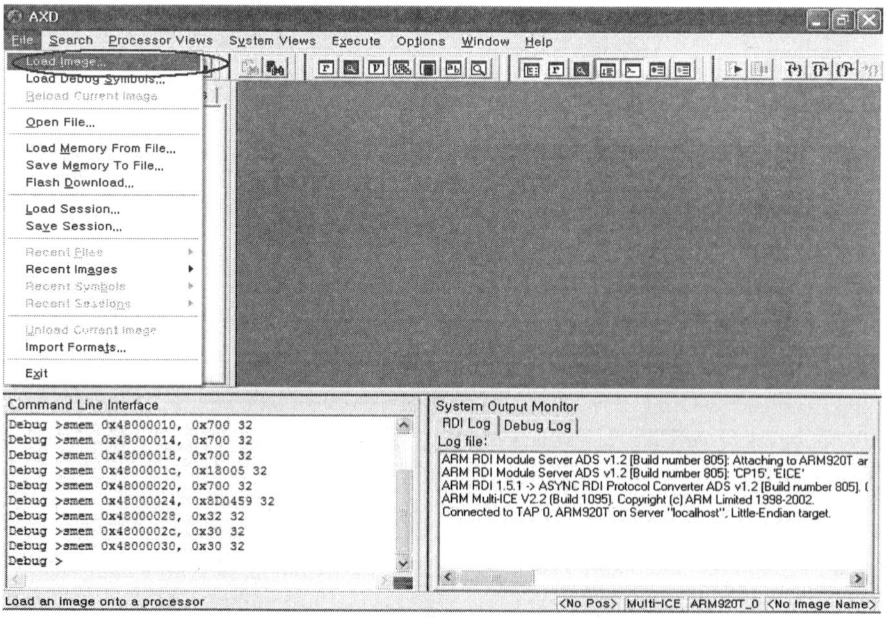

[그림 5.101] *.axf 이미지 파일 다운로드 (1)

⑪ *.axf 파일을 선택하고 '열기'를 클릭하여 메모리에 로드시킨다.

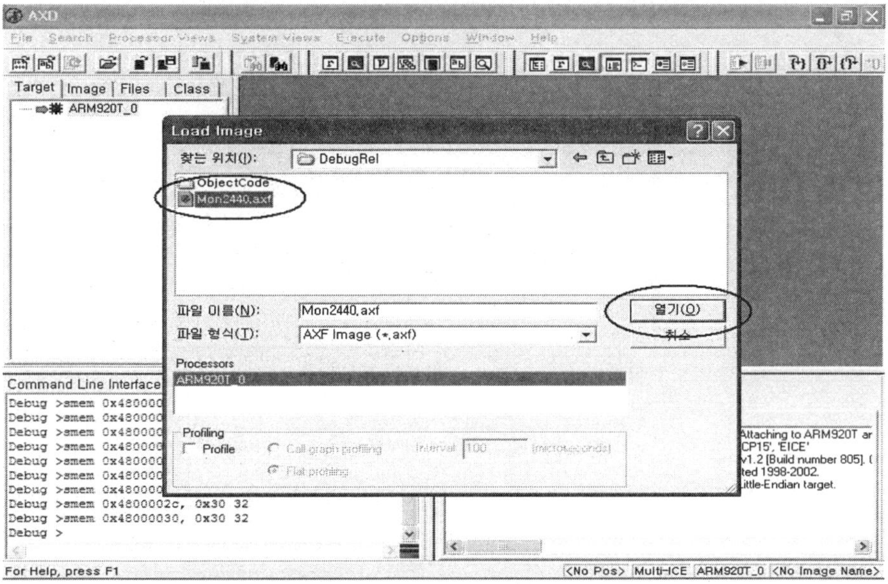

[그림 5.102] *.axf 이미지 파일 다운로드 (2)

⑫ 메뉴에서 [Processor Views]→[Memory]를 선택하면 Target 플랫폼의 메모리 내용을 확인할 수 있다.

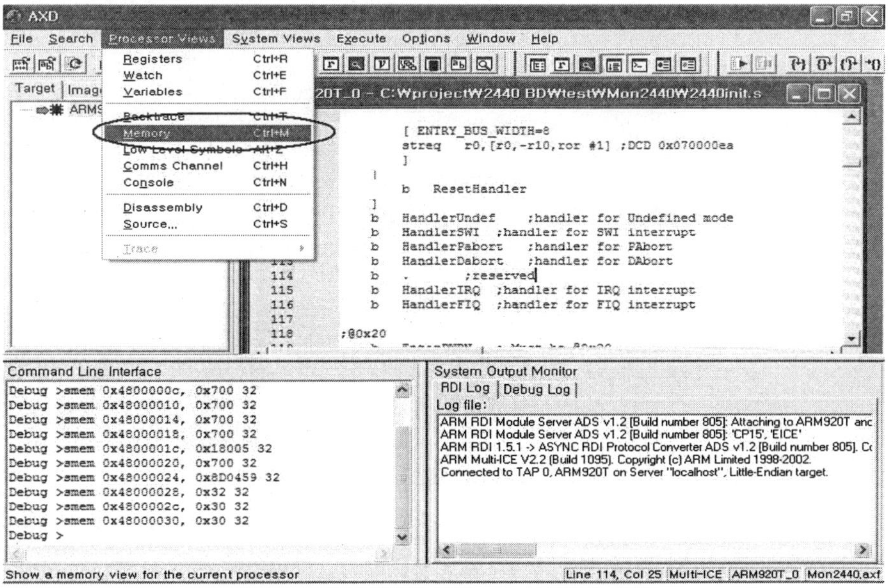

[그림 5.103] 타깃 플랫폼 메모리 VIEW (1)

⑬ 화면에 보이는 '▶'(RUN) 선택하여 프로그램을 실행한다.

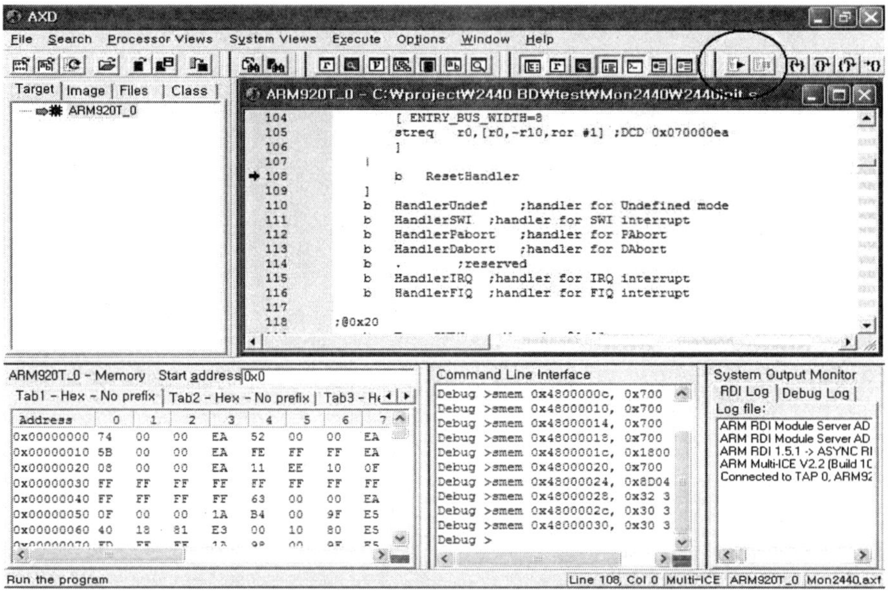

[그림 5.104] 프로그램 실행 화면 (1)

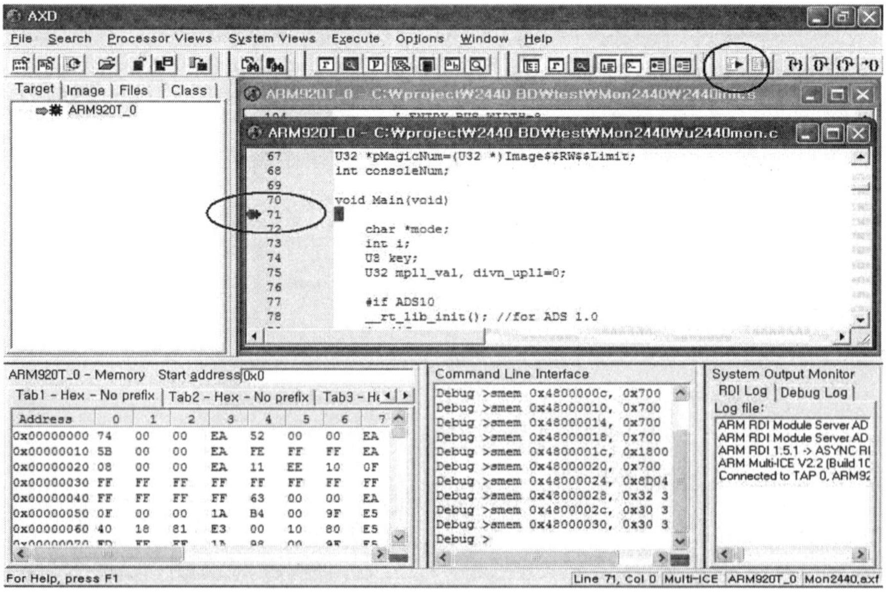

[그림 5.105] 프로그램 실행 (2)

메뉴에서 [Processor Views]→[Registers]를 선택하면 Target 플랫폼의 레지스터를 확인할 수 있다.

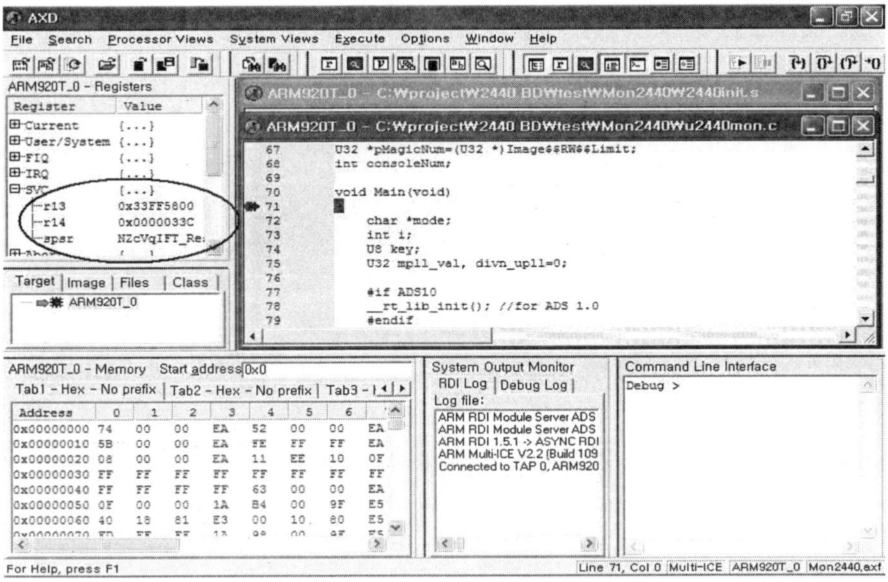

[그림 5.106] 타겟 플랫폼 레지스터 VIEW

[그림 5.106]처럼 모드별 해당 레지스터들의 값을 확인해 볼 수 있다.

5.3 ADS 컴파일러 개요 및 사용방법

S3C2410A, S3C2440A와 같은 프로세서를 가지고 원하는 동작을 하도록 하고자 할 때 우리는 프로세서를 동작시키기 위한 바이너리 파일을 만들어야 한다. 이 바이너리 파일은 프로세서에게 원하는 일을 하도록 하는 명령들로 구성되어 있다. 보통 기계어라고 말하는데 개발자가 어셈블러나 C Language를 사용하여 프로그램 작업을 한 것을 프로세서가 이해하는 기계어로 변환시켜 주는 역할을 하는 것이 컴파일러이다.

ARM 프로세서에서 사용되는 컴파일러로는 ARM사에서 만든 ADS 1.2가 있고 IAR에서 만든 EWARM 컴파일러도 있으며, Linux GCC 컴파일러도 있다.

여기에서는 ARM Developer Suite(ADS) Version 1.2를 사용하였으며 지금은 RVDS (RealView Developer Suite)라 하는 이후 버전이 있다. 평가판 CD를 신청하면 45일간 사용할 수 있는 데모 버전을 무료로 받을 수 있다.

5.3.1. 프로젝트 만들기

ADS1.2 CodeWarrior를 실행하여 Project를 만들고 컴파일하는 일련의 과정을 살펴보겠다.

① CodeWarrior 실행

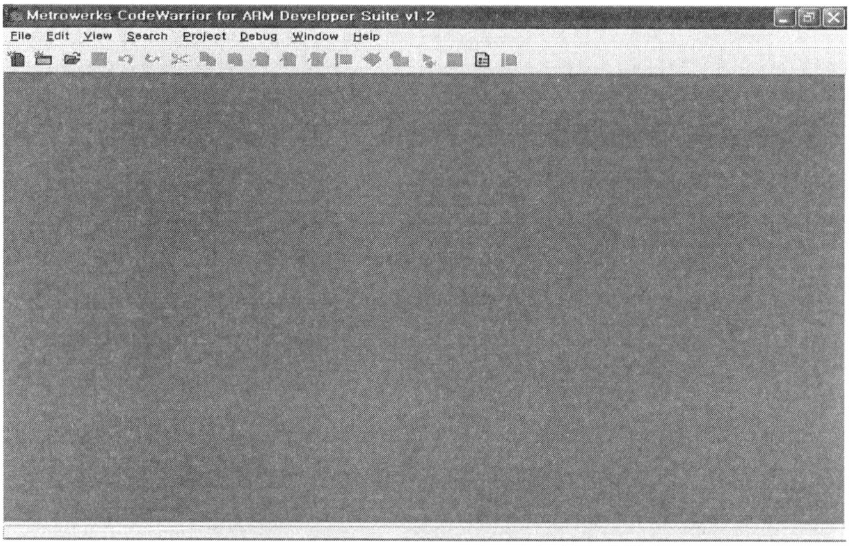

[그림 5.107] CodeWarrior 실행

② 메뉴에서 [File]→[New]를 선택하면 [그림 5.108]과 같은 창이 생성된다. Project 탭에서 Project name과 만들려는 Project Location을 설정하고 확인 버튼을 누르면 해당 폴더 위치로 New Project가 생성된다.

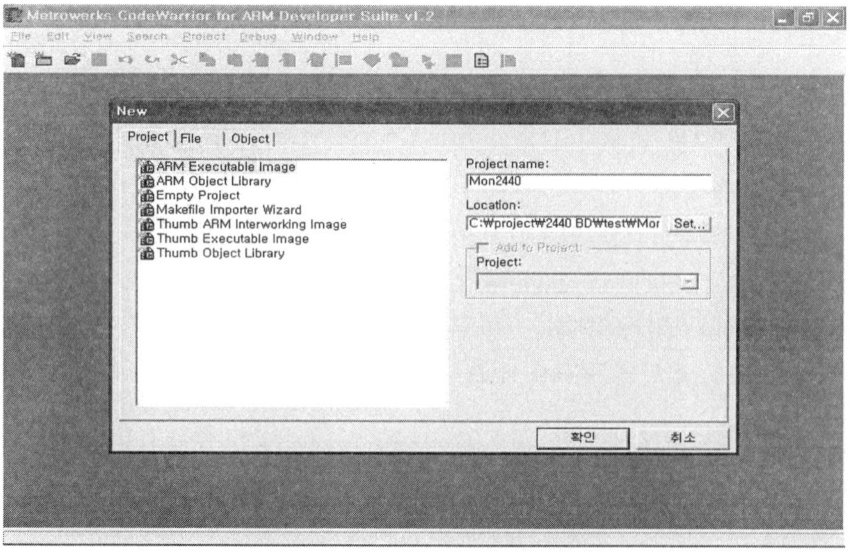

[그림 5.108] 프로젝트 만들기

해당 폴더에 새로운 프로젝트가 만들어졌다.

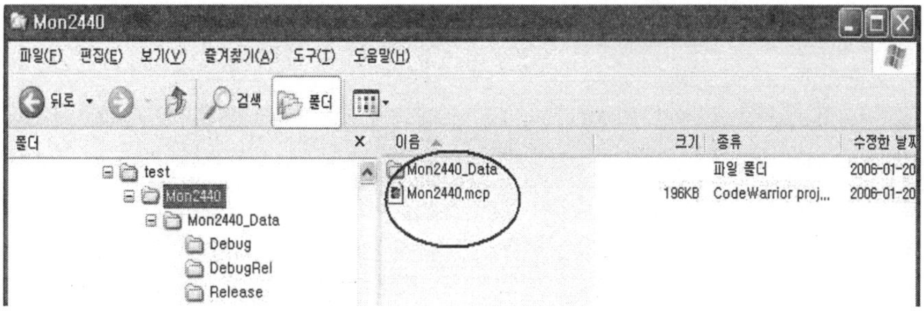

[그림 5.109] 폴더에 프로젝트 생성

③ Group 생성하기

Group 생성을 하려면 메뉴에서 [Project]→[Create Group]을 선택하거나 [그림 5.110]에서와 같이 마우스 오른쪽 버튼을 클릭하면 팝업 창이 뜨는데 Create Group를 선택하면 된다. [그림 5.111]과 같이 원하는 Group을 생성하도록 한다. 일반적으로 Group 생성 없이 파일 추가 및 파일 생성으로도 프로젝트를 만드는데 전혀 문제는 없다. 하지만 그림과 같이 C source, Header, Asm 파일을 구분해서 Group을 만들게 되면 작업하는데 있어 좀더 편리하다.

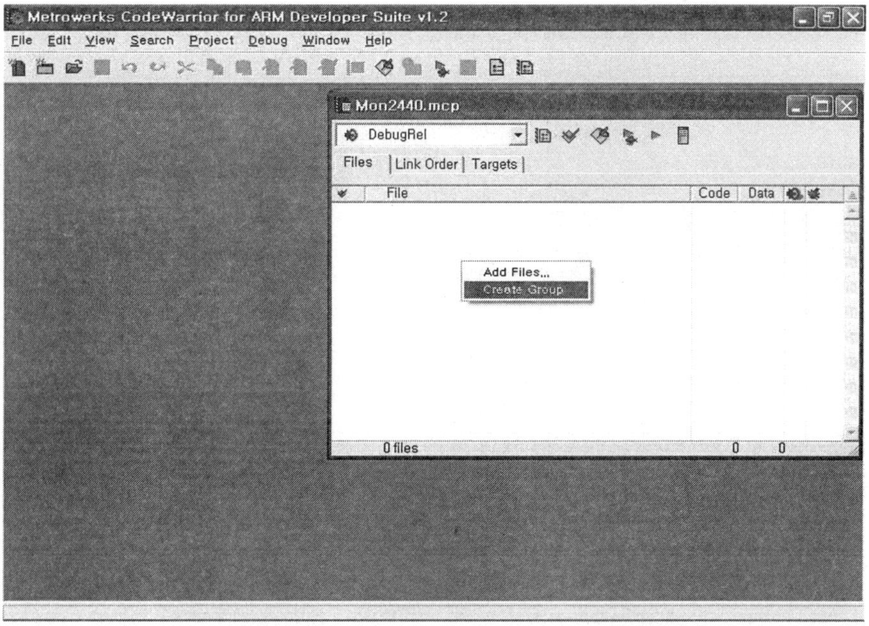

[그림 5.110] 프로젝트에 GROUP 생성 (1)

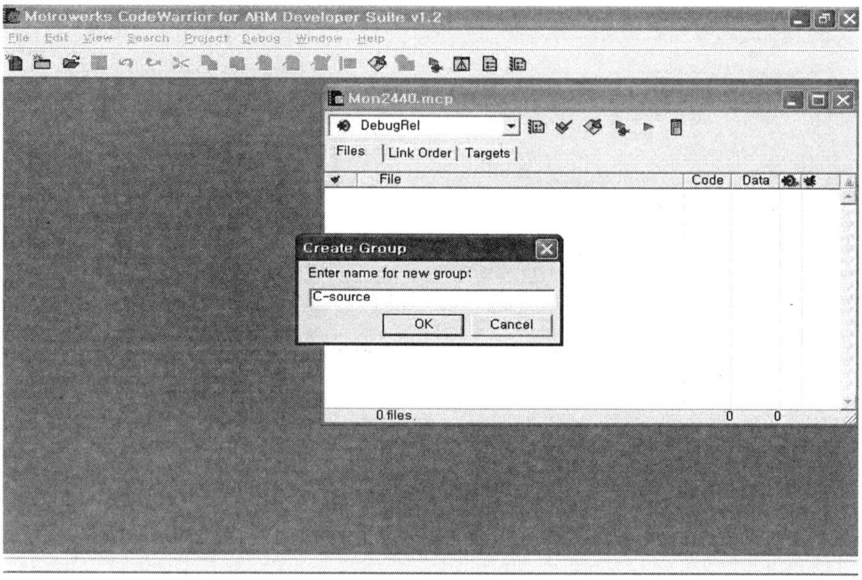

[그림 5.111] 프로젝트에 GROUP 생성 (2)

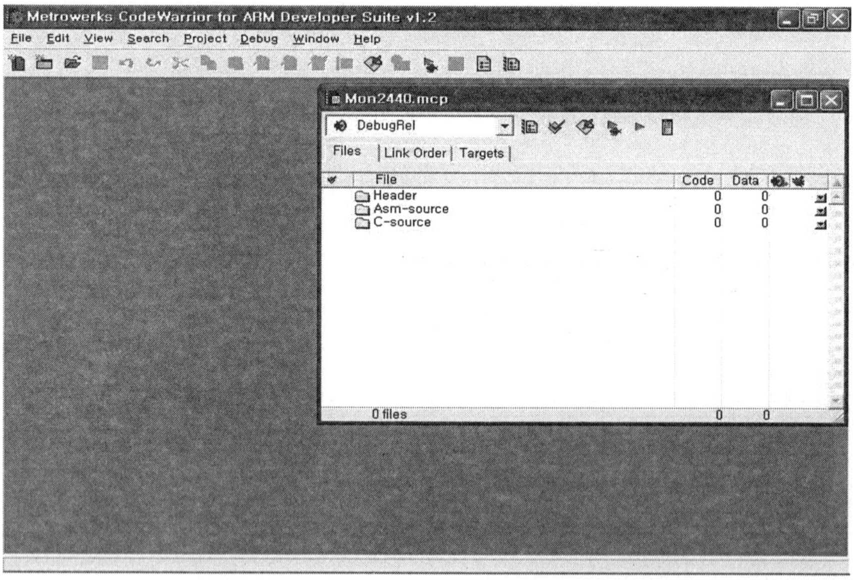

[그림 5.112] 프로젝트에 GROUP 생성 (3)

④ 프로젝트에 파일 추가하기

파일 추가를 하려면 메뉴에서 [Project]→[Add Files...]을 선택하거나 [그림 5.113]과 같이 프로젝트 창에서 마우스 오른쪽 버튼을 클릭하면 팝업 창이 뜨는데 Add Files...를 선택하면 된다.

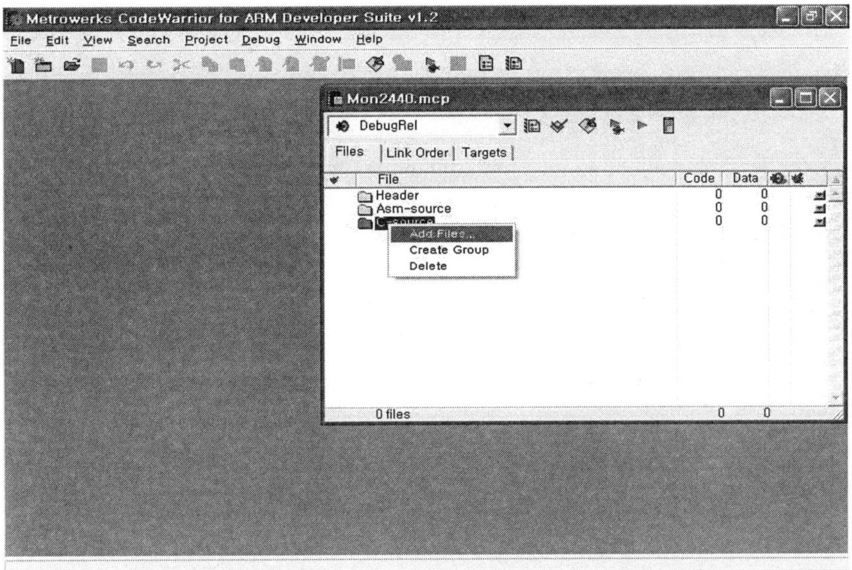

[그림 5.113] GROUP에 파일 추가 (1)

[그림 5.114]와 같이 다이얼로그 창이 뜨면 원하는 파일(*.c, *.h, *.s)들을 추가하도록 한다.

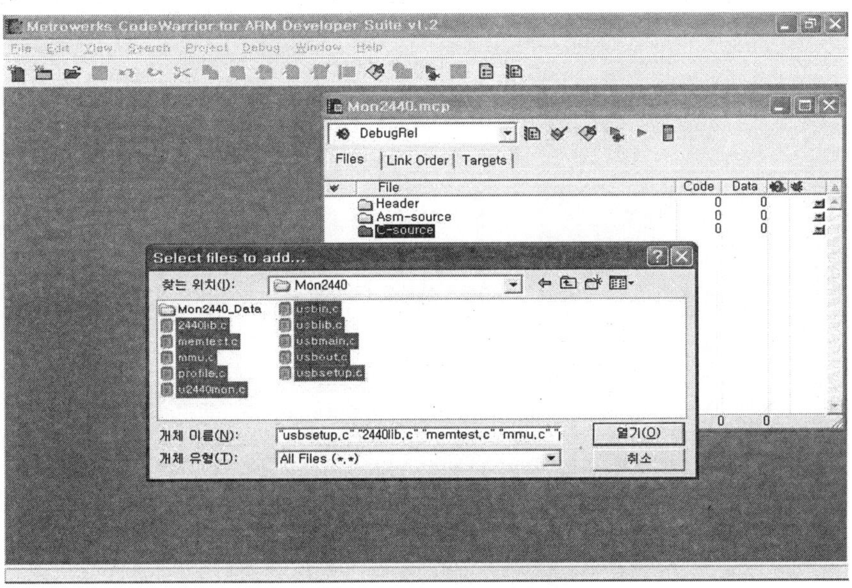

[그림 5.114] GROUP에 파일 추가 (2)

파일 추가를 하면 각각의 Target에 추가할 지를 묻는 창이 뜨는데 원하는 Target를 선택하여 확인 버튼을 누른다.(DebugRel, Release, Debug)

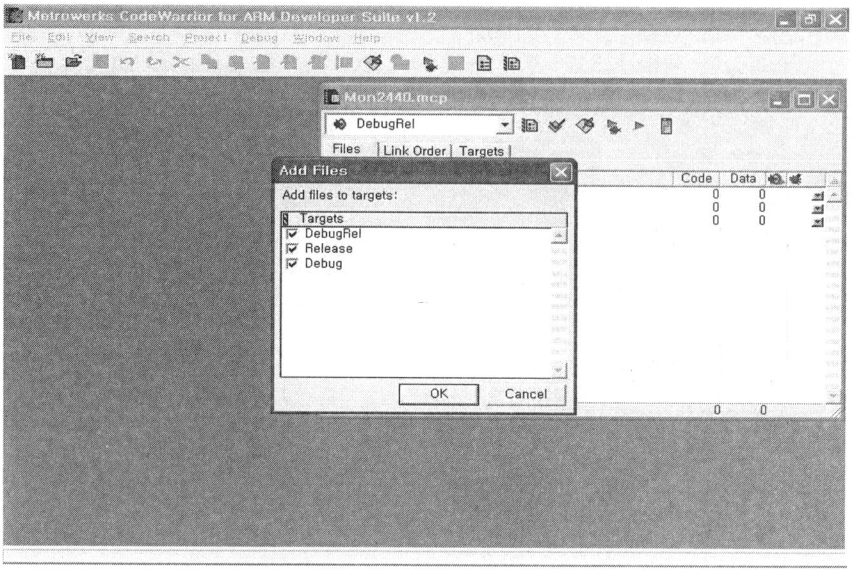

[그림 5.115] GROUP에 파일 추가 (3)

[그림 5.116]은 Group별 소스 파일들이 추가된 모습을 보여준다.

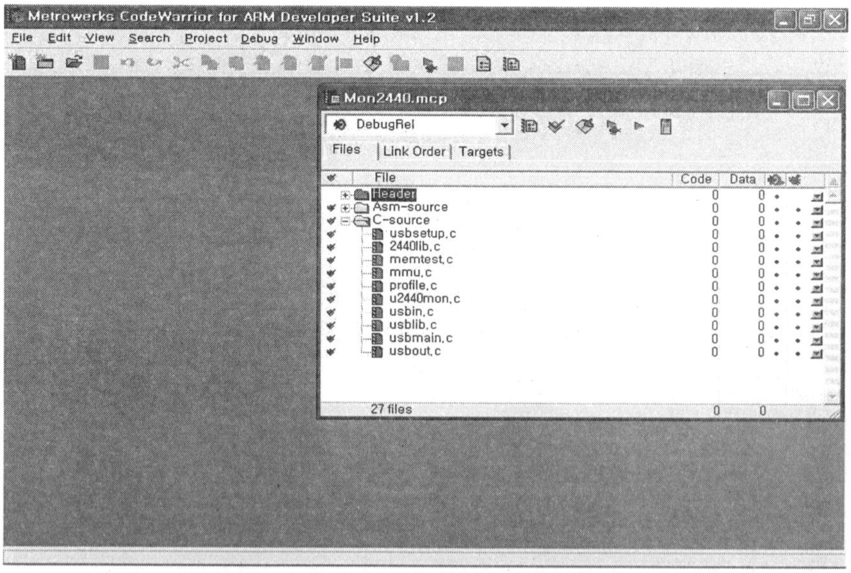

[그림 5.116] GROUP에 파일 추가 (4)

⑤ Target 설정하기(컴파일, 링크 옵션 설정)

메뉴에서 [Edit]→[DebugRel Settings...] 메뉴를 선택하거나 [그림 5.117]처럼 DebugRel Settings...버튼을 클릭한다.

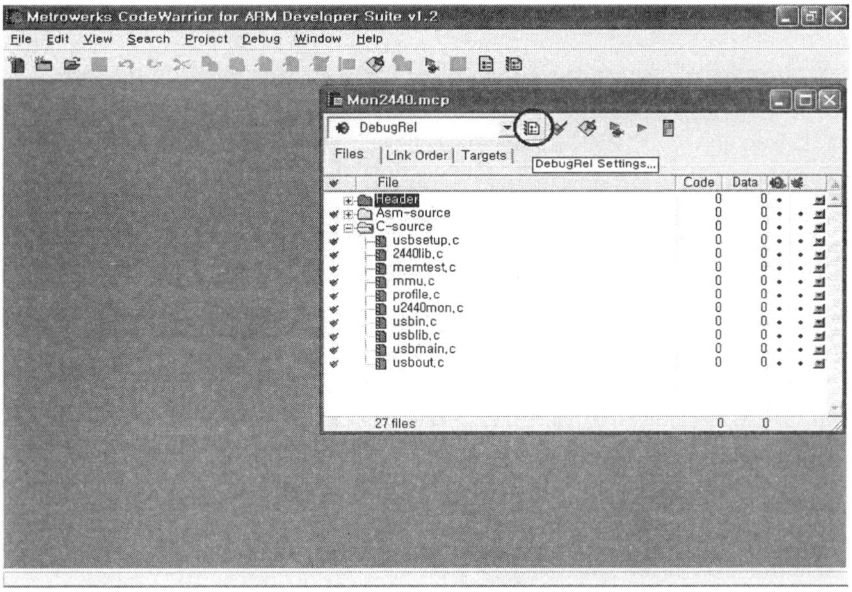

[그림 5.117] 타깃 설정하기 (1)

컴파일시 Debug, DebugRel, Release 세 가지 모드가 있다. 이는 최적화 level을 어느 정도로 하느냐에 따라서 구분되며 최종파일을 Release 모드로 해서 컴파일 하면 출력파일은 제일 작은 크기로 줄어들게 된다. ADS에 'ARM C compiler' -> ATPCS 탭에 Equivalent Command line을 보면 각 모드별 최적화 level을 확인할 수 있다.

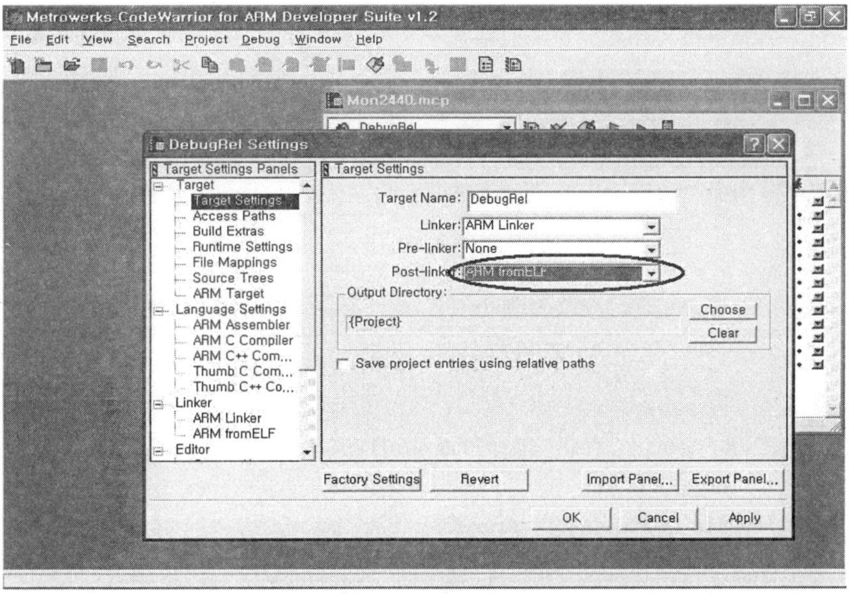

[그림 5.118] 타깃 설정하기 (2)

이제 [그림 5.118]과 같은 다이얼로그 창이 만들어지는데, 원형 표시와 같이 설정하도록 한다.

- Linker 항목 : ARM Linker (default)
- Pre-linker 항목 : None (default)
- Post-linker 항목 : ARM fromELF 선택

⑥ Language Settings 부분에서는 사용하는 Language에 대한 설정을 하는데, Asm, C 소스를 사용하므로 'ARM Assembler', 'ARM C Compiler', "Thumb C Compiler" 등에 대한 설정을 해야 한다. [그림 5.119]를 보면서 설정해 보자. 여기서는 ARM Assembler에 대한 설정을 보여 준다.

- Architecture or Processor : ARM920T (S3C24xx 내부코어)
- Byte Order : Little Endian (default)

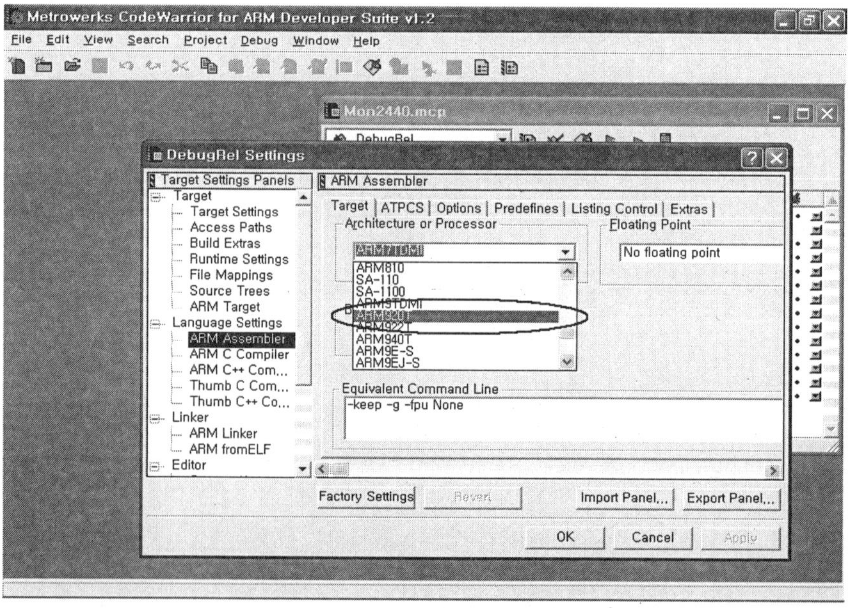

[그림 5.119] ARM Assembler Setting

⑦ [그림 5.120]은 ARM C Compiler에 대한 설정을 보여준다.

- Architecture or Processor : ARM920T (S3C24xx 내부코어)
- Floating Point : Pure-endian softfp (default)
- Byte Order : Little Endian (default)

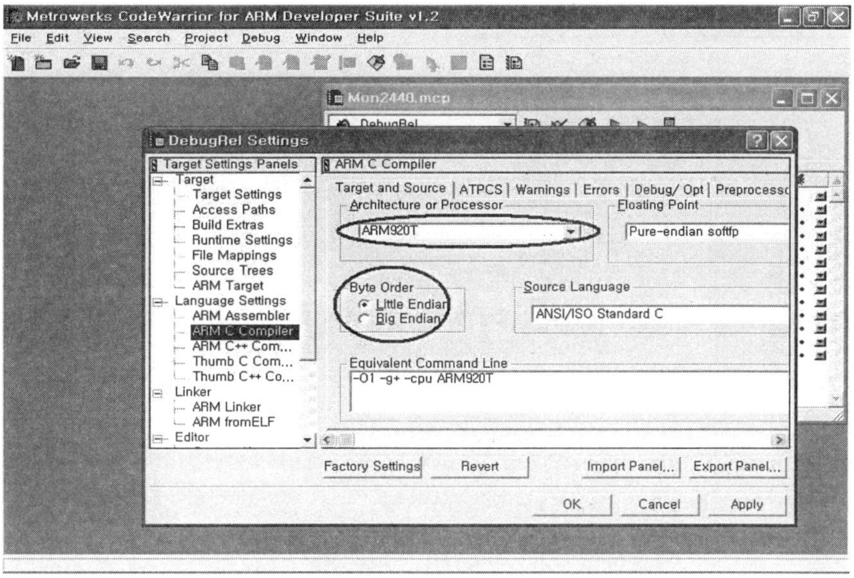

[그림 5.120] ARM C Compiler Setting

⑧ 다음은 Linker 설정이다. ARM Linker에서 RO Base, RW Base를 설정해 주어야 한다. RO는 'Read Only', RW는 'Read Write'를 뜻하는 것으로 ROM 부팅용으로 이미지를 만들고자 한다면 RO Base를 '0x0'으로 설정하도록 하고 RAM에서 동작하는 이미지를 만들고자 할 경우 RO Base를 RAM 주소로 설정하여야 한다. MSTK2440에서는 '0x0'번지에 플래시 메모리가 위치해 있고 SDRAM은 0x30000000번지에 위치해 있으므로, ROM 부팅용으로 이미지를 만들고자 할 경우 RO Base에 '0x0'을 SDRAM에서 동작시킬 경우는 '0x30000000'으로 설정하면 된다.

RW Base의 주소는 RAM 주소를 가리켜야 하며, RW Base는 각 모드의 스택주소 및 인터럽터 벡터 주소와 중첩되는 것을 피하여 설정해야 한다. RAM에서 동작하는 이미지를 만들 경우 RW Base는 설정하지 않게 되면, RO Base 바로 다음 주소에 자동적으로 위치하도록 Compile 된다. [그림 5.121]을 보면서 ARM Linker의 'Output'탭을 선택하여 RO, RW Base를 입력하도록 한다.

- RO Base : 플래시용 이미지일 경우 '0x0'
  RAM에서 실행되는 이미지일 경우 '0x30000000'
- RW Base : RAM에서 실행하는 경우는 따로 설정하지 않아도 된다.

보통 모니터 프로그램을 이용해서 이미지 파일을 RAM으로 다운로드하는 경우에는 RO Base는 0x30000000으로 하도록 하자.

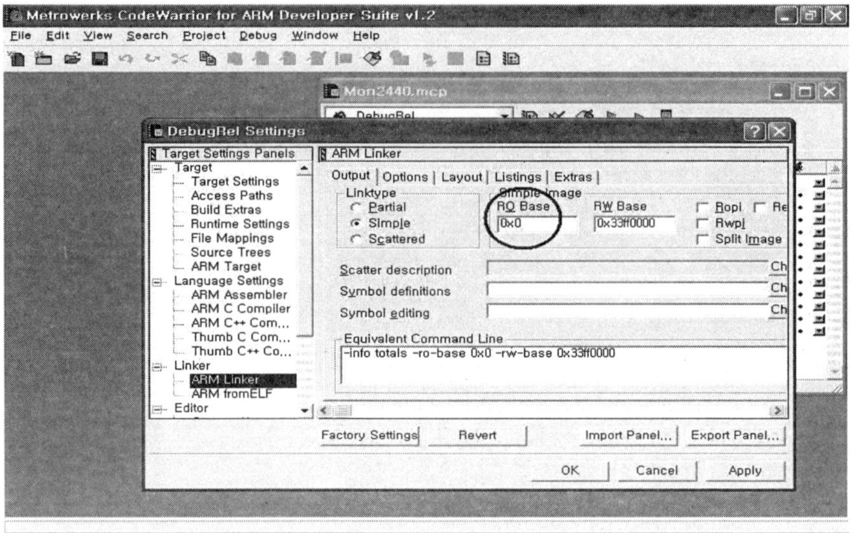

[그림 5.121] ARM Linker Setting (1)

'Options' 탭에 Image entry point 입력란에는 RO Base와 같은 주소이거나 빈공간으로 남겨두면 되고, 여기서 섹션에 대한 의미를 알아두도록 하자.

- RO Section : 전역변수 중 const 등으로 설정된 상수
- RW Section : 전역변수 중 초기화한 배열이나 일반 변수
- ZI Section : 전역변수 중 초기화하지 않은 변수나 배열

⑨ Layout 탭에서는 Object/Symbol 및 Section 부분을 설정해 주어야 한다.

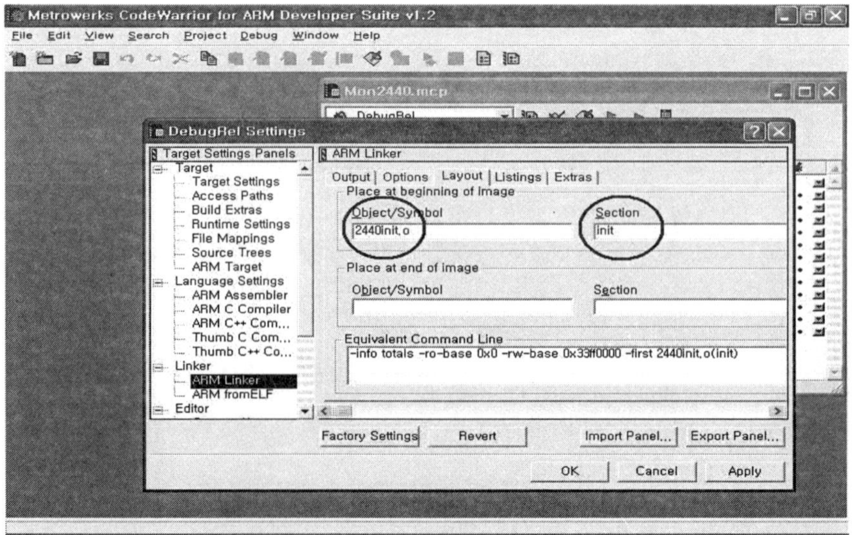

[그림 5.122] ARM Linker Setting (2)

'Object/Symbol'은 최초 실행되는 코드가 내장된 오브젝트 파일을 지정하는 것으로 보통 스타트업 파일의 컴파일된 오브젝트 이름을 설정하면 된다. 본 소스에서는 스타트업 오브젝트 이름이 '2440init.o'이다. 'Section'은 처음 실행되는 파일(2440init.o)의 시작 위치(시작 Entry)를 지정한다. 스타트업 파일을 보면 처음 시작하는 섹션이 있는데, 그 부분의 명칭이다.

⑩ Listings 탭에서는 [그림 5.123]과 같이 'Image map'과 'Symbols'를 선택하게 되면 컴파일시 사용한 Library, memory map 정보, Symbol 정보 등을 볼 수 있도록 컴파일러가 파일을 생성해 준다.

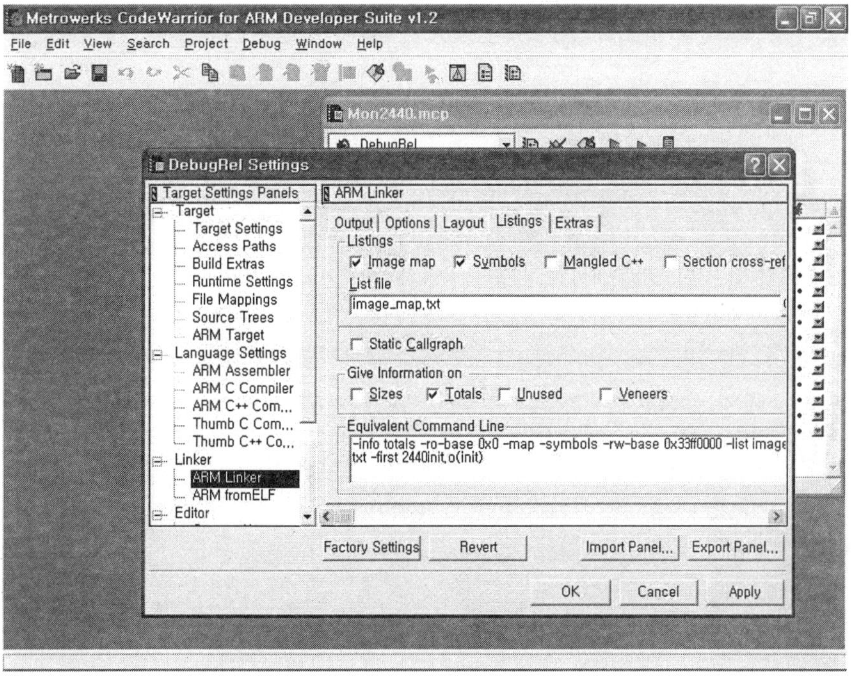

[그림 5.123] ARM Linker Setting (3)

[그림 5.124]는 memory_map.txt의 내용을 보여주고 있다. [그림 5.123]과 같이 설정시 그 출력 내용을 보면 크게 'Image Symbol Table'과 'Memory Map of the image', 'Image component sizes'로 구성되어있다. 첫번째는 이 프로젝트에서 사용한 함수, 변수에 대한 정보와 어드레스 정보가, 두번째는 Image Entry Point 정보나 이 이미지 파일의 메모리 맵 및 섹션 정보가, 세번째는 RO, RW, ZI 섹션에 대한 크기 정보가 표시되어 있다.

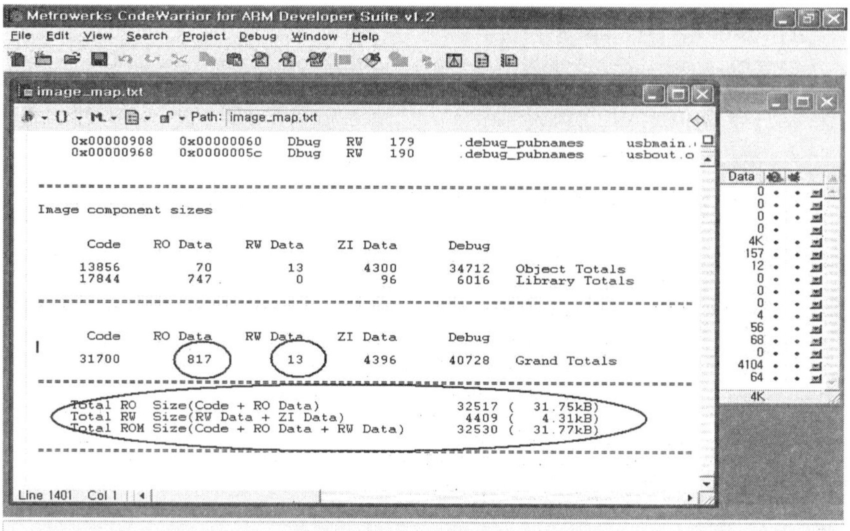

[그림 5.124] IMAGE_MAP.TXT 리스트 파일 VIEW

⑪ 마지막으로 Linker 항목 중에서 ARM fromELF 항목을 선택하여 필요 항목들을 설정해 보자. 이 항목은 최종 출력파일의 포맷과 파일이름을 설정하는 항목으로 출력파일 포맷을 Hex 파일이나, ELF 파일, Binary 파일 등으로 선택할 수 있다.

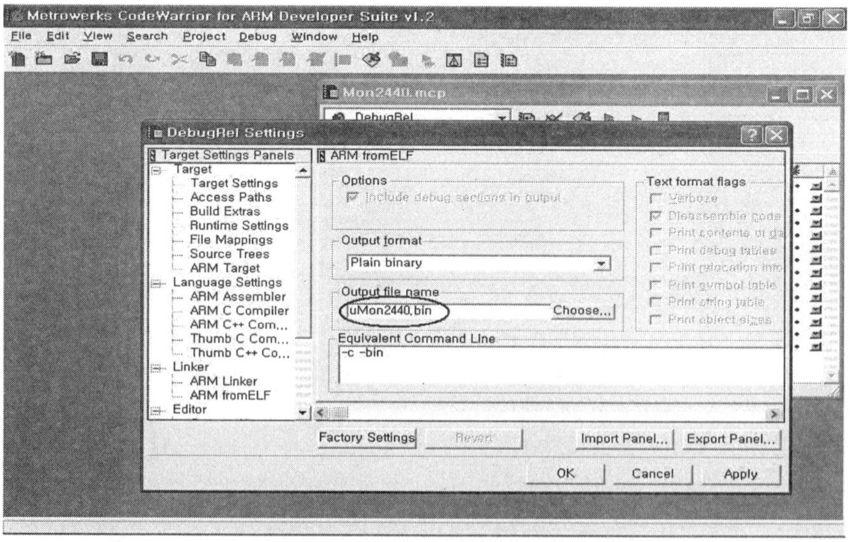

[그림 5.125] ARM Linker Setting (4)

[그림 5.125]와 같이 'Plain binary'를 선택하도록 한다. 출력파일 이름은 별도로 지정하지 않으면 프로젝트 이름과 동일한 이름의 이미지 파일이 생성된다.

5.3.2. 소스 파일 만들기 & 컴파일

① 새로운 소스 파일을 만들어 프로젝트에 추가해 보자. 새로운 파일을 만드는 방법은 메뉴에서 [File]→[New..]를 선택하면, [그림 5.126]과 같이 다이얼로그 창이 뜨는데 File 탭을 선택하고 오른쪽 'File name:'란에 파일 이름을 쓴다.

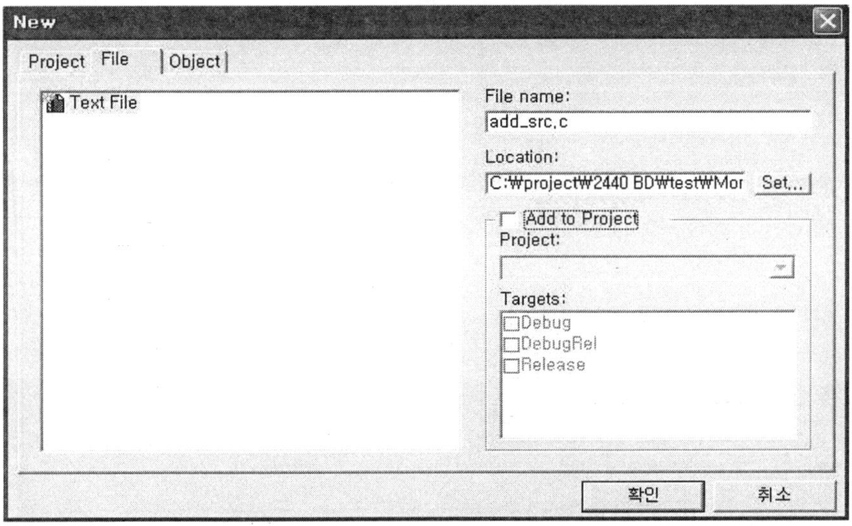

[그림 5.126] 소스 파일 만들기 (1)

② 'Add to Project'를 선택하고 추가하고자 하는 'Targets:'를 선택한다.

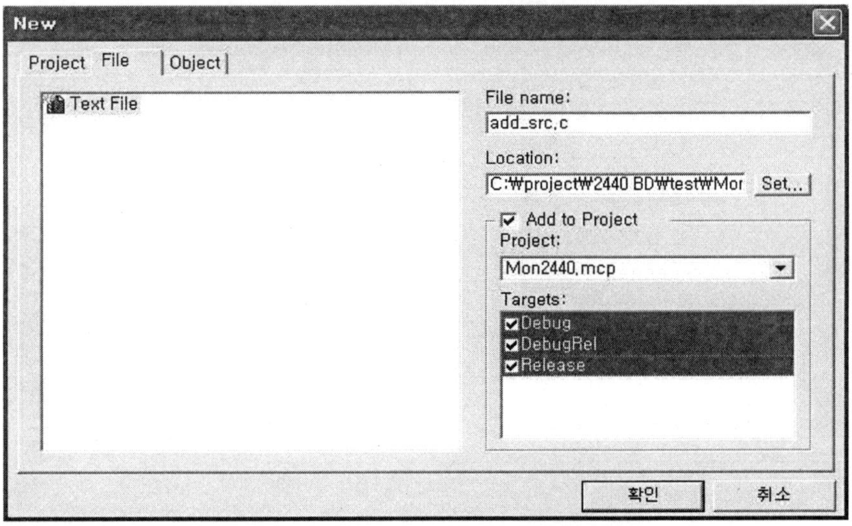

[그림 5.127] 소스 파일 만들기 (2)

③ [그림 5.128]은 소스 파일이 추가된 화면이다.

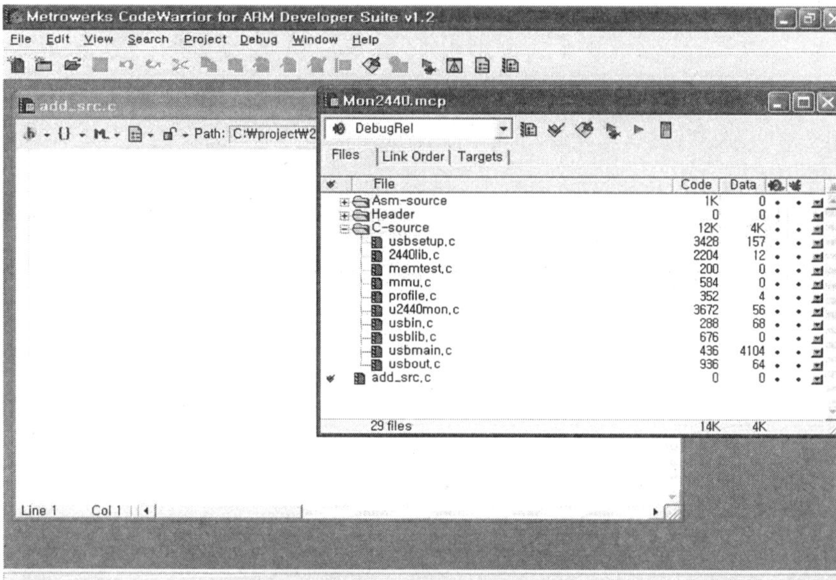

[그림 5.128] 소스 파일 만들기 (3)

④ [그림 5.129]는 수정된 파일이 있음을 보여준다. 수정된 부분만 추가 컴파일하는 기능이 있어 컴파일 속도가 빠른 편이다.

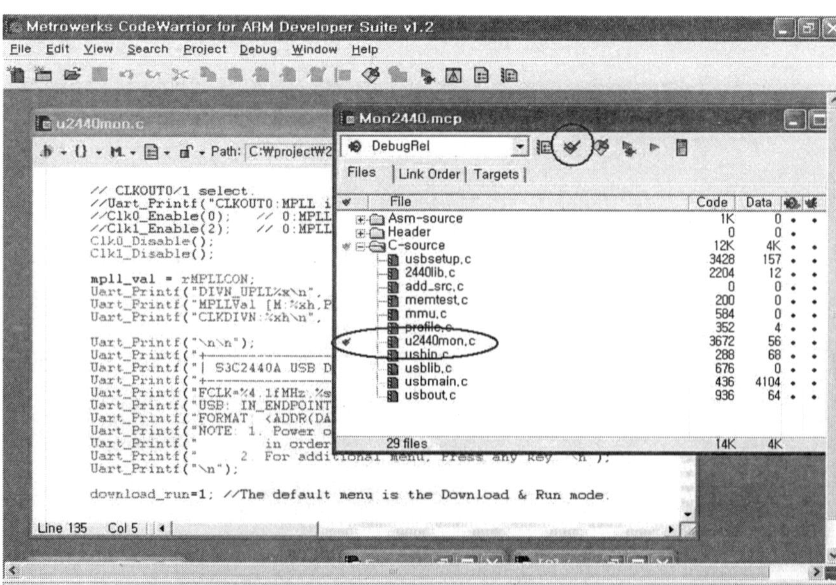

[그림 5.129] 소스 파일이 수정된 프로젝트 파일

⑤ 메뉴에서 [Project]→[Make]를 선택하거나 Make 아이콘을 클릭하면 프로젝트 컴파일, 링크과정이 진행된다. [그림 5.130]은 Make가 완료된 화면이다.

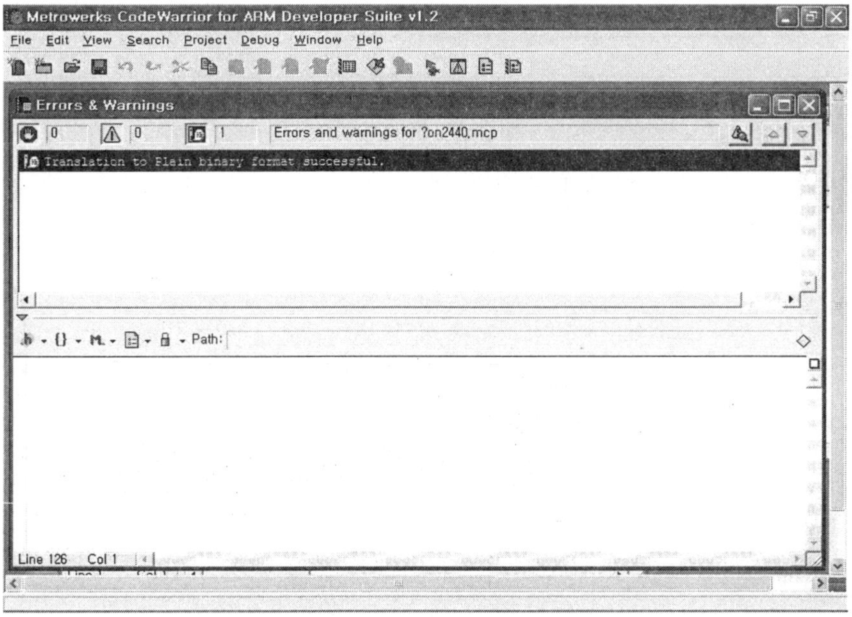

[그림 5.130] Error & Warnings 창

컴파일 또는 링크 과정에서 에러가 발생하면 [그림 5.130]의 Error&Warnings 창에 그 내용이 열거되고 에러 항목을 클릭하면 해당 소스코드로 에디터 화면이 전환된다.

⑥ 마지막으로 최종 출력파일을 확인해보자. [그림 5.131]과 같이 정상적인 컴파일이 모두 끝나면 해당 폴더에 최종 출력파일이 생성된다. 프로젝트를 생성하면 프로젝트 명에 해당하는 프로젝트 파일 '프로젝트 이름.mcp'가 생성되고 동시에 '프로젝트 이름_Data'라는 폴더가 해당폴더 아래에 생성된다. 컴파일 모드(Debug, DebugRel, Release)별 폴더도 함께 생성된다. DebugRel모드에서 컴파일 했다면 DebugRel 폴더 안에 axf파일과 bin파일이 생성된다.

다음의 [그림 5.131]을 보자. 그림에서처럼 bin파일과 axf파일이 생성된 것을 볼 수 있다. bin파일은 실행 이미지 파일이고, axf 파일은 AXD라는 디버거를 사용할 때 이용되는 파일로 각종 디버깅 정보를 가지고 있다.

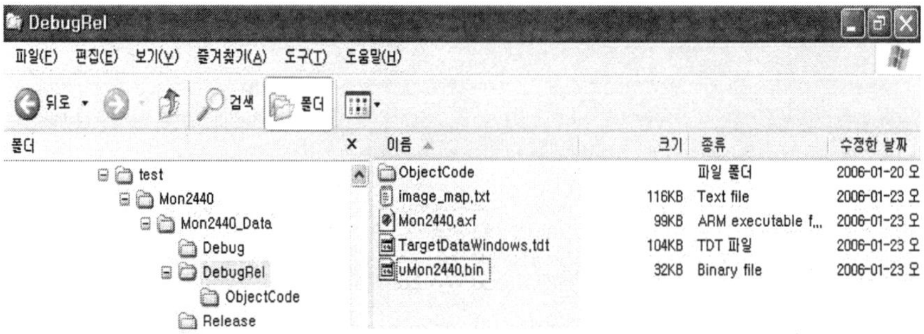

[그림 5.131] 폴더에 uMon2440.bin 파일 생성

여기까지 해서 ADS(ARM Developer Suite)의 사용법에 대해 알아보았다. 이 정도의 내용만 알아도 당장 ADS를 사용하는데 문제는 없다. 추가적인 기능은 ADS컴파일러의 매뉴얼을 참조하기 바란다. ADS를 인스톨하고 나면 ADS폴더 아래에 PDF라는 폴더를 볼 수 있다. 이 폴더 안에 ADS와 관련된 매뉴얼들이 포함되어 있다. 매뉴얼이면서도 스타트업 파일이나 코딩에 관계된 일부 내용도 있으나, 솔직히 내용이 방대하여 읽기가 쉽지는 않다. 평가판을 인스톨 하더라도 매뉴얼이 다 포함되어 있다. 정식 컴파일러는 ARM사의 해당대리점을 통해서 구매할 수 있다. 옵션에 따라 파일이 복사되지 않을 수도 있으니 그런 경우에는 ADS 인스톨 CD에 PDF 폴더에 파일들이 있다.

5.4 프로그램 구조

본 장에서는 앞으로 우리가 사용하게 될 프로그램 구조에 대해 설명하고자 한다. 첫째, 스타트 업 코드에 대해 짚고 넘어가도록 하겠다. ARM 프로세서가 최초 부팅을 하면서 동작하기 위한 레지스터 초기화 및 스택 초기화, 인터럽트 핸들러 설정, 메모리 컨트롤러 초기화, 전역변수 초기화에 대한 전반적인 내용을 다룰 것이다. 또한 어셈블리어 코드 해석을 통해서 2장에서 설명하였지만 실제 코드에서의 적용 예를 보면서 어셈블리어에 대한 이해를 높이도록 하고자 한다. 둘째, 모니터 프로그램에 대한 설명을 통하여 다운로드 기능과 RAM 번지로의 점프 등에 대한 설명을 하고 RAM에서 동작하는 프로그램에 대한 점검을 통해서 전체적인 프로그램의 구조를 이해하고자 한다.

C언어와 어셈블리어

ARM 프로세서를 이용한 프로그램 개발시 보통 C언어를 많이 사용하게 된다. 동작 시간에 아주 민감한 부분은 '인라인 어셈블러'를 사용하기도 하고 그렇지 않은 경우는 보통

C언어를 사용한다. 어셈블리어로만으로도 프로그램 작업은 가능하지만 프로젝트 규모가 커질수록, 연산 기능이 복잡해질수록 프로그램 하는 개발자 입장에서 불편한 점이 많을 것이다.

C언어는 구조화 프로그래밍 및 모듈화 설계를 자연스럽게 할 수 있으며, 결과적으로 신뢰성 있고 이해하기 쉬운 프로그램을 작성할 수 있다. 효율적이고 간결하면서도 어셈블리 언어에서나 가능 했던 하드웨어의 미세한 제어까지도 가능하게 해준다. 특히 이식성이 뛰어나서 다른 시스템에서 개발했던 모듈 등도 약간의 수정으로 이식이 가능하다. 그럼 C언어만으로도 모든 부분에 대해 프로그램 및 제어가 가능할까? 그렇지는 않다. C언어에서 할 수 없는 부분이 있다.

그 한 가지 예를 든다면 Arm 프로세서는 7개의 동작모드를 가지고 있다. 이 각 모드에 대한 스택 포인터 어드레스를 초기화 해주어야만 프로세서가 정상적으로 동작을 하게 된다. 하지만 이러한 초기화 작업을 C언어로는 할 수가 없다. C언어는 주소 없는 공간에 대한 접근이 불가능하기 때문이다. 이런 부분은 어셈블리어로만 가능하다. 또한 스타트업 코드에는 C언어로도 초기화 가능한 부분이 있지만 Main()으로 점프하기 전, Arm 프로세서 동작을 위한 기본적인 초기화 부분들은 어셈블리어로 작성하였다.

5.4.1 스타트업 코드

지금부터 설명하게 될 스타트 업 코드의 내용은 크게 네 가지로 구분되어진다.

▶ Exception Vector Table

Exception 이 발생하거나 인터럽트가 걸렸을 때의 프로세서 동작에 대한 설명 부분이다. 어떻게 인터럽트 서비스 루틴이 실행되는 지에 대한 내용을 자세히 다루겠다. 매우 중요한 부분이라고 생각되어지며 프로세서를 이해하는데도 도움이 될 것이다.

▶ 메모리 초기화 부분

S3C2410A, S3C2440A ARM 프로세서에는 메모리 컨트롤러가 내장되어 있어서 외부에 ROM, SRAM, SDRAM, 기타 외부 디바이스 등을 붙일 수가 있으며 이런 외부 디바이스들의 스펙에 맞도록 버스폭, 액세스 타임, Wait Status 설정 등을 소프트웨어로 제어할 수 있다.

▶ 스택 초기화 부분

S3C2410A, S3C2440A ARM 프로세서에는 6개의 하드웨어 스택이 있는데 ARM 프로세서가 동작하기 위해서는 이 스택들을 적당한 어드레스로 설정해주어야 한다. 이런 초기화 방법 및 내부 CPSR 레지스터를 통해 동작 모드 변경 등에 대한 방법을 알아보도록 한다.

▶ 전역변수 초기화 부분

C언어로 프로그램 할 때 사용했던 변수 중에는 지역변수도 있고 전역변수도 있을 것이다. 이 중 전역변수에 대한 부분은 초기화가 이루어져야 하는데 이런 부분을 스타트 업 코드에서 각 Section(RW Section, ZI Section) 별로 초기화 해주게 된다.

5.4.1에서는 위 네 가지 부분에 대해 상세히 설명하도록 하겠다. 실제로는 기존의 스타트업 코드를 수정하지 않고도 충분히 어플리케이션을 만들 수도 있으나 때로는 불가피하게 스타트업 코드를 수정해야 하는 경우가 생기기 마련이다. 즉 최소한의 내용은 알아두어야 하는 것이다. 우선 상세한 설명에 앞서 스타트업 코드의 최초 부팅 시점부터 C언어의 Main() 함수로 분기할 때까지의 흐름에 대해서 짚고 넘어가보도록 하겠다.

모니터 프로그램 프로젝트를 열어서 2440init.s라는 이름을 가진 스타트업 파일 내용을 보자. 여기에서는 흐름을 설명하기 위해 스타트업 파일을 부분적으로 나누어서 설명하기 때문에 함께 보면 이해가 편할 것이다. 또한 Sleep 모드 진입 후 탈출시에 대한 설정코드 부분이 추가로 있으며 이 부분에 대해서는 19장에서 다시 설명하도록 하겠다.

① 프로그램의 시작

```
AREA    Init, CODE, READONLY

ENTRY
b    ResetHandler
```

AREA 어셈블 지시어는 새로운 블록임을 알리는 지시어로 첫번째 라인은 CODE 블록임을 알리는 내용이다. ENTRY 지시어는 코드의 시작점임을 표시하는 지시어이고 'b ResetHandler' 명령어가 부팅시 최초 실행되는 명령어이다. ResetHandler 루틴으로 점프하라는 명령어로 ROM 부팅인 경우, 이 명령어 시작 주소는 0x0번지가 된다.

② ResetHandler

이 루틴에서 제일 먼저 하는 일은 WTCON 레지스터에 0x0을 대입해서 와치독 타이머를 Disable 시키는 일이다. 그후 모든 인터럽트를 Disable하고 I/O 설정을 하기도 하며 PLL Lock Time을 줄이기 위해 LOCKTIME 레지스터를 조정하기도 한다. 또한 FCLK/HCLK /PCLK 클럭을 설정하고 UPLL 및 MPLL에 대한 설정을 하게 된다.

```
;=======  ENTRY  =======
ResetHandler
        ldr  r0,=WTCON          ; watch dog disable
        ldr  r1,=0x0
        str  r1,[r0]

        ldr  r0,=INTMSK
        ldr  r1,=0xffffffff     ; all interrupt disable
        str  r1,[r0]

        ldr  r0,=INTSUBMSK
        ldr  r1,=0x7fff         ; all sub interrupt disable
        str  r1,[r0]
        ldr  r0,=GPFCON         ; I/O set
        ldr  r1,=0x5500
        str  r1,[r0]
        ldr  r0,=GPFDAT
        ldr  r1,=0x10
        str  r1,[r0]

        ldr  r0,=LOCKTIME       ; adjust the LOCKTIME register
        ldr  r1,=0xffffff
        str  r1,[r0]
```

③ Set memory control registers

```
        ldr  r0,=SMRDATA
        ldr  r1,=BWSCON         ; BWSCON Address
        add  r2, r0, #52        ; End address of SMRDATA
```

8개의 뱅크를 각각 초기화한다.

④ EINT0 KEY가 눌려져 있다면 SDRAM 메모리를 Clear한다.

```
; check if EIN0 button is pressed

        ldr  r0,=GPFCON
        ldr  r1,=0x0
        str  r1,[r0]
        ldr  r0,=GPFUP
        ldr  r1,=0xff
        str  r1,[r0]
        ldr  r1,=GPFDAT
        ldr  r0,[r1]
        bic  r0,r0,#(0x1e<<1)        ; bit clear
        tst  r0,#0x1
        bne %F1

; Clear SDRAM Start
        ldr  r0,=GPFCON
        ldr  r1,=0x55aa
        str  r1,[r0]
        ldr  r0,=GPFDAT
        ldr  r1,=0x0
        str  r1,[r0]                 ; LED=****
        mov r1,#0
        .....
        .....
        mov r8,#0
        ldr  r9,=0x4000000           ; 64MB
        ldr  r0,=0x30000000
0
        stmia      r0!,{r1-r8}
        subs r9,r9,#32
        bne %B0

; Clear SDRAM End
```

⑤ Initialize stacks

```
        bl    InitStacks
```

각 모드별 스택을 초기화한다. 여기서 'BL' 명령은 현재 PC(Program Counter) 값을 LR(Link Register)에 저장하고 분기하라는 명령어이다.

⑥ Setup IRQ handler

```
        ldr   r0,=HandleIRQ
        ldr   r1,=IsrIRQ
        str   r1,[r0]
```

IRQ handler에 IsrIRQ 루틴의 시작주소를 대입하는 루틴이다.

⑦ Copy and paste RW data/zero initialized data

```
        ldr   r0, =|Image$$RO$$Limit|      ; Get pointer to ROM data
        ldr   r1, =|Image$$RW$$Base|       ; and RAM copy
        ldr   r3, =|Image$$ZI$$Base|
          .........
```

전역변수를 초기화한다.

⑧ Main( )으로 점프한다.

```
        bl    Main
        b     .
```

①~⑦까지의 과정을 거치면서 여러 동작을 끝낸 후에 ⑧에서 Main으로 점프하게 된다. Main() 함수의 시작 번지는 스타트업 파일의 IMPORT Main 지시어를 통해 Main() 함수의 엔트리(Entry)포인트, 즉 시작 번지를 알 수 있다.

여기까지 스타트업 파일에 대해 간단하게 흐름을 짚어 보았다. 이제부터 상세한 내용을 다루게 될텐데, 부분적으로 나누어 언급하기 때문에 스타트업 파일의 소스 코드와 비교하면서 자세히 보도록 하자.

5.4.2 EVT(Exception Vector Table)

ARM 프로세서는 아래 그림과 같이 7개의 EVT(Exception Vector Table)를 가지고 있다. 익셉션이 발생하면 해당 주소로 점프를 하도록 되어 있다. 최초 Reset이 발생하면 프로세서는 0x0번지로 점프를 하며, IRQ 신호를 받았을 때는 0x18번지로 점프하게 된다. Undefine Instruction, Software Interrupt, Prefetch Abort, Data Abort, Fast Interrupt 익셉션이 발생했을 경우도 해당 번지로 점프 하도록 하는 하드웨어 구조를 가지고 있다.

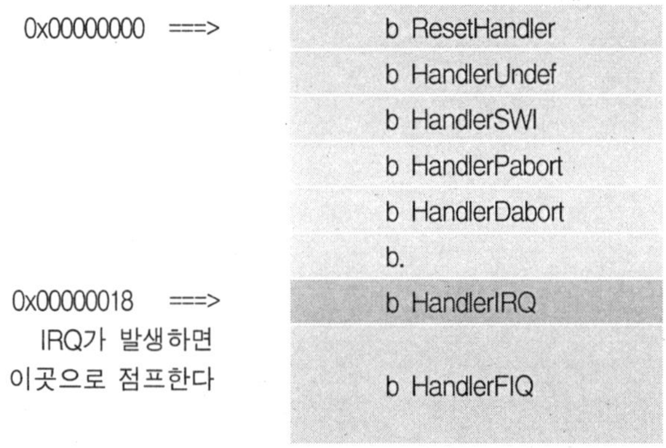

[그림 5.132] EXCEPTION VECTOR TABLE(EVT)

▶ 제2의 EVT

어떠한 어플리케이션을 개발한다고 할 때 가장 먼저 개발환경을 구축하게 되는데 컴파일러는 무엇을 사용할지, 에뮬레이터는 어떠한 것을 사용할지 등을 선택하게 된다. 에뮬레이터 장비로는 CPU 에뮬레이터가 있으나 고가의 장비라는 단점이 있다. 그래서 보통 ROM에 통신기능, 프로그램 다운로드 기능 등을 가진 모니터 프로그램을 넣은 후 RAM에 다운로드해서 실행시키는 방법을 사용한다.

매번 프로그램 수정시 RAM으로 다운로드해서 테스트해 볼 수 있기 때문에 빠르고 간편하게 테스트 할 수 있다. 그런데 만약 모니터 프로그램에서도 UART 인터럽트를 사용하고 RAM 프로그램에서 UART 인터럽트를 사용한다면 사용자는 어느 곳으로 점프를 할지를 고려해야 할 것이다. 이런 경우를 위해 제2의 벡터테이블(제2 EVT)을 만들어 사용한다.

ROM에는 인터럽트가 발생하면 램의 특정번지로 점프하도록 하고 RAM에서 실행되는 프로그램은 그 위치에 인터럽트 서비스 루틴의 실행 주소를 지정해주면 된다. 즉, ROM 영역에 위치하는 익셉션 벡터 테이블에는 RAM 영역에 할당한 제2의 익셉션 벡터 테이블로 점프하도록 만들고 RAM 영역의 제2익셉션 벡터 테이블에는 실제 인터럽트 처리함수의 시작번지로 점프하도록 만들어 주는 것이다.

▶ C함수에서의 인터럽트 함수 초기화

다음의 예는 RAM 프로그램의 C소스 파일에서 인터럽트 벡터 테이블을 초기화하는 예를 들어 본 것이다.

```
#define _ISR_STARTADDRESS      0x33ffff00

// Exception vector
#define pISR_RESET          (*(unsigned *)(_ISR_STARTADDRESS+0x0))
#define pISR_UNDEF          (*(unsigned *)(_ISR_STARTADDRESS+0x4))
#define pISR_SWI            (*(unsigned *)(_ISR_STARTADDRESS+0x8))
#define pISR_PABORT         (*(unsigned *)(_ISR_STARTADDRESS+0xc))
#define pISR_DABORT         (*(unsigned *)(_ISR_STARTADDRESS+0x10))
#define pISR_RESERVED       (*(unsigned *)(_ISR_STARTADDRESS+0x14))
#define pISR_IRQ            (*(unsigned *)(_ISR_STARTADDRESS+0x18))
#define pISR_FIQ            (*(unsigned *)(_ISR_STARTADDRESS+0x1c))

// Interrupt vector
#define pISR_EINT0          (*(unsigned *)(_ISR_STARTADDRESS+0x20))
#define pISR_EINT1          (*(unsigned *)(_ISR_STARTADDRESS+0x24))
...

void Isr_Init(void)
{
      pISR_EINT0=(unsigned)Function_EINT0;
      .......
      .......
}

void __irq Function_EINT0(void)
{
      Uart_Printf("EINT0 Function!!!\n");
}
```

C언어 소스에서 인터럽트 함수 설정을 보여주는 것으로 _ISR_STARTADDRESS주소를 0x33ffff00로 설정하였고, pISR_EINT0를 _ISR_STARTADDRESS+0x20번지로 정의하였으며, 인터럽트 초기화 함수 Isr_Init()에서 pISR_EINT0 주소에 Function_EINT0()의 시작 주소를 대입하였다.

따라서 EINT0 인터럽트가 발생하면 0x0000_0018 번지로 점프→IsrIRQ 루틴 실행→_ISR_STARTADDRESS+0x20 번지로 점프해서 Function_EINT0() 함수가 실행되는 것이다. 이렇게 해서 RAM에서 실행되는 프로그램에서 사용자 요구사항에 맞는 인터럽트 서비스 루틴을 실행시킬 수 있는 것이다.

▶ Exception Handler MACRO

```
MACRO
$HandlerLabel       HANDLER $HandleLabel

$HandlerLabel
        sub     sp,sp,#4
        stmfd   sp!,{r0}
        ldr     r0,=$HandleLabel
        ldr     r0,[r0]
        str     r0,[sp,#4]
        ldmfd   sp!,{r0,pc}
MEND

HandlerFIQ      HANDLER     HandleFIQ
HandlerIRQ      HANDLER     HandleIRQ
HandlerUndef    HANDLER     HandleUndef
HandlerSWI      HANDLER     HandleSWI
HandlerDabort   HANDLER     HandleDabort
HandlerPabort   HANDLER     HandlePabort
```

Exception Handler에 대한 매크로를 정의하는 부분이다. 인터럽트가 발생하면 ARM 프로세서는 0x00000018번지로 점프하게 된다. 0x00000018번지에 미리 'b HandlerIRQ' 명령을 써넣으면, 'HandlerIRQ HANDLER HandleIRQ' 매크로 정의에 의해 다음에 나오는 Exception Handler Code인 HandlerIRQ가 실행되는 것이다.

[표 5.11] 매크로 함수와 서브루틴 함수 차이점

	매크로 함수	서브루틴 함수
코드 크기	작성된 매크로 함수 자체가 프로그램 상에 그대로 일대일 대치되기 때문에 많이 사용할수록 코드의 크기는 커진다.	서브루틴 함수를 호출 할 때마다 해당 함수로 분기하는 형태이기 때문에 서브루틴 코드의 증가는 없다.
실행 속도	문맥전환 작업이 필요 없으므로 SP의 PUSH/POP 등의 작업이 필요치 않아 시간 낭비의 요소가 없다.	함수 호출시 문맥전환 작업이 필요하므로 이러한 시간 소요가 미미할지라도 분명히 시간을 소비하는 요소가 된다.

'b HandlerIRQ' 명령어로 실행되는 Exception Handler Code

```
HandlerIRQ
    sub     sp, sp, #4          ===> ①
    stmfd   sp!, {r0}           ===> ②
    ldr     r0=HandleIRQ        ===> ③
    ldr     r0,[r0]             ===> ④
    str     r0,[sp,#4]          ===> ⑤
    ldmfd   sp!,{r0, pc}        ===> ⑥
```

① Stack Pointer 주소를 4만큼 감소하여 빈 공간을 만든다.([그림 5.133] (1)→(2))

② r0값을 stack 어드레스에 저장한다.((2)→(3))
STMFD는 데이터를 넣기 전 먼저 어드레스를 감소시킨다. FD는 Full Descending 모드를 의미한다. r0를 사용하기 위해서 현재 값을 백업해 둔다.

③ r0에 HandleIRQ의 주소를 로드한다.

④ r0에 HandleIRQ 내용을 로드한다.

⑤ HandleIRQ 값을 현재 (스택 + #4) 번지에 저장한다.((3)->(4))

⑥ LDMFD는 데이터 저장 후 어드레스를 증가한다. r0를 복구하고 PC(Program counter)에 핸들 값을 넣어준다.(그곳으로 점프).((4)->(5))

②에서 r0값을 스택에 넣는 이유는 이 루틴에서도 사용하고 또한 인터럽트가 걸리기 전에 다른 루틴에서 r0 레지스터를 사용했을 수도 있기 때문에 SP에 저장해 놓은 것이고, ③ ④ ⑤ ⑥번 과정을 거치면서 스택 포인터의 변화 없이 PC에 HandleIRQ의 핸들값을 넣어줌으로써 그 곳으로 점프를 할 수 있게 하는 루틴이다. 여기서 중요한 부분은 '스택포인터의 변화 없이'라는 표현인데, 위 ①~⑥과정을 거치면서 스택포인터는 제자리로 돌아왔다. 이러한 과정이 없다면 예를 들어 1초에 10,000번 인터럽트 걸리는 루틴이 실행중이라면 아마도 스택 오버플로우가 발생할 것이다.

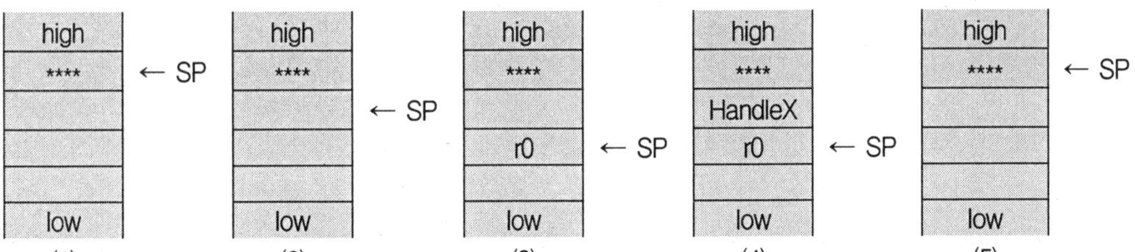

[그림 5.133] HandlerIRQ 루틴 실행에 따른 메모리 상태

다시 말해서, b HandlerIRQ가 실행되면 'HandlerIRQ HANDLER HandleIR' 매크로에 의해서 [그림 5.133]과 같은 HandleIRQ 주소로 점프할 수 있게 된다.
HandleIRQ 주소에는 아래 'Setup IRQ handler' 설명 부분에서와 같이 'IsrIRQ' 루틴의 시작 주소가 들어가 있어서 실제 인터럽트가 발생했을 때 IsrIRQ 루틴이 실행되게 되는 것이다. 이 부분은 스타트 코드 시작 부분에 코딩되어 있다.

Setup IRQ handler

```
    ldr   r0,=HandleIRQ                 ===> ①
    ldr   r1,=IsrIRQ                    ===> ②
    str   r1,[r0]                       ===> ③
```

① HandleIRQ 주소를 r0 레지스터에 대입한다.
② IsrIRQ 주소를 r1 레지스터에 대입한다.
③ r0 레지스터 주소 안에 r1 주소를 대입한다.
위 코드는 HandleIRQ에 IsrIRQ 주소를 대입하는 루틴이다.

제2의 EVT로 점프

```
IsrIRQ
    sub      sp,sp,#4                   ===> ①
    stmfd    sp!,{r8-r9}                ===> ②

    ldr      r9,=INTOFFSET              ===> ③
    ldr      r9,[r9]                    ===> ④
    ldr      r8,=HandleEINT0            ===> ⑤
    add      r8,r8,r9,lsl #2            ===> ⑥
    ldr      r8,[r8]                    ===> ⑦
    str      r8,[sp,#8]                 ===> ⑧
    ldmfd    sp!,{r8-r9,pc}             ===> ⑨
```

① 스택을 하나 감소시켜서 빈 공간을 만든다.
② ③번부터 r8, r9 레지스터를 사용하므로 원래의 값을 백업하기 위하여 r8, r9를 스택에 저장한다. STMFD는 먼저 어드레스 감소 후 데이터를 저장하므로 ①번에서 만든 빈 공간 다음 하위 어드레스부터 r9, r8이 쌓이게 된다.
③~④ INTOFFSET 주소를 r9에 로드한다. 다시 r9의 내용을 r9에 저장한다. 즉, INTOFFSET 레지스터의 값을 로드하기 위한 코드이고 이 레지스터 값으로 32

개의 인터럽트 중 발생한 인터럽트의 OFFSET 값을 알기위한 코드이다.

⑤ HandleEINT0 주소를 r8에 로드한다. HandleEINT0은 스타트업 코드 아래 부분에 정의되어 있다.

⑥ r9(INTOFFSET 값)를 왼쪽으로 2만큼 쉬프트하고 r8(HandleEINT0 주소)에 그 값을 더하는 코드이다. 어떠한 인터럽트가 발생하였는지를 알기위해 베이스주소에 (OFFSET 값 * 4)를 더하여 인터럽트 벡터를 얻을 수 있다.

⑦ r8의 내용을 r8에 로드한다. 여기서 r8의 내용이란 인터럽트 벡터의 내용을 말하는 것으로 C 소스에서 인터럽트 벡터 테이블에 인터럽트 서비스루틴 함수의 시작 주소를 대입하게 된다.

⑧ 상위어드레스 방향으로 'SP + #8'인 주소 즉, ①에서 만든 빈공 간에 r8을 저장한다. sp는 업데이트 되지 않고 원래 값을 유지한다.

⑨ LDMFD는 데이터 로드 후 어드레스를 증가시킨다. 따라서 ②에서 백업하였던 r8, r9 값을 복원하고 인터럽트 서비스 루틴 주소를 PC(Program Counter)에 넣음으로써 그 주소로 점프하게 된다. 여기서 SP는 원래의 위치로 돌아왔음을 알 수 있다.

IRQ 인터럽트에는 Vector 방식과 non-Vector 방식 두 가지가 있다. non-Vector 방식은 Vector 방식에 비해 속도는 약간 느리지만 사용자가 원하는데로 vector 테이블을 조정할 수 있다. ARM 프로세서는 non-Vector 방식이다. IsrIRQ 루틴에서는 INTOFFSET 레지스터를 검사해서 어떤 인터럽트 요구가 있었는지를 검사한다. 인터럽트 서비스 루틴의 처음 번지인 HandleEINT0 주소를 기준으로 INTOFFSET 레지스터를 검사, 검사된 레지스터 수에 4를 곱한 후 더하면 해당 인터럽트 점프 번지가 된다. 예를 들어 Timer0 인터럽트가 걸렸을 경우 테이블 상에 10번째라고 하면 'add r8, r8, r9, lsl #2'에서 뒤의 lsl #2는 C언어에서의 <<2, 이는 4를 곱하는 것을 의미하므로 HandlerEINT0 베이스 번지에 10×4를 더한 번지가 나오게 되고, 이 주소가 바로 Timer0 인터럽트 점프 주소가 되는 것이다. 이런 식으로 인터럽트 분기를 하게 된다.

다음은 인터럽트 서비스 루틴의 시작 주소를 정의해 놓은 부분이다.
_ISR_STARTADDRESS는 C 소스파일의 'option.h' 헤더파일에서 정의해 놓았으며 0X33FFFF00으로 되어 있다. 스타트업 코드의 ISR 루틴에서는 이 주소들을 기준으로 OFFSET을 계산해서 점프를 하게 된다.(여기서 OFFSET 값은 앞에서 설명하였듯이 INTOFFSET 레지스터 값을 말하는 것이다.)

AREA RamData, DATA, READWRITE ; ISR ADDRESS를 정의한 데이터 블록

```
        AREA RamData, DATA, READWRITE

        ^   _ISR_STARTADDRESS         ; _ISR_STARTADDRESS= "0x33FF_FF00"

    HandleReset         #   4
    HandleUndef         #   4
    HandleSWI           #   4
    HandlePabort        #   4
    HandleDabort        #   4
    HandleReserved      #   4
    HandleIRQ           #   4
    HandleFIQ           #   4
    HandleEINT0         #   4
    HandleEINT1         #   4
    HandleEINT2         #   4
    HandleEINT3         #   4
    HandleEINT4_7       #   4
    HandleEINT8_23      #   4
    HandleCAM           #   4         ; Added for 2440.
    HandleBATFLT        #   4
    HandleTICK          #   4
    .......
```

인터럽트가 발생하면 다음과 같은 스텝으로 동작하게 된다.

① 하드웨어적으로 IRQ 신호가 발생한다.

② 모드 전환과 함께 0x18번지로 점프한다.

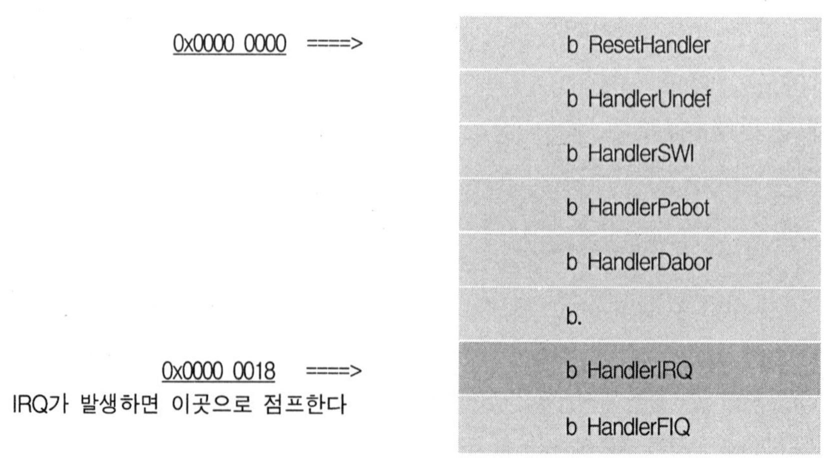

③ HandlerIRQ 루틴이 실행된다.

```
0x0000 0000  ==>

0x0000 0038  ==>   HandlerIRQ
(임의의 주소)            sub  sp,sp,#4
                         stmfd     sp!,{r0}
                         ldr   r0=HandleIRQ
                         ldr   r0,[r0]
                         str   r0,[sp,#4]
                         ldmfd     sp!,{r0,pc}
```

④ HandleIRQ의 저장 주소인 IsrIRQ 루틴으로 점프한다.

```
0x0000 0000  ==>

0x0000 00b0  ==>   IsrIRQ
(임의의 주소)            sub  sp,sp,#4
                         stmfd     sp!,{r8-r9}
                         ldrr9,=INTOFFSET
                         ldrr9,[r9]
                         ldrr8,=HandleEINT0
                         addr8,r8,r9,lsl#2
                         ldrr8,[r8]
                         strr8,[sp,#8]
                         ldmfdsp!,{r8-r9,pc}
```

⑤ 제2EVT(Exception Vector Table)로 점프한다.

```
_ISR_STARTADDRESS

0x33FF_FF00  ==>   HandleReset    #4
                   HandleUndef    #4
                   HandleSWI      #4
                        *
```

	*
	*
0x33FF_FF20 ===>	HandleEINT0 #4
	HandleEINT1 #4
	*
	*
	*
	*
0x33FF_FF48 ===>	HandleTimer0 #4
	*
	*
	*
	*
	HandleADC #4

5.4.3 메모리 컨트롤러

앞에서도 언급했다시피 S3C2410A, S3C2440A 프로세서는 메모리 컨트롤러를 가지고 있다. 외부에 ROM, RAM, SDRAM 등의 메모리 인터페이스부터 각종 이더넷 컨트롤러, CPLD 등등 외부 디바이스를 연결할 수 있다.([그림 5.134] 참조)

그런데 CPU는 32비트의 고속 프로세서이고 외부 디바이스나 메모리는 8비트부터 32비트까지 다양하고 그 디바이스 액세스 타임(셋업 타임, 홀드 타임)도 각기 다르다. 따라서 메모리 컨트롤러는 외부 디바이스 액세스가 가능하도록 버스폭 및 액세스 타임을 소프트웨어로 조정할 수 있도록 하는 기능을 가지고 있다. 즉 외부에 8비트 또는 16비트, 기타 디바이스 등을 붙이는 경우 아주 유용한 기능이 될 수 있다. S3C2410A, S3C2440A 프로세서는 총 8개의 뱅크를 가지고 있다. 뱅크별로 디바이스 인터페이스를 할 수 있도록 프로그램이 가능하게 되어 있다. 각 뱅크의 시작 주소는 정해져 있으나 액세스 타임 설정, 버스폭 등은 프로그램이 가능하다. 또한 SDRAM 컨트롤러가 내장되어 있어서 SDRAM 인터페이스가 가능하다. SDRAM은 저가의 대용량, 고속 메모리로 임베디드 시스템 설계에 있어 아주 유용하게 사용되는 메모리이다.

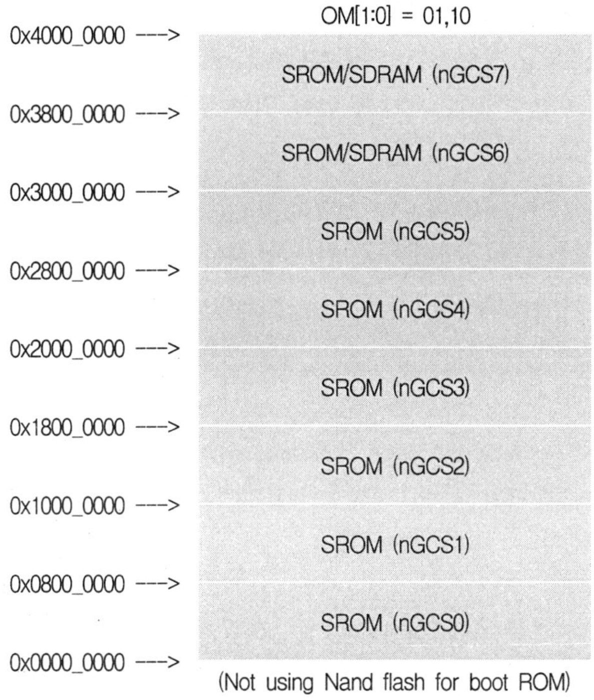

[그림 5.134] 메모리 맵

프로그래밍 가능한 기능

- 디바이스(메모리 및 기타 장치) 버스폭 및 Wait Status
- 디바이스 액세스 타이밍
- 메모리 종류(ROM, SRAM, SDRAM)
- SDRAM 리플래시

▶ Set memory control registers

```
        ldr   r0,=SMRDATA        ===> ①
        ldr   r1,=BWSCON         ===> ②
        add  r2, r0, #52         ===> ③
0                                ===> ④
        ldr   r3, [r0], #4       ===> ⑤
        str   r3, [r1], #4       ===> ⑥
        cmp  r2, r0              ===> ⑦
        bne  %B0                 ===> ⑧
```

미리 정해 놓은 SMRDATA DATA값들을 BWSCON 레지스터에 순서대로 대입시켜 메모리를 설정하는 부분이다. S3C2410A, S3C2440A 프로세서는 메모리 설정 레지스터들이 연속적인 주소를 가지고 있어 위와 같이 간편하게 설정할 수 있다.

① 'SMRDATA' 시작 주소를 r0에 대입한다.
② BWSCON 레지스터 주소(BUS WIDTH & WAIT CONTROL REGISTER 0x48000000)를 r1에 대입한다.
③ r0(SMRDATA의 시작주소)에 52(SMRDATA DATA 영역 크기) 만큼을 더하여 r2에 대입한다.
④ 숫자레이블 '0'
⑤ r0 주소에서 데이터를 읽어와 r3에 대입하고 r0의 주소는 4만큼 증가한다.
    r3 = mem32[r0] ;
    r0 = r0 + 4 ;
⑥ r1 주소의 내용에 r3값을 대입하고, r1 주소를 4만큼 증가시킨다.
    mem32[r1] = r3 ;
    r1 = r1 + 4 ;
⑦ r0의 주소와 r2(r0+52)의 주소가 같은지를 비교한다.
⑧ 비교해서 같지 않으면 ④ 위치로 점프하고 같으면 다음 스텝으로 넘어간다.

▶ SMRDATA DATA

```
DCD     (0+(B1_BWSCON<<4)+(B2_BWSCON<<8)+(B3_BWSCON<<12)+
        (B4_BWSCON<<16)+(B5_BWSCON<<20)+(B6_BWSCON<<24)+
        (B7_BWSCON<<28))                                    ===> ①

DCD     ((B0_Tacs<<13)+(B0_Tcos<<11)+(B0_Tacc<<8)+
        (B0_Tcoh<<6)+(B0_Tah<<4)+(B0_Tacp<<2)+(B0_PMC))     ===> ②
DCD     ((B1_Tacs<<13)+(B1_Tcos<<11)+(B1_Tacc<<8)+
        (B1_Tcoh<<6)+(B1_Tah<<4)+(B1_Tacp<<2)+(B1_PMC))     ===> ③
DCD     ((B2_Tacs<<13)+(B2_Tcos<<11)+(B2_Tacc<<8)+
        (B2_Tcoh<<6)+(B2_Tah<<4)+(B2_Tacp<<2)+(B2_PMC))     ===> ④
DCD     ((B3_Tacs<<13)+(B3_Tcos<<11)+(B3_Tacc<<8)+
        (B3_Tcoh<<6)+(B3_Tah<<4)+(B3_Tacp<<2)+(B3_PMC))     ===> ⑤
DCD     ((B4_Tacs<<13)+(B4_Tcos<<11)+(B4_Tacc<<8)+
        (B4_Tcoh<<6)+(B4_Tah<<4)+(B4_Tacp<<2)+(B4_PMC))     ===> ⑥
```

```
DCD     ((B5_Tacs<<13)+(B5_Tcos<<11)+(B5_Tacc<<8)+
        (B5_Tcoh<<6)+(B5_Tah<<4)+(B5_Tacp<<2)+(B5_PMC))            ===> ⑦

DCD     ((B6_MT<<15)+(B6_Trcd<<2)+(B6_SCAN))                        ===> ⑧
DCD     ((B7_MT<<15)+(B7_Trcd<<2)+(B7_SCAN))                        ===> ⑨

DCD     ((REFEN<<23)+(TREFMD<<22)+(Trp<<20)+(Tsrc<<18)+
        (Tchr<<16)+REFCNT)                                          ===> ⑩

DCD            0x32                                                 ===> ⑪
DCD            0x30                                                 ===> ⑫
DCD            0x30                                                 ===> ⑬
```

SMRDATA DATA 내용을 보여주는 코드이다. 참고로 'B1_BWSCON << 4'라는 의미는 32비트를 기준으로 B1_BWSCON 값을 좌측으로 4비트 쉬프트 시킨다는 의미이다.

① BUS WIDTH & WAIT CONTROL REGISTER (BWSCON)

이 부분은 각 뱅크의 버스폭과 Wait Status를 선택하도록 프로그램 할 수 있는 부분이다. 첫번째 BWSCON[3:0] 비트 부분 중 BWSCON[2:1] 부분은 읽기 전용으로 OM[1:0] 선택에 의해서 Bank0(nGCS0)의 버스폭이 결정된다.

- B1_BWSCON : B1_BWSCON은 뱅크1(nGCS1) 영역에 대한 버스폭, Wait 상태, SRAM 상태를 설정하도록 한다. B1_BWSCON을 0x01로 정의 하였다면 BWSCON[5:4]가 0x01이므로 16비트 버스폭을 가진다는 의미이고, BWSCON[6]이 0x0이므로 Wait Signal은 사용하지 않는다는 의미이다. BWSCON[7]은 SRAM의 UB/LB에 관한 설정으로 SRAM을 인터페이스 하지 않을 경우 0x0으로 설정하면 된다.
- B2_BWSCON : BWSCON[11:8]에 대한 정의로 뱅크2(nGCS2)의 버스폭 및 Wait 상태, SRAM에 관한 설정을 하는 부분이다.
- B3_BWSCON~B7_BWSCON : BWSCON[31:12]에 대한 정의로 뱅크3(nGCS3)~뱅크7(nGCS7)에 대한 버스폭 및 Wait 상태, SRAM에 관한 설정을 하는 부분이다.

② BANK CONTROL REGISTER (BANKCON0)

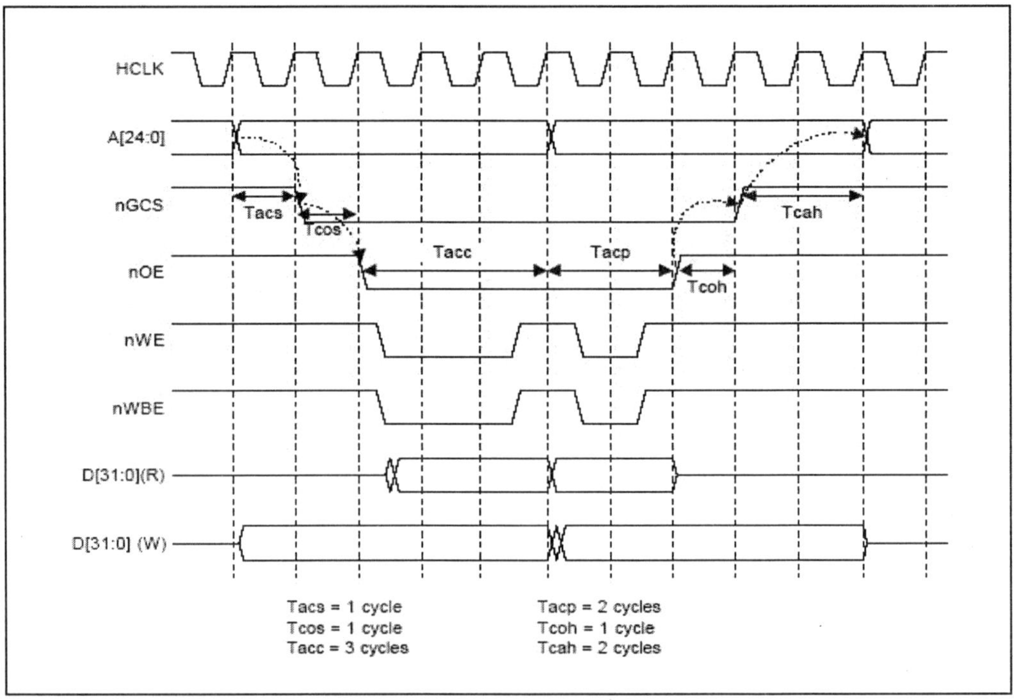

[그림 5.135] BANK 제어 타이밍

모든 칩을 액세스하여 데이터를 읽고 쓰고자 할 때 일반적으로 해당 디바이스를 셀렉트(/CS) 하고, 어드레스를 출력하고 데이터를 읽거나 쓰는 동작을 하게 된다. 그런데 여기서 중요한 것은 유효한(Valid) 데이터를 읽고 쓰기 위해서는 액세스시 적절한 데이터 셋업 타임과 홀드 타임이 필요하다는 것이다. 다양한 외부 디바이스들을 정확히 액세스하기 위한 이러한 타이밍들은 칩 제조사에서 데이터쉬트로 공개하며 여기서는 그 설정 방법을 알아보도록 하겠다. 다음은 뱅크0(nGCS0)에 대한 액세스 타이밍 설정 부분이다.

- B0_PMC : BANKCON0[1:0]은 페이지 모드 configuration을 나타낸다.
- B0_Tacp : BANKCON0[3:2]는 페이지 모드에서의 액세스 사이클을 나타낸다.
- B0_Tcah : BANKCON0[5:4]는 칩 셀렉트 신호 후에 어드레스 홀드 타임을 나타낸다.
- B0_Tcoh : BANKCON0[7:6]은 nOE(Out Eanble) 신호 후에 칩 셀렉트 신호드 타임을 나타낸다.
- B0_Tacc : BANKCON0[10:8]은 액세스 사이클을 나타낸다.
- B0_Tcos : BANKCON0[12:11]은 nOE 신호 전에 칩셀렉트 셋업 타임이다.
- B0_Tacs : BANKCON0[14:13]은 칩셀렉트 신호 전에 어드레스 셋업 타임을 나

타낸다.

③~⑦까지는 뱅크0과 같이 뱅크1, 뱅크2, 뱅크3, 뱅크4, 뱅크5에 대한 액세스 타이밍을 설정하는 부분이다.

⑧ BANKCON6은 뱅크6에 대한 액세스 타임을 설정하는 부분으로 뱅크0~뱅크5 설정 부분과 같고 BANKCON6[3:0] 부분과 BANKCON6[16:15]에 추가 설정 부분이 있다. BANKCON6[3:0] 부분은 이 뱅크에 SDRAM이 인터페이스 되어있을 경우, 즉, BANKCON6[16:15]가 0x03으로 설정되어 있을 때, 유효한 값으로 BANKCON6[1:0]은 Column address number를 설정하는 부분이고 BANKCON6 [3:2]는 RAS 출력 후 CAS 출력 딜레이 타임(clock)을 설정하는 부분이다. BANKCON6 [16:15]는 ROM, SRAM인지 SDRAM인지를 설정하는 부분이다.

⑨는 ⑧과 동일하며 뱅크7에 대한 설정 부분이다.

⑩은 SDRAM 리프레시에 관한 설정 부분이고, ⑪은 SDRAM 뱅크 크기 등을 설정한다. ⑫, ⑬은 SDRAM 모드에 대해 설정하는 부분이다.

5.4.4 스택 초기화

ARM 프로세서에는 6개의 하드웨어 스택이 존재한다. 레지스터 맵에서 볼 수 있듯이 R13 레지스터는 스택 포인터 레지스터이다. 6개의 스택이 있는 이유는 각 동작모드별로 자기 스택을 가지고 있기 때문이다.

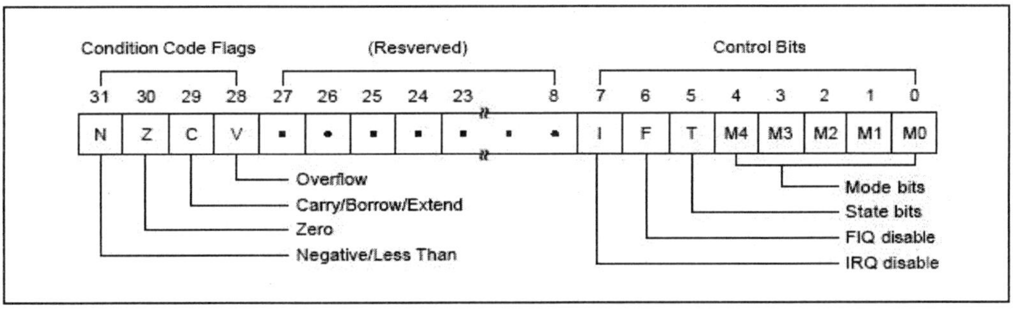

[그림 5.136] CPSR 레지스터

스택 초기화란 스택 포인터에 베이스 주소를 넣어주는 것으로 해당 모드에서는 스택

포인터 주소를 몇 번지로 사용하겠다는 것이다. 그럼 6개의 스택을 어떻게 모두 초기화 할 수 있을까? ARM은 최초 부팅을 하면 Supervisor 모드에서 동작하게 되고, 모드별로 초기화 하는 방법은 모드를 변경하면서 초기화 하면 된다. 1장에서 언급한 것처럼 [그림 5.136] CPSR 레지스터의 모드 비트(M[4:0])를 변경하면 모드를 변경시킬 수 있다.

연산 상태 플래그

N : 1 (ALU 연산결과가 음수)
Z : 1 (ALU 연산결과가 0)
C : 1 (ALU 연산결과 캐리발생), 0(Borrow 발생)
V : 1 (ALU 오버플로우가 발생)

상태 비트(Status Bit)

T : 0 (ARM MODE), 1 (THUMB MODE)

제어 비트(Control Bit)

I : 1 (Disable the IRQ)
F : 1 (Disable the FIQ)

▶ ARM 프로세서 모드 상수 정의

```
USERMODE     EQU     0x10
FIQMODE      EQU     0x11
IRQMODE      EQU     0x12
SVCMODE      EQU     0x13
ABORTMODE    EQU     0x17
UNDEFMODE    EQU     0x1b
MODEMASK     EQU     0x1f
NOINT        EQU     0xc0
```

CPSR 레지스터의 모드 비트에 대응하는 상수 정의를 보여주는 것이다. 동작모드를 변경하고자 할 때, 하위 5비트를 변경하면 동작모드가 변경된다. 단, USER 모드 상태에서는 모드 변경이 불가능하다.(SWI 인터럽트만 가능)

▶ ARM 프로세서 스택 어드레스 정의

```
UserStack    EQU    (_STACK_BASEADDRESS-0x3800)    ; 0x33ff4800 ~
SVCStack     EQU    (_STACK_BASEADDRESS-0x2800)    ; 0x33ff5800 ~
UndefStack   EQU    (_STACK_BASEADDRESS-0x2400)    ; 0x33ff5c00 ~
AbortStack   EQU    (_STACK_BASEADDRESS-0x2000)    ; 0x33ff6000 ~
IRQStack     EQU    (_STACK_BASEADDRESS-0x1000)    ; 0x33ff7000 ~
FIQStack     EQU    (_STACK_BASEADDRESS-0x0)       ; 0x33ff8000 ~
```

각 모드별 스택 베이스 주소를 정의해 놓은 부분이다. 우리가 사용하는 스택은 'Descending Stack' 방식이다. 즉, 스택의 증가방향이 어드레스가 감소하는 방향이다. FIQ 모드에서 스택 베이스 주소를 0x33ff8000으로 초기화하였다면, FIQ mode에서의 스택은 0x33ff_8000부터 하위 어드레스로 감소하는 방향으로 스택이 사용된다. [그림 5.137]은 스택 초기화가 모두 이루어진 경우의 메모리 모양을 나타내는 그림이다.

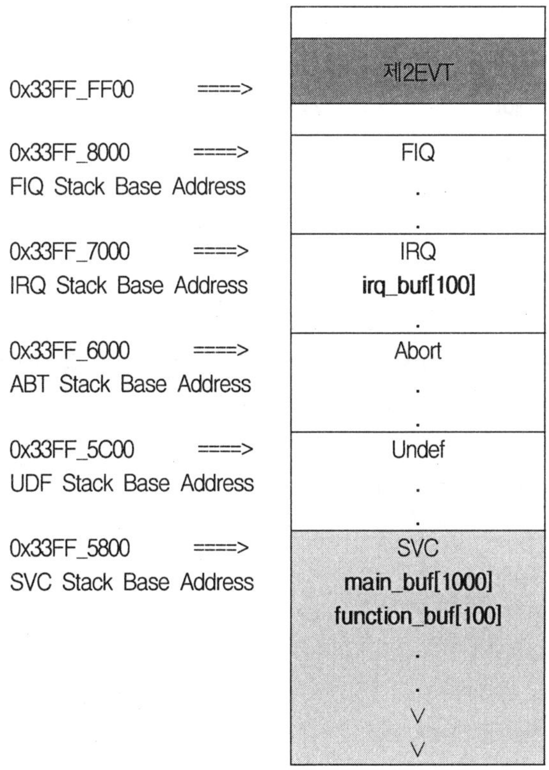

[그림 5.137] 각 모드별 스택 포인트 지정

[그림 5.137]에서 SVC(Supervisor) 스택 포인트가 가장 하위 어드레스로 설정되어

있는 이유는 보통 SVC 모드에서 프로그램 작업을 많이 하고 또한 사용하고자 하는 스택 크기도 일반적으로 가장 크기 때문일 것으로 생각되어진다. 만약 해당 모드에서 스택 오버플로가 발생한다면 해당 스택의 크기를 조정해야 할 것이다.
다음의 C소스 코드 예제는 모드별로 스택을 사용하는 예를 들고 있다. 여러분들도 알다시피 로컬 변수는 스택에 위치한다. 로컬 변수의 사용량은 스택의 크기와 밀접한 연관이 있다.

```
void _irq ISR(void)
{
    char irq_buf[100];              ====> ①
}

void Function(void)
{
    char function_buf[100];         ====> ②
}

void main(void)
{
    char main_buf[1000];            ====> ③
    Function();
}
```

여기서 ① irq_buf[100]은 IRQ 모드의 스택을 사용하고 ②, ③은 SVC 모드의 스택을 사용한다. (SVC 모드인 경우)

▶ Undefine 모드 스택 초기화 코드

```
mrs  r0,cpsr                    ===> ①
bic  r0,r0,#MODEMASK            ===> ②
orr  r1,r0,#UNDEFMODE|NOINT     ===> ③
msr  cpsr_cxsf,r1               ===> ④ UndefMode
ldr  sp,=UndefStack             ===> ⑤ UndefStack=0x33FF_5C00
```

① 'mrs r0, cpsr'

여기에서 중요한 내용이 나오는데, 보통 'mov pc, lr' 명령은 LR 레지스터(Link

Register)의 값을 PC(Program Counter)에 넣는다는 의미이다.
'mov r0, #1'은 r0에 '1'을 대입한다는 의미이다. 그런데 CPSR/SPSR을 액세스하기 위해서는 MOV 명령어를 사용할 수 없다. CPSR 액세스를 위한 특별한 명령어가 있는데 이것이, MRS/MSR 명령어이다. 'mrs r0, cpsr'은 CPSR 레지스터의 내용을 일반 레지스터(여기서는 r0)로 읽어오는 명령어이다. 이 명령어로 CPSR 32비트 레지스터 내용이 r0에 전송된다.

② 'bic r0,r0,#MODEMASK'
bic 명령은 원하는 비트를 '0'으로 만들고자 할 때 많이 사용된다. 예를 들어 'bic r0, r0, #(1<<27)+#(1<<23)'이라고 하면 23번 비트와 27번 비트만을 '0'으로 만들라는 것이다. 여기서는 #MODEMASK가 0x1f이므로 하위 5비트(CPSR 모드비트 부분)를 '0'으로 만들고자 하는 코드이다.

③ orr r1,r0,#UNDEFMODE|NOINT
UNDEFMODE가 0x1b이다. 즉 '00011011b'이고 NOINT는 0xc0 즉 '1100 0000b'이다. 두 값을 더하면 '11011011b'이 된다. 이것이 의미하는 것은 무엇일까? [그림 5.138]에서 볼 수 있듯이 앞에 '11' 부분은 인터럽트 Disable 컨트롤 비트이다. 즉, 모드 전환시 인터럽트가 발생하면 안되기 때문에 IRQ 비트와 FIQ 비트를 모두 Disable함으로써 인터럽트가 발생하지 않도록 하는 코드이다. 뒤에 '11011b'는 Undefine mode를 나타내는 하위 5비트이다.
즉, r1 = r0 + 11011011b를 하기 위함이다.

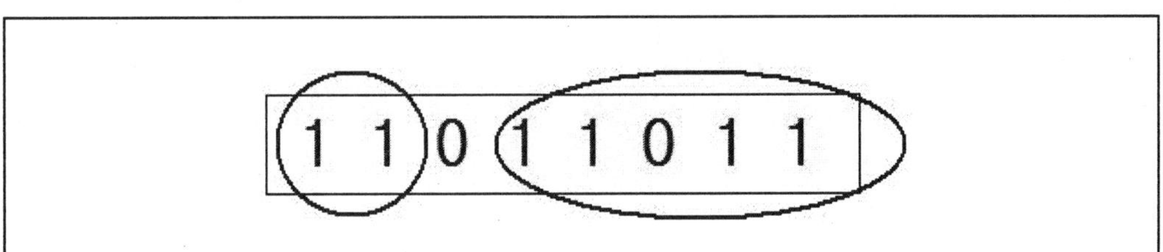

[그림 5.138] CPSR 레지스터의 하위 8비트

④ msr cpsr_cxsf,r1
MSR 명령어는 상수나 일반레지스터를 CPSR/SPSR 에 저장하기 위한 특별한 명령어이다. r1의 값을 CPSR에 대입시킴으로써 Undefine 모드로 전환하려고 위의 과정을 거친 것이다. 그럼 'cpsr_cxsf'은 무엇인가? 뒤에 붙는 c, x, s, f는

CPSR/SPSR 레지스터에 변경하고자 하는 비트수를 설정할 수 있는 옵션이다.

- _c : CPSR/SPSR 레지스터의 [7:0] 비트만 변경한다.
- _x : CPSR/SPSR 레지스터의 [15:8] 비트만 변경한다.
- _s : CPSR/SPSR 레지스터의 [23:16] 비트만 변경한다.
- _f : CPSR/SPSR 레지스터의 [31:24] 비트만 변경한다.

앞의 'cpsr_cxsf'은 CPSR 레지스터 32비트를 모두 변경한다는 의미이다. 이젠 모드가 Supervisor 모드(SVC MODE)에서 Undefine 모드(UNDEF MODE)로 바뀌었다.

⑤ ldr sp,=UndefStack

이 부분은 SP에 UndefStack 값을 대입하는 부분이다. UndefStack은 스타트업 코드 상단 부분에 0x33FF5C00으로 정의되어 있다. 즉 스택포인터 주소를 0x33FF5C00으로 바꾸겠다는 의미이다. 여기서 SP는 바로 Undefined 모드(UNDEFMODE)의 스택을 말하는 것이다. 이제부터 Undefine 모드(UNDEFMODE)의 스택 주소는 0x33FF5C00번지가 되며, 이 모드에서는 이 스택 주소를 사용하게 된다.

▶ Abort 모드 스택 초기화 코드

```
orr   r1,r0,#ABORTMODE|NOINT        ===> ①
msr   cpsr_cxsf,r1                  ===> ②
ldr   sp,=AbortStack                ===> ③
```

① orr r1,r0,#ABORTMODE|NOINT

이 부분은 r0에 ABORTMODE 값인 '00010111b' 값과 '11000000b'를 더한 값을 r1 레지스터에 대입하는 부분이다.

② msr cpsr_cxsf, r1

r1값을 CPSR 레지스터에 대입한다. '_cxsf' 옵션에 따라 CPSR[31:0] 값 모두를 r1값으로 변경한다. 이 코드가 실행되면서 지금부터는 Abort 모드(ABORT MODE)가 되는 것이다.

③ ldr sp,=AbortStack

스택포인터에 AbortStack 값인 0x33FF6000을 대입하는 부분이다. 여기서의 SP는 Abort mode에서의 스택 포인트이다. 즉, Abort 모드의 스택포인터를 0x33FF6000 번지로 초기화하는 부분이다.

▶ IRQ 모드 스택 초기화 코드

```
orr   r1,r0,#IRQMODE|NOINT
msr  cpsr_cxsf, r1
ldr   sp,=IRQStack
```

r1의 하위 8비트를 '11010010b'로 만들어 CPSR에 대입함으로써 IRQ 모드로 전환하기 위한 부분으로, IRQ 모드의 스택포인터 주소를 '0x33FF7000'번지로 초기화하였다.

▶ FIQ 모드 스택 초기화 코드

```
orr   r1,r0,#FIQMODE|NOINT
msr  cpsr_cxsf,r1
ldr   sp,=FIQStack
```

r1의 하위 8비트를 '11010001b'로 만들어 CPSR에 대입함으로써 FIQ 모드로 전환하기 위한 부분으로, FIQ 모드의 스택포인터 주소를 '0x33FF8000'번지로 초기화하였다.

▶ SVC 모드 스택 초기화 코드

```
bic   r0,r0,#MODEMASK|NOINT        ===> ①
orr   r1,r0,#SVCMODE               ===> ②
msr  cpsr_cxsf,r1                  ===> ③
ldr   sp,=SVCStack                 ===> ④
mov pc, lr                         ===> ⑤
```

① bic   r0,r0,#MODEMASK|NOINT

앞부분에서 Undefined 모드, Abort 모드, IRQ 모드, FIQ 모드의 스택 초기화를 위해 인터럽트 관련 비트인 'I' 플래그와 'F' 플래그를 '1'로 셋함으로써 인터럽트를 Disable 하였다. 이젠 원래 상태로 되돌리기 위해서(ARM은 최초 부팅시 SVC(Supervisor) 모드이다) 인터럽트 플래그를 '0'으로 바꿔줌으로써 인터럽트(IRQ/FIQ)를 Enable 하도록 한다.

bic 명령어는 해당 비트를 '0'으로 만들고자 할 경우 사용한다고 설명하였듯이 여기서도 #MODEMASK|NOINT가 '11011111b'가 되고 이것이 반전되어 '00100000b'로 AND 연산이 이루어지므로 r0의 하위 8비트는 '00X00000b'로 되는 것이다. 결국 인터럽트 Enable을 위한 코드라고 보면 될 것이다.

② orr r1,r0,#SVCMODE
이 부분은 SVC MODE로 전환하기 위한 상수를 r1 레지스터에 대입하는 부분이다.

③~④과정을 거치면서 SVC 스택포인터 주소는 '0x33FF5800'번지로 초기화가 이루어진다. 여기까지의 과정으로 각 모드별 스택포인터 초기화가 완료되는 것이다.

⑤ mov pc, lr
이 부분은 LR(r14 레지스터, Link Register라고 함)에 저장되어 있는 PC 주소를 복원하기 위한 코드이다. 링크레지스터는 ARM 프로세서에만 있는 레지스터로 서브루틴 콜이나 익셉션 발생시 돌아갈 PC(Program Counter) 값을 저장하는데 사용된다. 다른 프로세서 같은 경우는 스택에 PUSH/POP 과정을 거쳐야 하지만 ARM 프로세서에서는 PC값이 LR에 저장되기 때문에 이에 대한 스택조작을 하지 않아도 된다.
스택 초기화를 위해 'bl InitStacks' 명령어를 사용하여 InitStacks 루틴으로 점프를 하였는데 여기서 'BL'이라는 명령어는 'B' 명령어 동작과 동일하다. 단 PC값을 LR 레지스터에 저장하고 분기한다는 차이점이 있다. 보통 서브루틴 호출시 현재의 PC값을 LR 레지스터에 저장하고 서브루틴 실행을 모두 마치고 난 후 다시 LR값을 PC로 복원하면서 원래의 위치로 되돌아오는 것이다.

5.4.5 전역변수 초기화

C 언어로 프로그램 작업을 할 때, 변수들을 사용하게 된다. 크게 전역변수와 지역변수로 나눌 수가 있는데, 지역변수는 서브루틴 함수 등 함수 내부에서 사용되며 스택 영역을 사용하게 된다. 그러나 전역변수는 변수의 종류에 따라 ROM 영역 및 RAM 영역 등에 자리잡게 되는데, 스타트업 코드에서 이 부분에 대한 초기화 작업을 해 주어야 한다. 전역변수 영역에는 다음과 같이 3가지 종류가 있다.

- ZI(Zero Initialize) Section
- RW(Read Write) Section
- RO(Read Only) Section

C함수에서의 예

```
int I ;                    ===> ZI Section

int j = 3 ;                ===> RW Section

const int k = 5 ;          ===> RO Section

void sub_function(void)
{
  int i, k ;               ===> 지역변수(스택 사용)
}
```

C함수에서 변수 선언에 대한 예를 보인 것이다. 전역변수로 선언한 변수도 있고 서브루틴 내 지역변수로 선언한 변수도 있다. 전역변수 중에 'int i' 같이 초기화를 하지 않은 변수들은 ZI Section에 위치하게 되고, 'int j=3' 등과 같이 초기값을 설정해 주는 변수들은 RW Section에 배치된다. 'const int k=5'와 같이 const로 선언된 변수들은 RO Section에 배치된다.

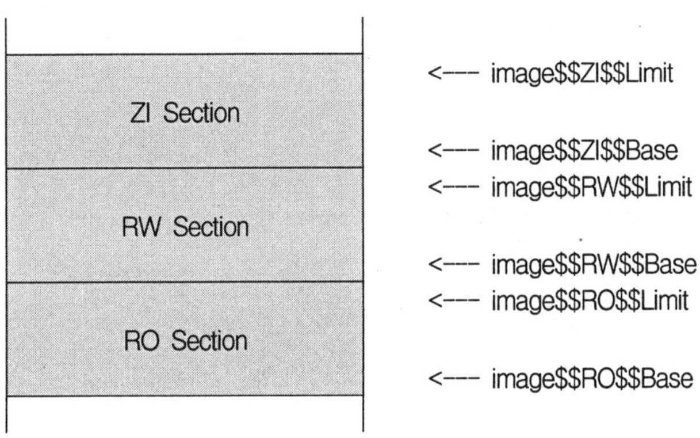

[그림 5.139] 전역변수 초기화 영역

[그림 5.139]는 전역변수를 세분화한 모양이다. ZI Section은 스타트 업 코드에서 '0'으로 초기화 시킨다. RW Section은에는 초기값을 가지고 있는 변수가 위치하는 영역이다. 이 영역은 RAM 영역이 된다. RO Section은 'const' 등의 고정된 값을 가지는 영역으로

ROM 영역 또는 RAM 영역에 위치하게 된다. 다음은 스타트 업 코드에서의 각 section 별 초기화에 대한 설명이다.

▶ RW(Read Write) 변수 초기화

앞의 C 예제에서 'int j = 3' 부분이 RW Section 영역에 위치한다고 설명하였다. 엄밀히 말하자면 j라는 int형 변수만 RAM 영역에 위치하게 되고 '3'이라는 숫자는 CODE 영역에 위치하게 되는데 이런 데이터들이 바로 [그림 5.140]에서 보이듯이 'image$$RO$$Limit'와 'image$$RW$$Base' 사이 영역에 존재한다. 또한 RW Section 영역과 'Initial Value' 영역의 크기는 항상 동일하다.

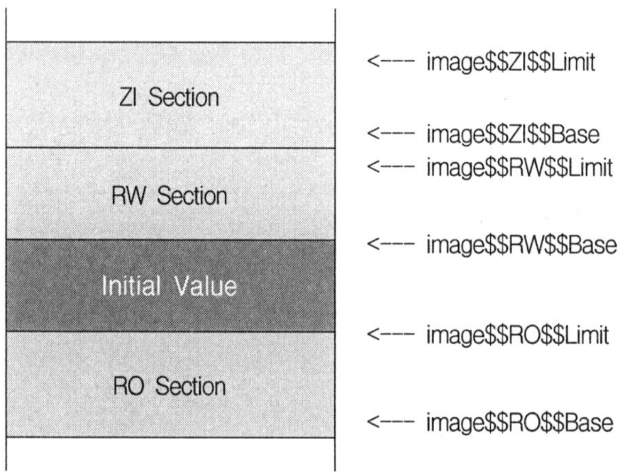

[그림 5.140] Initial Value 영역

아래 코드는 'Initial Value' 영역에 있는 데이터들을 RW 영역으로 복사하는 초기화 루틴이다.

```
        ldr   r0, =|Image$$RO$$Limit|      ===> ①
        ldr   r1, =|Image$$RW$$Base|       ===> ②
        ldr   r3, =|Image$$ZI$$Base|       ===> ③

        cmp r0, r1                         ===> ④
        beq %F2                            ===> ⑤
1                                          ===> ⑥
        cmp r1, r3                         ===> ⑦
        ldrcc r2, [r0], #4                 ===> ⑧
        strcc r2, [r1], #4                 ===> ⑨
        bcc  %B1                           ===> ⑩
2
```

① ldr r0, =|Image$$RO$$Limit|
초기화할 값들이 있는 곳의 시작주소

② ldr r1, =|Image$$RW$$Base|
초기화할 변수들의 시작번지

③ ldr r3, =|Image$$ZI$$Base|
초기화할 변수들의 끝 번지

④~⑤ r0와 r1이 같으면 아래 방향 레이블 '2'로 점프하라는 명령이다. 즉 초기화할 데이터가 없을 경우 적용되는 부분이다.

⑥ 레이블 '1'

⑦, ⑧, ⑨, ⑩ r0의 내용, 즉 [r0]의 값을 [r1]으로 복사하는 부분으로 r0, r1 주소는 #4 바이트 단위로 증가하고 r3값보다 같거나 커질 때까지 반복한다.
즉, |Image$$RO$$Limit|부터 |Image$$RW$$Base|까지의 Initial Value 영역의 값들을 |Image$$RW$$Base|부터 |Image$$ZI$$Base|영역까지 복사하는 것이다.

여기서 일명 '조건 분기'라는 중요한 명령어가 나온다. ⑦~⑩까지의 루틴은 r1 레지스터와 r3 레지스터를 비교해서 r1값이 같거나 더 커질 때까지 [r0]의 값을 [r1]으로 복사하는 루틴인데, 가만히 보면 명령어 뒤에 'cc'라고 붙어있다. 이것은 무엇일까?
⑦에서 'cmp r1, r3' 명령은 r1에서 r3를 뺀 결과 값에 대해 CPSR 레지스터의 상태 플래그를 업데이트 시키는 명령어이다. 즉 cmp 명령에 의해 CPSR 레지스터는 영향을 받으므로, ⑧번의 'ldrcc r2, [r0], #4' 명령을 통해 C(Carry Flag Bit)가 0인지 1인지의 조건으로 이 명령을 실행할지 안할지를 선택할 수 있는 것이다. 캐리가 0이라면 [r0]의 값을 r2로 로드하고 r0의 주소를 4바이트 증가한다는 명령이다.
⑨번 'strcc r2, [r1], #4' 명령은 캐리가 0이라면 r2 값을 [r1]에 대입하고 r1의 주소를 4바이트 증가한다는 명령이다. ⑩번 'bcc %B1' 명령은 캐리가 0이면 '1' 레이블로 점프하라는 명령이다. 이 루틴은 ⑦번 'cmp r1, r3' 명령에서 r1값이 r3보다 같거나 커질 때까지 반복된다. r1이 r3보다 같거나 더 커지면 C(Carry flag Bit)는 1로 셋 되므로 그 다음에 나오는 ldrcc, strcc, bcc 이 세 명령은 실행되지 않는다.

조건 분기(Conditional Branch) 명령 사용 예를 하나만 더 들도록 하겠다. 2장의 내용과 일부 중복되지만 어셈블리어 코드에서 자주 사용하므로 다시 한 번 사용법을 익히도록 하자. 아래의 세 가지 코드를 보자.

```
        cmp r0, #128                ; example1
        BEQ Jump_Pass
        add r3,r1,r0
        sub r4,r3,r2

Jump_Pass  .....
```

```
        cmp r0, #128                ; example2
        ADDNE r3,r1,r0
        SUBNE r4,r3,r2
```

```
if(r0 != 128)                       // example3
{
        r4 = r1+r0-r2;
}
```

위 코드에서 첫번째 코드는 r0과 128을 비교하라는 명령이고, 두번째 줄의 'BEQ'는 그 결과가 같으면 Jump_Pass로 점프하라는 명령이다. 여기서 'EQ'는 CPSR 레지스터의 상태플래그 중 Z플래그를 조건으로 하는 명령어인데, r0에서 128을 뺀 연산결과가(ALU 연산결과) 0이면 Z플래그는 셋 된다. 즉 Z플래그가 0이면 다음 명령어로 넘어가고 Z플래그가 1이면 Jump_Pass 레이블로 점프하게 되는 것이다.

두번째 코드는 첫번째 코드와 같은 내용으로 ADD와 SUB 명령에 조건을 붙인 조건 명령어이다. r0와 128과 같지 않을 때, 즉 Z 플래그가 0인 경우(CMP 연산결과가 0이 아님)만 실행 하도록 한다는 명령이다. 이와 같이 조건 명령어를 사용하면 명령어도 줄일 수 있으므로 코드를 줄이는데 도움이 된다. 세번째는 C 언어를 이용해 예를 든 코드인데, 위의 두 어셈블리 코드 예제와 의미상 같은 내용을 표현한 것이다.

▶ ZI(Zero Initialize) 초기화

아래 코드는 ZI 영역을 0으로 초기화 해주는 루틴이다.

```
    2
        ldr   r1, =|Image$$ZI$$Limit|        ===> ①
        mov r2, #0                            ===> ②
    3                                         ===> ③
        cmp r3, r1                            ===> ④
        strcc r2, [r3], #4                    ===> ⑤
        bcc  %B3                              ===> ⑥
```

① ldr r1, =|Image$$ZI$$Limit|
r1에 |Image$$ZI$$Limit| 주소를 대입한다.

② mov r2, #0
r2에 상수 0을 대입한다.

③ 레이블 3

④, ⑤, ⑥ r3이 r1과 같거나 커질 때까지 r3를 4바이트씩 증가하면서 [r3]에 0으로 초기화시키는 부분이다. 여기서 r3의 처음 시작 주소는 '|Image$$ZI$$Base|'가 되므로 ZI Section의 베이스 어드레스부터 ZI Section의 Limit 어드레스까지 0으로 초기화 해주는 것이다.

5.4.6 스타트업 코드에서 사용되는 기타 문법

▶ 코드 영역과 데이터 영역

```
AREA    Init, CODE, READONLY          ===> ①

ENTRY                                 ===> ②
b    ResetHandler                     ===> ③
.
.
AREA RamData, DATA, READWRITE         ===> ④
^    _ISR_STARTADDRES
.
.
END                                   ===> ⑤
```

① Init라는 영역이 CODE 영역임을 컴파일러에게 알려주는 부분이다. 컴파일러 설정부분에서도 "Target Settings..."를 통해서 Init라는 영역을 이미지의 시작 부분에 위치하도록 하는 설정을 해야 한다.([그림 5.122] 참조)

② ENTRY는 첫번째 명령이 실행되는 위치를 알려주는 지시어이다.

③ 이미지 파일의 실제 시작 코드이다. 컴파일러 "Target Settings..."에서의 RO BASE의 주소와 같다.

④ RamData라는 영역이 DATA 영역임을 컴파일러에게 알려주는 부분이다.

⑤ 마지막 줄에 있는 END는 어셈블리어 코드의 끝을 나타내는 지시어이다.

INCLUDE

```
GET option.inc
GET memcfg.inc
GET 2440addr.inc
```

C언어에서의 include와 같다. 컴파일시 option.inc, memcfg.inc, 2440addr.inc 파일을 include하라는 의미이다.

JUMP

```
1                       ===> ①
  %F1 : 아래에서 찾기
  %B1 : 위에서 찾기
1                       ===> ②
```

비교문에서 많이 볼 수 있는 코드로 레이블을 위에서 찾을지 아래서 찾을지를 나타내는 코드이다. 조건이 만족되어 %B1 코드가 실행되면 레이블 1이 있는 ①위치로 점프하고 %F1 코드가 실행되면 레이블 1이 있는 ②위치로 점프 한다.

조건문

```
[ : If
| : else
] : Endif
```

예를 들어,

```
[ CLKDIV_VAL>1
bl A_POSITION
|
bl B_POSITION
]
```

'CLKDIV_VAL' 값이 1보다 크면 A_POSITION 레이블로 점프하고 그렇지 않으면 B_POSITION 레이블로 점프하라는 의미이다.

어셈블리어와 C언어

```
;== Assembler code ==

IMPORT   Main      ; The main entry of mon program
EXPORT   MpegImageCopy
....

MpegImageCopy      ; void MpegImageCopy(int SrcAddr, int DstAddr, int Size)
        ....
        ....
    LTORG
//== C-language code ==

extern void MpegImageCopy(int SrcAddr, int DstAddr, U32 Size);
.....

void Main()
{
    .....
    MpegImageCopy(dst_address, src_address, 0x1000);
    .....
}
```

스타트업 코드에서 사용된 IMPORT라는 선언은 C함수에서의 'extern'과 같다. 스타트업 코드에서 스택 초기화 등의 과정이 끝나면 C언어의 Main() 함수로 점프하는 'bl Main'을 실행한다. 여기서 Main이란 레이블은 C소스에서 정의된 Main() 함수를 의미한 다는 것을 'IMPORT Main' 선언을 통해 컴파일러에 알려준다.

반대로 'MpegImageCopy'라는 루틴을 스타트업 코드에서 코딩해놓고 C소스에서 이 루틴을 사용하고자 한다면 스타트업 코드에서는 EXPORT로 선언해주어야 하고, C 소스에서는 'extern void MpegImageCopy(int SrcAddr, int DstAddr, U32 Size)'라고 선언하여 사용하면 된다.

C언어로 코딩한 내용은 컴파일이라는 과정을 거쳐 기계어로 바뀌게 되는데 아무리 그 성능이 좋은 컴파일러라 하더라도 직접 어셈블리어로 코딩한 것보다는 최적화 면에서 상대적으로 부족할 수밖에 없다. 간혹 시간상 아주 민감한 루틴 같은 경우 C 언어로 한계를 느낄 때가 있는데, 이럴 때 해당 루틴만 위와 같이 어셈블리어로 작

성한다면 효율적인 코드를 얻어낼 수 있다. 보통 루틴들은 C언어로 코딩하고 동작시간에 민감한 부분만 어셈블리어로 작업 한다면 가장 좋은 프로그램 구조가 되지 않을까 생각된다.

또 하나의 방법으로 위와 같은 방법과 더불어 'Inline Assember' 방식을 사용할 수도 있다. 인라인 어셈블러란 C코드 내에서 어셈블리어를 사용하게 하는 것으로 사용형식은 다음과 같다.

인라인 어셈블러(Inline Assembler)

```
void FFT(int a, int b)
{
    int temp, sum;

    __asm
    {
        add sum, a, b
        mov temp, sum
    }
}
```

예를 들어, FFT()라는 함수가 1초에 10,000번 실행되는 루틴이라고 하자. 만약 FFT() 함수 내에 인라인 어셈블러로 코딩해서 한 번 실행될 때 10클럭 속도 개선을 하였다면, 전체적으로 볼 때 1초에 10만 클럭의 속도 개선 효과를 얻을 수 있는 것이다.

Exception 으로부터의 복귀

```
SUBS PC,R14_irq,#4
```

위 명령은 1장 [표 1.8]에서도 잠시 언급하였던 부분으로 ARM 프로세서는 해당 익셉션이 발생하면 그 번지로 점프를 하고, 다시 원래의 위치로 돌아오기 위해서는 해당 익셉션에 따른 복원 명령을 사용하여야 한다. IRQ 익셉션이 발생한 경우에는 'SUBS PC, R14, #4'라는 복원명령을 사용하여야 한다. 그런데 스타트업 코드에서는 위와 같은 복원 코드를 찾아볼 수가 없다. 그렇다면 IRQ 익셉션이 발생해서 해당모드로 진입을 한 후 원래의 SVC 모드로 복원을 하지 못하는 상황이 발생하는 것이다. 그런데 인터럽트 테스트를 하면 인터럽트 서비스 루틴도 잘 실행되고 원래의 함수 위치로도 복원이 잘 되는 것을 확인할 수 있다. 왜 이런 현상이 생기는 것일까? 스타트업 코드상으로는 분명 해당 인터럽트 서비스 루틴으로 점프를 하고 돌아오는 코드가 없다. 그런데도 정상적으로 동작하는 이유는 여기에 정상적으로 복원하도록 하는 컴파일러 옵션을 사용하기 때문이다. 다음을 보자.

__irq 키워드

```
void __irq Eint0Int(void)
{
    ClearPending(BIT_EINT0);
    Uart_Printf("EINT0 interrupt is occurred.\n");
}
```

위 함수를 보면 '__irq'라는 Function Keyword를 사용하였다.(ARM Compiler Reference Sheet 참조) 바로 이 키워드로 인해 컴파일러는 이 함수가 인터럽트 함수인 것을 인지하게 되어 인터럽트 처리를 위한 코드 및 SUBS PC, R14_irq, #4라는 복원 코드를 자동적으로 생성시키게 된다. 그러면 사용할 때와 사용하지 않을 때의 어셈블리어 코드를 확인해 보도록 하자.(ADS 컴파일러 툴에서 해당 소스 코드를 클릭하고 [Project] -> [Disassemble]을 선택)

```
Eint0Int
    $a
    .text
        0x00000000 :   e92d500f   .P-.   STMFD    r13!,{r0-r3,r12,r14}
        0x00000004 :   e3a01001   ....   MOV      r1,#1
        0x00000008 :   e3a0044a   J...   MOV      r0,#0x4a000000
        0x0000000c :   e5801000   ....   STR      r1,[r0,#0]
        0x00000010 :   e5801010   ....   STR      r1,[r0,#0x10]
        0x00000014 :   e5900010   ....   LDR      r0,[r0,#0x10]
        0x00000018 :   e28f0008   ....   ADD      r0,pc,#8 ; #0x28
        0x0000001c :   ebfffffe   ....   BL       Uart_Printf
        0x00000020 :   e8bd500f   .P..   LDMFD    r13!,{r0-r3,r12,r14}
        0x00000024 :   e25ef004   ..^.   SUBS     pc,r14,#4
```

__irq 키워드를 사용하지 않을 때

```
void Eint0Int(void)
{
    ClearPending(BIT_EINT0);
    Uart_Printf("EINT0 interrupt is occurred.\n");
}
```

```
Eint0Int
    $a
    .text
        0x00000000 :   e3a01001   ....   MOV    r1,#1
        0x00000004 :   e3a0044a   J...   MOV    r0,#0x4a000000
        0x00000008 :   e5801000   ....   STR    r1,[r0,#0]
        0x0000000c :   e5801010   ....   STR    r1,[r0,#0x10]
        0x00000010 :   e5900010   ....   LDR    r0,[r0,#0x10]
        0x00000014 :   e28f0000   ....   ADD    r0,pc,#0 ; #0x1c
        0x00000018 :   eafffffe   ....   B      Uart_Printf
```

위 코드를 보면 SUBS pc,r14,#4 라는 복원 코드도 없고 컴파일러는 이 함수가 인터럽트 함수가 아닌 일반 함수로 인지하게 되어 위와 같이 컴파일을 하게 되는 것이다. 따라서 위와 같은 키워드를 사용하지 않을 경우에는 직접 어셈블러로 복원 명령을 코딩해주어야 하고 그렇게 하지 않을 경우는 한번 인터럽트가 발생하고 원래의 위치로 돌아오지 못하게 된다. 따라서 위의 코드를 실험해 보면 Undefined instruction exception!!!이라는 메시지를 확인할 수 있다. 즉 PC에 엉뚱한 값이 있으므로 Undefine 익셉션이 발생한 것이다.

5.5 Monitor Program의 구조

MSTK2440에서 동작하는 모니터 프로그램은 USB 채널을 통해 RAM에서 실행되는 이미지 파일 다운로드 기능과 메뉴를 통한 특정 번지 다운로드 기능 및 SDRAM 메모리 테스트 기능이 있다. 이런 기능들을 소스 코드를 토대로 검토해 보도록 하겠다. Examples 폴더 안의 Mon2440 폴더에 포함된 Mon2440.mcp 프로젝트 파일을 열어보자. C Source 그룹에서 u2440mon.c 파일을 열도록 한다. 이 파일이 모니터 프로그램의 Main() 함수가 있는 파일이다. 다음의 설명과 비교하면서 보면 이해가 편할 것이다.

Variables

```
volatile U32 downloadAddress;

void (*restart)(void)=(void (*)(void))0x0;
void (*run)(void);

volatile unsigned char *downPt;
volatile U32 downloadFileSize;
volatile U16 checkSum;
```

변수를 선언하는 부분이다. restart() 함수는 PC(Program Counter)를 0으로 설정, 0x0 번지로 점프 하도록 해서 결국 Reset이 된 것과 같은 동작을 하게 만든다. run() 함수는 뒤에서 설명하지만 점프하고자 하는 번지를 PC(Program Counter)에 설정해 줌으로써 그 번지로 점프하도록 하는 함수이다. downPt는 다운로드할 어드레스 변수로 사용되며, downloadFileSize는 다운로드 데이터 사이즈, checkSum은 다운로드 데이터 체크섬 변수로 사용된다.

Initialize ISR

```
void Isr_Init(void)
{
      pISR_UNDEF=(unsigned)HaltUndef;
      pISR_SWI   =(unsigned)HaltSwi;
      pISR_PABORT=(unsigned)HaltPabort;
      pISR_DABORT=(unsigned)HaltDabort;
      rINTMOD=0x0;                          // All=IRQ mode
      rINTMSK=BIT_ALLMSK;                   // All interrupt is masked.

      pISR_USBD =(unsigned)IsrUsbd;
      pISR_DMA2 =(unsigned)IsrDma2;

      ClearPending(BIT_DMA2);
      ClearPending(BIT_USBD);
}
```

Isr_Init() 함수에서는 인터럽트 사용을 위한 초기화뿐만 아니라, 익셉션 발생시 분기할 함수의 어드레스를 설정한다.

pISR_UNDEF=(unsigned)HaltUndef 이 부분은 Undefined 익셉션이 발생하였을 때 점프하는 제2EVT 번지(0x33ffff00+0x4)에 실행하고자 하는 함수의 시작 주소를 대입함으로써 Undefined 익셉션 발생시 HaltUndef() 함수가 실행되도록 설정하는 것이다. ISR_SWI, ISR_PABORT, ISR_DABORT에 대한 설정도 마찬가지이다.

pISR_UNDEF는 C 코드상에 (*(unsigned *)(_ISR_STARTADDRESS+0x4))로 정의되어 있다. 스타트업 코드에서는 Undefined 익셉션 발생시 '0x33ffff00+0x4'번지로 점프하도록 설정되어 있다.

rINTMOD, rINTMSK 레지스터 설정으로 IRQ/FIQ 모드 설정 및 인터럽트 마스킹을 함으로써 인터럽트가 발생하지 않도록 설정한다. 이렇게 마스킹된 비트는 다른 함수에서 사용하고자 할 때 해당 인터럽트 비트를 Enable해서 사용한다.

pISR_USBD, pISR_DMA2 설정 부분은 USB 인터럽트 설정으로 인터럽트가 발생할 때 해당 함수가 실행되도록 함수의 시작주소를 대입해주는 부분이고 다음으로는 ClearPending(BIT_DMA2), ClearPending(BIT_USBD) 함수를 이용해 Pending되어 있을지도 모르는 인터럽트 비트를 미리 클리어 해준다.

ISR(Interrupt Service Routine)

```
void HaltUndef(void)
{
   Uart_Printf("Undefined instruction exception!!!\n");
   while(1);
}
void HaltSwi(void)
{
   Uart_Printf("SWI exception!!!\n");
   while(1);
}
void HaltPabort(void)
{
   Uart_Printf("Pabort exception!!!\n");
   while(1);
}
void HaltDabort(void)
{
   Uart_Printf("Dabort exception!!!\n");
   while(1);
}
void __irq IsrUsbd(void)
{
   .....
}
void __irq IsrDma2(void)
{
   ......
}
```

익셉션 및 인터럽트 발생시 실행되는 함수이다. 익셉션 발생시에는 해당 익셉션 문자열을 출력하도록 되어 있는데, 사용자가 상태 레지스터 및 기타 디버깅 정보를 출력해 볼 수도 있고 이러한 익셉션이 왜 발생하는 지에 대해서도 디버깅해 볼 수 있다.

Main(Initialize)

```
Port_Init();

ChangeUPllValue(60,4,2);              // USB Clock 48MHz
for(i=0; i<7; i++);
ChangeClockDivider(13,12);
ChangeMPllValue(97,1,2);              // FCLK 296Mhz

Isr_Init();

Uart_Init(0,115200);
Uart_Select(consoleNum);

rMISCCR=rMISCCR&~(1<<3);          // USBD is selected instead of USBH1
rMISCCR=rMISCCR&~(1<<13);         // USB port 1 is enabled.
```

Main() 함수의 처음 시작 부분으로 MSTK2440 I/O 포트에 대한 초기화, MPLL과 UPLL에 대한 설정, 인터럽트 초기화, UART 초기화, USB 통신을 위한 초기화 과정을 실행한다.

Main(Menu & Wait Download)

```
while(1)
{
    if(menuUsed==1)Menu();
    WaitDownload();
}
```

모니터 프로그램이 동작하기 위한 모든 초기화가 끝나고, 위 코드와 같은 메뉴 입력 조건이 되면 메뉴 관련 함수가 실행되고, 아니면 WaitDownload() 함수에서 PC HOST USB와의 연결이 이루어지고 있는지 확인한다. 정상적으로 연결되어 있으면 'USB host is connected. Waiting a download'라는 메시지를 출력하고 PC로부터 데이터 다운로드가 이루어지는지를 감시한다. 연결이 정상적이지 못하면 'USB host is not connected yet' 메시지를 출력한다. 그리고 MSTK2440에서는 데이터 수신 때까지 LED로 동작 상태를 표출하게 된다.

Running

```
if(download_run==1)
{
   rINTMSK=BIT_ALLMSK;
   run=(void (*)(void))downloadAddress;
   run();
}
```

데이터 다운로드가 모두 끝나고 체크썸이 정상이면, downloadAddress번지로 PC(Program Counter)가 변경되어 그 번지로 점프하게 된다. downloadAddress는 USB 데이터 전송시 프로토콜로 정해져 있으며 4바이트의 크기를 가지고 있다. USB 프로토콜은 'addr(4) + size(4) + data(n) + cs(2)'이다.

Menu

```
void Menu(void)
{
   while(1)
   {
        Uart_Printf("\n###### Select Menu ######\n");
        Uart_Printf(" [0] Download & Run\n");
        Uart_Printf(" [1] Download Only\n");
        Uart_Printf(" [2] Test SDRAM \n");
        Uart_Printf(" [3] Change The Console UART Ch.\n");
        Uart_Printf(" [4] Clear unused area in SDRAM \n");
        key=Uart_Getch();
        switch(key)
        {
        case '0':
              Uart_Printf("\nDownload&Run is selected.\n\n");
              download_run=1;
              return;
        case '1':
              .......
}
```

모니터 프로그램이 가지고 있는 기능 중에 하나인 메뉴 기능이다. 0번부터 4번까지 구성되어 있으며, 0번은 '[0] Download & Run' 기능으로 USB 설정된 번지로 다운로드하고 그 번지로 점프하여 프로그램을 실행한다. 0번 메뉴는 특별히 선택하지 않아도 디폴트로 설정되어 있다. 따라서 아무 메뉴 키 입력 없이 다운로드하면 0번 키 입력과 동일하게 동작한다.

1번 키 입력은 '[1] Download Only' 기능으로 다운로드 주소를 입력하라는 메시지가 보이고 주소를 입력하면, 그 해당 주소로 다운로드한다. PC(Program Counter) 변경은 없다.

2번 키 입력은 '[2] Test SDRAM' 기능으로 SDRAM Read/Write를 통해서 SDRAM이 정상인지를 확인할 수 있는 기능이다.

3번 키 입력은 '[3] Change The Console UART Ch' 기능으로 UART 채널을 무엇으로 할 것인지 설정하는 기능이다.

4번 키 입력은 '[4] Clear unused area in SDRAM' 기능으로 메모리를 클리어 하는 기능이다. 이와 같은 메뉴 기능뿐만 아니라 사용자가 디버깅을 위해서 메모리 View 기능이나 Register View 기능 등을 만들어 사용한다면 아주 유용한 디버깅 툴이 될 수도 있다.

5.6 자주 사용하는 C함수들

1장부터 5장까지는 ARM 프로세서에 대한 개요, ARM/THUMB 명령셋, S3C2410A, S3C2440A의 하드웨어 기능 및 스펙, MSTK2440 보드에 대한 기능 및 스펙, 컴파일러 사용법, 에뮬레이터 사용 방법 및 JTAG 다운로더 사용법, 스타트업 코드와 모니터 프로그램을 통한 프로그램 구조 등을 살펴보았다.

6장부터는 S3C2410A, S3C2440A ARM 프로세서의 Peripheral Part에 대한 내용을 다루게 되는데, 그 내용은 개요, 레지스터 내용 및 동작 설명, 그리고 소스 코드를 적용한 테스트로 구성하고자 한다.

따라서 본장에서는 계속적으로 반복되는 함수와 코드를 미리 정리해 봄으로써 6장부터 적용할 소스 코드를 이해하는데 도움을 주고자 한다. 2440lib.c 소스 파일을 열어 함께 보면 이해가 편할 것이다.

▶ Port_Init() 함수

```
void Port_Init(void)
{
//*** PORT F GROUP
//Ports  :  GPF7     GPF6    GPF5     GPF4        GPF3          GPF2   GPF1    GPF0
//Signal : nLED_8  nLED_4  nLED_2  nLED_1  nIRQ_PCMCIA  EINT2  KBDINT  EINT0
//Setting:  Output   Output   Output   Output       EINT3         EINT2  EINT1   EINT0
//Binary :  01        01,       01        01,          10             10,     10       10
    rGPFCON = 0x55aa;
    rGPFUP  = 0xff;                    // The pull up function is disabled GPF[7:0]
    ....
    ....
//External interrupt will be falling edge triggered.
    rEXTINT0 = 0x22222222;             // EINT[7:0]
    rEXTINT1 = 0x22222222;             // EINT[15:8]
    rEXTINT2 = 0x22222222;             // EINT[23:16]
}
```

최초 Main() 함수가 실행되면 I/O 포트에 대한 초기화를 해주는 것이 좋다. S3C2440A ARM 프로세서는 130개의 I/O 포트를 가지고 있다. 기능핀으로도 사용하고 입력 및 출력 핀으로도 사용 한다. 여기서는 PORT A GROUP부터 PORT J GROUP까지 PORT에 대한 설정을 할 수 있다. 위 함수는 PORT F GROUP에 대한 설정 예를 보여준 것이다.

GPF0~GPF3까지는 '10b'으로 설정함으로써 인터럽트 기능 핀으로 사용하겠다는 의미이고, GPF4~GPF7까지는 '01b'로 설정함으로써 출력포트로 사용하겠다는 의미이다. S3C2410A, S3C2440A는 I/O 포트의 개별적 설정이 가능하다.

마지막 인터럽트에 관한 코드는 외부 인터럽트 트리거 방식을 하강 엣지 트리거 방식으로 하겠다는 설정이다. 포트 초기화와 더불어 해 준 것으로 여기서 초기화 하는 특별한 의미는 없다.

▶ ChangeUPllValue() 함수

```
void ChangeUPllValue(int mdiv,int pdiv,int sdiv)
{
    rUPLLCON = (mdiv<<12) | (pdiv<<4) | sdiv;
}
```

USB 클럭 설정과 관련된 함수로, UPLL을 설정하는데 사용된다. UPLLCON 레지스터는 UPLLCON[19:12]가 MDIV, UPLLCON[9:4]가 PDIV, UPLLCON[1:0]이 SDIV로 구성되어 있다. 메인 함수에서 ChangeUPllValue(60, 4, 2) 이 부분은 입력 주파수가 16.9344MHz일 때 48MHz의 USB 클럭을 만들기 위한 UPLL 설정으로 그 값은 동작주파수에 따른 권장 값을 기준으로 설정하였다.(4장의 [표 4.6] PLL 설정값의 선택 참고)

▶ ChangeClockDivider() 함수

클럭 디바이더 값을 설정하는 함수이다. C 언어와 어셈블리어로 작성된 아래의 코드를 보면서 비교해 보자.(4장 내용 참조)

```
void ChangeClockDivider(int hdivn_val,int pdivn_val)
{
        if(hdivn_val == 13) hdivn = 3;
        if(pdivn_val == 12) pdivn = 1;
        rCLKDIVN = (hdivn<<1) | pdivn;
}
```

```
[ PLL_ON_START
    ; Added for confirm clock divide. for 2440.
    ; Setting value Fclk:Hclk:Pclk
    ldr   r0,=CLKDIVN
    ldr   r1,=CLKDIV_VAL     ;0=1:1:1,1=1:1:2,2=1:2:2,3=1:2:4,4=1:4:4,
                             ; 5=1:4:8, 6=1:3:3, 7=1:3:6.(Divider Ratio)
    str   r1,[r0]
.......
.......
```

CLKDIVN	비트	설 명	초기값
DIVN_UPLL	[3]	UCLK select register(UCLK must be 48MHz for USB) 0 : UCLK = UPLL clock (48MHz) 1 : UCLK = UPLL clock / 2 (96MHz)	0
HDIVN	[2:1]	00 : HCLK = FCLK/1 01 : HCLK = FCLK/2 10 : HCLK = FCLK/4 when CAMDIVN[9] = 0 HCLK = FCLK/8 when CAMDIVN[9] = 1 11 : HCLK = FCLK/3 when CAMDIVN[8] = 0 HCLK = FCLK/6 when CAMDIVN[8] = 1	00
PDIVN	[0]	0 : PCLK 클럭 = HCLK/1 1 : PCLK 클럭 = HCLK/2	0

C소스 코드에서 hdivn=3, pdivn=1로 설정하였다. 따라서 CLKDIVN[3:0] 레지스터에는 '0111b'가 된다. 즉 표에 음영색으로 지정된 부분의 내용처럼 UCLK는 48MHz, FCLK:HCLK:PCLK 비율은 1:1/3:1/6의 비율로 설정 되는 것이다.

FCLK가 대략 296.4MHz로 설정되어 있으므로, HCLK는 FCLK/3 주파수가 되고 PCLK는 HCLK/2 주파수가 된다. 이 부분은 스타트업 코드에서 해주어도 상관없다. 따라서 메인 함수에서 ChangeClockDivider(13, 12)라고 실행하고 나면, 시스템의 클럭은 FCLK=300MHz(정확히는 296.4MHz), HCLK=100MHz, PCLK=50MHz가 되는 것이다. MSTK2440 모니터 프로그램은 스타트업 코드에 이 초기화 루틴이 들어가 있다. ChangeClockDivider() 함수를 이용해서 C루틴에서도 클럭 디바이더 값들을 설정할 수 있다.

▶ ChangeMPllValue() 함수

MPLL을 설정하는 함수이다. 아래의 코드는 C코드와 어셈블리어 코드이며 내용은 동일하다. 아래 보이는 어셈블리어 코드는 MSTK2440 모니터 프로그램 스타트업 코드에 코딩되어 있는 루틴이다. UPLL 설정 부분도 있으며, UPLL 설정 후 7NOP(No Opration) 후에 MPLL을 설정하도록 되어 있다.

```
void ChangeMPllValue(int mdiv,int pdiv,int sdiv)
{
    rMPLLCON = (mdiv<<12) | (pdiv<<4) | sdiv;
}
```

```
.......
.......
; Configure UPLL
    ldr   r0,=UPLLCON
    ldr   r1,=((U_MDIV<<12)+(U_PDIV<<4)+U_SDIV)
    str   r1,[r0]
    nop ; Caution: After UPLL setting, at least 7-clocks delay
          must be inserted for setting hardware be completed.
    nop
    nop
    nop
    nop
    nop
    nop
; Configure MPLL
```

```
        ldr   r0,=MPLLCON
        ldr   r1,=((M_MDIV<<12)+(M_PDIV<<4)+M_SDIV) ; Fin=16.9344MHz
        str   r1,[r0]
        ]
```

MPLL을 설정하는데 사용되는 MPLLCON 레지스터는 MPLLCON[19:12]가 MDIV, MPLLCON[9:4]가 PDIV, MPLLCON[1:0]이 SDIV로 구성되어 있다. 메인 소스에서 ChangeMPllValue(97, 1, 2)라고 함수를 실행하면, 입력 주파수가 16.9344MHz일 때, 296.35MHz의 출력을 만들 수 있도록 MPLL을 설정한다. MPLL 설정값은 동작주파수에 따른 권장값을 기준으로 설정하였다.

UPLL과 MPLL값을 설정할 때에는 UPLL값을 먼저 설정하고 7NOP(No Operation) 정도의 간격을 두고 MPLL값을 설정한다. MSTK2440에서는 16.9344MHz의 외부 크리스탈을 사용하고 있다.(4장의 [표 4.6] PLL 설정값의 선택 참고)

▶ Uart_Init() 함수

```
void Uart_Init(int pclk,int baud)
{
    if(pclk == 0) pclk     = PCLK;
    //UART0
    rULCON0 = 0x3;                          // Line control register
    rUCON0  = 0x245;                        // Control register

    //Baud rate divisior register 0
    rUBRDIV0=( (int)(pclk/16./baud+0.5) -1 );

    //UART1 설정,                            // UART2 설정
}
```

UART(Unversal Asynchronous Receiver Transmitter)를 설정하는 함수이다. ULCON 레지스터는 Line Control Register로 Normal, No parity, 1 stop, 8비트로 설정하였고, UCON 레지스터는 UART의 클럭을 선택하거나 송수신 인터럽트나 DMA에 관한 설정을 하는 레지스터이다. UBRDIV 레지스터는 보레이트를 설정하는 레지스터이다. 클럭 소스로 PCLK를 사용한다.

메인 소스에서 Uart_Init(0,115200)라는 의미는 PCLK 클럭을 이용하여 보레이트를 115200bps로 설정하겠다는 의미이다.

▶ Uart_Select(int ch)

```
void Uart_Select(int ch)
{
    whichUart = ch;
}
```

UART 채널을 선택하는 함수이다. Uart_Getch() 함수나 Uart_SendByte() 함수 등이 사용하는 UART 채널을 결정하는 함수이다. 미리 선언된 전역변수에 UART채널 번호를 설정한다.

▶ Uart_TxEmpty() & Uart_SendByte() 함수

```
void Uart_TxEmpty(int ch)
{
    if(ch==0)       while(!(rUTRSTAT0 & 0x4));

    else if(ch==1) while(!(rUTRSTAT1 & 0x4));

    else if(ch==2) while(!(rUTRSTAT2 & 0x4));
}
```

```
void Uart_SendByte(int data)
{
    if(whichUart==0)
    {
        if(data=='\n')
        {
            while(!(rUTRSTAT0 & 0x2));
            Delay(10);                  // because the slow response of hyper_terminal
            WrUTXH0('\r');
        }
        while(!(rUTRSTAT0 & 0x2));   // Wait until THR is empty.
        Delay(10);
        WrUTXH0(data);
    .........
    }
}
```

UTRSTATn	비트	설명		초기값
Transmitter empty	[2]	0 = Not empty	1 = Transmitter	1
Transmit buffer empty	[1]	0 = not empty	1 = Empty	1
Receive buffer data ready	[0]	0 = Empty	1 = 수신 데이터 있음	0

Uart_Send Byte() 함수는 UART의 송신 버퍼가 비었는지를 확인하고, 한 바이트 데이터를 송신하는 함수이다. UTRSTAT 레지스터는 송신, 수신 버퍼의 상태를 나타내는 상태 레지스터이다. 따라서 읽기 전용이며, Uart_TxEmpty() 함수는 송신을 위한 루틴 중에 Transmitter에 데이터가 남아 있는지를 검사하는데(UTRSTAT[2]가 0이면 Transmitter에 이미 데이터가 있다는 의미임) 사용하는 함수이다. 여기서 Transmitter란 송신 버퍼와 송신 쉬프터를 모두 합쳐 말하는 것으로 송신버퍼는 64Byte의 크기를 가지는 내부 버퍼를 말하는 것이고 송신 쉬프터는 최종 TXD라인 출력단에 있는 것이다. Uart_SendByte() 함수는 한 바이트씩 데이터를 출력하는 함수로 UTRSTAT 레지스터의 UTRSTAT[1] 비트를 검사해서 송신버퍼가 비워져 있으면(UTRSTAT[1]가 1이면) UTXH 레지스터에 데이터를 써넣음으로써 데이터 출력을 하고자 할 때 사용한다.

송신모드에는 non-FIFO 모드와 FIFO 모드가 있는데, 여기서는 non-FIFO 모드로 송신데이터는 64Byte 버퍼 중 Transmit Holding Register(최하위 한 바이트)만을 사용한다. non-FIFO 모드에서의 Transmitter는 Transmit Holding Register와 송신 쉬프터 만을 말하는 것이다. 즉 이 두 버퍼가 비워지면 Transmitter가 비워졌다는 것이므로 UTRSTAT[2]는 1로 셋 된다. 사용자가 FIFO 모드로 사용한다면 64Byte 송신버퍼를 사용하는 것으로 UTRSTAT[2] 비트 대신 UFSTAT레지스터의 TxFIFO Full 비트를 체크해야 한다.

Uart_SendString() 함수

```
void Uart_SendString(char *pt)
{
    while(*pt)
    Uart_SendByte(*pt++);
}
```

UART를 통해 문자열을 송신할 때 사용하는 함수이다.

Uart_Getch() 함수

```
char Uart_Getch(void)
{
    if(whichUart==0)
    {
        while(!(rUTRSTAT0 & 0x1));    // Receive data ready
        return RdURXH0();
    }
    .....
}
```

UART를 통해 한 바이트를 수신하는 함수이다. 한 바이트가 수신될 때까지 계속 기다린다. UTRSTAT 레지스터의 UTRSTAT[0] 비트는 수신 버퍼에 데이터가 있는지를 검사하는 비트이다. 위 코드는 상태레지스터를 검사해서 수신 버퍼에 데이터가 있다면 수신 버퍼 URXH 레지스터 값을 읽어 리턴한다.

Uart_GetKey() 함수

```
char Uart_GetKey(void)
{
    if(whichUart==0)
    {
        if(rUTRSTAT0 & 0x1)        // Receive data ready
            return RdURXH0();
        else
            return 0;
    }
    .......
    .......
}
```

Uart_GetKey() 함수는 앞에서 설명한 Uart_Getch() 함수와 유사하나 수신 내용을 확인하고 수신 데이터가 있을 경우에 수신 데이터 값을 리턴하고 없으면 0을 리턴하는 함수이다.

Uart_GetString() 함수

```
void Uart_GetString(char *string)
{
    while((c = Uart_Getch())!='\r')
    {
      ......
      ......
      *string++ = c;
      Uart_SendByte(c);
    }
    *string='\0';
    Uart_SendByte('\n');
}
```

UART를 통해 문자열을 입력받는 함수로 문자열의 '\r'(Null)을 만날 때까지 스트링 버퍼에 저장하고 Uart_SendByte(c) 함수를 통해 에코 해준다. 스트링의 끝에 '\0'을 붙여 문자열의 끝을 지정한다.

Uart_GetIntNum() 함수

```
int Uart_GetIntNum(void)
{
    Uart_GetString(string);

    if(string[0]=='0' && (string[1]=='x' || string[1]=='X'))
    {
      .........
    }

    if(string[lastIndex]=='h' || string[lastIndex]=='H' )
    {
      .........
    }
    .........
    result = (result<<4) + string[i] - 'A' + 10;
    result = (result<<4) + string[i] - 'a' + 10;
```

```
        .........
        return result ;
    }
```

Uart_GetIntNum() 함수는 PC 콘솔 프로그램으로부터 Decimal값 또는 Hex값 입력을 받기 위한 함수이다. 그 사용 예를 한번 들어 보겠다.

```
Uart_Printf("ide_no=");
ide_no=Uart_GetIntNum();
Uart_Printf("lba=");
lba=Uart_GetIntNum();
Uart_Printf("size=");
size=Uart_GetIntNum();
Uart_Printf("fillvalue=");
fillvalue=Uart_GetIntNum();

for(i=0;i<(size/2);i++) {
    test_block[i]=fillvalue;
}

result=ide_write(&test_block[0],ide_no,lba,size);
Uart_Printf("result=%d\n",result);
```

위 코드는 하드디스크에 데이터를 써넣는 루틴이다. 위 첫번째는 ID 번호를 물어보는 부분으로 마스터 HDD이냐 슬레이브 HDD이냐를 물어보는 부분이다. 마스터 HDD 한개만 연결해 놓았다면 0이라고 입력하면 된다.

두번째는 LBA(Logical Block Address)를 물어보는 코드이다. HDD는 LBA 단위로 읽기 쓰기가 가능하다. LBA는 512바이트 단위로 구성되어 있으므로 한 LBA를 쓸 때는 512바이트를 써주어야 한다. 얘기가 다른 곳으로 약간 흘렀는데 그냥 알아둔다는 느낌으로 한번 읽어보자. LBA 입력 부분에 '0x1000'이라고 써주면 HDD의 hexa 값으로 0x1000이므로 실제 Decimal 값으로는 4096번째 LBA에 쓰겠다는 의미가 되는 것이다. Uart_GetIntNum() 함수는 이런 변환 작업을 해주는 함수이다. 지금 '써준다'라는 의미는 콘솔 창에 PC 키보드를 이용해서 입력한다는 의미이다.

세번째는 사이즈를 입력하는 부분으로 '0x100'이라고 입력한다면 4096번째 LBA부터 256Byte만큼을 write하겠다는 의미이다. 한 개 LBA의 절반 크기이지만 기본 단위가

512바이트 단위이기 때문에 이어서 쓰고자 하더라도 다음 LBA를 사용해야 한다.
네번째는 write 할 데이터를 입력하는 부분으로 예를 들어 '0x55AA'라고 입력하면 4096번째 LBA부터 '0x55AA' 데이터를 wirte할 수 있다.
이렇게 입력한 데이터를 'ide_write(&test_block[0],ide_no,lba,size)' 함수를 통해서 쓰는 작업을 하고, [그림 5.141]에 보이는 화면과 같이 LBA READ를 통해서 확인해 볼 수도 있다. 이렇듯 Uart_GetIntNum() 함수는 디버깅 등을 할 때 유용하게 쓰일 수 있다.

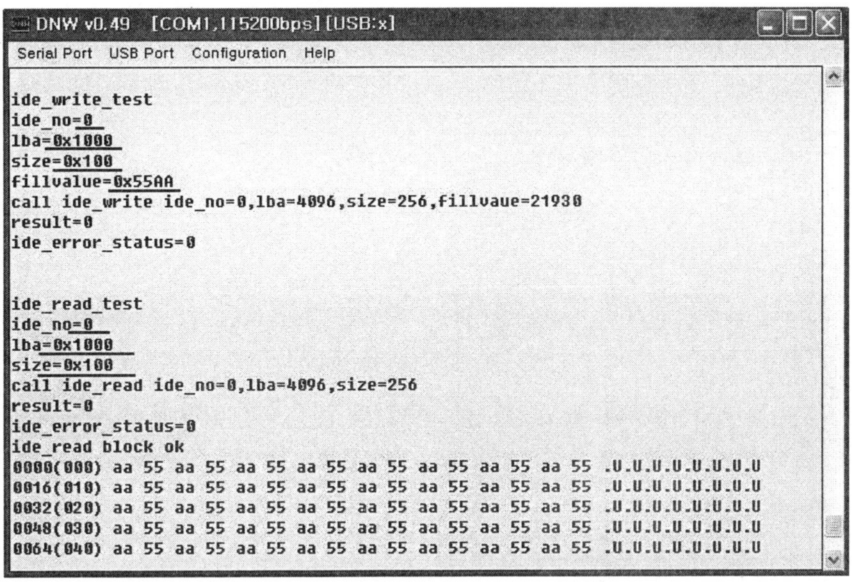

[그림 5.141] HDD Read/Write화면 (With DNW)

Uart_Printf() 함수

```
void Uart_Printf(char *fmt,...)
{
    va_list ap;
    char string[256];

    va_start(ap,fmt);
    vsprintf(string,fmt,ap);
    Uart_SendString(string);
    va_end(ap);
}
```

UART를 통해 형식화된 출력을 내보내게 해주는 함수이다. Uart_SendString() 함수를 이용한다. Printf문은 가변인자를 사용하기 때문에 몇 가지 처리가 필요하다. 위의 코드를 보면 va로 시작하는 변수와 함수들이 있다. 이들은 'stdarg.h' 헤더파일에 선언되어 있다.

va_list는 가변인자형 변수를 가리키고, va_start()함수는 가변인자 처리를 시작하는 함수이다. va_end() 함수는 가변인자 처리를 끝내는 함수다. 여러분들이 UART나 LCD를 디버깅용으로 이용할 때, 유용하게 사용할 수 있는 함수 코드이다.

사용예를 들어보면, Uart_Printf("Frequency=%4.1fMHz\n", Frequency)라고 실행하면, 여기에서 Frequency라는 변수가 296.353이란 값을 가질 때, 화면에는 Frequency =296.4MHz라고 출력된다. 여기서 이와 같이 출력되는 이유를 검토해보기로 하자.

```
% [width] [.prec]  type
     ①       ②       ③
```

① 폭 지정자

n : n에 설정된 값만큼 출력할 문자 자리를 확보하고 값을 출력한다. n값보다 출력값의 자리수가 작을 경우 공백으로 채워진다.

0n : 위의 n인 경우와 같고, 다만 출력값의 자리수가 n자리 수보다 적으면 0으로 채워진다.

② 정밀도 지정자

.n : 소수점 이하 n문자까지 출력한다.

③ 형 변환 문자

%d, %i : 부호 있는 10진수로 출력한다.(예: 100, -20)

%o : 부호 없는 8진수로 출력한다.(예: 012)

%u : 부호 없는 10진수로 출력한다.

%x, %X : 부호 없는 16진수로 출력한다.(X인 경우 A,B,C,D,E,F)(예: 22bb,22BB)

%f : 소수점 형식으로 출력한다.(예: 296.4)

%c : 한 문자를 출력한다.(예: M, B, C)

MMU_Init() 함수

```
MMU_SetMTT(0x00000000,0x07f00000,0x00000000,RW_WT);      //bank0
MMU_SetMTT(0x08000000,0x0ff00000,0x08000000,RW_WT);      //bank1
MMU_SetMTT(0x10000000,0x17f00000,0x10000000,RW_NCNB);    //bank2
```

```
MMU_SetMTT(0x18000000,0x1ff00000,0x18000000,RW_NCNB);     //bank3
MMU_SetMTT(0x20000000,0x27f00000,0x20000000,RW_WB);       //bank4
MMU_SetMTT(0x28000000,0x2ff00000,0x28000000,RW_NCNB);     //bank5
MMU_SetMTT(0x30000000,0x30f00000,0x30000000,RW_WB);       //bank6-1
MMU_SetMTT(0x31000000,0x33e00000,0x31000000,RW_NCNB);     //bank6-2
MMU_SetMTT(0x33f00000,0x33f00000,0x33f00000,RW_WB);       //bank6-3
MMU_SetMTT(0x38000000,0x3ff00000,0x38000000,RW_NCNB);     //bank7

MMU_SetMTT(0x40000000,0x47f00000,0x40000000,RW_NCNB);     //SFR
MMU_SetMTT(0x48000000,0x5af00000,0x48000000,RW_NCNB);     //SFR
MMU_SetMTT(0x5b000000,0x5b000000,0x5b000000,RW_NCNB);     //SFR
MMU_SetMTT(0x5b100000,0xfff00000,0x5b100000,RW_FAULT);    //not used
```

MMU(Memory Management Unit)는 메모리를 관리하는 하드웨어 장치로 가상 메모리를 실제 메모리로 맵핑시키는 역할을 하며 메모리의 접근권한을 제어하는 보호 기능을 가지고 있다.

위의 MMU_Init() 함수는 MMU를 초기화 해주는 함수로 mmu.c 소스파일에서 찾을 수 있다. 코드에서 보면 데이터 캐쉬와 인스트럭션 캐쉬를 Disable하고 라이트 백을 사용하는 경우 데이터 케쉬를 클리어 해주는 등의 절차 후에 MMU_SetMTT() 함수를 실행하고 있다. 그리고 마지막으로 데이터 캐쉬와 인스트럭션 캐쉬를 Enable하고 초기화 절차를 마무리 한다. MMU에 대한 내용은 상당히 복잡하여 자세한 설명을 다루기가 힘들기 때문에 함수만 간단히 보도록 하겠다. 보통은 제공되는 코드를 그대로 사용하는 경우도 있으나 메모리 Bank에 어떠한 외부장치가 인터페이스 되는냐에 따라 캐쉬영역을 변경해야 할 상황이 생기므로 주로 사용하는 MMU_SetMTT() 함수 사용법에 대해서는 알고 있어야 한다. Bank6에 대한 설정을 보면 MMU_SetMTT(0x30000000, 0x30f00000, 0x30000000, RW_WB)로 되어 있는데 이는 0x30000000번지부터 0x30f00000번지까지의 영역을 Cacheable Area로 하고 쓰기 모드는 라이트백(Write Back) 모드로 하겠다는 설정이다. 여기서 RW_WB인자가 그 속성을 결정하는 인자인데 캐쉬 사용 및 라이트백 모드로 쓰기 동작을 하겠다는 설정이고, RW_WT는 캐쉬 사용 및 Write Through 모드로 쓰기 동작을 하겠다는 설정이다. RW_NCNB는 이 메모리 영역에서는 캐쉬 및 라이트 버퍼 모두 사용하지 않는다는 설정이다. 이 경우는 캐쉬 불일치 현상이 절대 일어나지 않으나 속도가 상대적으로 느리다. 캐쉬 불일치란 캐쉬에 저장되어 있는 데이터 내용과 외부 장치에 저장되어 있는 데이터 내용이 서로 다른 것을 의미한다.

```
#define WB      (3<<2)    // cache_on, write_back
#define WT      (2<<2)    // cache_on, write_through
#define NCB     (1<<2)    // cache_off, WR_BUF on
#define NCNB    (0<<2)    // cache_off, WR_BUF off
```

위의 상수는 C소스 상에서 정의 되어있는 내용이다. S3C2410A, S3C2440A ARM 프로세서 내부에는 쓰기 성능 향상을 위한 라이트 버퍼(Write Buffer)라는 메모리가 있다. Write Buffer는 메인메모리(외부메모리 또는 On-Chip 메모리)에 대한 저장 기능을 최적화 하는 목적의 메모리 블록이다. 예를 들어 메모리 저장(Store) 명령이 실행되면 데이터와 어드레스 같은 내용이 Write 버퍼로 먼저 저장된다. 그러면 Write 버퍼가 외부메모리에 데이터를 전송하고 그동안 CPU는 다른 명령을 계속 진행하게 된다. 캐쉬를 사용했을 때의 쓰기 동작 모드에도 write back과 write through 두 가지 모드가 있다. 이러한 일련의 과정은 D-Cache(데이터 캐쉬)에 관련된 내용으로 동작모드를 write through 모드로 설정하면 프로세서가 외부 장치에 쓰기 동작 시 캐쉬와 외부장치 모두에 쓰기 동작을 하고 라이트백 모드는 캐쉬에만 쓰기 동작을 하며 캐쉬에 써진 데이터는 후에 외부메모리에 써지게 된다.

S3C2410A, S3C2440A ARM 프로세서는 특정 영역을 캐쉬 영역으로 지정할 수 있어, 이렇게 지정된 영역에서는 프로세서 내부에 있는 데이터 캐쉬 및 명령 캐쉬를 사용하기 때문에 속도 향상에 도움이 된다.

예를 들어 메모리 블록 복사를 하는 프로그램을 0x30000000번지에 다운로드해서 실행한다고 하자. [표 5.12]을 보면 뱅크 6에 해당되는 영역을 모두 RW_NCNB로 설정하였을 때와 RW_WB로 설정하였을 때의 속도 차이를 확인할 수 있다.

[표 5.12] SDRAM to SDRAM 복사

	DMA COPY	Software COPY
NCNB	46ms	94ms
WB	34ms	13ms
WT	34ms	20ms

[표 5.12]는 DMA로 메모리 블록 복사를 하였을 때의 소요시간과 소프트웨어로 메모리 블록 복사를 하였을 때의 시간을 비교한 것이다. 캐쉬와 라이트백의 역할이 미치는 영향이 적지 않음을 알 수 있다.

그럼 모든 영역을 Cacheable 영역으로 설정하는 것이 좋은 것인가? 그렇지만은 않다. 주로 Fixed 어드레스 영역을 액세스하는 경우에는 Non-Cacheable 영역으로 설정 해주는 것이 좋다. 예를 들어 MSTK2440에 실장되어 있는 CPLD를 통하여 HDD를 액세스한다고 하자. 이 HDD에 데이터를 읽고 쓰기 위해서는 HDD 내부상태 레지스터 및 데이터 레지스터를 반복적으로 액세스해야 하는데(Fixed Address임) 이 영역이 Cacheable 영역이라면 프로세서는 항상 상태 레지스터를 실시간으로 액세스하지 않고 Cache에서 데이터를 읽어오기 때문에 원하는 결과 값을 얻지 못하는 경우가 발생한다. 즉 캐쉬 불일치 현상이 발생하게 된다. 따라서 Cacheable 영역으로 할지 Non-Cacheable 영역으로 할지는 외부 디바이스가 어떤 것이냐가 고려대상이 되어야 한다.

그리고 프로그램 개발시 알아두어야 할 것이 ADS 컴파일러는 Debug 모드 DebugRel 모드, Release 모드 이렇게 세 가지의 컴파일 모드를 가진다. 여기서 'Optimize'라는 말이 나오는데 간략하게 설명하자면 개발자가 프로그램을 코딩하고 바이너리 출력 파일을 만들기 위해 컴파일이라는 과정을 거치게 되는데, 이 컴파일 과정에서도 최적화를 얼마로 설정해서 출력 파일을 만들지를 설정할 수 있다. 최적화 순서대로 표현하면 Debug 모드→DebugRel 모드→ Release 모드 순이다. 실제로 각각의 모드에서 출력 파일 크기를 비교해 보면 차이가 나는 것을 알 수 있을 것이다. 가장 최적화를 많이 하는 것이 Release 모드이다. 바이너리 파일 크기도 상대적으로 가장 작다. 그럼 항상 Release 모드로 최적화하면 좋은 것인가. 주의해야 할 것들이 있다. 예를들어 Debug 모드에서 동작하던 코드가 Release 모드에서 동작하지 않는 경우가 있다. 이런 현상들이 최적화 옵션으로 인해 발생하는 경우인데, 예를 들어 p=(char*) 0x8000000번지에 통신장치가 있다고 하자.(Fixed 어드레스) 이 칩에서 원하는 데이터를 얻기 위해서 10, 12, 14를 대입하여야 한다고 할 때 C 코드로는 { *p = 10; *p = 12; *p = 14; } 이와 같이 코딩을 하게 될 것이다. 그런데 이와 같은 코드를 컴파일하게 되면 맨 마지막 '*p=14'만 기계어로 변환될 수 있다. 즉 통신 칩 입장에서는 14라는 데이터만 받게 되므로 *p값을 읽으려 해도 정상적인 값을 읽을 수 없게 된다. 이러한 현상을 방지하기 위해서 'volatile' 선언을 사용하는 것이다. 그 변수 앞에 volatile이라고 선언해주면 컴파일러는 그 부분에 대해서는 최적화를 하지 않는다. 따라서 이와 같은 방법을 사용하면 최적화도 하면서 이로 인한 문제점도 막을 수 있다.

Delay() 함수

```
void Delay(int time)
{
```

```
    // time=0: adjust the Delay function by WatchDog timer.
    // time>0: the number of loop time
    // resolution of time is 100us.
  int i,adjust=0;
  if(time==0)
  {
      time    = 200;
      adjust = 1;
      delayLoopCount = 400;
      rWTCON = ((PCLK/1000000-1)<<8)|(2<<3);
      rWTDAT = 0xffff;                         // for first update
      rWTCNT = 0xffff;                         // resolution=64us @any PCLK
      //Watch-dog timer start
      rWTCON = ((PCLK/1000000-1)<<8)|(2<<3)|(1<<5);
  }
  for(;time>0;time--) for(i=0;i<delayLoopCount;i++);
  if(adjust==1)
  {
      rWTCON = ((PCLK/1000000-1)<<8)|(2<<3); // Watch-dog timer stop
      i = 0xffff - rWTCNT;
      delayLoopCount = 8000000/(i*64);
  }
}
```

Delay() 함수는 말 그대로 시간 지연이 필요할 때 사용하는 함수이다. 그런데 CPU 속도가 바뀌게 되면 Delay() 함수에 인자 값도 바뀌야 하는 상황이 된다. S3C2440A 프로세서는 입력 클럭에 따라 약간씩 다르지만 FIN(입력 클럭)을 16.9344MHz로 하였을 경우, FCLK를 266716800Hz, 296352000Hz, 399651840Hz등으로 다양하게 설정할 수 있다. FCLK의 변화에 따라 이 함수에서 사용하는 PCLK 값도 바뀌게 되고 따라서 Delay 시간에도 영향을 주게 된다.

이에 대한 보완으로 최초 Delay() 함수를 사용할 때에는 먼저 Delay(0)이라고 실행하여 Calibration 과정을 거치는데, Delay(0)이 실행되면서 PCLK에 맞게 시간 Resolution을 100uS로 설정하기 때문에 그 다음부터 실행되는 Delay 함수는 100uS 단위로 동작하게 된다. 다시 말해서 Delay(1)은 100uS의 시간을 지연하며 Delay(100)은 10mS의 시간을 지연시킨다.

이러한 시간 지연을 와치독 타이머를 이용해서 구현하였다. 어떻게 설정하였는지 한번 보도록 하자. WTCON 레지스터 설정 부분을 보면 WTCON[8]에 PCLK/1000000

-1이란 값을 대입하였다. PCLK를 50MHz라고 가정하고 계산을 해보면, 50M/1000000-1 = 49가 된다. WTCON[3]은 Divider를 선택하는 비트로 2를 설정하였으므로 Divider 값으로 64를 설정한 것이다.
그럼 여기서 와치독 타이머의 한 클럭 주기를 계산해 보도록 하자.

```
t_watchdog = 1 / [ PCLK / (프리스케일러+1) / 디바이더]
```

위 수식은 와치독 타이머의 한 클럭 주기를 계산하는 것이다. 수식에 해당 값을 대입하면 t_watchdog = 1/((50MHz/49+1)/64) = 64uS가 된다. WTCNT는 16비트 다운카운터이다. WTDAT에 0xffff를 넣어주었고 WTCNT에도 0xffff를 넣어준 이유는 WTCNT의 카운트 값이 감소하여 0이 되었을 때 WTDAT값을 리로드하기 때문이다. 이렇게 초기화를 다 하고나면 WTCON[5]를 다음과 같이 설정함으로써 와치독 타이머를 시작하게 된다.

```
rWTCON = ((PCLK/1000000-1)<<8)|(2<<3)|(1<<5) ;
```

와치독 타이머 시작 후 delayLoopCount와 time값만큼의 for loop 반복문이 있다. delayLoopCount는 400으로 정의되어 있고 time은 200으로 정의되어 있으므로 200×400만큼의 for loop를 돌다가 빠져나올 것이다. 이전 코드에서 adjust 값이 1로 셋되어 있기 때문에 조건을 만족하여 if(adjust==1) 조건문이 실행되게 된다.
여기서는 WTCON[5] 비트에 0을 대입함으로써 와치독 타이머를 정지시킨다.
i = 0xffff - rWTCNT이 부분에서 감소된 와치독 카운터 값이 얼마인지를 i에 대입하게 된다. 200×400만큼 for loop를 돌고 있는 상황에서도 내부적으로 카운터는 감소하고 있었다. 따라서 하나의 카운터 주기가 64uS이므로 200×400 for loop에 대한 (64uS× 감소된 카운터 값)은 얼마만큼의 loop counter값이 100us에 해당하는지를 계산해 볼 수 있는 것이다. 수식으로 표현하면 다음과 같다.

$$200\times400 : 64\times i = x : 100 \rightarrow x = 80000\times100/(64\times i)$$

여기서 x가 바로 100uS 동안 for loop를 반복할 수 있는 delayLoopCount 값이 되는 것이다. 결국 delayLoopCount = 8000000/(i×64) 부분이 된다. 여기까지 설정되면 이제부터는 Delay를 사용자가 원하는 데로 정확히 줄 수가 있으며 CPU 클럭 속도가 바뀌어도 Delay시간은 정확하게 동작된다.
여기까지 5장의 모든 내용을 다루어 보았다. 뒤에서 나올 내용을 미리 언급한 내용도 있으므로 나중에 차차 이해가 될 것이다. 복잡한 내용도 있지만 실무에서도 자주 적용되는 내용이므로 가능하면 충분히 내용을 익혀 두도록 하자. 이제 6장부터는 주변장치들을 상세히 다루도록 하겠다.

다음은 삼성전자 ARM920T 프로세서와 ARM에 관련된 회사들이다. 기본적으로 몇 군데 회사들을 언급하였으므로, 이 회사들을 통해 개발장비를 구매하거나 부품 및 기술지원을 받을 수 있다.

▶ 삼성전자 공식대리점

삼성전자 모바일프로세서 및 LCD 공식 대리점

- 삼테크(http://www.samtek.co.kr)
- 위디츠(http://www.withits.co.kr)
- 메리테크(http://www.meritech.co.kr)

▶ MSTK2440 Training Kit 관련

서적 및 MSTK2440 Training Kit 문의

- OHM사/R&C사(http://www.ohm.co.kr)
- ALLSTECH(http://www.allstech.co.kr)

▶ uc/OS-II 및 DZTK2410 Training Kit

DZTK2410 uc/OS-II Training Kit판매, uc/OS-II 한국 공식 대리점

- DIOIZ(디오이즈, http://www.dioiz.com)

제 6 장 GPIO

6.1 S3C2440A GPIO 포트의 구성

6.2 S3C2440A GPIO 포트의 제어

6.3 GPIO 기능 연습

6. GPIO(General Purpose Input Output)

S3C2440A에는 입출력 포트 8개와 출력전용 포트 1개 총 9개, 130핀의 GPIO핀을 가지고 있다.

Port A(GPA) : 25비트 출력전용 포트
PORT B(GPB) : 11비트 입/출력 포트
PORT C(GPB) : 16비트 입/출력 포트
PORT D(GPB) : 16비트 입/출력 포트
PORT E(GPB) : 16비트 입/출력 포트
PORT F(GPB) : 8비트 입/출력 포트
PORT G(GPB) : 16비트 입/출력 포트
PORT H(GPB) : 9비트 입/출력 포트
PORT J(GPB) : 13비트 입/출력 포트

각각의 포트들은 시스템의 구성과 설계 조건에 따라 소프트웨어에 의해 쉽게 설정 가능하다. 각 포트에 해당되는 제어레지스터 값을 변경하여 언제든지 각 포트의 기능을 변경할 수 있다. S3C2440A의 각 입출력 핀은 GPIO의 기능 외에 예를 들면, GPF[0]핀은 GPF의 컨트롤 레지스터의 값을 변경함에 따라 입력, 출력 또는 EINT[0]으로 사용 가능하다.

6.1 S3C2440A GPIO 포트의 구성

앞에서도 언급했다시피 S3C2440A의 I/O 핀들은 적게는 두 개에서 많게는 4개까지의 기능을 가진다. 즉 한 핀이 입력, 출력 외에 두 가지 기능을 더 가질 수도 있다는 것이다. 다음의 표는 각 포트별 핀들의 기능들을 정리한 것이다.

Port A	선택 가능한 기능			
GPA22	Output only	nFCE	-	-
GPA21	Output only	nRSTOUT	-	-
GPA20	Output only	nFRE	-	-
GPA19	Output only	nFWE	-	-

GPA18	Output only	ALE	–	–
GPA17	Output only	CLE	–	–
GPA16	Output only	nGCS5	–	–
GPA15	Output only	nGCS4	–	–
GPA14	Output only	nGCS3	–	–
GPA13	Output only	nGCS2	–	–
GPA12	Output only	nGCS1	–	–
GPA11	Output only	ADDR26	–	–
GPA10	Output only	ADDR25	–	–
GPA9	Output only	ADDR24	–	–
GPA8	Output only	ADDR23	–	–
GPA7	Output only	ADDR22	–	–
GPA6	Output only	ADDR21	–	–
GPA5	Output only	ADDR20	–	–
GPA4	Output only	ADDR19	–	–
GPA3	Output only	ADDR18	–	–
GPA2	Output only	ADDR17	–	–
GPA1	Output only	ADDR16	–	–
GPA0	Output only	ADDR0	–	–
Port B	선택 가능한 기능			
GPB10	Input/output	nXDREQ0	–	–
GPB9	Input/output	nXDACK0	–	–
GPB8	Input/output	nXDREQ1	–	–
GPB7	Input/output	nXDACK1	–	–
GPB6	Input/output	nXBREQ	–	–
GPB5	Input/output	nXBACK	–	–
GPB4	Input/output	TCLK0	–	–
GPB3	Input/output	TOUT3	–	–
GPB2	Input/output	TOUT2	–	–
GPB1	Input/output	TOUT1	–	–
GPB0	Input/output	TOUT0	–	–
Port C	선택 가능한 기능			
GPC15	Input/output	VD7	–	–
GPC14	Input/output	VD6	–	–
GPC13	Input/output	VD5	–	–
GPC12	Input/output	VD4	–	–
GPC11	Input/output	VD3	–	–
GPC10	Input/output	VD2	–	–

GPC9	Input/output	VD1	-	-
GPC8	Input/output	VD0	-	-
GPC7	Input/output	LCD_LPCREVB	-	-
GPC6	Input/output	LCD_LPCREV	-	-
GPC5	Input/output	LCD_LPCOE	-	-
GPC4	Input/output	VM	-	-
GPC3	Input/output	VFRAME	-	-
GPC2	Input/output	VLINE	-	-
GPC1	Input/output	VCLK	-	-
GPC0	Input/output	LEND	-	-
Port D	선택 가능한 기능			
GPD15	Input/output	VD23	nSS0	-
GPD14	Input/output	VD22	nSS1	-
GPD13	Input/output	VD21	-	-
GPD12	Input/output	VD20	-	-
GPD11	Input/output	VD19	-	-
GPD10	Input/output	VD18	SPICLK1	-
GPD9	Input/output	VD17	SPIMOSI1	-
GPD8	Input/output	VD16	SPIMISO1	-
GPD7	Input/output	VD15	-	-
GPD6	Input/output	VD14	-	-
GPD5	Input/output	VD13	-	-
GPD4	Input/output	VD12	-	-
GPD3	Input/output	VD11	-	-
GPD2	Input/output	VD10	-	-
GPD1	Input/output	VD9	-	-
GPD0	Input/output	VD8	-	-
Port E	선택 가능한 기능			
GPE15	Input/output	IICSDA	-	-
GPE14	Input/output	IICSCL	-	-
GPE13	Input/output	SPICLK0	-	-
GPE12	Input/output	SPIMOSI0	-	-
GPE11	Input/output	SPIMISO0	-	-
GPE10	Input/output	SDDAT3	-	-
GPE9	Input/output	SDDAT2	-	-
GPE8	Input/output	SDDAT1	-	-
GPE7	Input/output	SDDAT0	-	-
GPE6	Input/output	SDCMD	-	-

GPE5	Input/output	SDCLK	-	-
GPE4	Input/output	I2SSDO	AC_SDATA_OUT	-
GPE3	Input/output	I2SSDI	AC_SDATA_IN	-
GPE2	Input/output	CDCLK	AC_nRESET	-
GPE1	Input/output	I2SSCLK	AC_BIT_CLK	-
GPE0	Input/output	I2SLRCK	AC_SYNC	-
Port F	선택 가능한 기능			
GPF7	Input/output	EINT7	-	-
GPF6	Input/output	EINT6	-	-
GPF5	Input/output	EINT5	-	-
GPF4	Input/output	EINT4	-	-
GPF3	Input/output	EINT3	-	-
GPF2	Input/output	EINT2	-	-
GPF1	Input/output	EINT1	-	-
GPF0	Input/output	EINT0	-	-
Port G	선택 가능한 기능			
GPG15	Input/output	EINT23	-	-
GPG14	Input/output	EINT22	-	-
GPG13	Input/output	EINT21	-	-
GPG12	Input/output	EINT20	-	-
GPG11	Input/output	EINT19	TCLK1	-
GPG10	Input/output	EINT18	nCTS1	-
GPG9	Input/output	EINT17	nRTS1	-
GPG8	Input/output	EINT16	-	-
GPG7	Input/output	EINT15	SPICLK1	-
GPG6	Input/output	EINT14	SPIMOSI1	-
GPG5	Input/output	EINT13	SPIMISO1	-
GPG4	Input/output	EINT12	LCD_PWREN	-
GPG3	Input/output	EINT11	nSS1	-
GPG2	Input/output	EINT10	nSS0	-
GPG1	Input/output	EINT9	-	-
GPG0	Input/output	EINT8	-	-
Port H	선택 가능한 기능			
GPH10	Input/output	CLKOUT1	-	-
GPH9	Input/output	CLKOUT0	-	-
GPH8	Input/output	UEXTCLK	-	-
GPH7	Input/output	RXD2	nCTS1	-
GPH6	Input/output	TXD2	nRTS1	-

GPH5	Input/output	RXD1	-	-
GPH4	Input/output	TXD1	-	-
GPH3	Input/output	RXD0	-	-
GPH2	Input/output	TXD0	-	-
GPH1	Input/output	nRTS0	-	-
GPH0	Input/output	nCTS0	-	-
Port J	선택 가능한 기능			
GPJ12	Input/output	CAMRESET		
GPJ11	Input/output	CAMCLKOUT		
GPJ10	Input/output	CAMHREF		
GPJ9	Input/output	CAMVSYNC		
GPJ8	Input/output	CAMPCLK		
GPJ7	Input/output	CAMDATA7		
GPJ6	Input/output	CAMDATA6		
GPJ5	Input/output	CAMDATA5		
GPJ4	Input/output	CAMDATA4		
GPJ3	Input/output	CAMDATA3		
GPJ2	Input/output	CAMDATA2		
GPJ1	Input/output	CAMDATA1		
GPJ0	Input/output	CAMDATA0		

표에서 S3C2440A의 입출력 핀에 대한 모든 기능을 나열하고 있다. GPH2의 경우 입출력 포트로 사용할 수 있지만 설정에 따라 TXD0이라는 UART 출력핀으로도 사용할 수 있다. 표에서 나열된 기능에 맞게 외부장치를 연결해 사용하면 입출력 기능으로만 사용할 수 있는 I/O핀은 몇 개 남지 않는다. 따라서 설계시에 프로그램의 효율성과 PCB 아트웍 작업 등을 고려하여 선택해야 한다.

6.2 S3C2440A GPIO 포트의 제어

6.1에서 각 포트별 기능에 대해 간략하게 확인해 보았다. 6.2에서는 구체적으로 어떻게 각 포트별 기능을 설정하는지와 데이터를 주고받는 방법에 대해 설명하도록 하겠다. 각 포트들은 소프트웨어에 의해 설정할 수 있으며 외부장치에 따른 기능 변경 및 풀업 설정 등을 확인해 보도록 하자. 관련된 레지스터들은 다음과 같다.

Port Configuration Register(GPACON ~ GPJCON) Port Data Register(GPADAT ~ GPJDAT) Port Pull-up Register(GPBUP ~ GPJUP) Miscellaneous Control Register(MISCCR)

▶ Port Configuration Register (GPACON~GPJCON)
Port Data Register (GPADAT~GPJDAT)
Port Pull-up Register (GPBUP~GPJUP)

S3C2440A의 대부분의 핀들은 여러 기능을 가지고 있다. 그래서 각각의 핀들을 어떤 기능으로 사용할지 정해 줘야만 하는데, GPnCON 레지스터의 값을 변경하여 각 핀의 기능을 정해줄 수 있다. I/O핀으로 설정했을 때에는 GPnDAT 레지스터를 이용해 데이터를 입출력할 수 있다. GPnDAT 레지스터에 값을 대입해 포트로 출력하거나 입력으로 사용시 GPnDAT의 값을 읽어, 핀에 입력된 값을 알 수 있다. 입출력 기능 이외의 다른 기능으로 설정했을 때에는 각 기능에 해당되는 레지스터를 액세스하면 된다. 풀업(Pull-up) 레지스터는 각각의 핀에 풀업을 연결해 줄지를 설정하는 레지스터이다.

그럼 여기서 간단하게 예를 들어보자. Port B 전체 핀들을 풀업된 출력 핀으로 설정하고 데이터를 출력해 보자.

```
GPBCON = 0x00155555    (출력=01, Port B Control 레지스터 참조)
GPBUP  = 0x00000000    (풀업=0, Port B Pull-up 레지스터 참조)
GPBDAT = 0x000007FF    (PortB[10:0] 핀 모두 “1”을 출력)
```

다음, Port B 전체 핀들을 풀업된 입력 핀으로 설정하고 포트에 가해진 입력을 읽어 들여 보자.

```
GPBCON = 0x00000000    (입력=00, Port B Control 레지스터 참조)
GPBUP  = 0x00000000    (풀업=0, Port B Pull-up 레지스터 참조)
INPUT  = GPBDAT        (포트 값을 읽어 INPUT이라는 변수에 저장)
```

입출력 외의 기능핀으로 사용할 때에는 해당 장치의 레지스터를 액세스 하게 되는데 7장부터 나오는 장치별 설명에서 자세하게 다룰 것이다. 다음에 나오는 표들은

PortA~PortJ까지 관련된 모든 레지스터들을 나열한 것이다. 참조하기 바란다.

PORT A Control Register(GPACON, GPADAT)

레지스터	어드레스	R/W	설 명	초기값
GPACON	0x56000000	R/W	Port A 핀들의 기능설정	0xffffff
GPADAT	0x56000004	R/W	Port A의 데이터 레지스터	Undef
Reserved	0x56000008		Reserved	Undef
Reserved	0x5600000c		Reserved	Undef

GPACON	비트	설 명	
GPA24	[24]	Reserved	
GPA23	[23]	Reserved	
GPA22	[22]	0 = Output	1 = nFCE
GPA21	[21]	0 = Output	1 = nRSTOUT
GPA20	[20]	0 = Output	1 = nFRE
GPA19	[19]	0 = Output	1 = nFWE
GPA18	[18]	0 = Output	1 = ALE
GPA17	[17]	0 = Output	1 = CLE
GPA16	[16]	0 = Output	1 = nGCS[5]
GPA15	[15]	0 = Output	1 = nGCS[4]
GPA14	[14]	0 = Output	1 = nGCS[3]
GPA13	[13]	0 = Output	1 = nGCS[2]
GPA12	[12]	0 = Output	1 = nGCS[1]
GPA11	[11]	0 = Output	1 = ADDR26
GPA10	[10]	0 = Output	1 = ADDR25
GPA9	[9]	0 = Output	1 = ADDR24
GPA8	[8]	0 = Output	1 = ADDR23
GPA7	[7]	0 = Output	1 = ADDR22
GPA6	[6]	0 = Output	1 = ADDR21
GPA5	[5]	0 = Output	1 = ADDR20
GPA4	[4]	0 = Output	1 = ADDR19
GPA3	[3]	0 = Output	1 = ADDR18
GPA2	[2]	0 = Output	1 = ADDR17
GPA1	[1]	0 = Output	1 = ADDR16
GPA0	[0]	0 = Output	1 = ADDR0

GPBDAT	비트	설 명
GPA[24:0]	[24:0]	GPIO로 사용시 출력으로만 사용할 수 있다. PORT A는 풀업을 지원하지 않는다.

PORT B Control Register(GPBCON, GPBDAT, GPBUP)

레지스터	어드레스	R/W	설 명	초기값
GPBCON	0x56000010	R/W	Port B 핀들의 기능설정	0x0
GPBDAT	0x56000014	R/W	Port B 데이터 레지스터	Undef
GPBUP	0x56000018	R/W	Port B 풀업 레지스터	0x0
Reserved	0x5600001c			

PBCON	비트	설 명
GPB10	[21:20]	00 = Input 10 = nXDREQ0 01 = Output 11 = reserved
GPB9	[19:18]	00 = Input 10 = nXDACK0 01 = Output 11 = reserved
GPB8	[17:16]	00 = Input 10 = nXDREQ1 01 = Output 11 = Reserved
GPB7	[15:14]	00 = Input 10 = nXDACK1 01 = Output 11 = Reserved
GPB6	[13:12]	00 = Input 10 = nXBREQ 01 = Output 11 = reserved
GPB5	[11:10]	00 = Input 10 = nXBACK 01 = Output 11 = reserved
GPB4	[9:8]	00 = Input 10 = TCLK [0] 01 = Output 11 = reserved
GPB3	[7:6]	00 = Input 10 = TOUT3 01 = Output 11 = reserved
GPB2	[5:4]	00 = Input 10 = TOUT2 01 = Output 11 = reserved]
GPB1	[3:2]	00 = Input 10 = TOUT1 01 = Output 11 = reserved
GPB0	[1:0]	00 = Input 10 = TOUT0 01 = Output 11 = reserved

GPBDAT	비트	설 명
GPB[10:0]	[10:0]	포트를 입력으로 사용시, GPBDAT은 외부에 입력된 값이고, 출력으로 사용시에는 GPBDAT에 저장된 값이 그대로 출력된다.

GPBUP	비트	설 명
GPB[10:0]	[10:0]	0 : 풀업 Enable 1 : 풀업 Disable

PORT C Control Register(GPCCON, GPCDAT, GPCUP)

레지스터	어드레스	R/W	설 명	초기값
GPCCON	0x56000020	R/W	Port C 핀들의 기능 설정	0x0

GPCDAT	0x56000024	R/W	Port C 데이터 레지스터	Undef
GPCUP	0x56000028	R/W	Port C 풀업 레지스터	0x0
Reserved	0x5600002c			

GPCCON	비트	설명	
GPC15	[31:30]	00 = Input 01 = Output	10 = VD[7] 11 = Reserved
GPC14	[29:28]	00 = Input 01 = Output	10 = VD[6] 11 = Reserved
GPC13	[27:26]	00 = Input 01 = Output	10 = VD[5] 11 = Reserved
GPC12	[25:24]	00 = Input 01 = Output	10 = VD[4] 11 = Reserved
GPC11	[23:22]	00 = Input 01 = Output	10 = VD[3] 11 = Reserved
GPC10	[21:20]	00 = Input 01 = Output	10 = VD[2] 11 = Reserved
GPC9	[19:18]	00 = Input 01 = Output	10 = VD[1] 11 = Reserved
GPC8	[17:16]	00 = Input 01 = Output	10 = VD[0] 11 = Reserved
GPC7	[15:14]	00 = Input 01 = Output	10 = LCD_LPCREVB 11 = Reserved
GPC6	[13:12]	00 = Input 01 = Output	10 = LCD_LPCREV 11 = Reserved
GPC5	[11:10]	00 = Input 01 = Output	10 = LCD_LPCOE 11 = Reserved
GPC4	[9:8]	00 = Input 01 = Output	10 = VM 11 = I2SSDI
GPC3	[7:6]	00 = Input 01 = Output	10 = VFRAME 11 = Reserved
GPC2	[5:4]	00 = Input 01 = Output	10 = VLINE 11 = Reserved
GPC1	[3:2]	00 = Input 01 = Output	10 = VCLK 11 = Reserved
GPC0	[1:0]	00 = Input 01 = Output	10 = LEND 11 = Reserved

GPCDAT	비트	설명
GPC[15:0]	[15:0]	포트를 입력으로 사용시, GPCDAT은 외부에 입력된 값이고, 출력으로 사용시에는 GPCDAT에 저장된 값이 그대로 출력된다.

GPCUP	비트	설명
GPC[15:0]	[15:0]	0 : 풀업 Enable 1 : 풀업 Disable

PORT D Control Register(GPDCON, GPDDAT, GPDUP)

레지스터	어드레스	R/W	설 명	초기값
GPDCON	0x56000030	R/W	Port D 핀들의 기능설정	0x0
GPDDAT	0x56000034	R/W	Port D 데이터 레지스터	Undef
GPDUP	0x56000038	R/W	Port D 풀업 레지스터	0xf000
Reserved	0x5600003c			

GPDCON	비트	설 명
GPD15	[31:30]	00 = Input 10 = VD[23] 01 = Output 11 = nSS0
GPD14	[29:28]	00 = Input 10 = VD[22] 01 = Output 11 = nSS1
GPD13	[27:26]	00 = Input 10 = VD[21] 01 = Output 11 = Reserved
GPD12	[25:24]	00 = Input 10 = VD[20] 01 = Output 11 = Reserved
GPD11	[23:22]	00 = Input 10 = VD[19] 01 = Output 11 = Reserved
GPD10	[21:20]	00 = Input 10 = VD[18] 01 = Output 11 = SPICLK1
GPD9	[19:18]	00 = Input 10 = VD[17] 01 = Output 11 = SPIMOSI1
GPD8	[17:16]	00 = Input 10 = VD[16] 01 = Output 11 = SPIMISO1
GPD7	[15:14]	00 = Input 10 = VD[15] 01 = Output 11 = Reserved
GPD6	[13:12]	00 = Input 10 = VD[14] 01 = Output 11 = Reserved
GPD5	[11:10]	00 = Input 10 = VD[13] 01 = Output 11 = Reserved
GPD4	[9:8]	00 = Input 10 = VD[12] 01 = Output 11 = Reserved
GPD3	[7:6]	00 = Input 10 = VD[11] 01 = Output 11 = Reserved
GPD2	[5:4]	00 = Input 10 = VD[10] 01 = Output 11 = Reserved
GPD1	[3:2]	00 = Input 10 = VD[9] 01 = Output 11 = Reserved
GPD0	[1:0]	00 = Input 10 = VD[8] 01 = Output 11 = Reserved

GPCDAT	비트	설 명
GPD[15:0]	[15:0]	포트를 입력으로 사용시, GPDDAT은 외부에 입력된 값이고, 출력으로 사용시에는 GPDDAT에 저장된 값이 그대로 출력된다.

GPCUP	비트	설 명
GPD[15:0]	[15:0]	0 : 풀업 Enable 1 : 풀업 Disable

PORT E Control Register(GPECON, GPEDAT, GPEUP)

레지스터	어드레스	R/W	설 명	초기값
GPECON	0x56000040	R/W	Port E 핀들의 기능설정	0x0
GPEDAT	0x56000044	R/W	Port E 데이터 레지스터	Undef
GPEUP	0x56000048	R/W	Port E 풀업 레지스터	0x0000
Reserved	0x5600004c			

GPECON	비트	설 명
GPE15	[31:30]	00 = Input 10 = IICSDA 01 = Output 11 = Reserved GPE15는 오픈-드레인 타입 핀으로, 풀업 기능이 없다.
GPE14	[29:28]	00 = Input 10 = IICSCL 01 = Output 11 = Reserved GPE14는 오픈-드레인 타입 핀으로, 풀업 기능이 없다.
GPE13	[27:26]	00 = Input 10 = SPICLK0 01 = Output 11 = Reserved
GPE12	[25:24]	00 = Input 10 = SPIMOSI0 01 = Output 11 = Reserved
GPE11	[23:22]	00 = Input 10 = SPIMISO0 01 = Output 11 = Reserved
GPE10	[21:20]	00 = Input 10 = SDDAT3 01 = Output 11 = Reserved
GPE9	[19:18]	00 = Input 10 = SDDAT2 01 = Output 11 = Reserved
GPE8	[17:16]	00 = Input 10 = SDDAT1 01 = Output 11 = Reserved
GPE7	[15:14]	00 = Input 10 = SDDAT0 01 = Output 11 = Reserved
GPE6	[13:12]	00 = Input 10 = SDCMD 01 = Output 11 = Reserved
GPE5	[11:10]	00 = Input 10 = SDCLK 01 = Output 11 = Reserved
GPE4	[9:8]	00 = Input 10 = AC_SDATA_OUT 01 = Output 11 = I2SSDI
GPE3	[7:6]	00 = Input 10 = AC_SDATA_IN 01 = Output 11 = Reserved
GPE2	[5:4]	00 = Input 10 = AC_nRESET 01 = Output 11 = Reserved
GPE1	[3:2]	00 = Input 10 = AC_BIT_CLK 01 = Output 11 = Reserved
GPE0	[1:0]	00 = Input 10 = AC_SYNC 01 = Output 11 = Reserved

GPCDAT	비트	설 명
GPE[15:0]	[15:0]	포트를 입력으로 사용시, GPEDAT은 외부에 입력된 값이고, 출력으로 사용시에는 GPEDAT에 저장된 값이 그대로 출력된다.

GPCUP	비트	설 명
GPE[13:0]	[13:0]	0 : 풀업 Enable 1 : 풀업 Disable

PORT F Control Register(GPFCON, GPFDAT, GPFUP)

GPF[7:0] 포트를 Sleep 모드에서의 Wake-up 신호로 사용하고자 한다면 포트를 인터럽트 기능핀으로 설정하여야 한다.

레지스터	어드레스	R/W	설 명	초기값
GPFCON	0x56000050	R/W	Port F 핀들의 기능설정	0x0
GPFDAT	0x56000054	R/W	Port F 데이터 레지스터	Undef.
GPFUP	0x56000058	R/W	Port F 풀업 레지스터	0x000
Reserved	0x5600005c			

GPFCON	비트	설 명
GPF7	[15:14]	00 = Input 10 = EINT[7] 01 = Output 11 = Reserved
GPF6	[13:12]	00 = Input 10 = EINT[6] 01 = Output 11 = Reserved
GPF5	[11:10]	00 = Input 10 = EINT[5] 01 = Output 11 = Reserved
GPF4	[9:8]	00 = Input 10 = EINT[4] 01 = Output 11 = Reserved
GPF3	[7:6]	00 = Input 10 = EINT[3] 01 = Output 11 = Reserved
GPF2	[5:4]	00 = Input 10 = EINT[2] 01 = Output 11 = Reserved
GPF1	[3:2]	00 = Input 10 = EINT[1] 01 = Output 11 = Reserved
GPF0	[1:0]	00 = Input 10 = EINT[0] 01 = Output 11 = Reserved

GPFDAT	비트	설 명
GPF[15:0]	[7:0]	포트를 입력으로 사용시, GPFDAT은 외부에 입력된 값이고, 출력으로 사용시에는 GPFDAT에 저장된 값이 그대로 출력된다.

GPFUP	비트	설 명
GPF[13:0]	[7:0]	0 : 풀업 Enable 1 : 풀업 Disable

PORT G Control Register(GPGCON, GPGDAT, GPGUP)

GPG[7:0] 포트를 Sleep 모드에서 Wake-up 신호로 사용하고자 한다면 이 포트를 인터럽트 기능핀으로 설정하여야 한다.

레지스터	어드레스	R/W	설 명	초기값
GPGCON	0x56000060	R/W	Port G 핀들의 기능설정	0x0
GPGDAT	0x56000064	R/W	Port G 데이터 레지스터	Undef
GPGUP	0x56000068	R/W	Port G 풀업 레지스터	0xfc00

GPGCON	비트	설　명
GPG15*	[31:30]	00 = Input　10 = EINT[23] 01 = Output　11 = Reserved
GPG14*	[29:28]	00 = Input　10 = EINT[22] 01 = Output　11 = Reserved
GPG13*	[27:26]	00 = Input　10 = EINT[21] 01 = Output　11 = Reserved
GPG12	[25:24]	00 = Input　10 = EINT[20] 01 = Output　11 = Reserved
GPG11	[23:22]	00 = Input　10 = EINT[19] 01 = Output　11 = TCLK[1]
GPG10	[21:20]	00 = Input　10 = EINT[18] 01 = Output　11 = nCTS1
GPG9	[19:18]	00 = Input　10 = EINT[17] 01 = Output　11 = nRTS1
GPG8	[17:16]	00 = Input　10 = EINT[16] 01 = Output　11 = Reserved
GPG7	[15:14]	00 = Input　10 = EINT[15] 01 = Output　11 = SPICLK1
GPG6	[13:12]	00 = Input　10 = EINT[14] 01 = Output　11 = SPIMOSI1
GPG5	[11:10]	00 = Input　10 = EINT[13] 01 = Output　11 = SPIMISO1
GPG4	[9:8]	00 = Input　10 = EINT[12] 01 = Output　11 = LCD_PWRDN
GPG3	[7:6]	00 = Input　10 = EINT[11] 01 = Output　11 = nSS1
GPG2	[5:4]	00 = Input　10 = EINT[10] 01 = Output　11 = nSS0
GPG1	[3:2]	00 = Input　10 = EINT[9] 01 = Output　11 = Reserved
GPG0	[1:0]	00 = Input　10 = EINT[8] 01 = Output　11 = Reserved

※Note : NAND 부트 모드에서 GPG[15:13]은 입력으로 선택해야 한다.

GPGDAT	비트	설　명
GPG[15:0]	[15:0]	포트를 입력으로 사용시, GPGDAT은 외부에 입력된 값이고, 출력으로 사용시에는 GPGDAT에 저장된 값이 그대로 출력된다.

GPGUP	비트	설　명
GPG[15:0]	[15:0]	0 : 풀업 Enable 1 : 풀업 Disable

PORT H Control Register(GPHCON, GPHDAT, GPHUP)

레지스터	어드레스	R/W	설명	초기값
GPHCON	0x56000070	R/W	Port H 핀들의 기능설정	0x0
GPHDAT	0x56000074	R/W	Port H 데이터 레지스터	Undef
GPHUP	0x56000078	R/W	Port H 풀업 레지스터	0x000
Reserved	0x5600007c			

GPHCON	비트	설명
GPH10	[21:20]	00 = Input 10 = CLKOUT1 01 = Output 11 = Reserved
GPH9	[19:18]	00 = Input 10 = CLKOUT0 01 = Output 11 = Reserved
GPH8	[17:16]	00 = Input 10 = UEXTCLK 01 = Output 11 = Reserved
GPH7	[15:14]	00 = Input 10 = RXD[2] 01 = Output 11 = nCTS1
GPH6	[13:12]	00 = Input 10 = TXD[2] 01 = Output 11 = nRTS1
GPH5	[11:10]	00 = Input 10 = RXD[1] 01 = Output 11 = Reserved
GPH4	[9:8]	00 = Input 10 = TXD[1] 01 = Output 11 = Reserved
GPH3	[7:6]	00 = Input 10 = RXD[0] 01 = Output 11 = reserved
GPH2	[5:4]	00 = Input 10 = TXD[0] 01 = Output 11 = Reserved
GPH1	[3:2]	00 = Input 10 = nRTS0 01 = Output 11 = Reserved
GPH0	[1:0]	00 = Input 10 = nCTS0 01 = Output 11 = Reserved

GPHDAT	비트	설명
GPH[10:0]	[10:0]	포트를 입력으로 사용시, GPHDAT은 외부에 입력된 값이고, 출력으로 사용시에는 GPHDAT에 저장된 값이 그대로 출력된다.

GPHUP	비트	설명
GPH[10:0]	[10:0]	0 : 풀업 Enable 1 : 풀업 Disable

PORT J Control Register(GPJCON, GPJDAT, GPJUP)

레지스터	어드레스	R/W	설　명	초기값
GPJCON	0x560000d0	R/W	Port J 핀들의 기능설정	0x0
GPJDAT	0x560000d4	R/W	Port J 데이터 레지스터	Undef
GPJUP	0x560000d8	R/W	Port J 풀업 레지스터	0x0000
Reserved	0x560000dc			

GPJCON	비트	설　명
GPJ12	[25:24]	00 = Input　10 = CAMRESET 01 = Output　11 = Reserved
GPJ11	[23:22]	00 = Input　10 = CAMCLKOUT 01 = Output　11 = Reserved
GPJ10	[21:20]	00 = Input　10 = CAMHREF 01 = Output　11 = Reserved
GPJ9	[19:18]	00 = Input　10 = CAMVSYNC 01 = Output　11 = Reserved
GPJ8	[17:16]	00 = Input　10 = CAMPCLK 01 = Output　11 = Reserved
GPJ7	[15:14]	00 = Input　10 = CAMDATA[7] 01 = Output　11 = Reserved
GPJ6	[13:12]	00 = Input　10 = CAMDATA[6] 01 = Output　11 = Reserved
GPJ5	[11:10]	00 = Input　10 = CAMDATA[5] 01 = Output　11 = Reserved
GPJ4	[9:8]	00 = Input　10 = CAMDATA[4] 01 = Output　11 = Reserved
GPJ3	[7:6]	00 = Input　10 = CAMDATA[3] 01 = Output　11 = Reserved
GPJ2	[5:4]	00 = Input　10 = CAMDATA[2] 01 = Output　11 = Reserved
GPJ1	[3:2]	00 = Input　10 = CAMDATA[1] 01 = Output　11 = Reserved
GPJ0	[1:0]	00 = Input　10 = CAMDATA[0] 01 = Output　11 = Reserved

GPJDAT	비트	설　명
GPJ[12:0]	[12:0]	포트를 입력으로 사용시, GPJDAT은 외부에 입력된 값이고, 출력으로 사용 시에는 GPJDAT에 저장된 값이 그대로 출력된다.

GPJUP	비트	설　명
GPJ[12:0]	[12:0]	0 : 풀업 Enable 1 : 풀업 Disable

앞의 레지스터와 관련된 표는 S3C2440A의 외부 핀들을 어떠한 용도로 사용할 지 결정하는 레지스터 리스트이다. 그 외에 해당되는 장치별 레지스터들이 별도로 있으며, 여기서는 포트 핀에 대한 설정방법을 알아보았다. Port H는 일반 I/O 기능 외에도 UART (Universal Asynchronous Receiver Transmitter) 기능을 가지고 있다. 그럼 Port H중에서 출력 2비트, 입력 2비트, UART 3개를 사용하도록 설정해 보자. 입출력 비트는 UART 장치 외에서 적당히 고르면 된다.

GPHCON 레지스터

Port H	GPH0		GPH0		GPH0		GPH0		GPH0		GPH0		GPH0		GPH0		GPH0		GPH0		GPH0	
비 트	21	20	19	18	17	16	15	14	13	12	11	10	9	8	7	6	5	4	3	2	1	0
설정값	X		00		00		10		10		10		10		10		10		01		01	
기 능	X		입력		입력		RXD[2]		TXD[2]		RXD[1]		TXD[1]		RXD[0]		TXD[0]		출력		출력	

즉, GPHCON에 0x0000AAA5를 설정하면 출력 2비트, 입력 2비트, UART 3Ch로 설정 되는 것이다.

▶ Miscellaneous Control Register(MISCCR)

레지스터	어드레스	R/W	설 명	초기값
MISCCR	0x56000080	R/W	Miscellaneous control register	0x10020

MISCCR	비트	설 명	초기값
Reserved	[24]	Reserve to 0	0
Reserved	[23]	Reserve to 0	0
BATT_FUNC	[22:20]	배터리 Fault 기능 선택(S3C2440A Only) 0XX : nBATT_FLT가 0일 때, 시스템(CPU)은 리셋 상태가 된다. 리셋 후에 다른 값으로 변경하길 바란다. 이 비트는 배터리 Fault 상태에서의 부팅을 막기 위함이다. 10X : Sleep 모드 상태에서 nBATT_FLT=0인 경우 시스템은 wake-up 된다. Normal 모드에서는 nBATT_FLT=0 경우 배터리 fault 터럽트가 발생한다. 110 : Sleep 모드 상태에서 nBATT_FLT=0 경우 시스템은 모든 Wake-up 신호(event)를 무시한다. Normal 모드에서 nBATT_FLT 신호는 시스템은 영향을 주지 않는다. 111 : nBATT_FLT Function Disable	000

OFFREFRESH	[19]	0 : Self-refresh retain disable 1 : Self-refresh retain enable When 1	0
nEN_SCLK1	[18]	SCLK1 출력 Enable 0 : SCLK1=SCLK 1 : SCLK1=0	0
nEN_SCLK0	[17]	SCLK0 출력 Enable 0 : SCLK0=SCLK 1 : SCLK0=0	0
nRSTCON	[16]	nRSTOUT 신호 수동 제어 0 : nRSTOUT signal level will be low ('0') 1 : nRSTOUT signal level will be high ('1')	1
Reserved	[15:14]		00
SEL_SUSPND1	[13]	USB Port 1 Suspend 모드 0 = Normal mode 1 = Suspend mode	0
SEL_SUSPND0	[12]	USB Port 0 Suspend 모드 0 = Normal mode 1 = Suspend mode	0
CLKSEL1	[10:8]	CLKOUT1 핀의 클럭 소스 선택 000 = MPLL INPUT Clock(XTAL) 001 = UPLL output 010 = FCLK 011 = HCLK 100 = PCLK 101 = DCLK0 11x = reserved	000
Reserved	[7]		0
CLKSEL0	[6:4]	CLKOUT0 핀의 클럭 소스 선택 000 = MPLL INPUT Clock(XTAL) 001 = UPLL output 010 = FCLK 011 = HCLK 100 = PCLK 101 = DCLK0 11x = reserved	010
SEL_USBPAD	[3]	USB1 Host/Device 선택 0 = USB1을 디바이스로 사용 1 = USB1을 호스트로 사용	0
Reserved	[2]	Reserved	0
SPUCR1	[1]	0 = DATA[31:16] 포트 풀업 레지스터 Enable 1 = DATA[31:16] 포트 풀업 레지스터 Disable	0
SPUCR0	[0]	0 = DATA[15:0] 포트 풀업 레지스터 Enable 1 = DATA[15:0] 포트 풀업 레지스터 Disable	0

6.3 GPIO 기능 연습

6.3에서는 지금까지의 GPIO 설명을 기반으로 MSTK2440 보드를 이용해 실험을 하도록 하겠다. 이미 5장에서 MSTK2440 보드에 대해 충분히 설명했으므로 사용방법은 5장의 내용을 함께 참조하길 바란다.

6.3.1 LED 출력 실험

다음의 [그림 6.1]은 MSTK2440 보드의 LED 출력회로이다. CPU와의 연결을 직접 그릴 수 없어 네트로 표현했으며, NET명만으로도 이해할 수 있을 것이다.

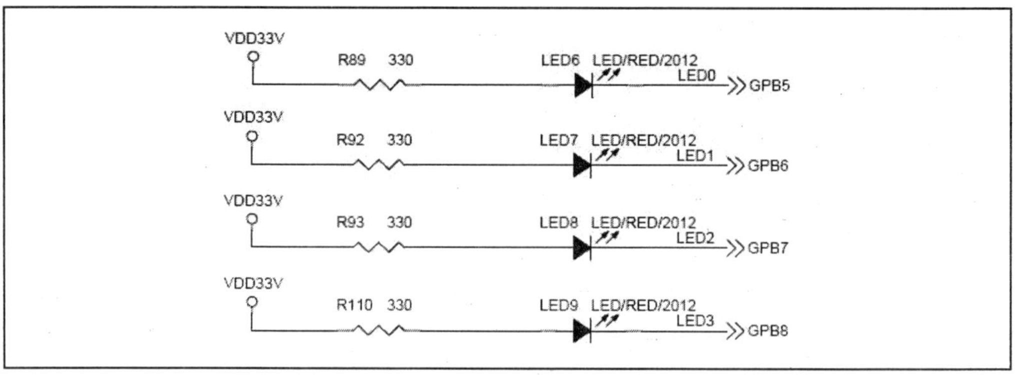

[그림 6.1] LED 출력회로

MSTK2440 보드에는 GPIO출력 테스트용으로 네 개의 LED가 연결되어 있다. 이 LED들은 전부 330Ω 저항을 통해 3.3V 전원전압에 연결되어 있어 포트로 'L'을 출력하면 점등된다. GPIO Port B중에서 GPB5, GPB6, GPB7, GPB8 핀들을 사용한다.

▶ 실험 내용

LED6~LED9를 다음과 같이 차례로 점등하는 프로그램을 제작해 보자.

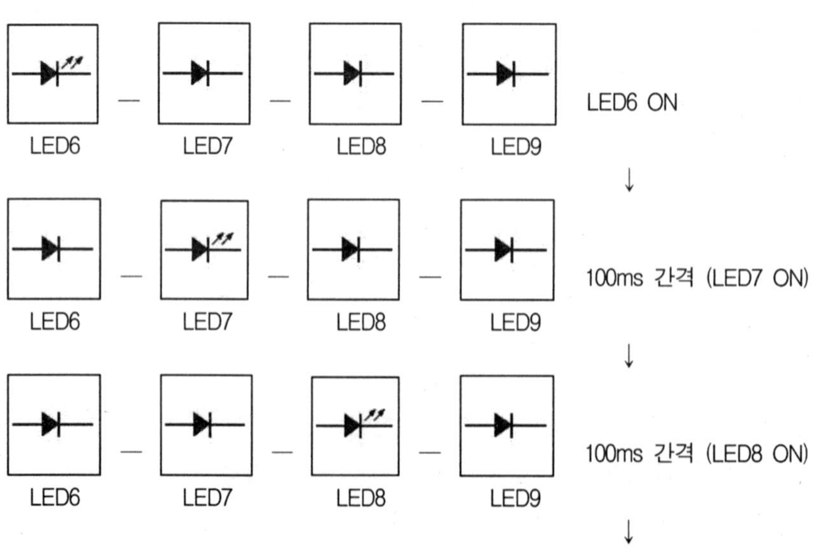

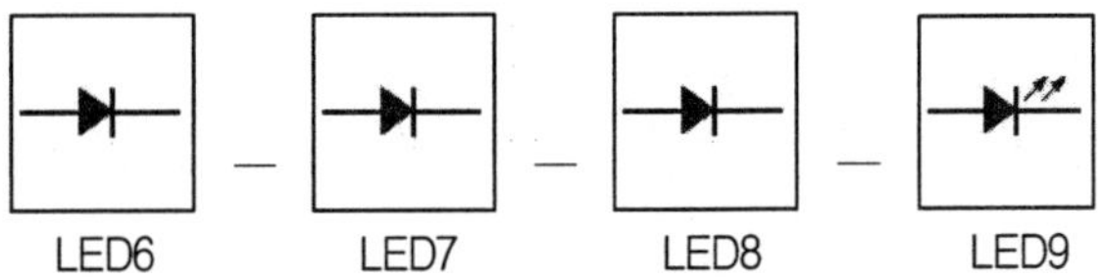

100ms 간격 (LED9 ON)

▶ 프로그램

5장에서 공부한 내용대로 ADS를 실행하여 GPIO_Led라는 프로젝트(GPIO_Led.mcp)를 만들고 필요한 파일들을 프로젝트에 등록시킨다. 컴파일 모드 중에 Debug, DebugRel, Release 모드 중 한 가지를 선택하고 옵션들을 설정해 준다. 이 책의 예제에서는 전부 DebugRel 모드를 사용하였다. main_app.c 파일을 새로 만들어 다음의 리스트와 같이 내용을 작성한다. 또는 OHM사 홈페이지에서 다운로드 받은 예제들 중에서 Chapter 6 폴더 아래 GPIO_Led 폴더 안의 GPIO_Led.mcp 프로젝트 파일을 오픈한다. 다른 파일들에 대해서는 5장에서 설명했으니 main_app.c에 대해서만 살펴보자.

```
/*-----------------------------------------------------------
 Project : MSTK2440 GPIO LED Output,  GPIO_Led.mcp
 Description : LED 출력 테스트 프로그램
-----------------------------------------------------------*/

#include <stdlib.h>
#include <string.h>
#include "def.h"
#include "option.h"
#include "2440addr.h"
#include "2440lib.h"
#include "2440slib.h"
#include "mmu.h"

//---------- Constant Definition ---------------------
#define UART0   0                          // UART0

//---------- Function Declaration --------------------
void Isr_Init(void) ;                      // 인터럽트 초기화

//---------- Main Function --------------------------
void Main(void)
{
    int i ;

    #if ADS10
    __rt_lib_init() ;                      // for ADS 1.x Run-Time Library Init
```

```
    #endif

    Port_Init() ;
    ChangeUPllValue(60, 4, 2) ;              // 48MHz for USB
    for(i=0; i<7; i++) ;
    ChangeClockDivider(13, 12) ;             // FCLK:HCLK:PCLK    1:1/3:1/6
    ChangeMPllValue(97, 1, 2) ;              // 296Mhz
    Uart_Init(UART0, 115200) ;               // UART0, 115200bps
    Uart_Select(UART0) ;                     // UART0 selected for debugging
    MMU_Init() ;
    Delay(0) ;                               // Calibrate Delay()

    Uart_Printf("\n\n") ;
    Uart_Printf("MSTK2440 GPIO LED Test Program\n") ;

    rGPBCON &=(0xFFFC03FF) ;                 // 해당비트 클리어
    rGPBCON |= (1<<10)+(1<<12)+(1<<14)+(1<<16) ;  // GPB 5, 6, 7, 8 output

    Isr_Init() ;
    i = 0 ;
    while(1)
    {
        switch(i%4)
        {
            case 0 : rGPBDAT |= (1<<8) ;           // LED9 Off
                     rGPBDAT &= ~(1<<5) ;          // LED6 On
                     break ;
            case 1 : rGPBDAT |= (1<<5) ;           // LED6 Off
                     rGPBDAT &= ~(1<<6) ;          // LED7 On
                     break ;
            case 2 : rGPBDAT |= (1<<6) ;           // LED7 Off
                     rGPBDAT &= ~(1<<7) ;          // LED8 On
                     break ;
            case 3 : rGPBDAT |= (1<<7) ;           // LED8 Off
                     rGPBDAT &= ~(1<<8) ;          // LED9 On
                     break ;
        }//switch
        i++ ;
        Delay(1000) ;                              // Delay 100ms
    }//while
}

void Isr_Init(void)
```

```
{
    rINTMOD=0x0;                                // All=IRQ mode
    rINTMSK=BIT_ALLMSK;                         // All interrupt is masked
}
```

프로그램을 보면 아래처럼 PORT B를 설정하는 부분이 있다. 포트의 해당 핀들을 출력으로 설정하기 위해서 다음과 같이 설정한다. 우선 비트 연산을 위해 해당 비트들을 클리어 시키고, 다시 출력에 해당하는 비트값 (01)을 각 비트에 써넣는다. PORT B 레지스터 설명을 참조하기 바란다.

```
rGPBCON &= (0xFFFC03FF) ;                           // 해당 비트 클리어
rGPBCON |= (1<<10)+(1<<12)+(1<<14)+(1<<16) ;        // GPB 5, 6, 7, 8 output
```

while문 안의 내용은 해당 출력핀을 차례로 On, Off하는 루틴이다. 그리고 한 가지 ADS 런타임 라이브러리에 대해 설명하자면 ADS컴파일러에도 다른 C, C++컴파일러와 마찬가지로 여러 가지 라이브러리를 가지고 있다. 표준 헤더 파일에 이미 선언되어 있고 링크시에 프로그램에 함께 링크된다. 다음의 코드를 보자.

```
#if ADS10
__rt_lib_init() ;          //for ADS 1.x Run-Time Library Init
#endif
```

ADS10이라는 상수는 option.h 헤더파일에 #define ADS10 1이라고 정의되어 있다. 이 컴파일 조건문은 주석 내용 그대로 ADS 1.x 버전을 사용하는 경우 런타임 라이브러리를 사용하기 위한 라이브러리 초기화 함수이다. 실제로 ADS 컴파일러 가이드에서도 라이브러리 초기화 루틴을 스타트업 파일에 넣던지, C코드의 앞부분에 넣어서 쓰도록 하고 있다.

이제 DNW를 실행하고 GPIO_Led.bin 파일을 다운로드 하여 실행해보자. 결과를 확인하고 다음 스위치 입력 실험으로 넘어가자.

6.3.2 스위치 입력 실험

다음의 [그림 6.2]는 MSTK2440 보드의 스위치 입력회로이다. PORT G의 GPG3(SW4), GPG5(SW1), GPG6(SW2), GPG7(SW3)에 스위치 입력이 연결되어 있다.

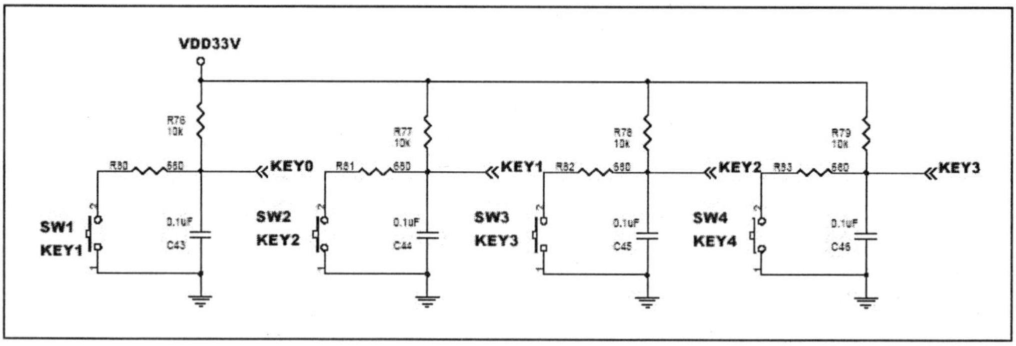

[그림 6.2] 스위치 입력 회로

평상시는 'H' 레벨이다가 스위치를 누르면 'L' 레벨이 되므로 해당 핀에 'L' 레벨이 검출되면 스위치가 눌러진 것이다.

▶ 프로그램

ADS를 실행하여 GPIO_Switch라는 프로젝트(GPIO_Switch.mcp)를 만들고 필요한 파일들을 프로젝트에 등록시킨다. DebugRel 모드로 선택하고 옵션들을 설정해 준다. main_app.c 파일을 새로 만들어 다음의 리스트와 같이 내용을 작성한다. 또는 Chapter6 폴더 아래 GPIO_Switch 폴더안의 GPIO_Switch.mcp 프로젝트 파일을 오픈한다. main_app.c 리스트를 보자.

```
/*----------------------------------------------------------------
 Project : MSTK2440 GPIO Switch Input,  GPIO_Switch.mcp
 Description : Switch 입력 테스트 프로그램
----------------------------------------------------------------*/
#include <stdlib.h>
#include <string.h>
#include "def.h"
#include "option.h"
#include "2440addr.h"
#include "2440lib.h"
#include "2440slib.h"
#include "mmu.h"

//----------- Constant Definition ---------------------
#define UART0  0                          // UART0

//----------- Function Declaration ---------------------
void Isr_Init(void) ;                     // 인터럽트 초기화
```

```
//----------- Main Function ------------------------------
void Main(void)
{
    unsigned char k;

    #if ADS10
    __rt_lib_init( ) ;                        // for ADS 1.x Run-Time Library Init
    #endif

    Port_Init() ;
    ChangeUPllValue(60,4,2) ;                 // 48MHz for USB
    for(k=0; k<7; k++) ;
    ChangeClockDivider(13,12) ;
    ChangeMPllValue(97,1,2) ;                 // 296Mhz
    Uart_Init(UART0,115200) ;
    Uart_Select(UART0) ;                      // UART0 selected for debugging

    MMU_Init() ;
    Delay(0) ;                                // Calibrate Delay()

    Uart_Printf("\n\n") ;
    Uart_Printf("MSTK2440 GPIO Switch Test Program\n") ;

    // GPG3(SW1), 5(SW2), 6(SW3), 7(SW4) Input
    rGPGCON &= ~(3<<6) & ~(3<<10) & ~(3<<12) & ~(3<<14) ;
    Isr_Init( ) ;
    while(1)
    {
         if( !(rGPGDAT & (1<<5)) )            // SW1 key pressed!
        {
            Delay(300) ;
            if( !(rGPGDAT & (1<<5)) )
                k=1 ;
        }
        else if( !(rGPGDAT & (1<<6)) )        // SW2 key pressed!
        {
            Delay(300) ;
            if( !(rGPGDAT & (1<<6)) )
                k=2 ;
        }
        else if( !(rGPGDAT & (1<<7)) )        // SW3 key pressed!
        {
            Delay(300) ;
```

```
                if( !(rGPGDAT & (1<<7)) )
                    k=3 ;
            }
            else if( !(rGPGDAT & (1<<3)) )     // SW4 key pressed!
            {
                Delay(300) ;
                if( !(rGPGDAT & (1<<3)) )
                    k=4 ;
            }
            else
                continue ;

            Uart_Printf("SW%d Key Pressed!\n", k) ;
        }//while
}

void Isr_Init(void)
{
        rINTMOD=0x0 ;                          // All=IRQ mode
        rINTMSK=BIT_ALLMSK ;                   // All interrupt is masked.
}
```

프로그램에 대해 간단히 살펴보자. 우선 PORT G의 4비트를 입력으로 설정하는 부분이다.

```
        rGPGCON &= ~(3<<6) & ~(3<<10) & ~(3<<12) & ~(3<<14) ;
```

GPG[3,5,6,7]에 해당하는 GPGCON 레지스터의 해당비트 GPGCON[7:6], GPGCON[11:10], GPGCON[13:12], GPGCON[15:14]를 0으로 클리어하여 입력으로 설정하는 코드이다. 그리고 while문 내부의 스위치 입력을 체크하는 코드를 보자.

```
        if( !(rGPGDAT & (1<<5)) )              // SW1 key pressed!
        {
            Delay(300) ;
            if( !(rGPGDAT & (1<<5)) )
                k=1 ;
        }
```

GPG 포트의 해당비트가 0인지를 AND 연산으로 확인하여, 0이 검출되면 if문 내부의 코드들이 실행된다. Delay(300)은 30ms 지연하라는 명령으로 채터링 노이즈를 무시하기 위한 지연시간이다. 30ms가 지나고 다시 해당비트가 0인지 확인하여 정상적인 키입력 인지를 결정한다.

키 입력에 따라 다른 동작을 할 때에는 스위치가 눌러진 순간에 동작하게 하든지 아니면 키가 눌러지고 다시 떨어질 때 동작하게 하는 방법이 있는데, 키가 떨어지는 것을 확인하고 다음 동작을 시키는 방법이 아무래도 구현하기가 쉽다. 스위치를 입력받는 루틴은 사용자마다 구현 방법이 다르기 때문에 지연시간을 두지 않고도 타이머를 사용하여 카운트로 대체하는 방법도 있다.

6.3.3 LED와 스위치 입력을 이용한 제어실험

여기에서는 6.3.1과 6.3.2의 실험내용을 조합하여 새로운 프로그램을 작성해보도록 하겠다. LED의 동작은 6.3.1과 같게 하지만 스위치 입력을 받아 LED동작을 제어해 보자.

▶ 실험 내용

스위치 입력에 따라 LED 제어 동작은 다음과 같다.

SW1 : 가속기능. LED 진행 속도를 높인다.
SW2 : 감속기능. LED 진행 속도를 낮춘다.
SW3 : 정지. LED 진행 동작을 멈춘다.
SW4 : 시작. LED 진행 동작을 시작한다.

처음 상태에서 SW4를 누르면 LED 동작을 시작하고, SW3을 누르면 그 상태로 정지한다. SW1, SW2는 진행속도를 조절한다.

▶ 프로그램

ADS를 실행하여 GPIO_Led_Switch라는 프로젝트(GPIO_Switch.mcp)를 만들고 필요한 파일들을 프로젝트에 등록시킨다. DebugRel 모드로 선택하고 옵션들을 설정해준다. main_app.c 파일을 새로 만들어 다음의 리스트와 같이 내용을 작성한다. 또는 Chapter6 폴더 아래 GPIO_Led_Switch 폴더 안의 GPIO_ Led_Switch.mcp 프로젝트 파일을 오픈한다. main_app.c 리스트를 보자.

```
/*--------------------------------------------------------------
 Project : MSTK2440 GPIO Led Switch, GPIO_Led_Switch.mcp
 Description : Switch를 이용해 LED 동작 제어
--------------------------------------------------------------*/
#include <stdlib.h>
#include <string.h>
#include "def.h"
#include "option.h"
#include "2440addr.h"
#include "2440lib.h"
#include "2440slib.h"
#include "mmu.h"

//----------- Constant Definition -----------------------
#define UARTO  0                              // UARTO

//----------- Function Declaration ----------------------
unsigned char GetSwitch(void) ;               // 스위치 입력 함수
void Isr_Init(void) ;                         // 인터럽트 초기화

//----------- Main Function ---------------------------
void Main(void)
{
    unsigned char k, startflag ;
    unsigned dly, I ;
    #if ADS10
    __rt_lib_init() ;                         // for ADS 1.x Run-Time Library Init
    #endif

    Port_Init();
    ChangeUPllValue(60, 4, 2) ;               // 48MHz for USB
    for(k=0; k<7; k++ );
    ChangeClockDivider(13, 12 ) ;             // FCLK:HCLK:PCLK 1:1/3:1/6
    ChangeMPllValue(97, 1, 2) ;               // 296Mhz
    Uart_Init(UARTO, 115200) ;
    Uart_Select(UARTO) ;                      // UARTO selected for debugging
    MMU_Init( ) ;
    Delay(0 ) ;                               // Calibrate Delay()

    Uart_Printf("\n\n") ;
    Uart_Printf("MSTK2440 GPIO LED-Switch Test Program\n") ;

   // GPB5(LED6), 6(LED7), 7(LED8), 8(LED9) output
```

```
rGPBCON &= (0xFFFC03FF) ;                        // 해당비트 클리어
rGPBCON |= (1<<10)+(1<<12)+(1<<14)+(1<<16) ;  // GPB 5, 6, 7, 8 output
rGPBDAT |= (1<<5)+(1<<6)+(1<<7)+(1<<8) ;       // All LED off

// GPG3(SW1), 5(SW2), 6(SW3), 7(SW4) Input
rGPGCON &= ~(3<<6) & ~(3<<10) & ~(3<<12) & ~(3<<14) ;

Isr_Init( ) ;

i=0 ;
dly=1000 ;
startflag=0 ;

while(1)
{
    k = GetSwitch( ) ;
    switch(k)
    {
        case 1 : dly -= 20 ;                        // 가속(delay 시간을 줄임)
                 if(dly<=20) dly=20 ;               // 최소값, 음수방지
                 break ;
        case 2 : dly += 20 ;                        // 감속(delay 시간을 늘임)
                 if(dly>=10000) dly=10000 ;         // 최대값(1초)
                 break ;
        case 3 : startflag = 0 ;                    // 정지
                 break ;
        case 4 : startflag = 1 ;                    // 시작
                 break ;
    }
    if(startflag)
    {
        switch(i%4)
        {
            case 0 : rGPBDAT |= (1<<8) ;      // LED9 Off
                     rGPBDAT &= ~(1<<5) ;     // LED6 On
                     break ;
            case 1 : rGPBDAT |= (1<<5) ;      // LED6 Off
                     rGPBDAT &= ~(1<<6) ;     // LED7 On
                     break ;
            case 2 : rGPBDAT |= (1<<6 );      // LED7 Off
                     rGPBDAT &= ~(1<<7) ;     // LED8 On
                     break ;
            case 3 : rGPBDAT |= (1<<7) ;      // LED8 Off
                     rGPBDAT &= ~(1<<8) ;     // LED9 On
                     break ;
```

```
            }//switch
            i++ ;
        }
        Delay(dly) ;
    }//while
}
unsigned char GetSwitch(void)
{
    unsigned char k ;

    if( !(rGPGDAT & (1<<5)) )              // SW1 key pressed!
    {
        Delay(500) ;
        if( !(rGPGDAT & (1<<5)) )
            k=1 ;
    }
    else if( !(rGPGDAT & (1<<6)) )         // SW2 key pressed!
    {
        Delay(500) ;
        if( !(rGPGDAT & (1<<6)) )
            k=2 ;
    }
    else if( !(rGPGDAT & (1<<7)) )         // SW3 key pressed!
    {
        Delay(500) ;
        if( !(rGPGDAT & (1<<7)) )
            k=3 ;
    }
    else if( !(rGPGDAT & (1<<3)) )         // SW4 key pressed!
    {
        Delay(500) ;
        if( !(rGPGDAT & (1<<3)) )
            k=4 ;
    }
    else
        return(0) ;

    return(k) ;
}

void Isr_Init(void)
{
    rINTMOD=0x0 ;                          // All=IRQ mode
    rINTMSK=BIT_ALLMSK ;                   // All interrupt is masked.
}
```

이번 프로그램에서는 LED출력과 스위치 입력을 복합한 프로그램 예를 들어 보았다. GetSwitch() 함수는 6.3.2의 예제에서 스위치 입력을 받는 루틴을 함수로 만든 것이다. 스위치 입력이 있으면 1, 2, 3, 4키 값을 리턴하고 입력이 없으면 0을 리턴한다. while문 내부의 다음 제어 루틴을 보자.

```
switch(k)
{
     case 1 : dly -= 20 ;                        // 가속(delay 시간을 줄임)
              if(dly<=20) dly=20 ;               // 최소값, 음수방지
              break ;
     case 2 : dly += 20 ;                        // 감속(delay 시간을 늘임)
              if(dly>=10000) dly=10000 ;         // 최대값(1초)
              break ;
     case 3 : startflag = 0 ;                    // 정지
              break ;
     case 4 : startflag = 1 ;                    // 시작
              break ;
}
```

키 입력에 따라 SW1이면 딜레이 시간을 줄여 LED 진행속도를 빠르게 한다. 만약 SW4이면 startflag라는 변수를 1로 만들어 LED제어 루틴이 실행되게 만들어 준다.

제 7 장

Interrupt Controller

7. 인터럽트 컨트롤러(Interrupt Controller)

S3C2440A는 60개의 인터럽트소스로부터 발생한 인터럽트를 인터럽트 컨트롤러를 통해 받아들인다. UART, Timer, USB, 외부 인터럽트 등에 의해 발생된 인터럽트는 'OR' 형태로 처리된다. 내부장치나 외부 핀에서 다수의 인터럽트 요청시 인터럽트 컨트롤러는 우선순위를 가리고 ARM920T 코어에 FIQ(Fast Interrupt Request)나 IRQ(Interrupt Request)를 요청한다.

7.1 인터럽트 처리과정

[그림 7.1]에서처럼 인터럽트 처리 과정에는 크게 인터럽트 펜딩(Pending), 인터럽트 마스크, 인터럽트 모드, 인터럽트 우선순위의 과정이 있다. 'SUB'가 붙는 용어는 특정인터럽트의 하위 인터럽트 내용이 있는 것을 의미 하는데, 예를 들면 UART인터럽트 중에서 TX, RX인터럽트 등으로 나뉘는 것을 의미한다.

여기서 몇 가지 미리 알아두어야 할 사항이 있다.

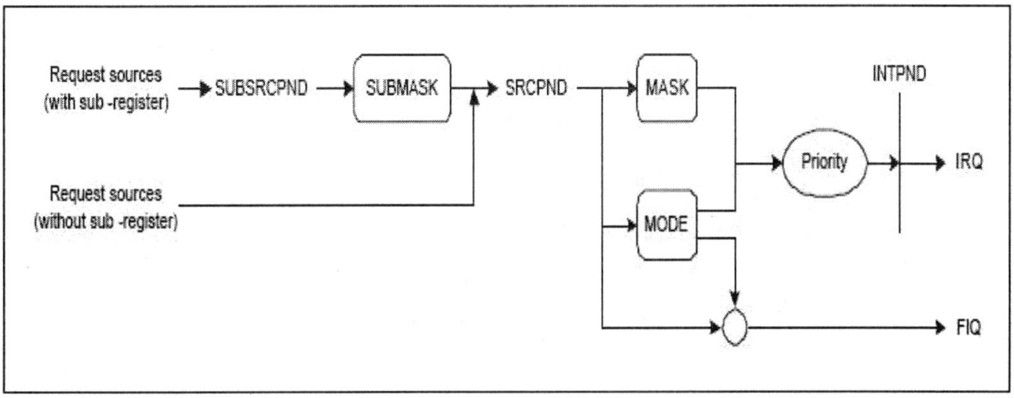

[그림 7.1] 인터럽트 처리과정

인터럽트 펜딩(Pending)

인터럽트 소스에 의해 인터럽트가 발생되면 인터럽트가 펜딩(서비스 대기) 되었는지 아닌지 나타내는 레지스터의 값을 업데이트 한다. 인터럽트 소스에 해당되는 펜딩 레지스터의 값을 '1'로 셋 시킨다.

인터럽트 마스크

각 소스별 인터럽트의 허용 여부를 결정하는 과정으로 해당되는 인터럽트 마스크 레지스터의 비트를 '0'으로 클리어 하여 대응시킨다. '1'로 셋 하면 그 비트에 해당되는 인터럽트 소스는 사용할 수 없다.

인터럽트 모드

ARM920T는 FIQ, IRQ 2가지 형태의 인터럽트 모드가 있다. 각 인터럽트 소스는 인터럽트 모드 레지스터에 의해 이 둘 중에 하나로 결정된다.

인터럽트 우선순위

S3C2440A에는 우선순위 결정을 위한 아비터(Arbiter)라는 인터럽트 우선순위 제어 블록이 있다. 이는 하드웨어에 의해 구성되어 있고, 소프트웨어로 우선순위 변경이 가능하다.

인터럽트가 발생하면, 우선 소스 펜딩 레지스터에 인터럽트 요청이 있음을 알려 해당비트를 '1'로 셋 시키고 인터럽트 서비스 시작을 기다린다. 인터럽트 모드에 따라 해당 인터럽트를 IRQ 또는 FIQ로 분류하고, IRQ인 경우 인터럽트 우선순위 로직을 거쳐 최우선 순위의 인터럽트 신호를 출력한다. 인터럽트 우선순위가 결정된 출력은 인터럽트 펜딩(Interrupt Pending) 레지스터에 입력되어 최종 인터럽트 서비스의 시작을 기다리게 된다. 결국 인터럽트 펜딩 레지스터에는 최상위 인터럽트 서비스에 해당되는 한 비트만 '1'로 되는 것이다.

▶인터럽트 소스(서브소스 포함)

[표 7.1] 인터럽트 소스 리스트

소 스	설 명	아비터 그룹
INT_ADC	ADC, Touch 인터럽트 (INT_ADC_S/INT_TC)	ARB5
INT_RTC	RTC 알람 인터럽트	
INT_SPI1	SPI1 인터럽트	
INT_UART0	UART0 인터럽트(ERR, RXD, and TXD)	
INT_IIC	IIC 인터럽트	ARB4
INT_USBH	USB Host 인터럽트	
INT_USBD	USB Device 인터럽트	
INT_NFCON	Nand Flash Control 인터럽트	
INT_UART1	UART1 인터럽트(ERR, RXD, and TXD)	
INT_SPI0	SPI0 인터럽트	
INT_SDI	SDI 인터럽트	ARB3
INT_DMA3	DMA channel 3 인터럽트	
INT_DMA2	DMA channel 2 인터럽트	

INT_DMA1	DMA channel 1 인터럽트	
INT_DMA0	DMA channel 0 인터럽트	
INT_LCD	LCD 인터럽트(INT_FrSyn and INT_FiCnt)	
INT_UART2	UART2 인터럽트(ERR, RXD, and TXD)	ARB2
INT_TIMER4	Timer4 인터럽트	
INT_TIMER3	Timer3 인터럽트	
INT_TIMER2	Timer2 인터럽트	
INT_TIMER1	Timer1 인터럽트	
INT_TIMER0	Timer0 인터럽트	
INT_WDT_AC97	Watch-Dog timer 인터럽트(INT_WDT, INT_AC97)	ARB1
INT_TICK	RTC Time tick 인터럽트	
nBATT_FLT	Battery Fault 인터럽트	
INT_CAM	Camera 인터럽트(INT_CAM_C, INT_CAM_P)	
EINT8_23	외부 인터럽트8~23	
EINT4_7	외부 인터럽트4~7	
EINT3	외부 인터럽트3	ARB0
EINT2	외부 인터럽트2	
EINT1	외부 인터럽트1	
EINT0	외부 인터럽트0	

[표 7.1]은 S3C2440A의 인터럽트 소스 리스트이다. 표 오른쪽 편을 보면 아비터 그룹이 있다. ARB0~ARB5까지 있는데, 이는 각 인터럽트 소스들이 어떤 아비터 그룹에 소속되어 있는지 보여주는 것이다. ARB0~ARB5의 우선순위는 우선순위 레지스터(Priority Register)의 ARB_SEL값을 설정하여 변경할 수 있다.

[표 7.2] 인터럽트 서브소스 리스트

서브 소스	설 명	소 스
INT_AC97	AC97 인터럽트	INT_WDT_AC97
INT_WDT	Watchdog 인터럽트	INT_WDT_AC97
INT_CAM_P	P-port 캡쳐 인터럽트	INT_CAM
INT_CAM_C	C-port 캡쳐 인터럽트	INT_CAM
INT_ADC_S	ADC 인터럽트	INT_ADC
INT_TC	Touch screen 인터럽트(pen up/down)	INT_ADC
INT_ERR2	UART2 에러 인터럽트	INT_UART2
INT_TXD2	UART2 송신 인터럽트	INT_UART2
INT_RXD2	UART2 수신 인터럽트	INT_UART2
INT_ERR1	UART1 에러 인터럽트	INT_UART1
INT_TXD1	UART1 송신 인터럽트	INT_UART1
INT_RXD1	UART1 수신 인터럽트	INT_UART1
INT_ERR0	UART0 에러 인터럽트	INT_UART0
INT_TXD0	UART0 송신 인터럽트	INT_UART0
INT_RXD0	UART0 수신 인터럽트	INT_UART0

[표 7.2]는 인터럽트 서브소스 리스트이다. 오른쪽의 소스 칸은 서브소스가 포함되어 있는 원래의 인터럽트 소스이다.

7.2 인터럽트 우선순위

S3C2440A에는 [그림 7.2]에서 보는 바와 같이 인터럽트의 우선순위를 결정해주는 우선순위 발생 블록이 있다. 일명 아비터(Arbiter)라고 하는데 총 6개의 제1아비터와 1개의 제2아비터로 구성된다.

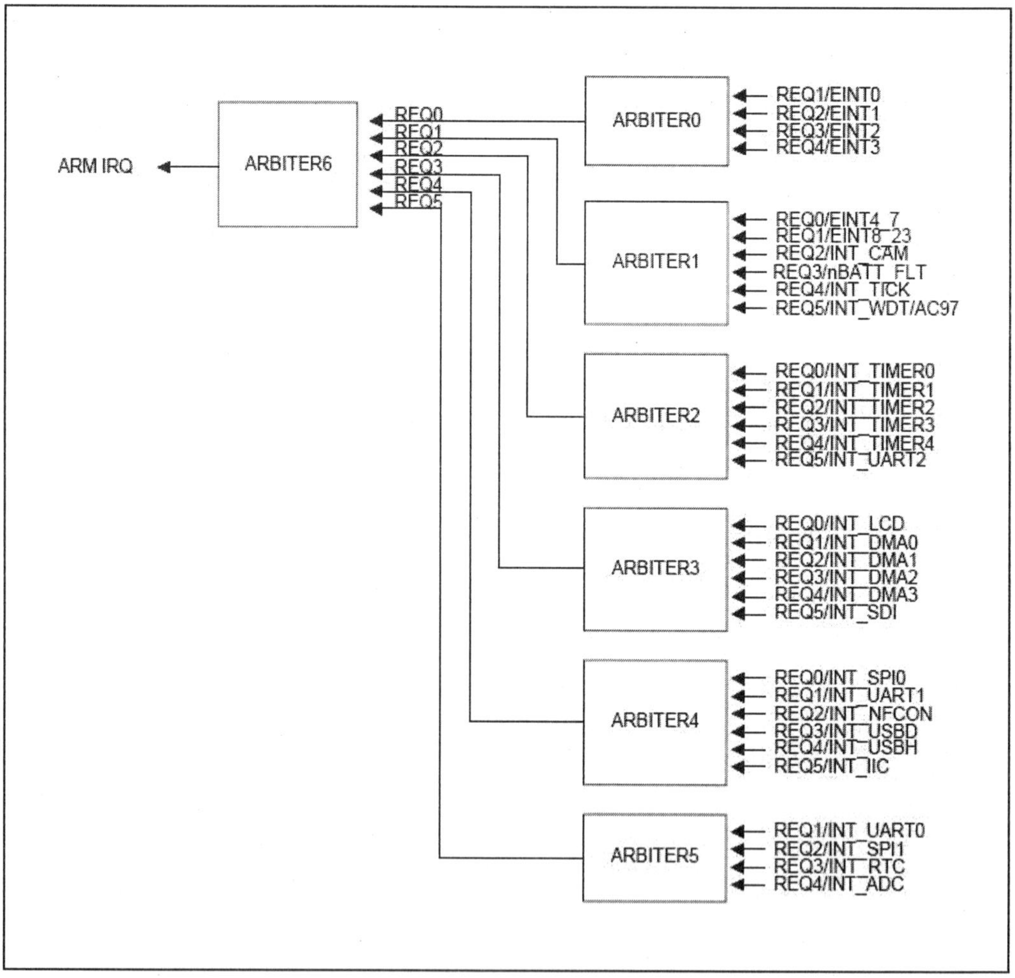

[그림 7.2] S3C2440A의 인터럽트 우선순위 발생

그림에서 보면 제1레벨 아비터(ARB0~ARB5)가 제2레벨 아비터(ARB6)에 연결되어 있다. 즉 ARB0~ARB5에 연결된 인터럽트 소스의 우선순위를 각 아비터 내에서 조정하고 이를 그룹으로 하여 ARB6에서 전체 우선순위를 조정하게 되는 것이다. 이는 PRIORITY 레지스터 값을 변경함으로써 가능하다.

▶PRIORITY 레지스터

레지스터	어드레스	R/W	설 명	초기값
PRIORITY	0x4A00000C	R/W	IRQ 우선순위 제어 레지스터	0x7F

PRIORITY	비트	설 명	초기값
ARB_SEL6	[20:19]	ARB6 그룹 우선순위 조합 REQ 00 = REQ 0-1-2-3-4-5 01 = REQ 0-2-3-4-1-5 10 = REQ 0-3-4-1-2-5 11 = REQ 0-4-1-2-3-5	00
ARB_SEL5	[18:17]	ARB5 그룹 우선순위 조합 REQ 00 = REQ 1-2-3-4 01 = REQ 2-3-4-1 10 = REQ 3-4-1-2 11 = REQ 4-1-2-3	00
ARB_SEL4	[16:15]	ARB4 그룹 우선순위 조합 REQ 00 = REQ 0-1-2-3-4-5 01 = REQ 0-2-3-4-1-5 10 = REQ 0-3-4-1-2-5 11 = REQ 0-4-1-2-3-5	00
ARB_SEL3	[14:13]	ARB3 그룹 우선순위 조합 00 = REQ 0-1-2-3-4-5 01 = REQ 0-2-3-4-1-5 10 = REQ 0-3-4-1-2-5 11 = REQ 0-4-1-2-3-5	00
ARB_SEL2	[12:11]	ARB2 그룹 우선순위 조합 00 = REQ 0-1-2-3-4-5 01 = REQ 0-2-3-4-1-5 10 = REQ 0-3-4-1-2-5 11 = REQ 0-4-1-2-3-5	00
ARB_SEL1	[10:9]	ARB1 그룹 우선순위 조합 00 = REQ 0-1-2-3-4-5 01 = REQ 0-2-3-4-1-5 10 = REQ 0-3-4-1-2-5 11 = REQ 0-4-1-2-3-5	00
ARB_SEL0	[8:7]	ARB0 그룹 우선순위 조합 00 = REQ 1-2-3-4 01 = REQ 2-3-4-1 10 = REQ 3-4-1-2 11 = REQ 4-1-2-3	00
ARB_MODE6	[6]	ARB6 그룹 우선순위 로테이트 Enable 0 = 로테이트함 1 = 로테이트 하지 않음	1
ARB_MODE5	[5]	ARB5 그룹 우선순위 로테이트 Enable 0 = 로테이트함 1 = 로테이트 하지 않음	1
ARB_MODE4	[4]	ARB4 그룹 우선순위 로테이트 Enable 0 = 로테이트함 1 = 로테이트 하지 않음	1
ARB_MODE3	[3]	ARB3 그룹 우선순위 로테이트 Enable 0 = 로테이트함 1 = 로테이트 하지 않음	1
ARB_MODE2	[2]	ARB2 그룹 우선순위 로테이트 Enable 0 = 로테이트함 1 = 로테이트 하지 않음	1
ARB_MODE1	[1]	ARB1 그룹 우선순위 로테이트 Enable 0 = 로테이트함 1 = 로테이트 하지 않음	1
ARB_MODE0	[0]	ARB0 그룹 우선순위 로테이트 Enable 0 = 로테이트함 1 = 로테이트 하지 않음	1

앞의 표에서 보듯이 ARB_SEL 두 비트 값을 설정하면 설정값에 따라 인터럽트의 우선순위가 REQ 0-1-2-3-4-5, REQ 0-2-3-4-1-5, REQ 0-3-4-1-2-5, REQ 0-4-1-2-3-5처럼 변경할 수 있다. 여기서 한 가지 주의할 것이 있다. REQ0은 항상

최상위 우선순위이고 REQ5는 항상 최하위 우선순위이지만, 나머지 ARB1~ARB4는 ARB_MODE 비트값에 따라 변할 수 있다. 이를 우선순위 로테이트라 한다. 로테이트 가능여부를 '1'로 셋 하면, 인터럽트 서비스가 실행된 소스에 따라 ARB_SEL값이 바뀌기 때문이다. 다음 표를 참조하면 쉽게 이해가 될 것이다.

[표 7.3] 인터럽트 우선순위 로테이트

IRQ 서비스	ARB_MODE	변경된 ARB_SEL값	변경된 우선순위
IRQ0	'1'(로테이트 허가)	변경 없음	변경 없음
IRQ1	'1'	01	REQ 0-2-3-4-1-5
IRQ2	'1'	10	REQ 0-3-4-1-2-5
IRQ3	'1'	11	REQ 0-4-1-2-3-5
IRQ4	'1'	00	REQ 0-1-2-3-4-5
IRQ5	'1'	변경 없음	변경 없음
IRQ0~IRQ5	'0'(로테이트 불가)	변경 없음	변경 없음

[표 7.3]에서처럼 ARB_MODE를 '1'로 셋 하면, IRQ 서비스에 따라 IRQ1~IRQ4의 우선순위는 자동으로 로테이트 된다. 단 IRQ0, IRQ5의 우선순위는 변경되지 않는다. 프로그램 작성시 ARB_MODE와 ARB_SEL값을 변경하여 원하는 인터럽트 우선순위를 지정해 줄 수 있다.

7.3 인터럽트 제어

인터럽트 제어를 위해 5개의 레지스터들이 있다.

소스 펜딩 레지스터(Source Pending Register, SRCPND)
인터럽트 모드 레지스터(Interrupt Mode Register, INTMOD)
인터럽트 마스크 레지스터(Interrupt Mask Register, INTMSK)
인터럽트 우선순위 레지스터(Interrupt Priority Register, PRIORITY)
인터럽트 펜딩 레지스터(Interrupt Pending Register, INTPND)

인터럽트 소스로부터 인터럽트 요청이 있으면 우선 소스 펜딩 레지스터에 등록된다. 인터럽트 모드레지스터에 따라 IRQ와 FIQ로 분류되고, PRIORITY 레지스터에 의해 그 우선순위를 결정하게 된다. 인터럽트의 가능여부는 INTMSK 레지스터에 의해 설정할 수 있다.

▶인터럽트 소스 펜딩 레지스터(Source Pending Register, SRCPND)

SRCPND 레지스터는 32개의 비트에 각 인터럽트 소스가 대응되어 있는 형태로 구성되어 있다. 이때, 해당 인터럽트 요청이 들어오면 인터럽트 서비스 시작을 기다리고 있음을 알리게 위해 SRCPDN 레지스터의 해당 비트를 '1'로 셋 한다. SRCPND의 값은 INTMSK 레지스터나 PRIORITY 레지스터의 값에 영향을 받지 않고 인터럽트 소스로부터 요청이 있으면 자동으로 해당비트가 '1'로 셋 된다.

인터럽트 요청에 의해 '1'로 변경된 SRCPND 레지스터의 값은 서비스 루틴이 시작되어도 자동으로 클리어 되지 않는다. 따라서 인터럽트 서비스 루틴에서 수동으로 클리어 시켜주어야 하는데, 만약 그대로 둔 다면 다시 같은 소스의 유효한 인터럽트가 있는 것으로 인식하게 되어 다시 인터럽트 루틴이 시작된다. 해당비트에 '1'을 써 넣으면 '0'으로 클리어 된다.

레지스터	어드레스	R/W	설 명	초기값
SRCPND	0x4A00000C	R/W	인터럽트 요청상태를 표시	0x00000000

SRCPND	비트	설 명	초기값
INT_ADC	[31]	0 = Not requested, 1 = Requested	0
INT_RTC	[30]	0 = Not requested, 1 = Requested	0
INT_SPI1	[29]	0 = Not requested, 1 = Requested	0
INT_UART0	[28]	0 = Not requested, 1 = Requested	0
INT_IIC	[27]	0 = Not requested, 1 = Requested	0
INT_USBH	[26]	0 = Not requested, 1 = Requested	0
INT_USBD	[25]	0 = Not requested, 1 = Requested	0
INT_NFCON	[24]	0 = Not requested, 1 = Requested	0
INT_UART1	[23]	0 = Not requested, 1 = Requested	0
INT_SPI0	[22]	0 = Not requested, 1 = Requested	0
INT_SDI	[21]	0 = Not requested, 1 = Requested	0
INT_DMA3	[20]	0 = Not requested, 1 = Requested	0
INT_DMA2	[19]	0 = Not requested, 1 = Requested	0
INT_DMA1	[18]	0 = Not requested, 1 = Requested	0
INT_DMA0	[17]	0 = Not requested, 1 = Requested	0
INT_LCD	[16]	0 = Not requested, 1 = Requested	0
INT_UART2	[15]	0 = Not requested, 1 = Requested	0
INT_TIMER4	[14]	0 = Not requested, 1 = Requested	0
INT_TIMER3	[13]	0 = Not requested, 1 = Requested	0
INT_TIMER2	[12]	0 = Not requested, 1 = Requested	0
INT_TIMER1	[11]	0 = Not requested, 1 = Requested	0
INT_TIMER0	[10]	0 = Not requested, 1 = Requested	0
INT_WDT_AC97	[9]	0 = Not requested, 1 = Requested	0
INT_TICK	[8]	0 = Not requested, 1 = Requested	0

nBATT_FLT	[7]	0 = Not requested, 1 = Requested	0
INT_CAM	[6]	0 = Not requested, 1 = Requested	0
EINT8_23	[5]	0 = Not requested, 1 = Requested	0
EINT4_7	[4]	0 = Not requested, 1 = Requested	0
EINT3	[3]	0 = Not requested, 1 = Requested	0
EINT2	[2]	0 = Not requested, 1 = Requested	0
EINT1	[1]	0 = Not requested, 1 = Requested	0
EINT0	[0]	0 = Not requested, 1 = Requested	0

▶ 서브 소스 펜딩 레지스터(Sub Source Pending Register, SUBSRCPND)

앞에서도 설명했지만 인터럽트 소스별로 서브 인터럽트 소스를 가진 인터럽트들이 있다. 예를 들면, UART의 경우 송신, 수신, 에러에 해당하는 3가지의 서브 인터럽트 소스를 가진다. 그 관계는 다음의 표를 참조하기 바란다.

레지스터	어드레스	R/W	설 명	초기값
SUBSRCPND	0x4A0000018	R/W	서브 인터럽트 요청상태를 표시	0x00000000

SUBSRCPND	비트	설 명	소 스	초기값
Reserved	[31:15]	사용하지 않음	-	0
INT_AC97	[14]	0 = Not requested 1 = Requested	INT_WDT_AC97	0
INT_WDT	[13]	0 = Not requested 1 = Requested		0
INT_CAM_P	[12]	0 = Not requested 1 = Requested	INT_CAM	0
INT_CAM_C	[11]	0 = Not requested 1 = Requested		0
INT_ADC_S	[10]	0 = Not requested 1 = Requested	INT_ADC	0
INT_TC	[9]	0 = Not requested 1 = Requested		0
INT_ERR2	[8]	0 = Not requested 1 = Requested	INT_UART2	0
INT_TXD2	[7]	0 = Not requested 1 = Requested		0
INT_RXD2	[6]	0 = Not requested 1 = Requested		0
INT_ERR1	[5]	0 = Not requested 1 = Requested	INT_UART1	0
INT_TXD1	[4]	0 = Not requested 1 = Requested		0
INT_RXD1	[3]	0 = Not requested 1 = Requested		0
INT_ERR0	[2]	0 = Not requested 1 = Requested	INT_UART0	0
INT_TXD0	[1]	0 = Not requested 1 = Requested		0
INT_RXD0	[0]	0 = Not requested 1 = Requested		0

INT_ADC의 서브 소스를 보면 INT_ADC_S(A/D컨버터), INT_TC(터치)에 해당하는 두 가지 서브 인터럽트 소스가 있다. 나중에 설명하겠지만, 터치스크린은 ADC를 이용해 인터페이스 한다. 따라서 터치의 눌림과 떨어짐을 검출하는 인터럽트가 INT_ADC의 서브 인터럽트 소스이다.

▶인터럽트 모드 레지스터(Interrupt Mode Register, INTMOD)

이 레지스터는 각각 인터럽트 소스와 관련된 32비트로 구성되어 있다. 해당비트의 설정에 따라 IRQ 또는 FIQ 모드로 분류하게 된다. FIQ의 경우 인터럽트 컨트롤러에 의해 서비스되는 인터럽트 소스는 하나뿐이다. 긴급한 인터럽트에 FIQ 모드로 할당하여 INTMOD 레지스터 하나의 비트만 '1'로 셋 한다.

레지스터	어드레스	R/W	설 명	초기값
INTMOD	0x4A000004	R/W	인터럽트 모드 설정(IRQ, FIQ)	0x00000000

INTMOD	비트	설 명	초기값
INT_ADC	[31]	0 = IRQ, 1 = FIQ	0
INT_RTC	[30]	0 = IRQ, 1 = FIQ	0
INT_SPI1	[29]	0 = IRQ, 1 = FIQ	0
INT_UART0	[28]	0 = IRQ, 1 = FIQ	0
INT_IIC	[27]	0 = IRQ, 1 = FIQ	0
INT_USBH	[26]	0 = IRQ, 1 = FIQ	0
INT_USBD	[25]	0 = IRQ, 1 = FIQ	0
INT_NFCON	[24]	0 = IRQ, 1 = FIQ	0
INT_UART1	[23]	0 = IRQ, 1 = FIQ	0
INT_SPI0	[22]	0 = IRQ, 1 = FIQ	0
INT_SDI	[21]	0 = IRQ, 1 = FIQ	0
INT_DMA3	[20]	0 = IRQ, 1 = FIQ	0
INT_DMA2	[19]	0 = IRQ, 1 = FIQ	0
INT_DMA1	[18]	0 = IRQ, 1 = FIQ	0
INT_DMA0	[17]	0 = IRQ, 1 = FIQ	0
INT_LCD	[16]	0 = IRQ, 1 = FIQ	0
INT_UART2	[15]	0 = IRQ, 1 = FIQ	0
INT_TIMER4	[14]	0 = IRQ, 1 = FIQ	0
INT_TIMER3	[13]	0 = IRQ, 1 = FIQ	0
INT_TIMER2	[12]	0 = IRQ, 1 = FIQ	0
INT_TIMER1	[11]	0 = IRQ, 1 = FIQ	0
INT_TIMER0	[10]	0 = IRQ, 1 = FIQ	0
INT_WDT_AC97	[9]	0 = IRQ, 1 = FIQ	0
INT_TICK	[8]	0 = IRQ, 1 = FIQ	0
nBATT_FLT	[7]	0 = IRQ, 1 = FIQ	0
INT_CAM	[6]	0 = IRQ, 1 = FIQ	0
EINT8_23	[5]	0 = IRQ, 1 = FIQ	0
EINT4_7	[4]	0 = IRQ, 1 = FIQ	0
EINT3	[3]	0 = IRQ, 1 = FIQ	0
EINT2	[2]	0 = IRQ, 1 = FIQ	0
EINT1	[1]	0 = IRQ, 1 = FIQ	0
EINT0	[0]	0 = IRQ, 1 = FIQ	0

인터럽트 모드가 FIQ로 설정된 인터럽트의 경우 인터럽트 펜딩 레지스터를 거치지 않으므로 INTPND 레지스터에 영향을 주지 않는다.

▶ 인터럽트 마스크 레지스터(Interrupt Mask Register, INTMSK)

인터럽트의 가능여부를 설정하는 레지스터이다. 인터럽트의 마스크 비트를 '0'으로 클리어 시키면 인터럽트 가능 상태가 되는 것이다. 프로그램에서 값을 변경하여 원하는 시점에서 인터럽트를 가능상태로 만들거나 인터럽트를 요청하지 못하게 할 수 있다. SRCPND(소스 펜딩 레지스터)가 셋 되어도 INTMSK가 클리어 되어 있지 않으면 인터럽트 서비스를 시작할 수 없다.

레지스터	어드레스	R/W	설 명	초기값
INTMSK	0x4A000008	R/W	인터럽트 가능여부 설정	0xFFFFFFFF

INTMSK	비트	설 명	초기값
INT_ADC	[31]	0 = 서비스 가능 1 = 서비스 불가	1
INT_RTC	[30]	0 = 서비스 가능 1 = 서비스 불가	1
INT_SPI1	[29]	0 = 서비스 가능 1 = 서비스 불가	1
INT_UART0	[28]	0 = 서비스 가능 1 = 서비스 불가	1
INT_IIC	[27]	0 = 서비스 가능 1 = 서비스 불가	1
INT_USBH	[26]	0 = 서비스 가능 1 = 서비스 불가	1
INT_USBD	[25]	0 = 서비스 가능 1 = 서비스 불가	1
INT_NFCON	[24]	0 = 서비스 가능 1 = 서비스 불가	1
INT_UART1	[23]	0 = 서비스 가능 1 = 서비스 불가	1
INT_SPI0	[22]	0 = 서비스 가능 1 = 서비스 불가	1
INT_SDI	[21]	0 = 서비스 가능 1 = 서비스 불가	1
INT_DMA3	[20]	0 = 서비스 가능 1 = 서비스 불가	1
INT_DMA2	[19]	0 = 서비스 가능 1 = 서비스 불가	1
INT_DMA1	[18]	0 = 서비스 가능 1 = 서비스 불가	1
INT_DMA0	[17]	0 = 서비스 가능 1 = 서비스 불가	1
INT_LCD	[16]	0 = 서비스 가능 1 = 서비스 불가	1
INT_UART2	[15]	0 = 서비스 가능 1 = 서비스 불가	1
INT_TIMER4	[14]	0 = 서비스 가능 1 = 서비스 불가	1
INT_TIMER3	[13]	0 = 서비스 가능 1 = 서비스 불가	1
INT_TIMER2	[12]	0 = 서비스 가능 1 = 서비스 불가	1
INT_TIMER1	[11]	0 = 서비스 가능 1 = 서비스 불가	1
INT_TIMER0	[10]	0 = 서비스 가능 1 = 서비스 불가	1
INT_WDT_AC97	[9]	0 = 서비스 가능 1 = 서비스 불가	1
INT_TICK	[8]	0 = 서비스 가능 1 = 서비스 불가	1
nBATT_FLT	[7]	0 = 서비스 가능 1 = 서비스 불가	1
INT_CAM	[6]	0 = 서비스 가능 1 = 서비스 불가	1
EINT8_23	[5]	0 = 서비스 가능 1 = 서비스 불가	1
EINT4_7	[4]	0 = 서비스 가능 1 = 서비스 불가	1
EINT3	[3]	0 = 서비스 가능 1 = 서비스 불가	1
EINT2	[2]	0 = 서비스 가능 1 = 서비스 불가	1
EINT1	[1]	0 = 서비스 가능 1 = 서비스 불가	1
EINT0	[0]	0 = 서비스 가능 1 = 서비스 불가	1

▶인터럽트 서브 마스크 레지스터(Interrupt Sub Mask Register, INTSUBMSK)

INTSUBMSK 레지스터는 인터럽트의 서브 인터럽트 허용 여부를 설정하는 레지스터이다.

레지스터	어드레스	R/W	설 명	초기값
INTSUBMSK	0x4A00001C	R/W	서브 인터럽트 가능여부 설정	0xFFFF

INTSUBMSK	비트	설 명	소 스	초기값
Reserved	[31:15]	사용하지 않음	-	0
INT_AC97	[14]	0 = 서비스 가능　1 = 서비스 불가	INT_WDT_AC97	1
INT_WDT	[13]	0 = 서비스 가능　1 = 서비스 불가		1
INT_CAM_P	[12]	0 = 서비스 가능　1 = 서비스 불가	INT_CAM	1
INT_CAM_C	[11]	0 = 서비스 가능　1 = 서비스 불가		1
INT_ADC_S	[10]	0 = 서비스 가능　1 = 서비스 불가	IND_ADC	1
INT_TC	[9]	0 = 서비스 가능　1 = 서비스 불가		1
INT_ERR2	[8]	0 = 서비스 가능　1 = 서비스 불가	INT_UART2	1
INT_TXD2	[7]	0 = 서비스 가능　1 = 서비스 불가		1
INT_RXD2	[6]	0 = 서비스 가능　1 = 서비스 불가		1
INT_ERR1	[5]	0 = 서비스 가능　1 = 서비스 불가	INT_UART1	1
INT_TXD1	[4]	0 = 서비스 가능　1 = 서비스 불가		1
INT_RXD1	[3]	0 = 서비스 가능　1 = 서비스 불가		1
INT_ERR0	[2]	0 = 서비스 가능　1 = 서비스 불가	INT_UART0	1
INT_TXD0	[1]	0 = 서비스 가능　1 = 서비스 불가		1
INT_RXD0	[0]	0 = 서비스 가능　1 = 서비스 불가		1

▶ 인터럽트 우선순위 레지스터(Interrupt Priority Register, PRIORITY)

앞부분의 인터럽트 우선순위 제어 내용을 참조하기 바란다.

레지스터	어드레스	R/W	설 명	초기값
PRIORITY	0x4A00000C	R/W	IRQ 우선순위 제어 레지스터	0x7F

▶인터럽트 펜딩 레지스터(Interrupt Pending Register, INTPND)

이 레지스터는 인터럽트 소스에 관련된 32개 비트로 이루어져 해당 인터럽트 서비스 요청이 있으면 '1'로 셋 된다. 단, 인터럽트 우선순위 로직을 거쳐 해당 값이 셋 되므로 32비트 중 단 1개만 설정된다. INTPND 레지스터의 값도 SRCPND 레지스터와 마찬가지로 인터럽트 서비스가 시작되어도 자동으로 클리어 되지 않는다. 따라서 수동으로 클리어 해줘야 하는데, INTPND 레지스터의 경우 해당 비트에 '1'을 써넣으면 '0'으로 클리어 된다. 7.5에서 실제 프로그램을 보면 쉽게 이해할 수 있을 것이다.

레지스터	어드레스	R/W	설 명	초기값
INTPND	0x4A000010	R/W	인터럽트 요청상태를 표시	0x00000000

INTPND	비트	설 명	초기값
INT_ADC	[31]	0 = Not requested 1 = Requested	0
INT_RTC	[30]	0 = Not requested 1 = Requested	0
INT_SPI1	[29]	0 = Not requested 1 = Requested	0
INT_UART0	[28]	0 = Not requested 1 = Requested	0
INT_IIC	[27]	0 = Not requested 1 = Requested	0
INT_USBH	[26]	0 = Not requested 1 = Requested	0
INT_USBD	[25]	0 = Not requested 1 = Requested	0
INT_NFCON	[24]	0 = Not requested 1 = Requested	0
INT_UART1	[23]	0 = Not requested 1 = Requested	0
INT_SPI0	[22]	0 = Not requested 1 = Requested	0
INT_SDI	[21]	0 = Not requested 1 = Requested	0
INT_DMA3	[20]	0 = Not requested 1 = Requested	0
INT_DMA2	[19]	0 = Not requested 1 = Requested	0
INT_DMA1	[18]	0 = Not requested 1 = Requested	0
INT_DMA0	[17]	0 = Not requested 1 = Requested	0
INT_LCD	[16]	0 = Not requested 1 = Requested	0
INT_UART2	[15]	0 = Not requested 1 = Requested	0
INT_TIMER4	[14]	0 = Not requested 1 = Requested	0
INT_TIMER3	[13]	0 = Not requested 1 = Requested	0
INT_TIMER2	[12]	0 = Not requested 1 = Requested	0
INT_TIMER1	[11]	0 = Not requested 1 = Requested	0
INT_TIMER0	[10]	0 = Not requested 1 = Requested	0
INT_WDT_AC97	[9]	0 = Not requested 1 = Requested	0
INT_TICK	[8]	0 = Not requested 1 = Requested	0
nBATT_FLT	[7]	0 = Not requested 1 = Requested	0
INT_CAM	[6]	0 = Not requested 1 = Requested	0
EINT8_23	[5]	0 = Not requested 1 = Requested	0
EINT4_7	[4]	0 = Not requested 1 = Requested	0
EINT3	[3]	0 = Not requested 1 = Requested	0
EINT2	[2]	0 = Not requested 1 = Requested	0
EINT1	[1]	0 = Not requested 1 = Requested	0
EINT0	[0]	0 = Not requested 1 = Requested	0

7.4 외부 인터럽트(External Interrupt)

S3C2440A는 24개의 외부 인터럽트 핀이 있다. 외부 인터럽트는 다양한 신호검출 형태를 적용할 수 있는데, 다음의 다섯 가지 신호검출이 가능하다.

- 로우 레벨 트리거(Low Level Trigger)

- 하이 레벨 트리거(High Level Trigger)
- 폴링 엣지 트리거(Falling Edge Trigger)
- 라이징 엣지 트리거(Rising Edge Trigger)
- 라이징-폴링 엣지 트리거(Rising-Falling Edge Trigger)

외부 인터럽트를 인식하기 위해서는 3클럭 이상 신호를 유지해야 하고, 그 처리 방법은 앞에서 설명한 일반적인 인터럽트 처리방식과 별로 다르지 않다. 단지 외부 인터럽트는 인터럽트 요청이 외부의 신호에 의해 이루어지는 것이 차이점이다.

처리과정은 우선 외부 인터럽트 제어 레지스터(External Interrupt Control Register)를 이용해 검출할 신호의 형태를 정해준다. 해당 인터럽트 핀에 지정된 형태의 인터럽트 시그널이 입력되면, 외부 인터럽트 마스크 레지스터(External Interrupt Mask Register)의 마스킹 상태에 따라 외부 인터럽트 펜딩 레지스터(External Interrupt Pending Register)의 해당 비트를 셋 시킨다. 그리고 인터럽트 펜딩 레지스터에 대응하는 서비스 루틴을 실행시키게 된다.

▶ 외부 인터럽트 제어 레지스터(External Interrupt Control Register, EXINTn)

EXINT 레지스터는 인터럽트 신호로 검출할 신호의 형태를 정해주는 레지스터로 총 3개의 EXINT 레지스터가 있다. 각 EXINT 레지스터에는 8개의 외부인터럽트가 할당 되어 있다. 레벨 트리거나 엣지 트리거를 이용할 수 있는데, 레벨트리거의 경우 내부 디지털 필터 때문에 40nS 이상 신호를 유지 하여야 한다. 디지털 필터의 설정은 별도로 언급하지 않으니 필요한 사람은 데이터 쉬트를 참조하기 바란다.

레지스터	어드레스	R/W	설 명	초기값
EXTINT0	0x56000088	R/W	외부 인터럽트 제어 레지스터 0	0x000000
EXTINT1	0x5600008c	R/W	외부 인터럽트 제어 레지스터 1	0x000000
EXTINT2	0x56000090	R/W	외부 인터럽트 제어 레지스터 2	0x000000

EXINT0	비트	설 명	초기값
EINT7	[30:28]	000 = Low 레벨 001 = High 레벨 01x = 폴링 엣지 트리거 10x = 라이징 엣지 트리거 11x = 라이징-폴링 엣지 트리거	000
EINT6	[26:24]	000 = Low 레벨 001 = High 레벨 01x = 폴링 엣지 트리거 10x = 라이징 엣지 트리거 11x = 라이징-폴링 엣지 트리거	000
EINT5	[22:20]	000 = Low 레벨 001 = High 레벨 01x = 폴링 엣지 트리거 10x = 라이징 엣지 트리거 11x = 라이징-폴링 엣지 트리거	000

EINT4	[18:16]	000 = Low 레벨 001 = High 레벨 01x = 폴링 엣지 트리거 10x = 라이징 엣지 트리거 11x = 라이징-폴링 엣지 트리거	000
EINT3	[14:12]	000 = Low 레벨 001 = High 레벨 01x = 폴링 엣지 트리거 10x = 라이징 엣지 트리거 11x = 라이징-폴링 엣지 트리거	000
EINT2	[10:8]	000 = Low 레벨 001 = High 레벨 01x = 폴링 엣지 트리거 10x = 라이징 엣지 트리거 11x = 라이징-폴링 엣지 트리거	000
EINT1	[6:4]	000 = Low 레벨 001 = High 레벨 01x = 폴링 엣지 트리거 10x = 라이징 엣지 트리거 11x = 라이징-폴링 엣지 트리거	000
EINT0	[2:0]	000 = Low 레벨 001 = High 레벨 01x = 폴링 엣지 트리거 10x = 라이징 엣지 트리거 11x = 라이징-폴링 엣지 트리거	000

EXINT1	비트	설 명	초기값
EINT15	[30:28]	000 = Low 레벨 001 = High 레벨 01x = 폴링 엣지 트리거 10x = 라이징 엣지 트리거 11x = 라이징-폴링 엣지 트리거	000
EINT14	[26:24]	000 = Low 레벨 001 = High 레벨 01x = 폴링 엣지 트리거 10x = 라이징 엣지 트리거 11x = 라이징-폴링 엣지 트리거	000
EINT13	[22:20]	000 = Low 레벨 001 = High 레벨 01x = 폴링 엣지 트리거 10x = 라이징 엣지 트리거 11x = 라이징-폴링 엣지 트리거	000
EINT12	[18:16]	000 = Low 레벨 001 = High 레벨 01x = 폴링 엣지 트리거 10x = 라이징 엣지 트리거 11x = 라이징-폴링 엣지 트리거	000
EINT11	[14:12]	000 = Low 레벨 001 = High 레벨 01x = 폴링 엣지 트리거 10x = 라이징 엣지 트리거 11x = 라이징-폴링 엣지 트리거	000
EINT10	[10:8]	000 = Low 레벨 001 = High 레벨 01x = 폴링 엣지 트리거 10x = 라이징 엣지 트리거 11x = 라이징-폴링 엣지 트리거	000
EINT9	[6:4]	000 = Low 레벨 001 = High 레벨 01x = 폴링 엣지 트리거 10x = 라이징 엣지 트리거 11x = 라이징-폴링 엣지 트리거	000
EINT8	[2:0]	000 = Low 레벨 001 = High 레벨 01x = 폴링 엣지 트리거 10x = 라이징 엣지 트리거 11x = 라이징-폴링 엣지 트리거	000

EXINT2	비트	설 명	초기값
EINT23	[30:28]	000 = Low 레벨 001 = High 레벨 01x = 폴링 엣지 트리거 10x = 라이징 엣지 트리거	000

		11x = 라이징-폴링 엣지 트리거	
EINT22	[26:24]	000 = Low 레벨 001 = High 레벨 01x = 폴링 엣지 트리거 10x = 라이징 엣지 트리거 11x = 라이징-폴링 엣지 트리거	000
EINT21	[22:20]	000 = Low 레벨 001 = High 레벨 01x = 폴링 엣지 트리거 10x = 라이징 엣지 트리거 11x = 라이징-폴링 엣지 트리거	000
EINT20	[18:16]	000 = Low 레벨 001 = High 레벨 01x = 폴링 엣지 트리거 10x = 라이징 엣지 트리거 11x = 라이징-폴링 엣지 트리거	000
EINT19	[14:12]	000 = Low 레벨 001 = High 레벨 01x = 폴링 엣지 트리거 10x = 라이징 엣지 트리거 11x = 라이징-폴링 엣지 트리거	000
EINT18	[10:8]	000 = Low 레벨 001 = High 레벨 01x = 폴링 엣지 트리거 10x = 라이징 엣지 트리거 11x = 라이징-폴링 엣지 트리거	000
EINT17	[6:4]	000 = Low 레벨 001 = High 레벨 01x = 폴링 엣지 트리거 10x = 라이징 엣지 트리거 11x = 라이징-폴링 엣지 트리거	000
EINT16	[2:0]	000 = Low 레벨 001 = High 레벨 01x = 폴링 엣지 트리거 10x = 라이징 엣지 트리거 11x = 라이징-폴링 엣지 트리거	000

▶외부 인터럽트 마스크 레지스터(External Interrupt Mask Register, EINTMASK)

외부 인터럽트 처리에서도 내부 장치의 인터럽트 처리에 사용되는 INTMASK처럼 EINTMASK라는 외부 인터럽트 마스크 레지스터가 있다. EINTMASK는 해당 비트의 외부 인터럽트의 허용여부를 설정하는 레지스터이다.

레지스터	어드레스	R/W	설 명	초기값
EINTMASK	0x560000A4	R/W	외부 인터럽트 마스크 레지스터	0x00FFFFFF

EINTMASK	비트	설 명	초기값
EINT23	[23]	0 = 인터럽트 가능 1 = 인터럽트 불가	1
EINT22	[22]	0 = 인터럽트 가능 1 = 인터럽트 불가	1
EINT21	[21]	0 = 인터럽트 가능 1 = 인터럽트 불가	1
EINT20	[20]	0 = 인터럽트 가능 1 = 인터럽트 불가	1
EINT19	[19]	0 = 인터럽트 가능 1 = 인터럽트 불가	1
EINT18	[18]	0 = 인터럽트 가능 1 = 인터럽트 불가	1
EINT17	[17]	0 = 인터럽트 가능 1 = 인터럽트 불가	1
EINT16	[16]	0 = 인터럽트 가능 1 = 인터럽트 불가	1
EINT15	[15]	0 = 인터럽트 가능 1 = 인터럽트 불가	1
EINT14	[14]	0 = 인터럽트 가능 1 = 인터럽트 불가	1

EINT13	[13]	0 = 인터럽트 가능	1 = 인터럽트 불가	1
EINT12	[12]	0 = 인터럽트 가능	1 = 인터럽트 불가	1
EINT11	[11]	0 = 인터럽트 가능	1 = 인터럽트 불가	1
EINT10	[10]	0 = 인터럽트 가능	1 = 인터럽트 불가	1
EINT9	[9]	0 = 인터럽트 가능	1 = 인터럽트 불가	1
EINT8	[8]	0 = 인터럽트 가능	1 = 인터럽트 불가	1
EINT7	[7]	0 = 인터럽트 가능	1 = 인터럽트 불가	1
EINT6	[6]	0 = 인터럽트 가능	1 = 인터럽트 불가	1
EINT5	[5]	0 = 인터럽트 가능	1 = 인터럽트 불가	1
EINT4	[4]	0 = 인터럽트 가능	1 = 인터럽트 불가	1
Reserved	[3:0]	Reserved		-

▶외부 인터럽트 펜딩 레지스터(External Interrupt Pending Register, EINTPEND)

외부인터럽트의 펜딩 레지스터로 인터럽트가 발생한 외부 인터럽트의 해당 비트가 셋 되고, 대응하는 인터럽트 서비스가 시작된다. 앞의 설명과 마찬가지로 자동으로 클리어 되지 않으므로 해당비트에 '1'을 써넣어 클리어시킬 수 있다.

레지스터	어드레스	R/W	설 명	초기값
EINTPEND	0x560000A8	R/W	외부 인터럽트 펜딩 레지스터	0x00000

EINTPEND	비트	설 명		초기값
EINT23	[23]	0 = Not occur	1 = Occur interrupt	0
EINT22	[22]	0 = Not occur	1 = Occur interrupt	0
EINT21	[21]	0 = Not occur	1 = Occur interrupt	0
EINT20	[20]	0 = Not occur	1 = Occur interrupt	0
EINT19	[19]	0 = Not occur	1 = Occur interrupt	0
EINT18	[18]	0 = Not occur	1 = Occur interrupt	0
EINT17	[17]	0 = Not occur	1 = Occur interrupt	0
EINT16	[16]	0 = Not occur	1 = Occur interrupt	0
EINT15	[15]	0 = Not occur	1 = Occur interrupt	0
EINT14	[14]	0 = Not occur	1 = Occur interrupt	0
EINT13	[13]	0 = Not occur	1 = Occur interrupt	0
EINT12	[12]	0 = Not occur	1 = Occur interrupt	0
EINT11	[11]	0 = Not occur	1 = Occur interrupt	0
EINT10	[10]	0 = Not occur	1 = Occur interrupt	0
EINT9	[9]	0 = Not occur	1 = Occur interrupt	0
EINT8	[8]	0 = Not occur	1 = Occur interrupt	0
EINT7	[7]	0 = Not occur	1 = Occur interrupt	0
EINT6	[6]	0 = Not occur	1 = Occur interrupt	0
EINT5	[5]	0 = Not occur	1 = Occur interrupt	0
EINT4	[4]	0 = Not occur	1 = Occur interrupt	0
Reserved	[3:0]	Reserved		0000

실제 외부 인터럽트 사용시에는 7.4에 언급한 레지스터 이외에도 앞에서 설명한 SRCPND, INTMSK, INTPND레지스터도 모두 사용하게 된다. EINT0~EINT3 외부 인터럽트는 외부 인터럽트에 관련된 레지스터가 아닌 SRCPND, INTMSK, INTPND 레지스터에서 설정한다. 물론 인터럽트 모드레지스터 INTMOD도 해당된다.

7.5 인터럽트 기능 연습

7.5에서는 지금까지의 인터럽트 컨트롤러 설명을 기반으로 MSTK2440보드를 이용해 실험을 하도록 하겠다. MSTK2440보드에는 외부 인터럽트 테스트를 위해 보드 우측 하단부에 시험용 스위치(S1)가 한 개 내장되어 있다.

7.5.1 외부 인터럽트 제어 실험

다음의 [그림 7.3]은 MSTK2440 보드의 외부 인터럽트 시험용 입력 스위치 회로이다. CPU와의 연결을 직접 그릴 수 없어 네트로 표현했으니 전체 회로에서 따로 확인하기 바란다.

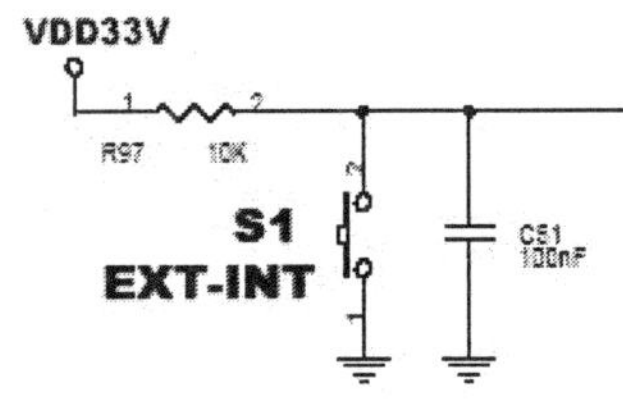

[그림 7.3] MSTK2440 외부 인터럽트 스위치

▶ 실험내용

[그림 7.4]를 보자. DNW에서 프로그램을 실행한 결과를 볼 수 있다. 프로그램 실행 절차는 프로그램이 실행되면 먼저 EINT0의 인터럽트 타입을 물어본다. 5개의 타입(Low Level, High Level, Falling Edge, Rising Edge, Both Edge) 중에서 키보드를 이용해 한 가지를 선택한다. 그리고 MSTK2440보드 우측 하단에 있는 테스트용 스

위치(S1)을 누르면 외부 인터럽트가 발생했다는 메시지를 확인할 수 있다.

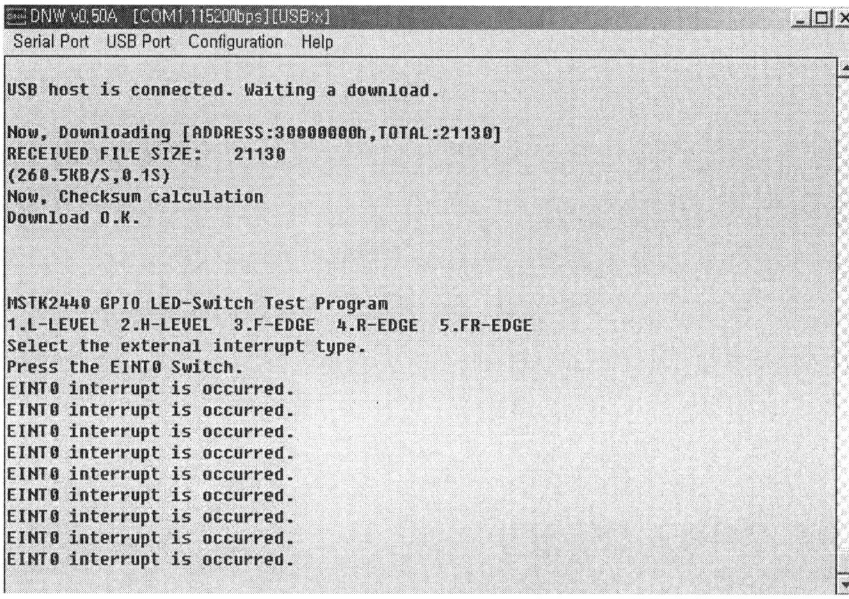

[그림 7.4] 외부 인터럽트 실험 예

▶ 프로그램

ADS를 실행하여 Ext_INT라는 프로젝트(Ext_INT.mcp)를 만들고 필요한 파일들을 프로젝트에 등록시킨다. DebugRel 모드로 선택하고 옵션들을 설정해 준다. main_app.c 파일을 새로 만들어 다음의 리스트와 같이 내용을 작성한다. 또는 Chapter7 폴더 아래 Ext_INT 폴더 안의 Ext_INT.mcp 프로젝트 파일을 오픈한다. 프로그램을 컴파일하고 DNW를 이용해 바이너리 파일을 다운로드 시켜서 실행해 본다. main_app.c 리스트를 보자.

```
//------------------------------------------------------------------
// Project : MSTK2440 External Interrupt, Ext_INT.mcp
// Description : 외부 인터럽트 테스트
//------------------------------------------------------------------
#include <stdlib.h>
#include <string.h>
#include "def.h"
#include "option.h"
#include "2440addr.h"
#include "2440lib.h"
```

```
#include "2440slib.h"
#include "mmu.h"

//----------- Constant Definition -----------------------
#define UART0   0                          // UART0

//----------- Function Declaration ----------------------
void __irq Eint0Int(void) ;                // EINT0 인터럽트 서비스 루틴
void Isr_Init(void) ;                      // 인터럽트 초기화

//----------- Main Function ----------------------------
void Main(void)
{
    unsigned char i, eint_mode;

    #if ADS10
    __rt_lib_init() ; //for ADS 1.x Run-Time Library Init
    #endif

    Port_Init();
    ChangeUPllValue(60, 4, 2) ;            // 48MHz for USB
    for(i=0; i<7; i++) ;
    ChangeClockDivider(13, 12) ;           // FCLK:HCLK:PCLK  1:1/3:1/6
    ChangeMPllValue(97, 1, 2) ;            // 296Mhz
    Uart_Init(UART0,115200) ;
    Uart_Select(UART0) ;                   // UART0 selected for debugging
    MMU_Init() ;
    Delay(0) ;                             // Calibrate Delay()

    Uart_Printf("\n\n") ;
    Uart_Printf("MSTK2440 External Interrupt Test Program\n") ;
   Uart_Printf("1.L-LEVEL  2.H-LEVEL  3.F-EDGE  4.R-EDGE  5.FR-EDGE\n") ;
   Uart_Printf("Select the external interrupt type.\n") ;
   eint_mode=Uart_Getch( ) ;

   //GPF0 GPFCON[1:0] = EINT0
   rGPFCON = (rGPFCON & 0xfffc) |(2<<0) ;// rGPFCON[1:0]=10 -> EINT

   switch(eint_mode)
   {
     case '1': rEXTINT0 = (rEXTINT0 & ~(7<<0))  |  0x0<<0 ; // Low level break ;
     case '2': rEXTINT0 = (rEXTINT0 & ~(7<<0))  |  0x1<<0 ; // High level break ;
     case '3': rEXTINT0 = (rEXTINT0 & ~(7<<0))  |  0x2<<0 ; // Falling Edge break ;
     case '4': rEXTINT0 = (rEXTINT0 & ~(7<<0))  |  0x4<<0 ; // Rising Edge break ;
```

```
        case '5': rEXTINT0 = (rEXTINT0 & ~(7<<0)) | 0x6<<0 ; // Both Edge break ;
        default : rEXTINT0 = (rEXTINT0 & ~(7<<0)) | 0x2<<0 ; // Falling Edge break ;
      break;
    }
    Uart_Printf("Press the EINT0 Switch.\n") ;

    Isr_Init() ;
    while(1)
    {
    }//while
}
void __irq Eint0Int(void)
{
    ClearPending(BIT_EINT0) ;
    Uart_Printf("EINT0 interrupt is occurred.\n") ;
}

void Isr_Init(void)
{
     rINTMOD=0x0 ;                          // All=IRQ mode
     rINTMSK=BIT_ALLMSK ;                   // All interrupt is masked
    pISR_EINT0=(U32)Eint0Int ;
    rSRCPND = BIT_EINT0 ;                   // to clear the previous pending states
    rINTPND = BIT_EINT0 ;
    rINTMSK =~(BIT_EINT0) ;                 // Interrupt mask enable
}
```

앞의 코드를 이용해 외부 인터럽트를 실험해 보았다. 인터럽트 설정과 관련하여 코드를 자세하게 살펴보자. 다음의 실행코드는 EINT0에 해당하는 I/O 포트의 핀을 EINT0 기능으로 설정하는 것이다.

```
rGPFCON = (rGPFCON & 0xfffc) |(2<<0) ; // rGPFCON[1:0]=10 -> EINT0
```

GPF0	[1:0]	00 = Input 01 = Output	10 = EINT[0] 11 = Reserved

GPF0은 EINT0에 해당되는 I/O 핀이다. 6장의 GPFCON 레지스터 설명에서처럼 GPFCON[1:0]비트는 GPF0의 기능을 설정하는 비트들로, '10'으로 설정하면 외부 인터럽트 EINT[0] 핀으로 사용할 수 있다. 프로그램 할 때, 6장의 GPIO 제어 레지스터 설명을 같이 참조하기 바란다.

바로 아래의 switch문 안의 내용은 사용자 선택에 따라 5가지의 인터럽트 타입 중에 한 가지로 설정하는 루틴이다. 다음에 나오는 코드는 인터럽트를 설정하는 부분으로 상세히 알아보자.

```
pISR_EINT0=(U32)Eint0Int ;              // 제2EVT에 인터럽트 벡터 설정
rSRCPND = BIT_EINT0 ;                   // To clear the previous pending states
rINTPND = BIT_EINT0 ;
rINTMSK = ~(BIT_EINT0) ;                // Interrupt mask enable
```

첫번째 줄의 pISR_EINT0은 제2EVT에서 EINT0에 해당되는 어드레스를 가리키는 포인터 변수로 2440addr.h 헤더 파일에 다음과 같이 정의되어 있다.

```
#define pISR_EINT0      (*(unsigned *)(_ISR_STARTADDRESS+0x20))
```

pISR_EINT0 상수에 인터럽트 서비스 루틴 함수의 주소를 설정하여 EINT0 인터럽트가 발생했을 때, 해당 서비스 루틴을 실행할 수 있게 해준다. 나머지 세 라인은 소스 펜딩 레지스터와 인터럽트 마스크 레지스터를 클리어 하는 루틴이다. 펜딩 레지스터는 클리어 하고자하는 비트에 1을 써넣음으로써 클리어 되므로 대입하는 것만으로 클리어 시킬 수 있다. 여기에서 BIT_EINT0이라는 상수는 2440addr.h 헤더 파일에 정의된 상수이다.

```
#define BIT_EINT0 (0x1)
```

다음의 코드는 인터럽트 서비스 루틴이다. 인터럽트가 발생했을 때 실제 실행되는 함수이다.

```
void __irq Eint0Int(void)
{
    ClearPending(BIT_EINT0) ;
    Uart_Printf("EINT0 interrupt is occurred.\n") ;
}
```

위의 코드에서 ClearPending() 함수는 2440addr.h 헤더파일에 정의된 매크로 함수로 다음과 같이 정의되어 있다.

```
#define    ClearPending(bit) {\
                rSRCPND = bit;\
                rINTPND = bit;\
                rINTPND;\
           }
```

즉, ClearPending() 함수는 소스 펜딩 레지스터와 인터럽트 펜딩 레지스터의 해당 비트를 클리어 시키는 함수이다. __irq는 인터럽트 함수임을 알리는 지시어이다. 참고로 한 가지 더 알아둬야 할 것이 있다. 지금 실험한 예제는 EINT0만을 사용하였는데, 만약 EINT4 이후의 외부 인터럽트를 사용할 때에는 앞에서 사용한 레지스터와 달리 EXTINT1, EXTINT2, EINTPEND, EINTMASK를 사용해야 한다.

외부 인터럽트 말고도 인터럽트의 종류가 많이 있으나 그 외의 인터럽트에 대해서는 해당 장치별 내용에서 따로 다룰 것이다. 예를 들어 UART의 송수신 인터럽트 같은 경우, 9장 UART 실험에서 인터럽트를 이용한 송수신 방법을 함께 다룰 것이다.

제 8 장

PWM TIMER

8. PWM(Pulse Width Modulation) 타이머

대부분의 마이크로컨트롤러에는 타이머를 내장하고 있다. 타이머는 일정한 시간 간격으로 작업할 때 필요하고, PWM 파형을 발생할 때도 사용할 수 있다. 또한 OS의 타임 틱으로도 사용되고 입력 주파수를 측정하는데 사용하기도 한다.

8.1 타이머의 구조

S3C2440A에는 총 5개의 타이머를 내장하고 있다. 타이머 0, 1, 2, 3은 PWM 기능을 가지고 있으며, 타이머4는 외부에 연결된 핀이 없이 내부 타이머로만 사용할 수 있다. 또한 타이머0은 데드-존(Dead-Zone) 발생기를 가지고 있다.

그 특징을 요약해 보면 다음과 같다.

- 16비트 타이머 5개
- 2개의 8비트 프리스케일러(Prescaler)와 2개의 4비트 디바이더(Divider)
- PWM 출력의 프로그래머블 듀티 제어
- 오토-리로드(Auto Reload) 모드, 원샷 펄스(One-shot Pulse) 모드
- 데드존 제너레이터(Dead-Zone Generator)

타이머의 구조는 [그림 8.1]을 보면 쉽게 이해할 수 있다. 타이머0과 타이머1이 8비트 프리스케일러와 4비트 디바이더를 공유하고 있으며, 타이머 2, 3, 4가 또 다른 8비트 프리스케일러와 4비트 디바이더를 공유하고 있다.

[표 8.1] 타이머 클럭

4비트 디바이더	최소분해능 (프리스케일러=0)	최대분해능 (프리스케일러=255)	최대인터벌 (65536카운트)
1/2(PCLK=50MHz)	0.04us(25.0MHz)	10.24us(97.6562KHz)	0.6710sec
1/4(PCLK=50MHz)	0.08us(12.5MHz)	20.48us(48.8281KHz)	1.3421sec
1/8(PCLK=50MHz)	0.16us(6.25MHz)	40.9601us(24.4140KHz)	2.6843sec
1/16(PCLK=50MHz)	0.32us(3.125MHz)	81.9188us(12.2070KHz)	5.3686sec

타이머 입력 클럭은 PCLK(4장 내용 참조) 또는 외부 펄스 입력인 TCLK0, TCLK1이

이용된다. PCLK 클럭을 8비트 프리스케일러를 거치고 4비트 디바이더를 거쳐 1/2, 1/4, 1/8, 1/16 된 펄스를 타이머에 공급한다. PCLK 클럭을 사용하지 않고 외부 펄스 입력인 TCLK0, TCLK1을 직접 타이머의 입력으로 사용할 수도 있다. 각각의 타이머에는 16비트 다운-카운터를 내장하고 있다. 카운터에 초기값을 전송하고 타이머를 가동시키면, 초기 값에서 0까지 카운트 하게 된다. 이때, 오토-리로드(Auto-Reload) 기능이 설정되어 있다면 초기 값을 자동으로 로딩시킬 수도 있다.

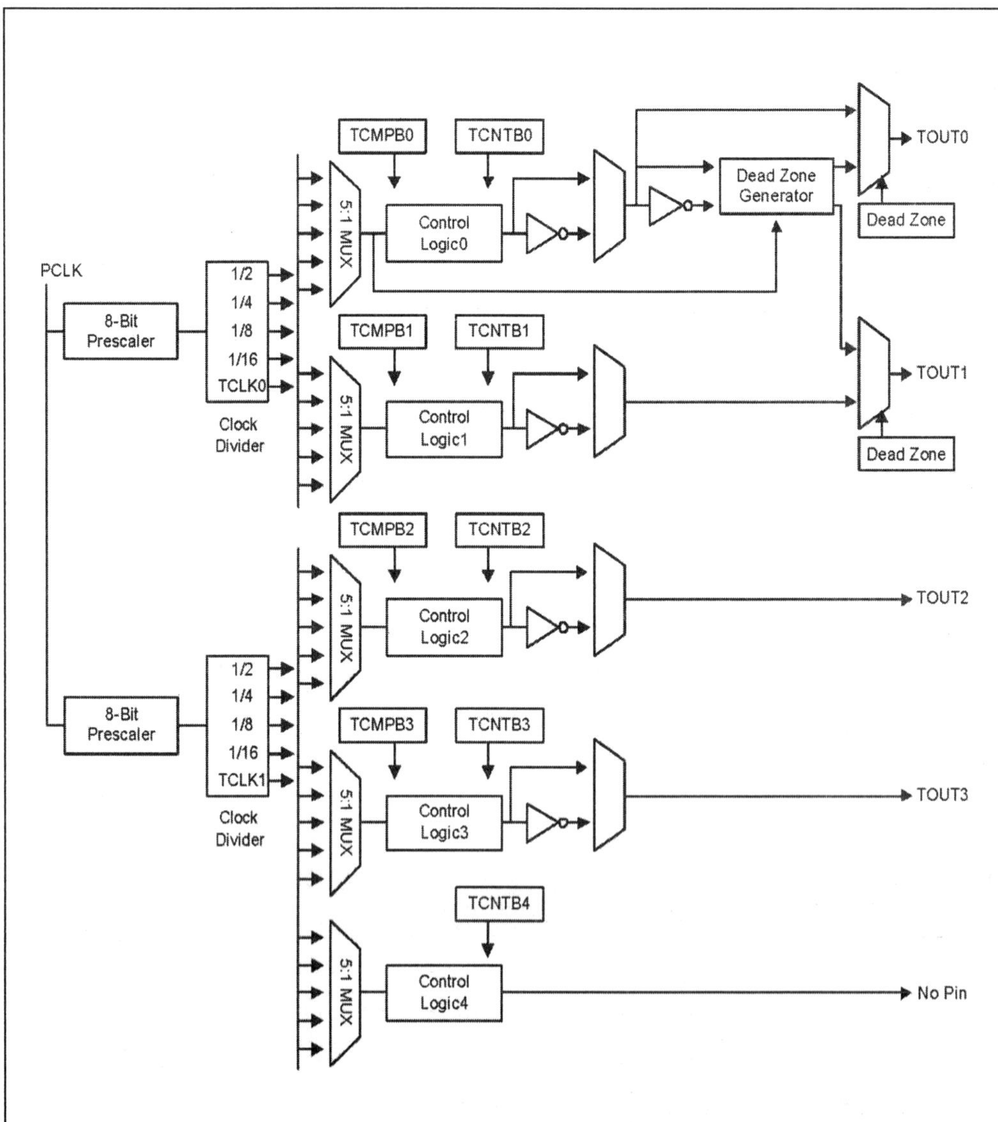

[그림 8.1] 타이머의 구조

8.2 타이머의 동작

[그림 8.2]에서 타이머의 동작 과정을 보여주고 있다.

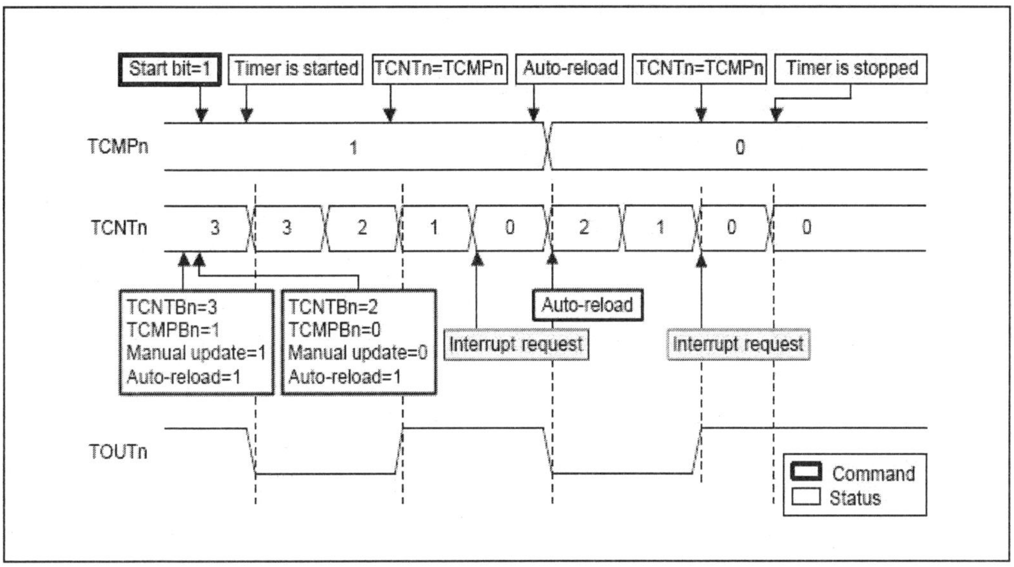

[그림 8.2] 타이머 동작

여기서,

TCNTBn : Timer Counter Buffer Register는 타이머 초기값을 가지는 레지스터로 타이머가 Enable 상태에서 카운터(TCNTn)에 로드할 초기값을 가진다.

TCMPBn : Timer Compare Buffer Register는 카운트 비교에 사용되는 초기값을 가지는 레지스터로 타이머가 Enable 상태에서 TCMPn에 로드 시킨다.

TCNTn : 실제 카운터의 값을 가지는 장치내부 레지스터

TCMPn : 실제 카운터와 값과 비교할 값을 가지는 장치내부 레지스터

[그림 8.2]에서 처음 TCNTBn=3, TCMPBn=1로 설정하고 Manual update 비트를 '1'로 설정하여 초기값을 로드시킨다. 그리고 TCNTBn=2, TCMPBn=0을 설정하고 Manual update 비트를 클리어 시키고 타이머를 스타트 한다. 타이머가 시작되면, TOUTn은 Low가 되고 처음 설정된 초기값을 기준으로 다운카운트를 한다. TCNTn(초기값이 로드된 내부 레지스터) 값이 TCMPn(비교할 값이 로드된 내부 레지스터)와 같아지면 TOUTn 출력이 High로 된다. 카운터가 0이 되면 인터럽트를 요청하고 오토-리로드가 설정되어

있으므로 TCNTBn=2, TCMPBn=0의 값을 TCNTn, TCMPn에 로드시킨다. 이 과정은 더블 버퍼링과 오토-리로드에 관한 설명을 보면 이해하기 편할 것이다.

▶ 오토-리로드(Auto-Reload)와 더블 버퍼링(Double Buffering)

S3C2440A의 PWM 타이머에는 더블 버퍼링 기능을 가지고 있다. 이는 현재 타이머 동작을 중지시키지 않고 다음 주기의 타이머 값을 미리 로드시켜 둘 수 있는 기능이다. 따라서 새로운 타이머 값을 지정하더라도 한 사이클이 끝날 때까지 이전의 설정이 적용된다. 여기서 타이머의 현재 값을 읽을 때에는 TCNTOn(Timer Counter Observation Register)을 읽으면 현재의 TCNTn 값을 읽을 수 있다.
오토-리로드 기능은 타이머의 카운터 값이 0이 되었을 때, 자동으로 TCNTn값을 로드 시켜주는 기능이다. 오토-리로드 비트가 셋 되어 있고 TCNTn의 값이 0이 되면 자동으로 TCNTBn 레지스터의 값을 TCNTn으로 복사한다.

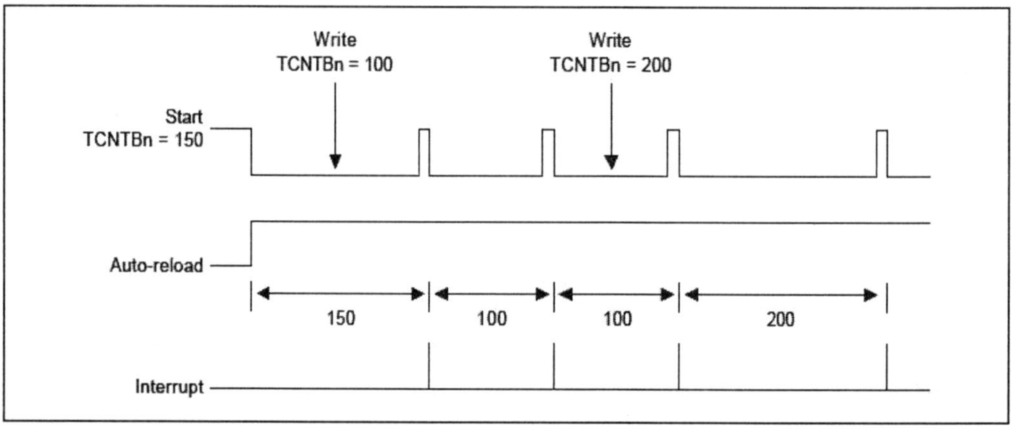

[그림 8.3] 더블버퍼링 기능

[그림 8.3]의 예를 보자. 처음에 TCNTBn=150으로 설정하고 타이머를 스타트 하였다. 타이머 한 주기가 끝나기 전에 TCNTBn=100으로 설정하였으나 타이머는 150클럭동안 정상적으로 카운트하였다. 그 다음 사이클에서 타이머의 카운터는 앞에서 설정한 100클럭 만큼을 카운트 하게 되는 것이다.

▶ PWM(Pulse Width Modulation)

PWM은 펄스 변조 방식의 하나로 변조신호의 크기에 따라서 펄스의 폭을 변화시켜 변조하는 방식이다. 아날로그 회로에서는 PWM 주파수에 해당하는 삼각파를 발생시켜 레퍼런스전압과 비교를 통해 출력을 내보낸다. 이때 레퍼런스 전압을 조절함으로써 출력되는 구형파의 펄스폭을 조절하게 된다. 마이크로 컨트롤러에서는 타이머의 기능을 이용해서 쉽게 구현할 수 있다. 일정주기(PWM 주파수)를 가지는 카운터와 펄스폭을 결정하게 될 비교값을 이용해서 외부에 원하는 크기의 펄스폭 출력이 가능하다.

S3C2440A의 경우 TCNTBn에 설정한 값은 카운터의 초기값이므로 이 값을 이용해 반복주파수를 정할 수 있다. TCMPBn에 설정한 값은 다운-카운터의 값과 비교하여 TOUTn 출력을 반전시킬 수 있으므로 펄스폭을 결정하는데 사용한다.

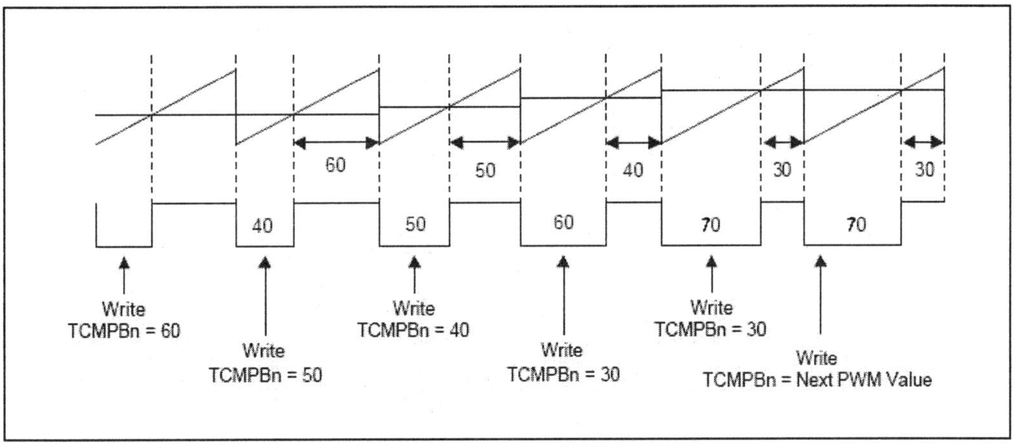

[그림 8.4] PWM(Pulse Width Modulation)

※ Note. TCNTBn=100, Auto-Reload=1

[그림 8.4]에서 PWM변조의 예를 보여주고 있다. 여기서 TCNTBn에 설정된 값과 타이머의 입력클럭(PCLK 또는 TCLKn)에 따라 PWM 주파수를 정할 수 있다. 타이머를 스타트 시키면 카운터에 100이 로드되고 다운카운트를 시작한다. 이때 TOUTn 출력은 Low가 된다. 카운터 값이 TCMPBn값과 같아지면 TOUTn은 High로 반전된다. 즉 100이라는 카운트 주기에서 TCMPBn의 값만큼 High신호가 출력 되는 것이다. TCMPBn=70으로 설정하면, TOUTn이 30동안만 Low이고 70동안 High출력이 되는 것이다. 더블 버퍼링 기능이 있어 TCMPBn에 설정한 값은 그 다음 주기의 카운트에 적용된다.

TOUTn의 출력을 [그림 8.5]처럼 Low, High 출력을 반대로 할 수도 있다. 타이머 제어 레지스터에 TOUTn의 출력을 반전시킬 수 있는 설정이 있는데, 이는 뒤에서 다시 설명하도록 하겠다.

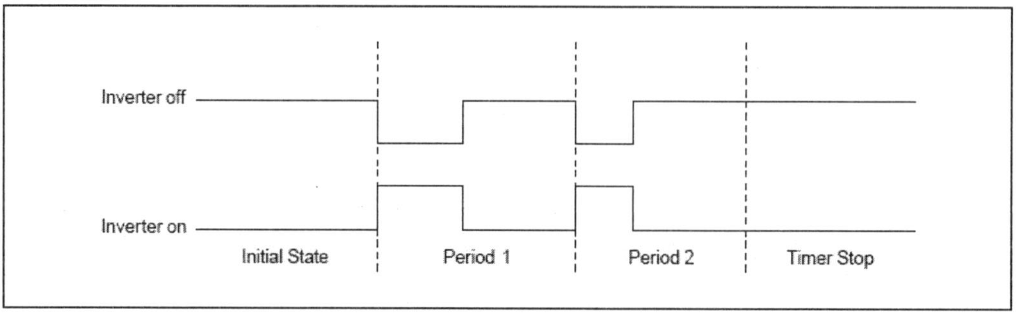

[그림 8.5] PWM출력 반전

▶ 데드-존 발생기(Dead-Zone Generator)

데드-존 발생기는 전력 디바이스의 PWM제어에서 두 개의 스위칭 소자가 동시에 Turn-ON되는 것을 방지하는 기능이다.

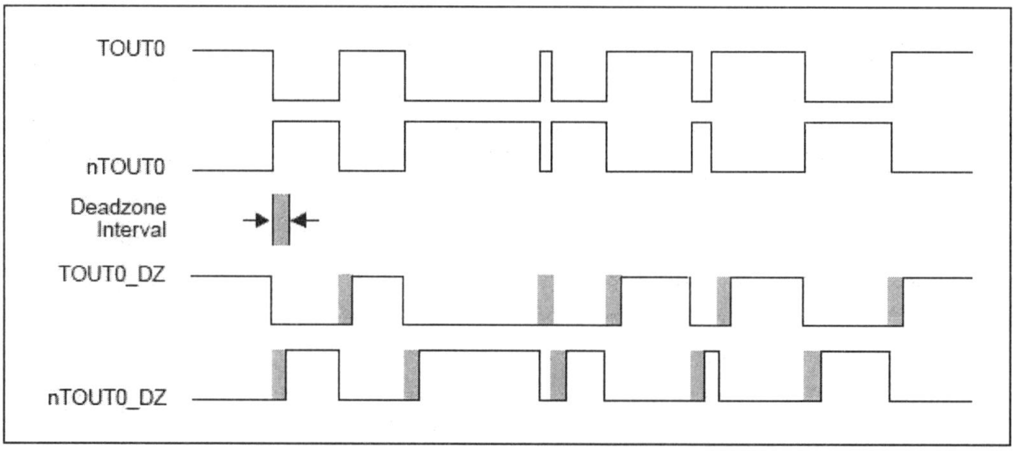

[그림 8.6] 데드-존 발생기 출력

두 스위칭 소자의 Turn-On, Turn-Off 사이에 일정한 타이밍 갭을 삽입해 두 스위칭 소자가 동시에 Turn-On되는 상황을 막아준다. [그림 8.6]을 보면 쉽게 이해할 수 있다. 그림에서 nTOUT0은 TOUT0의 반전출력이고, nTOUT_DZ는 TOUT0의 데드-존 출력에 대한 반전 출력이다. [그림 8.1] 타이머의 구조에서 보듯이 반전된 출력 nTOUT_DZ 출력은 TOUT1 핀에 연결되어 있다.

TOUT0과 nTOUT0의 출력도 굳이 겹친다고 볼 수는 없지만, 스위칭 회로에서 소자 자체의 딜레이나 주변 회로의 영향으로 동시에 Turn-On되는 상황이 발생할 수도 있다. 그림에서 데드-존 발생기를 거친 출력을 보면 High출력이 시작되는 부분에 데드-존을 삽입하여 두 스위칭 소자가 동시에 Turn-On되는 상황을 방지할 수 있다.

▶ DMA REQUEST 모드

타이머에서는 특정한 시간에 DMA를 요청할 수 있다. 타이머는 DMA컨트롤러에 DMA요청 신호(nDMA_REQ)를 보내고, ACK 신호를 받을 때까지 nDMA_REQ를 Low로 유지한다. 타이머가 DMA ACK신호를 받으면 인터럽트 요구를 비활성화시킨다. 즉 DMA 모드로 설정된 타이머에서는 인터럽트를 쓸 수 없다는 것이다. [표 8.2]에서 DMA모드별 타이머 인터럽트 가능 여부를 보여주고 있다.

[표 8.2] DMA모드별 타이머 인터럽트 상태

DMA 모드	DMA 요구	타이머0 인터럽트	타이머1 인터럽트	타이머2 인터럽트	타이머3 인터럽트	타이머4 인터럽트
0000	-	ON	ON	ON	ON	ON
0001	타이머0	OFF	ON	ON	ON	ON
0010	타이머1	ON	OFF	ON	ON	ON
0011	타이머2	ON	ON	OFF	ON	ON
0100	타이머3	ON	ON	ON	OFF	ON
0101	타이머4	ON	ON	ON	ON	OFF
0110	-	ON	ON	ON	ON	ON

DMA에 대한 설정은 TCFG1 레지스터에 DMA모드[23:20] 비트를 이용해 설정할 수 있다. 여기까지 타이머에 대한 기본구조와 동작 개념에 대해서 알아보았다. 대부분 장치들이 공부할 내용이 어렵다기 보다는 양이 많은 편이다. 레지스터 개수만 해도 그 숫자가 많기 때문인데 레지스터 의미와 설정 방법 등을 잘 이해하길 바란다.

8.3 타이머의 제어

타이머를 설정하고 제어하는 레지스터는 크게 다섯 가지 종류가 있다. 세부적으로는 좀더 분류된다.

Timer Configuration Register (TCFG0, TCFG1)
Timer Control Register (TCON)
Timer Count Buffer Register (TCNTBn)
Timer Compare Buffer Register (TCMPBn)
Timer Count Observation Register (TCNTOn)

TCNTBn, TCMPBn, TCNTOn은 앞에서 설명하였다. TCFGn 레지스터는 타이머 입력클럭의 분배, 데드-존 길이, DMA 모드를 설정하는 기능을 한다. 그리고 TCON 레지스터는 타이머의 동작모드, 타이머의 시작과 멈춤, 타이머 값 로딩에 관계된 설정을 한다. 이들 다섯 종류의 타이머 레지스터를 조작하여 여러분이 원하는 타임주기를 얻어 낼 수 있다. 타이머에서 인터럽트는 다른 인터럽트들과 마찬가지로 인터럽트 제어순서를 따르면 된다.

▶ Timer Configuration Register0(TCFG0)

TCFG0 레지스터는 타이머에 입력되는 클럭(PCLK) 프리스케일러의 값을 지정하고, 데드-존 발생기의 데드존 타이밍을 조절한다. [그림 8.1]을 보면 두 개의 프리스케일러가 있고, 타이머0에 연결된 데드-존 발생기를 볼 수 있다. 이 두 가지의 값을 TCFG0 레지스터에서 설정하는 것이다.

레지스터	어드레스	R/W	설 명	초기값
TCFG0	0x51000000	R/W	Configures the two 8-bit prescalers	0x00000000

TCFG0	비트	설 명	초기값
Reserved	[31:24]		0x00
데드-존 길이	[23:16]	1이란 값은 타이머0 카운터의 1카운트와 같음	0x00
프리스케일러 1	[15:8]	타이머 2, 3, 4의 프리스케일러 값	0x00
프리스케일러 0	[7:0]	타이머 0, 1의 프리스케일러 값	0x00

▶ Timer Configuration Register1(TCFG1)

TCFG1 레지스터에는 필요한 경우 DMA 모드 설정을 하고, 클럭 디바이더의 MUX를 설정할 수 있다. [그림 8.1]을 보면 프리스케일러 뒤에 디바이더들이 연결되어 있다. TCFG1 레지스터 값을 변경하여 디바이더 내부의 MUX에 의해 5가지 클럭 입력(1/2, 1/4, 1/8, 1/16 또는 TCLKn) 중 한 가지를 선택할 수 있는 것이다.

레지스터	어드레스	R/W	설 명	초기값
TCFG1	0x51000004	R/W	5:1 MUX와 DMA 모드 설정	0x00000000

TCFG1	비트	설 명	초기값
Reserved	[31:24]		00000000
DMA mode	[23:20]	0000 = No select (all interrupt) 0001 = 타이머0 0010 = 타이머1 0011 = 타이머2 0100 = 타이머3	0000

		0101 = 타이머4 0110 = Reserved	
MUX 4	[19:16]	Timer 4 MUX 선택 0000 = 1/2 0001 = 1/4 0010 = 1/8 0011 = 1/16 01xx = 외부 TCLK1	0000
MUX 3	[15:12]	Timer 3 MUX 선택 0000 = 1/2 0001 = 1/4 0010 = 1/8 0011 = 1/16 01xx = 외부 TCLK1	0000
MUX 2	[11:8]	Timer 2 MUX 선택 0000 = 1/2 0001 = 1/4 0010 = 1/8 0011 = 1/16 01xx = 외부 TCLK1	0000
MUX 1	[7:4]	Timer 1 MUX 선택 0000 = 1/2 0001 = 1/4 0010 = 1/8 0011 = 1/16 01xx = 외부 TCLK0	0000
MUX 0	[3:0]	Timer 0 MUX 선택 0000 = 1/2 0001 = 1/4 0010 = 1/8 0011 = 1/16 01xx = 외부 TCLK0	0000

▶ 타이머 제어 레지스터(Timer Control Register, TCON)

TCON 레지스터는 타이머 동작의 전반적인 제어에 사용되는 레지스터이다. TCON 레지스터의 기본 기능은 오토-리로드 설정(One-Shot 또는 Interval 모드), 타이머 출력(TOUTn) 반전 설정, 타이머 매뉴얼-업데이트 설정, 데드-존 사용여부, 타이머 시작, 정지를 설정하는 것이다.

레지스터	어드레스	R/W	설 명	초기값
TCON	0x51000008	R/W	타이머 동작 제어	0x00000000

TCON	비트	설 명	초기값
타이머4 오토-리로드 On/Off	[22]	0 = One-shot 1 = Interval mode (오토-리로드)	0
타이머4 매뉴얼 업데이트	[21]	0 = No operation 1 = Update TCNTB4	0
타이머4 시작/멈춤	[20]	0 = 멈춤 1 = 시작	0
타이머3 오토-리로드 On/Off	[19]	0 = One-shot 1 = Interval mode (오토-리로드)	0
타이머3 출력반전 On/Off	[18]	0 = Off 1 = On	0

타이머3 매뉴얼 업데이트	[17]	0 = No operation 1 = Update TCNTB3	0
타이머 3 시작/멈춤	[16]	0 = 멈춤 1 = 시작	0
타이머2 오토-리로드 On/Off	[15]	0 = One-shot 1 = Interval mode (오토-리로드)	0
타이머2 출력반전 On/Off	[14]	0 = Off 1 = On	0
타이머2 매뉴얼 업데이트	[13]	0 = No operation 1 = Update TCNTB2	0
타이머2 시작/멈춤	[12]	0 = 멈춤 1 = 시작	0
타이머1 오토-리로드 On/Off	[11]	0 = One-shot 1 = Interval mode (오토-리로드) (auto reload)	0
타이머1 출력반전 On/Off	[10]	0 = Off 1 = On	0
타이머1 매뉴얼 업데이트	[9]	0 = No operation 1 = Update TCNTB1	0
타이머1 시작/멈춤	[8]	0 = 멈춤 1 = 시작	0
Reserved	[7:5]	Reserved	0
데드-존 설정	[4]	0 = 사용하지 않음 1 = 사용함	0
타이머0 오토-리로드 On/Off	[3]	0 = One-shot 1 = Interval mode (오토-리로드)	0
타이머0 출력반전 On/Off	[2]	0 = Off 1 = On	0
타이머0 매뉴얼 업데이트	[1]	0 = No operation 1 = Update TCNTB0	0
타이머0 시작/멈춤	[0]	0 = 멈춤 1 = 시작	0

▶ 타이머 카운트 버퍼 레지스터(Timer Count Buffer Register, TCNTBn)

타이머 내부의 카운터에 로드할 초기값을 가지는 레지스터이다. TCNTBn 레지스터에 값을 설정하고 TCON 레지스터의 매뉴얼 업데이트 비트를 셋 시키면, TCNTBn 레지스터의 값이 카운터(TCNT)로 로드된다. 타이머가 인터벌 모드이면 카운터가 0이 되었을 때 오토-리로드 된다.

레지스터	어드레스	R/W	설 명	초기값
TCNTB0	0x5100000C	R/W	타이머0 카운트 버퍼 레지스터	0x00000000
TCNTB1	0x51000018	R/W	타이머1 카운트 버퍼 레지스터	0x00000000
TCNTB2	0x51000024	R/W	타이머2 카운트 버퍼 레지스터	0x00000000
TCNTB3	0x51000030	R/W	타이머3 카운트 버퍼 레지스터	0x00000000
TCNTB4	0x5100003C	R/W	타이머4 카운트 버퍼 레지스터	0x00000000

TCNTBn	비트	설 명	초기값
Timer Count Buffer Register	[15:0]	카운터의 초기값	0x00000000

▶ 타이머 비교 버퍼 레지스터(Timer Compare Buffer Register, TCMPBn)

타이머 내부의 카운터 값과 비교할 값을 가지는 레지스터이다. 주로 PWM의 비교값으로 사용한다. TCMPBn 레지스터에 값을 설정하고 타이머를 스타트 하면, 카운터 값과 TCMPBn 레지스터의 값이 같을 때 TOUTn 출력이 반전된다. 타이머4는 내부용도로서 외부와 연결된 핀이 없으므로 TCMPB4 레지스터는 없다.

레지스터	어드레스	R/W	설 명	초기값
TCMPB0	0x51000010	R/W	타이머0의 비교값 설정	0x00000000
TCMPB1	0x5100001C	R/W	타이머1의 비교값 설정	0x00000000
TCMPB2	0x51000028	R/W	타이머2의 비교값 설정	0x00000000
TCMPB3	0x51000034	R/W	타이머3의 비교값 설정	0x00000000

TCNTBn	비트	설 명	초기값
Timer Compare Buffer Register	[15:0]	카운터와 비교할 값	0x00000000

▶ 타이머 카운트 관찰 레지스터(Timer Count Observation Register, TCNTOn)

타미어의 초기값은 TCNT라는 타이머 내부의 카운트 레지스터에 저장되어 다운 카운트 된다. 카운터의 값을 읽을 때는 TCNTOn 레지스터를 사용한다.

레지스터	어드레스	R/W	설 명	초기값
TCNTO0	0x51000014	R/W	타이머0 내부 카운터의 값	0x00000000
TCNTO1	0x51000020	R/W	타이머1 내부 카운터의 값	0x00000000
TCNTO2	0x5100002C	R/W	타이머2 내부 카운터의 값	0x00000000
TCNTO3	0x51000038	R/W	타이머3 내부 카운터의 값	0x00000000
TCNTO4	0x51000040	R/W	타이머4 내부 카운터의 값	0x00000000

TCNTBn	비트	설 명	초기값
Timer Count Observation Register	[15:0]	타이머 내부 카운터의 값	0x00000000

8.4 타이머 기능 연습

8.4에서는 지금까지의 타이머 설명을 기반으로 MSTK2440보드를 이용해 실험을 하도록 하겠다. MSTK2440보드에는 기본적인 타이머 동작과 PWM 출력을 실험해 볼 수 있는 GPIO출력과 스피커를 내장하고 있다.

8.4.1 타이머를 이용한 LED 출력 실험

6장의 LED 출력실험을 통해 LED 쉬프트 동작 실험을 하였다. 여기에서는 시간 간격을 Delay() 함수를 사용하지 않고 타이머를 이용해 똑같은 기능을 구현해 보자.

▶ 실험 내용

타이머 인터럽트를 이용해 LED6~LED9를 다음의 차례로 점등하는 프로그램을 제작해 보자.

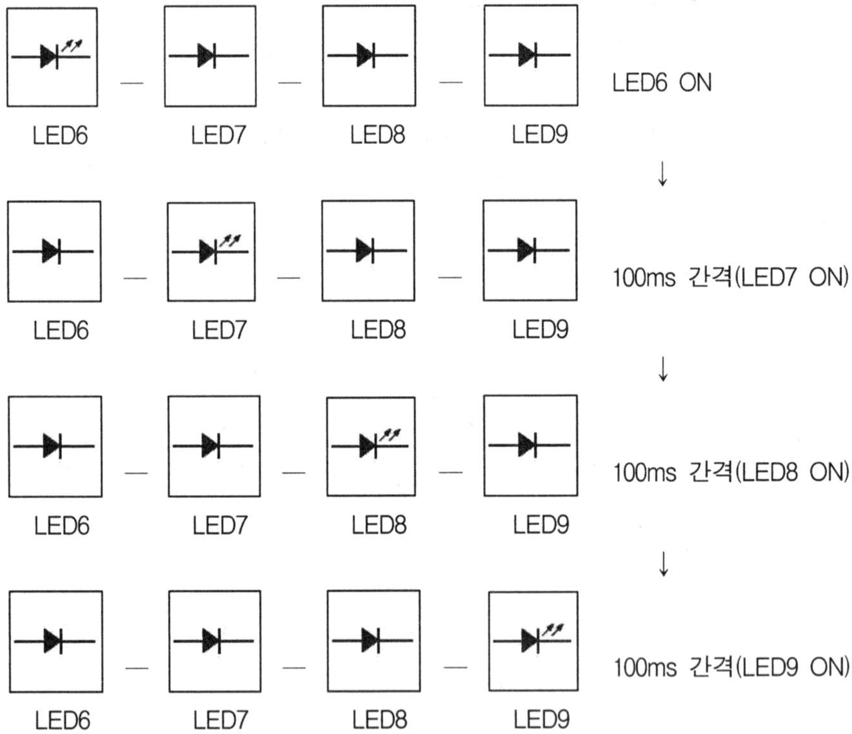

▶ 프로그램

ADS를 실행하여 Timer_Led라는 프로젝트(Timer_Led.mcp)를 만들고 필요한 파일들을 프로젝트에 등록시킨다. DebugRel 모드로 선택하고 옵션들을 설정해 준다. main_app.c 파일을 새로 만들어 다음의 리스트와 같이 내용을 작성한다. 또는 Chapter8 폴더 아래 Timer_Led 폴더안의 Timer_Led.mcp 프로젝트 파일을 오픈한다. 프로그램을 컴파일하고 DNW를 이용해 바이너리 파일을 다운로드 시켜서 실행해 본다. main_app.c 리스트를 보자.

```
/*----------------------------------------------------------
 Project : MSTK2440 LED Output using Timer, Timer_Led.mcp
 Description : 타이머를 이용한 LED 출력 테스트 프로그램
----------------------------------------------------------*/
#include <stdlib.h>
#include <string.h>
#include "def.h"
#include "option.h"
#include "2440addr.h"
#include "2440lib.h"
#include "2440slib.h"
#include "mmu.h"

//----------- Constant Definition -----------------------
#define UART0  0                        // UART0

//----------- Function Declaration ----------------------
void Timer0_Init(void) ;                // Timer 초기화 처리 루틴
void __irq Timer0_Isr(void) ;           // Timer0 인터럽트 처리 루틴
void Isr_Init(void) ;                   // 인터럽트 초기화

//----------- Global Variables --------------------------
unsigned cnt ;

//----------- Main Function -----------------------------
void Main(void)
{
    unsigned charl ;

    #if ADS10
    __rt_lib_init() ; //for ADS 1.x Run-Time Library Init
    #endif

    Port_Init() ;
    ChangeUPllValue(60, 4, 2) ;         // 48MHz for USB
    for(i=0; i<7; i++) ;
    ChangeClockDivider(13, 12) ;        // FCLK:HCLK:PCLK  1:1/3:1/6
    ChangeMPllValue(97, 1, 2) ;         // 296Mhz FCLK
    Uart_Init(UART0, 115200) ;          // UART0, 115200bps
    Uart_Select(UART0) ;                // UART0 selected for debugging
    MMU_Init( ) ;                       // MMU Init
    Delay(0) ;                          // Calibrate Delay( )

    Uart_Printf("\n\n") ;
```

```
        Uart_Printf("## MSTK2440 Timer LED Test Program ##\n") ;

        rGPBCON &= (0xFFFC03FF) ;                              // 해당비트 클리어
        rGPBCON |= (1<<10)+(1<<12)+(1<<14)+(1<<16) ;           // GPB 5, 6, 7, 8output
        rGPBDAT |= (1<<5)+(1<<6)+(1<<7)+(1<<8) ;               // LED all off

        Isr_Init( ) ;
        Timer0_Init( ) ;                                       // Setup Timer
        cnt = 0 ;
        while(1)
        {
        }//while
}

void Timer0_Init(void)
{                                                              // PCLK = 296352000(FCLK)/6 Hz
        rTCFG0 = (rTCFG0 & ~0xff) | (128-1) ;                  // Prescaler=1/128 for Timer0
        rTCFG1 = (rTCFG1 & ~0xf) ;                             // Mux=1/2 for Timer0
        rTCNTB0= (PCLK/128/2)/10-1 ;                           // Timer0=(PCLK/128/2)*0.1초
        rTCMPB0= rTCNTB0-1 ;                                   // Update Count Buffer
        rTCON |= 0x02 ;
        rTCON  = (rTCON & ~0xf) | (1<<3) | (1<<0) ;            // Interval Mode, Auto Reload
}

void __irq Timer0_Isr(void)
{
        ClearPending(BIT_TIMER0);
        switch(cnt%4)
        {
            case 0 : rGPBDAT |= (1<<8) ;                       // LED9 Off
                     rGPBDAT &= ~(1<<5) ;                      // LED6 On
                     break ;
            case 1 : rGPBDAT |= (1<<5) ;                       // LED6 Off
                     rGPBDAT &= ~(1<<6)  ;                     // LED7 On
                     break ;
            case 2 : rGPBDAT |= (1<<6) ;                       // LED7 Off
                     rGPBDAT &= ~(1<<7) ;                      // LED8 On
                     break ;
            case 3 : rGPBDAT |= (1<<7) ;                       // LED8 Off
                     rGPBDAT &= ~(1<<8) ;                      // LED9 On
                     break ;
        }//switch
        cnt++ ;
//      Uart_Printf("Cnt=%d\n",cnt) ;
```

```
}
void Isr_Init(void)
{
    rINTMOD=0x0 ;                              // All=IRQ mode
    rINTMSK=BIT_ALLMSK ;                       // All interrupt is masked.
   pISR_TIMER0 =(unsigned)Timer0_Isr ;         // Timer0 ISR
   rSRCPND = BIT_TIMER0 ;                      // to clear the previous pending states
   rINTPND = BIT_TIMER0 ;
   rINTMSK &= ~(BIT_TIMER0) ;                  // Timer0 인터럽트 Enable
}
```

8.4.1에서는 6.3.1에서 했던 LED 출력 실험을 타이머를 이용해 똑같이 구현하였다. 인터럽트를 이용하므로 지연시간 동안 기다리지 않고 동시에 다른 작업을 할 수도 있다. 단지 인터럽트 요청이 있을 때만 잠깐 해당 인터럽트 서비스 루틴을 실행하고 다시 원래의 루틴을 실행한다. 먼저 인터럽트를 설정하는 코드 부분을 함께 살펴보자.

```
   pISR_TIMER0 =(unsigned)Timer0_Isr ;         // Timer0 ISR
   rSRCPND = BIT_TIMER0 ;                      // to clear the previous pending states
   rINTPND = BIT_TIMER0 ;
   rINTMSK &= ~(BIT_TIMER0) ;                  // Timer0 인터럽트 Enable
```

7장에서 외부 인터럽트를 처리하는 프로그램과 유사한 형태이다. 먼저 제2EVT의 Timer0 해당벡터에 Timer0 인터럽트를 처리하는 루틴인 Timer0_Isr() 함수의 어드레스를 지정한다. 그리고 Timer0 인터럽트 마스크를 클리어 하여 인터럽트를 활성화 시킨다. 다음은 타이머를 설정하는 함수이다.

```
void Timer0_Init(void)
{                                                        // PCLK = 296352000(FCLK)/6 Hz
    rTCFG0 = (rTCFG0 & ~0xff) | (128-1);                 // Prescaler=1/128 for Timer0
    rTCFG1 = (rTCFG1 & ~0xf);                            // Mux=1/2 for Timer0
    rTCNTB0= (PCLK/128/2)/10-1;                          // Timer0=(PCLK/128/2)*0.1초
    rTCMPB0= rTCNTB0-1;                                  // Update Count Buffer
    rTCON |= 0x02;                                       // Manual update
    rTCON = (rTCON & ~0xf) | (1<<3) | (1<<0);            // Interval Mode,Auto Reload
}
```

PCLK라는 상수는 option.h 헤더파일에 정의된 296352000(FCLK)/6이란 값을 갖는

다. 여기서 프리스케일러를 128로 지정하고 MUX에서 1/2을 선택하였으므로 0.1초 주기를 만드는 수식은 앞의 리스트와 같다. rTCON |= 0x02는 TCON레지스터에서 설명하였듯이 최초로 카운터에 초기값을 로딩시키는 동작이다. 모든 설정이 끝나면 타이머를 스타트 하고 0.1초마다 한 번씩 타이머 인터럽트가 발생하게 된다. DNW를 실행하여 DebugRel 폴더 안에 있는 Timer_Led.bin 파일을 다운로딩하고 실행 결과를 확인해 보도록 하자.

8.4.2 타이머(Timer0, Timer2)와 스위치를 이용한 LED 출력 실험

이번에는 두 개의 타이머를 동시에 사용하는 예를 들어 보겠다. 타이머 컨트롤러의 구조상 서로 다른 프리스케일러와 MUX를 사용하는 Timer0과 Timer2를 이용해 응용방법을 알아보자.

▶ 실험 내용

아래의 표는 MSTK2440 보드의 LED와 스위치를 배열된 순서로 정리한 표이다.

스위치	SW4	SW3	SW2	SW1
기 능	감속	가속	감속	가속
L E D	LED9	LED8	LED7	LED6
기 능	LED9↔LED8 토글		LED7↔LED6 토글	
타이머	Timer2 사용		Timer0 사용	

Timer0 인터럽트를 이용해서 LED6과 LED7을 서로 토글시키고 토글 속도를 SW1은 가속, SW2는 감속 시키게 한다. 마찬가지로 Timer2를 이용하여 LED8과 LED9를 서로 토글시키는데 SW3은 가속, SW4는 가속 기능을 갖는 프로그램을 작성해 보자.

▶ 프로그램

ADS를 실행하여 Timer_Led_Sw라는 프로젝트(Timer_Led_Sw.mcp)를 만들고 필요한 파일들을 프로젝트에 등록시킨다. DebugRel 모드로 선택하고 옵션들을 설정해 준다. main_app.c 파일을 새로 만들어 다음의 리스트와 같이 내용을 작성한다. 또는 Chapter8 폴더의 Timer_Led_Sw 폴더 안의 Timer_Led_Sw.mcp 프로젝트 파일을 오픈한다. 프로그램을 컴파일하고 DNW를 이용해 바이너리 파일을 다운로드 시켜서 실행해 본다. main_app.c 리스트를 보자.

```
/*-----------------------------------------------------------------
 Project : MSTK2440 LED Toggle. Timer_Led.mcp
 Description : 타이머를 이용한 LED 토글 테스트 프로그램
-----------------------------------------------------------------*/
#include <stdlib.h>
#include <string.h>
#include "def.h"
#include "option.h"
#include "2440addr.h"
#include "2440lib.h"
#include "2440slib.h"
#include "mmu.h"

//----------- Constant Definition ----------------------
#define UART0   0                          // UART0

//----------- Function Declaration ---------------------
void Timer0_Init(void) ;                   // Timer 초기화 처리 루틴
void __irq Timer0_Isr(void) ;              // Timer0 인터럽트 처리 루틴
void Timer2_Init(void) ;                   // Timer 초기화 처리 루틴
void __irq Timer2_Isr(void) ;              // Timer0 인터럽트 처리 루틴
void Isr_Init(void) ;                      // 인터럽트 초기화
unsigned char GetSwitch(void) ;            // Switch 입력

//----------- Global Variables -------------------------
unsigned cnt0 ;                            // Counter for Timer0 ISR
unsigned cnt1 ;                            // Counter for Timer2 ISR

//----------- Main Function ----------------------------
void Main(void)
{
    unsigned char k ;

    #if ADS10
    __rt_lib_init( ) ;                     // for ADS 1.x Run-Time Library Init
    #endif

    Port_Init( ) ;
    ChangeUPllValue(60, 4, 2) ;            // 48MHz for USB
    for(k=0; k<7; k++) ;
    ChangeClockDivider(13, 12) ;           // FCLK:HCLK:PCLK   1:1/3:1/6
```

```
ChangeMPllValue(97, 1, 2) ;              // 296Mhz FCLK
Uart_Init(UART0, 115200) ;               // UART0, 115200bps
Uart_Select(UART0) ;                     // UART0 selected for debugging
MMU_Init( ) ;                            // MMU Init
Delay(0) ;                               // Calibrate Delay( )

Uart_Printf("\n\n") ;
Uart_Printf("## MSTK2440 Timer LED-Switch Test Program ##\n") ;

rGPBCON &= (0xFFFC03FF) ;                              // 해당비트 클리어
rGPBCON |= (1<<10)+(1<<12)+(1<<14)+(1<<16) ;  // GPB5,6,7,8 output
rGPBDAT |= (1<<5)+(1<<6)+(1<<7)+(1<<8) ;          // LED all off

// GPG3(SW1), 5(SW2), 6(SW3), 7(SW4) Input
rGPGCON &= ~(3<<6) & ~(3<<10) & ~(3<<12) & ~(3<<14) ;

Isr_Init( ) ;
Timer0_Init( ) ;
Timer2_Init( ) ;
cnt0 = 0 ;
cnt1 = 0 ;
while(1)
{
    k = GetSwitch( ) ;
    switch(k)
    {
        case 1 : if(rTCNTB0<=50)
                        rTCNTB0=50 ;      // 최소값, 음수방지
                 else
                        rTCNTB0 -= 50 ; // 가속(타이머 인터럽트 간격을 줄임)
                        Uart_Printf("Accelation!(LED6<->LED7) rTCNTB0 = %d \n",
                        rTCNTB0) ;
                 break ;
        case 2 : if(rTCNTB0>=50000)
                        rTCNTB0=50000 ; // 최대값, 오버플로우 방지
                 else
                        rTCNTB0 += 50 ; // 감속(타이머 인터럽트 간격을 늘임)
                        Uart_Printf("Deceleration!(LED6<->LED7) rTCNTB0 = %d \n",
                        rTCNTB0) ;
                 break ;
        case 3 : if(rTCNTB2<=50)
                        rTCNTB2=50 ;      // 최소값, 음수방지
                 else
                        rTCNTB2 -= 50 ; // 가속(타이머 인터럽트 간격을 줄임)
```

```
                    Uart_Printf("Accelation!(LED8<->LED9) rTCNTB2 = %d \n",
                    rTCNTB2) ;
                break ;
            case 4 : if(rTCNTB2>=50000)
                    rTCNTB2=50000 ; // 최대값, 오버플로우 방지
                else
                    rTCNTB2 += 50 ; // 감속(타이머 인터럽트 간격을 늘임)
                    Uart_Printf("Deceleration!(LED8<->LED9) rTCNTB2 = %d \n",
                    rTCNTB2) ;
                break ;
        }
    }//while
}

void Timer0_Init(void)                          // 50ms 간격 설정
{                                               // PCLK = 296352000(FCLK)/6 Hz
    rTCFG0 = (rTCFG0 & ~0xff) | (128-1) ;       // Prescaler=1/128 for Timer0
    rTCFG1 = (rTCFG1 & ~0xf) ;                  // Mux=1/2 for Timer0
    rTCNTB0= (PCLK/128/2)/20-1 ;                // Timer0=(PCLK/128/2)*0.05초
    rTCON |= 0x02 ;
    rTCON  = (rTCON & ~0xf) | (1<<3) | (1<<0) ; //Interval Mode,Auto Reload
}

void Timer2_Init(void)                          // 50ms 간격설정
{                                               // PCLK = 296352000(FCLK)/6 Hz
    rTCFG0 =(rTCFG0 & ~(0xff<<8)) | ((128-1)<<8) ; //Prescaler=1/128 Timer2
    rTCFG1 = rTCFG1 & ~(0xf<<8) ;               // Mux=1/2 for Timer2
    rTCNTB2= (PCLK/128/2)/20-1 ;                // Timer0=(PCLK/128/2)*0.05초
    rTCON |= (1<<13) ;
    rTCON  = (rTCON & ~(0xf<<12)) | (1<<15) | (1<<12) ; // Interval Mode
                                                        // Auto Reload
}

void __irq Timer0_Isr(void)                     // Timer0 ISR
{
    ClearPending(BIT_TIMER0) ;
    if(cnt0 & 0x01)
    {
        rGPBDAT |= (1<<6) ;                     // LED7 Off
        rGPBDAT &= ~(1<<5) ;                    // LED6 On
    }
    else
    {
        rGPBDAT |= (1<<5) ;                     // LED6 Off
        rGPBDAT &= ~(1<<6) ;                    // LED7 On
    }
```

```
        cnt0++;
}

void __irq Timer2_Isr(void)                        // Timer2ISR
{
        ClearPending(BIT_TIMER2) ;
        if(cnt1 & 0x01)
        {
                rGPBDAT |= (1<<7) ;                // LED8 Off
                rGPBDAT &= ~(1<<8) ;               // LED9 On
        }
        else
        {
                rGPBDAT |= (1<<8) ;                // LED9 Off
                rGPBDAT &= ~(1<<7) ;               // LED8 On
        }
        cnt1++ ;
}

void Isr_Init(void)
{
        rINTMOD=0x0 ;                              // All=IRQ mode
        rINTMSK=BIT_ALLMSK ;                       // All interrupt is masked.
        pISR_TIMER0 =(unsigned)Timer0_Isr ;        // Timer0 ISR
        rSRCPND = BIT_TIMER0 ;                     // to clear the previous pending states
        rINTPND = BIT_TIMER0 ;
        rINTMSK &= ~(BIT_TIMER0) ;
        pISR_TIMER2 =(unsigned)Timer2_Isr ;        // Timer2 ISR
        rSRCPND = BIT_TIMER2 ;                     // to clear the previous pending states
        rINTPND = BIT_TIMER2 ;
        rINTMSK &= ~(BIT_TIMER2) ;
}

unsigned char GetSwitch(void)
{
        unsigned char k ;

        if( !(rGPGDAT & (1<<5)) )                  // SW1 key pressed!
        {
                Delay(500) ;
                if( !(rGPGDAT & (1<<5)) )
                        k=1 ;
        }
        else if( !(rGPGDAT & (1<<6)) )             // SW2 key pressed!
        {
                Delay(500) ;
                if( !(rGPGDAT & (1<<6)) )
```

```
            k=2 ;
    }
    else if( !(rGPGDAT & (1<<7)) )          // SW3 key pressed!
    {
        Delay(500) ;
        if( !(rGPGDAT & (1<<7)) )
            k=3 ;
    }
    else if( !(rGPGDAT & (1<<3)) )          // SW4 key pressed!
    {
        Delay(500) ;
        if( !(rGPGDAT & (1<<3)) )
            k=4 ;
    }
    else
        return(0) ;

    return(k) ;
}
```

이미 공부한 내용의 반복이므로 특별히 까다로운 내용은 없다. 단지 예를 들기 위해 Timer0과 다른 프리스케일러와 MUX를 사용하는 Timer2의 예를 들었을 뿐이다. [그림 8.1] 타이머의 구조에서처럼 Timer2는 두번째 프리스케일러와 세번째 MUX를 사용하므로 해당 레지스터에 값을 따로 설정해줘야 한다. Timer1을 사용하는 경우에는 Timer0과 같은 프리스케일러와 MUX를 사용하므로 따로 설정할 필요가 없다. 인터럽트를 설정하는 루틴과 TImer2를 설정하는 루틴만 간단하게 살펴보자.

```
void Isr_Init(void)
{
    rINTMOD=0x0 ;                           // All=IRQ mode
    rINTMSK=BIT_ALLMSK ;                    // All interrupt is masked.
    pISR_TIMER0 =(unsigned)Timer0_Isr ;     // Timer0 ISR
    rSRCPND = BIT_TIMER0 ;                  // to clear the previous pending states
    rINTPND = BIT_TIMER0 ;
    rINTMSK &= ~(BIT_TIMER0) ;
    pISR_TIMER2 =(unsigned)Timer2_Isr ;     // Timer2 ISR
    rSRCPND = BIT_TIMER2 ;                  // to clear the previous pending states
    rINTPND = BIT_TIMER2 ;
    rINTMSK &= ~(BIT_TIMER2) ;

}
```

두 개의 인터럽트를 사용하므로 두 개 모두에 대해 제2EVT 벡터 어드레스를 설정해야 하고 인터럽트 마스크 레지스터(INTMSK)의 해당 비트들을 모두 클리어 해야 한다.

```
void Timer2_Init(void)                                          // 50ms 간격 설정
{                                                               // PCLK=296352000(FCLK)/6Hz
    rTCFG0 =(rTCFG0 & ~(0xff<<8)) | ((128-1)<<8) ;              //Prescaler=1/128 Timer2
    rTCFG1 = rTCFG1 & ~(0xf<<8) ;                               // Mux=1/2 for Timer2
    rTCNTB2= (PCLK/128/2)/20-1 ;                                // Timer0=(PCLK/128/2)*0.05초
    rTCON |= (1<<13) ;
    rTCON  = (rTCON & ~(0xf<<12)) | (1<<15) | (1<<12) ;         // Interval Mode
                                                                // Auto Reload
}
```

리스트에서 보다시피 Timer0과 달리 프리스케일러 값을 정하기 위해 TCFG0[15:8]=(128-1) 값을 설정하고 MUX를 1/2로 정하기 위해 TCFG1[11:8]=0000으로 설정하였다. 실제 하드웨어에서 프리스케일러 적용시 TCFG0[15:8]에 설정한 값에 1을 더한 값을 적용하므로 레지스터에 값을 설정할 때에는 1작은 값을 설정한다. 타이머 설명에서 다루었던 내용이므로 (128-1)을 사용하는 이유를 알아두길 바란다.

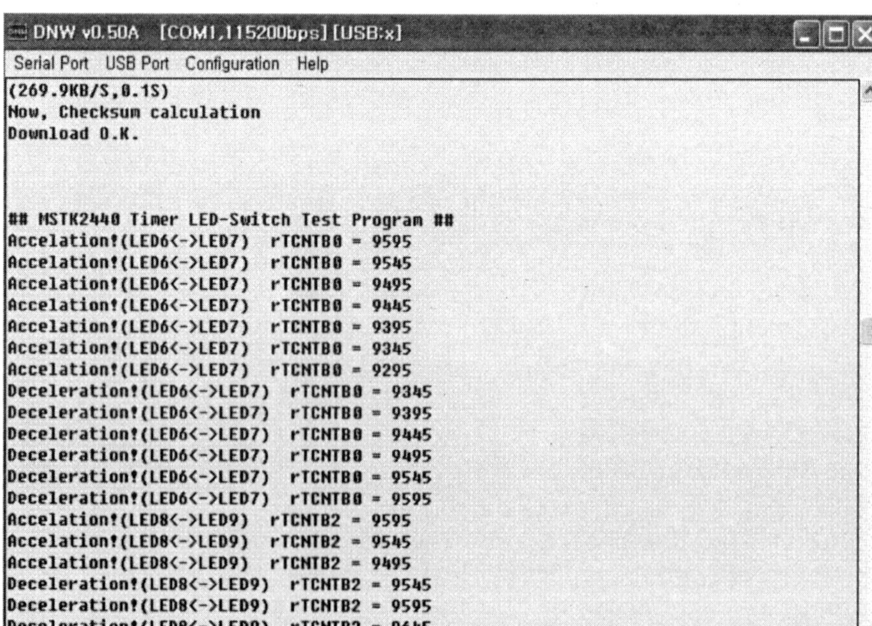

[그림 8.7] Timer LED-Switch 실행결과

[그림 8.7]은 실행된 결과를 보여주고 있다. 가속, 감속, 그리고 Timer0과 Timer2의 TCNTB값을 보여준다.

8.4.3 PWM 출력을 이용한 멜로디 출력 실험

이번에는 타이머의 중요 기능 중에 하나인 PWM 출력을 이용해 MSTK2440에 내장된 스피커를 구동하여 멜로디를 출력하는 예를 들어 보겠다. [그림 8.8]은 MSTK2440의 스피커 출력회로이다.

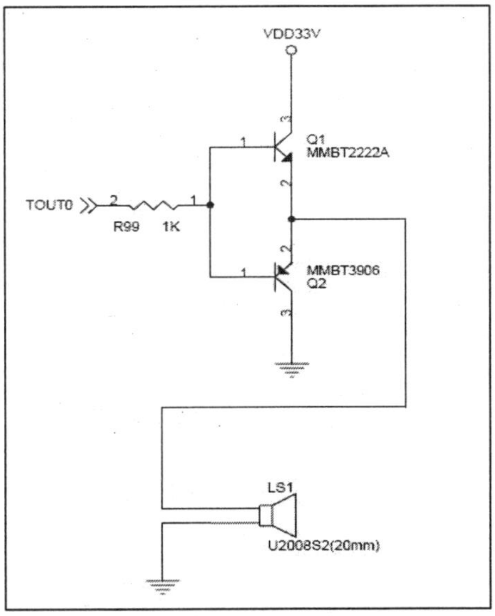

[그림 8.8] 스피커 출력 회로

Timer0의 PWM 출력단자인 TOUT0출력을 트랜지스터의 입력으로 하여 증폭된 신호로 스피커를 구동시킨다. TOUT0은 PWM제어에 의해 DUTY비와 주파수만을 조정할 수 있으므로 단지 스피커에 구형파 출력을 내보내는 정도의 기능을 구현할 수 있다. 부저음이나 경고음을 발생시키는 용도로는 충분히 사용할 수 있다.

▶ 실험 내용

Timer0의 PWM 출력(TOUT0)을 이용해 도, 레, 미, 파, 솔, 라, 시, 도(높은 도) 음을 반복하여 발생시키는 프로그램을 제작해 보자.

▶ 프로그램

ADS를 실행하여 Timer_Melody라는 프로젝트(Timer_Melody.mcp)를 만들고 필요한 파일들을 프로젝트에 등록시킨다. DebugRel 모드로 선택하고 옵션들을 설정해 준다. main_app.c 파일을 새로 만들어 다음의 리스트와 같이 내용을 작성한다. 또는 Chapter8 폴더의 Timer_Melody 폴더 안의 Timer_Melody.mcp 프로젝트 파일을 오픈한다. 프로그램을 컴파일하고 DNW를 이용해 바이너리 파일을 다운로드 시켜 실행해 본다. main_app.c 리스트를 보자.

```
//------------------------------------------------------------
// Project : MSTK2440 Sound output using Timer PWM,
//           Timer_Melody.mcp
// Description : 타이머 PWM을 이용한 사운드 출력
//------------------------------------------------------------
#include <stdlib.h>
#include <string.h>
#include "def.h"
#include "option.h"
#include "2440addr.h"
#include "2440lib.h"
#include "2440slib.h"
#include "mmu.h"

//----------- Constant Definition ------------------------
#define UART0  0                       // UART0

#define C1     523                     // 도        주파수 테이블
#define D1     587                     // 레
#define E1     659                     // 미
#define F1     699                     // 파
#define G1     784                     // 솔
#define A1     880                     // 라
#define B1     988                     // 시
#define C2     C1*2                    // 높은 도    옥타브별 차이는 2배

//----------- Function Declaration ------------------------
void Timer0_Init(void) ;               // Timer 초기화 처리 루틴
void Sound(int freq, int dly) ;        // 주파수, 지연시간(ms)
void Isr_Init(void) ;                  // 인터럽트 초기화

//----------- Main Function ------------------------------
void Main(void)
{
```

```
    unsigned char k;

    #if ADS10
    __rt_lib_init();                        // for ADS 1.x Run-Time Library Init
    #endif

    Port_Init();
    ChangeUPllValue(60,4,2);                // 48MHz for USB
    for(k=0; k<7; k++);
    ChangeClockDivider(13,12);              // FCLK:HCLK:PCLK   1:1/3:1/6
    ChangeMPllValue(97,1,2);                // 296Mhz FCLK
    Uart_Init(UART0,115200);                // UART0, 115200bps
    Uart_Select(UART0);                     // UART0 selected for debugging
    MMU_Init();                             // MMU Init
    Delay(0);                               // Calibrate Delay()

    Uart_Printf("\n\n");
    Uart_Printf("## MSTK2440 Timer Melody Test Program ##\n");

   //setup GPB[0] to TOUT0
   rGPBCON=(rGPBCON & ~(0x03<<0))|(0x02<<0); // Config TOUT0

    Isr_Init();
    Timer0_Init();

    while(1)
    {
        Sound(C1,1000);                     // 도
        Sound(D1,1000);                     // 레
        Sound(E1,1000);                     // 미
        Sound(F1,1000);                     // 파
        Sound(G1,1000);                     // 솔
        Sound(A1,1000);                     // 라
        Sound(B1,1000);                     // 시
        Sound(C2,1000);                     // 높은 도
    }//while
}

void Timer0_Init(void)
{                                                   // PCLK = 296352000(FCLK)/6 Hz
     rTCFG0 = (rTCFG0 & ~0xff) | (128-1);           // Prescaler=1/128 for Timer0
     rTCFG1 = (rTCFG1 & ~0xf) | (1<<0);             // Mux=1/4 for Timer0
     rTCNTB0= ((PCLK/128/4)/C1)  -1;                // rTCNTB0 for C1
     rTCMPB0= rTCNTB0/2;
     rTCON |= 0x02;
     rTCON  = (rTCON & ~0xf) | (1<<3) | (1<<0);     // Interval Mode
```

```
}

void Sound(int freq, int dly)
{
        rTCNTB0 = (PCLK/128/4)/freq - 1;        // 계명 주파수에 해당되는 카운터 값
        rTCMPB0 = rTCNTB0/2;
        Delay(dly*10);                          // delay [ms]
}

void Isr_Init(void)
{
        rINTMOD=0x0;                            // All=IRQ mode
        rINTMSK=BIT_ALLMSK;                     // All interrupt is masked.
}
```

다음의 코드는 GPB0 I/O 핀을 TOUT0으로 설정하는 루틴이다. GPBCON[1:0]=10으로 설정하면 TOUT0기능으로 사용할 수 있다.

```
//setup GPB[0] to TOUT0
rGPBCON=(rGPBCON & ~(0x03<<0))|(0x02<<0);  // Config TOUT0
```

리스트에서 타이머의 초기 출력은 C1(도)으로 설정하였고 비교레지스터인 TCMPB0의 값을 TCNTB0의 절반으로 하여 듀티비가 50%인 구형파로 설정하였다. 실제 계이름별 주파수를 발생시키는 함수인 Sound()함수에 대해 살펴보자.

```
void Sound(int freq, int dly)
{
        rTCNTB0 = (PCLK/128/4)/freq - 1;        // 계명 주파수에 해당되는 카운터 값
        rTCMPB0 = rTCNTB0/2;
        Delay(dly*10);                          // delay [ms]
}
```

Sound() 함수는 1초당 계이름 주파수에 맞게 즉, 타이머의 카운터가 지정값에서 0까지 카운트 하는 횟수를 계이름 주파수만큼 반복할 수 있게 TCNTB0값을 계산하는 것이다. 그리고 Delay 함수가 100us 단위의 지연시간이므로 10을 곱한 값을 인자로 전달하여 ms단위의 시간 지연을 지정하고 있다. 결론적으로 Sound() 함수는 해당주파수를 ms단위의 지연시간 동안 발생시키는 함수이다. 하지만 Sound()를 멈추는 루틴이 없으므로 실제로는 함수 실행이 끝나더라도 다른 주파수 값으로 실행하지 않으면 계속해서 이전의 출력을 유지한다. 지연시간만큼만 유지하고 출력을 멈추려면 TCON[0]=0으로 설정하여 타이머를 정지시키면 된다. 두 함수를 조합하여 간단한 음악 연주도 가능하다.

제 9 장 UART

9. UART(Universal Asynchronous Receiver Transmitter)

대부분의 마이크로 컨트롤러들은 외부장치와의 시리얼 통신을 위해 UART 장치를 가지고 있다. 보통 UART를 한 개씩은 내장하고 있고, 많게는 4개까지 지원하는 마이크로 컨트롤러도 있다. UART는 외부 시스템과 데이터를 주고받기 위한 가장 간편한 방법 중 하나이다. 그 외에도 UART는 훌륭한 디버깅 포트가 되기도 한다. 필자도 프로그램을 개발할 때 제일 먼저 하는 것이 UART를 이용해 디버깅 포트를 확보하는 것이다. S3C2440A는 UART 3개를 지원하고 각 채널에는 IrDA(Infra-red Data Association) 컨트롤러를 내장하고 있다.

9.1 UART의 구조

S3C2440A에서는 인터럽트 모드 또는 DMA 모드로 사용 가능한 세 개의 UART를 지원한다. UART 채널별 기본특징은 다음과 같다.

- 인터럽트 또는 DMA 모드로 동작 가능한 3개의 UART 장치 지원
- UART 채널 0, 1, 2는 IrDA 1.0을 지원
- 각 채널별로 64바이트 송수신 버퍼가 내장
- UART 채널 0, 1에서는 nRTS, nCTS 지원
- 핸드쉐이킹 송수신 지원
- 프로그래머블 보레이트
- 5, 6, 7, 8비트 데이터 지원
- 1비트 또는 2비트 정지(Stop) 비트
- 패리티 체크 기능

각 UART 채널의 기본구조는 [그림 9.1]을 보면 쉽게 이해될 것이다. 클럭 소스는 보레이트 결정에 사용되는데 시스템 클럭 PCLK나 FCLK/n을 이용하면 115200bps까지 지원하고, 외부 클럭 UEXTCLK을 사용하면 더 빠른 속도까지 가능하다. 송신부는 송신 쉬프터(Transmit Shifter)와 64바이트 버퍼, 그리고 제어로직으로 구성된다. 마찬가지로 수신부는 수신 쉬프터(Receive Shifter)와 64바이트 버퍼, 제어로직으로 구성된다. 64바이트 버퍼는 송수신을 위한 FIFO(First In First Out) 버퍼로 FIFO 모드를 사용하지 않으면 64바이트 버퍼 중 단지 한 바이트만을 사용한다.

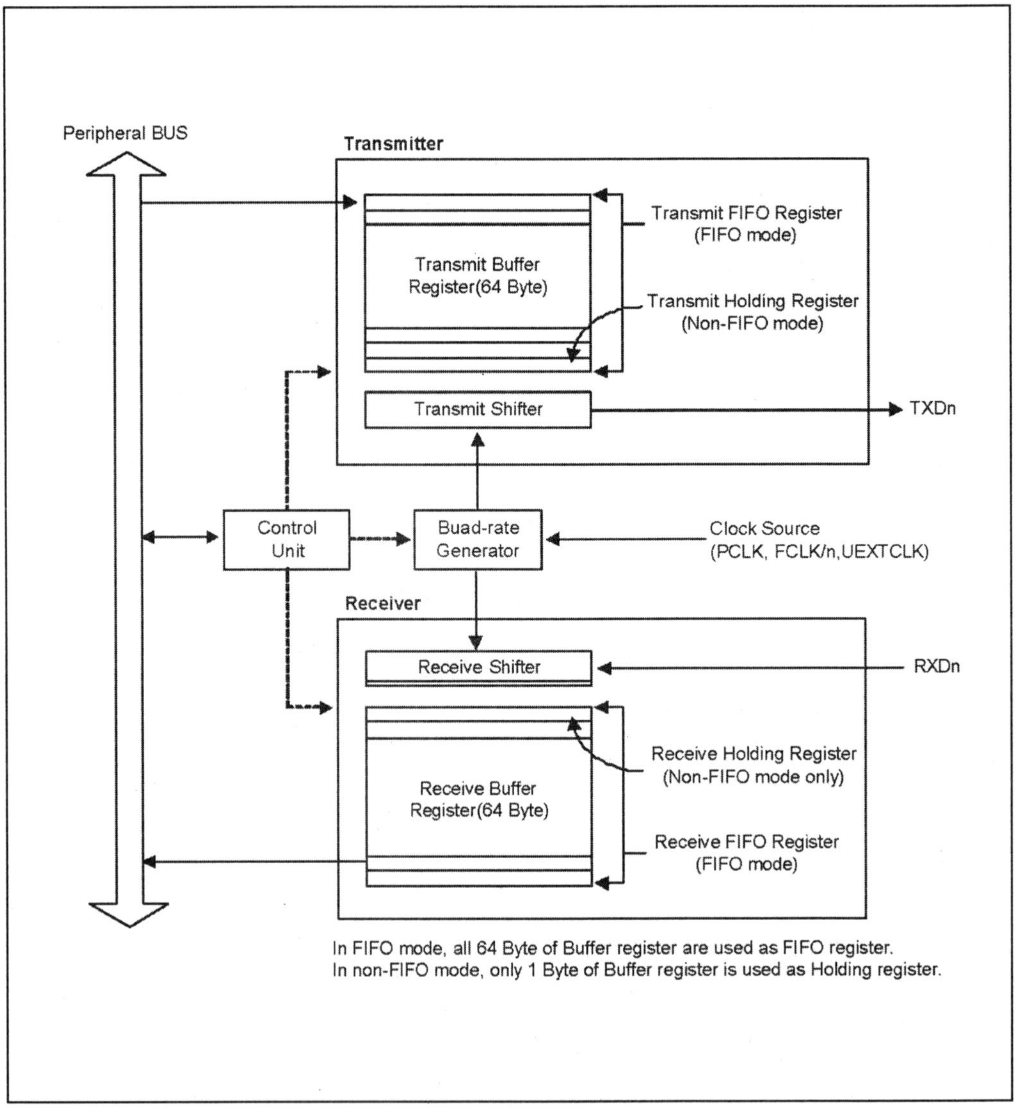

[그림 9.1] UART 장치의 구조

그림에서처럼 S3C2440A에는 64바이트의 FIFO 메모리를 가지고 있다. FIFO 메모리의 사용여부는 프로그램에 의해 결정 가능하고 FIFO 메모리를 사용하지 않을 경우 쉬프터에 전송될 데이터를 가지는 한 바이트만을 사용하게 된다. 송수신 쉬프터는 병렬 데이터를 쉬프트시켜 직렬로 전송하거나 직렬 수신된 데이터를 병렬 데이터 형태로 변환하게 된다. 그 외에 보레이트 발생기, UART Error Status FIFO, IrDA 인코더와 디코더가 있는데 이들은 뒤에서 따로 설명하기로 한다.

9.2 UART의 동작

여러분들도 잘 알다시피 UART는 병렬 데이터를 직렬로 송수신하는 장치이다. UART는 서로 다른 시스템간의 통신에 자주 사용된다. CPU 종류가 무엇이고 CPU의 속도에 상관없이 두 시스템간의 통신을 쉽게 구현해 준다. 그러기 위해서는 두 UART 장치간의 규칙을 정확히 설정해 주기만 하면 되는 것이다. UART 상호간의 고려해야 할 사항은 다음과 같다.

- 보레이트(통신속도)
- 데이터 비트(5~8비트)
- 패리티 비트(ODD, EVEN, NONE)
- 정지 비트 (1비트, 2비트)

S3C2440A에서는 이러한 항목들을 프로그램에 의해서 설정해 줄 수 있다. 그 이후의 동작은 UART 장치가 알아서 하므로 여러 분은 송수신 데이터를 적절히 가공하기만 하면 되는 것이다. 보레이트, 데이터 비트, 패리티 비트, 정지 비트를 결정하고 데이터를 송신 버퍼에 로드시키면 송신 쉬프터에 의해 차례대로 한 비트씩 전송된다. 실제로는 데이터의 시작을 알리는 시작비트(로직 '0')가 처음 전송되고 차례로 데이터 비트, 패리티 비트가 전송된다. 한 프레임이 끝나는 것은 마지막에 전송되는 정지 비트(로직 '1')에 의해 알게 된다. 따라서 송수신 라인은 평상시 로직 '1'을 유지하고 있어야 데이터가 없음을 알 수 있다. 데이터 수신시에도 송신과 마찬가지의 순서이다. 시작비트(로직 '0') 한 비트를 검출하고 차례로 데이터와 패리티 비트를 수신하게 된다. 한 프레임이 끝났음은 마지막 정지 비트(로직 '1')로 검출한다. 물론 송신측과 수신측간의 보레이트, 데이터 비트, 패리티 비트, 정지 비트에 대한 설정은 같아야 한다.

송신측과 수신측 설정이 제대로 되었다 하더라도 데이터를 송수신 하다보면 외부 노이즈나 전송라인의 단락, 단선에 의해 오류가 발생할 수도 있다. 보통의 UART 장치에는 이를 검출할 수 있는 기능이 있고, S3C2440A에도 몇몇 오류를 검출하는 기능이 있다.

- **오버런 에러(Overrun Error)**

  새로운 데이터가 이전 데이터가 읽혀지기 전에 이전의 데이터를 덮어쓴 경우 발생

- **패리티 에러(Parity Error)**

  수신기가 예기치 않은 패리티 상태를 검출 하였을 때 발생

- **프레임 에러(Frame Error)**

  수신된 데이터가 확실한 정지 비트를 가지지 않았을 때 발생

- **브레이크 컨디션(Break Condition)**

  수신 입력에 한 프레임 전송시간 보다 길게 로직 '0' 상태가 지속되는 경우 발생

▶ 자동 흐름 제어(Auto Flow Control, AFC)

S3C2440A에서는 UART와 UART를 연결할 때 nRTS(Request To Send)신호와 nCTS (clear to Send)신호를 사용하는 자동흐름 제어 기능을 제공한다. 이는 송신측과 수신측간의 상태를 하드웨어적으로 검출하기 위한 것으로 [그림 9.2]에서 이를 보여주고 있다.

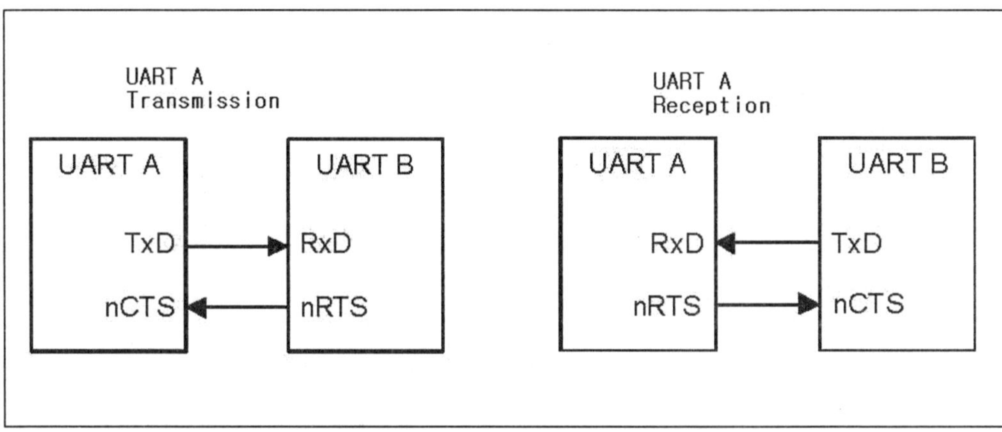

[그림 9.2] 자동 흐름 제어(AFC)

수신측이 데이터를 받을 준비가 되었을 때, nRTS 신호를 보내게 되고 송신측에서는 이를 nCTS 신호로 받아 데이터를 전송하게 된다. 수신측에서 nRTS는 FIFO 메모리가 2바이트 이상의 여유 공간을 가지고 있을 때 활성화 된다. 즉, 자동흐름 제어에서 nRTS 신호는 자신의 수신 FIFO 메모리가 수신할 준비가 되었음을 의미하는 것이다. 때로는 사용자가 모뎀 인터페이스를 원하는 경우가 있는데, S3C2440A에서는 그 기능을 지원하지 않는다. 이 경우 nRTS, nCTS 신호 외에도 nDSR, nDTR, DCD, 그리고 nRI신호들이 필요하지만 이는 프로그램에서 입출력 포트를 제어해서 만들어 줘야 한다.

▶ 인터럽트 / DMA 요청 발생

S3C2440A에서 UART 인터럽트에 대응하는 7개의 상태를 가진다.
이들은 수신에러, 송신, 수신에 관련된 것들로 다음과 같다.

- 송신 : Transmit Buffer Empty
- 수신 : Receive Buffer Data Ready, Receive Time Out
- 수신 에러 : Overrun, Parity, Frame Error, Break Condition

이들 인터럽트의 사용 여부는 UART 제어 레지스터(UCONn)에 의해 설정할 수 있고, 인터럽트 발생시 UART의 상태레지스터를 읽어서 세부 인터럽트 항목을 알아낼 수 있다. [표 9.1]은 UART 인터럽트의 발생조건을 FIFO를 사용할 때와 사용하지 않을 때로 나누어 정리한 것이다.

[표 9.1] UART 인터럽트의 발생조건

Type	FIFO Mode	Non-FIFO Mode
수 신 인터럽트	- 수신 데이터가 수신버퍼의 트리거 레벨에 도착하면 발생 - 정해진 시간동안 트리거 레벨까지 수신이 되지 않는 경우(Time-Out)	- 수신 버퍼에 데이터가 수신되면 발생
송 신 인터럽트	- 송신데이터가 송신 FIFO의 트리거 레벨까지 차면 발생	- 송신 버퍼가 비게 되면 발생
에 러 인터럽트	- Overrun, Parity, Frame Error와 Break Condition 검출시 발생	- Overrun, Parity, Frame Error와 Break Condition

▶ UART Error Status FIFO

이는 FIFO에 수신된 데이터의 에러여부를 데이터의 수신 순서와 같게 저장하는 FIFO 메모리이다. 실제 인터럽트는 수신 FIFO의 데이터를 읽을 차례가 됐을 때 발생한다. 수신 FIFO를 사용하는 경우, 잘못된 데이터가 수신되더라도 당장 인터럽트가 발생하는 것이 아니라 해당 데이터를 읽을 차례가 되면 인터럽트가 발생하는 것이다. 따라서 수신된 데이터의 순번과 일치하는 위치에 에러 검출 상태를 저장해야 하고 이 기능을 하는 것이 UART Error Status FIFO인 것이다.
[그림 9.3]의 예를 보면 쉽게 이해할 수 있을 것이다.

Time	순 서	에러 인터럽트	비 고
#0	A,B,C,D,E 데이터 수신	-	
#1	A를 읽어낸 이후	B에 대한 프레임에러 인터럽트 발생	B를 읽어내야 함

#2	B를 읽어낸 이후	-	
#3	C를 읽어낸 이후	D에 대한 패리티에러 인터럽트 발생	D를 읽어내야 함
#4	D를 읽어낸 이후	-	
#5	E를 읽어낸 이후	-	

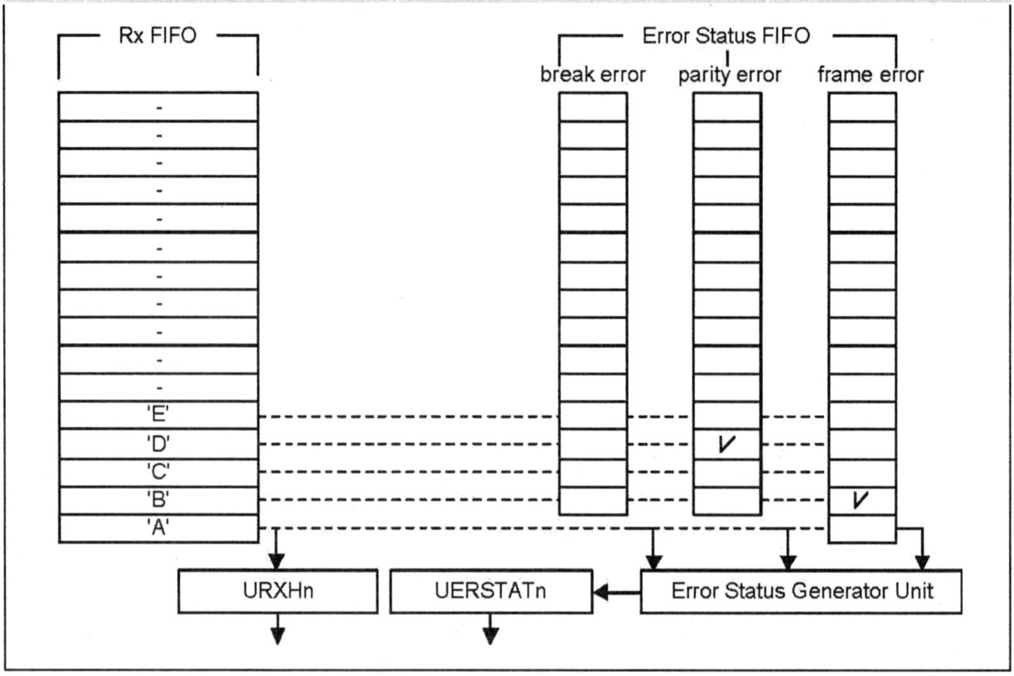

[그림 9.3] UART Error Status FIFO의 사용 예

그림에서 보면 'A'라는 데이터를 읽고 'B'라는 데이터를 읽을 차례가 되면 데이터를 읽기 전에 Error Status FIFO에 저장된 에러에 따라 상태 플래그가 설정되고 에러 인터럽트가 발생된다. 인터럽트 서비스에서 UART 에러 상태 레지스터인 UERSTATn의 값을 읽어서 에러의 종류를 판별하고 거기에 대응하여 처리하게 된다. 이때, Error Status FIFO의 값을 클리어 하기 위해서는 수신버퍼(URXHn) 레지스터의 값과 UERSTATn 레지스터의 값을 읽어내야만 한다. 읽기만 하면 자동으로 클리어 된다.

▶ 보레이트 설정

UART 장치에 내장된 보레이트 발생기는 UART 송수신에 필요한 동기 클럭을 발생시킨다. 이때 사용되는 클럭 소스는 시스템클럭(PCLK, FCLK/n)이나 외부클럭(UEXTCLK)이 사용된다. 보레이트 발생기에서의 출력은 입력된 클럭을 16과 16비트 디바이더(UBRDIVn)에 의해 나눈 값에서 1을 뺀 값을 사용한다.

다음 수식을 보자.

UBRDIVn = (int)(UART Clock / (bps × 16))-1

여기서,

UBRDIVn : UART의 보레이트 디바이더의 값으로 $1 \sim (2^{16}-1)$ 범위의 값
UART Clock : PCLK, FCLK/n 또는 UEXTCLK
bps : 보레이트

단, S3C2410A의 경우 FCLK/n 클럭을 UART 입력클럭으로 지원하지 않는다. 따라서 보통은 PCLK를 입력클럭으로 사용한다. 수식에 따라 계산된 값을 UBRDIVn 레지스터에 써넣으면 해당되는 보레이트가 발생된다.
예를 들어 PCLK=40MHz, 보레이트 9600bps를 설정하는 경우,

UBRDIVn = (int)(40000000 / (9600 × 16))-1 = 259

가 되는 것이다.

▶ 적외선(Infrared) 통신 모드

앞에서 언급한 것처럼 S3C2440A에도 적외선 통신이 가능한 IR(Infrared) 인코더와 디코더를 내장하고 있다. UART 라인 제어 레지스터(ULCONn)에서 IR 모드 비트를 설정하면 사용할 수 있는데 레지스터에 대한 설명은 뒤에서 따로 다루기로 하고 우선 [그림 9.4]를 보자.

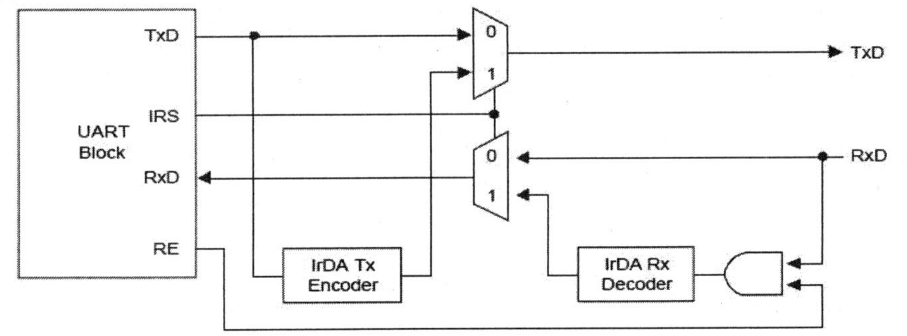

[그림 9.4] IrDA 컨트롤러

그림에서 TXD와 RXD는 IRS(IR 선택)신호 출력에 따라 외부에 직접 연결되거나

IR 인코더, 디코더를 거치게 되어 있다. 여기에서 IRS 출력이 '1'이면 TXD와 RXD에 IR 인코더와 디코더가 연결되어 IR 통신이 가능한 것이다.

[그림 9.5]에서는 IR 통신 모드에서 송수신 파형을 보여주고 있다. IR 모드에서 UART 출력은 IR 인코더를 거쳐 3/16펄스 길이로(출력 데이터비트가 로직 '0'인 경우) IrDA 모듈에 출력되는데, 수신에서도 마찬가지로 3/16펄스 길이의 입력을 IR 디코더를 거쳐 UART 수신의 로직 '0'으로 인식하게 된다.

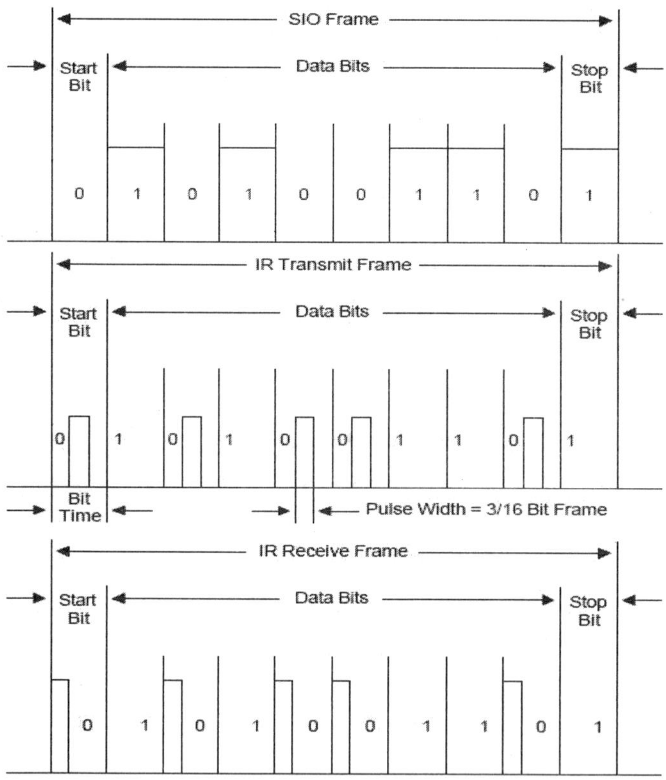

[그림 9.5] IR통신 모드에서 송수신 타이밍

9.3 UART의 제어

UART를 제어하기 위해서 크게 여섯 종류의 제어 레지스터와 상태검출에 필요한 상태레지스터가 있다. 이들은 프로그램에 의해 적외선 통신 모드로 사용할 수 있게 하고, 인터럽트나 DMA 요청을 발생시킬 수도 있다.

앞에서 설명한 기능과 레지스터의 용도를 잘 비교해 보도록 하자.

▶ UART 라인 제어 레지스터(Uart Line Control Register, ULCONn)

ULCONn 레지스터는 기본적인 통신규칙을 설정하는데 사용하는 레지스터로 UART의 개수 만큼인 3개(ULCON0, ULCON1, ULCON2)가 있다.

레지스터	어드레스	R/W	설 명	초기값
ULCON0	0x50000000	R/W	UART0 라인 제어 레지스터	0x00
ULCON1	0x50004000	R/W	UART1 라인 제어 레지스터	0x00
ULCON2	0x50008000	R/W	UART2 라인 제어 레지스터	0x00

ULCONn	비트	설 명	초기값
Reserved	[7]		0
IR 모드	[6]	0 = Normal 모드 1 = 적외선 송수신 모드	0
패리티 모드	[5:3]	0xx = No 패리티 100 = Odd 패리티 101 = Even 패리티 110 = 패리티비트 '1' 111 = 패리티비트 '0'	000
정지비트	[2]	0 = 1 정지비트 1 = 2 정지비트	0
데이터 길이	[1:0]	00 = 5 비트 01 = 6 비트 10 = 7 비트 11 = 8 비트	00

▶ UART 제어 레지스터(UART Control Register, UCONn)

UART의 클럭을 선택하거나 송수신 인터럽트나 DMA에 관한 설정을 하는 레지스터이다. UCON0, UCON1, UCON2 세 개의 레지스터가 있다.

레지스터	어드레스	R/W	설 명	초기값
UCON0	0x50000004	R/W	UART0 제어 레지스터	0x00
UCON1	0x50004004	R/W	UART1 제어 레지스터	0x00
UCON2	0x50008004	R/W	UART2 제어 레지스터	0x00

UCONn	비트	설 명	초기값
FCLK Divider	[15:12]	UCON0[15:12], UCON1[15:12], UCON2[14:12] UCON0[15:12] = 7~21, UCON1[15:12] = 22~36, UCON2[14:12] = 37~43 UCON2[15] : FCLK/n Clock Enable/Disable 비트 UCON2[15] : 0 = Disable FCLK/n clock 1 = Enable FCLK/n clock.	0000
클럭 선택	[11:10]	00, 10 = PCLK 01 = UEXTCLK 11 = FCLK/n	0
TX 인터럽트 Type	[9]	0 = Pulse 1 = Level	0

RX 인터럽트 Type	[8]	0 = Pulse	1 = Level	0
RX Time Out Enable	[7]	0 = Disable	1 = Enable	0
RX 에러상태 인터럽트 Enable	[6]	0 = Disable	1 = Enable	0
Loopback Mode	[5]	0 = Normal 동작	1 = Loopback 모드	0
Send Break signal	[4]	0 = Normal 전송	1 = break signal 전송	0
전송모드	[3:2]	00 = UART TX 사용불가 01 = 인터럽트 또는 폴링 모드 10 = DMA0(UART0), DMA3(UART2) 요청 11 = DMA1(UART1) 요청		00
수신모드	[1:0]	00 = UART RX 사용 불가 01 = 인터럽트 또는 폴링 모드 10 = DMA0(UART0), DMA3(UART2) 요청 11 = DMA1(UART1) 요청		00

S3C2440A의 UCONn 레지스터는 S3C2410A의 UCONn 레지스터와 조금 다르다. 앞에서 언급했던 것처럼 S3C2410A의 경우 FCLK/n 클럭 입력을 지원하지 않기 때문이다.

FCLK/n 클럭을 UART 입력 클럭으로 사용하는 방법은 조금 복잡하다. 복잡하다기보다는 남는 비트로 구성하다보니 좀 일관성이 없다. FCLK/n에서 'n'값을 설정해야 하는데 UCONn[15:12] 비트가 사용된다. UCON2[15] 비트는 FCLK/n 클럭의 가능여부를 결정하고 나머지 UCON0[15:12], UCON1[15:12], UCON2[14:12] 비트를 이용해 7~43까지의 'n'값을 설정한다.

[표 9.2] Tx, RX 인터럽트 타입

	비트설정 값	Non-FIFO모드에서 동작	FIFO모드에서 동작
TX 인터럽트 type	Pulse(0)	Tx 버퍼가 비면 바로 인터럽트 요청	Tx FIFO가 트리거 레벨만큼 차면 인터럽트 요청
	Level(1)	Tx 버퍼가 비어있는 동안 인터럽트 요청	
RX 인터럽트 type	Pulse(0)	Rx 버퍼에 수신된 데이터가 있을 때 요청	Rx FIFO가 트리거 레벨만큼 차면 인터럽트 요청
	Level(1)	Rx 버퍼에 데이터를 수신받은 동안 요청	

[표 9.2]는 UCONn 레지스터의 TX, RX 인터럽트 타입에 대한 설명이다. 인터럽트 타입을 설정했을 때 FIFO모드에 따라 인터럽트가 발생되는 시점을 알아두도록 하자.

▶ UART FIFO 제어 레지스터(UART FIFO Control Register, UFCONn)

UART의 FIFO 메모리를 제어하는 레지스터로 FIFO의 사용여부와 FIFO 트리거 레벨을 설정한다. UFCON0, UFCON1, UFCON2 세 개의 레지스터가 있다.

레지스터	어드레스	R/W	설 명	초기값
UFCON0	0x50000008	R/W	UART0 FIFO 제어 register	0x0
UFCON1	0x50004008	R/W	UART1 FIFO 제어 register	0x0
UFCON2	0x50008008	R/W	UART2 FIFO 제어 register	0x0

UFCONn	비트	설 명		초기값
Tx FIFO 트리거 레벨	[7:6]	00 = Empty 10 = 32 바이트	01 = 16 바이트 11 = 48 바이트	00
Rx FIFO 트리거 레벨	[5:4]	00 = 1 바이트 10 = 16 바이트	01 = 8 바이트 11 = 32 바이트	00
Reserved	[3]			0
Tx FIFO Reset	[2]	0 = Normal	1 = Tx FIFO reset	0
Rx FIFO Reset	[1]	0 = Normal	1 = Tx FIFO reset	0
FIFO Enable	[0]	0 = Disable	1 = Enable	0

FIFO를 사용하는 수신 모드에서 수신데이터가 FIFO의 트리거 레벨까지 차지 않을 수 있다. 이 경우, 데이터가 트리거 레벨까지 수신되지 않거나 다음 데이터를 세 번 받을 만큼의 시간 동안에 수신되지 않으면 타임아웃 조건이 된다. 수신 타임아웃 인터럽트가 발생하게 되고 사용자는 FIFO의 상태를 확인하여 데이터를 읽어내야 한다.

▶ UART 모뎀 제어 레지스터(UART Modem Control Register, UMCONn)

여기서의 모뎀 제어는 모든 모뎀신호에 대한 제어가 아니라 앞에서 설명했던 자동 흐름 제어(AFC)에 대한 설정이다. 즉, nRTS와 nCTS 신호를 이용한 흐름제어를 뜻하는 것이다. UMCONn 레지스터는 자동 흐름 제어 기능의 사용과 수동으로 nRTS 신호를 제어하기 위해 사용되고 UMCON0, UMCON1 두 개의 레지스터가 있다.

레지스터	어드레스	R/W	설 명	초기값
UMCON0	0x5000000C	R/W	UART0 모뎀 제어 레지스터	0x0
UMCON1	0x5000400C	R/W	UART1 모뎀 제어 레지스터	0x0
Reserved	0x5000800C		Reserved	Undef

UMCONn	비트	설 명		초기값
Reserved	[7:5]	이 비트들은 '0'이어야 함		00
자동 흐름 제어(AFC)	[4]	0 = Disable	1 = Enable	0
Reserved	[3:1]	이 비트들은 '0'이어야 함		00

nRTS 출력	[0]	0 = 'H' level (nRTS 비활성화) 1 = 'L' level (nRTS 활성화)	0

UMCONn 레지스터 설명 중에서 'nRTS 출력'이란 항목이 있는데, 이는 nRTS 신호를 프로그램에서 수동으로 조작할 때 설정하는 것이다. 자동 흐름 제어 가능 비트가 Enable되어 있으면 nRTS가 흐름 제어에 사용되므로 수동으로 조작할 수 없으나 흐름 제어 비트가 Disable되어 있으면 프로그램에 의해 nRTS출력을 'L' 또는 'H'로 만들 수 있다.

▶ UART 보레이트 디바이더 레지스터(UART Baudrate Divider Register, UBRDIVn)

보레이트 설정에 필요한 디바이더 값을 설정하는 레지스터이다. 자세한 설명은 9.2의 '보레이트 설정' 부분을 참조하기 바란다.

레지스터	어드레스	R/W	설 명	초기값
UBRDIV0	0x50000028	R/W	보레이트 디바이더 레지스터0	
UBRDIV1	0x50004028	R/W	보레이트 디바이더 레지스터1	
UBRDIV2	0x50008028	R/W	보레이트 디바이더 레지스터2	

UBRDIVn	비트	설 명	초기값
UBRDIV	[15:0]	보레이트 디바이더 값 UBRDIVn > 0	

▶ UART 송신 버퍼 레지스터(UART Transmit Buffer Register)

UART에는 데이터 송신을 위한 8비트 길이의 UTXH0, UTXH1, UTXH2 세 개의 레지스터가 있다.

레지스터	어드레스	R/W	설 명	초기값
UTXH0	0x50000020(L) 0x50000023(B)	W (by byte)	UART0 송신 버퍼 레지스터	
UTXH1	0x50004020(L) 0x50004023(B)	W (by byte)	UART0 송신 버퍼 레지스터	
UTXH2	0x50008020(L) 0x50008023(B)	W (by byte)	UART0 송신 버퍼 레지스터	

UTXHn	비트	설 명	초기값
TXDATAn	[7:0]	UART로 전송할 8비트 데이터	

여기서, (L)은 리틀-엔디안 모드를 뜻하고 (B)는 빅-엔디안 모드를 뜻한다.

▶ UART 수신 버퍼 레지스터(UART Receive Buffer Register)

UART에는 데이터 수신을 위한 8비트 길이의 URXH0, URXH1, URXH2 세 개의 레지스터가 있다.

레지스터	어드레스	R/W	설 명	초기값
URXH0	0x50000024(L) 0x50000027(B)	R (by byte)	UART0 수신 버퍼 레지스터	
URXH1	0x50004024(L) 0x50004027(B)	R (by byte)	UART0 수신 버퍼 레지스터	
URXH2	0x50008024(L) 0x50008027(B)	R (by byte)	UART0 수신 버퍼 레지스터	

URXHn	비트	설 명	초기값
RXDATAn	[7:0]	UART로 수신된 8비트 데이터	

앞에서 수신된 데이터를 읽기 전에 새로 수신된 데이터를 버퍼에 덮어쓰는 경우 Overrun 에러가 발생한다고 언급했었다. 이때, 수신 버퍼에 있는 값을 꼭 읽어내야만 다음 수신된 데이터에 의해 Overrun 에러가 발생하는 것을 방지할 수 있다.

▶ UART 송신/수신 상태 레지스터(UART TX/RX Status Register, UTRSTATn)

지금부터 소개하는 레지스터는 값을 설정하거나 제어하는 것이 아닌 상태 검출에 필요한 상태 레지스터들이다. 따라서 상태 레지스터는 모두 읽기 전용으로 되어 있다. UTRSTATn 레지스터는 송수신 버퍼의 상태 검출에 이용되는데 UTRSTAT0, UTRSTAT1, UTRSTAT2 세 개의 레지스터가 있다.

레지스터	어드레스	R/W	설 명	초기값
UTRSTAT0	0x50000010	R	UART0 송수신 상태 레지스터	0x6
UTRSTAT1	0x50004010	R	UART1 송수신 상태 레지스터	0x6
UTRSTAT2	0x50008010	R	UART2 송수신 상태 레지스터	0x6

UTRSTATn	비트	설 명	초기값
Transmitter empty	[2]	0 = Not empty 1 = Transmitter Empty	1
Transmit buffer empty	[1]	0 = Not empty 1 = Empty	1
Receive buffer data ready	[0]	0 = Empty 1 = 수신 데이터 있음	0

UTRSTATn[2] 비트는 송신 버퍼 레지스터(UTXHn)에 유효한 데이터가 없고 송신 쉬프터가 비었을 때 셋 되고, UTRSTATn[1]비트는 송신 버퍼 레지스터가 비어

있을 때 셋 된다. 이 두 비트가 가리키는 차이점을 알아두길 바란다. UTRSTATn[0]은 수신된 데이터가 있음을 알리는데 FIFO를 사용하는 경우 FIFO가 꽉 찼는지의 여부는 FIFO 상태 레지스터(UFSTATn)를 통해 알 수 있다.

▶ UART 에러 상태 레지스터(UART Error Status Register, UERSTATn)

이 레지스터는 앞부분 에러 인터럽트 관련해서 설명할 때 먼저 언급이 됐었다. 수신 에러가 있을 때 사용자는 에러 상태 레지스터를 참조하여 현재 에러 상태를 알아낼 수 있다. 물론 Error Status FIFO 메모리와도 연관된다. 에러 상태를 표시하는 UERSTAT0, UERSTAT1, UERSTAT2 세 개의 레지스터가 있다.

레지스터	어드레스	R/W	설 명	초기값
UERSTAT0	0x50000014	R	UART0 수신 에러 상태 레지스터	0x0
UERSTAT1	0x50004014	R	UART1 수신 에러 상태 레지스터	0x0
UERSTAT2	0x50008014	R	UART2 수신 에러 상태 레지스터	0x0

UERSTATn	비트	설 명	초기값
Break Detect	[3]	0 = No break receive 1 = Break receive	0
Frame Error	[2]	0 = No frame error 1 = Frame error	0
Parity Error	[1]	0 = No parity error 1 = Parity error	0
Overrun Error	[0]	0 = No overrun error 1 = Overrun error	0

Error Status FIFO 설명할 때도 나왔지만 UERSTATn[3:0] 비트는 레지스터 값을 읽을 때 자동으로 클리어 된다.

▶ UART FIFO 상태 레지스터(UART FIFO Status Register, UFSTATn)

송수신 FIFO 버퍼의 상태를 표시하는 레지스터로 UFSTAT0, UFSTAT1, UFSTAT2 세 개의 레지스터가 있다.

레지스터	어드레스	R/W	설 명	초기값
UFSTAT0	0x50000018	R	UART0 FIFO 상태 레지스터	0x0
UFSTAT1	0x50004018	R	UART0 FIFO 상태 레지스터	0x0
UFSTAT2	0x50008018	R	UART0 FIFO 상태 레지스터	0x0

UFSTATn	비트	설 명	초기값
Reserved	[15]		0
Tx FIFO Full	[14]	0 = Not full 1 = Full	0
Tx FIFO Count	[13:8]	TX FIFO의 데이터 개수	0
Reserved	[7]		0
Rx FIFO Full	[6]	0 = Not full 1 = Full	0

Rx FIFO Count	[5:0]	RX FIFO의 데이터 개수	0

FIFO에 저장된 데이터 개수를 알고 싶을 때 FIFO Count 값을 읽어서 사용할 수 있다.

▶ UART 모뎀 상태 레지스터(UART Modem Status Register, UMSTATn)

nCTS 신호의 상태를 검출하는 레지스터로 UMSTAT0, UMSTAT1 두 개의 레지스터가 있다.

레지스터	어드레스	R/W	설 명	초기값
UMSTAT0	0x5000001C	R	UART0 모뎀 상태 레지스터	0x0
UMSTAT1	0x5000401C	R	UART1 모뎀 상태 레지스터	0x0
Reserved	0x5000801C		Reserved	Undef

UMSTAT0	비트	설 명	초기값
Delta CTS	[4]	0 = Has not changed 1 = Has changed	0
Reserved	[3:1]		0
nCTS	[0]	0 = nCTS pin 'H' 1 = nCTS pin 'L'	0

Delta CTS 항목 UMSTATn[4] 비트는 S3C2440A에 입력된 nCTS 신호가 CPU에서 읽혀진 최종 시간 이후로 상태 변화가 있었는지를 표시한다. UMSTATn[0] 비트는 nCTS 입력 신호의 상태를 가리킨다.

9.4 UART 기능 연습

9.4에서는 지금까지의 UART 설명을 기반으로 MSTK2440보드를 이용해 UART 통신 실험을 하도록 하겠다. MSTK2440 보드에는 두 개의 UART 입출력포트와 한 개의 IrDA 접속 커넥터를 가지고 있다.

9.4.1 Polling 방식의 UART 통신 실험

UART를 이용한 통신에서는 주로 Polling 방식과 인터럽트 방식을 많이 사용한다. 먼저 Polling 방식의 UART 통신실험을 해보자. Polling 방식은 수신 버퍼에 수신된 데이터가 있는지 또는 송신 버퍼가 비어있는지를 확인하여 송수신하는 방식이다.

▶ 실험 내용

UART를 115200bps(No parity, 1stop bit, 8bit data)로 설정하여 PC로부터 수신받은 데이터를 그대로 PC로 송신하는 프로그램을 제작해 보자. UART0과 UART1을 번갈아 실행해 보자. UART0을 이용해 통신할 때는 P1커넥터를 이용하고, UART1을 이용할 때는 P2커넥터에 케이블을 연결하면 된다.

▶ 프로그램

ADS를 실행하여 Uart_Poll이라는 프로젝트(Uart_Poll.mcp)를 만들고 필요한 파일들을 프로젝트에 등록시킨다. DebugRel 모드로 선택하고 옵션들을 설정해 준다. main_app.c 파일을 새로 만들어 다음의 리스트와 같이 내용을 작성한다. 또는 Chapter9 폴더의 Uart_Poll 폴더 안의 Uart_Poll.mcp 프로젝트 파일을 오픈한다. 프로그램을 컴파일하고 DNW를 이용해 바이너리 파일을 다운로드 시켜 실행해 본다. main_ app.c 리스트를 보자.

```
//-----------------------------------------------------------------
// Project : MSTK2440 Uart Polling Test,  UART_Poll.mcp
// Description : Polling 모드, UART TX/RX 프로그램
//-----------------------------------------------------------------

#include <stdlib.h>
#include <string.h>
#include "def.h"
#include "option.h"
#include "2440addr.h"
#include "2440lib.h"
#include "2440slib.h"
#include "mmu.h"

//------------ Constant Definition ------------------------
#define UART0   0                          // UART0

//------------ Function Declaration -----------------------
void Isr_Init(void);                       // 인터럽트 초기화
void Uart_Init0(unsigned baud);            // UART0 초기화
void Uart_Init1(unsigned baud);            // UART1 초기화
void Uart_TxByte0(unsigned char data);     // UART0 TX
void Uart_TxByte1(unsigned char data);     // UART1 TX
unsigned char Uart_RxByte0(void);          // UART0 RX
```

```
unsigned char Uart_RxByte1(void);           // UART1 RX

//---------- Main Function ----------------------------
void Main(void)
{
    unsigned char i;

    #if ADS10
    __rt_lib_init(); //for ADS 1.x Run-Time Library Init
    #endif

    Port_Init();
    ChangeUPllValue(60,4,2);                // 48MHz for USB
    for(i=0; i<7; i++);
    ChangeClockDivider(13,12);              // FCLK:HCLK:PCLK  1:1/3:1/6
    ChangeMPllValue(97,1,2);                // 296Mhz
    Uart_Init(UART0,115200);                // UART0, 115200bps
    Uart_Select(UART0);                     // UART0 selected for debugging
    MMU_Init();
    Delay(0);                               // Calibrate Delay()

    Uart_Printf("\n\n");
    Uart_Printf("## MSTK2440 UART - Polling TX/RX Program ##\n");

    rGPHCON = (rGPHCON & ~0xFF0);              // 해당비트 클리어
    // Setup to TXD0   RXD0   TXD1   RXD1
    rGPHCON |= (2<<4)+(2<<6)+(2<<8)+(2<<10); // GPBH 2,3,4,5

    Isr_Init();
    Uart_Init0(115200);
    Uart_Init1(115200);

    while(1)
    {
        Uart_TxByte0(Uart_RxByte0());
//      Uart_TxByte1(Uart_RxByte1());
    }//while
}

void Uart_Init0(unsigned baud)
{
    rUFCON0 = 0x0;                          // UART0 FIFO disable
    rUMCON0 = 0x0;                          // UART0 AFC disable
    rULCON0 = 0x3;                          // Normal,No parity,1 stop,8 bits
    rUCON0 |= (1<<2) | (1<<0);              // Use PCLK clock, UCON0[11:10]=00
                                            // TX/RX Interrupt or Polling mode
```

```
    rUBRDIV0=( (int)(PCLK/16/baud) -1 );    // Baud rate divisior
}

void Uart_Init1(unsigned baud)
{
    rUFCON1 = 0x0;                          // UART1 FIFO disable
    rUMCON1 = 0x0;                          // UART1 AFC disable
    rULCON1 = 0x3;                          // Normal, No parity, 1 stop, 8bits
    rUCON1 |= (1<<2) | (1<<0);              // Use PCLK clock, UCON1[11:10]=00
                                            // TX/RX Interrupt or Polling mode
    rUBRDIV1=( (int)(PCLK/16/baud) -1 );    // Baud rate divisior
}

void Uart_TxByte0(unsigned char data)       // UART0 Transmit
{
    while(!(rUTRSTAT0 & 0x2));              // Wait until THR is empty.
    WrUTXH0(data);
}

void Uart_TxByte1(unsigned char data)       // UART1 Transmit
{
    while(!(rUTRSTAT1 & 0x2));              // Wait until THR is empty.
    WrUTXH1(data);
}

unsigned char Uart_RxByte0(void)            // UART0 Receive
{
    while(!(rUTRSTAT0 & 0x1));              // Receive data ready
    return RdURXH0();
}

unsigned char Uart_RxByte1(void)            // UART1 Receive
{
    while(!(rUTRSTAT1 & 0x1));              // Receive data ready
    return RdURXH1();
}

void Isr_Init(void)
{
    rINTMOD=0x0;                            // All=IRQ mode
    rINTMSK=BIT_ALLMSK;                     // All interrupt is masked.
}
```

먼저 UART0을 설정하는 함수에 대해 살펴보자. 여기에서는 115200bps, No parity, 1stop bit, 8bit data로 설정해야 한다.

```
void Uart_Init0(unsigned baud)
{
    rUFCON0 = 0x0 ;                          // UART0 FIFO disable
    rUMCON0 = 0x0 ;                          // UART0 AFC disable
    rULCON0 = 0x3 ;                          // Normal,No parity,1 stop,8 bits
    rUCON0 |= (1<<2) | (1<<0) ;              // Use PCLK clock, UCON0[11:10]=00
                                             // TX/RX Interrupt or Polling mode
    rUBRDIV0=( (int)(PCLK/16/baud) -1 ) ;    // Baud rate divisior
}
```

FIFO와 자동흐름제어(AFC)를 사용하지 않으므로 둘 다 Disable시킨다. UART 라인 제어 레지스터(ULCON0)를 다음과 같이 설정한다.

- 적외선통신 모드 : ULCON0[6]=0 → Normal 모드
- 패리티 모드 : ULCON0[5:3]=000 → No 패리티
- 정지비트 개수 : ULCON0[2]=0 → 1 정지비트
- 데이터비트 개수 : ULCON0[1:0]=11 → 8비트

그리고 UART 제어 레지스터(UCON0)를 PCLK클럭 사용과 '인터럽트 or Polling' 모드로 설정한다. 마지막으로 앞에서 설명했던 계산수식에 따라 보레이트를 정하는 Divisor 레지스터(UBRDIV0) 값을 설정한다.
다음의 코드는 UART0의 Polling 방식 송수신 함수들이다.

```
void Uart_TxByte0(unsigned char data)        // UART0 Transmit
{
    while(!(rUTRSTAT0 & 0x2));               // Wait until THR is empty.
    WrUTXH0(data);
}
unsigned char Uart_RxByte0(void)             // UART0 Receive
{
    while(!(rUTRSTAT0 & 0x1));               // Receive data ready
    return RdURXH0();
}
```

송신 방법은 우선 UART 송/수신 상태 레지스터(UTRSTAT0)의 URTSTAT[1] 비트를 확인하여 송신버퍼가 비었는지 확인한다. 송신버퍼가 비어 있으면 URTSTAT[1]=1이 된다. 이 경우 while루프를 빠져나가 WrUTXH0() 매크로 함수를 실행하여 데이터를 송신한다. WrUTXH0() 매크로 함수는 송신버퍼 레지스터(UTXH0)에 송신할 데이터를 대입하는 함수이다. 2440addr.h 헤더파일에 다음과 같이 정의되어 있다.

```
#define WrUTXH0(ch) (*(volatile unsigned char *)0x50000020) = (unsigned char)(ch)
```

마찬가지로 수신 방법은 송/수신 상태 레지스터(UTRSTAT0)의 UTRSTAT[0] 비트를 확인하여 수신된 데이터가 있는지 확인한다. 만약 수신된 데이터가 있으면 UTRSTAT0[0]=1이 되어, while루프를 빠져나가 RdURXH0() 매크로 함수를 실행시킨다. RdURXH0() 매크로 함수는 수신버퍼 레지스터(URXH0)의 값을 가져오는 함수이다. 2440addr.h 헤더파일에 다음과 같이 정의되어 있다.

```
#define RdURXH0()    (*(volatile unsigned char *)0x50000024)
```

UART1에 대해서도 똑같이 적용할 수 있다. UART0에 대해 먼저 실험을 해보자. UART0 실험이 끝나면 while 루프 안의 Uart_TxByte1(Uart_RxByte1()) 코드를 활성화시키고 반대로 Uart_TxByte0(Uart_RxByte0()) 코드를 주석처리 한다. 케이블을 P2에 연결하여 똑같은 실험을 해보자.

9.4.1의 프로그램에서는 데이터가 수신될 때까지 기다리기 때문에 동시에 두 통신 포트에 대해 실험할 수 없다. 대신 프로그램을 수신할 때까지 기다리게 하지 않고 수신된 데이터가 있는지만 확인하는 함수를 제작해 문제점을 해결할 수 있다. 예를 들면 다음과 같이 수정할 수 있다.

```
//함수 수정

unsigned char Uart_RxReady0(void)
{
    if(rUTRSTAT0 & 0x01)
        return(TRUE);
    else
        return(FALSE)
}
unsigned char Uart_RxBuffer0(void)          // Read Rx Data
{
    return RdURXH0();
}
unsigned char Uart_RxReady1(void)
{
    if(rUTRSTAT1 & 0x01)
        return(TRUE);
    else
        return(FALSE)
}
```

```
unsigned char Uart_RxBuffer1(void)          // Read Rx Data
{
    return RdURXH1();
}
```

```
//while문 수정

    while(1)
    {
        if(Uart_RxReady0())
            Uart_TxByte0(Uart_RxBuffer0());
        if(Uart_RxReady1())
            Uart_TxByte1(Uart_RxBuffer1());
    }
```

프로그램을 수정하여 실행해 보도록 하자. 인터럽트를 이용해도 인터럽트가 발생할 때만 처리하기 때문에 대기 상태가 불필요하다. 간단한 프로그램에서는 인터럽트를 사용하지 않고 위에서처럼 처리해도 된다.

[그림 9.6]은 UART0과 UART1을 이용해 PC에서 전송한 데이터를 그대로 PC로 에코시키는 결과를 보여준다.

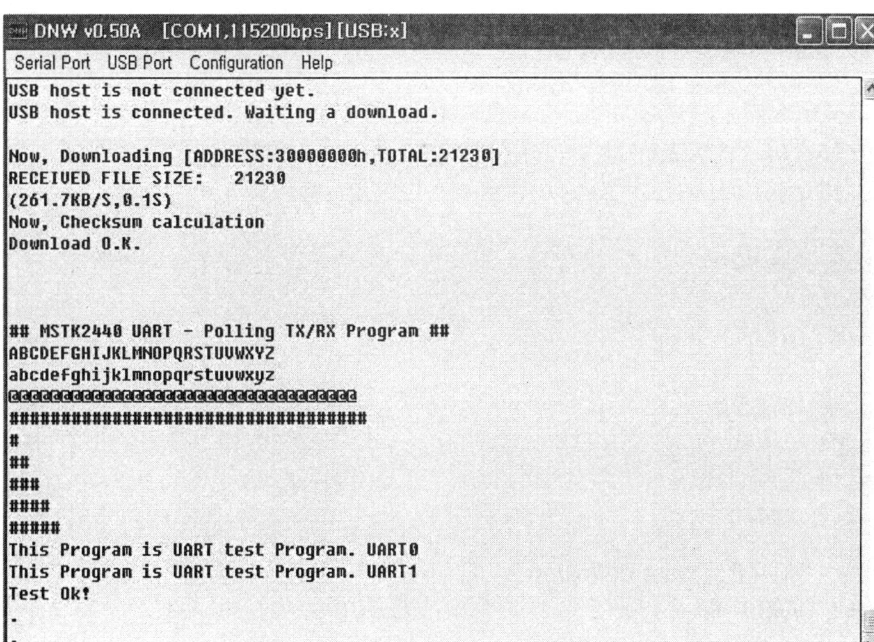

[그림 9.6] UART Polling 방식 실험

9.4.2 인터럽트 방식의 UART 통신 실험

9.4.2에서는 인터럽트 방식을 이용해 UART 통신 실험을 해보자. 인터럽트 방식은 송수신 조건에 따라 인터럽트가 발생하면 데이터를 송수신하는 방식이다.

▶ 실험 내용

UART를 115200bps(No parity, 1stop bit, 8bit data)로 설정하여 PC로부터 수신받은 데이터를 그대로 PC로 송신하는 프로그램을 제작한다. UART0과 UART1에 통신 케이블을 번갈아 접속하여 실행결과를 확인해보자.

▶ 프로그램

ADS를 실행하여 Uart_Int라는 프로젝트(Uart_Int.mcp)를 만들고 필요한 파일들을 프로젝트에 등록시킨다. DebugRel 모드로 선택하고 옵션들을 설정해 준다. main_app.c 파일을 새로 만들어 다음의 리스트와 같이 내용을 작성한다. 또는 Chapter9 폴더의 Uart_Int 폴더 안의 Uart_Int.mcp 프로젝트 파일을 오픈한다. 프로그램을 컴파일하고 DNW를 이용해 바이너리 파일을 다운로드 시켜 실행해 본다. main_app.c 리스트를 보자.

```
//-------------------------------------------------------------
// Project : MSTK2440 UART Interrupt Test, UART_Int.mcp
// Description : UART TX/RX 인터럽트 테스트 프로그램
//-------------------------------------------------------------
#include <stdlib.h>
#include <string.h>
#include "def.h"
#include "option.h"
#include "2440addr.h"
#include "2440lib.h"
#include "2440slib.h"
#include "mmu.h"

//----------- Constant Definition -------------------------
#define UART0  0                          // UART0

//----------- Function Declaration ------------------------
void Isr_Init(void);                      // 인터럽트 초기화
void Uart_Init0(unsigned baud);           // UART0 초기화
```

```
void __irq Uart0_TxRxInt(void);              // UART0 인터럽트 처리 ISR?
void sub_Uart0_TxInt(void);                  // TX 인터럽트 처리
void sub_Uart0_RxInt(void);                  // RX 인터럽트 처리
void sub_Uart0_RxErrInt(void);               // RX Error 인터럽트 처리

//----------- Global Variables -------------------------
unsigned char rxdata;
unsigned char isready;

//----------- Main Function ----------------------------
void Main(void)
{
    unsigned char i;

    #if ADS10
    __rt_lib_init(); //for ADS 1.x Run-Time Library Init
    #endif

    Port_Init();
    ChangeUPllValue(60,4,2);                 // 48MHz for USB
    for(i=0; i<7; i++);
    ChangeClockDivider(13,12);               // FCLK:HCLK:PCLK  1:1/3:1/6
    ChangeMPllValue(97,1,2);                 // 296Mhz
    Uart_Init(UART0,115200);                 // UART0, 115200bps
    Uart_Select(UART0);                      // UART0 selected for debugging
    MMU_Init();
    Delay(0);                                // Calibrate Delay()

    Uart_Printf("\n\n");
    Uart_Printf("## MSTK2440 UART - Interrupt TX/RX Program ##\n");

    rGPHCON = (rGPHCON & ~0xF0);             // 해당비트 클리어
   // Setup to TXD0   RXD0
    rGPHCON |= (2<<4)+(2<<6);                // GPBH 2,3,4,5

    Isr_Init();
    Uart_Init0(115200);

    while(1)
    {
    }//while
}

void Uart_Init0(unsigned baud)
{
```

```
    rUFCON0 = 0x0;                              // UART0 FIFO disable
    rUMCON0 = 0x0;                              // UART0 AFC disable
    rULCON0 = 0x3;                              // Normal,No parity,1 stop,8 bits

    // Use PCLK clock, UCON0[11:10]=00, TX/RX Interrupt or Polling mode
    // Rx Error Status Interrupt Enable
    rUCON0 |= (0<<9)|(0<<8)|(0<<7)|(1<<6)|(0<<5)|(0<<4)|(1<<2)|(1);

    rUBRDIV0=((int)(PCLK/16/baud) -1);          // Baud rate divisior
}

void Isr_Init(void)
{
    rINTMOD=0x0;                                // All=IRQ mode
    rINTMSK=BIT_ALLMSK;                         // All interrupt is masked.
    pISR_UART0=(unsigned)Uart0_TxRxInt;
    Uart_TxEmpty(1);                            // wait until tx buffer is empty.
    rINTMSK = ~(BIT_UART0);                     // UART0 Interrupt Enable
    rINTSUBMSK = ~(BIT_SUB_TXD0|BIT_SUB_RXD0|BIT_SUB_ERR0);
}

void __irq Uart0_TxRxInt(void)
{
    if(rSUBSRCPND & BIT_SUB_RXD0)               // RX Interrupt
        sub_Uart0_RxInt();
    else if(rSUBSRCPND & BIT_SUB_TXD0)          // TX Interrupt
        sub_Uart0_TxInt();
    else
        sub_Uart0_RxErrInt();                   // RX Error Interrupt
}

void sub_Uart0_RxInt(void)
{
    rINTSUBMSK|=(BIT_SUB_RXD0|BIT_SUB_TXD0|BIT_SUB_ERR0);        // Int Disable
    rxdata = RdURXH0();
    isready = 1;
    ClearPending(BIT_UART0);                    // Clear master pending
    rSUBSRCPND=(BIT_SUB_RXD0);                  // Clear Sub int pending
    rINTSUBMSK &= ~(BIT_SUB_RXD0|BIT_SUB_TXD0|BIT_SUB_ERR0); // Int Enable
}

void sub_Uart0_TxInt(void)
{
    rINTSUBMSK|=(BIT_SUB_RXD0|BIT_SUB_TXD0|BIT_SUB_ERR0);        // Int Disable
    if(isready)    // if received data ready
```

```
        {
            WrUTXH0(rxdata);
            isready=0;
        }
        ClearPending(BIT_UARTO);                    // Clear master pending
        rSUBSRCPND=(BIT_SUB_TXD0);                  // Clear Sub int pending
        rINTSUBMSK &= ~(BIT_SUB_RXD0|BIT_SUB_TXD0|BIT_SUB_ERR0); // Int Enable
}

void sub_Uart0_RxErrInt(void)
{
        U32 iStatus;

        rINTSUBMSK|=(BIT_SUB_RXD0|BIT_SUB_TXD0|BIT_SUB_ERR0);       // Int Disable
        iStatus = rUERSTAT0; // to clear and check the status of register bits
        switch(iStatus)            // 읽기만 해도 에러비트가 클리어 된다
        {
            case 1: Uart_Printf("Overrun error!\n");
                    break;
            case 2: Uart_Printf("Parity error!\n");
                    break;
            case 4: Uart_Printf("Frame error!\n");
                    break;
            case 6: Uart_Printf("Parity, Frame error!\n");
                    break;
            case 8: Uart_Printf("Breake detect\n");
                    break;
            case 0xa: Uart_Printf("Parity error & Break detect!\n");
                    break;
            case 0xc: Uart_Printf("Frame error & Breake detect\n");
                    break;
            case 0xe: Uart_Printf("Parity, Frame error & Break detect!\n");
                    break;
            default : Uart_Printf("Unknown error : 0x%x\n", iStatus);
                    break;
        }
        ClearPending(BIT_UARTO);                    // Clear master pending
        rSUBSRCPND=(BIT_SUB_ERR0);                  // Clear Sub int pending
        rINTSUBMSK &= ~(BIT_SUB_RXD0|BIT_SUB_TXD0|BIT_SUB_ERR0); // Int Enable
}
```

UART를 설정하는 함수는 9.4.1의 예제와 같으므로 먼저 인터럽트를 설정하는 함수부터 보자.

```
void Isr_Init(void)
{
     rINTMOD=0x0;                              // All=IRQ mode
     rINTMSK=BIT_ALLMSK;                       // All interrupt is masked.
    pISR_UART0=(unsigned)Uart0_TxRxInt;
    Uart_TxEmpty(1);                           // wait until tx buffer is empty.
    rINTMSK = ~(BIT_UART0);                    // UART0 Interrupt Enable
    rINTSUBMSK = ~(BIT_SUB_TXD0|BIT_SUB_RXD0|BIT_SUB_ERR0);
}
```

pISR_UART0라는 포인터 변수에 Uart0_TxRxInt() 인터럽트 서비스 루틴(ISR)의 주소를 대입해 UART0 인터럽트에 해당되는 제2EVT를 초기화한다. 그리고 INTMSK 레지스터에서 UART0을 Enable 시키고, INTSUBMSK 레지스터에서 UART0 인터럽트의 서브 인터럽트 소스인 TXD0, RXD0, ERR0 인터럽트를 Enable시킨다. UART0 인터럽트가 발생하면 UART0 인터럽트 서비스 루틴에서 TXD0, RXD0, ERR0 중에 어떤 인터럽트인지 판별해야 한다.
ISR은 서브 인트럽트 소스가 무엇인지를 판별하여 송신, 수신, 에러를 처리할 수 있다. 다음의 코드를 보자.

```
void __irq Uart0_TxRxInt(void)
{
     if(rSUBSRCPND & BIT_SUB_RXD0)             // RX Interrupt
          sub_Uart0_RxInt();
     else if(rSUBSRCPND & BIT_SUB_TXD0)        // TX Interrupt
          sub_Uart0_TxInt();
     else
          sub_Uart0_RxErrInt();                // RX Error Interrupt
}
```

서브 소스 펜딩 레지스터(SUBSRCPND)에서 서브 소스가 무엇인지 확인할 수 있다. 만약 해당 비트가 1이면 RXD0(SUBSRCPND[0]), TXD0 (SUBSRCPND[1]), ERR0 (SUBSRCPND[2]) 중 한 인터럽트가 발생한 것이다.
RXD0 인터럽트이면 sub_Uart0_RxInt() 함수를 실행하고, TXD0 인터럽트이면 sub_Uart0_TxInt() 함수를 ERR0 인터럽트이면 sub_Uart0_RxErrInt() 함수를 실행한다. 먼저 sub_Uart0_RxInt() 함수에 대해 살펴보자.

```
void sub_Uart0_RxInt(void)
{
    rINTSUBMSK|=(BIT_SUB_RXD0|BIT_SUB_TXD0|BIT_SUB_ERR0);        // Int Disable
    rxdata = RdURXH0();
    isready = 1;
    ClearPending(BIT_UART0);                  // Clear master pending
    rSUBSRCPND=(BIT_SUB_RXD0);                // Clear Sub int pending
     rINTSUBMSK &= ~(BIT_SUB_RXD0|BIT_SUB_TXD0|BIT_SUB_ERR0); // Int Enable
}
```

먼저 인터럽트 처리 도중 인터럽트가 발생하는 것을 방지하기 위해 UART 관련 인터럽트들을 비활성화시킨다. 그리고 수신된 데이터를 읽어내고 isready라는 변수를 1로 셋 시킨다. 인터럽트 펜딩비트들을 클리어 시키고 다시 인터럽트를 활성화한다. 다음은 데이터 송신 함수이다.

```
void sub_Uart0_TxInt(void)
{
    rINTSUBMSK|=(BIT_SUB_RXD0|BIT_SUB_TXD0|BIT_SUB_ERR0);        // Int Disable
    if(isready)                               // if received data ready
    {
        WrUTXH0(rxdata);
        isready=0;
    }
    ClearPending(BIT_UART0);                  // Clear master pending
    rSUBSRCPND=(BIT_SUB_TXD0);                // Clear Sub int pending
     rINTSUBMSK &= ~(BIT_SUB_RXD0|BIT_SUB_TXD0|BIT_SUB_ERR0); // Int Enable
}
```

송신 인터럽트의 경우 송신버퍼가 비어있으면 반복적으로 인터럽트가 발생한다. 이 프로그램에서는 송신 인터럽트가 발생하면 수신된 데이터가 있는지 확인하여 수신된 데이터를 그대로 송신시킨다.

수신 중에 수신오류가 발생하면 ERROR 인터럽트가 발생한다. 이때 UART 에러 상태 레지스터(UERSTAT0)의 값을 읽으면 에러 상태를 알 수 있다. UERSTAT0레지스터의 값은 한번 읽고 나면 자동으로 클리어 된다. 에러 상태는 프로그램에서처럼 레지스터의 에러비트를 조합하여 8가지 에러를 검출할 수 있다.

이 프로그램에서는 UART0에 대해서만 인터럽트를 설정하였다. UART1에 대해서도 UART0와 같은 방법으로 설정하면 쉽게 테스트 할 수 있다. [그림 9.7]에서 실행결과를 보여주고 있다.

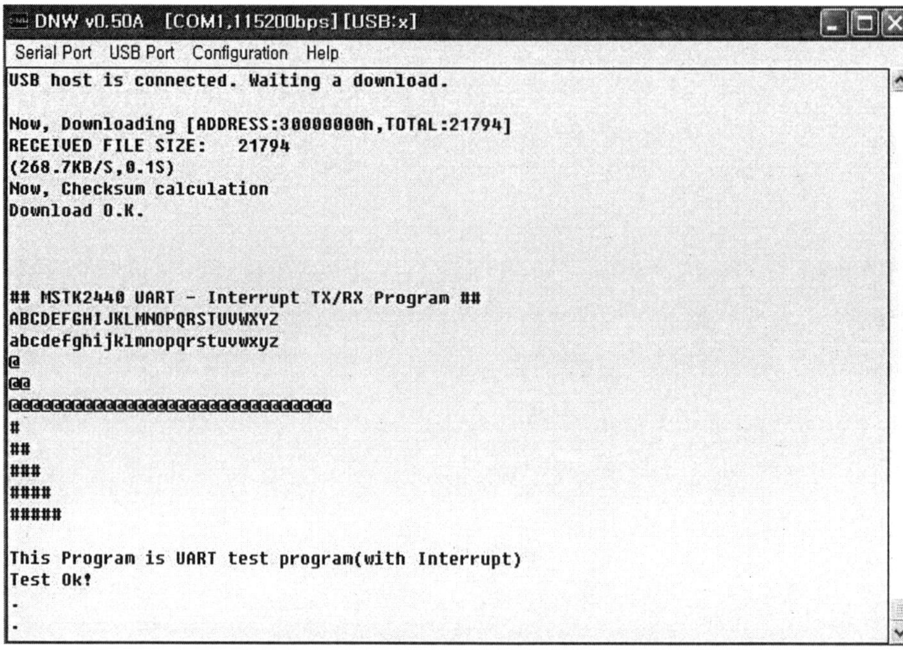

[그림 9.7] UART 인터럽트 방식 실험

제10장 USB Controller

10. USB Controller

USB(Universal Serial Bus)는 기존의 PC와 주변기기간의 인터페이스를 통합해 나가는 것을 목적으로 Compaq, Intel, Microsoft, NEC의 엔지니어들이 모여서 차세대의 주변 인터페이스에 대해 공동연구를 시작한 것이 USB 탄생의 기원이다. 이후에, DEC, IBM, Northern Telecom사가 개발에 합류하여 모두 일곱 개 회사에 의해 1995년에 0.9판의 사양서가 발행됨으로써 USB의 정체가 공개되었고, USB의 보급을 목표로 하는 추진 단체인 USB Implementers Forum도 설립되어 가장 유력한 차세대 표준 주변 인터페이스로서 급속히 주목받게 되었다.

1996년 정식 기능 사양서인 USB1.0 버전이 공개됨과 동시에 컨트롤러 LSI가 제품화되고, USB1.0 버전은 12Mbps(full speed)의 속도를 가지며 1999년 10월에 등장한 USB2.0은 480Mbps(high speed)라는 초고속 전송이 가능해졌다. 현재는 Wireless USB라는 표준 사양을 정하고 PC 주변 장치를 한 프로토콜로 통일하여 무선화 할 수 있는 기반을 마련했다. Wireless USB의 경우 3m 거리에서 480Mbps, 10m 거리에서 100Mbps의 속도를 보장할 만큼 고속의 무선 인터페이스이다. S3C2410A, S3C2440A는 USB HOST와 USB DEVICE 인터페이스를 지원하며 USB version 1.1과 호환된다.

10.1 USB Host

S3C2440A에는 두 개의 USB Host 인터페이스가 내장되어 있다. 즉 PC처럼 USB 장치를 연결할 수 있는 호스트 인터페이스가 있다는 의미다. 보통 PC의 경우 USB 장치 제조사나 Microsoft에서 드라이버를 제공하기 때문에 쉽게 사용할 수 있으나, S3C2440A에서 사용하기 위해서는 거기에 맞는 적절한 드라이버나 펌웨어가 있어야 한다. 그 기본적인 특징은 다음과 같다.

OHCI Rev 1.0 호환
USB Rev 1.1 호환
두 개의 다운 스트림(Down Stream) 포트
Low Speed와 Full Speed USB 장치 지원

USB는 그 내용만으로도 책 한 권 이상의 분량이다. 내용 자체가 상당히 복잡할 뿐더

러 USB 제어용 칩들 또한 다루기가 까다롭다. 요즘은 시중에 USB 동작 알고리즘을 ASIC화하여 나온 칩들이 많으나 사용의 편의성에 비해 그 성능이 떨어지는 편이다. 그래서 보통은 USB 컨트롤러 칩 제조 메이커에서 제공하는 레퍼런스를 기준으로 USB 장치를 제작 하는 경우가 많다. 이 책에서는 USB 컨트롤러의 기본적인 내용만을 다루고 실제 여러분이 PC와 USB로 통신해볼 수 있는 프로그램의 예를 드는 정도만 언급할 것이다.

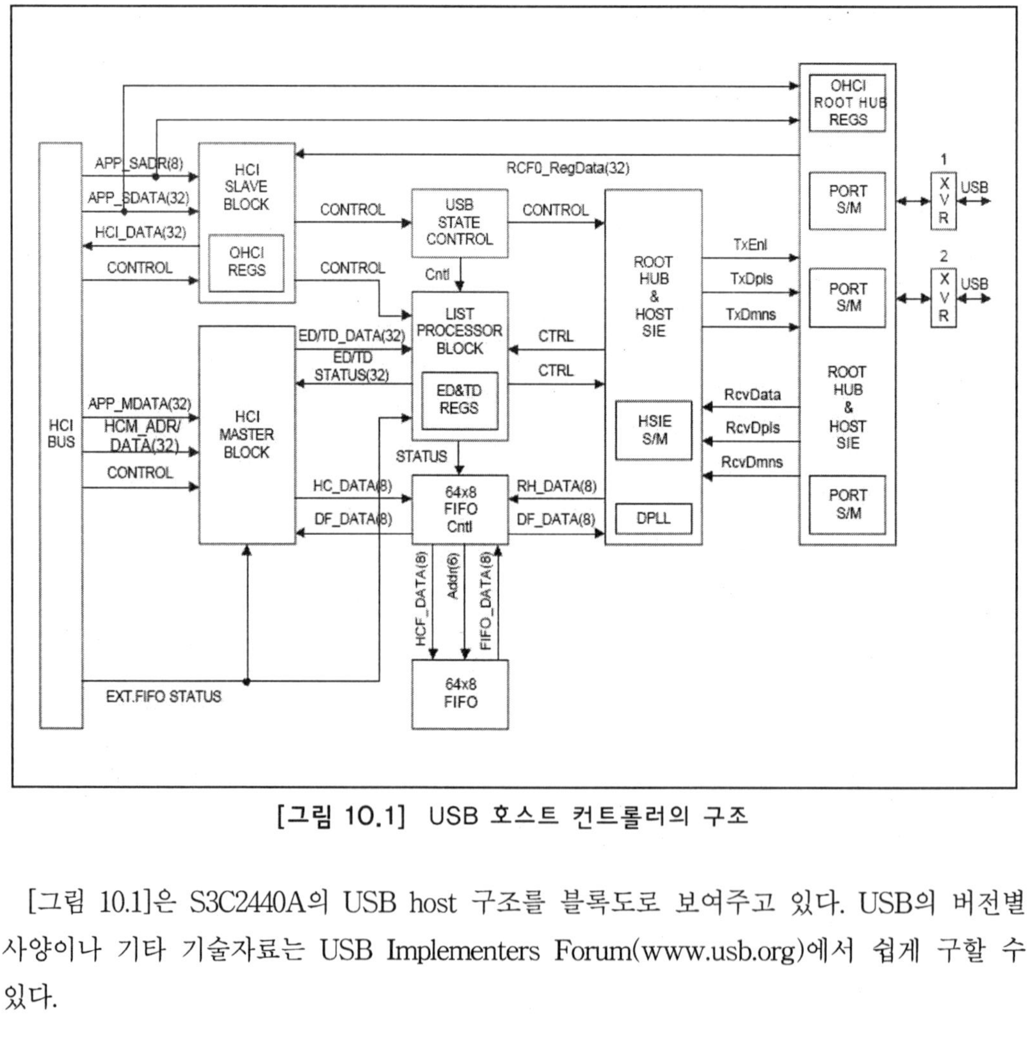

[그림 10.1] USB 호스트 컨트롤러의 구조

[그림 10.1]은 S3C2440A의 USB host 구조를 블록도로 보여주고 있다. USB의 버전별 사양이나 기타 기술자료는 USB Implementers Forum(www.usb.org)에서 쉽게 구할 수 있다.

▶ USB 호스트 컨트롤러 특수 레지스터 (USB Host Controller Special Register)

S3C2440A의 USB 호스트는 OHCI(Open Host Controller Interface) Rev 1.0 사양을 기준으로 설계되었다.

USB 호스트 컨트롤러 OHCI 레지스터

레지스터	베이스 어드레스	R/W	설 명	초기값
HcRevision	0x49000000		Control and status group	
HcControl	0x49000004			
HcCommonStatus	0x49000008			
HcInterruptStatus	0x4900000C			
HcInterruptEnable	0x49000010			
HcInterruptDisable	0x49000014			
HcHCCA	0x49000018		Memory pointer group	
HcPeriodCuttentED	0x4900001C			
HcControlHeadED	0x49000020			
HcControlCurrentED	0x49000024			
HcBulkHeadED	0x49000028			
HcBulkCurrentED	0x4900002C			
HcDoneHead	0x49000030			
HcRmInterval	0x49000034		Frame counter group	
HcFmRemaining	0x49000038			
HcFmNumber	0x4900003C			
HcPeriodicStart	0x49000040			
HcLSThreshold	0x49000044			
HcRhDescriptorA	0x49000048		Root hub group	
HcRhDescriptorB	0x4900004C			
HcRhStatus	0x49000050			
HcRhPortStatus1	0x49000054			
HcRhPortStatus2	0x49000058			

10.2 USB Device

S3C2440A의 USB 컨트롤러는 DMA 인터페이스를 이용해 Full Speed 모드 지원이 가능하고, DMA나 인터럽트 또는 기타 제어방법에 의해 Bulk 전송 모드를 지원한다.

USB Rev 1.1 호환 Full Speed USB 디바이스 컨트롤러
DMA를 이용한 Bulk 전송 모드
FIFO를 가진 다섯 개의 엔드포인트(Endpoint)
  EP0 : 16바이트(레지스터)
  EP1 : 128바이트 입/출력 FIFO(듀얼 포트 비동기 RAM) : 인터럽트 or DMA
  EP2 : 128바이트 입/출력 FIFO(듀얼 포트 비동기 RAM) : 인터럽트 or DMA
  EP3 : 128바이트 입/출력 FIFO(듀얼 포트 비동기 RAM) : 인터럽트 or DMA
  EP4 : 128바이트 입/출력 FIFO(듀얼 포트 비동기 RAM) : 인터럽트 or DMA
    USB 트랜시버(Transceiver)

[그림 10.2]는 USB 디바이스 컨트롤러의 기본구조이다.

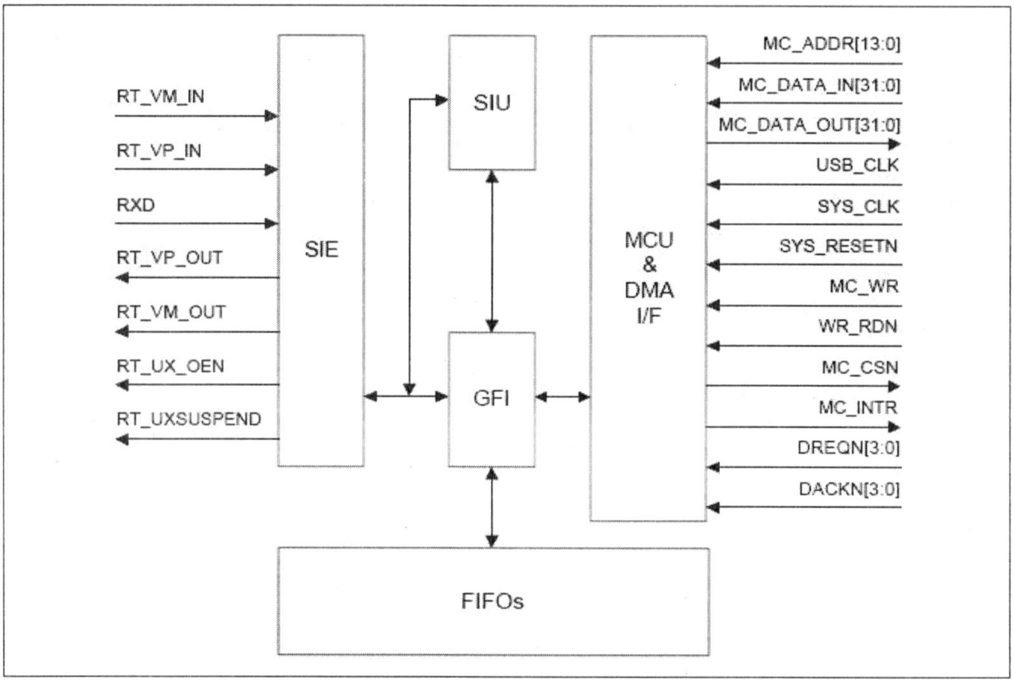

[그림 10.2] USB 디바이스 컨트롤러의 구조

▶ USB 디바이스 컨트롤러 특수 레지스터(USB Device Controller Specia Register)

레지스터	설 명	옵셋 어드레스
Non Indexed Registers		
FUNC_ADDR_REG	Function address register	0x140(L) / 0x143(B)
PWR_REG	Power management register	0x144(L) / 0x147(B)
EP_INT_REG (EP0EP4)	Endpoint interrupt register	0x148(L) / 0x14B(B)
USB_INT_REG	USB interrupt register	0x158(L) / 0x15B(B)
EP_INT_EN_REG (EP0EP4)	Endpoint interrupt enable register	0x15C(L) / 0x15F(B)
USB_INT_EN_REG	USB Interrupt enable register	0x16C(L) / 0x16F(B)
FRAME_NUM1_REG	Frame number 1 register	0x170(L) / 0x173(B)
FRAME_NUM2_REG	Frame number 2 register	0x174(L) / 0x177(B)
INDEX_REG	Index register	0x178(L) / 0x17B(B)
EP0_FIFO_REG	Endpoint0 FIFO register	0x1C0(L) / 0x1C3(B)
EP1_FIFO_REG	Endpoint1 FIFO register	0x1C4(L) / 0x1C7(B)
EP2_FIFO_REG	Endpoint2 FIFO register	0x1C8(L) / 0x1CB(B)
EP3_FIFO_REG	Endpoint3 FIFO register	0x1CC(L) / 0x1CF(B)
EP4_FIFO_REG	Endpoint4 FIFO register	0x1D0(L) / 0x1D3(B)
EP1_DMA_CON	Endpoint1 DMA control register	0x200(L) / 0x203(B)

EP1_DMA_UNIT	Endpoint1 DMA unit counter register	0x204(L) / 0x207(B)
EP1_DMA_FIFO	Endpoint1 DMA FIFO counter register	0x208(L) / 0x20B(B)
EP1_DMA_TTC_L	Endpoint1 DMA transfer counter low-byte register	0x20C(L) / 0x20F(B)
EP1_DMA_TTC_M	Endpoint1 DMA transfer counter middle-byte register	0x210(L) / 0x213(B)
EP1_DMA_TTC_H	Endpoint1 DMA transfer counter high-byte register	0x214(L) / 0x217(B)
EP2_DMA_CON	Endpoint2 DMA control register	0x218(L) / 0x21B(B)
EP2_DMA_UNIT	Endpoint2 DMA unit counter register	0x21C(L) / 0x21F(B)
EP2_DMA_FIFO	Endpoint2 DMA FIFO counter register	0x220(L) / 0x223(B)
EP2_DMA_TTC_L	Endpoint2 DMA transfer counter low-byte register	0x224(L) / 0x227(B)
EP2_DMA_TTC_M	Endpoint2 DMA transfer counter middle-byte register	0x228(L) / 0x22B(B)
EP2_DMA_TTC_H	Endpoint2 DMA transfer counter high-byte register	0x22C(L) / 0x22F(B)
EP3_DMA_CON	Endpoint3 DMA control register	0x240(L) / 0x243(B)
EP3_DMA_UNIT	Endpoint3 DMA unit counter register	0x244(L) / 0x247(B)
EP3_DMA_FIFO	Endpoint3 DMA FIFO counter egister	0x248(L) / 0x24B(B)
EP3_DMA_TTC_L	Endpoint3 DMA transfer counter low-byte register	0x24C(L) / 0x24F(B)
EP3_DMA_TTC_M	Endpoint3 DMA transfer counter middle-byte register	0x250(L) / 0x253(B)
EP3_DMA_TTC_H	Endpoint3 DMA transfer counter high-byte register	0x254(L) / 0x247(B)
EP4_DMA_CON	Endpoint4 DMA control register	0x258(L) / 0x25B(B)
EP4_DMA_UNIT	Endpoint4 DMA unit counter register	0x25C(L) / 0x25F(B)
EP4_DMA_FIFO	Endpoint4 DMA FIFO counter register	0x260(L) / 0x263(B)
EP4_DMA_TTC_L	Endpoint4 DMA transfer counter low-byte register	0x264(L) / 0x267(B)
EP4_DMA_TTC_M	Endpoint4 DMA transfer counter middle-byte register	0x268(L) / 0x26B(B)
EP4_DMA_TTC_H	Endpoint4 DMA transfer counter high-byte register	0x26C(L) / 0x26F(B)
Common Indexed Registers		
MAXP_REG	Endpoint MAX packet register	0x180(L) / 0x183(B)
In Indexed Registers		
IN_CSR1_REG/EP0_CSR	EP In control status register 1/EP0 control status register	0x184(L) / 0x187(B)
IN_CSR2_REG	EP In control status register 2	0x188(L) / 0x18B(B)
Out Indexed Registers		
OUT_CSR1_REG	EP out control status register 1	0x190(L) / 0x193(B)
OUT_CSR2_REG	EP out control status register 2	0x194(L) / 0x197(B)
OUT_FIFO_CNT1_REG	EP out write count register 1	0x198(L) / 0x19B(B)
OUT_FIFO_CNT2_REG	EP out write count register 2	0x19C(L) / 0x19F(B)

10.3 USB 기능 연습

MSTK2440은 USB 포트를 이용해 PC와 데이터 통신을 할 수가 있다. 여기서는 PC로부터의 데이터 수신 기능 및 USB 동작에 대한 개념을 실험을 통해서 알아보도록 한다.

10.3.1 USB 다운로드 실험

Host PC에 S3C2440용 USB 드라이버(삼성전자 제공)를 설치하고 MSTK2440 전원을 켠다. USB 드라이버가 인식되면 DNW를 실행하고 원하는 번지에 파일을 전송하여 보고 내부적으로 어떻게 동작하는지 알아보도록 하자.

▶ 실험 내용

PC에서 Text 파일을 만들어서 USB 채널을 통해 MSTK2440에 전송하고 USB Download 프로그램은 받은 파일을 UART 채널을 통해 화면에 다시 표시하는 실험을 하고자 한다.

▶ 프로그램

ADS를 실행하여 Chapter10 폴더의 USB_dowmload 폴더 안의 USB_download.mcp 프로젝트 파일을 오픈 한다. 프로그램을 컴파일하고 DNW를 이용해 바이너리 파일을 다운로드 시켜 실행해 본다. main_app.c 리스트를 보자.

```
/*-----------------------------------------------------------------
 Project : MSTK2440 USB Download Test Program, Usb_download.mcp
 Description : USB를 이용한 file download 테스트 프로그램
-----------------------------------------------------------------*/

#include <stdlib.h>
#include <string.h>
#include "def.h"
#include "option.h"
#include "2440addr.h"
#include "2440lib.h"
#include "2440slib.h"
#include "mmu.h"
#include "usbmain.h"
```

```
#include "usbout.h"
#include "usblib.h"
#include "2440usb.h"

void Isr_Init(void);
void WaitDownload(void);
void Menu(void);
void ClearMemory(void);

volatile U32 downloadAddress;
void (*restart)(void)=(void (*)(void))0x0;
void (*run)(void);

volatile unsigned char *downPt;
volatile U32 downloadFileSize;
volatile U16 checkSum;
volatile unsigned int err=0;
volatile U32 totalDmaCount;

volatile int isUsbdSetConfiguration;

int download_run=0;
U32 tempDownloadAddress;
int menuUsed=0;

extern char Image$$RW$$Limit[];
U32 *pMagicNum=(U32 *)Image$$RW$$Limit;

//---------- Constant Definition ----------------------
#define UART0   0                              // UART0
#define USB_RAMSTART_ADDRESS    (U8 *)0x31000000

void Main(void)
{
    char *mode;
    int i,j;
    U8 key;
    U32 mpll_val, divn_upll=0;

    #if ADS10
    __rt_lib_init();                           // for ADS 1.0
    #endif

    Port_Init();
    // USB device detection control
    rGPGCON &= ~(3<<24);
```

```
    rGPGCON |=  (1<<24);                    // output
    rGPGUP  |=  (1<<12);                    // pullup disable
    rGPGDAT |=  (1<<12);                    // output

    ChangeUPllValue(60,4,2);                // 48MHz
    for(i=0; i<7; i++);
    ChangeClockDivider(13,12);
    ChangeMPllValue(97,1,2);                // 296Mhz

    Isr_Init();

    Uart_Init(0,115200);
    Uart_Select(UART0);

    rMISCCR=rMISCCR&~(1<<3);               // USBD is selected instead of USBH1
    rMISCCR=rMISCCR&~(1<<13);              // USB port 1 is enabled.

//  USBD should be initialized first of all.

    isUsbdSetConfiguration=0;

    UsbdMain();
    MMU_Init();     // MMU should be reconfigured or turned off for the debugger,

    Delay(0);       // calibrate Delay()

    pISR_SWI=(_ISR_STARTADDRESS+0xf0);    // for pSOS

    Led_Display(0x6);

#if USBDMA
    mode="DMA";
#else
    mode="Int";
#endif

    mpll_val = rMPLLCON;
    Uart_Printf("DIVN_UPLL%x\n", divn_upll);
    Uart_Printf("MPLLVal [M:%xh,P:%xh,S:%xh]\n", (mpll_val&(0xff<<12))>>12,
              (mpll_val&(0x3f<<4))>>4,(mpll_val&0x3));
    Uart_Printf("CLKDIVN:%xh\n", rCLKDIVN);

    Uart_Printf("\n\n");
    Uart_Printf("---------------------------------------------\r");
    Uart_Printf("MSTK2440 USB Download Test Program\n");
    Uart_Printf("---------------------------------------------\r\n");
```

```
    Uart_Printf("FCLK=%4.1fMHz,%s mode\n",FCLK/1000000.,mode);
    Uart_Printf("USB: IN_ENDPOINT:1 OUT_ENDPOINT:3\n");
    Uart_Printf("FORMAT: <ADDR(DATA):4>+<SIZE(n+10):4>+<DATA:n>+<CS:2>\n");
    Uart_Printf("NOTE: 1. Power off/on or press the reset button for
                1 sec\n");
    Uart_Printf("          in order to get a valid USB device address.\n");
    Uart_Printf("       2. For additional menu, Press any key. \n");
    Uart_Printf("\n");

    download_run=1; //The default menu is the Download & Run mode.

    while(1)
    {
        WaitDownload();
    }

}
WaitDownload()
{
    U32 i,ii,jj;
    U16 cs, sum=0;
    U8  check1=0, check2=0;
    /* Test Program Download */
    ..........

    /* Verify Check sum        */
    ..........

    ii=0;
    do {
        sum+=*(USB_RAMSTART_ADDRESS+ii);

        Uart_Printf("%c",jj);
        ii++;
        check1 = sum; check2 = (sum>>8);
    } while(!((*(USB_RAMSTART_ADDRESS+ii)==check1)&
            (*(USB_RAMSTART_ADDRESS+ii+1)==check2)));
}
void Isr_Init(void)
{
    rINTMOD=0x0;                    // All=IRQ mode
    rINTMSK=BIT_ALLMSK;             // All interrupt is masked.

    pISR_USBD =(unsigned)IsrUsbd;
    pISR_DMA2 =(unsigned)IsrDma2;
```

```
        ClearPending(BIT_DMA2);
        ClearPending(BIT_USBD);
}
```

WaitDownload() 함수는 USB를 통해 데이터를 수신하는 함수이다. 기본동작은 isUsbdSetConfiguration 변수를 검사해서 0이면 USB가 PC HOST USB와 연결되지 않은 것이고, 1이면 PC HOST USB와 연결이 된 것이다. 이 변수 설정은 Ep0Handler() 함수에서 해준다. 데이터 수신이 완료되면 수신되는데 소요된 시간 및 Check Sum 계산의 결과 값을 출력하게 된다.

USB 동작을 위하여 두 가지 인터럽트 설정을 하였다. 하나는 IsrUsbd의 설정이고 다른 하나는 IsrDma2에 대한 설정이다. IsrDma2() 함수는 DMA 전송을 위한 인터럽트 루틴이다. USB Device 컨트롤러 레지스터 중에는 Endpointer1, Endpointer2, Endpointer3, Endpointer4 관련해서 DMA 전송을 하기 위한 레지스터들이 있다. 이 레지스터를 이용하여 특정번지(여기서는 0x31000000번지로 설정)로 데이터를 전송하기 위한 루틴이다.

IsrUsbd() 함수는 USB 코어에 관련된 인터럽트 루틴으로 USB 코어에는 두 가지 인터럽트가 있다. 하나는 Endpoint에 대한 인터럽트이고 다른 하나는 USB에 대한 인터럽트이다. Endpoint 인터럽트는 Ep0 인터럽트, EP1~EP4 인터럽트 비트로 구성되어 있고, USB 인터럽트는 RESET 인터럽트, RESUME 인터럽트, SUSPEND 인터럽트 비트로 구성된다.

몇 가지 간단히 설명하자면 USB 인터럽트 레지스터의 USB_INT_REG[2] 비트는 RESET 인터럽트 비트로 USB 코어가 RESET 신호를 받으면 1로 셋 된다.

USB_INT_REG[1] 비트는 RESUME 인터럽트 비트로 Suspend 모드 상태에서 재시작 신호를 받으면 USB 코어에 의해서 1로 셋 된다. SUSPEND 인터럽트 비트는 중지 신호를 받았을 때 USB 코어에 의해서 1로 셋 된다.

EP_INT_REG[4:0]는 Ep0, Ep1~Ep4 인터럽트 비트로 구성되어 있는데 Endpoint 관련 인터럽트가 발생하면 서비스 루틴(C코드)에서 해당 비트를 검사해서 처리하도록 되어 있다. PC HOST USB와 연결되면 Ep0 인터럽트 비트가 1로 셋 되어 Endpoint 인터럽트가 발생하고 그 서비스 루틴에서 Ep0Handler() 함수를 실행하도록 되어 있다. MSTK2440으로 데이터를 다운로드 할 때에는 Ep3 인터럽트 비트는 셋 되어 Endpoint 인터럽트가 발생한다.

소스 코드 상에서 다운로드 사이즈를 나타내는 downloadFileSize 변수와 다운로드 어드레스를 나타내는 downloadAddress 변수는 Ep3Handler() 함수에서 계산된다.

MSTK2440의 USB 디바이스로부터 데이터 수신을 할 경우에는 Ep1 인터럽트 비트가 셋 되어 Endpoint 인터럽트가 발생하고 해당 핸들러 함수인 Ep1Handler() 함수가 실행된다.

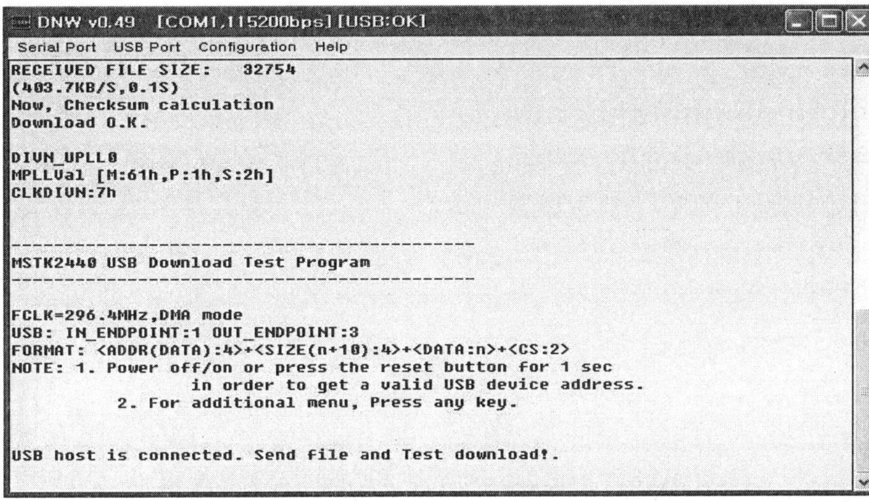

[그림 10.3] USB_Download 프로젝트 실행화면 (1)

그럼 PC에서 작성한 Text 파일을 MSTK2440으로 다운로드 해보고 그 텍스트 파일의 내용을 화면에 표시해 보도록 하자. MSTK2440의 전원을 켜고 USB 테스트 프로그램 바이너리 파일을 다운로드 한다. [그림 10.3] 화면은 다운로드 된 프로그램이 RAM에서 실행된 화면이다. 메뉴에서 [USB Port]→[Transmit] 선택하고 'usb_testfile.txt' 파일을 선택한다.

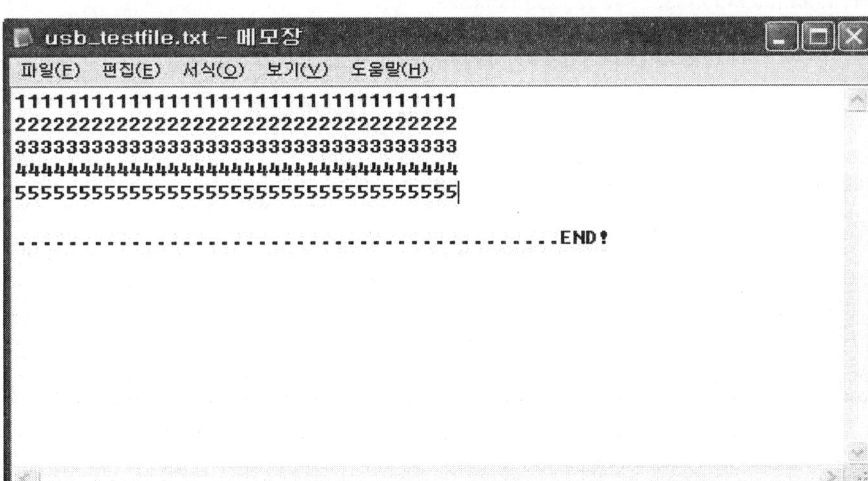

[그림 10.4] USB_Download 프로젝트 실행화면 (2)

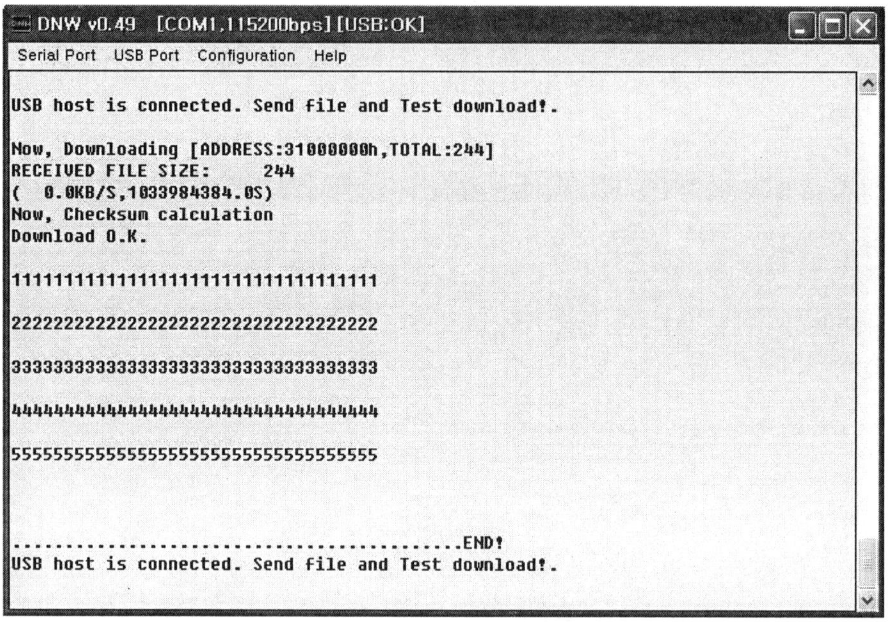

[그림 10.5] USB_Download 프로젝트 실행화면 (3)

실행화면에서 DNW 화면과 Text 파일을 비교하였을 때, 동일하다는 것을 확인할 수 있을 것이다.

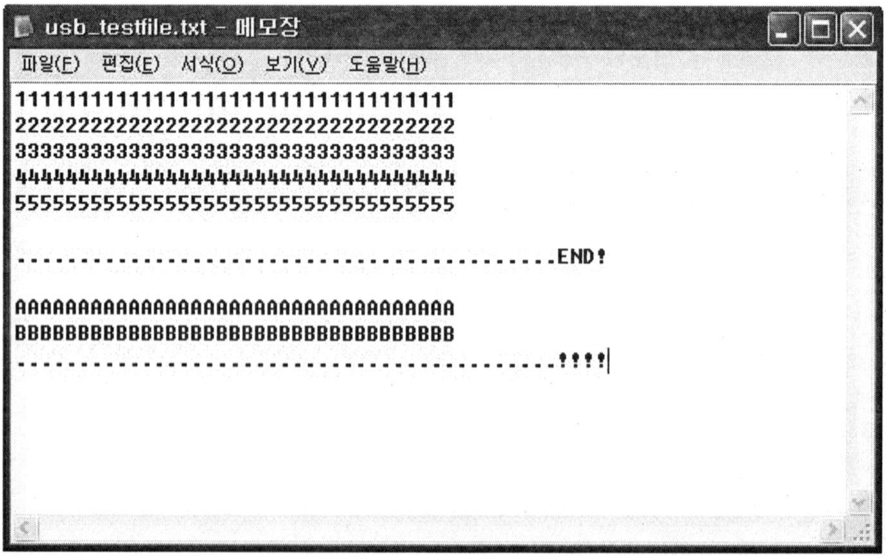

[그림 10.6] USB_Download 프로젝트 실행화면 (4)

[그림 10.6]과 같이 텍스트 파일의 내용을 변경해 보도록 하자. DNW 메뉴에서 [USB

Port]→[Transmit] 선택하여 'usb_testfile.txt' 파일을 선택, 다운로드 시킨다. [그림 10.7]에서 보듯이 [그림 10.6]의 파일 내용과 동일하다는 것을 확인할 수 있다.

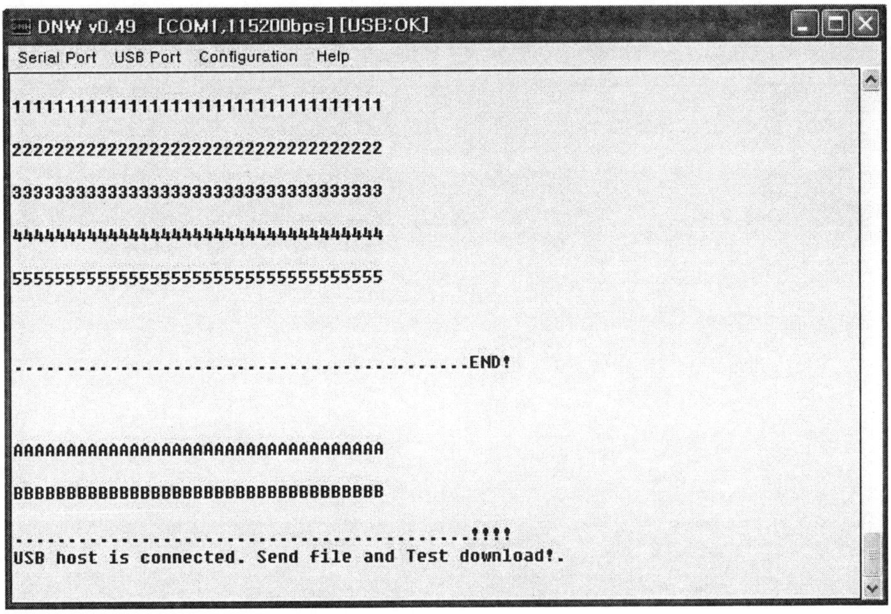

[그림 10.7] USB_Download 프로젝트 실행화면 (5)

제11장

LCD Controller

11.1 LCD의 원리

11.2 LCD 컨트롤러의 구조

11.3 TFT LCD 컨트롤러의 동작

11.4 컨트롤러의 제어

11.5 TFT LCD 기능연습

11. LCD Controller

여러분들은 실생활에서 쉽게 LCD를 접할 수 있다. 손목시계, 탁상시계, 가전제품의 표시기 등에 사용되는 LCD부터 핸드폰의 컬러 LCD와 LCD 모니터, LCD TV까지 LCD는 실생활 디스플레이의 상당 부분을 차지하고 있는 것이 현실이다. 우리가 LCD를 모니터로 사용하게 된 시기는 그리 길지 않다. 하지만 지금은 대부분 PC를 살 때 TFT LCD 모니터를 구매하기를 원하고 있다. 가격과 시야각의 단점을 제외하고는 모든 면에서 CRT보다 우수하기 때문이다.

따라서 마이크로컨트롤러를 다루는 많은 엔지니어들은 자신의 제품에 모노 LCD 외에도 컬러 LCD를 장착하고 싶어 한다. 삼성의 ARM920T 제품들은, 물론 패널 크기와 해상도의 한계는 있지만, TN, STN, TFT LCD를 구동할 수 있는 컨트롤러를 내장하고 있다. 11장에서는 TFT LCD 구동에 필요한 기본적인 내용과 그 예를 들어 TFT LCD에 대해 공부해 보도록 하겠다.

11.1 LCD의 원리

본론에 들어가기에 앞서 LCD의 원리에 대해서 간단히 알아보자.

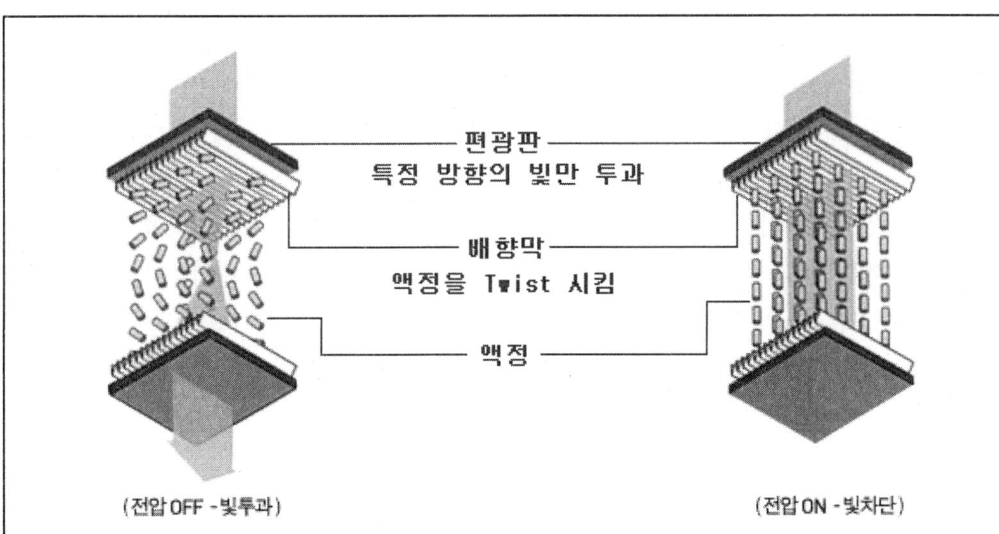

[그림 11.1] LCD의 원리

[그림 11.1]은 LCD의 동작원리를 쉽게 설명하고 있는 그림이다. 우선 두 개의 90도로 교차된 편향판이 있고, 사이에 액정이 주입되어 있다. 여러분들도 알다시피 90도로 교차된 편향판에 외부에서 빛을 가하면 빛이 통과되지 않는다.

LCD의 기본원리는 외부 전계에 의해 액정의 분자배열을 조정하는 것으로서 전압을 가하지 않았을 때에는 비틀어진 분자배열에 의해 첫번째 편향판을 통과한 빛이 액정에 의해 굴절되어 두번째 편향판을 통과하게 되는 것이다. 다시 액정에 전계를 가하여 액정분자를 규칙적으로 배열시키면 첫번째 편향판을 통과한 빛이 두번째 편향판을 통과하지 못하게 된다. 이렇게 해서 사람들이 보기에 각 화소가 켜지고 꺼지는 것처럼 보이는 것이다. 이 원리를 이용한 것이 우리가 보통 LCD라고 하는 TN(Twisted Nematic) LCD이다.

일반 TN LCD의 단점(좁은 시야각, 적은 화소수)을 개선하기 위해서 나온 것이 STN (Super Twisted Nematic) LCD이다. STN LCD는 TN LCD의 비틀림각(Twisted Angle) 보다 큰 180°~270° 정도의 비틀림 각을 갖는다. STN은 TN에 비해 작은 전압 변화에도 큰 투과율의 변화를 보이므로 표시 특성을 향상 시킬 수 있다.

보통 이처럼 Common 전극과 데이터 전극을 XY형태로 배치하고 그 교차 부분에 순차적으로 신호를 가하여 디스플레이하는 것을 Passive Matrix 방식의 LCD라고도 하는데, 이러한 TN, STN LCD는 느린 응답 속도, 컬러화의 어려움 등 많은 단점을 가지고 있다. 이를 해소하기 위하여 고안된 것이 Active Matrix LCD이다. 각 화소에 공급되는 전압을 조절하는 스위치로 트랜지스터를 사용하는데, 독립적으로 화소를 제어하기 때문에 라인간섭 영향이 없고 화질이 깨끗하게 표시된다. 보통 우리가 말하는 TFT(Thim Film Transistor) LCD가 Active Matrix 방식의 LCD이다.

TFT LCD는 기본적으로 TFT-Array와 Color Filter-Array 사이에 액정층이 형성된 형태로 제작된다. TFT-Array는 액정에 신호전압을 인가하고 차단하는 스위칭 소자의 배열이고, Color Filter-Array는 색상을 표시할 수 있게 해주는 3원색(Red, Green, Blue) 필름이다. 광원에서부터 나온 빛을 TFT-Array 제어에 의해 화소마다 빛을 통과시키고 차단하는 동작을 하고 컬러 필터에 의해 그 색상을 조절하게 된다. 여러분들이 사용하는 핸드폰의 LCD나 모니터의 LCD는 전부 TFT LCD이고 이러한 방식으로 구동되는 것이다. S3C2440A에 내장된 LCD 컨트롤러는 PDA나 Navigator 등에 사용되는 TFT LCD를 트루 컬러로 제어할 수 있다.

11.2 LCD 컨트롤러의 구조

S3C2440A의 LCD 컨트롤러는 비디오 버퍼와 외부 LCD 드라이버 사이에서 이미지 데이터 전송을 맡아서 처리하는 제어 로직이다. 물론 LCD의 프레임, 수직, 수평 동기 및 데이터 전송을 동기화 시키는 타이밍 로직도 포함되어 있다.

S3C2440A는 단색 LCD부터 컬러 STN LCD, TFT LCD를 지원하고 삼성전자에서 생산되는 LCD 패널 외에도 다른 메이커에서 생산되는 LCD도 인터페이스 할 수 있다. 그 기본적인 특징을 살펴보자.

STN LCD 디스플레이

4비트 듀얼스캔, 4비트 싱글스캔, 8비트 싱글스캔 타입 LCD 패널 지원
단색, 4 gray 레벨, 16 gray 레벨 디스플레이 지원
256 또는 4096 컬러 STN LCD 패널 지원
다양한 스크린 사이즈 지원
- 640×480, 320×240, 160×160 등
- 가상(Virtual) 스크린 사이즈 지원 (최대 4M바이트)
- 256컬러 모드에서 4096×1024, 2048×2048, 1024×4096 등

TFT LCD 디스플레이

1,2,4,8-bpp(bit per pixel) 팔레트화 된 컬러 디스플레이 지원
16, 24 bpp의 팔레트를 사용하지 않는 컬러 디스플레이 지원
24bpp 픽셀 모드에서 최대 16M 컬러 지원
다양한 스크린 사이즈 지원
- 640×480, 320×240, 160×160 등
- 가상(Virtual) 스크린 사이즈 지원 (최대 4M바이트)
- 64K 컬러 모드에서 2048×1024 등

공통 특징

비디오 버퍼에서 이미지 데이터를 페치하는 전용 DMA
전용 인터럽트 기능(INT_FrSyn, INT_FiCnt)
시스템 메모리를 비디오 버퍼로 사용
다중 가상 스크린 지원
여러 디스플레이 패널 지원을 위한 타이밍 제어 프로그램 가능
바이트 순서에 대한 리틀, 빅 엔디안 모드 지원

앞의 표들은 S3C2440A LCD 컨트롤러의 기본적인 특징 들이다. 다양한 LCD 패널들을 지원하고 삼성전자에서 생산된 TFT LCD를 제어하기 위한 특정 컨트롤러들도 내장되어 있다. 다음의 표를 보자. LCD 외부 인터페이스 신호선들을 정리한 표인데, 삼성전자 패널 사용시의 신호선명도 같이 명시되어 있다.

[표 11.1] LCD 외부 인터페이스 신호선

STN LCD	TFT LCD	SEC TFT LCD (LTS350Q1-PE1/2)
VFRAME (Frame sync. Signal)	VSYNC (Vertical sync. Signal)	STV
VLINE (Line sync pulse signal)	HSYNC (Horizontal sync. Signal)	CPV
VCLK (Pixel clock signal)	VCLK (Pixel clock signal)	LCD_HCLK
VD[23:0] (LCD pixel data output ports)	VD[23:0] (LCD pixel data output ports)	VD[23:0]
VM (AC bias signal for LCD driver)	VDEN (Data enable signal)	TP
-	LEND (Line end signal)	STH
LCD_PWREN	LCD_PWREN	LCD_PWREN
-	-	LCC_INV
-	-	LCC_REV
-	-	LCC_REVB

LTS350Q1-PE1, PE2 LCD는 2004년도까지 생산되었으나 지금은 단종되어 잘 사용하지 않는다. 아직까지는 시중에서 구할 수는 있지만 가격이 비싸 별로 권하고 싶지는 않다. [표 11.1]에 나온 신호선들은 비디오 데이터와 각 동기 신호선들로 LCD 컨트롤러 내부의 타이밍 발생기에서 프로그램에 의해 출력 가능하다. [그림 11.2]를 보자.

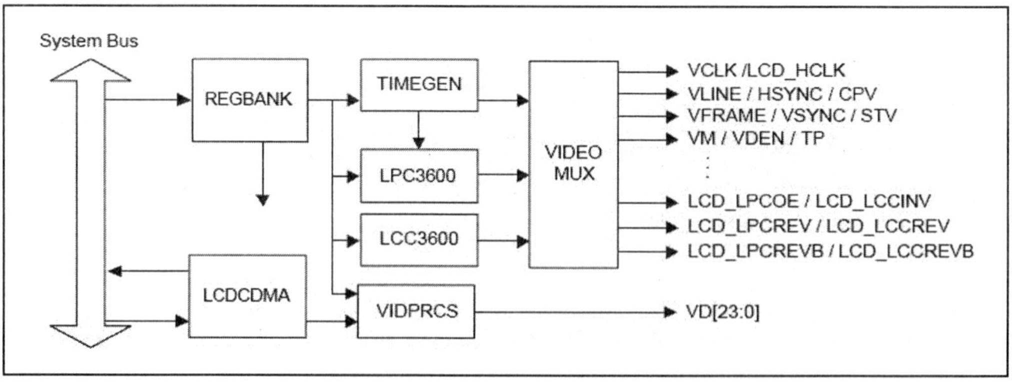

[그림 11.2] LCD 컨트롤러의 구조

[그림 11.2]는 S3C2440A의 LCD 컨트롤러 구조이다. 우선 LPC3600과 LCC3600을 좀 짚고 넘어가자. LPC3600은 삼성전자의 LTS350Q1-PD1, PD2를 제어하기 위한 타이밍 제어 로직이고, LCC3600은 LTS350Q1-PE1,PE2를 제어하는 타이밍 제어 로직이

다. 실제로 LCC3600 제어 로직을 이용하면 일부 복잡한 타이밍 계산과정을 무시하고 외부 인터페이스만 정확히 연결하면 LTS350Q1 LCD를 쉽게 구동시킬 수 있다. 그런데 여기서 주의해야 할 것은 S3C2410A에는 LPC3600만 있고 LCC3600 제어 로직이 없다. 보통은 LTS350Q1 LCD를 구입하면 LCC3600이란 칩을 같이 구매할 수 있는데, 이 칩을 사용하여 구동하는 방법도 있다. 이들 LCD는 단종되었기 때문에 굳이 LPC3600과 LCC3600을 사용하지 않아도 된다. 이 책에서 사용하는 키트의 경우도 LPC3600과 LCC3600 기능을 Disable시키고 사용한다.

S3C2440A LCD 컨트롤러는 비디오 데이터를 제어하는 VFRAME, VLINE, VCLK, VM 등과 같은 제어 신호에 비디오 데이터 VD[23:0]를 더하여 외부 LCD에 전송한다. LCD 컨트롤러는 REGBANK, LCDCDMA, VIDPRCS, TIMEGEN 그리고 LPC3600 등으로 이루어져 있고, REGBANK는 17개의 프로그램 가능한 레지스터와 256×16비트 팔레트 메모리를 가지고 있다.

LCDCDMA는 DMA에 연결되어 프레임 메모리에 있는 비디오 데이터를 CPU 중재 없이 자동으로 LCD 드라이버로 전송하는 역할을 한다. VIDPRCS는 LCDCDMA로부터 비디오 데이터를 받아 데이터 포맷에 맞게 VD[23:0] 데이터 포트로 전송시킨다. TIMEGEN은 LCD 드라이버마다 다른 인터페이스 타이밍과 비율을 맞춰주기 위한 로직으로 VFRAME, VLINE, VCLK, VM 등의 신호를 발생시킨다. 여기서 몇 가지만 알아두자.

- VFRAME : LCD 컨트롤러와 LCD 드라이버 사이의 프레임을 동기화시키는 신호로 새로운 프레임의 시작을 나타낸다.(Vsync)
- VLINE : 라인 동기화 신호/Horizontal sync(Hsync)
- VCLK : 픽셀 클럭 신호
- VM(STN), VDEN(TFT) : STN LCD에서는 LCD 드라이버를 위해 교류를 만들어내는 역할을 하는 신호이다. LCD 드라이버는 이것에 따라 픽셀의 전압 극성을 반전시킨다. TFT LCD에서는 DE(Data Enable) 신호로 사용된다. 데이터 Enalbe 상태, 즉 유효한 데이터임을 나타내는 신호명이다.

11.3 TFT LCD 컨트롤러의 동작

LCD 컨트롤러의 TIMEGEN 로직은 LCD 드라이버의 VSYNC, HSYNC, VCLK, VDEN, 그리고 LEND 같은 제어 신호를 만들어 낸다. 이러한 제어 신호들은 REGBANK

의 LCDCON1~LCDCON5 레지스터들에 의해 제어할 수 있다. 대부분의 TFT LCD들은 기본적으로 제어 방식이 비슷하므로 이 제어 신호들의 타이밍을 조절하여 여러 종류의 LCD 모듈을 인터페이스 할 수 있다.

VSYNC는 LCD를 디스플레이 할 때 프레임의 시작을 뜻하는 것으로 [표 11.1]과 비교해 보기 바란다. VSYNC와 HSYNC 펄스 발생은 LCDCON2와 LCDCON3 레지스터의 HOZVAL과 LINEVAL값을 설정하여 조절할 수 있다. VCLK 주파수는 LCDCON1 레지스터의 CLKVAL값에 의해서 설정된다.

```
HOZVAL  = (Horizontal Display Size) -1
LINEVAL = (Vertical Display Size) -1
VCLK(Hz)= HCLK / ((CLKVAL+1) × 2)
```

CLKVAL의 최소값은 0이다. 프레임 레이트는 VSYNC 신호의 주파수를 의미하는데, LCDCON1~LCDCON4 레지스터의 VBPD, VFPD, LINEVAL, HSYNC, HBPD, HFPD, HOZVAL, CLKVAL의 설정값에 의해 구해진다. 대부분의 LCD 드라이버들은 적절한 프레임 레이트를 요구하며 프레임 레이트 계산 수식은 다음과 같다.

```
Frame Rate = 1/ [ {(VSPW+1)+(VBPD+1)+(LIINEVAL+1)+(VFPD+1)}
                x {(HSPW+1)+(HBPD+1)+(HFPD+1)+(HOZVAL+1)}
                x {2x(CLKVAL+1)/(HCLK)} ]
```

앞에서도 언급했듯이 프레임 레이트는 VSYNC 주파수와 같다. 따라서 한 프레임의 시간을 계산하려면 VSYNC 펄스 사이의 동작을 상세히 알아야 한다. 또한 프레임 레이트는 LCD 사양과 용도에 따라 적절하게 정해야 하는데 이는 결국 수평, 수직 해상도에 따른 VCLK(픽셀 클럭)를 정하는 것으로 해석할 수 있다. 위의 수식을 이해하기 위해서는 [그림 11.3] 타이밍도를 자세히 봐야 한다.

그림에서 위쪽은 수직(Vertical) 타이밍이고, 아래는 한 라인을 표현하는 수평(Horizontal) 타이밍이다. VSYNC는 앞에서도 설명하였고, HSYNC는 LCD의 수직 한 라인마다 동기를 맞추는 신호로 보면 된다. 예를 들어 240×320 사이즈 LCD의 경우 세로가 320라인 이므로 HSYNC 수는 320에다가 여유 클럭을 더한 개수만큼 HSYNC 펄스가 발생된다. 즉 VSYNC 한 펄스에 LCD 세로 라인수에 해당하는 HSYNC 펄스가 발생되는 것이다.

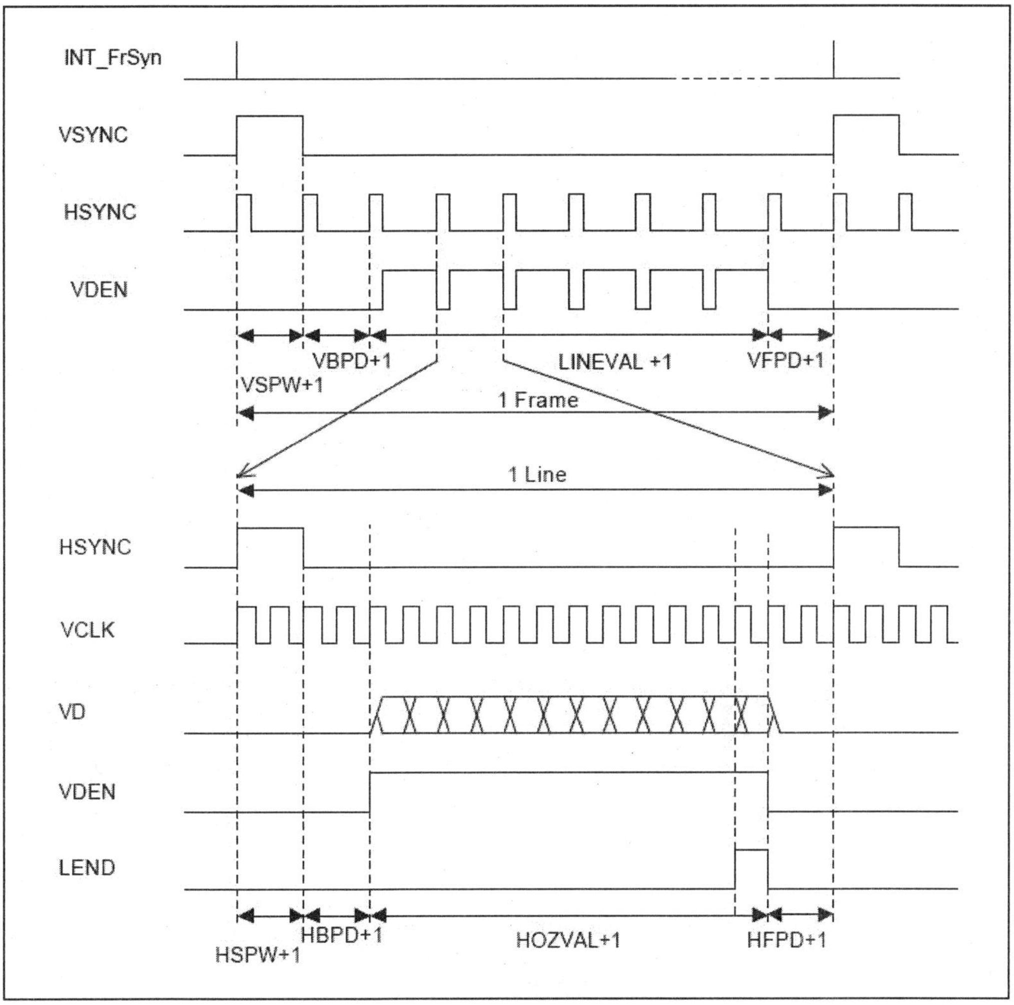

[그림 11.3] TFT LCD 타이밍 예

여기서 라인수에 여유 클럭을 더한다는 것이 Back Porch(BP)와 Front Porch(FP)이다. SYNC 신호의 폴링엣지에서 유효한 데이터가 버스에 실리는 때까지의 Inactive 타임을 Back Porch라 하고, 유효한 데이터가 끝나고 다음 SYNC 신호의 라이징 엣지가 발생하는 시점까지의 Inactive 타임을 Front Porch라고 한다. Vertical 타이밍과 Horizontal 타이밍에 각각 Back Porch, Front Porch가 존재한다.

우선 타이밍도에 나오는 용어부터 알아보고 실제 예를 들어보겠다.

- VSPW+1 : Vertical Sync Pulse Width
- VBPD+1 : Vertical Back Porch Duration
- VFPD+1 : Vertical Front Porch Duration

- HSPW+1 : Horizontal Sync Pulse Width
- HBPD+1 : Horizontal Sync Back Porch Duration
- HFPD+1 : Horizontal Sync Front Porch Duration

따로 설명하지 않더라도 약어를 풀어쓴 뜻만 봐도 쉽게 이해가 될 것이다. 각 항목의 값은 최소값이 0이나 실제로 타이밍에 적용할 때에는 1을 더한 타이밍이 컨트롤러에서 사용된다. 즉 레지스터에 값을 써 넣을 때에는 실제 타이밍에서 1을 뺀 값을 써넣는다. VSPW는 VSYNC 펄스의 길이(폭)를 그 길이에 해당되는 HSYNC 개수에서 1을 뺀 값을 가지고 VBPD와 VFPD도 마찬가지다. HSPW는 HSYNC 펄스의 길이를 그 길이에 해당되는 VCLK(픽셀 클럭) 개수에서 1을 뺀 값을 가지고 HBPD와 HFPD도 마찬가지다. 즉, VSYNC 사이의 Back(VBPD), Front Porch(VFPD)는 HSYNC의 개수로 표현하고, HSYNC 사이의 Back(HBPD), Front Porch (HFPD)의 개수는 VCLK(픽셀 클럭)의 개수로 표현한다.

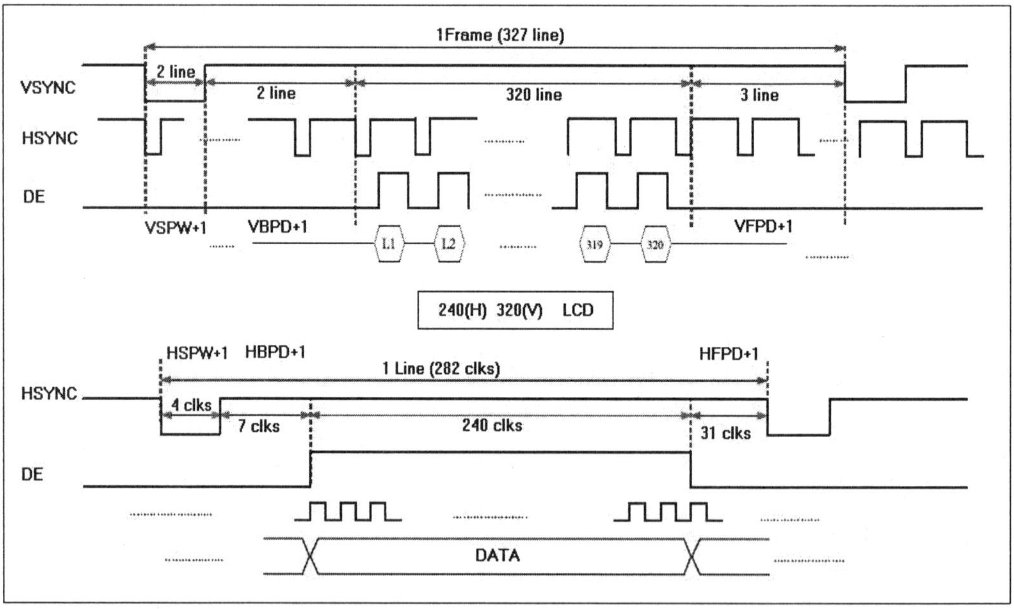

[그림 11.4] 3.5인치 TFT LCD 타이밍 예

[그림 11.4]를 보자. [그림 11.4]는 LTS350Q1-PE1 LCD를 구동할 때 사용하는 타이밍 제어칩 LCC3600의 데이터쉬트에서 발췌한 그림이다. LCC3600 제어로직은 S3C2440A LCD 컨트롤러에도 내장되어 있다. LTS350Q1-PE1은 240(H)×320(V) 해상도를 갖는 3.5인치 TFT LCD이다. 세로 320라인이고 한 라인당 240개의 픽셀을 갖는다. 실제로 각 항목 값을 설정하기 위해서는 LCD의 데이터쉬트에 나와있는 타이밍값을 참조해야 한다.

LCD를 구동하기 위해서는 타이밍도 중요하지만 외부 구동회로도 매우 중요하다. 단지 제공하는 데이터쉬트를 보고 LCD 구동회로와 타이밍제어 레지스터를 설정하는 것은 쉽지 않으므로, LCD 제조사의 기술 지원을 받아야 한다.

본론으로 돌아와 [그림 11.4]를 자세히 보자. 이상적으로 계산해보면 240(H)×320(V) LCD이므로 한 프레임(VSYNC) 당 240개의 HSYNC 펄스가 있어야 하고 HSYNC 한 펄스당 320개의 VCLK(픽셀클럭)가 필요하다. 하지만 앞의 그림을 기준으로 설명한다면, 한 프레임당 327개의 HSYNC 펄스가 필요하고 한 HSYNC 펄스당 282개의 VCLK 클럭이 필요하다. 그럼 7개의 HSYNC와 42개의 VLCK가 남는데, 이 값들이 각 펄스의 폭과 Back porch와 Front Porch이다.

그림에서 VSPW=1, VBPD=1, VFPD=2가 되고 HSPW=3, HBPD=6, HFPD=30이 되는 것이다. 실제로 LTS350Q1-PE1의 경우 VSPW=1, VBPD=2, VFPD=13, HSPW=0, HBPD=0, HFPD=13 값을 사용한다. VCLK 주파수는 원하는 프레임 레이트에 따라 정해줄 수 있다. [그림 11.3]의 타이밍도는 굉장히 중요하다. 한 번에 이해가 안되면 여러 번 반복해서 읽도록 하고 LCD 데이터쉬트도 함께 참조하기 바란다.

▶ TFT LCD 메모리 데이터 포맷

여기에서는 BPP(Bit Per Pixel)에 따른 Red, Green, Blue 비율과 메모리 정렬에 대해서 알아보겠다.

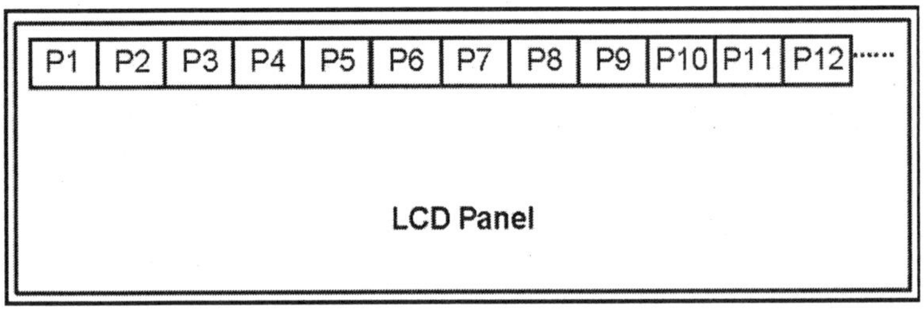

24BPP Display

(BSWP=0, HWSWP=0, BPP24BL=0)

어드레스	D[31:24]	D[23:0]
000H	Dummy Bit	P1
004H	Dummy Bit	P2
008H	Dummy Bit	P3
...		

(BSWP=0, HWSWP=0, BPP24BL=1)

어드레스	D[31:8]	D[7:0]
000H	P1	Dummy Bit
004H	P2	Dummy Bit
008H	P3	Dummy Bit
...		

24BPP일 때 VD핀

VD	23	22	21	20	19	18	17	16	15	14	13	12	11	10	9	8	7	6	5	4	3	2	1	0
RED	7	6	5	4	3	2	1	0																
GREEN									7	6	5	4	3	2	1	0								
BLUE																	7	6	5	4	3	2	1	0

16BPP Display

(BSWP=0, HWSWP=0)

어드레스	D[31:16]	D[15:0]
000H	P1	P2
004H	P3	P4
008H	P5	P6
...		

(BSWP=0, HWSWP=1)

어드레스	D[31:16]	D[15:0]
000H	P2	P1
004H	P4	P3
008H	P6	P5
...		

16BPP일 때 VD 핀(5:6:5 Format)

VD	23	22	21	20	19	18	17	16	15	14	13	12	11	10	9	8	7	6	5	4	3	2	1	0
RED	4	3	2	1	0		NC								NC								NC	
GREEN									5	4	3	2	1	0										
BLUE																	4	3	2	1	0			

(5:5:5:I Format)

VD	23	22	21	20	19	18	17	16	15	14	13	12	11	10	9	8	7	6	5	4	3	2	1	0
RED	4	3	2	1	0	I	NC								NC								NC	
GREEN									4	3	2	1	0	I										
BLUE																	4	3	2	1	0	I		

사용하지 않는 VD핀들은 GPIO로 사용 가능하다.

8BPP Diaplsy

(BSWP=0, HWSWP=0)

어드레스	D[31:24]	D[23:16]	D[15:8]	D[7:0]
000H	P1	P2	P3	P4
004H	P5	P6	P7	P8
008H	P9	P10	P11	P12
...				

(BSWP=1, HWSWP=0)

어드레스	D[31:24]	D[23:16]	D[15:8]	D[7:0]
000H	P4	P3	P2	P1
004H	P8	P7	P6	P5
008H	P12	P11	P10	P9
...				

4BPP Display

(BWSP=0, HWSWP=0)

어드레스	D[31:28]	D[27:24]	D[23:20]	D[19:16]	D[15:12]	D[11:8]	D[7:4]	D[3:0]
000H	P1	P2	P3	P4	P5	P6	P7	P8
004H	P9	P10	P11	P12	P13	P14	P15	P16
008H	P17	P18	P19	P20	P21	P22	P23	P24
...								

(BWSP=1, HWSWP=0)

어드레스	D[31:28]	D[27:24]	D[23:20]	D[19:16]	D[15:12]	D[11:8]	D[7:4]	D[3:0]
000H	P7	P8	P5	P6	P3	P4	P1	P2
004H	P15	P16	P13	P14	P11	P12	P9	P10
008H	P23	P24	P21	P22	P19	P20	P17	P18
...								

▶ TFT LCD 256컬러 팔레트(Palette)의 사용

S3C2440A는 TFT LCD의 제어를 위해 256컬러 팔레트를 지원한다. 사용자는 두 개의 포맷(5:6:5, 5:5:5:I) 중에 64K컬러로부터 256컬러로 맵핑된 색상을 선택할 수 있다. 256컬러 팔레트는 REGBANK 내부의 256×16비트 SPSRAM으로 구성되어 있고 시작번지는 '0x4D000400'이다.

[표 11.2] 5:6:5 포맷 팔레트

INDEX / Bit Pos	15	14	13	12	11	10	9	8	7	6	5	4	3	2	1	0	어드레스
00H	R4	R3	R2	R1	R0	G5	G4	G3	G2	G1	G0	B4	B3	B2	B1	B0	0X4D000400
01H	R4	R3	R2	R1	R0	G5	G4	G3	G2	G1	G0	B4	B3	B2	B1	B0	0X4D000404
......																	......
FFH	R4	R3	R2	R1	R0	G5	G4	G3	G2	G1	G0	B4	B3	B2	B1	B0	0X4D0007FC
VD 번호	23	22	21	20	19	15	14	13	12	11	10	7	6	5	4	3	

[표 11.3] 5:5:5:I 포맷 팔레트

INDEX / Bit Pos.	15	14	13	12	11	10	9	8	7	6	5	4	3	2	1	0	어드레스
00H	R4	R3	R2	R1	R0	G4	G3	G2	G1	G0	B4	B3	B2	B1	B0	I	0X4D000400
01H	R4	R3	R2	R1	R0	G4	G3	G2	G1	G0	B4	B3	B2	B1	B0	I	0X4D000404
......																	......
FFH	R4	R3	R2	R1	R0	G4	G3	G2	G1	G0	B4	B3	B2	B1	B0	I	0X4D0007FC
VD 번호	23	22	21	20	19	15	14	13	12	11	7	6	5	4	3		

사용자가 팔레트에 읽거나 쓸 때에는 LCDCON5 레지스터의 LCDCON5[16:15] 두 비트인 VSTATUS를 확인하여 10(ACTIVE)이면 팔레트에 쓰기가 금지되므로 주의해야 한다.

Temporary Palette Configuration

S3C2440A에는 사용자가 LCD에 한 가지 색상을 디스플레이 하기 위해서 프레임 버퍼나 팔레트를 조작하지 않고도 TPAL레지스터를 설정해 한 가지 색상에 대해 쉽게 디스플레이 하는 방법도 있다.

▶ 가상 디스플레이(Virtual Display)

S3C2440A에서는 4M바이트의 가상 스크린 프레임버퍼를 지원한다. 4M바이트는 S3C2440A에서 지원하는 LCD에서 사용하는 프레임버퍼 용량보다도 훨씬 큰 용량이다. 가상 디스플레이는 가상 스크린 프레임버퍼에 스크린 이미지 데이터를 넣어두고, 실제 LCD에는 그 중에 일부분만을 디스플레이하고 이를 스크롤 하면서 전체 화면을 표시하는 기능이다. 이 기능은 하드웨어적으로 수평 수직 스크롤 기능을 지원해 준다.

▶ LCD 파워 Enable

S3C2440A의 LCD 컨트롤러에는 LCD 파워 제어 기능을 가지고 있다. LCDCON1 레지스터의 LCDCON1[0]비트 ENVID에 의해서 제어되는데, LCD_PWREN 핀을 LCD의 전원 제어핀에 연결하여 LCD 사용 여부에 따라 자동으로 LCD 파워를 제어할 수 있는 기능이다. 보통은 LCD의 백라이트(Back Light) On/Off에 많이 사용되어 진다. [그림 11.5]는 LCD ENVID 설정에 따른 LCD_PWREN 핀의 출력을 보여주고 있다.

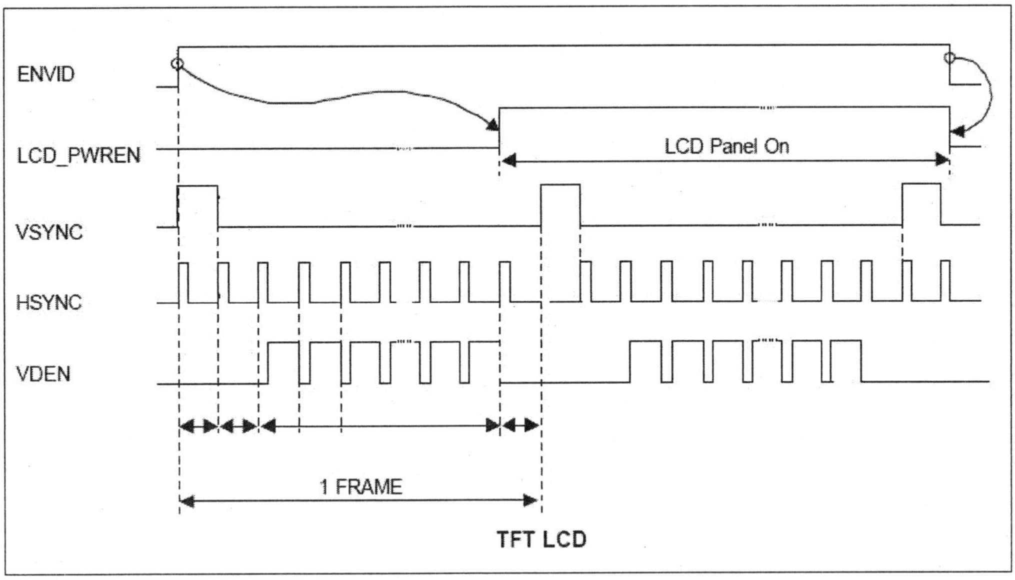

[그림 11.5] LCD 파워 제어 기능

11.4 LCD 컨트롤러의 제어

11.4에서는 LCD 컨트롤러의 기본적인 설정을 담당하는 LCDCON1~LCDCON5 레지스터들과 프레임버퍼 어드레스 레지스터, 인터럽트를 설정하는 레지스터 등, LCD 컨트롤러를 제어하고 상태를 표시하는 레지스터들에 대해 알아보겠다.

▶ LCD 제어 레지스터1(LCD Control Register1, LCDCON1)

레지스터	어드레스	R/W	설 명	초기값
LCDCON1	0X4D000000	R/W	LCD 제어 레지스터1	0x00000000

LCDCON1	비트	설 명	초기값
LINECNT (read only)	[27:18]	라인 카운터의 상태를 제공 LINEVAL에서 0까지 다운 카운트	0000000000
CLKVAL	[17:8]	STN: VCLK=HCLK/(CLKVAL× 2) (CLKVAL≥2) TFT: VCLK=HCLK/[(CLKVAL+1)× 2](CLKVAL≥0)	0000000000
MMODE	[7]	VM의 반전(Toggle) Rate 0 = Each Frame 1 = The rate defined by the MVAL	0
PNRMODE	[6:5]	디스플레이 모드 선택 00 = 4-bit dual scan display mode (STN) 01 = 4-bit single scan display mode (STN)	00

		10 = 8-bit single scan display mode (STN) 11 = TFT LCD panel	
BPPMODE	[4:1]	BPP(Bits Per Pixel) 선택 0000 = 1 bpp STN, Monochrome mode 0001 = 2 bpp STN, 4-level gray mode 0010 = 4 bpp STN, 16-level gray mode 0011 = 8 bpp STN, color mode (256 color) 0100 = packed 12 bpp for STN (4096 color) 0101 = unpacked 12 bpp for STN (4096 color) 0110 = 16 bpp for STN, (4096 color) 1000 = 1 bpp for TFT 1001 = 2 bpp for TFT 1010 = 4 bpp for TFT 1011 = 8 bpp for TFT 1100 = 16 bpp for TFT 1101 = 24 bpp for TFT	0000
ENVID	[0]	LCD 비디오 로직,출력 Enable 0 = Disable 1 = Enable	0

▶ LCD 제어 레지스터2 (LCD Control Register2, LCDCON2)

레지스터	어드레스	R/W	설 명	초기값
LCDCON2	0X4D000004	R/W	LCD 제어 레지스터2	0x00000000

LCDCON2	비트	설 명	초기값
VBPD	[31:24]	TFT : Vertical(VSYNC) back porch STN : 0으로 설정	0x00
LINEVAL	[23:14]	TFT/STN : LCD 패널 Vertical 사이즈	0000000000
VFPD	[13:6]	TFT : Vertical front porch STN : 0으로 설정	00000000
VSPW	[5:0]	TFT : Vertical sync (VSYNC) 펄스 폭 STN : 0으로 설정	000000

▶ LCD 제어 레지스터3 (LCD Control Register3, LCDCON3)

레지스터	어드레스	R/W	설 명	초기값
LCDCON3	0X4D000008	R/W	LCD 제어 레지스터3	0x00000000

LCDCON3	비트	설 명	초기값
HBPD (TFT) WDLY (STN)	[25:19]	TFT: Horizontal(HSYNC) back porch STN : WDLY[1:0] VLINE 과 VCLK 사이의 딜레이 WDLY[7:2] are reserved. 00 = 16 HCLK 01 = 32 HCLK	0000000

		10 = 48 HCLK　　11 = 64 HCLK	
HOZVAL	[18:8]	TFT/STN : LCD 패널 수평(Horizontal) 사이즈	00000000000
HFPD (TFT)	[7:0]	TFT : Horizontal(HSYNC) front porch	0X00
LINEBLANK (STN)		STN : Horizontal line duration blank time LINEBLANK는 (HCLK× 8)이 한 단위이다.	

▶ LCD 제어 레지스터4 (LCD Control Register4, LCDCON4)

레지스터	어드레스	R/W	설　명	초기값
LCDCON4	0X4D00000C	R/W	LCD 제어 레지스터4	0x00000000

LCDCON4	비트	설　명	초기값
MVAL	[15:8]	STN : MMODE가 '1'일 때, VM 신호의 반전 (Toggle 레이트)	0x00
HSPW(TFT) WLH(STN)	[7:0]	TFT : Horizontal sync (HSYNC) 펄스 폭 STN : WLH[1:0] VLINE High 레벨 펄스폭 결정 WLH[7:2] are reserved. 00 = 16 HCLK　　01 = 32 HCLK 10 = 48 HCLK　　11 = 64 HCLK	0x00

▶ LCD 제어 레지스터5 (LCD Control Register5, LCDCON5)

레지스터	어드레스	R/W	설　명	초기값
LCDCON5	0X4D000010	R/W	LCD 제어 레지스터 5	0x00000000

LCDCON5	비트	설　명	초기값
Reserved	[31:17]	'0'으로 설정	0
VSTATUS	[16:15]	TFT : Vertical 상태(read only) 00 = VSYNC　　01 = BACK Porch 10 = ACTIVE　　11 = FRONT Porch	00
HSTATUS	[14:13]	TFT : Horizontal 상태(read only) 00 = HSYNC　　01 = BACK Porch 10 = ACTIVE　　11 = FRONT Porch	00
BPP24BL	[12]	TFT: 24 BPP 비디오 버퍼 데이터 정렬 0 = LSB valid　　1 = MSB Valid	0
FRM565	[11]	TFT : 16 BPP 출력 비디오 포맷 0 = 5:5:5:I 포맷　　1 = 5:6:5 포맷	0
INVVCLK	[10]	STN/TFT : VCLK(픽셀클럭) 동작 엣지 선택	0

		0 = VCLK 폴링 엣지에서 비디오 데이터 페치 1 = VCLK 라이징 엣지에서 비디오 데이터 페치	
INVVLINE	[9]	STN/TFT : VLINE/HSYNC 펄스 극성 결정 0 = Normal 1 = 반전	0
INVVFRAME	[8]	STN/TFT : VFRAME/VSYNC 펄스 극성 결정 0 = Normal 1 = Inverted	0
INVVD	[7]	STN/TFT : VD (Video Data) 펄스 극성 결정 0 = Normal 1 = inverted	0
INVVDEN	[6]	TFT : VDEN 신호 극성 결정 0 = normal 1 = inverted	0
INVPWREN	[5]	STN/TFT : PWREN 신호 극성 결정 0 = normal 1 = inverted	0
INVLEND	[4]	TFT : LEND 신호 극성 결정 0 = normal 1 = inverted	0
PWREN	[3]	STN/TFT : LCD_PWREN 출력 신호 Enable 0 = Disable 1 = Enable	0
ENLEND	[2]	TFT : LEND 출력 신호 Enable 0 = Disable 1 = Enable	0
BSWP	[1]	STN/TFT : Byte swap 제어 비트 0 = Swap Disable 1 = Swap Enable	0
HWSWP	[0]	STN/TFT : Half-워드 swap 제어 비트 0 = Swap Disable 1 = Swap Enable	0

▶ 프레임 버퍼 시작 어드레스1 레지스터(Frame Buffer Start Address1 Register, LCDSADDR1)

레지스터	어드레스	R/W	설 명	초기값
LCDSADDR1	0X4D000014	R/W	STN/TFT : 프레임 버퍼 시작 어드레스1 레지스터	0x00000000

LCDSADDR1	비트	설 명	초기값
LCDBANK	[29:21]	시스템 메모리에서 프레임 버퍼로 사용하는 공간의 시작 어드레스 중 A[30:22] 비트들 값 프레임 버퍼의 크기는 4MB 이내여야 한다.	0x00
LCDBASEU	[20:0]	**Dual-scan LCD** : Dual-scan LCD의 Upper 프레임 버퍼 어드레스 중 A[21:1] 비트들 값 **Single-scan LCD** : LCD 프레임 버퍼의 시작 어드레스 중 A[21:1] 비트들 값	0x000000

▶ 프레임 버퍼 시작 어드레스2 레지스터(fram Buffer Start Address2 Register, LCDSADDR2)

레지스터	어드레스	R/W	설 명	초기값
LCDSADDR2	0X4D000018	R/W	STN/TFT : 프레임 버퍼 시작 어드레스2 레지스터	0x00000000

LCDSADDR2	비트	설 명	초기값
LCDBASEL	[20:0]	**Dual-scan LCD** : Dual-scan LCD의 Lower 프레임 버퍼 어드레스 중 A[21:1] 비트들 값 **Single scan LCD** : LCD 프레임 버퍼의 끝 어드레스 중 A[21:1] 비트들 값 (계산식 참조) LCDBASEL = ((Frame end address)>>1) + 1 = LCDBASEU + (LINEVAL+1) x (PAGEWIDTH+OFFSIZE)	0x0000

▶ 프레임 버퍼 시작 어드레스3 레지스터 (Frame Buffer Start Address3 Register, LCDSADDR3)

레지스터	어드레스	R/W	설 명	초기값
LCDSADDR3	0X4D00001C	R/W	STN/TFT: 가상 스크린 어드레스 설정	0x00000000

LCDSADDR3	비트	설 명	초기값
OFFSIZE	[21:11]	가상 스크린 옵셋 사이즈 (Half-워드 개수)	00000000000
PAGEWIDTH	[10:0]	가상 스크린 페이지 크기 (Half-워드 개수)	000000000

▶ RED Lookup 테이블 레지스터(RED Lookup Table Register, REDLUT)

레지스터	어드레스	R/W	설 명	초기값
REDLUT	0X4D000020	R/W	STN: Red Lookup 테이블 레지스터	0x00000000

REDLUT	비트	설 명	초기값
REDVAL	[31:0]	000 = REDVAL[3:0] 001 = REDVAL[7:4] 010 = REDVAL[11:8] 011 = REDVAL[15:12] 100 = REDVAL[19:16] 101 = REDVAL[23:20] 110 = REDVAL[27:24] 111 = REDVAL[31:28]	0x00000000

▶ GREEN Lookup 테이블 레지스터(GREEN Lookup Table Register, GREENLUT)

레지스터	어드레스	R/W	설 명	초기값
GREENLUT	0X4D000024	R/W	STN : Green Lookup 테이블 레지스터	0x00000000

GREENLUT	비트	설 명		초기값
GREENVAL	[31:0]	000 = GREENVAL[3:0] 010 = GREENVAL[11:8] 100 = GREENVAL[19:16] 110 = GREENVAL[27:24]	001 = GREENVAL[7:4] 011 = GREENVAL[15:12] 101 = GREENVAL[23:20] 111 = GREENVAL[31:28]	0x00000000

▶ BLUE Lookup 테이블 레지스터(BLUE Lookup Table Register, BLUELUT)

레지스터	어드레스	R/W	설 명	초기값
BLUELUT	0X4D000028	R/W	STN: Blue lookup 테이블 레지스터	0x0000

BULELUT	비트	설 명		초기값
BLUEVAL	[15:0]	00 = BLUEVAL[3:0] 10 = BLUEVAL[11:8]	01 = BLUEVAL[7:4] 11 = BLUEVAL[15:12]	0x0000

▶ 디더링 모드 레지스터(Dithering Mode Register, DITHMODE)

레지스터	어드레스	R/W	설 명	초기값
DITHMODE	0X4D00004C	R/W	STN : 디더링 모드 레지스터	0x00000

DITHMODE	비트	설 명	초기값
DITHMODE	[18:0]	0x00000 또는 0x12210 둘 중에 한 값을 사용	0x0000

▶ 임시 팔레트 레지스터(Temporary Palette Register, TPAL)

레지스터	어드레스	R/W	설 명	초기값
TPAL	0X4D000050	R/W	TFT: 임시 팔레트 레지스터	0x00000000

TPAL	비트	설 명	초기값
TPALEN	[24]	임시 팔레트 레지스터 Enable 0 = Disable 1 = Enable	0
TPALVAL	[23:0]	임시 팔레트 값 TPALVAL[23:16] : RED TPALVAL[15:8] : GREEN TPALVAL[7:0] : BLUE	0x000000

▶ LCD 인터럽트 펜딩 레지스터(Interrupt Pending Register, LCDINTPDN)

레지스터	어드레스	R/W	설 명	초기값
LCDINTPND	0X4D000054	R/W	LCD 인터럽트 펜딩 레지스터	0x0

LCDINTPND	비트	설 명	초기값
INT_FrSyn	[1]	LCD 프레임 동기 인터럽트 펜딩 비트 0 = 인터럽트 요청 없음 1 = 인터럽트 요청됨	0
INT_FiCnt	[0]	LCD FIFO 인터럽트 펜딩 비트 0 = 인터럽트 요청 없음 1 = LCD FIFO 트리거 레벨에 도달해서 인터럽트 요청이 발생됨	0

▶ LCD 소스 펜딩 레지스터(LCD Source Pending Register, LCDSRCPND)

레지스터	어드레스	R/W	설 명	초기값
LCDSRCPND	0X4D000058	R/W	LCD 인터럽트 소스 펜딩 레지스터	0x0

LCDSRCPND	비트	설 명	초기값
INT_FrSyn	[1]	LCD 프레임 동기 인터럽트 소스 펜딩 비트 0 = 인터럽트 요청 없음 1 = 인터럽트 요청됨	0
INT_FiCnt	[0]	LCD FIFO 인터럽트 소스 펜딩 비트 0 = 인터럽트 요청 없음 1 = LCD FIFO 트리거 레벨에 도달해서 인터럽트 요청이 발생됨	0

▶ LCD 인터럽트 마스크 레지스터(LCD Interrupt Mask Register, LCDINTMSK)

레지스터	어드레스	R/W	설 명	초기값
LCDINTMSK	0X4D00005C	R/W	LCD 인터럽트 마스크 레지스터	0x3

LCDINTMSK	비트	설 명	초기값
FIWSEL	[2]	LCD FIFO의 트리거 레벨 설정 0 = 4 words 1 = 8 words	0
INT_FrSyn	[1]	Mask LCD frame synchronized interrupt 0 = 인터럽트 서비스 가능 1 = 인터럽트 서비스 불가	1
INT_FiCnt	[0]	Mask LCD FIFO interrupt 0 = 인터럽트 서비스 가능 1 = 인터럽트 서비스 불가	1

▶ TCON 제어 레지스터(TCON Control Register, TCONSEL)

LPC3600/LCC3600 모드를 제어하는 레지스터이다.

레지스터	어드레스	R/W	설 명	초기값
TCONSEL	0X4D000060	R/W	TCON 제어 레지스터	0xF84

TCONSEL	비트	설 명	초기값
LCC_TEST2	[11]	LCC3600 테스트 모드 2 (Read Only)	1
LCC_TEST1	[10]	LCC3600 테스트 모드 1 (Read Only)	1
LCC_SEL5	[9]	STV 극성 선택	1
LCC_SEL4	[8]	CPV 신호핀0 선택	1
LCC_SEL3	[7]	CPV 신호핀1 선택	1
LCC_SEL2	[6]	Line/Dot 반전 선택	0
LCC_SEL1	[5]	DG/Normal 모드 선택	0
LCC_EN	[4]	LCC3600 Enable 0 = Disable 1 = Enable	0
CPV_SEL	[3]	CPV 펄스 Low 폭 선택	0
MODE_SEL	[2]	LCD 제어 DE/Sync 모드 선택 0 = Sync 모드 1 = DE 모드	1
RES_SEL	[1]	출력 해상도 타입 선택 0 = 320 x 240 1 = 240 x 320	0
LPC_EN	[0]	LPC3600 Enable 0 = Disable 1 = Enable	0

참고로 S3C2410A에는 LCC3600이 내장되어 있지 않다. 따라서 TCONSEL이란 레지스터는 없고 LPC3600만을 제어하는 LPCSEL이라는 레지스터가 있다.

11.5 TFT LCD 기능 연습

LCD를 구분하는 기준으로는 엔지니어 입장에서 세가지를 들 수가 있다.

첫째, 물리적인 데이터 비트 수이다. 데이터 비트 수로는 8, 16, 18, 24비트를 가지고, 영상 이미지는 2, 4, 8, 16, 24비트의 다양한 해상도를 가진다. S3C2440A 프로세서에는 팔렛트 기능이 있어 16비트 혹은 24비트 데이터 비트 수를 가지고도 2, 4, 8비트 해상도를 갖는 이미지를 팔렛트 기능을 이용해서 출력할 수 있다. 이 물리적인 16비트, 24비트는 영상 이미지 출력과 직접적인 관련이 있으며, 앞에서도 설명하였듯이 24비트는 R, G,

B 각각 8비트로 2^{24}=16777216 투르컬러까지 가능하다.

둘째, 인터페이스 타입이다. LCD를 구동시키는 입장에서 보면 세가지 타입의 LCD가 있다. I/O 타입, DE-모드 타입, Sync-모드 타입이다. I/O 타입은 일반 디바이스를 액세스 하듯이 /CS 신호, /OE, /WR 및 RS라는 데이터/명령 구분 신호선과 데이터 버스로 구성되어 있다. DE-모드 타입은 각 픽셀에 대한 클럭 신호와 데이터(8, 16, 24비트 등), 데이터 Enable 신호 및 VCOM 신호 등으로 구성된다. Sync-모드 타입은 각 픽셀에 대한 클럭 신호와 데이터, VSYNC, HSYNC, VCOM 신호등으로 구성되며 이 타입은 영상 디스플레이에 필요한 동기 신호들을 모두 필요로 하는 LCD이다.

S3C2410A, S3C2440A 프로세서 내에 LCD 컨트롤러는 레지스터 조작으로 위의 모든 동기 신호를 만들어 주기 때문에 신호선만 제대로 연결시키고 TFT LCD 데이터쉬트의 구동 스펙대로 타이밍을 맞춰 주면 LCD 구동 준비가 반 이상은 된 셈이다.

셋째는 사이즈이다. 1.8인치이냐 2.8인치이냐, 3.5인치이냐 5인치이냐 등도 LCD를 구분하는 요소 중에 하나다.

11.5에서는 TFT LCD를 이용해 여러 가지 응용 실험을 할 것이다. 여기서 사용하게 될 LCD는 LTS280Q1이라는 2.8인치, 240×320, DE-모드, 18비트 데이터 라인을 가지고 있는 LCD로 우리나라 유명 전자회사에서 TV 광고되는 제품에 들어가는 LCD이다.

11.5.1 TFT LCD 8bit, 16bit 모드실험 그리고 24비트 BMP파일 출력

11.5.1에서는 LTS280Q1 TFT LCD에 8비트 팔레트를 이용한 화면출력, 16비트 화면출력, USB로 다운받은 24비트 BMP 파일을 16비트 모드로 출력하는 세 가지 실험을 할 것이다. 24비트 해상도를 가지는 BMP 파일을 16비트로 변경해서 영상을 출력해 보고, 우리가 그림판 등에서 이미지를 만들거나 디지털 카메라로 찍은 영상을 USB를 통해 MSTK2440 보드에 다운로드하여 TFT LCD에 디스플레이 해보겠다.

세 가지 실험을 통해 S3C2440A 프로세서의 LCD 컨트롤러가 가지고 있는 내부 팔렛트 기능 및 16비트 방식의 영상 디스플레이, 24비트 방식의 영상 디스플레이가 어떠한 과정으로 초기화가 이루어지고 어떠한 동작을 하게 되는지 알 수 있을 것이다.

▶ 실험 내용

TFT_LCD.bin을 다운로드 한 후 0번 8비트 팔렛트 테스트, 1번 16비트 240×320 테스트, 3번 24비트 비트맵 다운로드 및 16비트 출력에 대하여 실험해 보도록 하겠다.

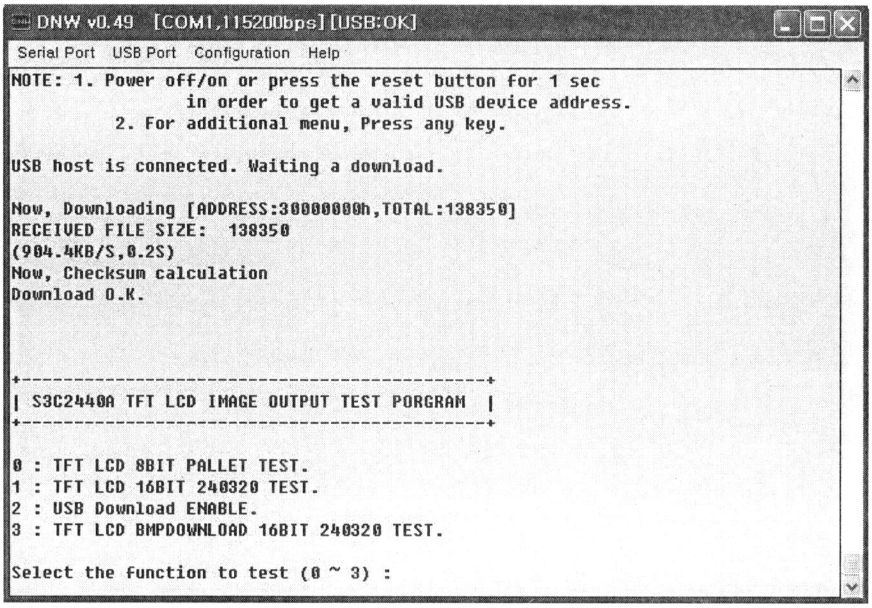

[그림 11.6] TFT LCD 프로젝트 실행 화면

▶ 프로그램

ADS를 실행하여 Chapter11 폴더의 TFT_LCD 폴더 안의 TFT_LCD.mcp 프로젝트 파일을 오픈한다. 프로그램을 컴파일하고 DNW를 이용해 바이너리 파일을 다운로드 시켜 실행해 본다. main_app.c 리스트를 보자. 프로그램이 길어 전체 리스트를 올릴 수 없으니 소스파일과 비교하여 보길 바란다.

```
//----------------------------------------------------------------
// Project : MSTK2440 TFT LCD Display, TFT_LCD.mcp
// Description : TFT LCD 이미지 출력 테스트 프로그램
//----------------------------------------------------------------

#include <stdlib.h>
#include <string.h>
#include "def.h"
#include "option.h"
#include "2440addr.h"
#include "2440lib.h"
#include "2440slib.h"
#include "mmu.h"
#include "profile.h"
#include "usbmain.h"
```

```
#include "usbout.h"
#include "usblib.h"
#include "2440usb.h"

void Isr_Init(void);
void USB_Download_ENABLE(void);
void ClearMemory(void);

//----------- Constant Definition ----------------------
#define UART0  0                                 // UART0
volatile U32 downloadAddress;

void (*restart)(void)=(void (*)(void))0x0;
void (*run)(void);

volatile unsigned char *downPt;
volatile U32 downloadFileSize;
volatile U16 checkSum;
volatile unsigned int err=0;
volatile U32 totalDmaCount;

volatile int isUsbdSetConfiguration;

int download_run=0;
U32 tempDownloadAddress;
int menuUsed=0;

extern char Image$$RW$$Limit[];
U32 *pMagicNum=(U32 *)Image$$RW$$Limit;
int consoleNum;

#define USB_RAMSTART_ADDRESS    (U8 *)0x31000000

void Main(void)
{
    int i;
    char ch;

    #if ADS10
    __rt_lib_init(); //for ADS 1.0
    #endif

    Port_Init();
    // USB device detection control
    rGPGCON &= ~(3<<24);
```

```
rGPGCON |=  (1<<24);                    // output
rGPGUP  |=  (1<<12);                    // pullup disable
rGPGDAT |=  (1<<12);                    // output

ChangeUPllValue(60,4,2);                // 48MHz
for(i=0; i<7; i++);
ChangeClockDivider(13,12);
ChangeMPllValue(97,1,2);                // 296Mhz

Isr_Init();

Uart_Init(0,115200);
Uart_Select(UART0);

rMISCCR=rMISCCR&~(1<<3);                // USBD is selected instead of USBH1
rMISCCR=rMISCCR&~(1<<13);               // USB port 1 is enabled.

isUsbdSetConfiguration=0;

UsbdMain();
MMU_Init();

Delay(0);                               //calibrate Delay()

Uart_Printf("\n\n");
Uart_Printf("+-----------------------------------------------+\n");
Uart_Printf("| MSTK2440 TFT LCD Image Output Test Program    |\n");
Uart_Printf("+-----------------------------------------------+\n");
download_run=1; //The default menu is the Download & Run mode.

while(1)
{
Uart_Printf("\n0 : TFT LCD 8BIT PALLET TEST.\n");
Uart_Printf("1 : TFT LCD 16BIT 240320 TEST.\n");
Uart_Printf("2 : USB Download ENABLE.\n");
Uart_Printf("3 : TFT LCD BMPDOWNLOAD 16BIT 240320 TEST.\n");

Uart_Printf("\nSelect the function to test (0 ~ 3) : ");

rGPGDAT &=(0<<12);
ch = Uart_Getch();

if((ch>=0x30)&(ch<=0x33))
{
     Uart_Printf("%d\n", ch-'0');
```

```
        Uart_Printf("------------------------------------------\r\n");
    }
    else Uart_Printf("\n");

        switch(ch){
            case '0':
                TFT_LCD_8BIT_PALLET_TEST();
                break;
            case '1':
                TFT_LCD_16BIT_240320_TEST();
                break;
            case '2':
                rGPGDAT |=  (1<<12);
                USB_Download_ENABLE();
                break;
            case '3':
               TFT_LCD_BMPDOWNLOAD_16BIT_240320_TEST();
               break;
            default:
                break;
        }
    }
}
```

Main() 함수에서는 CPU 동작에 필요한 기본적인 설정을 한다. I/O 포트 초기화, USB 통신설정, 또한 UART 통신을 위한 채널 설정을 하고, 초기화 후에는 UART를 통해 키 입력을 기다린다. 소스 코드 상단에는 USB 동작을 위한 관련 Header 파일이 Include 되어 있다.
메인 코드는 8비트 팔렛트를 사용한 이미지 출력하기와 16비트 이미지 출력하기, 그리고 USB를 이용하여 PC에서 편집한 24비트 트루컬러 이미지 다운로드 및 TFT LCD에 바로 출력하는 동작으로 구성된다.

▶ 8비트 팔렛트 이용하여 이미지 출력하기

void TFT_LCD_8BIT_PALLET_TEST(void)

```
void TFT_LCD_8BIT_PALLET_TEST(void)
{
    int i,x,y;
```

```
    Lcd_Port_Init();
    Lcd_Palette8Bit_Init();
    Lcd_Init(MODE_TFT_8BIT_240320);
    Glib_Init(MODE_TFT_8BIT_240320);

    Uart_Printf("[TFT_LCD_8BIT_PALLET_TEST]\n");

    Lcd_PowerEnable(0, 1);

    for(i=0;i<256;i++){
    for(y=0;y<320;y++){
            for(x=0;x<240;x++) {
                PutPixel(x,y, i);
            }
        }
        Lcd_EnvidOnOff(1);
        Delay(10000);
    }
}
```

TFT_LCD_8BIT_PALLET_TEST() 함수는 8비트 팔렛트를 이용하여 16비트 해상도를 갖는 이미지를 출력하는 함수이다. 어떠한 과정이 필요한지 소스 코드를 따라가면서 분석해 보도록 하자.

Lcd_Port_Init() 함수는 S3C2440A 프로세서의 LCD 출력 포트에 대한 설정으로 이 포트는 LCD 컨트롤러 출력으로 사용되기도 하지만 I/O 포트로 사용할 수도 있다. 여기서는 컨트롤러 출력으로 사용하기 위해 설정하는 부분이다.

Lcd_Palette8Bit_Init() 함수는 S3C2440A 프로세서 내에 있는 팔렛트 기능을 이용하기 위해 8비트 팔레트를 초기화하는 함수이다.

Lcd_Init(MODE_TFT_8BIT_240320) 함수는 LCD 컨트롤러 동작에 관련된 레지스터를 초기화 하는 함수이다.

Glib_Init(MODE_TFT_8BIT_240320) 함수는 각 모드별(8비트 240×320모드, 16비트 240×320 모드, 24비트 240×320 모드 등) LCD 프레임버퍼에 데이터를 써넣는 함수를 설정하는 부분이다.

Lcd_PowerEnable(0, 1) 함수는 LCD PWREN 단자를 설정하는 함수이다.

Lcd_EnvidOnOff(1) 함수는 LCD 제어선과 비디오 출력 Enable을 설정하는 함수이다.

Lcd_Port_Init()

```
void Lcd_Port_Init(void)
{
    rGPCUP=0xffffffff;
    rGPCCON=0xaaaaaaaa;
    rGPDUP=0xffffffff;
    rGPDCON=0xaaaaaaaa;
    Uart_Printf("Initializing LCD GPIO ports..........\n");
}
```

LCD 포트 초기화 루틴이다. LCD 관련 포트인 GPC와 GPG 포트에 대하여 LCD 포트로 사용하는 설정이다. I/O 포트로 사용하지 않으므로 내부 풀업 저항을 Disable 하였고, LCD 컨트롤 기능 핀으로 사용하려고 모든 출력을 '10b'로 설정하였다.

Lcd_Palette8Bit_Init()

```
void Lcd_Palette8Bit_Init(void)
{
    int i;
    U32 *palette;

    palette=(U32 *)PALETTE;
    if (rLCDCON5&(1<<11))                    // if 5:6:5 format
        for(i=0;i<256;i++) *palette++=PALETTE_TABLE[i];
    else                                     // if 5:5:5:1 format
        for(i=0;i<256;i++) *palette++=(PALETTE_TABLE[i]&0xffc1)|
                ((PALETTE_TABLE[i]&0x1f)<<1);
}
```

PALETTE란 상수는 0x4d000400으로 정의되어 있다. 따라서 변수 'pallete'는 이 주소 값을 가지게 되는데, 이 주소는 프로세서 내부에 있는 SPSRAM의 주소이다. SPSRAM은 256(depth)x16비트의 크기를 가지고 있는 메모리로 이 공간을 팔렛트 영역이라고 한다.

S3C2410A, S3C2440A 프로세서의 팔렛트는 16비트의 분해능을 가지고 있어서 64K 컬러로 표현될 수 있으며, 사용자는 그 중 256개를 선택해서 표출할 수 있다. 256개 각각의 컬러에 대해서도 사용자가 정의할 수 있으며, 각각 5:6:5 포맷과 5:5:5:I 포맷을 지원한다. 소스코드에서 보듯이 두 포맷의 초기화 방법이 다른데 [표 11.2]와 [표 11.3]을 참조하면 물리적인 데이터 출력과 해당 비트와의 관계를 알 수 있을 것이다.

Lcd_Init(MODE_TFT_8BIT_240320)

```
void Lcd_Init(int type)
{
    int LCDFRAME;

    frameBuffer8BitTft240320=(U32 (*)[SCR_XSIZE_TFT_240320/4])LCDFRAMEBUFFER;
    rLCDCON1=(CLKVAL_TFT_240320<<8)|(MVAL_USED<<7)|(3<<5)|(11<<1)|0;
    rLCDCON2=(VBPD_240320<<24)|(LINEVAL_TFT_240320<<14)|
              (VFPD_240320<<6)|(VSPW_240320);
    rLCDCON3=(HBPD_240320<<19)|(HOZVAL_TFT_240320<<8)|(HFPD_240320);
    rLCDCON4=(MVAL<<8)|(HSPW_240320);
    rLCDCON5=(1<<11)|(1<<9)|(1<<8);
    rLCDSADDR1=(((U32)frameBuffer8BitTft240320>>22)<<21)|
                  M5D((U32)frameBuffer8BitTft240320>>1);
    rLCDSADDR2=M5D( ((U32)frameBuffer8BitTft240320+
                  (SCR_XSIZE_TFT_240320*LCD_YSIZE_TFT_240320/1))>>1 );
    rLCDSADDR3=(((SCR_XSIZE_TFT_240320-LCD_XSIZE_TFT_240320)/2)<<11)|
                  (LCD_XSIZE_TFT_240320/2);
    rLCDINTMSK|=(3);
    rTCONSEL&=(~7);
    rTPAL=0;
}
```

이 함수는 LCD 컨트롤러를 초기화하는 함수이다. LCD 구동에 필요한 모든 레지스터 설정을 이 함수 내에서 한다.

LCDCON1 레지스터를 보자. CLKVAL_TFT_240320은 12로 정의되어 있는 상수이다. VCLK 클럭을 계산하기 위한 설정 부분으로 VCLK = HCLK/[(CLKVAL+1)x2]로 계산 된다. 간단하게 계산해 보면 HCLK가 133MHz라고 할 때 133MHz/26 = 5.1MHz 정도이다. 픽셀 개수가 240×320이라고 하면, 5.1MHz/[(240+px)×(320+py)] = 60Hz(Frame) 정도 나온다. 여기서 px, py가 의미하는 것은 240×320 클럭 이외에 Porch 클럭이 더 필요하기 때문이다. 이와 같은 설정으로 단순계산하여 60프레임 정도의 프레임 레이트를 만들어 낼 수 있다.

MVAL_USED는 0으로 정의되어 있는데 TFT LCD제어에서는 0으로 설정하면 된다. (3<<5) 설정은 지금 동작시키려는 LCD가 TFT LCD라는 설정이고 (11<<1)은 8비트 모드 방식이라는 의미이다. 이는 물리적인 데이터 라인을 의미하는 것은 아니다. 마지막 비트를 0으로 한 것은 다른 초기화 과정이 모두 끝난 후에 동작시키기 위해서 잠시 LCD 출력을 Disable 해놓은 것이다.

LCDCON2 레지스터를 보자. VBPD는 Vertical Back Porch라고 하며 여기서는 그 클럭 수를 설정하는 부분이다. 여기서는 1로 설정하였으며 VBPD에 대한 내용은 앞 부분에 자세히 설명하였으니 참고하기 바란다. LINEVAL_TFT는 LCD 패널의 Vertical 크기를 설정하는 비트로 여기서는 '320-1'로 설정되어 있다. VFPD는 Vertical Front Porch의 수를 설정하는 부분이다. 여기서는 2로 설정되어 있다. VSPW는 VSYNC의 High 레벨 폭을 설정하는 부분으로 활성화되지 않는 라인(Inactive line)에서 이 값만큼 High 레벨 폭을 유지한다.

LCDCON3 레지스터를 보자. HBPD는 Horizontal Back Porch 값을 설정하는 부분으로 여기서는 6으로 설정하였다. HOZVAL_TFT는 LCD의 수평방향의 사이즈를 설정하는 부분으로 우리가 사용하는 LCD는 가로가 240이므로 설정은 '240-1'이 된다. HFPD는 Horizontal Front Porch 값을 설정하는 부분으로 여기서는 2로 설정하였다.

LCDCON4 레지스터를 보자. HSPW는 HSYNC 펄스의 High 레벨 폭을 설정하는 부분이다. 비활성화 구간에서 HSPW 설정값 만큼 High를 유지한다.

LCDCON5 레지스터를 보자. (1<<11)는 비디오 출력 포맷을 설정하는 부분으로 5:5:5:I 포맷과 5:6:5 포맷이 있다. (1<<9)는 VLINE/HSYNC 펄스를 반전할지에 대한 설정 부분이고, (1<<8)는 VFRAME/VSYNC 펄스를 반전 할지에 대한 설정이다. 나머지 비트들은 지금 테스트하는 LCD에서는 사용하지 않는 핀들이기 때문에 설정을 무시하였고 LCD 타입에 따라서 설정을 해주어야 하는 것들이 있다. LCDSADDR1, LCDSADDR2, LCDSADDR3은 프레임 버퍼 스타트 어드레스에 대한 설정 부분이고 다음으로는 인터럽트 설정 및 내부 LCP3600 사용 여부에 대한 설정 부분이다. LPC3600과 LCC3600은 사용하지 않는다.

Glib_Init(MODE_TFT_8BIT_240320);

```
void _PutTft8Bit_240320(U32 x,U32 y,U32 c)
{
    if(x<SCR_XSIZE_TFT_240320 && y<SCR_YSIZE_TFT_240320)
        frameBuffer8BitTft240320[(y)][(x)/4]=
        (frameBuffer8BitTft240320[(y)][x/4]
        & ~(0xff000000>>((x)%4)*8) ) | ( (c&0x000000ff)<<((4-1-((x)%4))*8) );
}
```

이 함수는 PutPixel() 함수를 사용하기 위한 설정 부분이다. void(*PutPixel) (U32, U32, U32)는 함수 포인터로 설정되어 있고, PutPixel=_PutTft8Bit_240320으로 설정함으로써 PutPixel() 함수를 사용할 때 위 _PutTft8Bit_240320(U32 x, U32 y, U32

c) 함수가 실행되는 것이다. 8비트 입력을 받아 프레임버퍼에 써넣는 루틴이다. 프레임버퍼는 32비트씩 값을 써넣기 때문에 (x)/4로 하여 1픽셀당 8비트 크기를 가지는 데이터를 프레임버퍼에 4바이트 단위로 대입하는 부분이다.

Lcd_PowerEnable(0,1)

```
void Lcd_PowerEnable(int invpwren,int pwren)
{
    rGPGUP=rGPGUP&(~(1<<4))|(1<<4);                      // Pull-up disable
    rGPGCON=rGPGCON&(~(3<<8))|(3<<8);                    // GPG4=LCD_PWREN
    //Enable LCD POWER ENABLE Function
    rLCDCON5=rLCDCON5&(~(1<<3))|(pwren<<3);              // PWREN
    rLCDCON5=rLCDCON5&(~(1<<5))|(invpwren<<5);           // INVPWREN
}
```

GPG[4] 비트는 LCD_PWREN 기능 핀으로 LCD POWER Enable을 제어하는 단자이다. MSTK2440에서도 이 핀은 MAX1779라는 3채널 출력 DC/DC컨버터의 /SHDN 단자에 연결되어 있다. MAX1779 출력으로는 LCD 구동에 필요한 LAVDD(+5V), VON(+15V), VOFF(-10V)가 있는데, 이러한 출력에 관한 Enable 여부를 GPG[4] 단자로 제어할 수 있다. LCDCON5 레지스터의 3번 비트, PWREN 출력 신호를 Enable하고, 5번 비트 설정을 통해 PWREN 신호의 극성을 설정한다.

PutPixel(x, y, i)

```
for(i=0;i<256;i++){
     for(y=0;y<320;y++){
               for(x=0;x<240;x++) {
                    PutPixel(x,y, i);
               }
          }
      Delay(1000);
}
```

위 코드는 240×320 크기의 LCD 픽셀에 0부터 255까지의 팔렛트 색을 순차적으로 출력해보는 루틴이다.

PutPixel() 함수는 X좌표, Y좌표에 i값을 대입하는(LCD기준으로는 화면에 표시하는) 함수이다. 여기서 i값은 8비트 데이터이다. 즉 0에서 255까지의 값을 가진다. 여기서 16비트 비디오 데이터를 8비트 256컬러로 맵핑하는 방법에 대해 알아보자.

Lcd_Palette8Bit_Init() 함수를 보면 PALETTE_TABLE[] 이라는 테이블이 있는데 0x4d000400 번지 SPSRAM 주소에 이 테이블 값을 써 넣는 루틴이 있다.

```
static const unsigned short PALETTE_TABLE[]={
    0x0b5e, 0xce9a, 0xffd9,...............................
}
```

여기 PALETTE_TABLE[0] 값이 0X0b5e이고 PALETTE_TABLE[1] 값이 0xce9a 이다. 여기서 나타내는 이 16비트 값이 바로 실제 LCD에 쓰여지는 픽셀 데이터가 되는 것이다. 다시 말해서 PutPixel(100, 100, 0)이라면 X좌표 100, Y좌표 100 위치에 PALETTE_TABLE[0] 값을 써넣는다는 의미이다. 세번째 인수가 1이면 PALETTE_TABLE[1], 255이면 PALETTE_TABLE[255]가 되는 것이다. 이것을 팔렛트 맵핑이라고 하는 것이다. 여기서 사용하는 포맷은 5:6:5 구조이며 다음과 같다.

R4	R3	R2	R1	R0	G5	G4	G3	G2	G1	G0	B4	B3	B2	B1	B0

그럼 X좌표 100, Y좌표 100에 빨간색을 찍어보자. 빨간색을 표시하려면 R0~R4까지를 1로 설정하고 나머지는 0으로 설정하면 된다.

(빨간색 1111100000000000b→F800, 하얀색 1111111111111111→0xFFFF, 검정색 0000000000000000→0x0, 파란색 0000000000011111→0x001F)

PALETTE_TABLE[0]의 0x0b5e 값을 0xF800으로 바꾸고 Lcd_Palette8Bit_Init() 함수를 다시 실행하면 팔레트 0번은 0xF800로 매핑이 된다.

(이것은 테스트를 위해 변경해 보는 것이고 실제로는 0x0부터 0xFFFF까지의 64K 컬러를 256단계로 적당히 나누어서 사용해야 한다.)

```
for(y=0;y<320;y++){                          // 세로축 320 픽셀
            for(x=0 ; x<240 ; x++) {         // 가로축 240 픽셀
                PutPixel(x, y, 0);
            }
    }
```

여기서 앞의 코드를 실행하면 240×320 크기의 모든 픽셀이 빨간색으로 찍힐 것이다.

Lcd_EnvidOnOff(1)

```
void Lcd_EnvidOnOff(int onoff)
{
    if(onoff==1)
     rLCDCON1|=1 ;                            // ENVID=ON
    else
     rLCDCON1 =rLCDCON1 & 0x3fffe ;      // ENVID Off
}
```

마지막으로 Lcd_EnvidOnOff(1) 함수를 실행해 LCD 제어선 및 비디오 출력을 Enable 함으로써 LCD가 동작하게 되는 것이다. 여기서는 LCDCON1 레지스터 0번 비트 설정해 Enable과 Disable 할 수 있다.

▶ 16비트 이미지 출력하기

void TFT_LCD_16BIT_240320_TEST(void)

```
void TFT_LCD_16BIT_240320_TEST(void)
{
    int i,j,n,x,y;
    short color=0, ch=0;

    Lcd_Port_Init();
    Lcd_Init(MODE_TFT_16BIT_240320);
    Glib_Init(MODE_TFT_16BIT_240320);

    Uart_Printf("[TFT_LCD_16BIT_240320_TEST]\n");

    Lcd_PowerEnable(0, 1);
    Lcd_EnvidOnOff(1);

    Glib_ClearScr(0, MODE_TFT_16BIT_240320);

    for(y=0;y<110;y++){
        for(x=0;x<240;x++) {
            PutPixel(x,y, 0xf800);
        }
    }

    for(y=110;y<220;y++){
        for(x=0;x<240;x++) {
            PutPixel(x,y, 0x07D0);
        }
```

```
        }
        for(y=220;y<320;y++){
                for(x=0;x<240;x++) {
                        PutPixel(x,y, 0x001F);
                }
        }

        Uart_Printf("\nTFT 64K color mode test.  Press any key!\n");
        Uart_Getch();

        Glib_ClearScr(0, MODE_TFT_16BIT_240320);

        for(x=80;x<240;x+=6)
        {
        for(y=60;y<180;y+=6)
        {
                Glib_FilledRectangle(y,x,y+5,x+5,n);
                n++;
        }
        }
}
```

앞부분에서는 팔렛트를 이용해 8비트 이미지를 출력해 보았다. 8비트 모드(256컬러)에 64K컬러 분해능을 갖는 이미지 출력이 가능하였다. 여기서는 16비트 이미지를 16비트 모드에서 출력해 보도록 하겠다. 16비트부터는 당연히 팔렛트를 이용할 필요가 없다. 16비트로 0X0000부터 0XFFFF까지 64K컬러 표현이 가능하기 때문이다.
TFT_LCD_16BIT_240320_TEST() 함수는 16비트 이미지 출력을 위한 LCD 컨트롤러 초기화 및 R, G, B 출력라인 그리기와 BOX 그리기를 구현하는 함수이다.
우리가 사용하는 LTS280Q1 LCD는 18비트 인터페이스를 가지는 LCD이다. 여기서 S3C2440A 프로세서의 VD(Video Data) 24비트 신호선에 어떻게 연결되는지 알고 있어야 한다. 다음을 보자.

VD	23	22	21	20	19	18	17	16	15	14	13	12	11	10	9	8	7	6	5	4	3	2	1	0
RED	5	4	3	2	1	0	NC								NC								NC	
GREEN							NC		5	4	3	2	1	0	NC								NC	
BLUE							NC								NC		5	4	3	2	1	0	NC	

회로도를 보면 위 표와 같이 6:6:6 라인이 VD 포트에 연결되어 있다. 하지만 16비트 인터페이스에서의 포맷은 5:6:5이므로 여기서는 VD18, VD2 라인은 사용하지 않는다. 따라서 LTS280Q1 LCD는 262, 144컬러까지 표현 가능하지만 16비트로 인터페이

스 할 경우는 64K 컬러가 최대이다. VD18과 VD2는 RED[0]과 BLUE[0]에 해당되므로 색 변화에 미치는 영향이 작은 비트들이다. 18비트로 표현하고자 한다면 24비트(VD0~VD23) 모드로 액세스 하면 되므로 문제는 없다.

Lcd_Init(MODE_TFT_16BIT_240320)

```
void Lcd_Init(int type)
{
      int LCDFRAME;

      frameBuffer16BitTft240320=
               (U32 (*)[SCR_XSIZE_TFT_240320/2])LCDFRAMEBUFFER;
      rLCDCON1=(CLKVAL_TFT_240320<<8)|(MVAL_USED<<7)|(3<<5)|(12<<1)|0;
      rLCDCON2=(VBPD_240320<<24)|(LINEVAL_TFT_240320<<14)|
               (VFPD_240320<<6)|(VSPW_240320);
      rLCDCON3=(HBPD_240320<<19)|(HOZVAL_TFT_240320<<8)|(HFPD_240320);
      rLCDCON4=(MVAL<<8)|(HSPW_240320);
      rLCDCON5=(1<<11)|(1<<9)|(1<<8);  //FRM5:6:5,HSYNC and VSYNC are inverted
      rLCDSADDR1=(((U32)frameBuffer16BitTft240320>>22)<<21)|
                  M5D((U32)frameBuffer16BitTft240320>>1);
      rLCDSADDR2=M5D( ((U32)frameBuffer16BitTft240320+
                 (SCR_XSIZE_TFT_240320*LCD_YSIZE_TFT_240320*2))>>1 );
      rLCDSADDR3=(((SCR_XSIZE_TFT_240320-LCD_XSIZE_TFT_240320)/1)<<11)|
                 (LCD_XSIZE_TFT_240320/1);
      rLCDINTMSK|=(3);              // MASK LCD Sub Interrupt
      rTCONSEL&=(~7);               // Disable LPC3600
      rTPAL=0;                      // Disable Temp Palette
}
```

Lcd_Init(MODE_TFT_16BIT_240320) 함수는 앞부분에 설명한 Lcd_Init() 함수와 구조는 같으며 설정 부분이 일부 다른데 그 부분에 대해서만 언급하도록 하겠다.

LCDCON1 레지스터에 [4:1] 비트 설정 부분은 16 bpp(bits per pixel) 모드로 설정하였다. 16비트로 인터페이스 하므로 이와 같이 설정해 주어야 한다.

frameBuffer16BitTft240320 버퍼는 32비트 단위로 값을 저장하고, 각 픽셀당 비트수는 16비트이므로 버퍼 크기도 16비트 모드에 맞게 변경해야 한다. LCD가 바뀌지 않았으므로 나머지 타이밍 설정 등에 관련된 LCDCON2~LCDCON5 레지스터 설정은 동일하다.

결론적으로 8비트 모드와 다른 점은 프레임 버퍼 설정과 BPPMODE 설정 부분이므로 이 부분만 조정해 주면 된다. 다른 타입의 LCD를 인터페이스 할 때도 타이밍(해당

LCD 제조사 데이트쉬트 참조)과 비트 수를 따져보고 레지스터를 설정해 주면 된다.

Glib_ClearScr(0, MODE_TFT_16BIT_240320)

```
void Glib_ClearScr(U32 c, int type)
{
    int i,j;
    if((type&0x4000)&&(type&0x400))
          for(j=0;j<SCR_YSIZE_TFT_800600;j++)
             for(i=0;i<SCR_XSIZE_TFT_800600;i++)
                   PutPixel(i,j,c);
    else if((type&0x4000)&&(type&0x200))
          for(j=0;j<SCR_YSIZE_TFT_640480;j++)
             for(i=0;i<SCR_XSIZE_TFT_640480;i++)
                   PutPixel(i,j,c);
    else if((type&0x4000)&&(type&0x100))
          for(j=0;j<SCR_YSIZE_TFT_240320;j++)
             for(i=0;i<SCR_XSIZE_TFT_240320;i++)
                   PutPixel(i,j,c);
    else if(type&0x2000)
        for(j=0;j<SCR_YSIZE_CSTN;j++)
        for(i=0;i<SCR_XSIZE_CSTN;i++)
                   PutPixel(i,j,c);
    else
        for(j=0;j<SCR_YSIZE_STN;j++)

             for(i=0;i<SCR_XSIZE_STN;i++)
                   PutPixel(i,j,c);
}
```

Glib_ClearScr(0, MODE_TFT_16BIT_240320) 함수는 240×320픽셀 영역을 0×0값(검정색)으로 출력하는 함수이다. 일종의 화면 Clear 함수로 볼 수 있다.

PutPixel(x, y, c)

```
    for(y=0;y<110;y++){                    // RED 출력
            for(x=0;x<240;x++) {
                  PutPixel(x,y, 0xf800);
            }
        }
        for(y=110;y<220;y++){              // GREEN 출력
            for(x=0;x<240;x++) {
                  PutPixel(x,y, 0x07D0);
```

```
            }
        }
        for(y=220;y<320;y++){                    // BLUE 출력
            for(x=0;x<240;x++) {
                PutPixel(x,y, 0x001F);
            }
        }
```

처음의 for 문은 y가 0부터 109까지 X축 240픽셀에 0xf800 값을 출력하는 루틴이다. 두번째 for 문은 y가 110부터 219까지 X축 240픽셀에 0x07D0 값을 출력하는 루틴이고, 세번째 for 문은 y가 220부터 319까지 X축 240픽셀에 0x001F 값을 출력하는 루틴이다.

0xf800는 1111100000000000b이므로 LCD 1/3 영역은 빨간색으로 표현되고 가운데 1/3 영역은 녹색으로 나머지 1/3 영역은 파란색으로 출력된다.

Glib_Rectangle(0, 0, 239, 319, 0x07e0)

```
void Glib_Rectangle(int x1,int y1,int x2,int y2,int color)
{
    Glib_Line(x1,y1,x2,y1,color);
    Glib_Line(x2,y1,x2,y2,color);
    Glib_Line(x1,y2,x2,y2,color);
    Glib_Line(x1,y1,x1,y2,color);
}
```

Glib_Rectangle(0,0,239,319,0x07e0) 함수는 4각 박스 라인을 그리는 함수이다. 4각 박스의 네 모서리를 Glib_Line() 함수를 이용해 모두 연결하여 4각 박스를 그려준다. color 파라미터는 라인의 색상을 가리킨다.

```
for(x=80;x<240;x+=6)
{
    for(y=60;y<180;y+=6)
    {
        Glib_FilledRectangle(y,x,y+5,x+5,n);
        n++;
    }
}
```

위와 같은 코드를 이용해서 점점 어두워지거나 점점 밝아지는 막대그래프도 그릴 수 있다.

Glib_Line() 함수는 라인을 그리는 함수이다. 그 내부 소스코드를 보면 해당 좌표에 PutPixel() 함수를 사용하여 점을 찍는 루틴으로 구성되어 있다. 직선 및 사선을 그릴 수 있다. 결국 모든 그림은 PutPixel() 함수로 이루어져 있으며 이를 이용해서 Glib_Line() 함수나 Glib_Rectangle() 함수 등 다양한 응용 루틴을 만들어 사용할 수 있다. 윈도우에서 마우스를 움직이면 그 위치에 마우스 화살표가 따라다니게 되는데 이 또한 마찬가지이다.

PS2 인터페이스 마우스로부터 시리얼로 좌표 값을 읽어서 해당 좌표에 화살표 그림을 그려주는 것으로 화살표 그림 등도 픽셀에 데이터를 찍는 것으로 구현된다. MSTK2440에서는 구현해 놓지는 않았으나 DZTK2410이란 보드에서는 이러한 Application을 구현해 놓았다. 실제 마우스는 아니고 화면 터치 패널을 이용해 마우스 화살표를 움직이게 구현하였다.

▶ PC에서 편집한 24비트 BMP 파일을 TFT LCD에 바로 출력하기

여기까지 우리는 8비트 팔렛트를 이용한 이미지 출력과 16비트 이미지 출력을 테스트해 보았다. 지금부터는 우리가 직접 만든 BMP 파일이나 멋진 모델의 사진을 MSTK2440 보드에 USB를 통해 다운로드하여 TFT LCD에 디스플레이 하는 실험을 해보고자 한다.

설명에 앞서 먼저 BMP 파일의 구조에 대해 알아보자. [표 11.4]는 BMP 파일 헤더 내용을 설명하는 표이다.

BMP 파일 구조

[표 11.4] BMP 파일의 구조

순서	바이트순서	내 용	바이트	BMP 파일
1	0	BM이라는 글자가 설정됨	2	42('B') 4d('M')
2	2	비트맵 파일의 전체크기	4	0x38436
3	6	Reserved (0으로 설정)	2	0x0
4	8	Reserved (0으로 설정)	2	0x0
5	10	파일에서 비트맵 데이터가 있는 위치	4	0x36
6	14	BITMAPINFORHEADER	4	0x28
7	18	비트맵 가로크기	4	0xf0
8	22	비트맵 세로크기	4	0x140
9	26	Plane 수(1로 설정)	2	0x1
10	28	한 픽셀당 비트 수	2	0x18
11	30	압축 유무 플래그	4	0x0
12	34	그림 데이터 크기	4	0x384
13	38	한픽셀 당 가로 미터	4	0x0
14	42	한픽셀 당 세로 미터	4	0x0

15	46	그림에서 사용되는 컬러수	4	0x0
16	50	중요하게 사용되는 컬러	4	0x0
17	N	현재 그림이 팔레트를 사용할 경우 팔레트 테이블이 설정된다.	N	
18	54+N	실제 그림 데이터	Size	팔레트 테이블 사용 여부에 따라 변경

처음 두 바이트는 42('B') 4d('M')을 나타낸다. 두번째 4바이트는 비트맵 파일의 전체 크기를 나타내는 것으로 0x38436을 가리키고 있다. 230,454바이트의 크기를 나타내며 PC에서 확인해 본 결과 동일하였다. 5번째 4바이트는 파일에서 비트맵데이터가 있는 위치를 나타내는 것으로 0x36을 가리킨다. 즉 54바이트부터 실제 데이터가 있다는 의미이다. 7번째 항목은 비트맵 가로크기를 나타내는 것으로 여기서는 0xf0, 즉 240이고 8번째 항목은 세로크기로 여기서는 0x140, 320 크기를 가진다는 것을 알 수 있다.

지금 만들어 놓은 BMP 파일은 24비트짜리로 한 픽셀이 R, G, B 3바이트의 정보를 가지고 있다. 여기서도 알 수 있듯이 10번째 '한 픽셀당 비트 수'가 0x18로 되어 있다. 즉 24비트로 구성되어 있다는 의미이다.

이와 같이 BMP 파일 헤더 정보만으로 이 그림의 가로, 세로 크기 및 컬러 분해능(1, 2, 4, 8, 16, 24비트)을 알 수 있다. 여기에서는 PC에서 만든 BMP 파일을 다운로드하여 그 BMP 헤더를 잘라내고 실제 데이터를 16비트 데이터로 편집해서 TFT LCD에 표출해 보도록 하겠다. 24비트로 출력하는 경우에는 이러한 변환과정(24→16비트 변환)도 필요 없으므로 더 간단한 편이다.

void TFT_LCD_BMPDOWNLOAD_16BIT_240320_TEST(void)

```
void TFT_LCD_BMPDOWNLOAD_16BIT_240320_TEST(void)
{
    int i,j,k,x,y;
    short color=0, ch=0;

    buf = (U8 *)BmBuffer;

    Lcd_Port_Init();
    Lcd_Init(MODE_TFT_16BIT_240320);
    Glib_Init(MODE_TFT_16BIT_240320);

    Uart_Printf("[TFT_LCD_BMPDOWNLOAD_16BIT_240320_TEST]\n");

    Lcd_PowerEnable(0, 1);
```

```
        Lcd_EnvidOnOff(1);

        Glib_ClearScr(0, MODE_TFT_16BIT_240320);

        for(y=0;y<320;y++){
                for(x=0;x<240;x++) {
                        color = ((buf[56+x*3+720*y]&0xf8)<<8)+
                                ((buf[55+x*3+720*y]&0xfc)<<3)+
                                ((buf[54+x*3+720*y]&0xf8)>>3);
                        PutPixel(x,320-y, color&0xFFFF);
                }
        }
}
```

TFT_LCD_BMPDOWNLOAD_16BIT_240320_TEST() 함수는 USB로 다운로드 된 24비트 BMP 파일을 16비트로 변경하여 TFT LCD에 출력하는 함수이다. 0x 31000000번지 버퍼 주소를 대입하는 부분을 제외하고는 LCD PORT 초기화 및 LCD 타이밍 초기화 부분 등은 동일하다.

PutPixel(x, y, c)

```
for(y=0;y<320;y++){
        for(x=0;x<240;x++) {
                color = ((buf[56+x*3+720*y]&0xf8)<<8)+
                        ((buf[55+x*3+720*y]&0xfc)<<3)+
                        ((buf[54+x*3+720*y]&0xf8)>>3);
                PutPixel(x,320-y, color&0xFFFF);
        }
```

이 코드부분이 24비트 BMP를 16비트 컬러로 출력하기 위한 루틴이다.

VD 23	VD 22	VD 21	VD 20	VD 19	VD 18	VD 17	VD 16	VD 15	VD 14	VD 13	VD 12	VD 11	VD 10	VD 9	VD 8	VD 7	VD 6	VD 5	VD 4	VD 3	VD 2	VD 1	VD 0
R7	R6	R5	R4	R3	R2	R1	R0	G7	G6	G5	G4	G3	G2	G1	G0	B7	B6	B5	B4	B3	B2	B1	B0

↓

R7	R6	R5	R4	R3	G7	G6	G5	G4	G3	G2	B7	B6	B5	B4	B3

[그림 11.7] 24비트 포맷을 16비트 5:6:5 포맷으로 변환

USB로 다운로드를 완료하면 BMP 파일은 0x31000000번지에 저장된다. 여기서

BMP 파일 헤더 부분의 '파일에서 비트맵데이터가 있는 위치'를 나타내는 10번째 바이트 정보를 보면 0x36임을 확인할 수 있다. 이는 54번째부터 실제 BMP데이터가 있다는 것을 의미하는 것이다. 54번째 바이트는 BMP데이터 B에 해당하는 데이터이고 그 다음이 G, 다음이 R에 대한 데이터이다. 순서대로 표현하면 B, G, R 순서로 구성되어 있다. VD 출력에서도 LSB순으로 보면 B, G, R임을 알 수 있다. 우리는 24비트의 BMP 데이터를 16비트(5:6:5 포맷) 데이터로 변경하여야 한다.

((buf[54+x*3+720*y]&0xf8)>>3)는 Blue 데이터를 16비트의 최하위 5바이트에 배치하는 코드이다. 54는 54번째 위치를 의미하는 것이다. 각 픽셀은 3바이트의 정보로 구성되어 있으므로, x축으로 한 픽셀씩 증가는 실제 버퍼상으로는 3바이트씩 증가되는 것이다. 또한 가로 축이 240이므로 240*3 = 720을 더해 줌으로써 정확한 버퍼 대 픽셀에 대한 계산을 할 수 있다. >>3을 통해서 상위 5비트를 하위 5비트로 쉬프트 한 것이다. 이 결과로 Blue 데이터는 하위 5비트에 자리잡게 된다. ((buf[56+x*3+720*y]&0xf8)<<8)는 Green에 대한 데이터를 16비트 하위 6번째 비트부터 6비트만큼 배치하는 코드이다. 이 결과로 6번째 비트부터 11번째 비트까지 Green 데이터가 자리잡게 된다. ((buf[55+x*3+720*y]&0xfc)<<3)는 Red에 대한 데이터를 16비트 12번째부터 16번째까지 배치하는 코드이다.

한 픽셀에 대한 배치가 완료되면 PutPixel(x,320-y, color&0xFFFF) 함수를 통해 픽셀 데이터를 출력을 한다. 16비트의 크기를 가지는 color 값은 물리적으로 다음과 같이 S3C2440A의 VD 포트로 출력되는 것이다.

[표 11.5] 24비트 데이터를 16비트 VD포트로 출력하는 형식

VD 23	VD 22	VD 21	VD 20	VD 19	VD 15	VD 14	VD 13	VD 12	VD 11	VD 10	VD 7	VD 6	VD 5	VD 4	VD 3
R7	R6	R5	R4	R3	G7	G6	G5	G4	G3	G2	B7	B6	B5	B4	B3

[그림 11.8] BMP파일1

[그림 11.9] BMP파일2

[그림 11.10] BMP파일3

지금부터 앞에 보이는 세가지 파일을 다운로드해 실험을 해보도록 하겠다. USB 다운로드를 하려면 메인 메뉴 키에서 '2'를 누르고 그 후에 '3'을 누르면 TFT_LCD_BMPDOWNLOAD_16BIT_240320_TEST() 함수가 실행된다. BMP 파일을 0x31000000 번지로 다운로드하는 부분은 소스 코드에 코딩되어 있으므로 소스 코드를 참조하기 바란다.

DNW를 실행하고 MSTK2440 전원을 켠다. 모니터 프로그램에 정상적으로 부팅이 되었다면 TFT_LCD 프로젝트 내에 컴파일하여 만들어 놓은 TFT_LCD.bin 파일을 RAM으로 다운로드한다. 다운로드가 완료되면 '2'를 입력하여 USB 다운로드 Enable을 하고 DNW 메뉴에 [USB Port]→[Transmit]를 선택하여 다운로드 하고자 하는 BMP 파일을 지정해 준다. 해당 BMP 파일이 다운로드가 완료되었으면 '3'을 입력한다. 그러면 TFT LCD에 PC에서 보았던 BMP 파일이 디스플레이 되는 것을 확인할 수 있을 것이다.

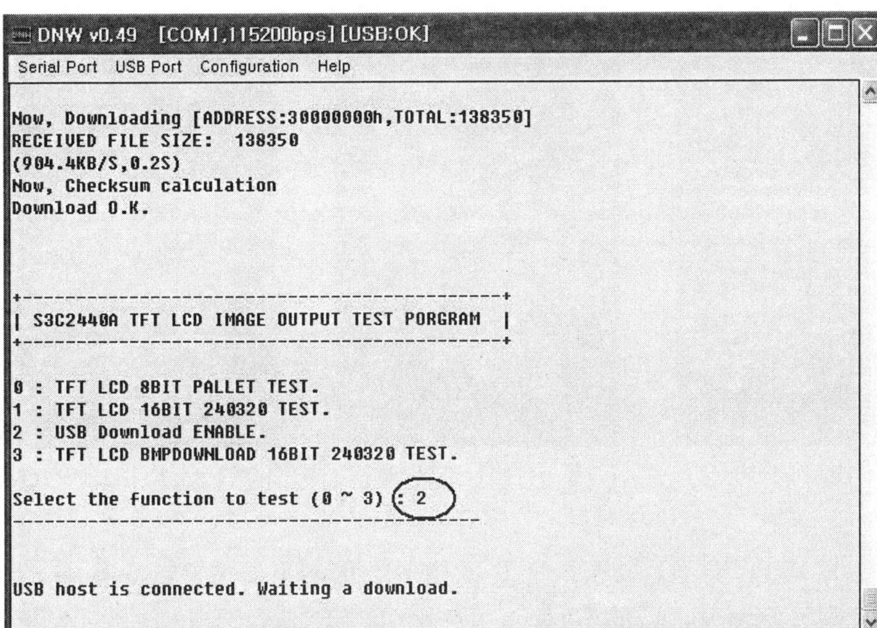

[그림 11.11] BMP 파일 다운로드(1)

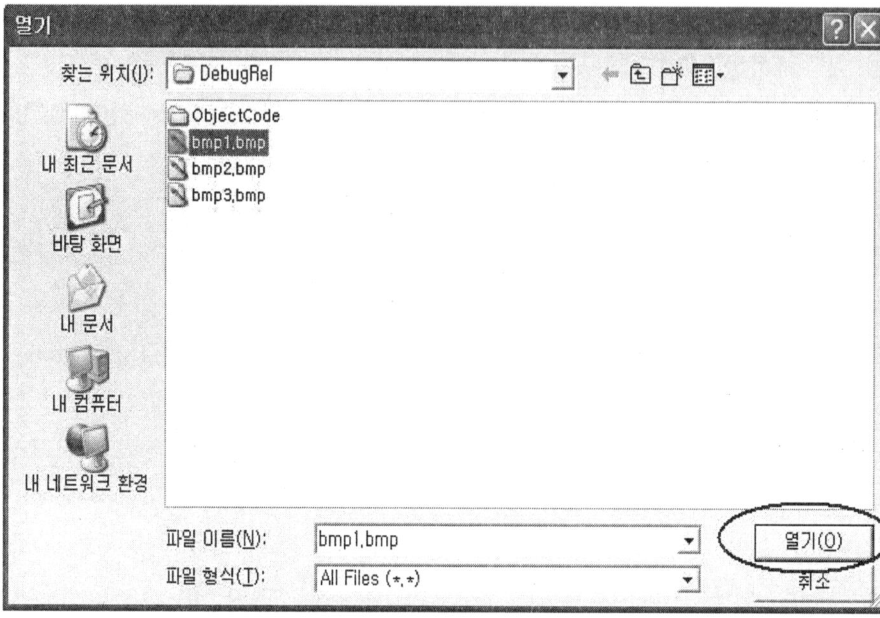

[그림 11.12] BMP 파일 다운로드(2)

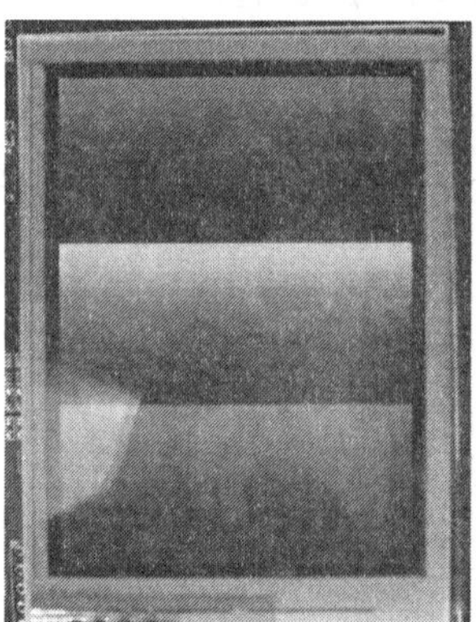

[그림 11.13] BMP파일1

[그림 11.14] BMP파일2

[그림 11.15] BMP파일3

[그림 11.13~15]는 LTS280Q1 TFT LCD에 BMP 파일을 출력한 것을 사진으로 찍은 것이다. PC에서 편집한 8비트 이미지를 이용해서도 TFT LCD에 디스플레이 해 볼 수 있다. PC 윈도우 그림판에서 240×320 크기의 그림을 그리고 256컬러(8비트) BMP 파일로 저장한 다음, 위 방법과 동일하게 다운로드 시켜 이미지를 출력해 볼 수 있다.

다만 약간의 프로그램 코딩을 해 주어야 하는데, 256컬러 BMP 파일의 10번째 바이트 값(실제 데이터 위치 정보)을 확인하여 그 번지부터 한 픽셀당 한 바이트 정보를 해당 픽셀에 뿌려주면 된다. 여기서 만든 256컬러 BMP 파일의 경우 실제 데이터 위치가 1078이었다. 그 위치에 픽셀 값을 LCD에 쓰기 위해서는 예를 들어 PutPixel (x, 320-y, (buf[1078+x+240*y])&0xff) 부분을 X축으로 240, Y축으로 320번 for 문을 돌리면 된다. 이렇게 하여 팔렛트화된 이미지를 출력해 볼 수 있다.

여기까지 실험을 통해서 TFT LCD를 구동하기 위해 무엇을 해주어야 하는지 데이터 처리는 어떻게 해야 하는지를 검토해 보았다. 이 외에도 다른 타입의 LCD 일지라도 소프트웨어 입장에서는 앞에 설명한 방법만으로 대부분 제어가 가능하다. 하드디스크를 연결하여서 실시간으로 동영상을 출력해 볼 수도 있고 곁들여서 웨이브 파일을 음성으로 출력해 볼 수도 있다. 필자가 LCD 검사 장비를 개발하면서 이효리의 뮤직비디오 동영상을 디스플레이 해본 적이 있는데 구현 방법이 그다지 어렵지 않았다. 모든 데이터를 조작 할 수 있으므로 각 프레임을 앞으로 돌리기, 뒤로 돌리기, 2배속, 4배속, 그 이상 등 자유자재로 표현할 수 있었다. 응용 관점에서 여러분들도 그렇게 한번 해보기 바란다.

마지막으로 한 가지 더 언급한다면, TFT LCD를 구동하는데 있어서 이러한 프로그램 작업 이외에 LCD 구동을 위한 알맞은 전원공급과 VCOM 로직 구성 등을 필요로 한다. 다만 이러한 스펙들은 LCD 제조사의 데이터쉬트를 참고하거나 기술지원을 받아 진행해야 한다.

제12장

ADC & Touch Screen

12. ADC & Touch Screen Interface

요즘 자주 사용되는 마이크로 컨트롤러들 대부분은 A/D 컨버터를 내장하고 있다. 인텔의 80C196, 80C296도 그렇고 PIC나 AVR에도 A/D컨버터가 내장되어 있다. 외부에 별도의 칩을 사용하지 않아도 되기 때문에 비용을 절감하고 회로를 보다 간편하게 줄일 수 있다. S3C2440A에도 물론 A/D 컨버터가 내장되어 있고 그 외에 터치스크린을 인터페이스 할 수 있는 기능도 있다.

12.1 ADC의 구조

S3C2440A에는 8채널의 아날로그 입력을 받을 수 있는 ADC가 내장되어 있다. S3C2440A의 ADC는 10비트의 분해능을 가지고 500KS/S의 샘플링 속도를 가지고 있다. 또한 ADC 입력 중 4채널은 터치스크린 인터페이스에도 사용할 수 있다.

- Resolution : 10-bit
- Differential Linearity Error : ±1.0 LSB
- Integral Linearity Error : ±2.0 LSB
- Maximum Conversion Rate : 500 KS/S
- Low Power Consumption
- Power Supply Voltage : 3.3V
- Analog Input Range : 0 ~ 3.3V
- On-chip sample-and-hold function
- Normal Conversion Mode
- Separate X/Y position conversion Mode
- Auto(Sequential) X/Y Position Conversion Mode
- Waiting for Interrupt Mode

[그림 12.1]은 S3C2440A ADC의 구조를 보여주고 있다. 8채널의 ADC 입력은 8:1 MUX에 의해 A/D 컨버전할 채널을 선택할 수 있다. 그리고 터치스크린 인터페이스부가 내장되어 외부의 별도 회로 없이 터치스크린을 바로 연결할 수도 있다. 터치스크린 인터페이스를 사용하게 되면 A[7:4]는 터치스크린 인터페이스에 사용되고 A[3:0]만 A/D컨버터로 사용할 수 있다.

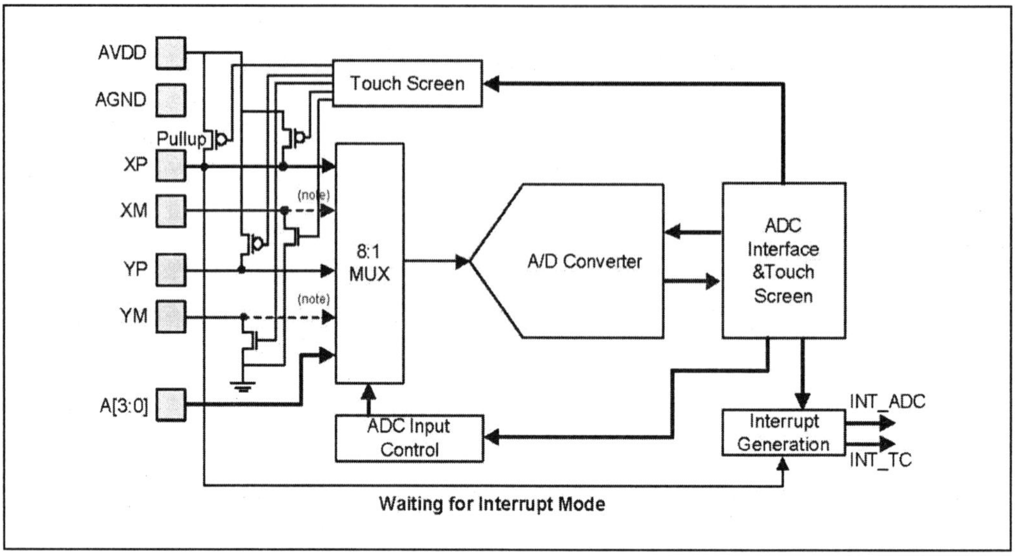

[그림 12.1] S3C2440A의 A/D 컨버터 구조

여기서 여러분들이 알아둬야 할 사항이 있다. [그림 12.1]에 보면 FET 소자가 4개 내장된 것을 볼 수 있다. 이는 X, Y포지션을 읽을 때 시퀀스를 제어하기 위한 것인데, S3C2410A에는 FET가 내장되어 있지 않다.

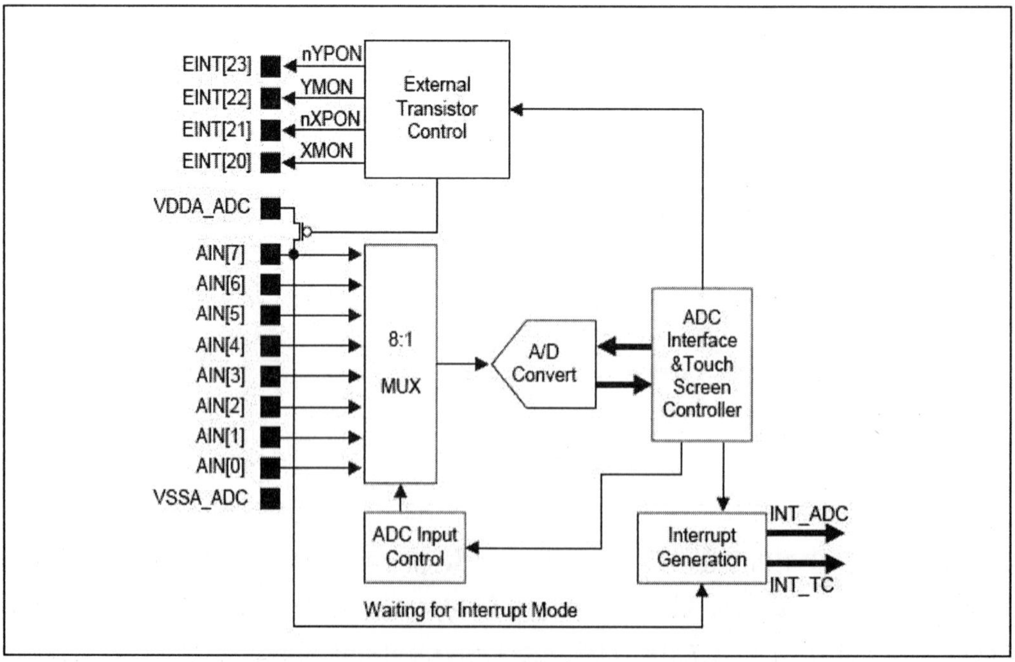

[그림 12.2] S3C2410A의 A/D 컨버터 구조

S3C2410A의 경우 보통은 FDC6321이라는 Dual FET 칩을 사용하여 외부 인터페이스 하게 된다. [그림 12.2]를 보자. S3C2410A의 A/D 컨버터 구조이다. 터치스크린 인터페이스 부분이 다르다는 것을 바로 알 수 있을 것이다. S3C2440A는 S3C2410A의 후속 버전이기 때문에 S3C2410A의 불편한 점이 개선된 것이다. S3C2410A에서는 외부의 FET를 제어하기 위해 GPG[15:12] 핀을 사용하고 있다.

S3C2440A에서는 AIN[3:0]은 일반 A/D 컨버터로 사용하고 AIN[7:4]는 터치스크린을 사용하지 않으면 일반 A/D 컨버터로 사용하고, 터치스크린을 사용하는 경우에는 AIN[7]:XP, AIN[6]:XM, AIN[5]:YP, AIN[4]:YM으로 사용된다.

12.2 ADC와 터치스크린 인터페이스 동작

A/D 컨버터의 공급전압은 3.3V이고 입력전압은 0~3.3V 범위이다. 처음에 잠깐 언급했지만 S3C2440A의 최대 샘플링 개수는 초당 500K 샘플이다. 즉, 초당 최대 500,000번의 A/D 컨버젼이 가능한 것이다. A/D 컨버터의 동작속도는 입력되는 클럭과 클럭 프리스케일러에 의해 결정되는데, 다음의 수식은 A/D 컨버젼 시간을 계산하는 것이다.

A/D 컨버터 주파수 = PCLK / (프리스케일러 설정값 + 1) 컨버젼 시간 = 1 / (A/D 컨버터 주파수 / 5 cycles)

※ 프리스케일러 설정값 : 0~255 사이의 값. ADCCON 레지스터 참조

A/D 컨버젼에 필요한 시간은 A/D 컨버터 주파수 5사이클을 필요로 한다. 여기에서 주의하여야 할 것은 A/D 컨버터 주파수는 2.5MHz를 넘어서는 안되고 A/D 컨버터 주파수에 5를 곱한 값이 PCLK값을 넘어서도 안된다.

간단히 예를 들어보자. PCLK=50MHz이고 프리스케일러 값을 49로 하면,

A/D 컨버터 주파수 = 50MHz / (49+1) = 1MHz
컨버젼 시간 = 1 / (1MHz / 5cycles) = 5us

따라서 초당 샘플링 가능 개수는 200K 샘플이 되는 것이다.

▶ 스탠바이 모드(Standby Mode)

스탠바이 모드는 ADCCON 레지스터의 STDBM 비트가 셋 되었을 때 전환된다. 이 모드에서는 A/D 변환 동작이 중지되고 ADCDAT0와 ADCDAT1 레지스터에는

이전의 변환 데이터를 유지하게 된다.

▶ 터치스크린 인터페이스

S3C2440A에는 별도의 외부 회로가 없어도 터치스크린을 쉽게 인터페이스 할 수 있다. S3C2410A의 경우 Dual FET칩 두 개가 필요하다. 터치스크린을 이용하는 4가지의 동작 모드가 있는데 다음의 내용을 보자.

① **Normal 컨버젼 모드**

Normal 컨버젼 모드(AUTO_PST=0, XY_PST=0)는 일반적인 AD 컨버터로 사용하는 것과 같다. A/D 변환 된 값은 ADCDAT0 레지스터의 XPDATA비트 공간에 저장된다.

② **Separate X/Y 포지션 컨버젼 모드**

Separate X/Y 포지션 컨버젼 모드는 X-포지션 모드와 Y-포지션 모드로 구분된다. X-포지션 모드(AUTO_PST=0, XY_PST=1)는 X-포지션 변환 데이터를 ADCDAT0 레지스터의 XPDATA비트 공간에 저장하고 인터럽트를 발생시킨다. 마찬가지로 Y-포지션 모드(AUTO_PST=0, XY_PST=2)는 Y-포지션 변환 데이터를 ADCDAT1 레지스터의 YPDATA비트 공간에 저장하고 인터럽트를 발생시킨다.

③ **Auto(Sequential) X/Y 포지션 컨버젼 모드**

Auto(Sequential) X/Y 포지션 컨버젼 모드(AUTO_PST=1, XY_PST=0)는 X,Y 포지션을 자동으로 A/D 변환하여 X-포지션 데이터는 ADCDAT0 레지스터에 Y-포지션 데이터는 ADCDAT1 레지스터에 저장한다. 이 후에 인터럽트를 발생시킨다.

④ **인터럽트 대기 모드(Waiting for Interrupt Mode)**

인터럽트 대기 모드는 Stylus down(펜으로 터치스크린을 누르는 것)이 발생하기를 기다리는 것인데, Stylus down이 발생하면 INT_TC 인터럽트를 발생시킨다. ADCTSC=0xD3 값으로 설정하면 인터럽트 대기모드가 된다. 자세한 것은 레지스터 설명 부분을 참조하기 바란다.

XPDATA, YPDATA, ADCTSC, ADCDAT0, ADCDAT1 레지스터와 AUTO_PST, XY_PST 비트에 관한 설명은 12.3에 자세하게 나오니 그 부분의 내용을 참조하기 바란다.

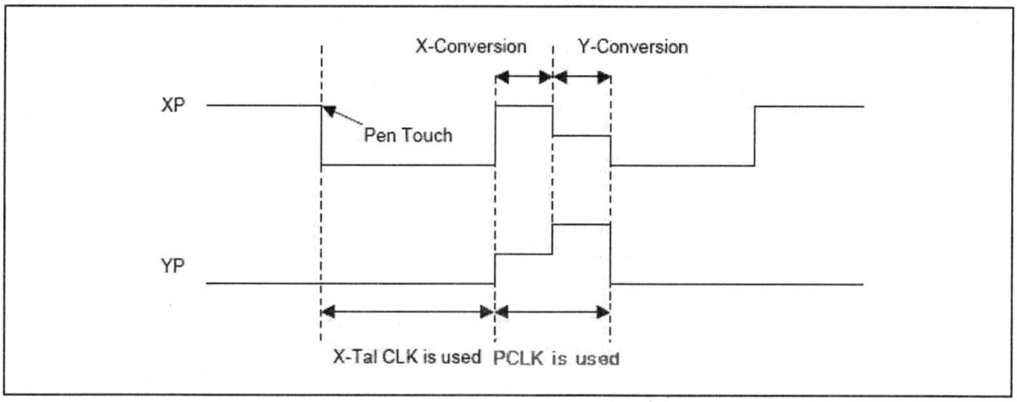

[그림 12.3] 터치스크린 변환 동작

[그림 12.3]은 터치스크린 변환과정을 보여주고 있다. 펜 터치 즉 Stylus down이 감지되면 X포지션 읽기상태로 ADCTSC 레지스터를 설정하여 X-포지션에 대한 A/D 변환을 한다. 그리고 다시 ADCTSC 레지스터를 Y-포지션 읽기 상태로 설정하여 Y-포지션에 대한 A/D변환을 한다.

12.3 ADC의 제어

앞부분에서 ADC와 터치스크린(보통은 TSP라고 많이 함) 동작에 대한 기본적인 내용들을 알아보았고, 12.3에서는 이들을 제어하기 위한 레지스터들에 대해 알아 볼 것이다. A/D 컨버터와 터치스크린 설정에 대한 레지스터 ADDCON, ADCTSC 레지스터와 그 외 4개의 레지스터(ADCDAT0, ADCDAT1, ADCDLY, ADCUPDN)로 이루어져 있다.

▶ A/D 컨버터 제어 레지스터(ADC Control Register, ADCCON)

A/D 변환과정에 필요한 클럭제어, 입력 MUX 선택, 변환과정 시작 등에 관계된 레지스터이다.

레지스터	어드레스	R/W	설 명	초기값
ADCCON	0x58000000	R/W	ADC 변환 제어 레지스터	0x3FC4

ADCCON	비트	설 명	초기값
ECFLG	[15]	End of conversion flag(Read only) 0 = A/D 변환중 1 = A/D 변환 완료	0
PRSCEN	[14]	A/D 컨버터 프리스케일러(클럭)	0

		0 = Disable 1 = Enable	
PRSCVL	[13:6]	A/D 컨버터 프리스케일러 값(0 ~ 255)	0xFF
SEL_MUX	[5:3]	아날로그 입력 MUX 선택 000 = AIN0 001 = AIN1 010 = AIN2 011 = AIN3 100 = YM 101 = YP 110 = XM 111 = XP	0
STDBM	[2]	스탠바이 모드 선택 0 = Normal 동작 모드 1 = 스탠바이 모드	1
READ START	[1]	A/D conversion start by read 0 = Disable start by read operation 1 = Enable start by read operation	0
ENABLE START	[0]	A/D conversion start by enable 0 = No operation 1 = A/D 변환 시작	0

YM, YP, XM, XP 항목은 ADCTSC 레지스터에서 Disable시키면 일반 A/D 컨버터로(AIN[4:7])도 사용가능하다. 그리고 ENABLE_START 비트는 READ_START 비트가 셋 되어 있으면 아무런 영향을 미치지 않는다.

▶ A/D 컨버터 터치스크린 제어 레지스터(ADC Touch Screen Control Register, ADCTSC)

터치스크린 인터페이스의 기본적인 동작을 제어하는 레지스터이다.

레지스터	어드레스	R/W	설 명	초기값
ADCTSC	0x58000004	R/W	ADC 컨버터 터치스크린 제어 레지스터	0x58

ADCTSC	비트	설 명	초기값
UD_SEN	[8]	Stylus Up, Down 상태 0 = Stylus Down 인터럽트 신호 검출 1 = Stylus Up 인터럽트 신호 검출	0
YM_SEN	[7]	YM Switch Enable 0 = YM Disable 1 = YM Enable	0
YP_SEN	[6]	YP Switch Enable 0 = YP Enable 1 = YP Disable	1
XM_SEN	[5]	XM Switch Enable 0 = XM Disable 1 = XM Enable	0
XP_SEN	[4]	XP Switch Enable 0 = XP Enable 1 = XP Disable	1
PULL_UP	[3]	Pull-up Switch Enable 0 = XP Pull-up Enable 1 = XP Pull-up Disable	1
AUTO_PST	[2]	Auto 변환모드 설정 0 = Normal 컨버젼 모드 1 = Auto(Sequential) X/Y 포지션 컨버젼 모드	0

XY_PST	[1:0]	Separate 변환모드 설정 00 = No operation 모드 01 = X-포지션 측정 10 = Y-포지션 측정 11 = 인터럽트 대기 모드	0

※ Notes
① 터치스크린 인터럽트 대기시에는 XP_SEN 비트를 1로(XP Output Disable) 설정하고 PULL_UP 비트를 0으로(XP Pull-up Enable) 설정해야 한다.
② Auto변환 모드에서는 AUTO_PST 비트를 1로 설정해야 한다.
③ SLEEP 모드에서 XP, YP 단자는 'H'를 유지하기 때문에 XP, YP가 GND에 연결되게 구성하면 안된다.

다음의 표는 X, Y 포지션 변환시의 구성을 설명하고 있다. X-포지션 변환시에는 XP(Xplus)와 XM(Xminus)에 레퍼런스 전압을 가하여 YP 단자를 통해 X축 변환값을 읽어오고, Y-포지션 변환시에는 YP(Yplus)와 YM(Yminus)에 레퍼런스 전압을 가하여 XP 단자를 통해 Y축 변환값을 읽어온다.

	XP	XM	YP	YM	ADC 채널선택
X-Position	Vref	GND	Hi-Z	Hi-Z	YP
Y-Position	Hi-Z	Hi-Z	Vref	GND	XP

AUTO_PST 비트는 Auto X/Y 컨버젼 모드를 사용할지 여부를 결정하는 것으로, 이 비트가 셋 되면 X, Y 포지션에 대해 별도의 설정 없이 차례로 A/D 변환이 이루어진다. X-포지션 데이터는 ADCDAT0레지스터에 Y-포지션 데이터는 ADCDAT1 레지스터에 저장된다.

XY_PST 비트는 Separate X/Y 포지션 컨버젼 모드에서 X-포지션에 대한 A/D 변환을 할 것인지 Y-포지션에 대한 A/D 변환을 할 것인지를 선택해 준다.

▶ A/D 컨버터 시작 지연 레지스터(ADC Start Delay Register, ADCDLY)

ADC 시작에 앞서 약간의 시간 지연을 가능하게 하는 레지스터이다.

레지스터	어드레스	R/W	설 명	초기값
ADCDLY	0x58000008	R/W	ADC 변환 시작 지연 레지스터	0x00ff

ADCDLY	비트	설 명	초기값
DELAY	[15:0]	1) Normal 변환모드, XY 포지션모드, Auto 포지션모드 -> ADC 변환 시작 지연 값 2) 인터럽트 대기 모드인 경우 IDLE 모드에서 Stylus down이 발생하여 Wake-up 신호가 발생하고 IDLE 모드를 빠져나갈 때 지연시간(0은 안됨)	00ff

이때 지연시간은 (1/PCLK)×ADCDLY로 계산된다. 예를 들어 PCLK가 50MHz이고 ADCDLY레지스터를 40,000으로 설정했을 때 지연시간은 (1/50MHz)×40000 = 0.8ms 가 되는 것이다.

▶ A/D 컨버터 데이터 레지스터0 (ADC Data Register0, ADCDAT0)

ADCDAT0 레지스터는 읽기 전용으로 A/D 변환된 값을 읽어 내거나 현재의 동작 모드에 대한 데이터를 알아 낼 수 있다.

레지스터	어드레스	R/W	설 명	초기값
ADCDAT0	0x5800000C	R	ADC 변환 데이터 레지스터	

ADCDAT0	비트	설 명	초기값
UPDOWN	[15]	Stylus Up/Down 상태 0 = Stylus down 1 = Stylus up	
AUTO_PST	[14]	0 = Normal ADC 변환 1 = Auto 포지션 변환 모드	
XY_PST	[13:12]	00 = No operation 모드 01 = X-포지션 측정 10 = Y-포지션 측정 11 = 인터럽트 대기 모드	
Reserved	[11:10]	Reserved	
XPDATA (Normal ADC)	[9:0]	X-포지션 변환 데이터 or Normal 변환 데이터	

위의 항목들은 동작상태와 ADCCON, ADCTSC 레지스터 설정에 따라 자동으로 변하므로 사용자는 데이터를 참조하기만 하면 된다.

▶ A/D 컨버터 데이터 레지스터1 (ADC Data Register0, ADCDAT1)

ADCDAT1 레지스터는 읽기 전용으로 A/D 변환된 값을 읽어 내거나 현재의 동작 모드에 대한 데이터, Y-포지션 변환 데이터를 알아 낼 수 있다.

레지스터	어드레스	R/W	설 명	초기값
ADCDAT1	0x58000010	R	ADC 변환 데이터 레지스터	

ADCDAT1	비트	설 명	초기값
UPDOWN	[15]	Stylus Up/Down 상태 0 = Stylus down 1 = Stylus up	
AUTO_PST	[14]	0 = Normal ADC 변환	

		1 = Auto 포지션 변환 모드	
XY_PST	[13:12]	00 = No operation 모드 01 = X-포지션 측정 10 = Y-포지션 측정 11 = 인터럽트 대기 모드	
Reserved	[11:10]	Reserved	
YPDATA	[9:0]	Y-포지션 변환 데이터	

ADCDAT1 레지스터에서 ADCDAT1[9:0] 비트는 Y-포지션 변환 데이터인 YPDATA로만 사용된다. 그 외에는 ADCDAT0 레지스터와 동일하다. YPDATA의 값은 10비트 이므로 0~3FF이다.

▶A/D 컨버터 터치스크린 Up/Down 인터럽트 확인 레지스터 (ADC Touch Screen Up/Down Interrupt Check Register, ADCUPDN)

터치스크린 Stylus 인터럽트, 즉 INT_TC 발생상태를 확인할 수 있는 레지스터이다.

레지스터	어드레스	R/W	설 명	초기값
ADCUPDN	0x58000014	R/W	Stylus Up/Down 인터럽트 상태 레지스터	0x0

ADCUPDN	Bit	설 명	초기값
TSC_UP	[1]	Stylus Up 인터럽트 0 = Stylus up 상태가 아님 1 = Stylus up 인터럽트 발생	0
TSC_DN	[0]	Stylus Down 인터럽트 0 = Stylus down 상태가 아님 1 = Stylus down 인터럽트 발생	0

12.4 ADC & Touch Screen 기능 연습

12.4에서는 지금까지의 ADC 설명을 기반으로 MSTK2440보드를 이용해 A/D 컨버터와 터치스크린 패널 테스트 실험을 하도록 하겠다. MSTK2440 보드에는 A/D 컨터버 테스트를 위해 한 개의 가변 저항이 있고, 2.8인치 LCD패널에 붙어 있는 터치스크린 패널을 이용해 터치 기능을 시험할 수 있다.

12.4.1 A/D 컨버터 실험

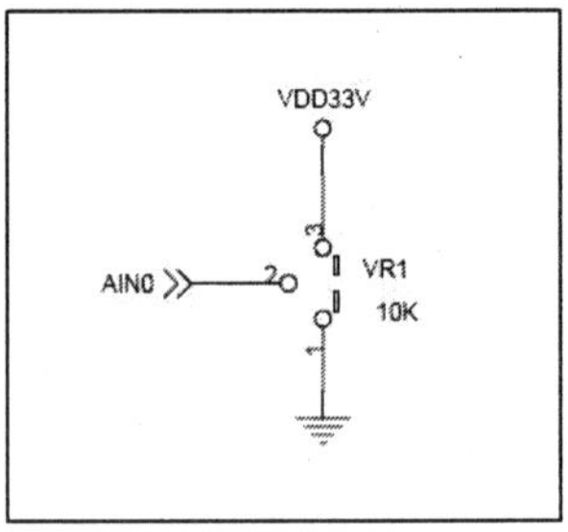

우측의 그림은 A/D 컨버터를 테스트하기 위한 가변저항이다. 가변저항을 가변시키면 0~3.3V전압 변화가 가능하므로 10비트 A/D 컨버터의 결과값 0~1023까지의 값을 확인할 수 있다. 가변저항의 중간탭은 AIN0 핀으로 연결되어 있어 A/D 컨버터의 채널0을 선택하여 사용하면 된다.

그리고 MSTK2440 보드를 보면 CON12(외부 확장 커넥터)의 2, 4번 핀에 점퍼가 연결되어 있다. 4번 핀이 Avref이고 2번 핀이 VDD33V이다. A/D 컨버터 레퍼런스 전압을 외부에서 입력하고 싶으면 이 점퍼를 제거하고 4번 핀에 연결하면 된다. 그 외의 경우에는 점퍼를 연결해 3.3V 전압을 레퍼런스 전압으로 이용하면 된다. 터치스크린 패널 테스트시에도 점퍼가 꼭 연결되어 있어야 한다.

▶ 실험 내용

가변 저항을 가변시키면서 10비트 A/D 컨버터 출력 데이터를 DNW를 이용해 확인해보도록 하자.

▶ 프로그램

ADS를 실행하여 ADC라는 프로젝트(ADC.mcp)를 만들고 필요한 파일들을 프로젝트에 등록시킨다. DebugRel 모드로 선택하고 옵션들을 설정해 준다. main_app.c 파일을 새로 만들어 다음의 리스트와 같이 내용을 작성한다. 또는 Chapter12 폴더의 ADC 폴더 안의 ADC.mcp 프로젝트 파일을 오픈한다. 프로그램을 컴파일하고 DNW를 이용해 바이너리 파일을 다운로드시켜 실행해 본다. main_app.c 리스트를 보자.

```
/*------------------------------------------------------------------
 Project : MSTK2440 A/D Converter Test, ADC.mcp
 Description : A/D Converter 테스트 프로그램
------------------------------------------------------------------*/
#include <stdlib.h>
#include <string.h>
#include "def.h"
#include "option.h"
#include "2440addr.h"
```

```
#include "2440lib.h"
#include "2440slib.h"
#include "mmu.h"

//----------- Constant Definition ----------------------
#define UART0   0                              // UART0
#define ADC_FREQ 1000000                       // ADC Frequency

//----------- Function Declaration ---------------------
void Isr_Init(void) ;                          // 인터럽트 초기화
unsigned ReadAdc(unsigned char ch) ;

//----------- Global Variables -------------------------
volatile U32 preScaler ;
//----------- Main Function ----------------------------
void Main(void)
{
     int i;

     #if ADS10
     __rt_lib_init() ;                         // for ADS 1.x Run-Time Library Init
     #endif

     Port_Init() ;
     ChangeUPllValue(60, 4, 2) ;               // 48MHz for USB
     for(i=0; i<7; i++) ;
     ChangeClockDivider(13, 12) ;              // FCLK:HCLK:PCLK   1:1/3:1/6
     ChangeMPllValue(97, 1, 2) ;               // 296Mhz
     Uart_Init(UART0, 115200) ;                // UART0, 115200bps
     Uart_Select(UART0) ;                      // UART0 selected for debugging
     MMU_Init() ;
     Delay(0) ;                                // Calibrate Delay()

     Uart_Printf("\n\n");
     Uart_Printf("## MSTK2440 ADC Test Program\n ##");

     preScaler = PCLK/ADC_FREQ -1 ;            // PCLK=FCLK/6
     Isr_Init() ;
     while(1)
     {
          Uart_Printf("ADC[0] = %d\n", ReadAdc(0));
          Delay(10000) ;
     }//while
}

unsigned ReadAdc(unsigned char ch)
```

```
{
    rADCCON = (1<<14)|(preScaler<<6)|(ch<<3);  //setup ADC
    rADCCON|=0x1 ;                             // start ADC
    while(rADCCON & 0x1) ;             // check if Enable_start is low
    while(!(rADCCON & 0x8000)) ;       // check if EC(End of Conversion) flag is high
    return ( (unsigned)rADCDAT0 & 0x3ff ) ;
}
void Isr_Init(void)
{
    rINTMOD = 0x0 ;                    // All=IRQ mode
    rINTMSK = BIT_ALLMSK ;             // All interrupt is masked.
}
```

A/D 컨버터에서 ADC 주파수는 최대 샘플링 개수가 500ks/s를 넘지 않도록 설정해야 한다. 앞에서 설명한 것처럼 A/D 컨버터 주파수를 1MHz로 하면 200ks이 되므로 1MHz를 기준으로 프리스케일러를 설정한다. 여기서 실제 A/D 컨버젼을 하는 ReadAdc() 함수를 함께 살펴보자. 기본 기능은 인자로 전달된 채널을 선택하여 아날로그 입력전압을 10비트 디지털 값으로 바꾸는 것이다.

```
unsigned ReadAdc(unsigned char ch)
{
    rADCCON = (1<<14)|(preScaler<<6)|(ch<<3);  // setup ADC
    rADCCON|=0x1;                      // start ADC
    while(rADCCON & 0x1);              // check Enable_start is low
    while(!(rADCCON & 0x8000));        // check EC(End of Conversion) flag is high
    return ( (unsigned)rADCDAT0 & 0x3ff );
}
```

첫번째 실행코드에서 A/D 컨버터 제어 레지스터(ADCCON) 값을 설정한다. ADCCON[14]는 프리스케일러 Enable 비트이고, ADCCON[13:6]은 프리스케일러 설정값이다. 마지막으로 ADCCON[5:3]은 채널을 선택하는 비트들이다. 여기에서는 프리스케일러를 Enable하고 프리스케일러 값을 PCLK/1MHz로 설정한다.

메인 프로그램에서 채널은 AIN0을 선택하였다. ADCCON[0] 비트를 1로 설정하여 A/D 변환을 시작하고 ADCCON[15]비트(ECFLG, End Coversion Flag)를 확인하여 A/D 변환 작업이 끝났는지 알아 낼 수 있다. 최종 결과값은 ADCDAT0 레지스터의 10비트 값을 읽으면 된다. 실행 결과를 확인해 보자. 가변저항을 가변시켜 A/D 변환된 출력값이 0에서 1023까지 변하는 것을 확인할 수 있다.

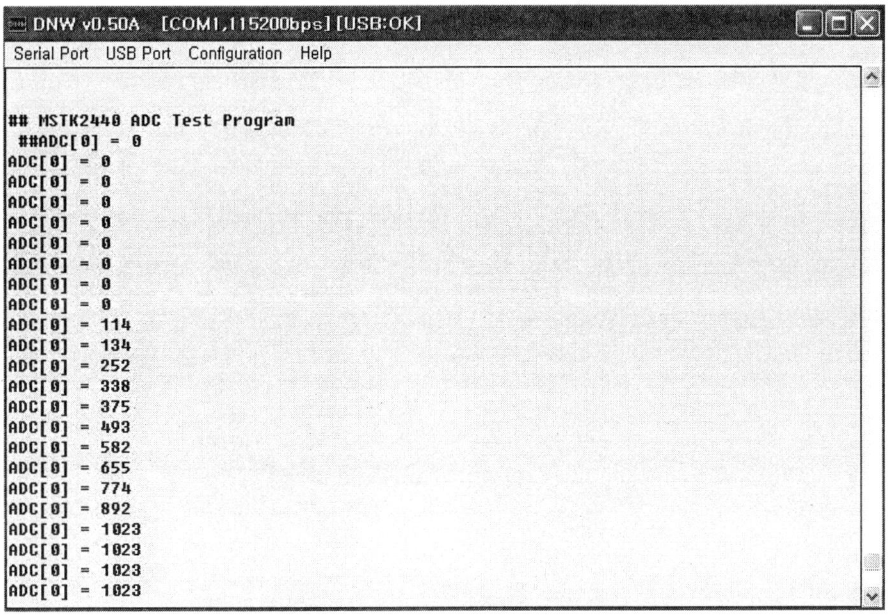

[그림 12.4] A/D 컨버터 테스트(AIN0)

12.4.2 터치스크린 Separate 변환모드 실험

터치스크린의 눌러진 위치를 A/D 변환하는 방법에는 separate X/Y 포지션 컨버전 모드와 Auto(Sequential) X/Y 포지션 컨버전 모드가 있다. 12.4.2에서는 Separate 변환 모드를 이용해 터치스크린을 테스트 해보도록 하자.

▶ 실험 내용

터치스크린의 Stylus down, Stylus up 인터럽트 처리과정과 눌러진 좌표를 A/D 변환하여 읽는 방법에 대해 실험한다. DNW를 이용해 바이너리 파일을 다운로드 시키고 동작을 확인해보자.

여기서 주의해야 할 것이 있다. 터치스크린 패널을 LCD에 부착하는 방향에 따라 LCD의 픽셀원점에서 픽셀순서 증가 방향과 터치스크린 A/D 변환값의 증가 방향이 다를 수 있다. 12.4.4 실험에서 상세히 언급하겠지만 MSTK2440 보드에서 터치스크린 A/D 변환값의 크기는 LCD 픽셀의 X, Y좌표와 반대로 되어있다. 직접 실험하면서 확인해 보도록 하자. 터치스크린 패널실험을 할 때에는 외부 확장 커넥터 CON12의 2, 4번 핀이 점퍼로 연결되어 있어야 한다.

▶ 프로그램

ADS를 실행하여 ADC_TSP_Sep라는 프로젝트(ADC_TSP_Sep.mcp)를 만들고 필요한 파일들을 프로젝트에 등록시킨다. DebugRel 모드로 선택하고 옵션들을 설정해준다. main_app.c 파일을 새로 만들어 다음의 리스트와 같이 내용을 작성한다. 또는 Chapter12 폴더의 ADC_TSP_sep 폴더 안의 ADC_TSP_Sep.mcp 프로젝트 파일을 오픈한다. 프로그램을 컴파일하고 DNW를 이용해 바이너리 파일을 다운로드 시켜 실행해 본다. main_app.c 리스트를 보자.

```
//-----------------------------------------------------------------
// Project : MSTK2440 TSP Seperate Mode Test, ADC_Tsp_Sep.mcp
// Description : ADC Touch Screen Panel Seperate mode 테스트
//-----------------------------------------------------------------
#include <stdlib.h>
#include <string.h>
#include "def.h"
#include "option.h"
#include "2440addr.h"
#include "2440lib.h"
#include "2440slib.h"
#include "mmu.h"

//---------- Constant Definition ---------------------
#define UART0    0                          // UART0
#define ADCPRS 49

//---------- Function Declaration -------------------
void Isr_Init(void) ;                       // 인터럽트 초기화

//---------- Main Function -------------------------
void Main(void)
{
    int I ;

    #if ADS10
    __rt_lib_init() ;                       // for ADS 1.x Run-Time Library Init
    #endif

    Port_Init() ;
    ChangeUPllValue(60, 4, 2) ;             // 48MHz for USB
    for(i=0; i<7; i++) ;
    ChangeClockDivider(13, 12) ;            // FCLK:HCLK:PCLK   1:1/3:1/6
    ChangeMPllValue(97, 1, 2) ;             // 296Mhz
```

```
        Uart_Init(UART0, 115200) ;
        Uart_Select(UART0) ;                        // UART0 selected for debugging
        MMU_Init() ;
        Delay(0) ;                                  // Calibrate Delay()

        Uart_Printf("\n\n") ;
        Uart_Printf("## MSTK2440 ADC-TSP Seperate mode Test Program ##\n\n") ;
        Uart_Printf("\nStylus Down, please...... \n") ;

        // AIN0~AIN3은 ADC 입력 전용포트
        rADCDLY=(50000) ;                           // ADC Start or Interval Delay
        rADCCON = (1<<14)|(ADCPRS<<6)|(0<<3)|(0<<2)|(0<<1)|(0);
        rADCTSC=(0<<8)|(1<<7)|(1<<6)|(0<<5)|(1<<4)|(0<<3)|(0<<2)|(3);
        // Down, YM:GND, YP:AIN5, XM:Hi-z, XP:AIN7, XP pullup En, Interrupt Waiting

        Isr_Init();
        while(1)
        {
        }//while
}

void __irq Adc_TsSep(void)
{
        int I ;
        unsigned Pt[6] ;

        rINTSUBMSK|=(BIT_SUB_ADC|BIT_SUB_TC) ;      // ADC and TC Interrupt Disable
        // TC(Touch screen Control) Interrupt
        if(rADCTSC&0x100)                           // ADCTSC[8]==1? -> Stylus up
        {
            Uart_Printf("\nStylus Up!!\n") ;
            rADCTSC&=0xFF ;                         // Set stylus down interrupt, Clear ADCTSC[8]
        }
        else
        {
            Uart_Printf("\nStylus Down!!\n") ;
        // <X-Position Read>
            rADCTSC=(0<<8)|(0<<7)|(1<<6)|(1<<5)|(0<<4)|(1<<3)|(0<<2)|(1);
            // Down, Hi-Z, AIN5, GND, Ext vlt, Pullup Dis, Normal, X-position mode
            for(i=0;i<5;i++)
            {
            rADCCON|=0x1 ;                          // Start X-position conversion
                while(rADCCON & 0x1) ;              // Check if Enable_start is low
            while(!(rADCCON & 0x8000)) ;            // Check ECFLG
                Pt[i]=(rADCDAT0 & 0x3FF) ;          // X-position data
```

```
        }
        Pt[5]=(Pt[0]+Pt[1]+Pt[2]+Pt[3]+Pt[4])/5 ;
        Uart_Printf("X-Posion[AIN5] is %04d\n", Pt[5]) ;

    // <Y-Position Read>
        rADCTSC=(0<<8)|(1<<7)|(0<<6)|(0<<5)|(1<<4)|(1<<3)|(0<<2)|(2);
        // Down, GND, Ext vlt, Hi-Z, AIN7, Pullup Dis, Normal, Y-position mode
        for(i=0;i<5;i++)
        {
        rADCCON|=0x1 ;                      // Start X-position conversion
            while(rADCCON & 0x1) ;          // Check if Enable_start is low
        while(!(rADCCON & 0x8000)) ;        // Check ECFLG
            Pt[i]=(rADCDAT1 & 0x3FF) ;      // Y-position data
        }
        Pt[5]=(Pt[0]+Pt[1]+Pt[2]+Pt[3]+Pt[4])/5 ;
        Uart_Printf("Y-Posion[AIN7] is %04d\n", Pt[5]) ;

    rADCTSC=(1<<8)|(1<<7)|(1<<6)|(0<<5)|(1<<4)|(0<<3)|(0<<2)|(3) ;
        // Up,GND,AIN,Hi-z,AIN,Pullup En,Normal,Interrupt Waiting mode
    }
    rSUBSRCPND|=BIT_SUB_TC ;
    rINTSUBMSK=~(BIT_SUB_TC) ;              // Unmask sub interrupt (TC)
    ClearPending(BIT_ADC) ;
}

void Isr_Init(void)
{
    rINTMOD = 0x0 ;                         // All=IRQ mode
    rINTMSK = BIT_ALLMSK ;                  // All interrupt is masked.
    pISR_ADC=(unsigned)Adc_TsSep ;
    rINTMSK=~(BIT_ADC) ;
    rINTSUBMSK=~(BIT_SUB_TC) ;
}
```

먼저 인터럽트 초기화 함수를 실행해서 pISR_ADC 포인터 변수에 터치스크린 인터럽트 서비스 루틴의 어드레스를 설정한다. 그리고 A/D 컨버터 터치스크린 제어 레지스터(ADCTSC)에 초기값을 설정하여 FET 드라이버의 상태를 결정하고, 터치스크린 인터럽트 대기모드로 설정한다. 여기서 프리스케일러 값은 A/D 변환 주파수가 1MHz로 하여 49로 결정하였다. 인터럽트가 발생하면 인터럽트 서비스 함수가 실행되고, ADCTSC[8] 비트값을 읽어 인터럽트의 원인을 구분한다.

```
if(rADCTSC&0x100)                    // ADCTSC[8]==1? -> Stylus up
{
      Uart_Printf("\nStylus Up!!\n");
      rADCTSC&=0xFF;                 // Set stylus down interrupt, Clear ADCTSC[8]
}
```

ADCTSC[8] 비트를 검사하여 1이면 Stylus up(펜 릴리즈), 0이면 Stylus down(펜 터치)에 의해 인터럽트가 발생한 것이다. Stylus up이면 다시 Stylus down 상태를 검출 할 수 있도록 ADCTSC[8]비트를 클리어 시킨다. Stylus up이 검출되고 이 비트를 클리어 하지 않으면 이 비트는 자동으로 0으로 되지 않기 때문에 Stylus down을 검출할 수 없게 된다. 직접 실험을 해보면 이해가 빠를 것이다.

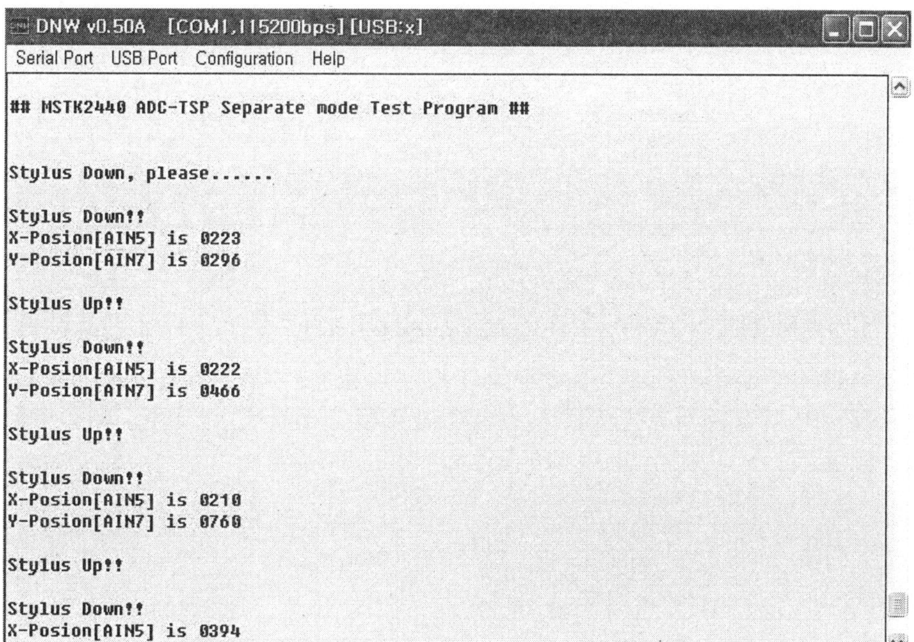

[그림 12.5] 터치스크린 Separate 변환 모드 실험

Stylus down이 검출되면 먼저 X-Position 읽기 모드로 설정하여 A/D 변환을 시작한다. ADCDAT0 레지스터에서 10비트 값을 읽으면 X-position 변환값이다. 다음 Y-position 읽기 모드로 설정하여 A/D 변환을 시작한다. ADCDAT1 레지스터에서 10비트 값을 읽으면 Y-position 변환값이다. 여기에서는 각 5번씩 반복하여 오차를 줄이게끔 하였다. X, Y positoin 읽기가 끝나면 처음 설정대로 ADCTSC 레지스터를 인터럽트 대기모드로 설정해 둔다.

바이너리 파일을 DNW를 이용해 다운로드시켜 실행해 보자. [그림 12.5]에서 그 결과를 확인할 수 있다. 터치스크린을 눌렀다가 때면, 두 번의 인터럽트가 발생하는데 누를 때(Stylus down) 발생한 인터럽트에서 X, Y좌표 변환값을 읽고, 땔 때(Stylus up) 'Stylus up' 메시지를 표시한다.

변환값을 보면 LCD의 좌측 하단을 기준(변환값이 작은 위치)으로 우측으로 터치할수록 YP 값이 증가하고 위쪽으로 터치할수록 XP값이 증가하는 것을 볼 수 있다. LCD 픽셀 순서와 X, Y좌표가 바뀌어 있고 XP값은 픽셀순서와 반대로 위로 올라갈수록 값이 증가한다. 하지만 이것이 절대 기준은 아니다.

상세한 것은 12.4.4에서 실험하도록 하자.

12.4.3 터치스크린 Auto(Sequential) 변환 모드 실험

12.4.3에서는 Auto(Sequential) 변환 모드를 이용해 터치스크린을 테스트해 보도록 하겠다.

▶ 실험 내용

터치스크린의 Stylus down, Stylus up 인터럽트 처리과정과 눌러진 좌표를 A/D 변환하여 읽는 방법에 대해 실험한다. 여기에서는 Auto 변환 모드를 사용한다. DNW를 이용해 바이너리 파일을 다운로드 시키고 동작을 확인해보자. 터치스크린 패널 실험을 할 때에는 외부 확장 커넥터 CON12의 2, 4번 핀이 점퍼로 연결되어 있어야 한다.

▶ 프로그램

ADS를 실행하여 ADC_TSP_Auto라는 프로젝트(ADC_TSP_Auto.mcp)를 만들고 필요한 파일들을 프로젝트에 등록시킨다. DebugRel 모드로 선택하고 옵션들을 설정해준다. main_app.c 파일을 새로 만들어 다음의 리스트와 같이 내용을 작성한다. 또는 Chapter12 폴더의 ADC_TSP_Auto 폴더 안의 ADC_TSP_Auto .mcp 프로젝트 파일을 오픈한다. 프로그램을 컴파일하고 DNW를 이용해 바이너리 파일을 다운로드 시켜 실행해 본다. main_app.c 리스트를 보자.

```
/*-----------------------------------------------------------
  Project : MSTK2440 TSP Auto Mode Test,  ADC_Tsp_Auto.mcp
  Description : ADC Touch Screen Panel Auto mode 테스트
```

```
------------------------------------------------------------*/
#include <stdlib.h>
#include <string.h>
#include "def.h"
#include "option.h"
#include "2440addr.h"
#include "2440lib.h"
#include "2440slib.h"
#include "mmu.h"

//----------- Constant Definition -----------------------
#define UART0   0                          // UART0
#define ADCPRS 49
//----------- Function Declaration ----------------------
void Isr_Init(void) ;                      // 인터럽트 초기화

//----------- Global Variables --------------------------
volatile U32 preScaler ;

//----------- Main Function -----------------------------
void Main(void)
{
    int i;

    #if ADS10
    __rt_lib_init() ;                      // for ADS 1.x Run-Time Library Init
    #endif

    Port_Init() ;
    ChangeUPllValue(60, 4, 2) ;            // 48MHz for USB
    for(i=0; i<7; i++) ;
    ChangeClockDivider(13, 12) ;           // FCLK:HCLK:PCLK   1:1/3:1/6
    ChangeMPllValue(97, 1, 2);             // 296Mhz
    Uart_Init(UART0, 115200) ;
    Uart_Select(UART0) ;                   // UART0 selected for debugging
    MMU_Init() ;
    Delay(0) ;                             // Calibrate Delay()

    Uart_Printf("\n\n") ;
    Uart_Printf("## MSTK2440 ADC-TSP Auto mode Test Program ##\n\n") ;
    Uart_Printf("\nStylus Down, please...... \n") ;

    // AIN0~AIN3은 ADC 입력 전용포트
    rADCDLY=(50000) ;                      // ADC Start or Interval Delay
```

```
    rADCCON = (1<<14)|(ADCPRS<<6)|(0<<3)|(0<<2)|(0<<1)|(0) ;
    // Enable Prescaler, Prescaler, AIN5/7 fix, Normal,
    // Disable read start, No operation

    rADCTSC=(0<<8)|(1<<7)|(1<<6)|(0<<5)|(1<<4)|(0<<3)|(0<<2)|(3) ;     // tark
    // Down, YM:GND, YP:AIN5, XM:Hi-z, XP:AIN7, XP pullup En, Normal,
    // Waiting for interrupt mode

    Isr_Init() ;
    while(1)
    {
    }//while
}

void __irq Adc_TsAuto(void)
{
    rINTSUBMSK|=(BIT_SUB_ADC|BIT_SUB_TC) ;     // Disable Interrupt

    // TC(Touch screen Control) Interrupt
    if(rADCTSC&0x100)
    {
        Uart_Printf("\nStylus Up!!\n") ;
        rADCTSC &= 0xFF ;                  // Set stylus down interrupt, Clear ADCTSC[8]
    }
    else
    {
        Uart_Printf("\nStylus Down!!\n") ;
        // <Auto X-Position and Y-Position Read>
        rADCTSC=(0<<8)|(1<<7)|(1<<6)|(0<<5)|(1<<4)|(1<<3)|(1<<2)|(0) ;
        // Stylus Down, Don't care, Don't care, Don't care, Don't care,
        // XP pullup Dis, Auto Mode, No operation

        rADCCON|=0x1 ;                     // Start Auto conversion
        while(rADCCON & 0x1) ;             // check if Enable_start is low
        while(!(0x8000&rADCCON)) ;         // Check ECFLG

        Uart_Printf("X-Posion[AIN5] is %04d\n", (0x3FF&rADCDAT0)) ;
        Uart_Printf("Y-Posion[AIN7] is %04d\n", (0x3FF&rADCDAT1)) ;
        rADCTSC=(1<<8)|(1<<7)|(1<<6)|(0<<5)|(1<<4)|(0<<3)|(0<<2)|(3) ;
        // Stylus Up, Don't care, Don't care, Don't care, Don't care,
        // XP pullup En, Normal, Waiting mode
    }
    rSUBSRCPND|=BIT_SUB_TC ;
    rINTSUBMSK=~(BIT_SUB_TC) ;             // Unmask sub interrupt (TC)
    ClearPending(BIT_ADC) ;
}
```

```
void Isr_Init(void)
{
    rINTMOD = 0x0 ;                         // All=IRQ mode
    rINTMSK = BIT_ALLMSK ;                  // All interrupt is masked.
   pISR_ADC=(unsigned)Adc_TsAuto ;
   rINTMSK=~(BIT_ADC) ;
   rINTSUBMSK=~(BIT_SUB_TC) ;
}
```

Separate 모드와 변환방법을 제외하고는 거의 유사하므로 다른 점만 확인해 보자. Auto 모드에서는 ADCTSC 레지스터의 AUTO_PST 비트인 ADCTSC[2]=1로 설정하여야 한다. 프로그램 리스트를 보면 A/D 변환을 하기 전에 ADCTSC 레지스터의 ADCTSC[2] 비트를 1로 설정하고 있다. 이후에 A/D 변환과정을 거치고 X-position 변환값은 ADCDAT0레지스터에, Y-position 변환값은 ADCDAT1 레지스터가 갖고 있다. 이 레지스터들의 10비트 값을 읽어내면 X, Y position이 되는 것이다. [그림 12.6]은 Auto 변환 모드 실행결과를 보여준다.

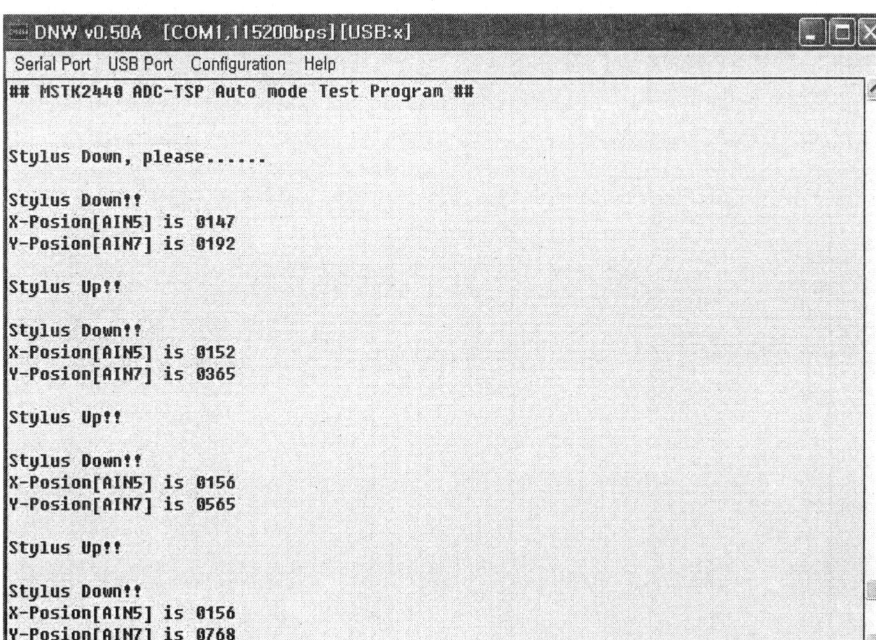

[그림 12.6] 터치스크린 Auto 변환 모드 실험

12.4.4 터치스크린 펜 입력 실험

12.4.4에서는 PDA에서 펜을 이용해 필기체 문자나 그림을 그리는 기능을 간단하게 구현해 보도록 하겠다. PDA에는 터치스크린 패널 Calibration 기능이 있다. 사람이 터치하는 포지션과 PDA에서 LCD 좌표로 계산되는 값을 일치하도록 교정하는 기능으로, 이 번 실험에서도 Calibration 과정을 거쳐 펜을 이용한 터치 & 드래그 실험을 해보도록 하겠다.

▶ 실험 내용

MSTK2440에서 사용하는 2.8인치 LCD는 240(x)×320(y)의 해상도를 갖는다. 좌측상단이 (0, 0)이고 우측 하단이 (239, 319)이다. 먼저 좌측 상단 10번째 픽셀(9, 9) 위치에 십자선을 표시하여 터치 입력을 받는다. 그리고 우측 하단 10번째 픽셀(230, 310) 위치에 십자선을 표시하여 두번째 표시 입력을 받는다.
수학에서도 공부했듯이 1차 함수(직선)에서 두 좌표의 값을 알면 y=f(x) 함수의 수식을 알아낼 수 있다. 여기서 두 터치된 위치의 값을 알 수 있으므로 터치스크린 A/D 변환값 XP, YP와 LCD 픽셀 좌표(X,Y)간의 비례, 반비례 관계를 알아 낼 수 있다. [그림 12.7] LCD와 TSP 좌표계 그림을 보자.

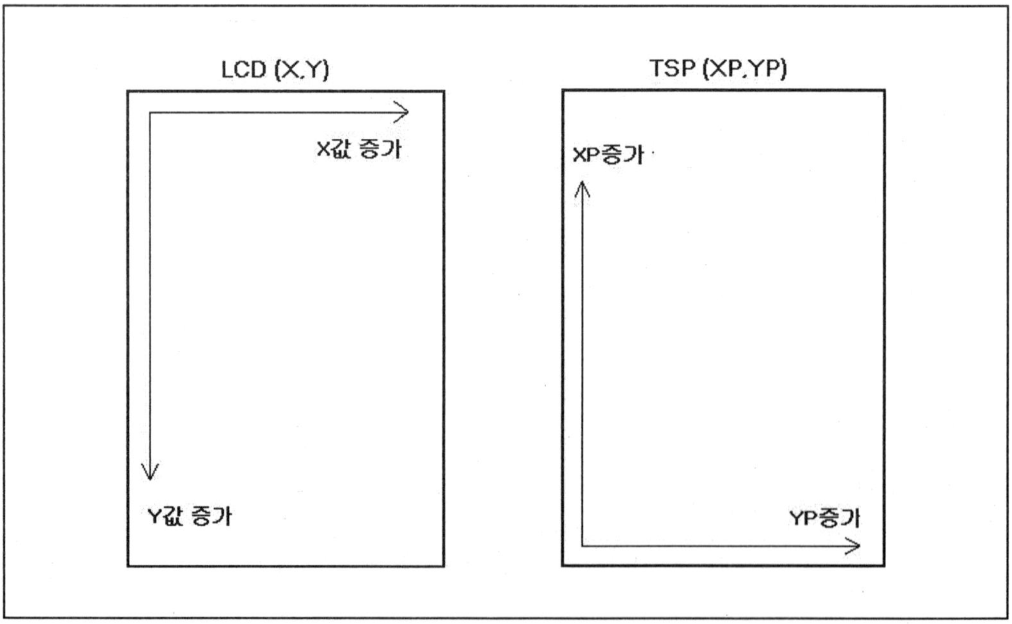

[그림 12.7] LCD와 터치스크린 좌표

우선 계산에 앞서, 앞에서 언급했듯이 X, Y좌표와 XP, YP는 축이 반대로 되어 있으므로 X축에 해당하는 변환값이 XP, Y축에 해당하는 변환값을 YP로 뒤집어서 생각하자. 실제 프로그램에서 X-position 변환한 값을 YP에 대입할 것이고, Y-position 변환한 값을 XP에 대입해서 뒤집을 것이다. 여기에서는 반대로 하여 수식을 계산하여 보자.

X좌표와 XP는 서로 비례관계를 가지고, Y와 YP는 반비례 관계를 가진다. 그럼 여기에서 (XP, YP) 좌표계에서 (X, Y) 좌표계로 맵핑하는 수식을 계산하면 변환과정을 쉽게 이끌어 낼 수 있다.

```
X = xscale × XP + X0    (비례 1차 함수)
Y = -yscale × YP + Y0   (반비례 1차 함수)
```

※ xscale : X, XP 함수의 스케일 값, X0 : XP가 0일 때 X값
yscale : Y, YP 함수의 스케일 값, Y0 : YP가 0일 때 Y값

복잡한 수식이 아니므로 이해하고 넘어가자. 그럼 위의 수식에서 스케일 값 xscale과 yscale, 그리고 X0값과 Y0값만 알면 XP, YP에서 X, Y좌표로 쉽게 변환할 수 있는 것이다. 두 점의 값을 알고 있으므로 위의 값들은 쉽게 구할 수 있다.

첫번째 십자선(9, 9)을 클릭할 때 XP1, YP1 값을 얻었고 두번째 십자선(230, 319)을 클릭할 때 XP2, YP2 값을 얻었으므로 다음과 같이 값을 구할 수 있다.

```
xscale = 220/(XP2-XP1)     // 220 : 두 점 사이의 X축 길이 (pixel)
yscale = -300/(YP1-YP2)    // 300 : 두 점 사이의 Y축 길이 (pixel)
```

```
X0 = (xscale× XP1) - 9;    // (9, 9)값에 대한 XP1, YP1 값에서
Y0 = 9 - (yscale× YP1);    // X0, Y0값을 얻어냄
```

이제 모든 값들을 알 수 있으므로 수식에 따라 (XP, YP)를 (X, Y) 좌표로 변환하면 된다. 프로그램과 비교해 보도록 하자. 프로그램에서는 1,000을 먼저 곱하고 나중에 1,000으로 나누었는데 이것은 소수점 값이 생기지 않게 계산하기 위해서이다.

▶ 프로그램

Chapter12 폴더의 ADC_TSP_Pen 폴더 안의 ADC_TSP_Pen.mcp 프로젝트 파일을 오픈한다. 프로그램을 컴파일하고 DNW를 이용해 바이너리 파일을 다운로드 시켜 실행해 본다. main_app.c 리스트를 보자.

```
/*--------------------------------------------------------------------------
 Project : MSTK2440 TSP Pen Drag Test,  ADC_Tsp_Pen.mcp
 Description : TSP Pen Drag 테스트 프로그램
---------------------------------------------------------------------------*/
#include <stdlib.h>
#include <string.h>
#include "def.h"
#include "option.h"
#include "2440addr.h"
#include "2440lib.h"
#include "2440slib.h"
#include "mmu.h"
#include "lcdlib.h"                              // LCD access library

//---------- Constant Definition ----------------------
#define UART0  0                                 // UART0
#define BLACK  0                                 // Black Color at 16bit mode
#define WHITE  0xFFFF                            // White Color at 16bit mode
#define ADCPRS 40                                // ADC prescaler

//---------- Function Declaration ---------------------
void Isr_Init(void) ;                            // 인터럽트 초기화
void Ts_Pen(void) ;
void __irq Adc_Tsp(void) ;
void Read_XY_Position(unsigned short *xp, unsigned short *yp);

//---------- Global Variables -------------------------
volatile unsigned char touched_flag ;

//---------- Main Function ----------------------------
void Main(void)
{
    int I ;

    #if ADS10
    __rt_lib_init(); //for ADS 1.x Run-Time Library Init
    #endif

    Port_Init();
    ChangeUPllValue(60, 4, 2) ;                  // 48MHz for USB
    for(i=0; i<7; i++);
    ChangeClockDivider(13, 12) ;                 // FCLK:HCLK:PCLK  1:1/3:1/6
    ChangeMPllValue(97, 1, 2) ;                  // 296Mhz
    Uart_Init(UART0, 115200) ;
```

```
    Uart_Select(UART0) ;                    // UART0 selected for debugging
    MMU_Init() ;
    Delay(0) ;                              // Calibrate Delay()

    Uart_Printf("\n\n") ;
    Uart_Printf("## MSTK2440 ADC- Stylus and Drag Test Program ##\n\n");
    Uart_Printf("\nStylus Down, please...... \n") ;

    Lcd_Port_Init() ;
    Lcd_Init() ;                            // 16BIT 240*320 Mode
    Lcd_PowerEnable(0,1) ;
    Lcd_EnvidOnOff(1) ;
    Glib_ClearScr(WHITE) ;

    Isr_Init() ;

    touched_flag=0 ;
    Ts_Pen() ;
    while(1)
    {
    }//while
}

void Ts_Pen(void)
{
    unsigned short xp, yp, xp1, yp1, xp2, yp2 ; // TSP ADC 값
    unsigned short x, y, x0, y0, prevx, prevy ;  // pixel x, y 좌표
    short xscale, yscale ;
    unsigned char first_flag ;

    first_flag = 0 ;
    touched_flag=0 ;                        // untouched status

    rADCDLY=(50000) ;                       // ADC Start or Interval Delay
    rADCCON = (1<<14)|(ADCPRS<<6)|(0<<3)|(0<<2)|(0<<1)|(0) ;
    // Enable Prescaler, Prescaler, AIN7/5 fix, Normal,
    // Disable read start, No operation

    rADCTSC=(0<<8)|(1<<7)|(1<<6)|(0<<5)|(1<<4)|(0<<3)|(0<<2)|(3);
    // Down, YM:GND, YP:AIN5, XM:Hi-z, XP:AIN7, XP pullup En, Normal,
    // Waiting for interrupt mode

    //Calibration
    Glib_Line(3, 9, 15, 9, BLACK) ;         // First Calibration cross line
    Glib_Line(9, 3, 9, 15, BLACK) ;         // (x,y) = (9,9)
    while(!touched_flag) ;
```

```
 Read_XY_Position(&xp1, &yp1) ;
 while(touched_flag) ;
Glib_Line(3, 9, 15, 9, WHITE) ;          // Clear First cross line
Glib_Line(9, 3, 9, 15, WHITE) ;

Glib_Line(224, 310, 236, 310, BLACK) ; // Second Calibration cross line
Glib_Line(230, 304, 230, 316, BLACK) ; // (x, y) = (230, 310)
 while(!touched_flag) ;
 Read_XY_Position(&xp2, &yp2) ;
 while(touched_flag) ;
Glib_Line(224, 310, 236, 310, WHITE) ; // Clear Second cross line
Glib_Line(230, 304, 230, 316, WHITE) ;

 xscale = (220*1000)/(xp2-xp1) ;         // find mapping x scale
 yscale = -(300*1000)/(yp1-yp2) ;        // find mapping y scale
 x0 = (xscale*xp1)/1000 - 9 ;            // find X0
 y0 = 9 - (yscale*yp1)/1000 ;            // find Y0

 while(1)
 {
     if(touched_flag)                    // Stylus down 상태이면
     {
         Read_XY_Position(&xp, &yp) ;
         x = (xp*xscale)/1000 - x0 ;  // XP -> X 변환
         y = (yscale*yp)/1000 + y0 ;  // YP -> Y 변환

         if(!first_flag) //Stylus up 이후에 다시 Stylus down 된 경우
         {
             prevx=x ;  prevy=y ;      // 첫번째 터치된 좌표값은 저장만
             first_flag=1 ;            // 첫번째 좌표에서 라인을 이어가기 위해
         }
         else
         {
             if(( x>(prevx-20) && x<(prevx+20) &&
                 y>(prevy-20) && y<(prevy+20) ))
             {
                 Line2(prevx, prevy, x, y, BLACK);
                 prevx=x ; prevy=y ;
             }
         }
     }
     else
     {
         first_flag = 0;
     }
     Delay(5) ;
 }
```

```
    rINTSUBMSK|=BIT_SUB_TC ;
    rINTMSK|=BIT_ADC ;
}

void __irq Adc_Tsp(void)
{
    rINTSUBMSK|=(BIT_SUB_ADC|BIT_SUB_TC) ;        // Disable Interrupt

    // TC(Touch screen Control) Interrupt
    if(rADCTSC&0x100)
    {
        Uart_Printf("\nStylus Up!!\n") ;
        touched_flag=0 ;
        rADCTSC &= 0xFF ;                          // Set stylus down interrupt
    }
    else
    {
        Uart_Printf("\nStylus Down!!\n") ;
        touched_flag=1 ;
    }
    rSUBSRCPND|=BIT_SUB_TC ;
    rINTSUBMSK &= ~(BIT_SUB_TC) ;                  // Enable sub interrupt (TC)
    ClearPending(BIT_ADC) ;
}

void Read_XY_Position(unsigned short *xp, unsigned short *yp)
{
    int i;
    U32 Pt[6];

    // <X-Position Read>
    rADCTSC=(0<<8)|(0<<7)|(1<<6)|(1<<5)|(0<<4)|(1<<3)|(0<<2)|(1) ;
    for(i=0;i<5;i++)
    {
        rADCCON|=0x1 ;                             // Start X-position conversion
        while(rADCCON & 0x1) ;                     // Check if Enable_start is low
    while(!(0x8000&rADCCON)) ;                     // Check ECFLG
        Pt[i]=(0x3ff&rADCDAT0) ;
    }
    Pt[5]=(Pt[0]+Pt[1]+Pt[2]+Pt[3]+Pt[4])/5 ;
    *yp = Pt[5];

    // <Y-Position Read>
    rADCTSC=(0<<8)|(0<<7)|(1<<6)|(1<<5)|(0<<4)|(1<<3)|(0<<2)|(2);
    for(i=0;i<5;i++)
    {
        rADCCON|=0x1 ;                             // Start Y-position conversion
        while(rADCCON & 0x1) ;                     // Check if Enable_start is low
```

```
            while(!(0x8000&rADCCON)) ;          // Check ECFLG
            Pt[i]=(0x3ff&rADCDAT1) ;
        }
        Pt[5]=(Pt[0]+Pt[1]+Pt[2]+Pt[3]+Pt[4])/5 ;
        *xp = Pt[5];

        Uart_Printf("XP =%04d, YP = %04d\n", *xp, *yp);
        if(touched_flag)     // TC(Touch screen Control) Interrupt
        {
        rADCTSC=(1<<8)|(1<<7)|(1<<6)|(0<<5)|(1<<4)|(0<<3)|(0<<2)|(3);
            // Up, GND, AIN, Hi-z, AIN, Pullup En, Normal, Waiting mode
        }
        else
        {
            rADCTSC&=0xff ;                     // Set stylus down interrupt
        }
}

void Isr_Init(void)
{
        rINTMOD = 0x0 ;                         // All=IRQ mode
        rINTMSK = BIT_ALLMSK ;                  // All interrupt is masked.
        pISR_ADC=(unsigned)Adc_Tsp ;
        rINTMSK = ~(BIT_ADC) ;
        rINTSUBMSK=~(BIT_SUB_TC) ;
}
```

먼저 LCD 제어 함수들 먼저 간단하게 설명하고 넘어가자. 현재의 프로젝트 파일을 보면 lcdlib.c 파일 한 개가 더 추가되었다. 이 소스 파일은 11장에서 다룬 LCD 내용에서 16비트 모드에 한정하여 라이브러리들을 간략하게 줄인 소스 파일이다. 따라서 여기에서는 16비트 모드로 테스트 한다.

각 함수들의 내용이 너무 길기 때문에 따로 리스트를 책에 기재하지 않았다. 상세한 내용은 소스 파일을 보도록 하고 여기에서는 메인 프로그램에서 사용하는 함수들만 간단히 설명하겠다.

함 수 명	기 능
Lcd_Port_Init() 함수	LCD 비디오 제어 I/O 핀 설정
Lcd_Init() 함수	16비트 240×320 모드로 초기화
Lcd_PowerEnable() 함수	LCD 파워 Enable 제어 함수
Lcd_EnvidOnOff() 함수	LCD 비디오 On/Off 제어 함수
Glib_ClearScr() 함수	해당 색상으로 화면을 클리어하는 함수
Line2() 함수	9개의 픽셀로 이루어진 점을 이용하여 라인을 출력하는 함수

표에서 사용하는 6개 함수를 이 프로그램에서 사용하고 있다. 11장의 내용과 실험에

모두 나와 있는 내용이다. 먼저 Calibration을 수행하는 코드부터 알아보자.

```
//Calibration
 Glib_Line(3, 9, 15, 9, BLACK) ;          // First Calibration cross line
 Glib_Line(9, 3, 9, 15, BLACK) ;          // (x, y)=(9, 9)
  while(!touched_flag) ;
  Read_XY_Position(&xp1, &yp1) ;
  while(touched_flag) ;
 Glib_Line(3, 9, 15, 9, WHITE) ;          // Clear First cross line
 Glib_Line(9, 3, 9, 15, WHITE) ;
```

좌측 상단에 십자선을 표시하고 터치 입력을 기다린다. 터치 입력이 있으면 xp1과 yp1을 읽어 들이고 첫번째 십자선을 클리어 시킨다. 이 과정 다음에 나오는 코드는 우측 하단에 십자선을 표시하여 xp2와 yp2값을 읽는 루틴이다. 이렇게 해서 두 좌표값을 얻어 내면 다음과 같이 해당 파라미터들을 계산한다.

```
xscale = (220*1000)/(xp2-xp1) ;          // find mapping x scale
yscale = -(300*1000)/(yp1-yp2) ;         // find mapping y scale
x0 = (xscale*xp1)/1000 - 9 ;             // find X0
y0 = 9 - (yscale*yp1)/1000 ;             // find Y0
```

여기서 먼저 1,000을 곱하고 나중에 1,000으로 다시 나누는 것은 연산에 있어 소수점 값이 생기지 않도록 하기 위해서이다. 이 과정을 거치면 Calibration이 끝난 것이므로 메인 루틴에서는 수식에 따라 X, Y좌표를 얻어 낼 수 있다.

TS_Pen() 함수의 while문 내부 코드는 다음과 같이 해석하면 된다. touched_ flag=1이면 Stylus down 상태이므로 XP, YP값을 읽어 X, Y좌표값을 계산한다. 그리고 Stylus up 상태로 바뀔 때까지 계속해서 좌표를 읽어 들여 라인으로 연결해 가는 것이다. if문에서 x, y좌표 범위를 이전의 좌표에서 ±20으로 제한하는 이유는 혹시 노이즈에 의해 엉뚱하게 튀는 값 때문에 잘못된 그림이 나오는 것을 방지하기 위해서이다. 마지막으로 Read_XY_Position() 함수를 보자. 이 함수는 Separate 변환 모드를 이용해 터치스크린의 좌표를 읽는 함수이다. 여기에서 X-position 변환값을 yp변수에, Y-position 변환값을 xp변수에 대입한 것을 볼 수 있다. 앞에서도 언급했다시피 LCD 픽셀 좌표와 터치스크린 변환 좌표간, X-Y축이 뒤집어져 있기 때문이다. 그리고 Read_XY_Position() 함수의 마지막 부분에 나오는 if문 안의 내용은 터치스크린 X, Y변환을 마치고 다시 인터럽트 대기모드로 설정해 두는 것이다.

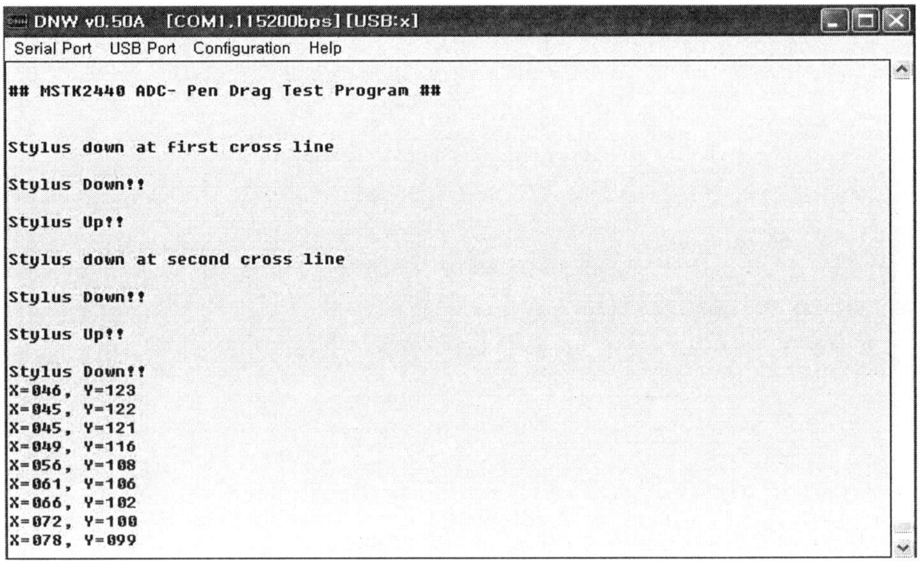

[그림 12.8] TSP Pen 실행 결과

[그림 12.8]은 프로그램을 실행했을 때, DNW에 표시되는 결과이다. 먼저 첫번째 십자선을 터치하고, 두번째 십자선을 터치하면 Calibration이 완료된다. 이제 Pen이 Drag 되는대로 LCD에 함께 표시된다. 직접 실험해 보도록 하자.

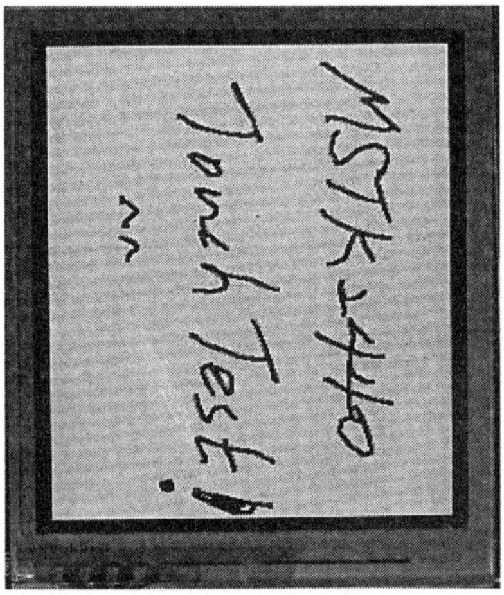

[그림 12.9] 펜 드래그 실험 결과

[그림 12.9]는 실제 테스트 결과를 캡쳐한 사진이다.
여러분들도 직접 실험해 보면 알겠지만 처음의 Calibration 과정을 정상적으로 수행해야 펜 위치가 정확하게 표시된다. Calibration 과정이 잘못되면 펜 터치한 위치와 전혀 상관없는 위치에 선이 표시될 것이다. 직접 테스트해 보기 바란다.

제13장

RTC

13.1 RTC의 구조

13.2 RTC의 동작

13.3 RTC의 제어

13.4 RTC 기능 연습

13. RTC(Real Time Clock)

RTC는 시간 정보가 필요한 시스템에 꼭 필요한 기능이다. 알람을 사용할 수도 있고, 스케줄을 설정하기도 한다. 보통의 마이크로 컨트롤러의 경우 외부에 RTC 칩을 따로 두어 사용하는데 S3C2410A, S3C2440A에는 RTC가 내장되어 있다.

13장에서는 RTC의 전반적인 구조와 동작에 대해서 알아보고 실제 구현 예를 보이도록 하겠다.

13.1 RTC의 구조

RTC는 시스템의 전원이 끊어져도 항상 동작해야 한다. 보통은 배터리를 이용해서 백업회로를 구성해 두는데, S3C2440A에는 배터리 백업이 가능하도록 설계되어 있다. RTC는 외부의 32.768KHz의 크리스탈로 동작하며, 초-분-시-요일-날짜-월-연도 값을 자체적으로 계산한다.

BCD 코드사용 (초, 분, 시, 일, 월, 년) 윤년 발생 기능 알람(Alarm) 기능 : 알람 인터럽트 또는 Powr-Off 모드에서 Wake-up Y2K 문제 제거 독립된 전원 핀 사용(RTCVDD) RTOS 커널의 타임틱을 위한 밀리세컨드 단위의 인터럽트 지원

내부의 RTC에는 각 항목을 설정하기 위한 레지스터들이 있는데, 이들은 바이트 단위의 BCD(Binary Coded Decimal)코드로 액세스 한다. 만약 12초라는 값이 있을 때, 이 값을 저장하기 위해서는 해당 레지스터에 0x12라는 값을 대입하면 되는 것이다. 0x12는 10진수로 18이지만 BCD코드로 그냥 12인 것이다. 값을 읽을 때도 마찬가지로 읽혀진 값이 0x12면 이 값은 10진수 18이 아닌 단지 1과 2로 인식하면 된다.

RTC 내부에 윤년발생기(Leap Year Generator)가 내장되어 있어 윤년을 알아서 처리해주고, 00-99 형태의 연도를 사용하기 때문에 Y2K 문제는 전혀 상관이 없다. RTCVDD 핀에 배터리를 연결해 두면 전원이 끊어져도 RTC는 계속 동작할 수 있다.

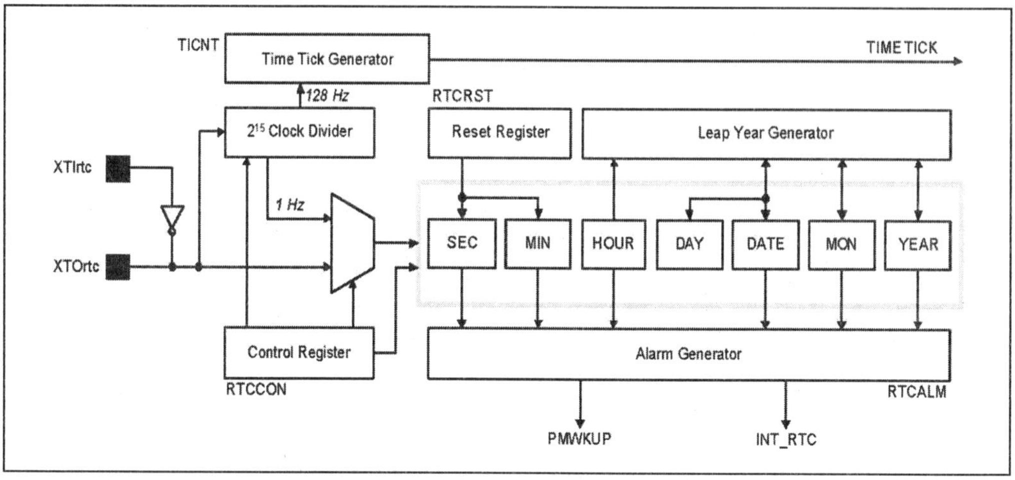

[그림 13.1] RTC의 구조

[그림 13.1]에 RTC의 기본구조를 보여주고 있다. 외부에 연결된 32.768KHz의 클럭에서 클럭 디바이더를 통해 1Hz의 기본 주파수를 얻어 낸다. 1Hz를 기본으로 초, 분, 시 등을 카운트하고 윤년, 윤달 또는 말일(30, 31일)에 대한 처리는 윤년발생기를 통해서 해당 레지스터의 값을 업데이트 한다.

▶ 외부 크리스탈의 연결

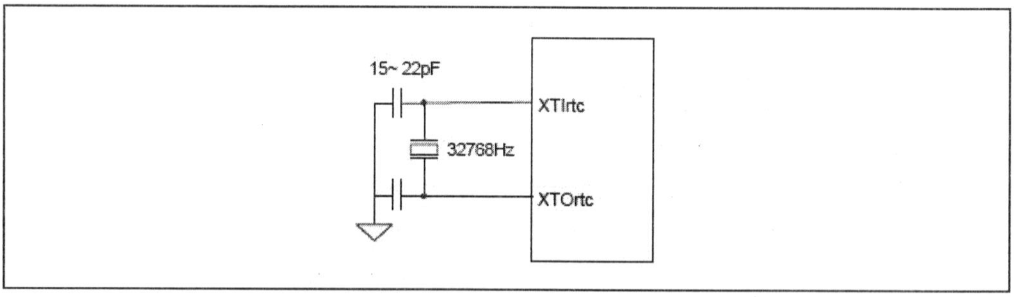

[그림 13.2] 외부 크리스탈의 연결

32.768KHz 크리스탈을 S3C2440A의 XTIrtc, XTOrtc 핀에 연결하고 캐패시터를 통해 접지시켜 주면 된다. 이때 캐패시터는 15~22pF 정도의 값을 사용하면 된다.

13.2 RTC의 동작

RTC의 동작은 기본적으로 간단한 편이다. 해당 레지스터에 현재 시각을 써넣어 주면 시간 카운트 조건에 맞게 카운트 된다. 시각을 RTC에 써넣는 방법은 BCDSEC, BCDMIN, BCDHOUR, BCDDAY, BCDMON, BCDYEAR 레지스터에 BCD 값으로 된 초, 분, 시, 일, 월, 년 값을 저장하기만 하면 된다. 읽을 때도 마찬가지로 해당레지스터의 BCD 값을 읽기만 하면 된다.

대신 주의해야 할 점이 있는데, 레지스터를 읽는 도중 값이 변할 수가 있다. 분 데이터까지 읽고 나서 초 데이터를 읽을 때 값이 증가하였다면 분 데이터가 변할 가능성이 있기 때문이다. 예를 들어 10분 59초라는 값에서 10분이란 값을 읽고 59초란 값을 읽기 전에 증가하여 11분 00초가 되었다면 최종적으로 읽힌 값은 10분 00초일 것이다. 따라서, BCDSEC 레지스터의 값이 0이면 레지스터 값들 전부 다시 읽어야 하는 것이다. 보통은 두 번을 읽어서 두 값이 같으면 오류가 없는 것으로 보고 사용하면 된다.

▶ 백업 배터리의 사용

시스템의 전원이 끊어지더라도 RTCVDD핀에 연결된 배터리에 의해서 RTC의 로직을 계속해서 구동시킬 수 있다. 시스템의 전원이 끊어지면, 전력 소모를 최소화시키기 위해 CPU와 RTC간의 인터페이스 연결을 차단하고 외부 배터리에 의해 발진회로와 카운터만을 구동시킨다.

▶ 알람 기능(Alarm Function)

RTC는 Sleep 모드나 Normal 모드에서 지정된 시간에 알람 신호를 발생시킬 수 있다. Normal 모드라면 알람 인터럽트(INT_RTC)를 활성화시켜 알람 인터럽트를 발생시키고, Sleep 모드에서는 알람 인터럽트(INT_RTC) 뿐만 아니라 파워 Wake-up 신호도 발생시킨다. RTC 알람 레지스터를 이용해 알람 시각과 알람 사용여부를 설정할 수 있다.

▶ Tick 타임 인터럽트

RTOS(Real Time Operating System)를 사용해 본 사람들은 알겠지만 RTOS의 태스크간 전환이나 기준 시간을 이용할 때 틱 타이머를 이용한다. 보통은 타이머 인터럽트를 이용하는데 S3C2440A에서는 RTC에서 이 기능을 따로 지원해 준다. 그 타임 주기는 다음과 같다.

Period = (n+1)/128 second , n : Tick 타임 카운트 값(1~127)

앞의 수식을 기준으로 보면 64틱이 가장 빠른 틱타임이 되는 것이다. 하지만 타임

틱은 시스템의 성능과 용도에 따라 수십 회에서 많게는 수백 회까지 사용하기 때문에 OS의 타임틱으로 RTC의 타임틱을 쓸 필요는 없다.

13.3 RTC의 제어

앞의 설명에서도 보듯이 RTC의 기본동작은 크게 세 가지로 구분된다. 타임 카운트, 알람 발생, 타임틱 발생 세 가지 기능이다. 따라서 RTC를 제어하는 레지스터도 이 세 가지를 제어하는 레지스터 세 개와 값을 설정하는 레지스터들로 구성된다. 값을 저장하는 레지스터들은 전부 BCD 코드를 사용한다.

▶ RTC 제어 레지스터(RTC Control Register, RTCCON)

RTCCON 레지스터는 RTCEN, CLKSEL, CNTSEL, CLKRST 총 4개의 비트로 구성된다. RTCEN 비트는 BCD 레지스터들 읽고 쓰기 가능상태를 결정하는 비트이다. RTCEN 비트가 셋 되어 있으면 CPU와 RTC간의 인터페이스가 이루어져 데이터를 읽고 쓰는 것을 가능하게 해준다. 따라서 RTC 내부의 레지스터에 엉뚱하게 값이 쓰여지는 것을 방지하기 위해 가능하면 시스템의 전원을 차단해야할 때에는 RTCEN 비트를 미리 클리어 시켜주는 것이 좋다.

레지스터	어드레스	R/W	설 명	초기값
RTCCON	0x57000040(L) 0x57000043(B)	R/W (by byte)	RTC 제어 레지스터	0x0

RTCCON	비트	설 명	초기값
CLKRST	[3]	RTC 클럭 카운트 리셋 0 = No reset 1 = Reset	0
CNTSEL	[2]	BCD 카운트 선택 0 = Merge BCD counters 1 = Reserved	0
CLKSEL	[1]	BCD 클럭 선택 0 = XTAL 1/215 divided clock 1 = Reserved	0
RTCEN	[0]	RTC 제어 Enable 0 = Disable 1 = Enable	0

※ (L) : Little Endian (B) : Big Endian

▶ Tick 타임 카운트 레지스터(Tick time Count Register, TICNT)

TICNT는 틱 인터럽트를 사용할지 여부와 타임틱 개수를 정하는 n값을 설정하는 두 가지 설정 기능이 있다. 타임 틱 인터럽트를 설정해 두면 INT_TICK 인터럽트를 발생시킬 수 있다.

레지스터	어드레스	R/W	설 명	초기값
TICNT	0x57000044(L) 0x57000047(B)	R/W (by byte)	Tick 타임 카운트 레지스터	0x0

TICNT	비트	설 명	초기값
TICK INT Enable	[7]	틱 타임 인터럽트 Enable 0 = Disable 1 = Enable	0
TICK Time Count	[6:0]	틱 타임 카운트 값(1~127)	000000

▶ RTC 알람 제어 레지스터(RTC Alarm Control Register, RTCALM)

RTCALM 레지스터는 알람기능 사용여부와 알람 시각을 설정하는 레지스터로 알람 인터럽트(INT_RTC)와 Sleep 모드에서 Wake-up 신호를 발생시킬 수 있다.

레지스터	어드레스	R/W	설 명	초기값
RTCALM	0x57000050(L) 0x57000053(B)	R/W (by byte)	RTC 알람 제어 레지스터	0x0

RTCALM	비트	설 명	초기값
Reserved	[7]		0
ALMEN	[6]	알람 전체 Enable 0 = Disable 1 = Enable	0
YEAREN	[5]	년 알람 Enable 0 = Disable 1 = Enable	0
MONREN	[4]	월 알람 Enable 0 = Disable 1 = Enable	0
DATEEN	[3]	일 알람 Enable 0 = Disable 1 = Enable	0
HOUREN	[2]	시 알람 Enable 0 = Disable 1 = Enable	0
MINEN	[1]	분 알람 Enable 0 = Disable 1 = Enable	0
SECEN	[0]	초 알람 Enable 0 = Disable 1 = Enable	0

표에서 보다시피 RTC 알람은 각 항목별로 사용 여부를 결정할 수 있다.

다음에 열거되는 레지스터들은 알람 값을 설정하는 레지스터들이다. 전부 BCD 코드를 사용한다.

알람 초 데이터 레지스터(Alarm Second Data Register, ALMSEC)

레지스터	어드레스	R/W	설 명	초기값
ALMSEC	0x57000054(L) 0x57000057(B)	R/W (by byte)	알람 초 데이터 레지스터	0x0

ALMSEC	비트	설 명	초기값
Reserved	[7]		0
SECDATA	[6:4]	0~5 알람 초 BCD 값	000
	[3:0]	0~9	0000

알람 분 데이터 레지스터(Alarm Minute Data Register, ALMMIN)

레지스터	어드레스	R/W	설 명	초기값
ALMMIN	0x57000058(L) 0x5700005B(B)	R/W (by byte)	알람 분 데이터 레지스터	0x0

ALMMIN	비트	설 명	초기값
Reserved	[7]		0
MINDATA	[6:4]	0~5 알람 분 BCD 값	000
	[3:0]	0~9	0000

알람 시 데이터 레지스터(Alarm Hour Data Register, ALMHOUR)

레지스터	어드레스	R/W	설 명	초기값
ALMHOUR	0x5700005C(L) 0x5700005F(B)	R/W (by byte)	알람 시 데이터 레지스터	0x0

ALMHOUR	비트	설 명	초기값
Reserved	[7:6]		00
HOURDATA	[5:4]	0~2 알람 시 BCD 값	00
	[3:0]	0~9	0000

알람 일 데이터 레지스터(Alarm Date Data Register, ALMDATE)

레지스터	어드레스	R/W	설 명	초기값
ALMDATE	0x57000060(L) 0x57000063(B)	R/W (by byte)	알람 일 데이터 레지스터	0x01

ALMDATE	비트	설 명	초기값
Reserved	[7:6]		00
DATEDATA	[5:4]	0~3 알람 일 BCD 값	00
	[3:0]	0~9	0001

알람 월 데이터 레지스터(Alarm Month Data Register, ALMMON)

레지스터	어드레스	R/W	설 명	초기값
ALMMON	0x57000064(L) 0x57000067(B)	R/W (by byte)	알람 월 데이터 레지스터	0x1

ALMMON	비트	설 명	초기값
Reserved	[7:5]		000
MONDATA	[4]	0~1 알람 월 BCD 값	0
	[3:0]	0~9	0001

알람 년 데이터 레지스터(Alarm Year Data Register, ALMYEAR)

레지스터	어드레스	R/W	설 명	초기값
ALMYEAR	0x57000068(L) 0x5700006B(B)	R/W (by byte)	알람 년 데이터 레지스터	0x0

ALMYEAR	비트	설 명	초기값
YEARDATA	[7:0]	00~99 알람 년 BCD값	0

▶ RTC BCD 레지스터(RTC BCD Register)

BCD 레지스터들은 RTC의 시각과 날짜를 저장하는 레지스터 들이다. 전부 BCD값을 사용하고 RTCCON레지스터의 RTCEN 비트가 셋 되어 있어야 액세스 가능하다.

BCD 초 레지스터(BCD Second Register, BCDSEC)

레지스터	어드레스	R/W	설 명	초기값
BCDSEC	0x57000070(L) 0x57000073(B)	R/W (by byte)	BCD 초 레지스터	Undefined

BCDSEC	비트	설 명	초기값
SECDATA	[6:4]	0~5 초 BCD 값	-
	[3:0]	0~9	-

BCD 분 레지스터(BCD Minute Register, BCDMIN)

레지스터	어드레스	R/W	설 명	초기값
BCDMIN	0x57000074(L) 0x57000077(B)	R/W (by byte)	BCD 분 레지스터	Undefined

BCDMIN	비트	설　　명	초기값
MINDATA	[6:4]	0~5 분 BCD 값	-
	[3:0]	0~9	-

BCD 시 레지스터(BCD Second Register, BCDHOUR)

레지스터	어드레스	R/W	설　　명	초기값
BCDHOUR	0x57000078(L) 0x5700007B(B)	R/W (by byte)	BCD 시 레지스터	Undefined

BCDHOUR	비트	설　　명	초기값
HOURDATA	[5:4]	0~2 시 BCD 값	-
	[3:0]	0~9	-

BCD 일 레지스터(BCD Date Register, BCDDATE)

레지스터	어드레스	R/W	설　　명	초기값
BCDDATE	0x5700007C(L) 0x5700007F(B)	R/W (by byte)	BCD 일 레지스터	Undefined

BCDDATE	비트	설　　명	초기값
Reserved	[7:6]		-
DATEDATA	[5:4]	0~3 일 BCD 값	-
	[3:0]	0~9	-

BCD 요일 레지스터(BCD Day Register, BCDDAY)

레지스터	어드레스	R/W	설　　명	초기값
BCDDAY	0x57000080(L) 0x57000083(B)	R/W (by byte)	BCD 요일 레지스터	Undefined

BCDDAY	비트	설　　명	초기값
Reserved	[7:3]		-
DAYDATA	[2:0]	1~7 요일 BCD 값	-

BCD 월 레지스터(BCD Month Register, BCDMON)

레지스터	어드레스	R/W	설　　명	초기값
BCDMON	0x57000084(L) 0x57000087(B)	R/W (by byte)	BCD 월 레지스터	Undefined

BCDMON	비트	설 명	초기값
Reserved	[7:5]		-
MONDATA	[4]	0~1 월 BCD 값	-
	[3:0]	0~9	-

BCD 년 레지스터(BCD Year Register, BCDYEAR)

레지스터	어드레스	R/W	설 명	초기값
BCDYEAR	0x57000088(L) 0x5700008B(B)	R/W (by byte)	BCD 년 레지스터	Undefined

BCDYEAR	비트	설 명	초기값
YEARDATA	[7:0]	00~99 년 BCD 값	-

13.4 RTC 기능연습

13.4에서는 지금까지의 RTC(Real Time Clock) 설명을 기반으로 MSTK2440보드를 이용해 RTC Time Tick 실험과 날짜, 시각 Display 실험을 하도록 하겠다. RTC 기능은 CPU 내부에 내장되어 있으므로 MSTK2440 보드만 있으면 쉽게 테스트 해볼 수 있다.

13.4.1 RTC Time Tick 인터럽트 실험

RTC Time Tick은 초당 64회까지 발생 가능하고, 주기적인 작업을 처리하거나 OS의 타임틱으로도 사용할 수 있다. 타임틱 인터럽트 사용방법에 대해 알아보자.

▶ 실험 내용

RTC를 이용해 초당 1회의 타임틱을 발생하는 프로그램을 작성하여 DNW를 이용해 실험한다.

▶ 프로그램

ADS를 실행하여 RTC_Tick이라는 프로젝트(RTC_Tick.mcp)를 만들고 필요한 파일들을 프로젝트에 등록시킨다. DebugRel 모드로 선택하고 옵션들을 설정해 준다. main_app.c 파일을 새로 만들어 다음의 리스트와 같이 내용을 작성한다. 또는

Chapter13 폴더의 RTC_Tick 폴더 안의 RTC_Tick.mcp 프로젝트 파일을 오픈한다. 프로그램을 컴파일하고 DNW를 이용해 바이너리 파일을 다운로드 시켜 실행해 본다. main_app.c 리스트를 보자.

```
//-----------------------------------------------------------------
// Project : MSTK2440 RTC Tick Interrupt, RTC_Tick.mcp
// Description : RTC Tick 인터럽트 테스트 프로그램
//-----------------------------------------------------------------
#include <stdlib.h>
#include <string.h>
#include "def.h"
#include "option.h"
#include "2440addr.h"
#include "2440lib.h"
#include "2440slib.h"
#include "mmu.h"

//----------- Constant Definition -----------------------
#define UART0  0                              // UART0

//----------- Function Declaration ----------------------
void Isr_Init(void);                          // 인터럽트 초기화
void __irq Rtc_Tick(void);

//----------- Global Variables --------------------------
unsigned sec_tick;

//----------- Main Function -----------------------------
void Main(void)
{
    int i;

    #if ADS10
    __rt_lib_init(); //for ADS 1.x Run-Time Library Init
    #endif

    Port_Init();
    ChangeUPllValue(60,4,2);                  // 48MHz for USB
    for(i=0; i<7; i++);
    ChangeClockDivider(13,12);                // FCLK:HCLK:PCLK  1:1/3:1/6
    ChangeMPllValue(97,1,2);                  // 296Mhz
    Uart_Init(UART0,115200);                  // UART0, 115200bps
    Uart_Select(UART0);                       // UART0 selected for debugging
```

```
    MMU_Init();
    Delay(0);                              // Calibrate Delay()
    Uart_Printf("\n\n");
    Uart_Printf("## MSTK2440 RTC Tick Test Program(1tick/sec) ##\n\n\n    ");

    rRTCCON    = 0x0;                      // RTC Control disable[0]
    rTICNT     = (1<<7)+(128-1);           // Tick time interrupt enable,
                                           // Period = (n + 1) / 128 second
    Isr_Init();
    while(1)
    {
    }//while
}

void Isr_Init(void)
{
    rINTMOD=0x0;                           // All=IRQ mode
    rINTMSK=BIT_ALLMSK;                    // All interrupt is masked.
    pISR_TICK = (unsigned)Rtc_Tick;
    rINTMSK    = ~(BIT_TICK);
}

void __irq Rtc_Tick(void)
{
    ClearPending(BIT_TICK);
    rINTPND = BIT_TICK;
    rINTPND;

    Uart_Printf("\b\b\b\b\b\b\b%03d sec",sec_tick++);
}
```

특별히 복잡한 부분은 없으므로 레지스터를 설정하는 부분만 알아보자. RTC 제어 레지스터(RTCCON)를 rRTCCON=0x00으로 설정하였다. 이 값은 RTCCON[3]=0 (No Reset), RTCCON[2]=0(Merge BCD Counters), RTCCON[1]=0(XTAL을 215분주한 클럭), RTCCON[0]=0(RTC 제어 Disable)으로 설정한 것이다.

그리고 Tick 타임 카운트 레지스터(TICNT)를 rTICNT=(1<<7)+(128-1)로 설정하였다. 이 값은 TICNT[7]=1(Tick 타임 인터럽트 Enable), TICNT[6:0]=127로 설정한 것이다. 따라서 Tick 타임 주기 Period=(127+1)/128=1초가 된다.

[그림 13.3]은 DNW를 이용해 실행한 결과를 보여주고 있다. 1초에 한 번씩 인터럽트를 처리해 카운트 값을 디스플레이 한다.

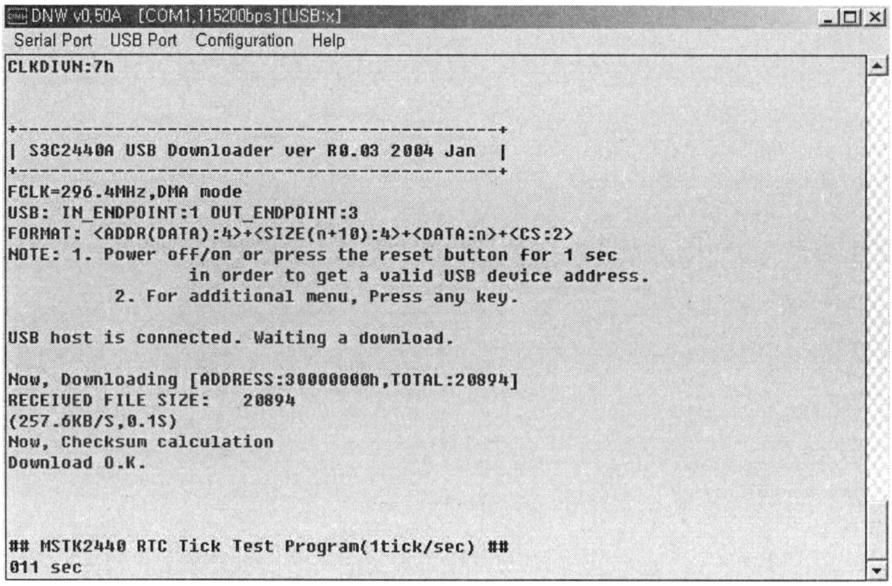

[그림 13.3] RTC Tick 인터럽트 실행결과

13.4.2 RTC Time 디스플레이 실험

RTC를 시계로 사용하기 위해 날짜, 시각을 설정하고 현재의 시각을 디스플레이 하는 프로그램을 제작해 보자. 현재 시각만 설정해주면 RTC 자체적으로 날짜와 시간을 계산해주고 윤년도 처리해 준다.

▶ 실험 내용

DNW를 통해 현재의 날짜, 시각을 입력하고, RTC에 의해 카운트 되는 값을 DNW를 이용해 확인한다.

▶ 프로그램

ADS를 실행하여 RTC_Disp라는 프로젝트(RTC_Disp.mcp)를 만들고 필요한 파일들을 프로젝트에 등록시킨다. DebugRel 모드로 선택하고 옵션들을 설정해 준다. main_app.c 파일을 새로 만들어 다음의 리스트와 같이 내용을 작성한다. 또는 Chapter13 폴더의 RTC_Disp 폴더 안의 RTC_Disp.mcp 프로젝트 파일을 오픈한다. 프로그램을 컴파일하고 DNW를 이용해 바이너리 파일을 다운로드 시켜 실행해 본다. main_app.c 리스트를 보자.

```
//------------------------------------------------------------
// Project : MSTK2440 RTC Date/Time Display, RTC_Disp.mcp
// Description : RTC 초기값 설정, 날짜/시각 디스플레이
//------------------------------------------------------------
#include <stdlib.h>
#include <string.h>
#include "def.h"
#include "option.h"
#include "2440addr.h"
#include "2440lib.h"
#include "2440slib.h"
#include "mmu.h"

//----------- Constant Definition ----------------------
#define UART0   0                          // UART0

//----------- Function Declaration ---------------------
void Isr_Init(void) ;                      // 인터럽트 초기화
void Rtc_DateTimeSet(void) ;               // Date/Time 설정

//----------- Global Variables -------------------------
char *nday[8] = {" ","Sunday","Monday","Tuesday","Wednesday",
                 "Thursday","Friday","Saturday"} ;

//----------- Main Function ----------------------------
void Main(void)
{
    int i;
    int nyear;
    int nmonth, ndate, nweekday, nhour, nmin, nsec ;

    #if ADS10
    __rt_lib_init() ;                      // for ADS 1.x Run-Time Library Init
    #endif

    Port_Init() ;
    ChangeUPllValue(60, 4, 2) ;            // 48MHz for USB
    for(i=0; i<7 ; i++) ;
    ChangeClockDivider(13, 12) ;           // FCLK:HCLK:PCLK  1:1/3:1/6
    ChangeMPllValue(97, 1, 2) ;            // 296Mhz
    Uart_Init(UART0, 115200) ;
    Uart_Select(UART0) ;                   // UART0 selected for debugging
    MMU_Init() ;
    Delay(0) ;                             // Calibrate Delay()
```

```
    Uart_Printf("\n\n") ;
    Uart_Printf("## MSTK2440 RTC Date/Time Display Program ##\n");

    Rtc_DateTimeSet();
    rRTCCON = 0x01;
    Isr_Init();
    while(1)
    {
        nyear     = rBCDYEAR;
        nmonth    = rBCDMON;
        nweekday= rBCDDAY;
        ndate     = rBCDDATE;
        nhour     = rBCDHOUR;
        nmin      = rBCDMIN;
        nsec      = rBCDSEC;
        if(nsec==0)                         // 초가 0이면 다시 한 번 읽음
        {
            nyear     = rBCDYEAR;
            nmonth    = rBCDMON;
            nweekday= rBCDDAY;
            ndate     = rBCDDATE;
            nhour     = rBCDHOUR;
            nmin      = rBCDMIN;
            nsec      = rBCDSEC;
        }
        Uart_Printf("%02x : %02x : %02x  %10s,  %02x/%02x/%04x\n",
                  nhour,nmin,nsec,nday[nweekday],nmonth,ndate,nyear);
        Delay(10000);
    }//while
}

void Rtc_DateTimeSet(void)
{
    int syear, smonth, sdate, sday, shour, smin, ssec ;

    Uart_Printf("Year  [0~99] : ") ;          // 년
    syear = Uart_GetIntNum() ;
    Uart_Printf("Month [1~12] : ") ;          // 월
    smonth = Uart_GetIntNum();
    Uart_Printf("Date  [1~31] : ") ;          // 일
    sdate = Uart_GetIntNum() ;
    Uart_Printf("\n1:Sunday  2:Monday  3:Thesday  4:Wednesday  5:Thursday
        6:Friday  7:Saturday\n") ;          // 요일
    Uart_Printf("Day of the week                     : ");
```

```
    sday = Uart_GetIntNum();
    Uart_Printf("Hour    [0~23] : ") ;          // 시
    shour = Uart_GetIntNum();
    Uart_Printf("Minute [0~59] : ") ;           // 분
    smin = Uart_GetIntNum() ;
    Uart_Printf("Second [0~59] : ") ;           // 초
    ssec = Uart_GetIntNum() ;

    rRTCCON  = rRTCCON  & ~(0xf)  | 0x1 ; // RTC 제어 enable
    rBCDYEAR = ((syear/10)<<4)+(syear%10) ;
    rBCDMON  = ((smonth/10)<<4)+(smonth%10) ;
    rBCDDAY  = sday ;                  // SUN:1 MON:2 TUE:3 WED:4 THU:5 FRI:6 SAT:7
    rBCDDATE = ((sdate/10)<<4)+(sdate%10) ;
    rBCDHOUR = ((shour/10)<<4)+(shour%10) ;
    rBCDMIN  = ((smin/10)<<4)+(smin%10) ;
    rBCDSEC  = ((ssec/10)<<4)+(ssec%10) ;
    rRTCCON  = 0x0 ;                   // RTC 제어 Disable
}

void Isr_Init(void)
{
    rINTMOD=0x0 ;                      // All=IRQ mode
    rINTMSK=BIT_ALLMSK ;               // All interrupt is masked.
}
```

먼저 메인 루프에서 현재의 날짜와 시각을 표시하는 루틴에 대해 알아보자. 레지스터에서 현재의 값을 읽어서 Uart_Printf()문을 이용해 시리얼로 데이터를 출력시킨다. 초를 읽어서 0이면 레지스터를 다시 읽는 루틴이 있는데 이는 앞에서도 언급했다시피 읽는 시점에서 값이 변하는 경우를 처리하기 위한 것이다.

그리고 Rtc_DateTimeSet() 함수에서 현재 날짜와 시각을 설정하는 루틴에 대해서도 알아보자. 여기서는 DNW를 통해 시리얼로 데이터를 입력받는다. 이때 사용하는 함수가 Uart_GetIntNum() 함수이다. 이 함수는 2440lib.c 파일에 정의되어 있으며, 십진수나 16진수를 입력받아 정수값을 리턴시켜 주는 함수이다. 0x16, 16h 같은 16진수 표현도 처리할 수 있다. 다음 리스트는 Rtc_DateTimeSet() 함수의 일부 코드들이다.

```
Uart_Printf("Year  [0~99] : ") ;                    // 년
syear = Uart_GetIntNum() ;
...
rRTCCON  = rRTCCON  &  ~(0xf)  | 0x1 ;              // RTC 제어 enable
rBCDYEAR = ((syear/10)<<4)+(syear%10) ;
rBCDMON  = ((smonth/10)<<4)+(smonth%10) ;
...
rRTCCON  = 0x0 ;                                    // RTC 제어 Disable
```

Uart_GetIntNum() 함수를 이용해 년, 월, 일, 요일, 시, 분, 초 데이터를 입력받아 해당레지스터에 값을 설정한다. 레지스터를 write할 때 RTCCON[0]=1로 하여 RTC 제어를 Enable 시켜놓고 레지스터에 값을 write하면 된다.

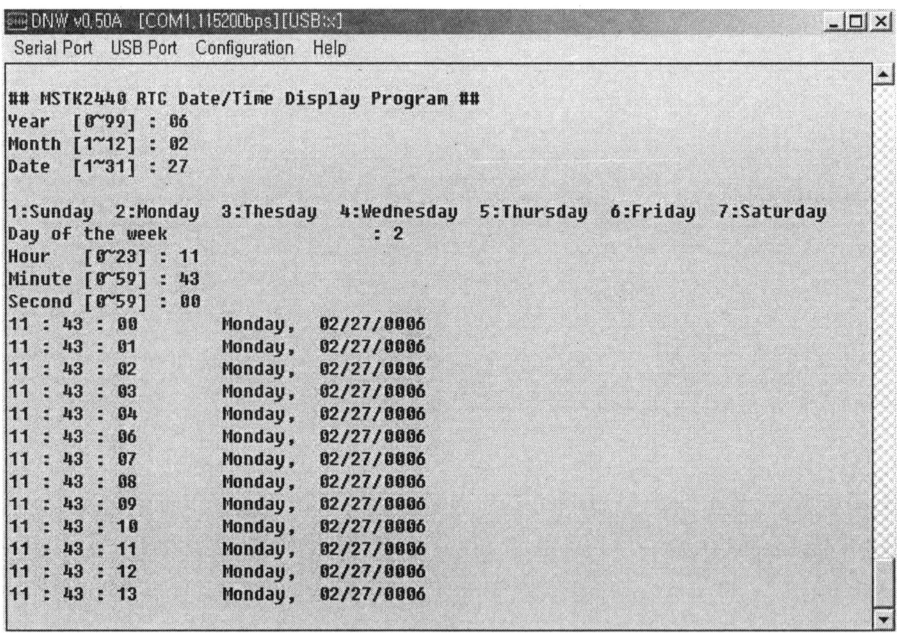

[그림 13.4] RTC 날짜/시각 디스플레이 결과

제14장 WDT

14. Watchdog Timer

간혹 CPU가 프로그래머의 실수나 혹은 노이즈 등에 의하여 특정한 루틴에서 벗어나지 못하는 경우가 발생될 수 있다. ARM920T에서는 엉뚱한 메모리를 액세스하거나 잘못된 명령을 페치하는 경우 익셉션을 발생시킬 수는 있으나 원인 모를 시스템 장애의 경우에는 시스템을 재시작해야 한다. 이럴 때 와치독 타이머를 사용하여 시스템을 리셋시킬 수 있다.

14.1 와치독 타이머의 구조 및 동작

S3C2440A의 와치독 타이머는 시스템의 예기치 못한 에러가 발생했을 때, 시스템을 사용가능 상태로 만들어 주기 위해 리셋 신호를 발생시킨다. 또는 16비트 인터벌 타이머로도 사용할 수 있다.

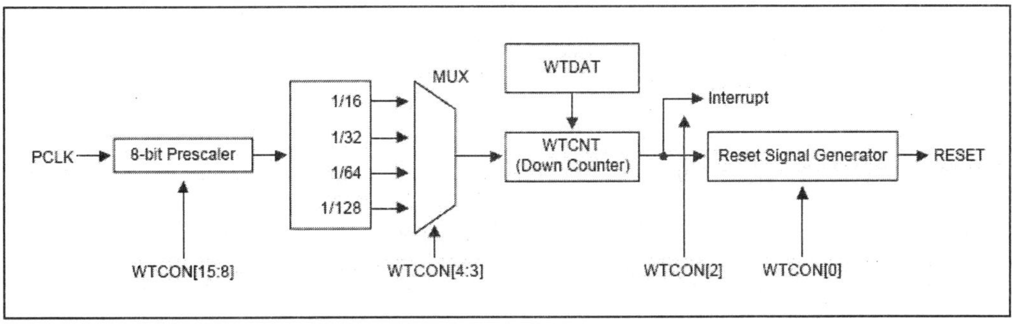

[그림 14.1] 와치독 타이머의 구조

[그림 14.1]에서 와치독 타이머의 구조를 보여주고 있다. 와치독 타이머에서는 입력 클럭으로 PCLK만을 사용하고 8비트의 프리스케일러와 4:1 MUX(1/16, 1/32, 1/64, 1/128)를 이용하여 클럭을 분주 시킨다. 16비트 다운카운터가 내장되어 있고 리셋신호를 발생시키는 리셋신호 발생기가 내장되어 있다.

16비트 다운카운터는 지정된 초기값에서 다운카운트 하여 값이 0이 되었을 때, 인터럽트를 발생시키거나 리셋신호를 발생시킨다. 카운트 값이 0이 되면 자동으로 WTDAT 레지스터에 있는 값을 WTCNT에 리로드(reload)시켜 지정된 카운트 값만큼 계속 반복하게 되는 것이다. 리셋 신호가 Enable 되어 있으면 카운트 값이 0이 되었을 때 시스템이 리셋 되기 때문에 시스템 전체가 처음 시작 상태로 돌아간다.

여기서 주의할 것이 있는데, WTCNT의 초기값은 와치독 타이머가 시작되어도 자동으로 로드되지 않는다. 단지 카운터가 0이 되었을 때, WTDAT 레지스터의 값을 WTCNT에 리로드 시키기 때문에 와치독 타이머를 가동하기 전에 WTCNT는 한 번 초기화시켜줘야 한다. 다음의 수식은 와치독 타이머의 한 클럭 주기를 계산하는 수식이다.

```
t_watchdog = 1 / ( PCLK / (프리스케일러+1) / 디바이더)
```

예를 들어, PCLK=50MHz이고 Prescaler=127, Divider=128이면 t_watchdog = 1/3051 second가 되는 것이다. 상세한 사용 방법은 뒷부분의 예제를 보면 쉽게 이해될 것이다.

14.2 와치독 타이머의 제어

와치독 타이머는 단지 세 개의 레지스터로만 구성된다. [그림 14.1]에서 보다시피 제어 레지스터와 카운트 값을 저장하는 레지스터만 있다. 와치독 레지스터들 설명을 볼 때에는 리셋 후의 초기값을 유심히 봐야 한다. 그 이유는 와치독 타이머는 다른 장치들과 달리 초기설정이 동작하는 것으로 되어 있기 때문이다.

▶ 와치독 타이머 제어 레지스터(Watchdog Timer Control Register, WTCON)

WTCON 레지스터는 와치독 타이머의 사용여부와 클럭을 선택하는 기능들로 구성되어 있다. 초기값이 어떤 값으로 되어 있는지 잘 봐야 한다. 프로그램을 작성할 때 특별히 와치독 타이머를 사용하고 싶지 않다면 타임아웃이 발생하기 전에 와치독 타이머를 Disable 시켜줘야 한다. 초기설정이 와치독 타이머를 사용하게 되어 있으므로 MSTK2440에서도 스타트업 코드 첫부분에 와치독 타이머를 Disable 시키는 루틴이 있다.

레지스터	어드레스	R/W	설 명	초기값
WTCON	0x53000000	R/W	와치독 타이머 제어 레지스터	0x8021

WTCON	비트	설 명	초기값
프리스케일러값	[15:8]	0~255(2^8-1)	0x80
Reserved	[7:6]	항상 00 이어야 함	00
와치독 타이머	[5]	0 = Disable 1 = Enable	1

클럭 선택	[4:3]	00: 16 01: 32 10: 64 11: 128	00
인터럽트	[2]	0= Disable 1 = Enable	0
Reserved	[1]	항상 0 이어야 함	0
리셋 사용	[0]	0: 리셋 신호 사용하지 않음 1: 리셋 신호 사용	1

초기값을 보면 WTCON=0x8021이다. 프리스케일러 값=128이고 와치독 타미머 사용, 16디바이더, 리셋 신호 사용으로 되어있다. 프로그램에서 와치독 타이머을 사용하고 싶지 않으면 프로그램의 앞부분에서 WTCON[5] 비트를 '0'으로 클리어시켜야 한다. 그리고 와치독 타이머를 인터벌 타이머로만 사용하고 싶으면 리셋 사용 비트 WTCON[0]=0으로 하고 인터럽트 비트를 셋 시키면 된다.

▶ 와치독 타이머 데이터 레지스터(Watchdog Timer Data Register, WTDAT)

타임아웃 주기, 즉 다운카운터에 로드할 값을 저장하는 레지스터이다. 앞에서도 설명했지만 타이머가 시작할 때에는 카운터에 로드 되지 않기 때문에 카운터의 값은 한 번 초기화 시켜줘야 한다. 하지만 리셋 후의 초기값이 0x8000이기 때문에 이 값을 그냥 사용한다면 따로 값을 지정할 필요는 없다.

레지스터	어드레스	R/W	설 명	초기값
WTDAT	0x53000004	R/W	와치독 타이머 데이터 레지스터	0x8000

WTDAT	비트	설 명	초기값
Count Reload Value	[15:0]	리로드 할 16비트 값	0x8000

▶ 와치독 타이머 카운트 레지스터(Watchdog Timer Count Register, WTCNT)

와치독 타이머에 내장된 다운카운터의 카운트 값을 가지는 레지스터이다. 리셋 후의 초기값 외에 WTDAT 레지스터의 값은 카운터가 '0'이 되었을 때만 WTCNT에 리로드 되므로, 타이머를 가동하기 전에 WTCON 레지스터의 값을 WTDAT 레지스터의 값과 같은 값으로 한 번 초기화해야 한다.

레지스터	어드레스	R/W	설 명	초기값
WTCNT	0x53000008	R/W	와치독 타이머 카운트 레지스터	0x8000

WTCNT	비트	설 명	초기값
카운트 값	[15:0]	와치독 타이머 카운터의 값	0x8000

14.3 와치독 타이머 기능 연습

14.3에서는 지금까지의 Watchdog Timer 설명을 기반으로 MSTK2440보드를 이용해 Watchdog 타이머 인터럽트와 와치독 타이머에 의해 CPU 리셋 기능을 실험하도록 하겠다. Watchdog 기능은 CPU 내부에 내장되어 있으므로 MSTK2440 보드만 있으면 쉽게 테스트 해볼 수 있다.

14.3.1 Watchdog 타이머 인터럽트, CPU 리셋 실험

Watchdog 타이머의 주요기능은 CPU의 오동작을 방지하기 위해 정해진 시간내로 와치독 카운트 값을 초기화 시켜주지 않으면 타임-아웃이 발생하여 CPU를 리셋시킬 수 있다. 와치독 타이머 인터럽트와 CPU 리셋 기능에 대해 실험해 보자.

▶ 실험 내용

와치독 타이머를 이용해 1초, 0.5초, 0.25초 간격의 인터럽트를 발생하는 루틴과 2초의 리셋 주기를 갖는 와치독 타이머를 설정하는 프로그램을 작성해서 실행해 보자.

▶ 프로그램

ADS를 실행하여 WDT_Int_Reset이라는 프로젝트(WDT_Int_Reset.mcp)를 만들고 필요한 파일들을 프로젝트에 등록시킨다. DebugRel 모드로 선택하고 옵션들을 설정해 준다. main_app.c 파일을 새로 만들어 다음의 리스트와 같이 내용을 작성한다. 또는 Chapter14 폴더의 WDT_Int_Reset 폴더 안의 WDT_Int _Reset.mcp 프로젝트 파일을 오픈한다. 프로그램을 컴파일하고 DNW를 이용해 바이너리 파일을 다운로드 시켜 실행해 본다. main_app.c 리스트를 보자.

```
//------------------------------------------------------------
// Project : MSTK2440 Watchdog Timer Test, WDT_Int_Reset.mcp
// Description : 와치독 타이머 인터럽트, 리셋 테스트
//------------------------------------------------------------
#include <stdlib.h>
#include <string.h>
#include "def.h"
#include "option.h"
```

```
#include "2440addr.h"
#include "2440lib.h"
#include "2440slib.h"
#include "mmu.h"

//---------- Constant Definition ---------------------
#define UART0   0                          // UART0

//---------- Function Declaration --------------------
void Timer0_Init(void) ;                   // Timer 초기화 처리 루틴
void __irq Timer0_Isr(void) ;              // Timer0 인터럽트 처리 루틴
void Isr_Init(void) ;                      // 인터럽트 초기화

//---------- Global Variables ------------------------
volatile unsigned char isWdtInt ;

//---------- Main Function ---------------------------
void Main(void)
{
    unsigned char  I ;

    #if ADS10
    __rt_lib_init() ;                      // for ADS 1.x Run-Time Library Init
    #endif

    Port_Init() ;
    ChangeUPllValue(60, 4, 2) ;            // 48MHz for USB
    for(i=0; i<7; i++);
    ChangeClockDivider(13, 12) ;           // FCLK:HCLK:PCLK  1:1/3:1/6
    ChangeMPllValue(97, 1, 2);             // 296Mhz FCLK
    Uart_Init(UART0, 115200) ;             // UART0, 115200bps
    Uart_Select(UART0) ;                   // UART0 selected for debugging
    MMU_Init() ;                           // MMU Init
    Delay(0) ;                             // Calibrate Delay()
    Uart_Printf("\n\n") ;
    Uart_Printf("## MSTK2440 Watchdog Test Program ##\n") ;

    Isr_Init() ;

    // 1. Clock division_factor 128
    Uart_Printf("\nClock Division Factor: 128(dec), Prescaler: 7717)\n") ;
    rWTCON   = ((50-1)<<8) | (3<<3) | (1<<2) ;
   //Clock division 128, Interrupt enable
    rWTDAT   = 7717 ;
    rWTCNT   = 7717 ;                      // 1sec
```

```
	rWTCON    = rWTCON | (1<<5) ;        // Watch-dog timer enable
	while(isWdtInt != 10) ;

	// 2. Clock division_factor 64
	isWdtInt = 0;
	Uart_Printf("\nClock Division Factor: 64(dec), Prescaler: 7717(dec)\n") ;
	rWTCON    = ((50-1)<<8) | (2<<3) | (1<<2) ;
	//Clock division 64, Interrupt enable
	rWTDAT    = 7717 ;
	rWTCNT    = 7717 ;                    // 0.5sec
	rWTCON    = rWTCON | (1<<5) ;        // Watch-dog timer enable
	while(isWdtInt != 10) ;

	// 3. Clock division_factor 32
	isWdtInt = 0;
	Uart_Printf("\nClock Division Factor: 32(dec), Prescaler: 7717(dec)\n") ;
	rWTCON    = ((50-1)<<8) | (1<<3) | (1<<2) ;
	//Clock division 32, Interrupt enable
	rWTDAT    = 7717 ;
	rWTCNT    = 7717 ;                    // 0.25sec
	rWTCON    = rWTCON | (1<<5) ;        // Watch-dog timer enable
	while(isWdtInt != 10) ;

	// WDT Reset Test
	rWTCON = ((128-1)<<8) | (3<<3) | (1) ; // Prescaler=127,
	                                       // Clock division 128,Reset enable
	Uart_Printf("\nMSTK2440 will restart after 2 sec.\n\n\n") ;
	rWTCNT = 3014*2 ;                      // 2sec
	rWTCON = rWTCON | (1<<5) ;             // Watch-dog timer enable
	while(1)
	{
	}//while
}

void __irq Wdt_Int(void)
{
	rSUBSRCPND=(BIT_SUB_WDT) ;            // Clear Sub int pending
	ClearPending(BIT_WDT_AC97) ;          // Clear master pending

	Uart_Printf("%d ",++isWdtInt) ;       // Display Count 1~10
}

void Isr_Init(void)
{
	rINTMOD = 0x0 ;                       // All=IRQ mode
	rINTMSK = BIT_ALLMSK ;                // All interrupt is masked.
```

```
        pISR_WDT_AC97 = (unsigned)Wdt_Int ;
        ClearPending(BIT_WDT_AC97) ;
        rINTMSK &= ~(BIT_WDT_AC97) ;        // Watch dog Interrupt Enable
        rSUBSRCPND = (BIT_SUB_WDT) ;
        rINTSUBMSK &= ~(BIT_SUB_WDT) ;
}
```

먼저 1초 주기의 인터럽트를 발생시키는 와치독 타이머 설정을 보자.
아래의 리스트에서 PCLK=FCLK/6=296352000/6=49392000Hz이다.

```
    // 1. Clock division_factor 128
    Uart_Printf("\nClock Division Factor: 128(dec), Prescaler: 7717)\n") ;
    rWTCON    = ((50-1)<<8) | (3<<3) | (1<<2) ;
    //Clock division 128, Interrupt enable
    rWTDAT    = 7717 ;
    rWTCNT    = 7717 ;                      // 1sec
    rWTCON    = rWTCON | (1<<5) ;           // Watch-dog timer enable
    while(isWdtInt <= 10) ;
```

WTCON 레지스터의 WTCON[15:8]은 프리스케일러 값을 설정하는 비트들이고 WTCON[4:3]은 클럭 Division factor를 설정하는 비트이다. 그리고 WTCON[2] 비트는 인터럽트 가능 여부를 설정한다. 위의 코드에서 WTCON 레지스터의 설정은 프리스케일러 값으로 49를 Division facotr로 128을 선택하고 인터럽트 발생이 가능하도록 설정한 것이다. 이 설정대로 1초가 되는 카운트 값을 계산해 보기로 하자.

```
    Count = 49392000 / (49+1) / 128 = 7717
```

따라서 카운트 값을 7717로 설정하면 1초 주기가 되는 것이다. 와치독 타이머를 CPU 리셋 용도로 사용하지 않고 일반 타이머 모드로 사용하면 첫번째 주기가 끝나고 두번째 카운트 주기에서 WTDAT레지스터의 값을 WTCNT레지스터로 리로드시켜 사용한다. CPU 리셋 용도로 사용할 때에는 WTDAT값을 리로드시키지 않고 카운트 값이 0이 되면 리셋 신호를 발생시킨다. 다음의 코드를 보자.

```
    rWTCON = ((128-1)<<8) | (3<<3) | (1) ;            // Prescaler=127,
    Uart_Printf("\nMSTK2440 will restart after 2 sec.\n") ;
    rWTCNT = 3014*2 ;                                 // 2sec
    rWTCON = rWTCON | (1<<5) ;                        // Watch-dog timer enable
```

여기에서는 프리스케일러 값을 127로 설정하였기 때문에 실제 카운트 주기는 PCLK/(127+1)/128이 된다. 이렇게 계산했을 때, 1초에 해당하는 카운트 값은 3014이다. WTCON[0]=1로 하여 리셋 신호를 출력할 수 있게 설정하였다. DNW를 이용해 바이너리 파일을 다운로드 시키고 실행결과를 보자.

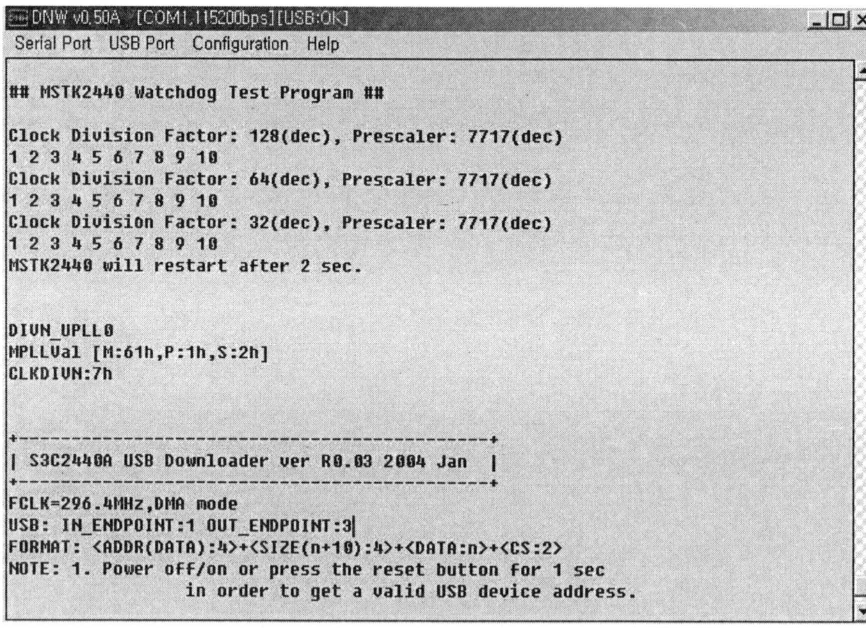

[그림 14.2] 와치독 타이머 프로그램 실행결과

1초 주기로 10번을 카운트하고, 0.5초 주기로 10번, 0.25초 주기로 10번을 카운트 한 다음에 2초 후에 리셋되는 것을 확인할 수 있다. 와치독 타이머를 리셋신호 출력이 가능한 상태로 설정해 놓고 프로그램에서 주기적으로 초기값을 로딩시켜 주면 리셋이 걸리지 않고 사용할 수 있다.

노이즈나 CPU에러에 의해 특정한 루틴에서 무한루프에 빠지는 것을 방지하기 위해 와치독 타이머를 주기적으로 초기화시켜서 사용하면 된다.

제15장 NAND Flash Controller

15. NAND Flash Controller

여러분이 사용하는 MP3플레이어, 메모리스틱, 각종 메모리 카드에는 전부 NAND 플래시가 내장되어 있다. 대부분의 대용량 플래시를 쓰는 제품은 NAND 플래시를 사용하는 것으로 봐도 된다. S3C2440A에는 NAND 플래시 컨트롤러가 내장되어 있다.

4장에서 NAND 플래시 컨트롤러에 대해 기본적인 내용을 이미 다루었다. NAND 플래시를 데이터 저장용으로도 사용하지만 S3C2440A에서는 부트 메모리로 사용이 가능하기 때문에 4장에서 NAND 플래시 부팅에 대해 일부 내용을 다룬 것이다. 15장에서는 NAND 플래시를 사용하는데 필요한 제어 레지스터들과 MSTK2440에서 사용하는 NAND 플래시에 대해 다루도록 하겠다.

15.1 NAND 플래시 컨트롤러의 구조 및 동작

S3C2440A에서는 NAND 플래시를 효율적으로 사용하기 위해 다양한 내부적인 기능을 제공하고 있다. 부트 메모리로 사용할 수 있어 대용량의 OS를 적재하여 사용할 수도 있다. 오류 검출기능도 제공하고 부팅을 도와주는 내부 SRAM도 있다.

그 기본적인 특징은 다음과 같다.

- ▶ Auto 부트 : 리셋 후 부트코드를 4kB 내부 SRAM에 전송하고, 내부 SRAM에서 바로 실행된다.
- ▶ 낸드 플래시 인터페이스 : 256Words, 512Byte, 1KWords 그리고 2KByte Page 지원
- ▶ 소프트웨어 모드 : 프로그램으로 직접액세스 가능(read/erase/program)
- ▶ 인터페이스 : 8비트/16비트 버스 인터페이스
- ▶ 하드웨어 ECC 발생 : 에러검출 및 알림
- ▶ SFR(레지스터) 인터페이스 : 리틀엔디안 모드 지원. 데이터, ECC데이터 레지스터는 Byte/Half Word/Word단위로 액세스가능. 나머지는 레지스터는 Word 단위로 액세스
- ▶ Steppingstone 인터페이스 : 리틀/빅 엔디안모드 다 지원 Byte/Half Word/Word 액세스 가능
- ▶ Steppingstone 4KB 내부 SRAM은 낸드 플래시 부팅 이후에 다른 용도로 사용 가능하다.

NAND 플래시는 하드웨어적으로 비교적 간단한 인터페이스 구조를 가지고 있다.

S3C2440A와 인터페이스 할 때, 어드레스 버스를 사용하지 않고 단지 데이터 버스만을 이용해서 명령과 어드레스, 데이터를 구분해서 액세스 하는 것이다.

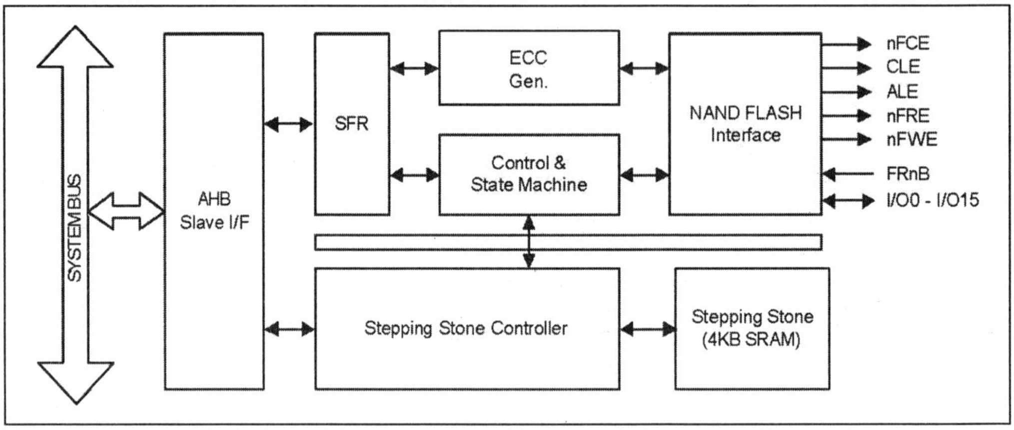

[그림 15.1] NAND 플래시 컨트롤러의 구조

이 구조에 대해서는 4장에서도 설명했었다. NAND 플래시는 한 데이터 버스를 이용해서 액세스하기 때문에 다음과 같이 다섯 과정에 따라 그 액세스 사이클이 이루어진다.

- 커맨드 레지스터에 써넣기
- 어드레스 레지스터에 써넣기
- 데이터 레지스터에 써넣기
- 데이터 레지스터에서 읽어오기
- 메인 ECC 레지스터와 스페어(spare) ECC 레지스터 읽어오기

사용자가 필요한 기능을 수행하고자 할 때, NAND 플래시 컨트롤러를 통해 적절한 명령을 내리고 어드레스나 데이터를 지정해 주면 되는 것이다. 예를 들어 MSTK2440에 장착된 NAND 플래시의 경우 0x90이란 명령을 내리면 칩의 제조사 코드 및 Device ID를 읽을 수 있다. 데이터를 읽을 때는 읽기 명령을 먼저 내리고 해당되는 데이터를 읽어 들이게 되는 것이다.

▶ 데이터 레지스터의 액세스

NAND 플래시를 액세스 할 때 8비트 단위 또는 16비트 단위의 액세스가 가능하다. 그런데 데이터를 저장하는 NFDATA라는 레지스터는 32비트 레지스터이다. 따라서 엔디안 모드나 8비트, 16비트 액세스에 따라서 데이터가 정렬되는 순서가 다르게 되므로 주의해야 한다. 다음의 표들을 보자.

16비트 NAND 플래시 인터페이스의 경우

A. 워드 액세스

레지스터	엔디안	비트[31:24]	비트[23:16]	비트[15:8]	비트[7:0]
NFDATA	리틀	2nd I/O[15:8]	2nd I/O[7:0]	1st I/O[15:8]	1st I/O[7:0]
NFDATA	빅	1st I/O[15:8]	1st I/O[7:0]	2nd I/O[15:8]	2nd I/O[7:0]

B. Half-워드 액세스

레지스터	엔디안	비트[31:24]	비트[23:16]	비트[15:8]	비트[7:0]
NFDATA	리틀/빅	-	-	1st I/O[15:8]	1st I/O[7:0]

8비트 NAND 플래시 인터페이스의 경우

A. 워드 액세스

레지스터	엔디안	비트[31:24]	비트[23:16]	비트[15:8]	비트[7:0]
NFDATA	리틀	4th I/O[7:0]	3rd I/O[7:0]	2nd I/O[7:0]	1st I/O[7:0]
NFDATA	빅	1st I/O[7:0]	2nd I/O[7:0]	3nd I/O[7:0]	4th I/O[7:0]

B. Half-워드 액세스

레지스터	엔디안	비트[31:24]	비트[23:16]	비트[15:8]	비트[7:0]
NFDATA	리틀	-	-	2nd I/O[7:0]	1st I/O[7:0]
NFDATA	빅	-	-	1st I/O[7:0]	2nd I/O[7:0]

C. 바이트 액세스

레지스터	엔디안	비트[31:24]	비트[23:16]	비트[15:8]	비트[7:0]
NFDATA	리틀/빅	-	-	-	1st I/O[7:0]

위의 표들을 보면 인터페이스 방법과 액세스 방법에 따른 데이터의 정렬 형태를 알 수 있다. 엔디안 모드에 따라서도 정렬 순서가 반대가 되므로 프로그램에 있어서 유의하여야 한다.

▶ ECC (ERROR CORRECTION CODE)

NAND 플래시 컨트롤러에는 네 개의 ECC(Error Correction Code) 모듈이 있다. 두 개는(one for data[7:0] and the other for data[15:8]) 메인영역 2048바이트까지에 대한 ECC Parity 코드 생성에 사용되고, 나머지 두 개는 (one for data[7:0] and the other for data[15:8]) 스페어 영역 16바이트까지에 대한 ECC Parity 코드를 생성하

는데 사용한다.

- 28-bit ECC Parity Code = 22-bit Line parity + 6bit Column Parity
- 14-bit ECC Parity Code = 8-bit Line parity + 6bit Column Parity

2048 BYTE ECC PARITY CODE ASSIGNMENT TABLE

	DATA7	DATA6	DATA5	DATA4	DATA3	DATA2	DATA1	DATA0
MECCn_0	P64	P64	P32	P32	P16	P16	P8	P8
MECCn_1	P1024	P1024	P512	P512	P256	P256	P128	P128
MECCn_2	P4	P4	P2	P2	P1	P1	P2048	P2048
MECCn_3	P8192	P8192	P4096	P4096	-	-	-	-

16 BYTE ECC PARITY CODE ASSIGNMENT TABLE

	DATA7	DATA6	DATA5	DATA4	DATA3	DATA2	DATA1	DATA0
SECCn_0	P16	P16	P8	P8	P4	P4	P2	P2
SECCn_1	P1	P1	P64	P64	P32	P32	-	-

▶ ECC Module Features

ECC의 생성은 제어 레지스터의 ECC Lock(MainECCLock, SpareECCLock) 비트에 의해 제어된다.

ECC Register Configuration

16-bit NAND Flash Memory Interface

레지스터	Bit [31:24]	Bit [23:16]	Bit [15:8]	Bit [7:0]
NFMECCD0	2nd ECC for I/O[15:8]	2nd ECC for I/O[7:0]	1st ECC for I/O[15:8]	1st ECC for I/O[7:0]
NFMECCD1	4th ECC for I/O[15:8]	4th ECC for I/O[7:0]	3nd ECC for I/O[15:8]	3nd ECC for I/O[7:0]
NFSECCD	2nd ECC for I/O[15:8]	2nd ECC for I/O[7:0]	1st ECC for I/O[15:8]	1st ECC for I/O[7:0]

8-bit NAND Flash Memory Interface

레지스터	Bit [31:24]	Bit [23:16]	Bit [15:8]	Bit [7:0]
NFMECCD0	-	2nd ECC for I/O[7:0]	-	1st ECC for I/O[7:0]
NFMECCD1	-	4th ECC for I/O[7:0]	-	3nd ECC for I/O[7:0]
NFSECCD	-	2nd ECC for I/O[7:0]	-	1st ECC for I/O[7:0]

▶ ECC Programming Guide

① ECC module은 데이터 Read/Write시 모두에서 ECC parity code를 발생시킨다. 따라서 InitECC(NFCONT[4]) 비트를 셋시켜 ECC 값을 초기화해야 한다. 그리고 Read/Write 동작 전에 MainECCLock(NFCONT[5]) 비트를 '0'으로 (Unlock) 클리어해야 한다.

② 데이터 액세스가 발생하면 ECC 모듈은 NFMECC0/1 레지스터에 ECC parity 코드를 발생시킨다.

③ 메인 영역에 대한 페이지 읽기 또는 쓰기가 완료되면 MainECCLock 비트를 1로 셋시켜 ECC 발생기를 잠근다. ECC Parity 코드가 Lock 되고 ECC 상태 레지스터 값은 변하지 않게 된다.

④ Spare 영역에 대한 ECC parity code를 발생하기 위해서는 SpareECCLock (NFCONT[6]) 비트를 클리어(Unlock) 시킨다.

⑤ Spare 영역에 대한 읽기 및 쓰기시 Spare area ECC module은 NFSECC 레지스터에 ECC parity code를 발생시킨다.(Unlock 상태)

⑥ Spare 영역에 대한 액세스가 끝나면 SpareECCLock 비트를 셋(Lock) 시킨다. ECC Parity 코드는 Lock 되고 ECC 상태 레지스터 값은 변하지 않는다.

⑦ 여기까지 완료되면 Spare 영역에 이 값을 기록하거나 에러 비트를 검사하는데 이용할 수 있다.

15.2 NAND 플래시 컨트롤러의 제어

▶ NAND 플래시 설정 레지스터(NAND Flash Configuration Register, NFCONF)

일부 제어신호의 타이밍을 설정하고 하드웨어적으로 설정된 NAND 플래시 설정상태를 표시하는 레지스터이다.

레지스터	어드레스	R/W	설 명	초기값
NFCONF	0x4E000000	R/W	NAND 플래시 설정 레지스터	0x0000100X

NFCONF	비트	설 명	초기값
Reserved	[15:14]	Reserved	
TACLS	[13:12]	CLE & ALE 지속시간 설정 값 (0~3) Duration = HCLK x TACLS	01

Reserved	[11]	Reserved	0
TWRPH0	[10:8]	TWRPH0 지속시간 setting value (0~7) Duration = HCLK x (TWRPH0 + 1)	000
Reserved	[7]	Reserved	0
TWRPH1	[6:4]	TWRPH1 지속시간 설정 값 (0~7) Duration = HCLK x (TWRPH1 + 1)	000
AdvFlash (읽기 전용)	[3]	0: 256 또는 512 byte/page NAND 플래시 1: 1024 또는 2048 byte/page NAND 플래시	H/W Set (NCON0)
PageSize (읽기 전용)	[2]	Adv Flash = 0일 때, 0: 256 Word/page, 1: 512 Bytes/page Adv Flash = 1일 때, 0: 1024 Word/page, 1: 2048 Bytes/page.	H/W Set (GPG13)
AddrCycle (읽기 전용)	[1]	Adv Flash = 0일 때, 0: 3 address cycle 1: 4 address cycle Adv Flash = 1일 때, 0: 4 address cycle 1: 5 address cycle	H/W Set (GPG14)
버스폭 (R/W)	[0]	0: 8-bit bus 1: 16-bit bus This	H/W Set (GPG15)

AdvFlash, PageSize, AddrCycle, 버스폭 설정에 대한 방법은 이미 4.3.1에서 다루었다. NAND 플래시 설정방법을 참조하기 바란다.

▶ NAND 플래시 제어 레지스터(NAND Flash Control Register)

레지스터	어드레스	R/W	설 명	초기값
NFCONT	0x4E000004	R/W	NAND 플래시 제어 레지스터	0x0384

NFCONT	비트	설 명	초기값
Reserved	[14:15]	Reserved	0
Lock-tight	[13]	Lock-tight 설정 0: Disable 1: Enable 이 비트를 1로 셋하면 소프트웨어에 의해서는 Clear하지 못한다. 다만 리셋이나 SLEEP 모드에서의 Wake-Up에 의해서만 Clear 될 수 있다. 1로 셋되면 NFSBLK(0x4E000038)에서 NFEBLK(0x4E00003C)-1 사이 영역만 unlocked 영역이고 그 외 영역은 Erase 및 쓰기가 유효하지 않게 된다. 오로지 읽기 명령만 유효하다. 이 영역에 대해 Erase 및 쓰기 접근을 하게 되면 illegal access가 발생할 것이다. (NFSTAT[3] 비트는 셋 된다). NFSBLK와 NFEBLK 값이 같으면 모든 영역이 Lock 영역으로 된다.	0

Soft Lock	[12]	Soft Lock 설정 0: Disable 1: Enable Soft Lock 영역은 소프트웨어에 의해 아무 때나 재설정이 가능하다. 특정영역에 대해 Lock 설정을 한 후 이 영역에 대한 액세스(쓰기/erase)를 하는 경우 illegal 액세스로 인식된다.(NFSTAT[3] 비트가 셋 된다) 이 비트를 1로 셋하면 NFSBLK(0x4E000038)에서 NFEBLK(0x4E00003C)-1 사이 영역만 unlocked 영역이고 그 외 영역은 Erase 및 쓰기가 유효하지 않게 된다. 오로지 읽기 명령만 유효하다. 이 영역에 대해 Erase 및 쓰기 접근을 하게 되면 illegal access가 발생할 것이다. (NFSTAT[3] 비트는 셋 된다). NFSBLK와 NFEBLK 값이 같으면 모든 영역이 Lock 영역으로 된다.	1
Reserved	[11]	Reserved	0
Enb_IllegalAccINT	[10]	illegal access 인터럽트 설정 0: Disable 1: Enable	0
Enb_RnBINT	[9]	RnB status input signal transition 인터럽트 설정 0: Disable 1: Enable	0
RnB_TransMode	[8]	RnB transition detection configuration 0: rising edge 검출 1: falling edge 검출	0
Reserved	[7]	Reserved	0
SpareECCLock	[6]	Spare 영역 ECC 발생 잠금 0: spare 영역 ECC 발생 1: spare 영역 ECC 발생 잠금	1
MainECCLock	[5]	Main 데이터 영역 ECC 발생 잠금 0: main 데이터 영역 ECC 발생 1: main 데이터 영역 ECC 발생 잠금	1
InitECC	[4]	ECC decoder/encoder 초기화(쓰기 전용) 1: ECC decoder/encoder 초기화	0
Reserved	[2:3]	Reserved	00
Reg_nCE	[1]	NAND 플래시 nFCE 신호 제어 0: nFCE 신호를 low로 만듦 1: nFCE 신호를 high로 만듦	1
MODE	[0]	NAND 플래시 컨트롤러 동작 모드 0: NAND flash controller disable 1: NAND flash controller enable	0

▶ NAND 플래시 명령 레지스터(NAND Flash Command Register, NFCMMD)

레지스터	어드레스	R/W	설 명	초기값
NFCMMD	0x4E000008	R/W	NAND 플래시 명령셋 레지스터	0x00

NFCMMD	비트	설 명	초기값
Reserved	[15:8]	Reserved	0x00
NFCMMD	[7:0]	NAND 플래시 메모리 명령 값	0x00

▶ NAND 플래시 어드레스 레지스터(NANF Flash Address Register, NFADDR)

레지스터	어드레스	R/W	설 명	초기값
NFADDR	0x4E00000C	R/W	NAND 플래시 어드레스셋 레지스터	0x0000XX00

NFADDR	비트	설 명	초기값
Reserved	[15:8]	Reserved	0x00
NFADDR	[7:0]	NAND 플래시 메모리 어드레스 값	0x00

▶ NAND 플래시 데이터 레지스터(NANF Flash Data Register, NFDATA)

레지스터	어드레스	R/W	설 명	초기값
NFDATA	0x4E000010	R/W	NAND 플래시 데이터 레지스터	0xXXXX

NFDATA	비트	설 명	초기값
NFDATA	[31:0]	NAND 플래시 읽기/쓰기 데이터 값	0xXXXX

▶ 메인 데이터 영역 ECC 레지스터(Main Data Area Register)

레지스터	어드레스	R/W	설 명	초기값
NFMECCD0	0x4E000014	R/W	메인 데이터 읽기를 위한 ECC 첫번째 두번째 레지스터	0x00000000
NFMECCD1	0x4E000018	R/W	메인 데이터 읽기를 위한 ECC 세번째 네번째 레지스터	0x00000000

NFMECCD0	비트	설 명	초기값
ECCData1_1	[31:24]	I/O[15:8] 에 대한 두번째 ECC	0x00
ECCData1_0	[23:16]	I/O[7:0] 에 대한 두번째 ECC	0x00
ECCData0_1	[15:8]	I/O[15:8] 에 대한 첫번째 ECC	0x00
ECCData0_0	[7:0]	I/O[7:0] 에 대한 첫번째 ECC	0x00

NFMECCD1	비트	설 명	초기값
ECCData3_1	[31:24]	I/O[15:8]에 대한 네번째 ECC	0x00
ECCData3_0	[23:16]	I/O[7:0]에 대한 네번째 ECC	0x00
ECCData2_1	[15:8]	I/O[15:8]에 대한 세번째 ECC	0x00
ECCData2_0	[7:0]	I/O[7:0]에 대한 세번째 ECC	0x00

▶ 스페어 영역 ECC 레지스터(NAND Flash Spare Area Register, NFSECCD)

레지스터	어드레스	R/W	설 명	초기값
NFSECCD	0x4E00001C	R/W	스페어 영역 데이터 읽기를 위한 NAND 플래시 ECC 레지스터	0x00000000

NFSECCD	비트	설 명	초기값
ECCData1_1	[31:24]	I/O[15:8]에 대한 두번째 ECC	0x00
ECCData1_0	[23:16]	I/O[7:0]에 대한 두번째 ECC	0x00
ECCData0_1	[15:8]	I/O[15:8]에 대한 첫번째 ECC	0x00
ECCData0_0	[7:0]	I/O[7:0]에 대한 첫번째 ECC	0x00

▶NAND 플래시 상태 레지스터(NAND Flash Status Register, NFSTAT)

레지스터	어드레스	R/W	설 명	초기값
NFSTAT	0x4E000020	R/W	NAND 플래시 동작 상태 레지스터	0xXX00

NFSTAT	비트	설 명	초기값
Reserved	[7]	Reserved	X
Reserved	[4:6]	Reserved	0
illegalAccess	[3]	0: illegal access 미발생 1: illegal access 발생	0
RnB_TransDetect	[2]	0: RnB transition 미발생 1: RnB transition 발생	0
nCE(읽기 전용)	[1]	nCE 출력 핀의 상태	1
RnB(읽기 전용)	[0]	RnB 입력 핀의 상태 0: NAND Flash memory busy 1: NAND Flash memory ready to operate	1

▶ ECC 0/1 상태 레지스터(ECC 0/1 Status Register)

레지스터	어드레스	R/W	설 명	초기값
NFESTAT0	0x4E000024	R/W	I/O [7:0]에 대한 NAND 플래시 ECC 상태 레지스터	0x00000000
NFESTAT1	0x4E000028	R/W	I/O [15:8]에 대한 NAND 플래시 ECC 상태 레지스터	0x00000000

NFESTAT0	비트	설 명	초기값
SErrorDataNo	[24:21]	스페어 영역에서 에러가 난 데이터	00
SErrorBitNo	[20:18]	스페어 영역에서 에러가 난 비트	000
MErrorDataNo	[17:7]	메인 데이터 영역에서 에러가 난 데이터	0x00
MErrorBitNo	[6:4]	메인 데이터 영역에서 에러가 난 비트	000
SpareError	[3:2]	스페어 영역에서 비트 fail이 발생했는지 가리킴 00: No Error 01: 1-bit error(correctable) 10: Multiple error 11: ECC area error	00
MainError	[1:0]	메인 데이터 영역에서 비트 fail이 발생했는지 가리킴 00: No Error 01: 1-bit error(correctable) 10: Multiple error 11: ECC area error	00

NFESTAT1	비트	설 명	초기값
SErrorDataNo	[24:21]	스페어 영역에서 에러가 난 데이터	00
SErrorBitNo	[20:18]	스페어 영역에서 에러가 난 비트	000
MErrorDataNo	[17:7]	메인 데이터 영역에서 에러가 난 데이터	0x00
MErrorBitNo	[6:4]	메인 데이터 영역에서 에러가 난 비트	000
SpareError	[3:2]	스페어 영역에서 비트 fail이 발생했는지 가리킴 00: No Error 01: 1-bit error(correctable) 10: Multiple error 11: ECC area error	00
MainError	[1:0]	메인 데이터 영역에서 비트 fail이 발생했는지 가리킴 00: No Error 01: 1-bit error(correctable) 10: Multiple error 11: ECC area error	00

▶ 메인 데이터 영역 ECC0 상태 레지스터 (NAND Flash Main Data Area ECC0 Status Register)

레지스터	어드레스	R/W	설 명	초기값
NFMECC0	0x4E00002C	R	data[7:0]에 대한 NAND 플래시 ECC 레지스터	0xXXXXXX
NFMECC1	0x4E000030	R	data[15:8]에 대한 NAND 플래시 ECC 레지스터	0xXXXXXX

NFMECC0	비트	설 명	초기값
MECC0_3	[31:24]	data[7:0]에 대한 ECC3	0xXX
MECC0_2	[23:16]	data[7:0]에 대한 ECC2	0xXX
MECC0_1	[15:8]	data[7:0]에 대한 ECC1	0xXX
MECC0_0	[7:0]	data[7:0]에 대한 ECC0	0xXX

NFMECC1	비트	설 명	초기값
MECC1_3	[31:24]	data[15:8]에 대한 ECC3	0xXX
MECC1_2	[23:16]	data[15:8]에 대한 ECC2	0xXX
MECC1_1	[15:8]	data[15:8]에 대한 ECC1	0xXX
MECC1_0	[7:0]	data[15:8]에 대한 ECC0	0xXX

▶ 스페어 영역 ECC 상태 레지스터(NAND Flash Spare Area ECC Status Register)

레지스터	어드레스	R/W	설 명	초기값
NFSECC	0x4E000034	R	I/O [15:0]에 대한 NAND 플래시 ECC 레지스터	0xXXXXXX

NFSECC	비트	설 명	초기값
SECC1_1	[31:24]	I/O[15:8]에 대한 스페어 영역 ECC1 상태	0xXX
SECC1_0	[23:16]	I/O[15:8]에 대한 스페어 영역 ECC0 상태	0xXX
SECC0_1	[15:8]	I/O[7:0]에 대한 스페어 영역 ECC1 상태	0xXX
SECC0_0	[7:0]	I/O[7:0]에 대한 스페어 영역 ECC0 상태	0xXX

▶ 블록 어드레스 레지스터(NAND Flash Block Address Register)

레지스터	어드레스	R/W	설 명	초기값
NFSBLK	0x4E000038	R/W	NAND 플래시 프로그래머블 시작 블록 어드레스 레지스터	0x000000
NFEBLK	0x4E00003C	R/W	NAND 플래시 프로그래머블 끝 블록 어드레스 레지스터	0x000000

NFSBLK	비트	설 명	초기값
SBLK_ADDR2	[23:16]	블록 소거 동작에서 세번째 블록 어드레스	0x00
SBLK_ADDR1	[15:8]	블록 소거 동작에서 두번째 블록 어드레스	0x00
SBLK_ADDR0	[7:0]	블록 소거 동작에서 첫번째 블록 어드레스 (비트[7:5]만 유효함)	0x00

NFEBLK	비트	설 명	초기값
EBLK_ADDR2	[23:16]	블록 소거 동작에서 세번째 블록 어드레스	0x00
EBLK_ADDR1	[15:8]	블록 소거 동작에서 두번째 블록 어드레스	0x00
EBLK_ADDR0	[7:0]	블록 소거 동작에서 첫번째 블록 어드레스 (비트[7:5]만 유효함)	0x00

15.3 NAND 플래시 기능 연습

15.3에서는 지금까지의 NAND 플래시 설명을 기반으로 MSTK2440보드를 이용해 NAND 플래시 읽고 쓰기 실험을 하도록 하겠다. MSTK2440에는 K9F1208, 64MB 용량을 가지는 NAND 플래시가 실장되어 있다.

15.3.1 디바이스 ID 읽기, 블록 지우기, 페이지 읽고 쓰기

15.3.1에서는 NAND 플래시 사용에 필요한 디바이스 ID 읽기, 블록 Erase, 페이지 읽기 쓰기 실험을 해보도록 하겠다. 또한 내부 ECC 발생기가 어떻게 사용되는지를 검토해 보고 소스 코드를 통해서 이론적으로 검토하였던 내용을 비교해 봄으로써 실질적인 NAND 플래시 사용법을 익히도록 하자.

▶ 실험 내용

Nandflash.bin을 다운로드 한 후 0번 Nandflash Id 출력 테스트, 1번 Nandflash Block Erase 테스트, 2번 Nandflash Page Read 테스트, 3번 Nandflash Page Write 테스트 실험을 해보도록 하겠다.

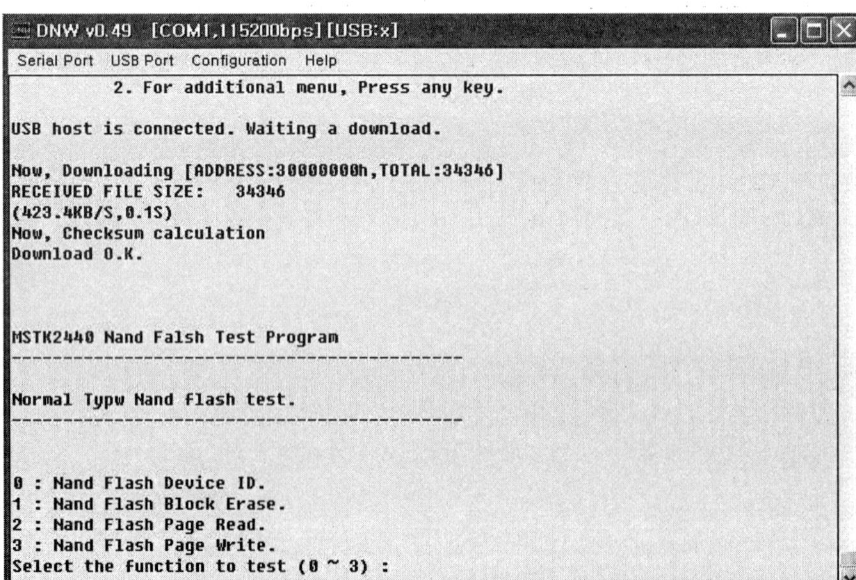

[그림 15.2] NAND 플래시 테스트 프로그램

▶ 프로그램

ADS를 실행하여 Chapter15 폴더의 Nandflash 폴더 안에 Nandflash.mcp 프로젝트 파일을 오픈한다. 프로그램을 컴파일하고 DNW를 이용해 바이너리 파일을 다운로드 시켜 실행해 본다. main_app.c 리스트를 보자.

```
/*-----------------------------------------------------------------
  Project : MSTK2440 Nand Flash Test Program, Nandflash.mcp
  Description : K9F1208을 이용한 낸드 플래시 테스트 프로그램
-----------------------------------------------------------------*/
#include <stdlib.h>
#include <string.h>
#include "def.h"
#include "option.h"
#include "2440addr.h"
#include "2440lib.h"
#include "nand.h"
#include "mmu.h"

//----------- Constant Definition -----------------------
#define UART0   0                              // UART0

//----------- Function Declaration ----------------------
void Isr_Init(void);                           // 인터럽트 초기화

//----------- Global Variables --------------------------
unsigned cnt ;

//----------- Main Function -----------------------------
void Main(void)
{
    unsigned char i, ch ;

    #if ADS10
    __rt_lib_init() ; //for ADS 1.0
    #endif

    Port_Init() ;
    ChangeUPllValue(60, 4, 2) ;                // 48MHz for USB
    for(i=0; i<7; i++) ;
    ChangeClockDivider(13, 12) ;
    ChangeMPllValue(97, 1, 2);                 // 296Mhz
    Isr_Init() ;
```

```
Uart_Init(UART0, 115200) ;
Uart_Select(UART0) ;                    // UART0 selected for debugging
MMU_Init() ;
Delay(0) ;                              // Calibrate Delay()

Uart_Printf("\n\n") ;
Uart_Printf("MSTK2440 Nand Falsh Test Program\n") ;

Uart_Printf("-----------------------------------------------\r\n");

Init_Nand() ;

while(1)
{
Uart_Printf("\n0 : Nand Flash Device ID.\n") ;
Uart_Printf("1 : Nand Flash Block Erase.\n") ;
Uart_Printf("2 : Nand Flash Page Read.\n") ;
Uart_Printf("3 : Nand Flash Page Write.\n") ;

Uart_Printf("Select the function to test (0 ~ 3) : ") ;
ch = Uart_Getch() ;
if((ch>=0x30)&(ch<=0x33))
{
    Uart_Printf("%d\n", ch-'0') ;
    Uart_Printf("-----------------------------------------------\r\n") ;
}
else Uart_Printf("\n") ;
switch(ch){
    case '0':
        Nandflash_Print_Id() ;
        break ;
    case '1':
        Nandflash_Block_Erase() ;
        break ;
    case '2':
        Nandflash_Page_Read() ;
        break ;
    case '3':
        Nandflash_Page_Write() ;
        break ;
    default:
        break ;
  }
}
```

```
}

void Isr_Init(void)
{
    rINTMOD=0x0 ;                          // All=IRQ mode
    rINTMSK=BIT_ALLMSK ;                   // All interrupt is masked.
}
```

NAND 플래시 테스트를 위한 메인 함수이다. Init_Nand() 함수를 통해서 GPIO를 초기화하고 사용자 키 입력을 감시하여 해당 함수를 실행하도록 되어있다.
모두 4가지 방법을 테스트 할 수 있으며 그 구성으로는 제조사 ID 및 디바이스 ID 확인, NAND 플래시 블록 지우기, 페이지 단위 읽기, 페이지 단위 쓰기이다.

Void Init_Nand(void)

```
void Init_Nand(void)
{
    rGPACON = (rGPACON &~(0x3f<<17)) | (0x3f<<17) ;
    // GPA      22        21        20       19      18      17
    //          nFCE      nRSTOUT   nFRE     nFWE    ALE     CLE

    Uart_Printf("Normal Typw Nand flash test.\n") ;
    Uart_Printf("------------------------------------------------\r\n") ;

    Nandflash_Init() ;
}
```

GPACON[22:17]을 111111b로 설정하였다. GPA17, GPA18, GPA19, GPA20, GPA21, GPA22 단자를 각각 nFCE, nRSTOUT, nFRE, nFWE, ALE, CLE 기능핀으로 사용하겠다는 설정이다.

Static void Nandflash_Init(void)

```
static void Nandflash_Init(void)
{
    rNFCONF = (TACLS<<12)|(TWRPH0<<8)|(TWRPH1<<4)|(0<<0) ;

    rNFCONT = (0<<13)|(0<<12)|(0<<10)|(0<<9)|(0<<8)|
              (1<<6)|(1<<5)|(1<<4)|(1<<1)|(1<<0) ;
}
```

NAND 플래시 Configuration 레지스터(NFCONF)와 NAND 플래시 제어 레지스터(NFCONT) 초기화 부분이다. NFCONF 레지스터에서는 TACLS, TWRPH0, TWRPH1 값을 설정함으로써 COMMAMD/ADDRESS Access 및 DATA Access 타이밍을 조절하게 된다.

Void Nandflash_Print_Id(void)

```
void Nandflash_Print_Id(void)
{
    U16 id ;
    U8 maker, device ;

    id = NF8_CheckId() ;
    device = (U8)id ;
    maker = (U8)(id>>8) ;

    Uart_Printf("Maker:%x, Device:%x\n", maker, device) ;
}

static U16 NF8_CheckId(void)
{
    int I ;
    U16 id, id4th ;

    NF_nFCE_L() ;
    NF_CMD(0x90) ;
    NF_ADDR(0x0) ;
    for (i=0; i<10; i++) ;
    Uart_Printf("NFSTAT: 0x%x\n", rNFSTAT) ;
    id=NF_RDDATA8()<<8 ;          // Maker code 0xec
    id|=NF_RDDATA8() ;            // Devide code(K9S1208V:0x76), (K9K2G16U0M:0xca)

    NF_nFCE_H() ;
    return id ;
}
```

NAND 플래시의 제조사 및 디바이스 ID를 읽어내는 루틴이다. NF8_CheckId() 함수를 통해서 확인할 수 있으며 어떠한 과정으로 읽어내는지 확인해 보도록 하자. NF_nFCE_L() 함수를 통해 nFCE 단자가 Low로 떨어지면서 Chip select enable이 된다. NF_CMD(0x90) 함수를 통해 NFCMMD라는 Command 레지스터에 0x90을 쓴다. NF_ADDR(0x0) 함수를 통해 NFADDR 레지스터에 0을 써넣는다.

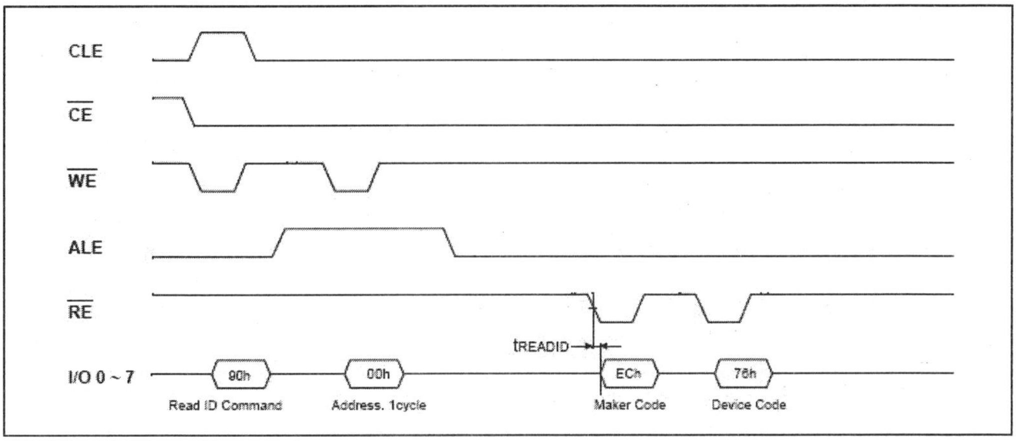

[그림 15.3] Read ID Operation

NF_RDDATA8() 함수를 통해 NFDATA 레지스터 값을 읽는다. 처음 읽은 한 바이트 값은 제조사 ID이며 두번째 읽은 값은 디바이스 ID이다. NF_nFCE_H() 함수를 통해서 nFCE 단자를 High로 만들어 Chip select disable하고 id 값을 리턴한다. [그림 15.3]에서 보듯이 'READ ID OPERATION'과 동일하게 프로그램 되어 있다는 것을 확인할 수 있다.

Function	1st. Cycle	2nd. Cycle	Acceptable Command during Busy
Read 1	00h/01h(1)	-	
Read 2	50h	-	
Read ID	90h	-	
Reset	FFh	-	O
Page Program	80h	10h	
Block Erase	60h	D0h	
Read Status	70h	-	O

[그림 15.4] K9F1208 NAND 플래시 COMMAND SET

I/O #	Status	Definition
I/O 0	Program / Erase	"0" : Successful Program / Erase "1" : Error in Program / Erase
I/O 1	Reserved for Future Use	"0"
I/O 2		"0"
I/O 3		"0"
I/O 4		"0"
I/O 5		"0"
I/O 6	Device Operation	"0" : Busy "1" : Ready
I/O 7	Write Protect	"0" : Protected "1" : Not Protected

[그림 15.5] Read Status

U8 Read_Status(void)

```
U8 Read_Status(void)
{
     U8 ch ;
     int I ;

     NF_nFCE_L() ;

     NF_CMD(0x70) ;
     for(i=0 ; i<10 ; i++) ;
     ch = NF_RDDATA() ;

     NF_nFCE_H() ;

     return ch ;
}
```

NAND 플래시의 STATUS를 읽기 위한 코드이다. 여기서 NF_CMD(0x70) 함수를 보면 NFCMMD 레지스터에 0x70을 써넣는다. [그림 15.4] K9F1208 NAND 플래시 COMMAND SET에서도 보이듯 STATUS를 읽을 때는 0x70을 써주도록 되어있다. 0x70 write 후 NF_RDDATA() 함수를 통해 NFDATA 레지스터 값을 읽으면 NAND 플래시의 상태를 알 수 있다.

Void Nandflash_Block_Erase(void)

```
void Nandflash_Block_Erase(void)
{
     U32 block=0 ;

     Uart_Printf("SMC(K9F1208) NAND Block erase\n") ;

     if((Read_Status()&0x80)==0) {
          Uart_Printf("Write protected.\n") ;
          return ;
     }

     Uart_Printf("Block # to erase: ") ;
     block = Uart_GetIntNum() ;

     if(NF8_EraseBlock(block)==FAIL) return ;

     Uart_Printf("%d-block erased.\n", block) ;
}
```

K9F1208 NAND 플래시는 4,096개의 블록으로 구성되어 있다. 한 블록은 32페이지로 구성되어 있으며 페이지는 528(512+16)바이트의 크기를 가진다. 따라서 우리가 사용하고자 하는 K9F1208 NAND 플래시의 전체 용량은 528(512+16)* 32* 4,096 = 528Mbits(64MB+2,048KB)가 된다.
블록 Erase를 하기 전에 Read_Status() 함수를 통해서 NAND 플래시가 쓰기보호 상태인지 아닌지를 검사한 후 해당 블록 Erase 함수를 호출한다.

Static int EraseBlock(U32 block)

```
static int EraseBlock(U32 block)
{
    U32 blockPage=(block<<5);
    int i;
    NFConDone=0;
    rNFCONT|=(1<<9);
    rNFCONT|=(1<<10);
    pISR_NFCON= (unsigned)NFCon_Int;
    rSRCPND=BIT_NFCON;
    rINTMSK=~(BIT_NFCON);

    NF_nFCE_L();

    NF_CMD(0x60);                // Erase one block 1st command, Block Addr:A9-A25
    // Address 3-cycle
    NF_ADDR(blockPage&0xff);     // Page number=0
    NF_ADDR((blockPage>>8)&0xff);
    NF_ADDR((blockPage>>16)&0xff);

    NF_CLEAR_RB();
    NF_CMD(0xd0);                // Erase one blcok 2nd command

    while(NFConDone==0);
    rNFCONT&=~(1<<9);
    rNFCONT&=~(1<<10);           // Disable Illegal Access Interrupt
    if(rNFSTAT&0x8) return FAIL;

    NF_CMD(0x70);                // Read status command

    if (NF_RDDATA()&0x1)    // Erase error
    {
        NF_nFCE_H();
        Uart_Printf("[ERASE_ERROR:block#=%d]\n",block);
```

```
            return FAIL;
        }
        else
        {
            NF_nFCE_H();
            return OK;
        }
}
```

블록 Erase를 하는 함수이다. blockPage=(block<<5) 부분에서 Block 입력 값이 왼쪽으로 5비트만큼 쉬프트 되었다. 이는 한 Block이 32개 페이지로 구성되어 있기 때문이다.

rNFCONT|=(1<<9)와 rNFCONT|=(1<<10) 설정은 RnB 입력 상태에 대한 인터럽트 사용에 대한 설정과 잘못된 액세스를 하는 경우 인터럽트가 발생하도록 설정하는 부분으로 여기서 모두 Enable 한다.

NF_CMD(0x60) 함수를 사용하여 NAND 플래시에 Command를 보내는 부분으로 0x60은 Erase에 대한 Command이다. 그 다음으로 NFADDR 레지스터에 어드레스를 write 해줌으로써 우리가 Erase하고자 하는 블록의 어드레스를 전송하게 된다.

NF_CLEAR_RB()함수는 NFSTAT[2]비트에 1을 써넣는 함수이다. NFSTAT[2]는 RnB 단자에서 Transition이 발생하였는지를 나타내는 비트로 RnB가 low에서 high로 바뀌면 셋 되고, 인터럽트 설정이 되어 있다면 인터럽트도 발생한다. 이 비트를 클리어 하기 위해서는 1로 셋하면 된다.

NF_CMD(0xd0)함수 실행으로 2번째 Erase Command를 보낸 후 Erase를 위한 Operation이 끝나면, RnB 단자는 low에서 high로 transition 되고 이때 인터럽트가 발생하여 인터럽트 서비스 루틴에 의해 NFConDone 변수가 1로 된다. 정상적인 write가 되었다는 의미이다. 여기서 Lock 영역에 대해서 Erase를 할 경우에는 illegal access에 대한 인터럽트가 발생하게 된다.

이제 인터럽트를 다시 Disable하고 illegal 액세스가 발생하였는지 NFSTAT[3] 비트를 확인한 후 NAND 플래시 상태를 알아보기 위해 NF_CMD(0x70) 함수 실행한다. (NF_RDDATA()&0x1) 문을 통해서 I/O 0에서 Error가 발생하였는지를 최종적으로 점검하고([그림 15.5] READ STATUS 참조) 정상이면 nFCE 단자를 High로 만들고 OK(1로 define)를 리턴하고 루틴을 빠져나온다.

void __irq NFCon_Int(void)

```
void __irq NFCon_Int(void)
{
    NFConDone=1;
    rINTMSK|=BIT_NFCON;
    ClearPending(BIT_NFCON);
    if(rNFSTAT&0x8) Uart_Printf("Illegal Access is detected!!!\n");
}
```

RnB 인터럽트나 illegal 인터럽트 발생시 실행되는 인터럽트 서비스 루틴이다.

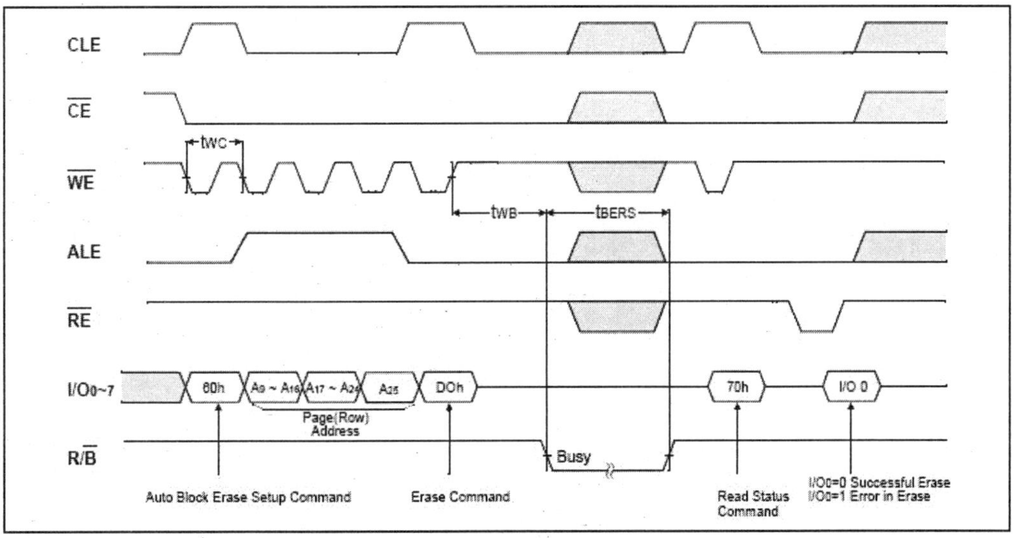

[그림 15.6] Block Erase Operation

[그림 15.6]과 [그림 15.7]을 보자. 앞서 설명한 블록 Erase Operation과 비교하였을 때 어떠한가? 이와 같은 Flow대로 프로그램 작업을 해주면 된다.

여기까지 우리는 디바이스 ID 읽기 및 블록 Erase 방법에 대해 검토해 보았다. Nandflash_Page_Read() 함수는 해당 블록에 대한 페이지를 읽을 수 있는 함수이고, Nandflash_Page_Write() 함수는 해당 블록에 대한 페이지 write를 하는 함수이다. 사용자가 원하는 블록을 선택하고 그 내부의 32개의 페이지 중 쓰거나 읽고자 하는 페이지를 선택해서 읽고 쓰기를 할 수 있다.

다음에 보이는 ReadPage()는 Nandflash_Page_Read() 내에 있으며, NAND 플래시 페이지 528바이트를 읽는 함수이다. [그림 15.7] Flow Chart와 함께 보길 바라며 소스의 내용이 많은 관계로 중요한 부분에 대해서만 설명하기로 한다.

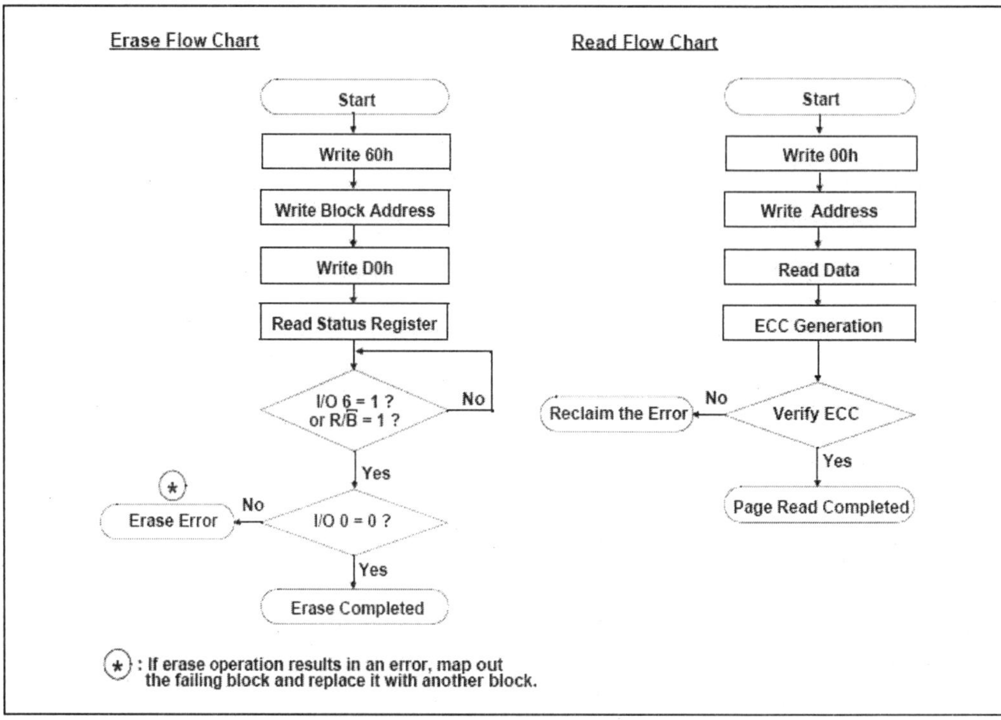

[그림 15.7] Erase & Read Flow Chart

Static int ReadPage(U32 block, U32 page, U8 *buffer)

```
static int ReadPage(U32 block, U32 page, U8 *buffer)
{
    ..........
    blockPage=(block<<5)+page ;
    NF_RSTECC() ;                          // Initialize ECC
    NF_MECC_UnLock() ;

    NF_nFCE_L() ;

    NF_CLEAR_RB() ;
    NF_CMD(0x00) ;                         // Read command
    NF_ADDR(0) ;                           // Column = 0
    NF_ADDR(blockPage&0xff) ;              //
    NF_ADDR((blockPage>>8)&0xff) ;         // Block & Page num.
    NF_ADDR((blockPage>>16)&0xff) ;        //
    NF_DETECT_RB() ;

    /* NFDATA --> BUF로 NAND 플래시 데이터 DMA 전송 */
```

```
        NF_MECC_Lock() ;

        NF_SECC_UnLock() ;
        Mecc=NF_RDDATA() ;
        rNFMECCD0=((Mecc&0xff00)<<8)|(Mecc&0xff) ;
        rNFMECCD1=((Mecc&0xff000000)>>8)|((Mecc&0xff0000)>>16) ;

        NF_SECC_Lock() ;
        ..........

        NF_nFCE_H() ;
        if ((rNFESTAT0&0xf) == 0x0){
              Uart_Printf("ECC OK!\n") ;
            return OK ;
        }
        else {
            Uart_Printf("ECC FAIL!\n") ;
              return FAIL ;
        }
}
```

NAND 플래시 읽기 동작을 하는 루틴이다. blockPage=(block<<5)+page에서 블록 주소를 왼쪽으로 5비트 쉬프트하고 페이지 주소를 더하여 액세스하고자 하는 NAND 플래시 페이지 주소를 지정한다. NF_RSTECC() 함수를 통해서 ECC(Error Corection Code) decoder/encoder를 초기화한다. NF_MECC_UnLock 함수로 메인 데이터 영역의 ECC 발생을 가동한다. nFCE 단자를 Low로 하여 칩 셀렉트를 Enable 한다. NF_CLEAR_RB() 함수를 통해 NFSTAT[2] 비트를 클리어 한다.

NF_CMD(0x00)는 Read 동작을 위한 Command이다. NFCMMD 레지스터에 0x0을 써넣는다. 다음으로 어드레스를 출력하게 된다. Column 어드레스 출력 후 블록 & 페이지 어드레스를 출력한다.

NF_DETECT_RB() 함수는 NFSTAT[2] 비트가 1이 될 때까지 함수를 빠져나오지 않게 한다. NAND 플래시 '커맨드/어드레스 쓰기' 동작이 끝날 때까지 기다리는 루틴으로 동작이 완료되면 RnB 비트가 low에서 high로 바뀌게 되며, NFSTAT[2] 비트는 1로 셋 되고 함수를 빠져나오게 된다. 이후 DMA를 이용하여 NAND 플래시 페이지 데이터를 읽어온 후 MECC를 잠근다. SECC(spare 영역 ECC)를 동작시킨 후 NF_RDDATA() 함수 값을 NFMECCD0, NFMECCD1 레지스터에 저장하고 SECC를 잠근다. nFCE를 high로 하여 칩 셀렉트 신호를 Disable하고 NFESTAT0 레지스터를 검사하여 error가 발생하였는지를 확인한다. NFESTAT0[3:2]는 Spare 영역에 대한 fail을 알리는 비트로 11b는 ECC 영역 에러를 나타낸다. NFESTAT0[1:0]은 메인 영역에 대한 에러 여부를 나타내는 비트로 01b는 1비트 에러를 뜻하고 11b는 ECC 영역 에러를 뜻한다.

Static int Write Page(U32 block, U32 page, U8 *buffer)

```
static int WritePage(U32 block, U32 page, U8 *buffer)
{
      ..........

      NFConDone=0 ;
      rNFCONT|=(1<<9) ;
      rNFCONT|=(1<<10) ;
      pISR_NFCON= (unsigned)NFCon_Int ;
      rSRCPND=BIT_NFCON ;
      rINTMSK=~(BIT_NFCON) ;

      NF_RSTECC() ;                          // Initialize ECC
      NF_MECC_UnLock() ;
      blockPage=(block<<5)+page ;

      NF_nFCE_L() ;
      NF_CMD(0x0) ;
      NF_CMD(0x80) ;                         // Write 1st command
      NF_ADDR(0) ;                           // Column 0
      NF_ADDR(blockPage&0xff) ;              //
      NF_ADDR((blockPage>>8)&0xff) ;         // Block & page num
      NF_ADDR((blockPage>>16)&0xff) ;        //

      .............

      NF_MECC_Lock() ;

      Mecc = rNFMECC0 ;
      se8Buf[0]=(U8)(Mecc&0xff) ;
      se8Buf[1]=(U8)((Mecc>>8) & 0xff) ;
      se8Buf[2]=(U8)((Mecc>>16) & 0xff) ;
      se8Buf[3]=(U8)((Mecc>>24) & 0xff) ;
      se8Buf[5]=0xff ;                       // Marking good block

      NF_SECC_UnLock();
      //Write extra data(ECC, bad marking)
      for(i=0;i<4;i++) {
            NF_WRDATA8(se8Buf[i]) ;          // Write spare array(Main ECC)
            NF8_Spare_Data[i]=se8Buf[i] ;
```

```
    }
    NF_SECC_Lock() ;
    Secc=rNFSECC ;
    se8Buf[8]=(U8)(Secc&0xff) ;
    se8Buf[9]=(U8)((Secc>>8) & 0xff) ;
    for(i=4;i<16;i++) {
        NF_WRDATA8(se8Buf[i]) ;          // Write spare array(Spare ECC and Mark)
        NF8_Spare_Data[i]=se8Buf[i] ;
    }

    NF_CLEAR_RB() ;

    NF_CMD(0x10) ;                        // Write 2nd command
    while(NFConDone==0) ;
    rNFCONT&=~(1<<9) ;
    rNFCONT&=~(1<<10) ;                   // Disable Illegal Access Interrupt
    if(rNFSTAT&0x8) return FAIL;

    NF_CMD(0x70) ;                        // Read status command

    for(i=0;i<3;i++) ;                    // twhr=60ns

      if (NF_RDDATA()&0x1) {              // Page write error
          NF_nFCE_H() ;
        Uart_Printf("[PROGRAM_ERROR:block#=%d]\n", block) ;
        NF8_MarkBadBlock(block) ;
        return FAIL ;
      } else {
          NF_nFCE_H() ;
          return OK ;
    }
}
```

NAND 플래시 페이지 라이트 함수 내용을 간략하게 보여주고 있다. 소스 코드의 내용은 ReadPage() 함수와 크게 다르지 않으므로 [그림 15.9]와 함께 검토해 보기 바란다. [그림 15.9]는 프로그램시(페이지 write)의 Flow Chart를 보여주고 있다.

여기서는 ECC(Error Corection Code)에 대해서 언급하고자 한다. ARM 프로세서 내에 NAND 플래시 컨트롤러에는 ECC 발생기가 내장되어 있다. ECC 발생기는 데이터 Read나 Write시 정상적인 액세스가 이루어지는지를 검사하는 기능이다.

위 코드를 보면서 설명하도록 하겠다. NF_MECC_UnLock() 함수는 메인 영역에 대한 ECC 발생을 시작하겠다는 의미이다. 여기서 메인 영역이라 함은 NAND 플래시 페이지 영역 중 512바이트를 말하는 것이다. 그후 DMA를 이용하여 데이터 전송 후에는 NF_MECC_Lock() 함수를 실행해 ECC 발생을 잠근다. 발생된 ECC 코드는 NFMECC0 레지스터에서 읽을 수 있으며, 여기서는 그 값은 Spare 영역(한 페이지 영역 중 16바이트)에 써넣기 위하여 버퍼에 저장한다.

Spare 영역에 대한 ECC를 발생하기 위해 NF_SECC_UnLock() 함수를 통해 SECC를 가동한다. 그 후 메인 영역에 대한 ECC 값을 전송한다. NF_SECC_Lock() 함수를 통해 SECC를 잠그고 Spare 영역 전송에서 발생한 SECC 값을 NFSECC 레지스터를 읽어 전송하는 것으로 총 528(512+16) 바이트의 한 페이지 영역 전송을 마치게 된다. 그후 NF_CMD(0x10) 함수를 통해 두번째 Commamd를 보내고 RnB가 low에서 high로 Transition이 발생할 때까지 기다린다. NAND 플래시의 상태를 알아보기 위해 NF_CMD(0x70) 함수를 실행하고 'NF_RDDATA()&0x1' 문을 통해서 I/O 0에서 Error가 발생하였는지를 최종적으로 점검하고 그 결과 값을 리턴하게 된다. 또한 페이지 write 프로그램 진행중에도 해당 블록이 Lock되어 있는지에 대한 검사를 한다. Lock 영역에는 Erase 및 Program이 안되기 때문이다. 따라서 illegal 액세스가 발생되면 인터럽트가 발생하도록 프로그램 코딩이 되어 있다.

[그림 15.8]과 [그림 15.9]를 보면 프로그램 진행순서를 이해할 수 있을 것이다.

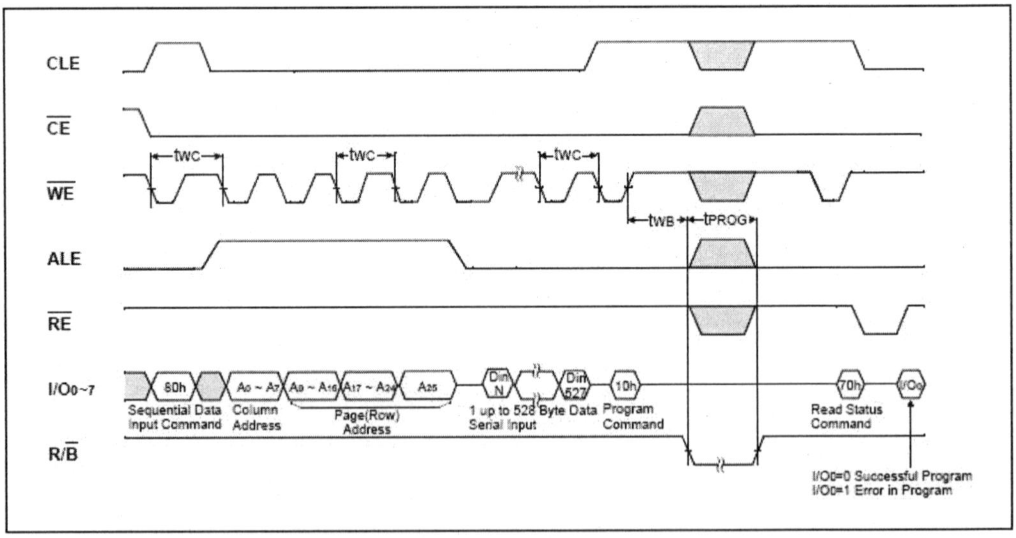

[그림 15.8] Page Program Operation

ECC 설정에 대한 프로그래밍 순서는 다음과 같다.

① ECC module은 데이터 READ/WRITE시 모두에서 ECC parity code를 발생시킨다. 따라서 InitECC(NFCONT[4]) 비트를 셋 시켜 ECC 값을 초기화해야 한다. 그리고 Read/Write 동작 전에 MainECCLock(NFCONT[5]) 비트를 '0'으로 (Unlock)

클리어 해야 한다.

② 데이터 액세스가 발생하면 ECC 모듈은 NFMECC0/1 레지스터에 ECC parity 드를 발생시킨다.

③ 메인 영역에 대한 페이지 읽기 또는 쓰기가 완료되면 MainECCLock 비트를 1로 셋시켜 ECC 발생기를 잠근다. ECC Parity 코드가 Lock 되고 ECC 상태 레지스터 값은 변하지 않는다.

④ Spare 영역에 대한 ECC parity code를 발생하기 위해서는 SpareECCLock (NFCONT[6]) 비트를 클리어(Unlock) 시킨다.

⑤ Spare 영역에 대한 읽기 및 쓰기시 spare area ECC module은 NFSECC 레지스터에 ECC parity code를 발생시킨다.(Unlock 상태)

⑥ Spare 영역에 대한 액세스가 끝나면 SpareECCLock 비트를 셋(Lock) 시킨다. ECC Parity 코드는 Lock 되고 ECC 상태 레지스터 값은 변하지 않는다.

⑦ 여기까지 완료되면 Spare 영역에 이 값을 기록하거나 에러 비트를 검사하는데 이용할 수 있다.

※ 주의 : NFSECCD는 Spare 영역에 있는 ECC 값이고(main 영역에 대한 ECC 값을 Spare 영역에 기록하여 두며 그 값은 NFMECC0/1 값과 같다) 그것은 메인 영역에서 발생된 것이다.

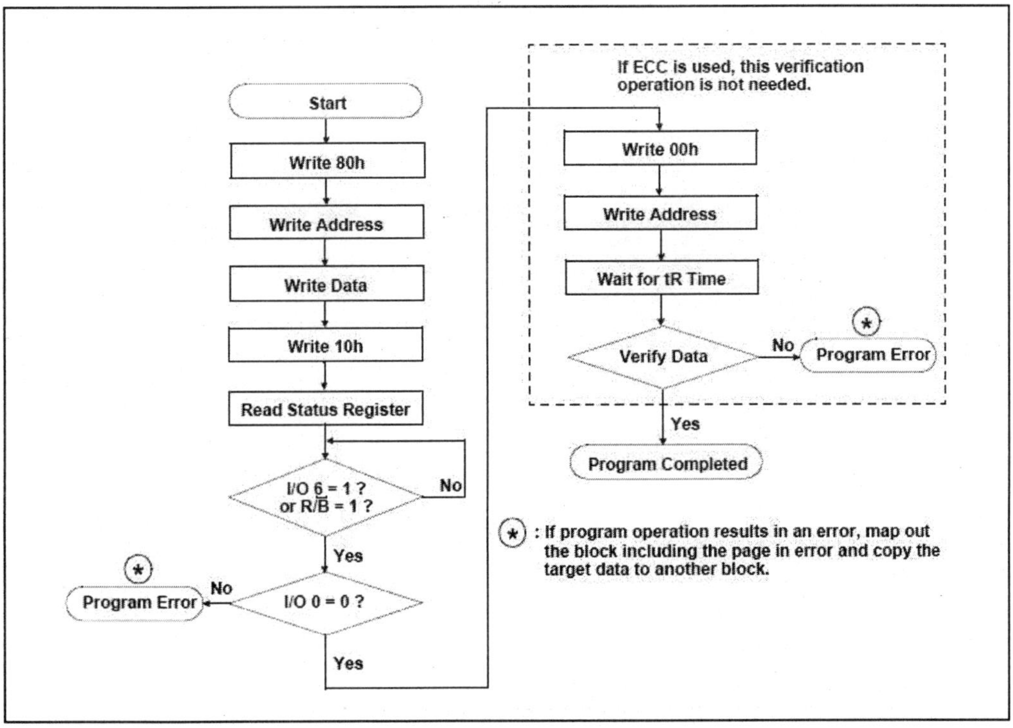

[그림 15.9] Program Flow Chart

지금부터 NAND 플래시 디바이스 ID 읽기, 블록 별 Erase, 페이지 단위 읽기 및 쓰기 테스트를 해보겠다. MSTK2440 전원을 켜고 Chapter15 폴더 아래 Nandflash 폴더 안의 Nandflash.bin 파일을 다운로드한다.

디바이스 ID 읽기

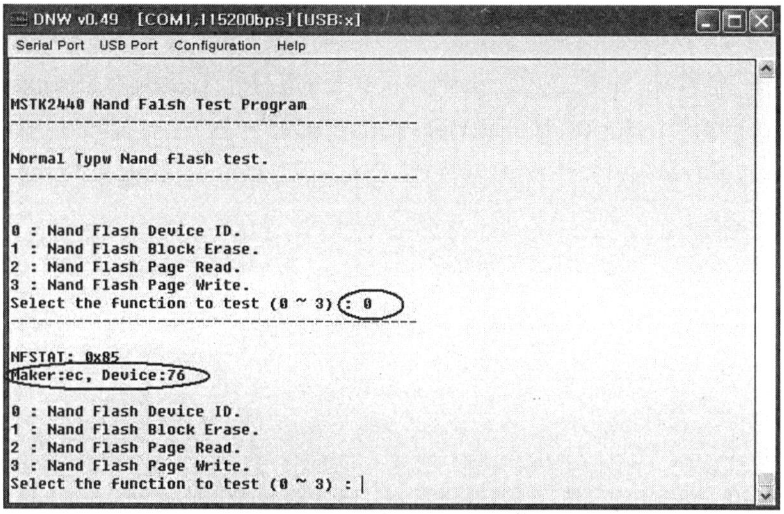

[그림 15.10] Device ID Read Operation

0번 키를 누르면 제조사 ID 및 디바이스 ID가 표시되는 것을 확인할 수 있다.

Erase Operation

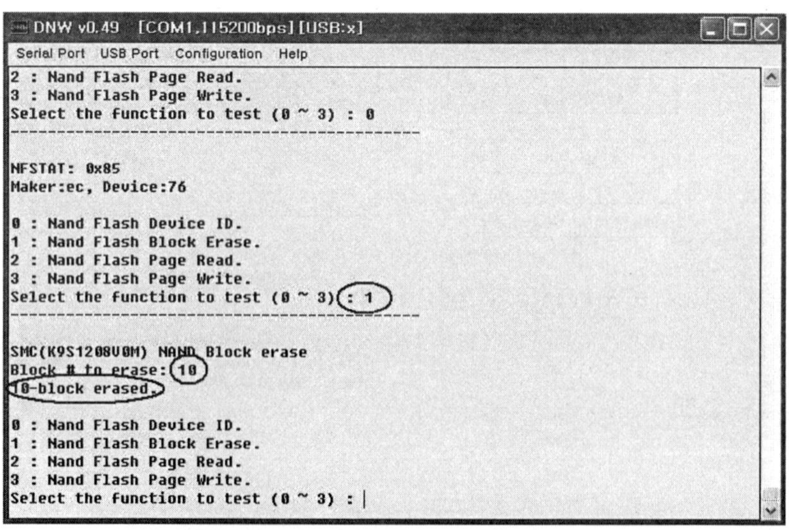

[그림 15.11] Block Erase Operation

[그림 15.11]은 10번 블록을 Erase하는 과정을 보여주고 있다. Erase가 완료되면 다음의 페이지 읽기 동작을 실행해 보자.

PAGE READ

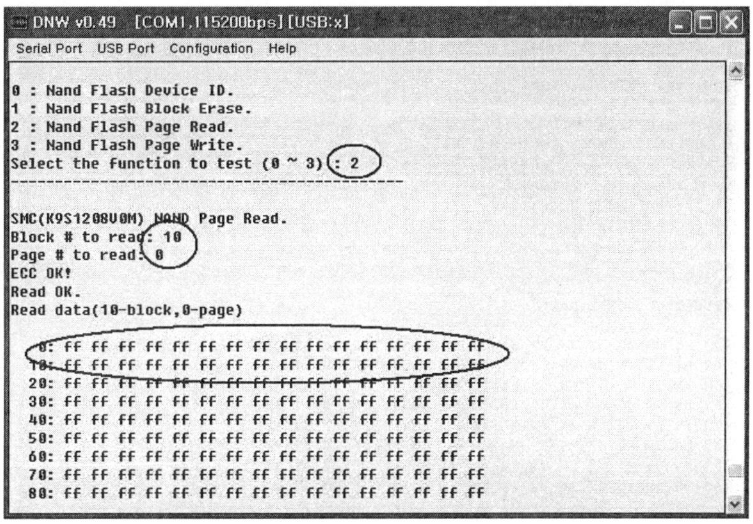

[그림 15.12] Page Read Operation

10번 블록의 페이지 0의 데이터를 읽어 온 화면이다. 모두 0xFF(Erase)로 되어 있음을 알 수 있다.

PAGE 라이트

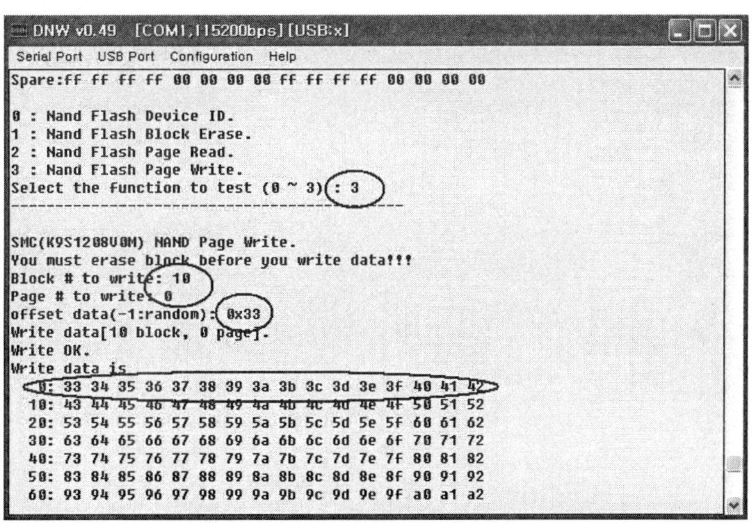

[그림 15.13] Page Write Operation

[그림 15.13]은 10번 블록 0번 페이지에 0x33부터 써넣겠다는 설정이다. 한 페이지의 메인 영역인 512바이트 영역에 순차적으로 데이터(0x33)가 증가하면서 write된다.

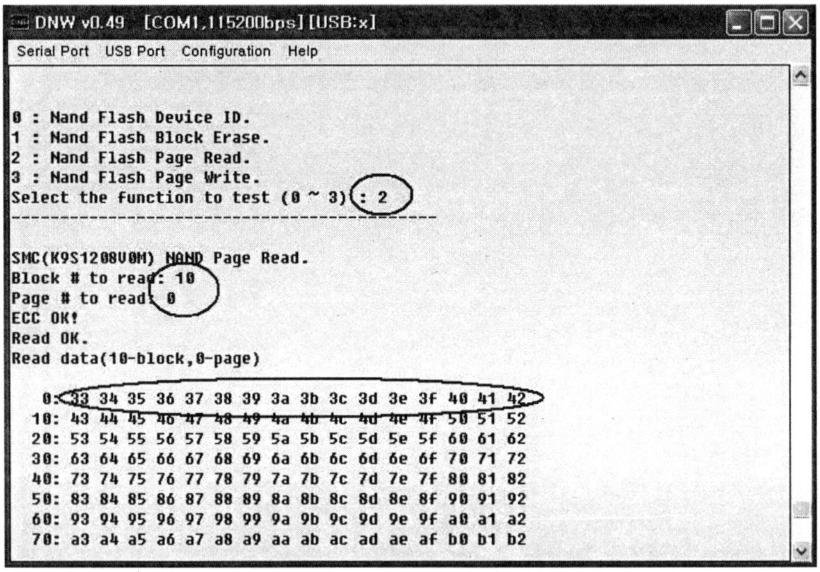

[그림 5.14] Page 읽기 및 확인

10번 블록의 페이지 0을 읽어보자. [그림 5.14]를 보면 이전에 라이트 한 내용과 동일함을 알 수 있을 것이다. 정상적으로 write 된 것이다.

제16장

MMC/SD/SDIO Controller

16. MMC/SD/SDIO Controller

MP3 플레이어나 디지털카메라 한 대쯤은 다들 가지고 있을 것이다. 핸드폰을 가지고 MP3 음악을 듣거나 사진을 찍고, 심지어 동영상까지 저장한다. 메모리 가격이 하락하고 고용량화되면서 점차 기존의 데이터 기록장치를 메모리가 대체하면서 이러한 것들이 가능해지고 있는 것이다. 여러분들이 사용하는 휴대용 디지털 장치의 메모리는 대부분 NAND 플래시 메모리이다. 이를 회사별 인터페이스를 갖춰서 생산된 것이 CF(Compact Flash), SMC (Smart Media Card), MMC(Multi Media Card) 같은 것들이다.

16장에서 알아 볼 내용은 SD(Secure Digital) 카드 인터페이스에 대한 내용이다. SD카드는 MMC카드에 보안기능을 더한 것으로 크게 차이는 없다. 다른 메모리 카드들에 대해서는 각자가 여러 자료를 참조하도록 하고 16장에서는 SD카드를 설명하도록 하겠다.

16.1 SD/SDIO 컨트롤러의 구조

SD카드는 실제로도 많이 사용하고 쉽게 구할 수 있기 때문에 전문가가 아니더라도 대충은 다 알고 있을 것이다. 그런데 SDIO란 용어는 조금 생소할 것이다. SDIO라는 것은 SD카드 인터페이스를 확장하여 외부 장치와의 인터페이스를 SD카드를 사용하는 것처럼 하는 I/O 인터페이스이다.

예를 들면 노트북에는 외부 확장카드를 위해 PCMCIA 슬롯이 있다. 마찬가지로 SDIO 인터페이스를 구현하면 SDIO 슬롯에 외부 확장카드를 장착할 수 있는 것이다. SDIO는 소형 휴대용 장치에 외부장치(GPS나 블루투스 모듈 등)를 연결할 때 편리하게 사용할 수 있다. 물론 SD카드도 SDIO 인터페이스를 통해 사용할 수 있다.

SD 메모리카드 스펙(Ver1.0) / MMC 스펙(2.11) 호환
SDIO 카드 스펙(Ver1.0) 호환
16워드(64바이트) 송/수신 FIFO
40비트 명령 레지스터
136비트 응답 레지스터
8비트 프리스케일러 로직(Freq = System Clock/(P+1))
Normal 또는 DMA 데이터 전송 모드
DMA Burst4 액세스 지원(워드 전송만 가능)
1비트/4비트 모드, 블록/스트림 모드 스위칭 지원

S3C2440A에서는 SD표준에 호환되는 MMC/SD/SDIO를 제어할 수 있는 기능이 내장되어 있다. 1비트 모드 또는 4비트 모드 전송이 가능하고 DMA를 이용하여 데이터를 액세스 할 수도 있다. SD카드나 SDIO에 대한 보다 상세한 자료는 SD 연합 홈페이지에서 얻을 수 있다.(www.sdcard.org)

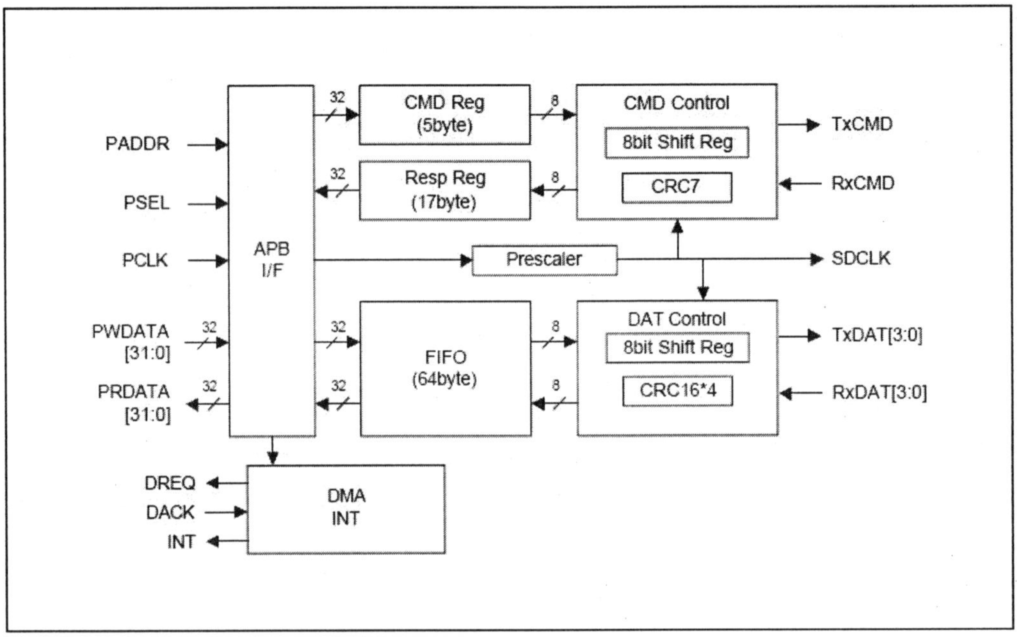

[그림 16.1] SD 컨트롤러의 구성

[그림 16.1]은 SD 컨트롤러의 구성을 보여주고 있다. 앞에서 언급했던 명령 레지스터, 응답 레지스터, 송/수신 FIFO와 제어 로직들로 구성되어 있다. SD카드 액세스에 사용되는 신호선은 데이터[3:0], 클럭, 명령 신호선이다. 6개의 신호선과 카드 삽입 상태와 쓰기 보호 상태를 검출하는 GPIO입력선이 함께 사용되어진다.

16.2 SD/SDIO 컨트롤러의 동작

▶ SD동작(SD Operation)

SD 카드 액세스 동작은 시리얼 클럭 라인인 SDCLK의 주파수에 동기시켜 커맨드와 데이터 라인을 제어한다. SDCLK 주파수는 SDI(Secure Digita Interface) 보레이트 프리스케일러 값을 설정하여 결정할 수 있다.

프로그래밍 과정

SDI 모듈을 프로그램하는 기본 절차는 다음과 같다.

① SDI 제어 레지스터(SDICON)를 이용해 클럭과 인터럽트 사용여부를 설정한다.

② 외부 SD카드의 스펙에 맞게 SDI 프리스케일러 레지스터 값을 설정하여 전송 보레이트를 결정한다.

③ SD카드 초기화를 위해 74SDCLK 클럭 동안 기다린다.

명령 패스(Path) 프로그래밍

① 명령인수(Command Argument)를 SDI 명령인자 레지스터(SDICmdArg)에 써넣는다.

② 명령타입을 결정하고 SDI 명령 제어 레지스터(SDICmdCon)의 설정대로 명령을 전송한다.

③ SDI 명령 상태 레지스터(SDICmdSta)의 플래그 비트를 참조하여 SDI 명령 패스가 끝났는지를 확인한다. 응답이 없는 명령타입인 경우 CmdSent 플래그를 확인하고 응답이 있는 명령타입인 경우 RspFin 플래그를 확인한다.

④ SDI 명령 상태 레지스터의 해당되는 플래그를 클리어 시킨다. 해당 비트에 '1'을 써넣으면 클리어 된다.

데이터 패스(Path) 프로그래밍

① SDI 데이터 타이머 레지스터(SDIDTimer)에 타임아웃 주기 값을 써넣는다.

② 써넣을 블록의 사이즈 값을 SDI 블록 사이즈 레지스터(SDIBSize)에 써넣는다.

③ 와이드(Wide) 버스 또는 DMA 같은 블록 모드를 결정하고 SDI 데이터 제어 레지스터의 설정대로 데이터 전송을 시작한다.

④ 데이터 송신 : 송신 FIFO가 사용가능 상태이면, SDI 데이터 레지스터(SDIDAT)를 통해 데이터를 써넣는다.

⑤ 데이터 수신 : FIFO에 수신된 데이터 상태를 확인하여 SDI 데이터 레지스터를 통해 데이터를 읽어 들인다.

⑥ SDI 데이터 상태 레지스터(SDIDatSta)의 DatFin 플래그를 확인하여 SDI 데이터 패스 동작이 끝났는지를 확인한다.

⑦ SDI 데이터 상태 레지스터의 해당되는 플래그를 클리어 시킨다. 해당 비트에 '1'을 써넣으면 클리어 된다.

▶ SDI 모드별 인터페이스 방법

앞에서도 언급했듯이, SD카드나 SDIO 장치들과 인터페이스 하는 방법에는 4비트 모드, 1비트 모드가 있고, 그 외에 SPI(Serial Peripheral) 통신을 이용해 인터페이스 할 수 있다.

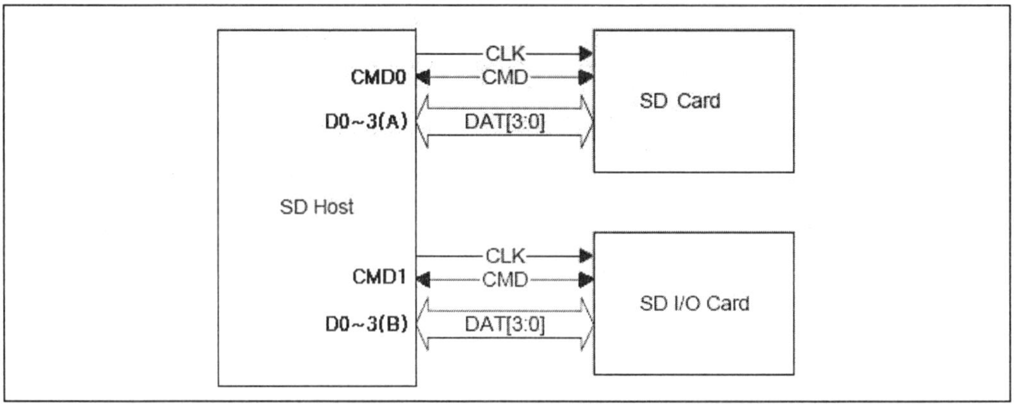

[그림 16.2] SDI 외부 연결

[그림 16.2]는 4비트 모드일 때 SD 카드와 SD I/O 장치를 연결 한 예를 보여주고 있다. S3C2440A에서는 한 개의 SD 컨트롤러가 있기 때문에 [그림 16.2]처럼 동시에 두 개를 사용할 수는 없다.

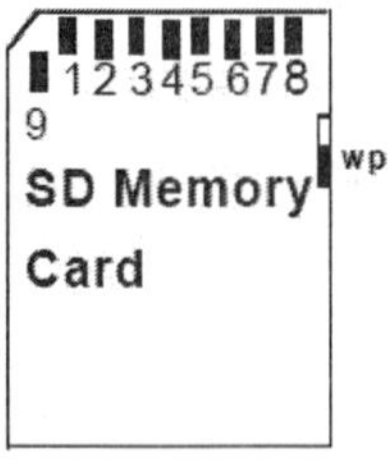

실제 SD카드는 좌측의 그림처럼 생겼다. 삼성전자나 샌디스크 등 여러 메이커에서 생산되지만 SD 표준협회의 규정에 따라 24mm ×32mm×2.1mm 사이즈에 동일한 핀번호를 갖는다. WP는 쓰기금지(Write Protect) 전환 스위치이다. 총 9개의 핀이 있는데, 이 핀들은 연결 모드에 따라 다르게 사용된다. 4비트 모드 일 때, 1비트 모드일 때, SPI연결 모드일 때 각각 다르게 사용된다. 다음의 표를 참조하기 바란다.

[표 16.1] SDI 모드별 핀 정의

핀	SD 4비트 모드		SD 1비트 모드		SPI 모드	
1	CD/D[3]	Card Detect / Data[3]	N/C	Not Used	CS	Card Select
2	CMD	Command	CMD	Command	DI	Data Input
3	VSS1	GND	VSS1	GND	VSS1	GND
4	VDD	Vsupply	VDD	Vsupply	VDD	Vsupply

5	CLK	Clock	CLK	Clock	SCLK	Clock
6	VSS2	GND	VSS2	GND	VSS2	GND
7	D[0]	Data[0]	DATA	Data Line	DO	Data Output
8	D[1]	Data[1]	IRQ	Interrupt	IRQ	Interrupt
9	D[2]	Data[2]	RW	Read Wait	N/C	Not Used

이 책에서 사용하는 MSTK2440에서는 4비트 모드로 SD 메모리카드를 연결해서 사용하고 있다.

16.3 SD/SDIO 컨트롤러의 제어

▶ SDI 제어 레지스터(SDI Control Register, SDICON)

레지스터	어드레스	R/W	설 명	초기값
SDICON	0x5A000000	R/W	SDI 제어 레지스터	0x0

SDICON	비트	설 명	초기값
Reserved	[31:9]		
SDMMC 리셋(SDreset)	[8]	SDMMC 모든 블록을 리셋 이 비트는 자동으로 클리어 된다. 0 = Normal mode 1 = SDMMC reset	0
Reserved	[7:6]		0
클럭 타입 (CTYP)	[5]	SDCLK 클럭타입 결정 0 = SD type 1 = MMC type	0
Byte Order Type	[4]	SD FIFO 액세스시 Byte Order 0 = Type A 1 = Type B	0
SDIO 인터럽트 수신 (RcvIOInt)	[3]	0 = Ignore 1 = SDIO 인터럽트 수신	0
Read Wait Enable (RWaitEn)	[2]	0 = Disable(no generate) 1 = Read wait enable(use SDIO)	0
Reserved	[1]		
클럭 출력 Enable (ENCLK)	[0]	0 = Disable (프리스케일러 Off) 1 = 클럭 Enable	0

여기서 Byte Order 타입은 워드 단위로 데이터를 액세스 할 때 각 바이트 값이 배열되는 순서를 뜻하는데 다음과 같다.

Type A : D[7:0] → D[15:8] → D[23:16] → D[31:24] (워드 액세스)
D[7:0] → D[15:8] (Half-워드 액세스)

Type B : D[31:24] → D[23:16] → D[15:8] → D[7:0] (워드 액세스)
D[15:8] → D[7:0] (Half-워드 액세스)

▶ SDI 보레이트 프리스케일러 레지스터 (SDI Baud Rate Prescaler Register, SDIPRE)

레지스터	어드레스	R/W	설 명	초기값
SDIPRE	0x5A000004	R/W	SDI 보레이트 프리스케일러 레지스터	0x01

SDIPRE	비트	설 명	초기값
프리스케일러 값	[7:0]	보레이트 = PCLK / (프리스케일러 값 + 1)	0x01

▶ SDI 명령 인자 레지스터(SDI Command Argument Register, SDICmdArg)

레지스터	어드레스	R/W	설 명	초기값
SDICmdArg	0x5A000008	R/W	SDI 명령 인자 레지스터	0x0

SDICmdArg	비트	설 명	초기값
CmdArg	[31:0]	명령 인자	0x00000000

▶ SDI 명령 제어 레지스터(SDICmdCon)

레지스터	어드레스	R/W	설 명	초기값
SDICmdCon	0x5A00000C	R/W	SDI 명령 제어 레지스터	0x0

SDICommand	비트	설 명	초기값
Reserved	[31:13]		
Abort Command (AbortCmd)	[12]	Abort Command type(for SDIO) 0 = Normal command 1 = Abort command (CMD12, CMD52)	0
Command with Data (WithData)	[11]	Command type is with data(for SDIO) 0 = Without data 1 = With data	0
LongRsp	[10]	호스트의 136비트 long response 수신여부 0 = Short response 1 = Long response	0
WaitRsp	[9]	호스트가 response를 기다리는지 여부 0 = No response 1 = Wait response	0
Command Start (CMST)	[8]	명령전송 동작 시작 (이 비트는 자동으로 클리어) 0 = Command ready 1 = Command start	0
CmdIndex	[7:0]	Command index with start 2-bit (8-bit)	0x00

참고로 SD 명령은 사용하지 않는 명령까지 포함해 CMD0~CMD63까지 64개의 명령이 있다.

▶ SDI 명령 상태 레지스터(SDI Command Status Register, SDICmdSta)

레지스터	어드레스	R/W	설 명	초기값
SDICmdSta	0x5A000010	R/(C)	SDI 명령 상태 레지스터	0x0

SDICmdSta	비트	설 명	초기값
Reserved	[31:13]		
Response CRC Fail (RspCrc)	[12] R/C	CRC fail check 0 = Not detect 1 = CRC fail	0
Command Sent (CmdSent)	[11] R/C	Command sent 0 = Not detect 1 = Command end	0
Command Time Out (CmdTout)	[10] R/C	Command response timeout(64CLK) 0 = Not detect 1 = Timeout	0
Response Receive End(RspFin)	[9] R/C	Command response received 0 = Not detect 1 = Response end	0
CMD line progress On (CmdOn)	[8]	Command transfer in progress 0 = Not detect 1 = In progress	0
RspIndex	[7:0]	Response index 6-bit with start 2-bit (8-bit)	0x00

▶ SDI 응답 레지스터0 (SDI Response Register0, SDIRSP0)

레지스터	어드레스	R/W	설 명	초기값
SDIRSP0	0x5A000014	R	SDI 응답 레지스터0	0x0

SDIRSP0	비트	설 명	초기값
Response0	[31:0]	card status[31:0](short) card status[127:96](long)	0x00000000

▶ SDI 응답 레지스터1 (SDIO Response Register1, SDIRSP1)

레지스터	어드레스	R/W	설 명	초기값
SDIRSP1	0x5A000018	R	SDI 응답 레지스터1	0x0

SDIRSP1	비트	설 명	초기값
RCRC7	[31:24]	CRC7(with end bit, short) card status[95:88](long)	0x00
Response1	[23:0]	unused(short), card status[87:64](long)	0x000000

▶ SDI 응답 레지스터2 (SDI Response Register2, SDIRSP2)

레지스터	어드레스	R/W	설 명	초기값
SDIRSP2	0x5A00001C	R	SDI 응답 레지스터2	0x0

SDIRSP1	비트	설 명	초기값
Response2	[31:0]	unused(short), card status[63:32](long)	0x00000000

▶ SDI 응답 레지스터3 (SDI Response Register3, SDIRSP3)

레지스터	어드레스	R/W	설 명	초기값
SDIRSP3	0x5A000020	R	SDI 응답 레지스터3	0x0

SDIRSP3	비트	설 명	초기값
Response3	[31:0]	unused(short), card status[31:0](long)	0x00000000

▶ SDI 데이터/Busy 타이머 레지스터(SDI Data/Busy Timer Register, SDIDTimer)

레지스터	어드레스	R/W	설 명	초기값
SDIDTimer	0x5A000024	R/W	SDI 데이터/Busy 타이머 레지스터	0x0

SDIDTimer	비트	설 명	초기값
Reserved	[31:23]		
DataTimer	[22:0]	데이터/Busy 타임아웃 주기	0x10000

▶ SDI 블록 사이즈 레지스터(SDI Block Size Register, SDIBSize)

레지스터	어드레스	R/W	설 명	초기값
SDIBSize	0x5A000028	R/W	SDI 블록 사이즈 레지스터	0x0

SDIBSize	비트	설 명	초기값
Reserved	[31:12]		
BlkSize	[11:0]	블록 사이즈 값 (0~4095 byte)	0x000

▶ SDI 데이터 제어 레지스터(SDI Data Control Register, SDIDatCon)

레지스터	어드레스	R/W	설 명	초기값
SDIDatCon	0x5A00002C	R/W	SDI 데이터 제어 레지스터	0x0

SDIDatCon	비트	설 명	초기값
Reserved	[31:25]		
Burst4 enable(Burst4)	[24]	DMA 모드에서 Burst4 Enable. 데이터 사이즈가 워드 단위일 때만 1로 설정 가능 0 = Disable 1 = Burst4 enable	0
데이터 사이즈	[23:22]	데이터 전송사이즈(with FIFO) 00 = 바이트 전송 01 = Half-워드 전송 10 = 워드 전송 11 = Reserved	0

SDIO Interrupt Period Type (PrdType)	[21]	0 = Exactly 2 cycle 1 = More cycle	0
Transmit After Response(TARSP)	[20]	0 = Directly after DatMode set 1 = After response receive (assume DatMode sets to 2'b11)	0
Receive After Command (RACMD)	[19]	0 = Directly after DatMode set 1 = After command sent (assume DatMode sets to 2'b10)	0
Busy After Command (BACMD)	[18]	0 = Directly after DatMode set 1 = After command sent (assume DatMode sets to 2'b01)	0
블록 모드 (BlkMode)	[17]	데이터 전송 모드 0 = 스트림 데이터 전송 1 = 블록 데이터 전송	0
Wide Bus enable (WideBus)	[16]	Wide Bus enable 0 = Standard bus mode(only SDIDAT[0] used) 1 = Wide bus mode(SDIDAT[3:0] used)	0
DMA Enable (EnDMA)	[15]	0 = Disable(polling) 1 = Dma enable	0
데이터 전송 시작 (DTST)	[14]	데이터 전송 시작 여부. 데이터 전송이 시작되면 이비트는 자동으로 클리어 0 = Data ready 1 = Data start	0
데이터 전송 모드 (DatMode)	[13:12]	데이터 전송 방향 00 = No operation 01 = Only busy check 10 = 데이터 수신 11 = 데이터 전송	00
블록 Number(BlkNum)	[11:0]	블록 Number (0~4095)	0x000

▶ SDI 데이터 Remain 카운터 레지스터(SDI Data Remain Counter Register, SDIDatCnt)

레지스터	초기값	R/W	설 명	초기값
SDIDatCnt	0x5A000030	R	SDI 데이터 remain 카운터 레지스터	0x0

SDIDatCnt	비트	설 명	초기값
Reserved	[31:24]		
BlkNumCnt	[23:12]	Remaining block number	0x000
BlkCnt	[11:0]	Remaining data byte of 1 block	0x000

▶ SDI 데이터 상태 레지스터(SDI Data Status Register, SDIDatSta)

레지스터	어드레스	R/W	설 명	초기값
SDIDatSta	0x5A000034	R/(C)	SDI 데이터 상태 레지스터	0x0

SDIDatSta	비트	설 명	초기값
Reserved	[31:12]		
No busy(NoBusy)	[11] R/C	0 = Not detect 1 = No busy signal	0

Read wait request occur (RWaitReq)	[10] R/C	0 = Not occur 1 = Read wait request occur	0
SDIO 인터럽트 detect (IOIntDet)	[9] R/C	0 = Not detect 1 = SDIO interrupt detect	0
Reserved	[8]		
CRC 상태 fail (CrcSta)	[7] R/C	송신된 데이터 블록 CRC 상태 오류 0 = Not detect 1 = CRC 상태 fail	0
데이터 수신 CRC fail (DatCrc)	[6] R/C	수신된 데이터 블록 CRC 오류 0 = Not detect 1 = 수신 CRC fail	0
데이터 타임아웃 (DatTout)	[5] R/C	데이터/Busy 수신 타임아웃 0 = Not detect 1 = Timeout	0
데이터 전송 종료 (DatFin)	[4] R/C	데이터 전송 종료 0 = Not detect 1 = Data finish detect	0
Busy 종료 (BusyFin)	[3] R/C	Busy check 종료 0 = Not detect 1 = Busy finish detect	0
Reserved	[2]		0
데이터 송신 progress on (TxDatOn)	[1]	데이터 송신 진행 중 0 = Not active 1 = Data Tx in progress	0
데이터 수신 progress on (RxDatOn)	[0]	데이터 수신 진행 중 0 = Not active 1 = Data Rx in progress	0

▶ SDI FIFO 상태 레지스터(SDI FIFO Status Register, SDIFSTA)

레지스터	어드레스	R/W	설 명	초기값
SDIFSTA	0x5A000038	R/(C)	SDI FIFO 상태 레지스터	0x0

SDIFSTA	비트	설 명	초기값
Reserved	[31:16]		
FIFO 리셋 (FRST)	[16] C	FIFO 리셋. 리셋 후 자동으로 클리어 0 = Normal mode 1 = FIFO reset	0
FIFO fail error(FFfail)	[15:14] R/C	FIFO에 데이터 저장시 에러 00 = Not detect 01 = FIFO fail 10 = FIFO fail in the last transfer 11 = Reserved	0
FIFO 송신 사용가능 상태 검출 (TFDET)	[13]	0 = Not detect(FIFO full) 1 = Detect (0 ≤ FIFO ≤ 63)	0
FIFO 수신 사용가능 상태 검출 (RFDET)	[12]	0 = Not detect(FIFO empty) 1 = Detect (1 ≤ FIFO ≤ 64)	0
Tx FIFO half full (TFHalf)	[11]	송신 FIFO가 33바이트 미만일 경우 셋 0 = 33 ≤ Tx FIFO ≤ 64 1 = 0 ≤ Tx FIFO ≤ 32	0
Tx FIFO empty (TFEmpty)	[10]	0 = 1 ≤ Tx FIFO ≤ 64 1 = Empty (0byte)	0

Rx FIFO last data ready (RFLast)	[9] R/C	마지막 데이터가 FIFO에 정상 수신시 셋 0 = Not received yet 1 = Rx FIFO gets Last data	0
Rx FIFO full (RFFull)	[8]	0 = 0 ≤ Rx FIFO ≤ 63 1 = Full (64byte)	0
Rx FIFO half full (RFHalf)	[7]	수신FIFO가 31바이트보다 큰 경우 셋 0 = 0 ≤ Rx FIFO ≤ 31 1 = 32 ≤ Rx FIFO ≤ 64	0
FIFO 카운트 (FFCNT)	[6:0]	FIFO에 있는 데이터 개수	0000000

▶ SDI 인터럽트 마스크 레지스터(SDI Interrupt Mask Register, SDIIntMsk)

레지스터	어드레스	R/W	설 명	초기값
SDIIntMsk	0x5A00003C	R/W	SDI 인터럽트 마스크 레지스터	0x0

SDIIntMsk	비트	설 명	초기값
Reserved	[31:19]		
No Busy 인터럽트 (NoBusyInt)	[18]	0 = Disable 1 = Interrupt enable	0
Response CRC 인터럽트 (RspCrcInt)	[17]	0 = Disable 1 = Interrupt enable	0
Command Sent 인터럽트 (CmdSentInt)	[16]	0 = Disable 1 = Interrupt enable	0
Command 타임아웃 인터럽트 (CmdToutInt)	[15]	Command Response 타임아웃 발생시 0 = Disable 1 = Interrupt enable	0
Command Response 수신 완료 인터럽트 (RspEndInt)	[14]	0 = Disable 1 = Interrupt enable	0
RWaitReq 인터럽트 (RWReqInt)	[13]	0 = Disable 1 = Interrupt enable	0
SDIO로부터 인터럽트 수신 (IntDetInt)	[12]	SD호스트가 SDIO카드로부터 인터럽트 수신할지 여부 0 = Disable 1 = Interrupt enable	0
FIFO fail 인터럽트 (FFfailInt)	[11]	0 = Disable 1 = Interrupt enable	0
CRC 상태 에러 인터럽트 (CrcStaInt)	[10]	0 = Disable 1 = Interrupt enable	0
CRC fail 수신 인터럽트 (DatCrcInt)	[9]	0 = Disable 1 = Interrupt enable	0
데이터 수신 타임아웃 인터럽트 (DatToutInt)	[8]	0 = Disable 1 = Interrupt enable	0
데이터 종료 인터럽트 (DatFinInt)	[7]	데이터 카운트가 제로인 경우 0 = Disable 1 = Interrupt enable	0

Busy 종료 인터럽트 (BusyFinInt)	[6]	Busy 체크 종료 0 = Disable	1 = Interrupt enable	0
Reserved	[5]			0
Tx FIFO Half 인터럽트 (TFHalfInt)	[4]	0 = Disable	1 = Interrupt enable	0
Tx FIFO Empty 인터럽트 (TFEmptInt)	[3]	0 = Disable	1 = Interrupt enable	0
Rx FIFO Last 데이터 인터럽트 (RFLastInt)	[2]	0 = Disable	1 = Interrupt enable	0
Rx FIFO Full 인터럽트 (RFFullInt)	[1]	0 = Disable	1 = Interrupt enable	0
Rx FIFI Half 인터럽트 (RFHalfInt)	[0]	0 = Disable	1 = Interrupt enable	0

▶ SDI 데이터 레지스터(SDI Data Register, SDIDAT)

레지스터	어드레스	R/W	설 명	초기값
SDIDAT	0x5A000040, 44, 48, 4C (L/W, L/HW, L/B, B/W) 0x5A000041(B/HW) 0x5A000043(B/B)	R/W	SDI 데이터 레지스터	0x0

SDIDAT	비트	설 명	초기값
Data Register	[31:0]	SDI 데이터 레지스터 (송・수신)	0x00000000

※ L(Little Endian), B(Big Endian), W(Word), HW(Half Word), B(Byte)

16.4 SD 컨트롤러 기능 연습

16.4에서는 지금까지의 SD 컨트롤러 레지스터 설명을 기반으로 MSTK2440보드에 SD 카드를 액세스하는 기능을 실험하도록 하겠다. 간단한 실험을 통해 SD 카드의 구조와 동작에 대한 개념 및 제어 방법을 이해하도록 하자.

MSTK2440 보드에는 SD 카드소켓이 실장되어 있다.

16.4.1 SD Card 읽고 쓰기 실험

먼저 MSTK2440보드에 SD 카드를 삽입하도록 한다. 그리고 SD 카드를 읽고 쓰기 위한 SD 초기화 과정 및 프로그래밍 절차, CMD(commamd) 프로그램 순서, 데이터 읽고 쓰기 과정 등을 구현해 보도록 하겠다.

▶ 실험 내용

SD 카드 읽고 쓰기를 하는데 있어서 세 가지 방법을 지원한다. 폴링 방식, 인터럽트 방식, 그리고 DMA 방식이다.

세 가지 방식을 이용하여 각각 읽고 쓰기 테스트를 해보도록 하자.

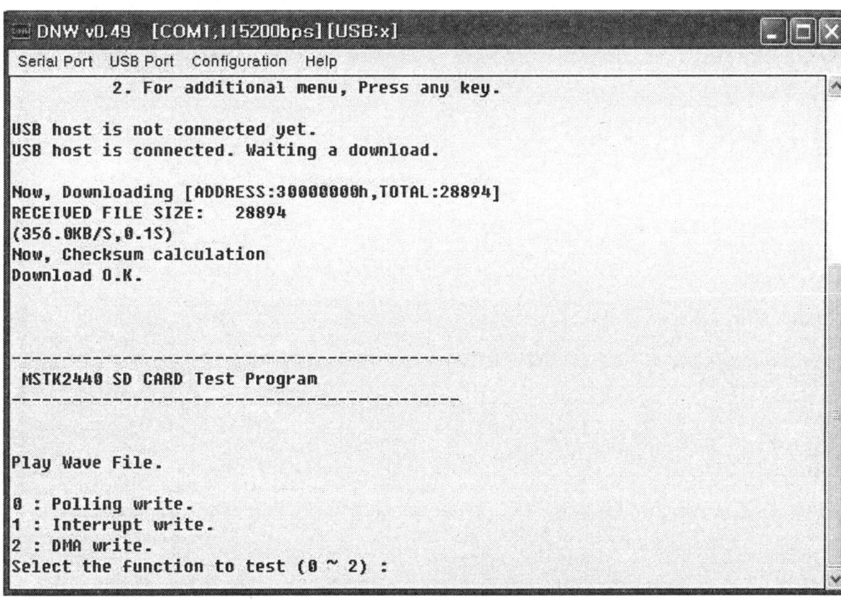

[그림 16.3] sdi_test.bin 다운로드 실행 화면

▶ 프로그램

Chapter16 폴더의 SDI_Test 폴더 안의 sdi_test.mcp 프로젝트 파일을 오픈 한다. 프로그램을 컴파일하고 DNW를 이용해 바이너리 파일을 다운로드 시켜 실행해 본다. main_app.c 리스트를 보자.

```
/*-----------------------------------------------------------
Project : MSTK2440 SD TEST Program, sdi_test.mcp
Description : SD 테스트 프로그램
-----------------------------------------------------------*/

#include <stdlib.h>
#include <string.h>
```

```
#include "def.h"
#include "option.h"
#include "2440addr.h"
#include "2440lib.h"
#include "mmu.h"

#define   UART0

//===================================================================
void Main(void)
{
    U32 i=0 ;
    U8 ch=0 ;

    #if ADS10
    __rt_lib_init() ;                           // for ADS 1.0
    #endif

    Port_Init() ;
    MMU_Init() ;

    Uart_Init(UART0, 115200) ;
    Uart_Select(UART0) ;                        // UART0 console
    Uart_TxEmpty(0) ;

    Delay(0); //calibrate Delay()

    Uart_Printf("\n\n") ;
    Uart_Printf("------------------------------------\r") ;
    Uart_Printf(" MSTK2440 SD Card Test Program\n") ;
    Uart_Printf("------------------------------------\r\n") ;

    while(1) {
        Uart_Printf("\n0 : Polling Read/Write.\n") ;
    Uart_Printf("1 : Interrupt Read/Write.\n") ;
    Uart_Printf("2 : DMA Read/Write.\n") ;

    Uart_Printf("Select the function to test (0 ~ 2) : ") ;
    ch = Uart_Getch() ;
    if((ch>=0x30)&(ch<=0x32))
    {
        Uart_Printf("%d\n", ch-'0') ;
        Uart_Printf("--------------------------------------------------\r\n") ;
    }
    else Uart_Printf("\n") ;
```

```
        Test_SDI(ch-'0') ;
        }
} // end of Main().
```

Main 함수를 보자. 프로그램을 실행하면 먼저 액세스 방식을 선택하고, 선택된 액세스 방식으로 SD 카드를 읽고 쓰기를 한다. SD Card를 액세스하기 위해서는 기본적으로 초기화 해주어야 하는 부분이 있다. 첫째, 포트를 SD 인터페이스 기능으로 초기화 한다. 둘째, SDICmdCon 레지스터를 설정하여 클럭 및 Byte Order 타입, FIFO 리셋, 인터럽트 설정, 통신을 위한 보레이트 설정 등을 한다. 셋째, Card가 정상적인 동작을 하기 위해 74SDCLK 클럭 동안 기다린다. 여기까지 설정이 끝나면 SD 카드가 MSTK2440 보드 소켓에 삽입되었는지를 CMD(commamd)를 통해 확인한 후, 데이터 읽고 쓰기를 한다.

CMD(commamd) 전송

```
void CMD0(void)
{
    //-- Make card idle state
    rSDICARG=0x0;                          // CMD0(stuff bit)
    rSDICCON=(1<<8)|0x40;                  // No_resp, start, CMD0

    //-- Check end of CMD0
    Chk_CMDend(0, 0);
    rSDICSTA=0x800;                        // Clear cmd_end(no rsp)
}
```

위 코드는 Test_SDI() 함수 내에 있는 코드 중, CMD 함수를 설명하기 위해서 샘플로 보인 것이다. SD Card Command 전송이 어떠한 절차로 이루어지는지 보자.
첫째, SDICmdArg 레지스터에 실행하고자 하는 32비트 Command를 전송한다. SD에는 64개의 Command가 존재하며 필요한 기능에 따라 적절한 명령을 선택하면 된다. 둘째, SDICmdCon 레지스터의 Command 시작 여부와 Host가 SD Card로부터 응답을 받을지 등에 대한 비트를 설정을 한다. 셋째, SDICmdSta 레지스터에 해당비트를 검사한다. SDICmdCon 레지스터의 SDICmdCon[9] 비트가 No reponse type command인지 response type command인지에 따라 SDICmdSta 레지스터의 [9]번 비트(RspFin)를 검사할지 [11]번 비트(CmdSent)를 검사할지 선택한다. 이 비트를 검사함으로써 SD 카드에 Command 전송이 정상적으로 이루어졌는지 알 수 있다. 그리고 이 비트에 1을 write함으로써 클리어할 수 있다.
이와 같은 프로그래밍 방법은 앞부분에서 설명한 '명령 패스(Path) 프로그래밍' 내용과 다음에 보이는 'Bus Protocol'을 보면 이해하는데 도움이 될 것이다.

▶ Bus Protocol

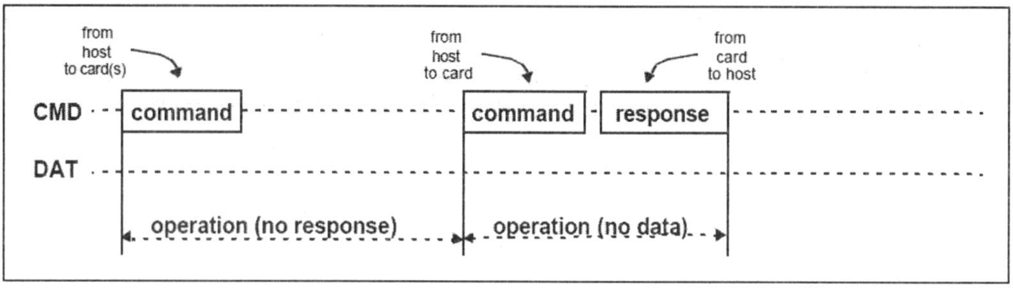

[그림 16.4] 'No response'와 'No data' Operation

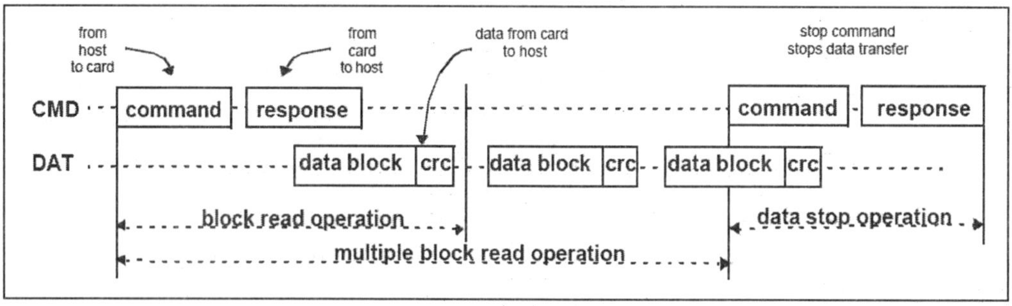

[그림 16.5] (Multiple) Block Read Operation

[그림 16.5]는 read operation인 경우의 데이터 흐름을 보여주고 있다. Read Command를 전송하고 응답을 받은 후, 데이터 블록을 읽어 들이고 Data Stop Opration(stop command & stop data)을 끝으로 동작을 마무리한다.

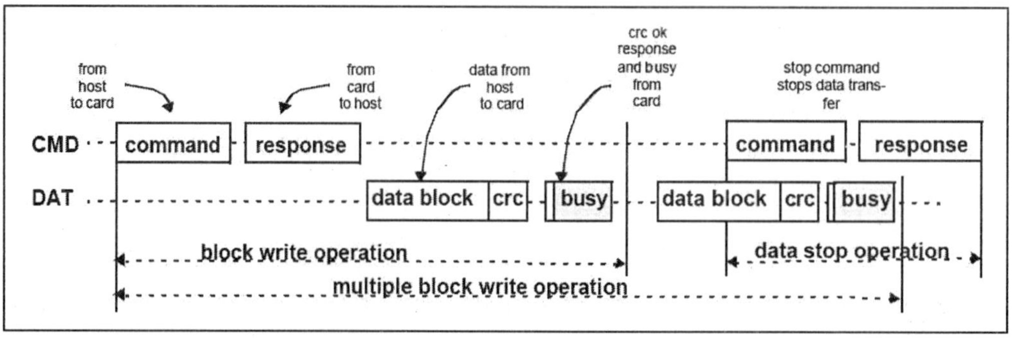

[그림 16.6] (Multiple) Block write operation

[그림 16.6]은 write operation인 경우의 데이터 흐름을 보여주고 있다. Write Command 를 전송하고 응답을 받은 후, 데이터 블록을 write하고 Data Stop Opration(stop command & stop data)을 끝으로 동작을 마무리한다.

한 가지 다른 점이 있다면 Host(프로세서)에 비해서 SD Card가 상대적으로 느리기 때문에 Busy 체크를 해야 한다는 점이다.

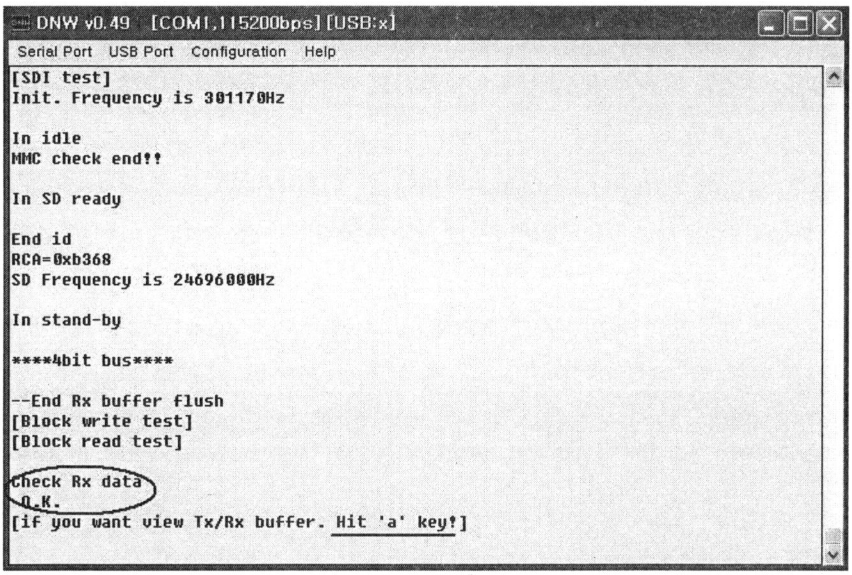

[그림 16.7] polling 방식의 Read/Write 실행 화면

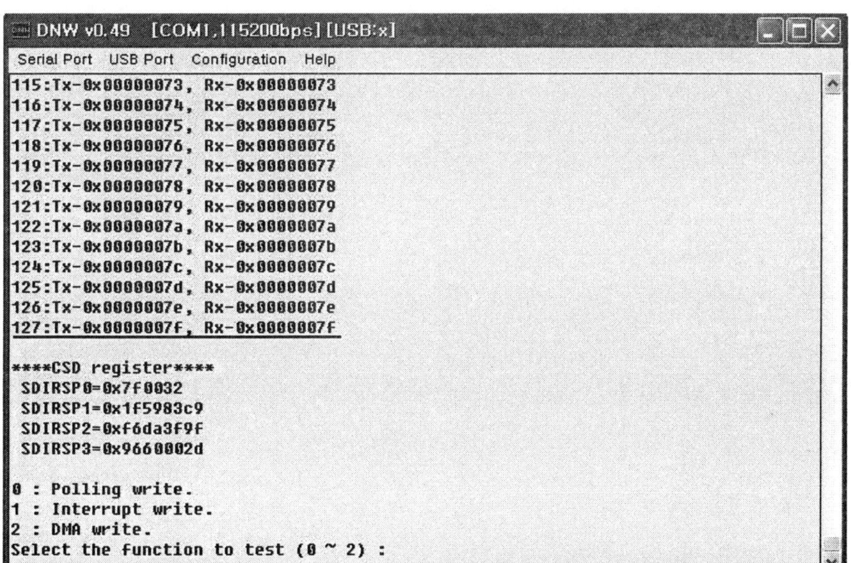

[그림 16.8] SD 카드 Read/Write 버퍼 데이터 비교

[그림 16.7]과 [그림 16.8]은 DNW를 이용해 바이너리 파일을 실행한 화면이다. SD 카드 초기화 과정이 일부 표시되고, 버퍼에 미리 초기화되어 있던 값을 Write하고 다시 읽어 들여 값이 같은지를 비교한다. 버퍼의 값과 읽어 들인 값이 같으면 화면에 'OK'라는 메시지를 표시한다.
[그림 16.8]은 Tx/Rx 128개의 버퍼 내용을 출력하는 화면이다. 동일한 값들이 써지고 읽혀지고 있음을 확인할 수 있다. 그리고 일련의 과정을 SD Card가 정상적으로 삽입되어 있는지를 확인하고 처리하기 때문에 SD카드가 없으면 오류 메시지를 출력해 준다.

SD카드를 제어하기 위한 Command 명령들은 상당히 많다. 또한 관련자료가 풍부하다는 생각도 들지 않는다. 따라서 자세한 사항들은 독자 스스로 관련자료를 찾아보면서 연구해야 할 것이다. 여기서는 SD 카드에 데이터를 읽고 쓰기 정도 테스트 하는 선에서 정리하고자 한다. 읽고 쓰기를 하는 과정에도 많은 절차가 숨어 있으므로 이 부분을 개발하고자 하는 사람은 자세히 소스 코드를 참조해 봐야 할 것이다. 또한 여기서 사용한 소스 코드들은 삼성전자에서 제공받은 것임을 밝혀둔다.

제17장

I^2C BUS Controller

17. I^2C Bus Controller

IIC(Inter Integrated Circuit)는 필립스사가 1980년대 초 무렵에 제창한 프로토콜로, 말 그대로 IC간의 정보 전달을 위해 설계된 방식이다. 2개의 신호선 SCL(Serial CLock)과 SDA(Serial Data)에 의해 디바이스 간 정보를 전달하는 시리얼 인터페이스이다. 전송속도는 SCL(클록)에 의해 정해지는데 초기에는 최대 100kbps의 속도였지만, 데이터양이 증가함에 따라 1992년에 퍼스트 모드(400kbps), 1998년에는 하이스피드 모드(3.4Mbps)로 데이터 전송 속도가 고속화되었다. IIC 대응 디바이스는 인터페이스를 내장하고 있으므로 버스 인터페이스 회로의 설계는 불필요하다. IIC 버스는 2개의 신호선 만으로 데이터 통신이 가능하고, 통신규약도 어렵지 않아 최근의 많은 IC들이 IIC버스를 지원한다.

17.1 IIC 버스의 구조

IIC 프로토콜은 구현이 비교적 간단하고 장치들을 추가, 제거하기가 용이하여 시리얼 EEPROM이나 RTC 같은 장치들의 데이터 전송방법으로 많이 사용되고 있다. 삼성전자에서 생산되는 3.5인치 LCD의 경우 IIC 버스를 이용해 LCD를 초기화하기도 한다.

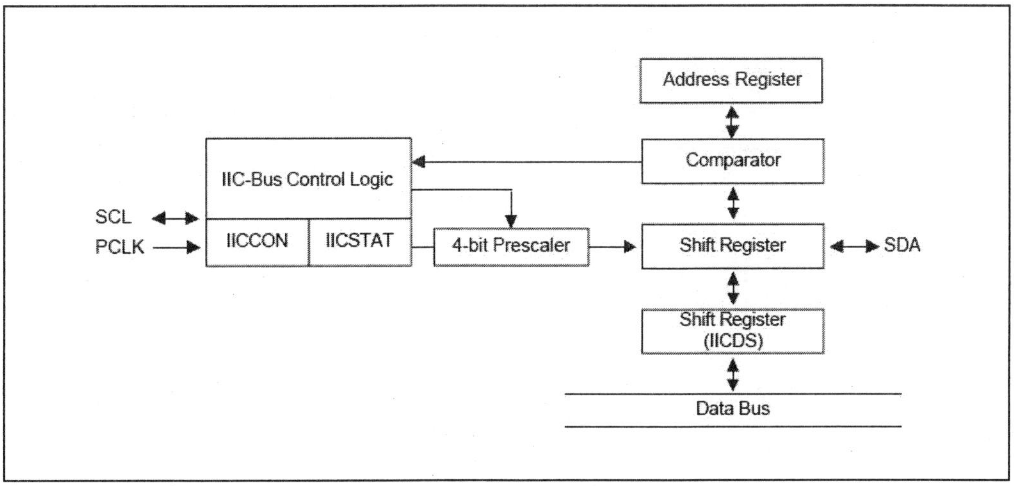

[그림 17.1] IIC 버스 컨트롤러

S3C2440A에 IIC 버스 컨트롤러가 내장되어 있지만 GPIO 포트로도 쉽게 구현할 수 있

다. [그림 17.1]은 S3C2440A의 IIC 버스 컨트롤러의 구조이다. IIC 버스의 경우 두 라인에 여러 개의 장치를 연결하여 사용하기 때문에 각 장치는 자기 고유의 어드레스를 가진다. 따라서 각 장치들은 자기 어드레스에 해당되는 명령이 수신되었을 때만 동작하게 된다.

그림에서처럼 IIC 버스 컨트롤러는 어드레스 비교기와 쉬프터 레지스터, 그리고 제어 로직으로 구성된다. 클럭과 데이터 출력단은 오픈 드레인 혹은 오픈 콜렉터 형태이기 때문에 풀업 저항을 꼭 필요로 한다.

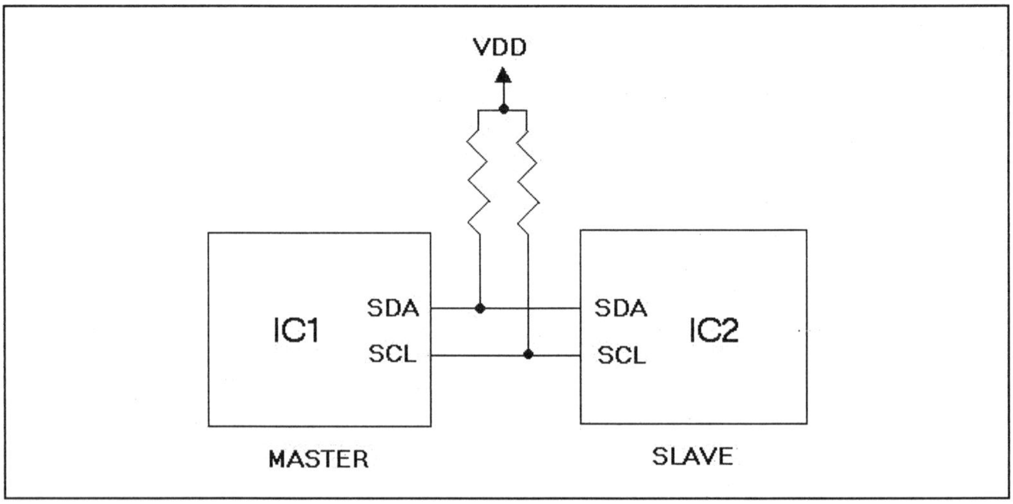

[그림 17.2] IIC 버스 연결 방법

[그림 17.2]처럼 두 IC를 연결할 때 두 선을 이어주기만 하면 된다. 버퍼도 필요 없고 단지 풀업저항만 연결한다. IC를 더 추가하고 싶으면 똑같은 방법으로 병렬로 연결하기만 하면 된다. 오픈 드레인이나 오픈 콜렉터 형태의 포트를 사용하기 때문에 연결된 장치들은 Wired-AND 형태로 접속된 것이다.

17.2 IIC 버스의 동작

IIC 버스는 SDA와 SCL을 이용하여 IC간 데이터를 주고받는다. 즉 버스 라인은 양방향이 되는 것이다. 여기서 명령을 최초 내리는 쪽이 마스터이고 자기 고유 어드레스를 가지고 있으면서 명령이 오기를 기다리는 쪽이 슬레이브 장치이다. 따라서 두 장치의 상태를 조합해보면 마스터 전송 모드, 마스터 수신 모드, 슬레이브 전송 모드, 슬레이브 수신 모드 네 가지의 동작 모드를 가질 수 있다.

마스터가 전송할 때에는 슬레이브가 수신모드가 되고, 슬레이브가 전송할 때에는 마스터가 수신모드가 되는 것이다. 평상시 마스터에서 먼저 해당 장치에 명령을 보내기 때문에 슬레이브는 수신모드이고 마스터는 전송 모드를 유지한다. IIC 통신방법은 비교적 간단하나 몇 가지 데이터 전송규칙이 있다. IIC버스 컨트롤러의 레지스터를 설정하거나 GPIO포트를 이용해 IIC 버스를 구현할 때 필요하므로 숙지하고 있는 것이 좋을 것이다. IIC 버스의 기본 특징은 다음과 같다.

- 전송속도는 모드별로 100kbps, 400kbps의 속도를 지원한다.
- 데이터의 방향에 상관없이 클록은 마스터에서 발생시킨다.
- 슬레이브 장치는 자기 고유의 어드레스를 가진다.
- 데이터는 MSB(Most Significant Bit)부터 전송된다.
- IIC 버스가 동작하고 있지 않을 때에는 풀업저항에 의해 항상 'H'를 유지한다.
- 같은 버스 상에서 멀티마스터를 지원하는데, 이 동작은 중재(Arbitration)와 클럭 동기를 필요로 한다.

이런 내용을 기본으로 하여 IIC버스를 통해 실제 데이터를 송수신하는 방법에 대해서 알아보자.

▶ 시작조건(Start Condition)과 정지조건(Stop Condition)

IIC 버스 상에 있는 마스터는 데이터의 송·수신을 시작할 때에 [그림 17.3]과 같이 '시작조건'을 발생하고, 데이터의 송·수신을 끝낼 때에는 '정지조건'을 발생시킨다. 시작조건을 발생시킨 마스터는 정지조건을 발생할 때까지 버스를 점유하게 되고, 이 때 다른 마스터는 버스를 사용할 수 없게 된다.

시작조건(Start Condition)

SCL이 'H'일 때 SDA를 'H'에서 'L'로 변화시키는 것을 시작조건이라 한다.

정지조건(Stop Condition)

SCL이 'H'일 때 SDA를 'L'에서 'H'로 변화하는 것을 정지조건이라 한다.

단지 SCL이 'H'일 때 SDA가 변화되는 것을 시작조건과 정지조건으로 인식하고 데이터의 경우는 SCL이 'L'일 때만 SDA를 변경하여야 한다.

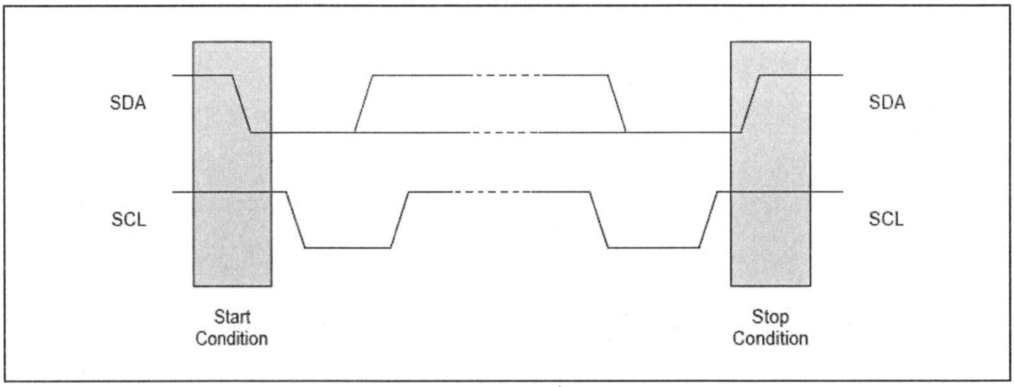

[그림 17.3] 시작조건과 정지조건

▶ 데이터의 전송

데이터의 송수신은 [그림 17.4]와 같이 시작조건으로 시작해서 시작조건 다음에 8비트씩 데이터를 송신한다. 데이터는 MSB부터 전송하고 각 바이트 다음에 ACK (Acknowledge) 신호가 첨가된 9비트 단위로 데이터를 송신한다. 한 번 전송하는 데이터의 수는 제한이 없고 디바이스 동작에 따라 다를 수 있다. 데이터 전송이 끝나면 정지조건을 발생시켜 마스터의 버스 점유가 끝났음을 알린다.

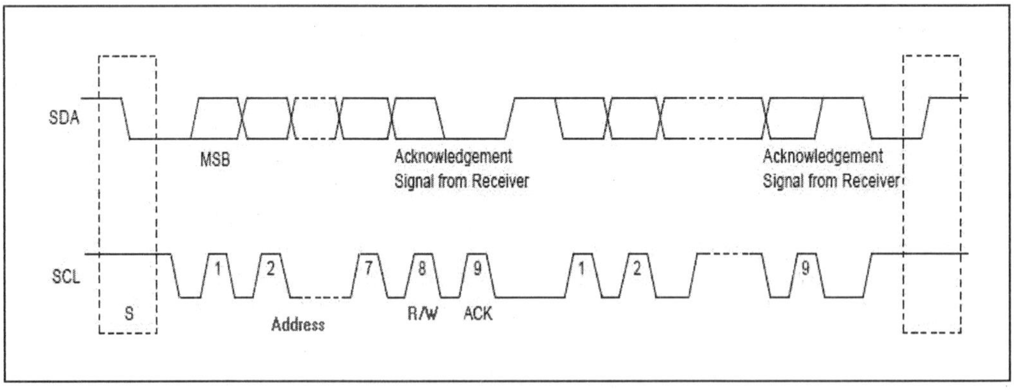

[그림 17.4] IIC 버스 데이터 전송

시작조건 이후 7비트는 슬레이브 장치의 어드레스를 가리키고, 8번째 비트 R/W는 데이터 쓰기모드인지 읽기모드 인지를 표시하는 비트이다. 쓰기모드이면 슬레이브 장치는 마스터로부터 데이터를 수신받고, 읽기 모드이면 마스터로부터 받은 명령에 따라 해당하는 데이터를 마스터에 송신한다. 9번째 비트 ACK는 마스터에서 전송하는 것이 아니고 슬레이브 장치에서 응답하는 신호이다.

▶ ACK(Acknowledge) 신호 전송

데이터를 전송할 때 바이트 단위로 ACK 신호가 첨가 된다. 수신기가 데이터를 올바르게 수신하였을 경우, 각 바이트의 9번째 클럭에 SDA를 'L'하여 마스터에게 알려 준다. 9번째 클럭 때 SDA가 'H'이면 ACK 신호가 없는 것으로 인식되고 수신기가 데이터를 정상적으로 수신하지 못한 것이다.

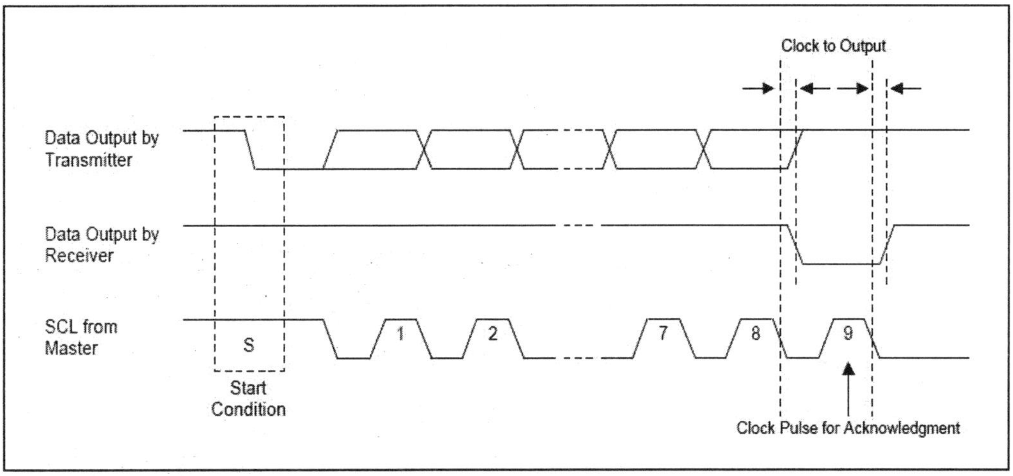

[그림 17.5] IIC 버스 ACK 신호

그림에서처럼 8번째 비트 전송이 끝나고 마스터는 데이터전송을 멈춘다. 그리고 9번째 클럭에서 수신기는 SDA를 한 클럭 동안 'L'로 유지시킨다. 가끔은 ACK 비트를 무시하는 경우도 있는데, 이 경우에도 9번째 클럭은 내보내야 한다.

▶ 데이터 전송 형식

SDA라인을 통해 전송되는 모든 데이터는 8비트의 길이를 가진다. 데이터 필드의 길이는 제한이 없으나 데이터의 처음에는 꼭 슬레이브 장치의 어드레스가 와야 한다. 여기서 어드레스는 7비트 어드레스를 갖는 장치에 대해 데이터를 송·수신하는 7비트 어드레스 모드와 10비트 어드레스를 갖는 장치에 대해 데이터를 송·수신하는 10비트 어드레스 모드가 있다.

7비트 어드레스 모드의 데이터 전송

7비트 어드레스를 갖는 장치에 대해서 데이터를 송신할 때와 수신할 때의 예를 [그림 17.6]에 정리하여 놓았다.

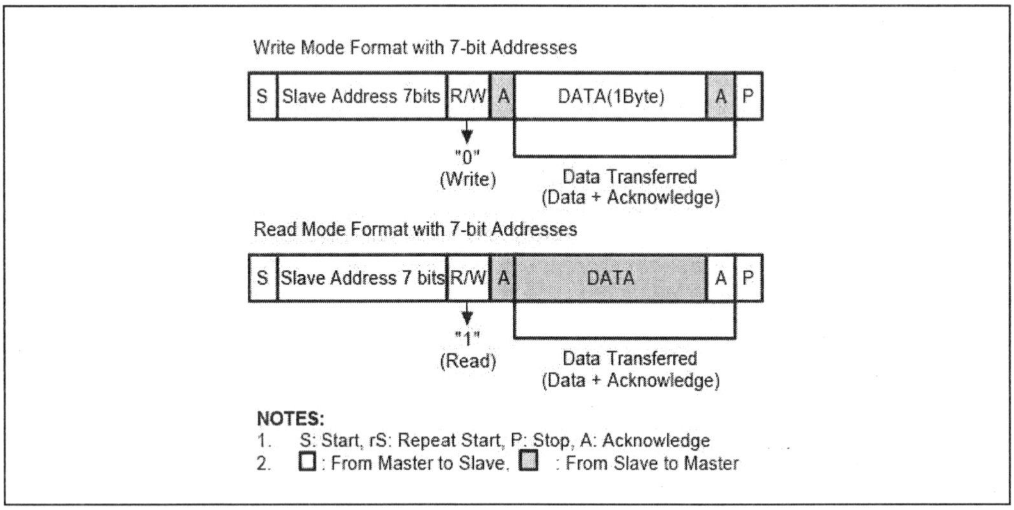

[그림 17.6] 7비트 어드레스 모드

우선 마스터는 시작조건을 발생시켜 지금부터 버스를 사용함을 알린다. 마스터는 7비트 어드레스를 전송하고 8번째 비트에서 쓰기모드인지 읽기모드인지를 표시한다. R/W비트가 '0'이면 쓰기모드가 되고, 마스터가 슬레이브로 데이터를 전송한다. R/W비트가 '1'이면 읽기모드가 되고, 마스터가 슬레이브에게 데이터 송신을 요구하게 된다.

그리고 9번째 클럭에서 슬레이브 장치는 ACK 신호를 마스터에게 전송한다. 슬레이브에 어드레스 지정이 끝나면 데이터의 송·수신을 한다. 끝으로 데이터 전송이 끝나면 마스터는 정지조건을 발생시켜 버스의 점유가 끝났음을 알린다.

10비트 어드레스 모드의 데이터 전송

10비트 어드레스를 갖는 장치와의 데이터 전송에서 어드레스를 한 바이트만으로 전송이 안되기 때문에 '11110'이라는 예약 어드레스를 사용한다. 마스터는 시작조건을 발생한 후 2바이트로 10비트 어드레스를 발생시킨다. 즉 첫번째 바이트는 '11110×××'를 송신하는데, 여기서 '×××'의 부분은 10비트 어드레스의 처음 2비트와 R/W비트이다.

우선 마스터는 시작조건을 발생시켜 지금부터 버스를 사용함을 알린다. 10비트 어드레스 중 '11110××' 값을 전송하고 8번째 비트에서 쓰기모드인지 읽기모드인지 표시한다. 그리고 10비트 어드레스 중 나머지 8비트를 두번째 바이트로 전송한다.

이후부터는 쓰기모드일 때와 읽기모드일 때 차이점이 있다. 쓰기모드일 때는 두번째 어드레스 바이트 전송 후 바로 전송할 데이터가 오지만, 읽기모드일 때는 두번째 어드레스 바이트 전송 후 다시 시작조건(rS)을 발생시킨다. 그리고 '11110××1'이라는 제1바이트를 전송하고 데이터를 수신받는다. 마지막으로 정지조건을 발생시켜 버스의 점유가 끝났음을 알린다.

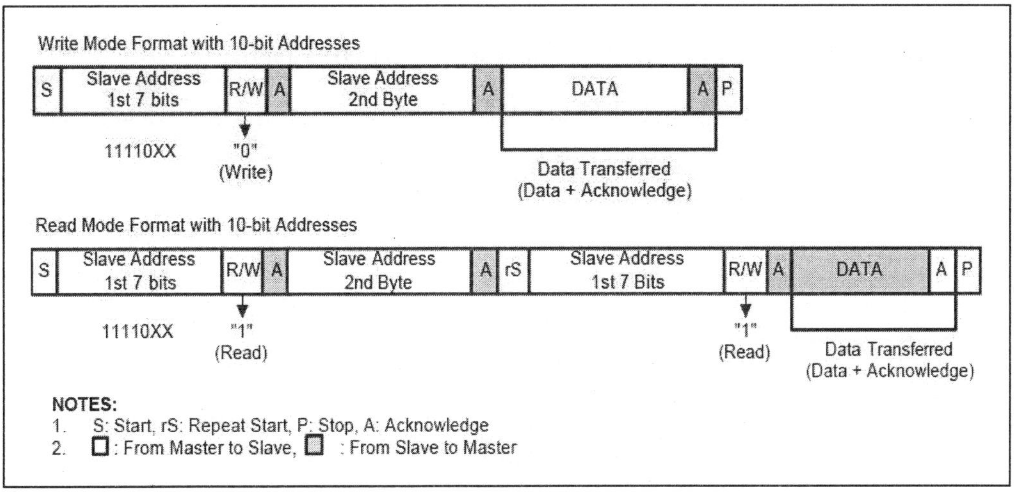

[그림 17.7] 10비트 어드레스 모드

▶ 버스 중재 절차(Bus Arbitration Procedure)

버스 중재는 두 개의 마스터 간 버스에 대한 경쟁을 중재하는 기능이다. SDA 라인이 'H'에서 'L'로 상태 변화가 생기면 특정 마스터가 버스를 점유한 것으로 인식하기 때문에 다른 마스터는 데이터 전송상태로 들어가지 않는다.

그런데 마스터들이 비슷하게 전송모드로 들어가는 경우, 이때에는 마스터들 간의 우선권을 평가 하게 된다. 시작조건이 동시에 발생하여 어드레스 비트를 같이 버스에 전송할 때 IIC버스의 우선권은 항상 'L'로직이 갖게 된다. 먼저 'L'로직을 출력하면 다른 마스터가 'H'로직을 출력해도 버스가 'H'가 될 수 없기 때문이다.

따라서 어드레스 비트를 차례대로 전송하여 먼저 'L'로직을 출력하는 마스터가 우선권을 갖는 것이다. 어드레스 첫번째 비트부터 마지막 비트까지 'L'로직을 먼저 출력하는 마스터를 가리게 된다.

17.3 IIC 버스의 제어

IIC 버스를 제어하기 위해 다섯 개의 레지스터가 있다. IIC 버스 제어 레지스터(IICCON), IIC 버스 제어/상태 레지스터(IICSTAT), IIC 버스 어드레스 레지스터(IICADD), IIC 버스 송신/수신 데이터 쉬프트 레지스터(IICDS), 그리고 IIC 버스 라인 제어 레지스터(IICLC)이다. 이들 레지스터는 IIC 모드의 설정, IIC 클럭 설정, 인터럽트 제어, 그리고 데이터 송수신 기능을 설정하는 레지스터들이다.

▶IIC 버스 제어 레지스터(IIC Bus Control Register, IICCON)

IICCON 레지스터는 IIC 버스의 인터럽트 사용여부와 SCL 클럭을 설정하는 레지스터이다. SCL 전송속도는 IICCON 레지스터의 4비트 프리스케일러 값을 이용해 결정한다.

레지스터	어드레스	R/W	설　명	초기값
IICCON	0x54000000	R/W	IIC 버스 제어 레지스터	0x0X

IICCON	비트	설　명	초기값
ACK 신호	[7]	IIC-버스 ACK Enable 0 : Disable　1 : Enable	0
클럭소스 선택	[6]	0 : IICCLK = PCLK /16 1 : IICCLK = PCLK /512	0
송/수신 인터럽트	[5]	IIC 버스 송/수신 인터럽트 0: Disable　1 : Enable	0
인터럽트 펜딩 플래그	[4]	IIC 버스 송/수신 인터럽트 펜딩 플래그 0 : No 인터럽트 펜딩 1 : 인터럽트가 펜딩됨	0
전송클럭 프리스케일러 값	[3:0]	IIC 버스 전송클럭 4비트 프리스케일러 값	Undefined

여기에서 SCL전송속도 = IICCLK / (IICON[3:0]+1)이 된다. IICCLK는 IICCON레지스터 6번 비트의 선택 소스이다.

한 가지 주의할 사항은 IICCON[6]=0일 때, 즉 IICCLK = PCLK / 16에서는 전송클럭 프리스케일러 값 IICON[3:0]이 1보다 큰 값이어야 한다.

▶ IIC 버스 제어/상태 레지스터(IIC Bus Control/Status Register, IICSTAT)

IIC 버스의 동작모드와 기타 조건을 설정하고 상태 검출에 사용되는 레지스터이다.

레지스터	어드레스	R/W	설　명	초기값
IICSTAT	0x54000004	R/W	IIC 버스 제어/상태 레지스터	0x0

IICSTAT	비트	설 명	초기값
동작모드 선택	[7:6]	00 : 슬레이브 수신 모드 01 : 슬레이브 송신 모드 10 : 마스터 수신 모드 11 : 마스터 송신 모드	00
Busy 신호 상태 / 시작, 정지 조건	[5]	0 : Not Busy (read) 정지신호 발생(write) 1 : Busy 신호(read) 시작신호 발생(write)	0
시리얼 출력	[4]	IIC 버스 데이터 출력 Enable 0 : Disable 송/수신 1 : Enable 송/수신	0
중재 상태 플래그	[3]	0 : 버스 중재 성공 1 : 버스 중재 실패	0
슬레이브 어드레스 상태 플래그	[2]	0 : 시작/정지 조건 검출시 클리어 된 상태 1 : ICCADD에 저장된 슬레이브 어드레스와 같은 어드레스가 수신되었을 때	0
제로 어드레스 상태 플래그	[1]	0 : 시작/정지 조건 검출시 클리어 된 상태 1 : 00000000b 어드레스가 수신되었을 때	0
Last 수신 비트 상태 플래그	[0]	0 : Last 수신비트가 '0' (ACK 수신) 1 : Last 수신비트가 '1' (ACK 수신 안됨)	0

[그림 17.1]을 보면 어드레스 비교기가 있다. IIC 버스가 슬레이브 모드로 사용될 때, IICADD에 저장된 슬레이브 어드레스와 수신된 어드레스가 같을 경우 슬레이브 어드레스 상태플래그가 셋 되는 것이다.

▶ IIC 버스 어드레스 레지스터(IIC Bus Address Register, IICADD)

IIC 버스를 슬레이브 모드로 사용할 때 슬레이브 어드레스를 저장하는 레지스터이다.

레지스터	어드레스	R/W	설 명	초기값
IICADD	0x54000008	R/W	IIC-Bus address register	0xXX

IICADD	비트	설 명	초기값
슬레이브 어드레스	[7:0]	7비트 슬레이브 어드레스 슬레이브 어드레스 : [7:1] Not mapped : [0]	XXXXXXXX

▶ IIC 버스 송/수신 데이터 쉬프터 레지스터 (IIC Bus Transmit/Receive Data Shift Register, IICDS)

레지스터	어드레스	R/W	설 명	초기값
IICDS	0x5400000C	R/W	IIC 버스 송/수신 데이터 쉬프트 레지스터	0xXX

IICDS	비트	설 명	초기값
데이터 쉬프트	[7:0]	8비트 송/수신 데이터	XXXXXXXX

▶ IIC 버스 라인 제어 레지스터(IIC Bus Line Control Register. IICLC)

레지스터	어드레스	R/W	설 명	초기값
IICLC	0x54000010	R/W	IIC 버스 라인 제어 레지스터	0x00

IICLC	비트	설 명	초기값
필터 Enable	[2]	IIC 버스 필터 Enable 0 : 필터 Disable 1 : 필터 Enable	0
SDA 출력 딜레이	[1:0]	00 : 0 클럭 01 : 5 클럭 10 : 10 클럭 11 : 15 클럭	00

17.4 IIC 버스 기능 연습

17.4에서는 지금까지의 IIC 버스 설명을 기반으로 MSTK2440 보드로 IIC 제어 기능을 실험하도록 하겠다. IIC 프로토콜은 구현이 간단하고 한 버스에 여러 장치를 동시에 물릴 수 있어 응용범위가 늘어나고 있다. 실험을 통해 IIC 버스 제어방법에 대해서 이해하도록 하자. MSTK2440 보드에는 IIC버스를 테스트하기 위해 AT24C16 시리얼 EEPROM을 내장하고 있다.

17.4.1 24C16 EEPROM을 이용한 IIC 버스 실험

MSTK2440보드에 내장된 AT24C16 메모리는 ATMEL사에서 제조되고 IIC 버스 인터페이스를 가지는 2KB 용량의 시리얼 EEPROM이다.

AT24C01/02/04/08/16의 슬레이브 어드레스는 '1010XXX' 7비트 형태를 갖는다. 7비트 중에 앞의 네 비트는 '1010'으로 이미 정해져 있고 뒤의 세 비트는 A0~A2핀을 이용해 설정한다. AT24C01/02는 A0, A1, A2를 이용해 메모리를 8개까지 사용 가능하고, AT24C04는 A1, A2를 이용해 4개까지 사용가능하다. 그리고 AT24C08은 A2만을 사용하여 2개의 메모리를 사용할 수 있다. 하지만 AT24C16의 경우 A0, A1, A2 핀을 사용하지 않고 1개의 메모리만 사용한다. WP(Write Protect)는 쓰기금지 입력으로 'H'로 설정하면 쓰기 금지 상태이다. 상세한 내용은 AT24C16 데이터쉬트를 참조하기 바란다.

17.4.1에서는 AT24C16에 데이터를 써넣고 읽어서 디스플레이 하는 실험을 할 것이다.

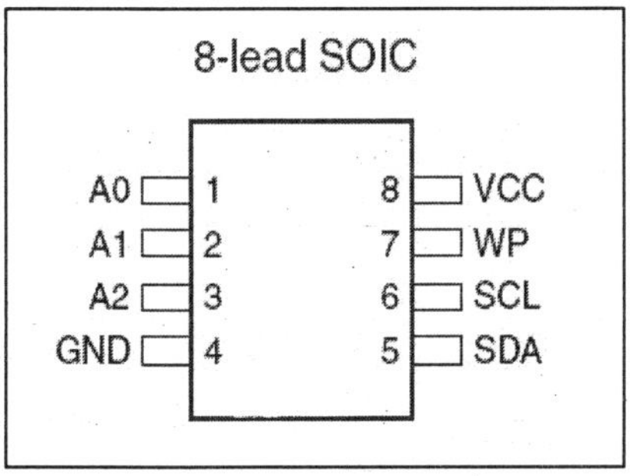

[그림 17.8] AT24C16

[표 17.1] AT24C16 핀 기능

핀 이름	설 명
A0~A2	어드레스 설정
SDA	Serial 데이터
SCL	Serial 클럭 입력
WP	Write Protect
VCC, GND	전원

▶ 실험 내용

AT24C16 시리얼 EEPROM 메모리 0~255번지에 0~255 값을 써넣고, 다시 0~255 번지에 저장된 값을 읽어 UART를 통해 데이터를 출력하는 프로그램을 제작해 보자.

▶ 프로그램

ADS를 실행하여 IIC_24C16이라는 프로젝트(IIC_24C16.mcp)를 만들고 필요한 파일들을 프로젝트에 등록시킨다. DebugRel 모드로 선택하고 옵션들을 설정해 준다. main_app.c 파일을 새로 만들어 다음의 리스트와 같이 내용을 작성한다. 또는 Chapter17 폴더의 IIC_24C16 폴더 안의 IIC_24C16.mcp 프로젝트 파일을 오픈 한다. 프로그램을 컴파일하고 DNW를 이용해 바이너리 파일을 다운로드시켜 실행해 본다. main_app.c 리스트를 보자.

```
//--------------------------------------------------------------
// Project : MSTK2440 IIC Test,  IIC_24C16.mcp
// Description : IIC 버스를 이용해 24C16 제어 프로그램
//--------------------------------------------------------------
```

```
#include <stdlib.h>
#include <string.h>
#include "def.h"
#include "option.h"
#include "2440addr.h"
#include "2440lib.h"
#include "2440slib.h"
#include "mmu.h"

//---------- Constant Definition --------------------
#define UART0  0                          // UART0

#define WRDATA      1
#define POLLACK     2
#define RDDATA      3
#define SETRDADDR   4
#define IICBUFSIZE 0x20

//---------- Function Declaration --------------------
void Isr_Init(void) ;                     // 인터럽트 초기화
void Wr24C16(unsigned slvAddr, unsigned addr, unsigned char data) ;
unsigned char Rd24C16(unsigned slvAddr, U32 addr) ;
void Run_IicPoll(void) ;
void IicPoll(void) ;

//---------- Global Variables ------------------------
static unsigned char _iicData[IICBUFSIZE] ;
static volatile int _iicDataCount ;
static volatile int _iicStatus ;
static volatile int _iicMode ;
static int _iicPt ;

//---------- Main Function ---------------------------
void Main(void)
{
    int i, j ;
    unsigned char data[256] ;

    #if ADS10
    __rt_lib_init(); //for ADS 1.x Run-Time Library Init
    #endif

    Port_Init() ;
    ChangeUPllValue(60, 4, 2) ;           // 48MHz for USB
```

```
for(i=0; i<7; i++) ;
ChangeClockDivider(13, 12) ;             // FCLK:HCLK:PCLK   1:1/3:1/6
ChangeMPllValue(97, 1, 2) ;              // 296Mhz
Uart_Init(UART0, 115200) ;               // UART0, 115200bps
Uart_Select(UART0) ;                     // UART0 selected for debugging
MMU_Init() ;
Delay(0) ;                               // Calibrate Delay()

Uart_Printf("\n\n") ;
Uart_Printf("## MSTK2440 24C16 Access using IIC bus
           (Polling Method) ##\n") ;

rGPEUP  |= 0xc000 ;                      // IIC Bus Port Setup,  Pull-up disable
rGPECON |= 0xa00000 ;                    // GPE15:IICSDA , GPE14:IICSCL

// Enable ACK, Prescaler IICCLK=PCLK/16, Enable interrupt,
// Transmit clock value Tx clock=IICCLK/16
rIICCON  = (1<<7) | (0<<6) | (1<<5) | (0xf) ;
rIICADD  = 0x10 ;                        // 2440 slave address = [7:1]
rIICSTAT = 0x10 ;                        // IIC bus data output enable(Rx/Tx)
//rIICLC = (1<<2)|(3) ;                  // Filter enable
                                         // 15 clocks SDA output delay
Isr_Init() ;

Uart_Printf("Write test data into AT24C16(0~FF)\n") ;
for(i=0;i<256;i++)
{
    Wr24C16(0xa0, i, i) ;
    Uart_Printf("#") ;
}
Uart_Printf("\nWrite Completed!\n\n") ;
for(i=0;i<256;i++)
    data[i] = 0 ;

Uart_Printf("Read test data from AT24C080\n") ;
for(i=0;i<256;i++)
    data[i] = Rd24C16(0xa0, i) ;

for(i=0;i<16;i++)                        // Data Display
{
    for(j=0;j<16;j++)
        Uart_Printf("%2x ",data[i*16+j]) ;
    Uart_Printf("\n") ;
}
while(1)
```

```
    {
    }//while
}
void Isr_Init(void)
{
    rINTMOD=0x0 ;                           // All=IRQ mode
    rINTMSK=BIT_ALLMSK ;                    // All interrupt is masked.
}

void Wr24C16(unsigned slvAddr,unsigned addr,unsigned char data)
{
    _iicMode        = WRDATA ;
    _iicPt          = 0 ;
    _iicData[0]     = (U8)addr ;
    _iicData[1]     = data ;
    _iicDataCount = 2 ;

    rIICDS          = slvAddr ;             // 0xa0
    rIICSTAT        = 0xf0 ;
    while(_iicDataCount!=-1)
        Run_IicPoll() ;

    _iicMode = POLLACK ;

    while(1)
    {
        rIICDS      = slvAdd r;
        _iicStatus = 0x100 ;                // To check if _iicStatus is changed
        rIICSTAT    = 0xf0 ;
        rIICCON     = 0xaf ;                // Resumes IIC operation.
        while(_iicStatus==0x100)
            Run_IicPoll() ;

        if(!(_iicStatus & 0x1))
            break ;                         // When ACK is received
    }
    rIICSTAT = 0xd0 ;
    rIICCON  = 0xaf ;                       // Resumes IIC operation.
    Delay(1) ;                              // Wait until stop condtion is in effect.
}

unsigned char Rd24C16(unsigned slvAddr, unsigned addr)
{
    _iicMode        = SETRDADDR ;
    _iicPt          = 0 ;
    _iicData[0]     = (U8)addr ;
    _iicDataCount = 1 ;
```

```
    rIICDS    = slvAddr ;
    rIICSTAT = 0xf0 ;                    // MasTx, Start
    while(_iicDataCount!=-1)
        Run_IicPoll() ;

    _iicMode       = RDDATA ;
    _iicPt         = 0 ;
    _iicDataCount = 1 ;

    rIICDS    = slvAddr ;
    rIICSTAT = 0xb0 ;                    // Master Rx,Start
    rIICCON  = 0xaf ;                    // Resumes IIC operation.
    while(_iicDataCount!=-1)
        Run_IicPoll() ;

    return(_iicData[1]) ;
}

void Run_IicPoll(void)
{
    if(rIICCON & 0x10)                   // Tx/Rx Interrupt Enable
       IicPoll() ;
}

void IicPoll(void)
{
    unsigned iicSt, I ;

    iicSt = rIICSTAT ;
    switch(_iicMode)
    {
        case POLLACK :
            _iicStatus = iicSt ;
            break ;
        case RDDATA :                    // Read Data
            if((_iicDataCount--)==0)
            {
                _iicData[_iicPt++] = rIICDS ;
                rIICSTAT = 0x90 ;        // Stop MasRx condition
                rIICCON  = 0xaf ;        // Resumes IIC operation.
                Delay(1) ;               // Wait until stop condtion is in effect.
                break ;
            }
            _iicData[_iicPt++] = rIICDS ;
            if((_iicDataCount)==0)
```

```
                rIICCON = 0x2f ;            // Resumes IIC operation with NOACK.
            else
                rIICCON = 0xaf ;            // Resumes IIC operation with ACK
            break;
        case WRDATA :                       // Write Data
            if((_iicDataCount--)==0)
            {
                rIICSTAT = 0xd0 ;           // stop MasTx condition
                rIICCON  = 0xaf ;           // resumes IIC operation.
                Delay(1) ;                  // wait until stop condtion is in effect.
                break ;
            }
            rIICDS = _iicData[_iicPt++] ;   //_iicData[0] has dummy.
            for(i=0;i<10;i++) ;             // for setup time until rising edge of IICSCL
            rIICCON = 0xaf ;                // resumes IIC operation.
            break;
        case SETRDADDR :                    // Set Read Address
            if((_iicDataCount--)==0)
            {
                break ;
            }
            rIICDS = _iicData[_iicPt++] ;
            for(i=0;i<10;i++) ;             // for setup time until rising edge of IICSCL
            rIICCON = 0xaf ;                // resumes IIC operation.
            break ;
        default :
            break ;
    }
}
```

먼저 Main() 함수를 보자. 동작순서는 먼저 for문에서 AT24C16 메모리의 0~255번지에 0~255 값을 써넣는다. 다시 AT24C16 메모리의 0~255번지에서 데이터를 읽어 버퍼에 저장한다. 버퍼에 있는 데이터를 Uart_Printf() 함수를 이용해 UART로 출력시킨다. Wr24C16() 함수는 지정된 번지에 1바이트 데이터를 써넣는 함수이고, Rd24C16() 함수는 AT24C16의 지정된 번지에서 1바이트 데이터를 읽어 올 때 사용하는 함수이다.

IicPoll() 함수는 실제 AT24C16 메모리를 액세스하는 함수로 Wr24C16() 함수와 Rd24C16() 함수에서 동작모드와 데이터를 변수에 설정하고 IicPoll() 함수를 호출하면, 데이터 쓰기 작업이나 읽기 작업을 진행한다. IicPoll() 함수를 보면 switch문에 의해 POLLACK, RDDATA, WRDATA, SETRDADDR 네 가지 동작으로 구분된다.

[그림 17.9]는 실행결과를 보여주는 그림이다. 데이터 한 바이트가 write될 때마다 '#'이 한 개씩 표시되므로 총 256개의 '#'이 표시된다.

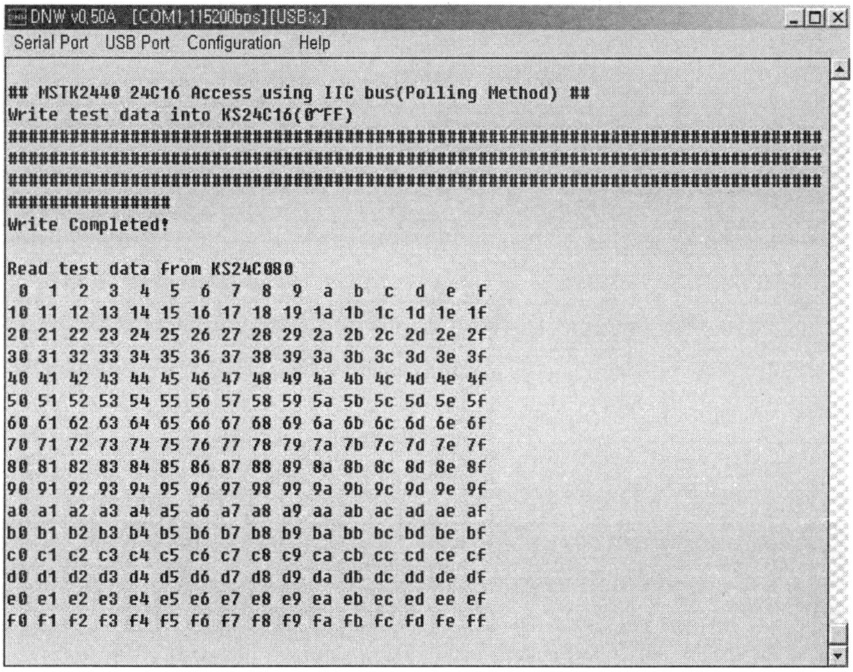

[그림 17.9] AT24C16 쓰기/읽기 실행 결과

다시 0~255번지의 256바이트를 읽어 들여 화면 한 줄에 16바이트 단위로 출력한다.

제18장

IIS BUS Controller

18. IIS Bus Controller

시중에는 CD 플레이어, MP3플레이어, 디지털 TV 음향 등 많은 수의 오디오 시스템들이 있고 점점 디지털화되어 가고 있다. 이러한 디지털 오디오 처리 기술은 여러 개의 디지털 IC에 의해서 구현된다. 따라서 디지털 오디오 데이터를 처리하기 위한 표준 통신 방법이 필요했고, 필립스에서 디지털 오디오 데이터 처리를 위해 개발한 버스 시스템이 IIS(Inter-IC Sound) 버스이다.

18.1 IIS 버스의 구조

S3C2440A의 IIS 버스에 대해 알아보기 전에 원래의 필립스 IIS 버스에 대해 알아보자. IIS 버스는 오디오 데이터를 다루는 버스로 간단한 버스 구조를 가지기 위해 단지 3개의 신호선으로 구성된다. 우선 [그림 18.1]을 보자

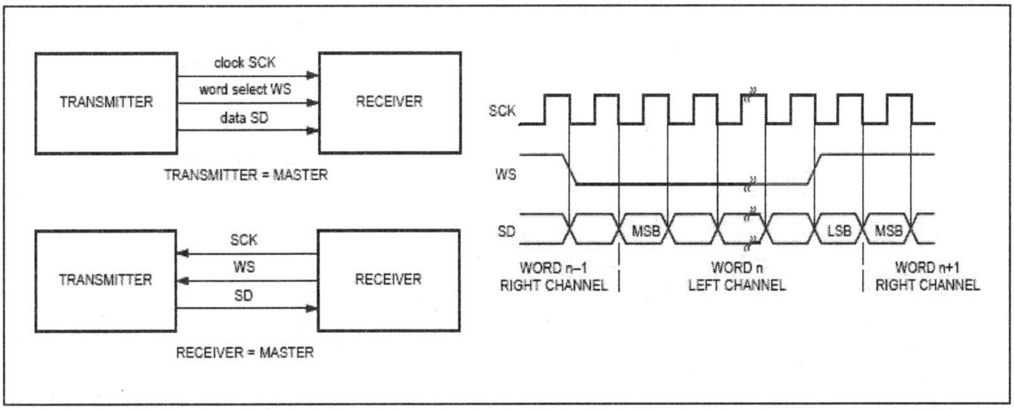

[그림 18.1] IIS 버스

[그림 18.1]은 IIS버스의 기본 구성과 프로토콜이다. 각각의 신호선은 다음과 같은 기능을 한다.

- SD(Serial Data)

  2의 보수형태로 하여 MSB(Most Significant Bit)부터 전송한다. 스테레오 데이터 일 경우 좌측 채널 데이터와 우측 채널데이터를 번갈아 전송할 수 있다.

- WS(Word Select)

  전송 데이터의 채널을 지정하는 신호선이다. WS=0이면 채널1(LEFT)을 뜻하고 WS=1이면 채널2(RIGHT)를 의미한다.

- SCK(Serial Clock)

  데이터 비트 전송에 필요한 클럭이다.

SCK 클럭에 맞춰 비트 데이터를 전송하고 WS신호에 의해 좌측, 우측 채널 데이터를 구분하는 것이다. 이 책에서 소개하는 키트에도 사운드 출력을 위해 IIS버스 프로토콜을 지원하는 필립스사의 UDA1341TS라는 칩을 사용하고 있다.

이제 본론으로 돌아와 S3C2440A의 IIS 버스 컨트롤러에 대해 알아보자. [그림 18.2]는 S3C244A의 IIS 버스 컨트롤러 구조이다.

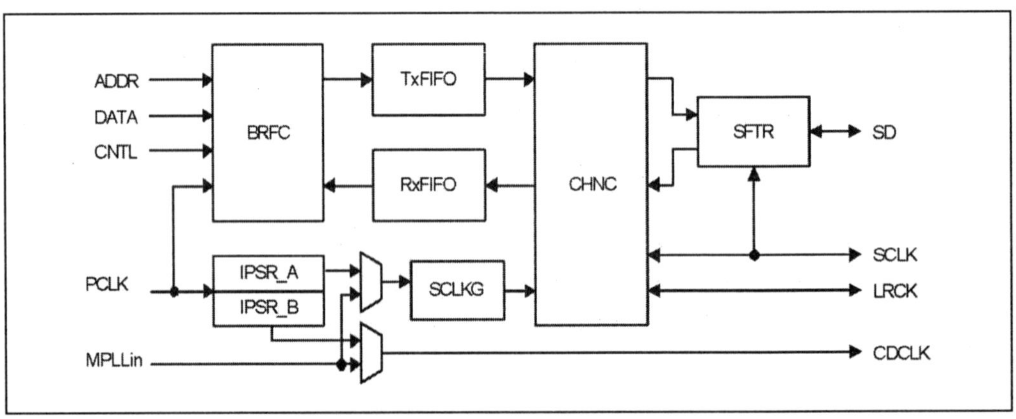

[그림 18.2] IIS 버스 컨트롤러

- BRFC(Bus interface, register bank, and state machine)

  BRFC는 버스 인터페이스 로직과 FIFO 액세스를 컨트롤 하는 제어로직이다.

- IPSR : 클럭 분주를 위한 5비트 프리스케일러이다. 하나는 IIS 버스 인터페이스를 위한 마스터 클럭 발생기로 사용되고 다른 하나는 외부 코덱 클럭 발생기로 사용된다.

- 64바이트 FIFO(TxFIFO, RxFIFO) : 데이터를 송신할 때에는 TxFIFO에 데이터를 써넣고, 수신할 때에는 RxFIFO에서 데이터를 읽는다.

- SCLKG(Master IISCLK Generator) : 시리얼 비트 클럭을 발생시키는 마스터 클럭 발

생기이다.

- CHNC(Channel generator and state machine) : IISCLK와 IISLRCK를 만들어 낸다.
- SFTR(16-bit Shift register) : 전송시에는 패러럴 데이터를 시리얼 데이터로 쉬프트 출력하고 수신시에는 시리얼 데이터를 쉬프트 입력받아 패러럴 데이터로 변환해 준다.

IIS 버스 컨트롤러는 크게 클럭 제어부와 채널 데이터 발생부, 송수신 FIFO, 그리고 제어 로직으로 구성된다. 입력 클럭은 PCLK를 사용하고 5비트의 프리스케일러를 내장하고 있다. 그리고 CHNC 블록은 SCK와 WS신호 그리고 시리얼데이터를 타이밍에 맞게 발생시키는 기능을 한다.

그림에서 LRCK(Left Right Clock)는 WS에 해당되고, CDCLK는 코덱칩 구동 클럭이다. SFTR(16bit Shift Register)은 실제 시리얼 전송을 담당하는 쉬프트 레지스터이다. S3C2440A에서는 코덱칩을 통해 마이크입력과 같은 데이터를 IIS버스를 통해 입력받을 수도 있다. 즉 입력선 한 선이 더 있다.

18.2 IIS 버스의 동작

IIS 버스에서 기본적인 입출력은 쉬프트 레지스터와 CHNC제어 블록을 통해 이루어진다. 하지만 사용자 입장에서는 송수신 FIFO메모리를 액세스하기만 하면 된다. IIS 버스 제어레지스터에 송신 FIFO와 수신 FIFO의 상태를 표시하는 FIFO ready 플래그 비트가 있다. 데이터 전송 시 FIFO가 비어있으면 ready 플래그는 '0'이 되고 FIFO에 데이터가 있으면 ready 플래그가 '1'이 된다. 마찬가지로 수신시에는 FIFO가 꽉 차있으면 ready 플래그는 '0'이 되고, 그렇지 않으면 '1'이다.

▶ 오디오 시리얼 인터페이스 포맷

데이터 전송 포맷은 IIS 버스 포맷과 MSB(LEFT) Justified 포맷 두 가지 형태가 있다. [그림 18.3]을 보면 따로 설명하지 않아도 쉽게 이해가 될 것이다. MSTK2440 보드에서 사용하는 UDA1341TS 칩도 이 두 가지 포맷을 모두 지원한다.

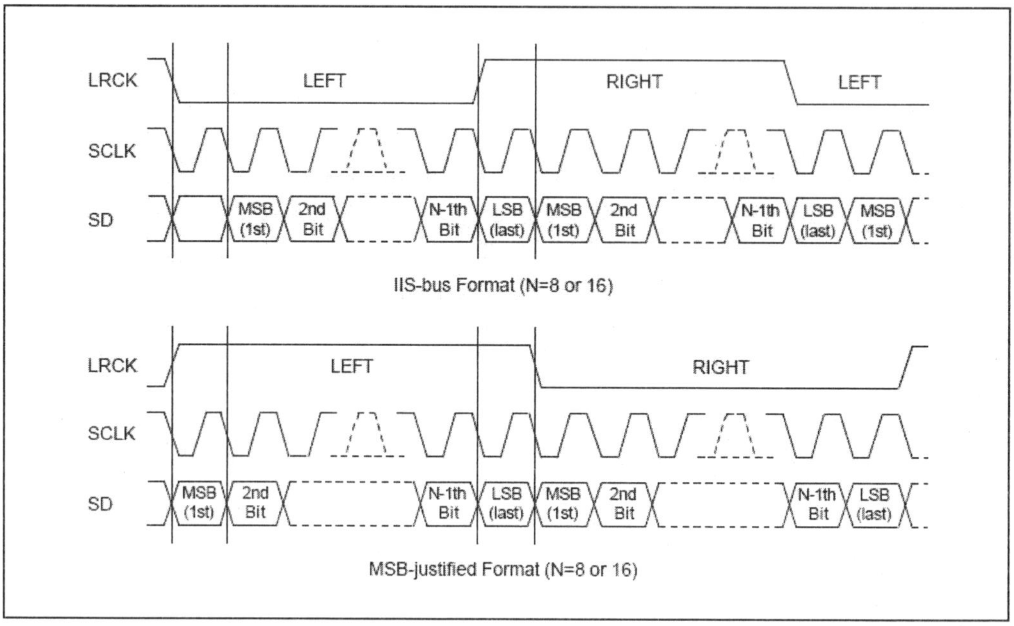

[그림 18.3] 오디오 시리얼 전송 포맷

▶ 샘플링 주파수와 마스터 클럭

샘플링 주파수는 어떠한 음원을 초당 몇 샘플을 얻어서 음을 만들지 결정하는 주파수 이다. 8KHz라 하면 8,000개의 오디오 데이터에 의해 1초간 음을 발생시킬 수 있는 샘플링 주파수이다. 녹음도 마찬가지다. 마스터 클럭은 오디오 코덱을 구동하기 위한 클럭으로 샘플링 주파수의 256배 또는 384배의 값을 갖는 클럭이다.

[표 18.1] 코덱 클럭(256fs or 384fs)

IISLRCK (fs)	8.000KHz	11.025KHz	16.00KHz	22.05KHz	32.00KHz	44.10KHz	48.00KHz	64.00KHz	88.20KHz	96.00KHz
CDCLK (MHz)	256fs									
	2.048	2.8224	4.096	5.6448	8.192	11.2896	12.2880	16.3840	22.5792	24.576
	384fs									
	3.072	4.2336	6.144	8.4672	12.288	16.9344	18.432	24.576	33.8688	36.864

IISLRCK는 WS(Word Select)에 해당되는데 IISLRCK 한 클럭에 오디오 좌측, 우측 데이터가 전송되므로 한 샘플이 되는 것이다. IISLRCK를 fs라 할 때, 코덱클럭은 샘플링 주파수 fs에 256이나 384를 곱한 값이 된다. 자세한 값은 [표 18.1]을 참조하기 바란다.

18.3 IIS 버스의 제어

IIS의 버스를 제어하기 위해서 사용여부와 모드를 결정하고 클럭을 설정하는 IISCON, IISMOD, IISPSR, IISFCON, IISFIFO 다섯 개의 레지스터가 있다.

▶ IIS 버스 제어 레지스터(IIS Bus Control Register, IISCON)

레지스터	어드레스	R/W	설 명	초기값
IISCON	0x55000000(L/HW, L/W, B/W) 0x55000002 (B/HW)	R/W	IIS 버스 제어 레지스터	0x100

IISCON	비트	설 명		초기값
Left/Right 채널 인덱스(읽기 전용)	[8]	0 = Left	1 = Right	1
송신 FIFO Ready 플래그(읽기 전용)	[7]	0 = Empty	1 = Not empty	0
수신 FIFO Ready 플래그(읽기 전용)	[6]	0 = Full	1 = Not full	0
송신 DMA 요청	[5]	0 = Disable	1 = Enable	0
수신 DMA 요청	[4]	0 = Disable	1 = Enable	0
송신 채널 IDLE 명령	[3]	0 = Not idle	1 = Idle	0
수신 채널 IDLE 명령	[2]	0 = Not idle	1 = Idle	0
IIS 프리스케일러	[1]	0 = Disable	1 = Enable	0
IIS 인터페이스	[0]	0 = Disable(stop)	1 = Enable(start)	0

여기서 L, B는 Little, Big 엔디안이고 HW, W는 Half Word, Word이다.

▶ IIS 모드 레지스터(IIS Mode Register, IISMOD)

레지스터	어드레스	R/W	설 명	초기값
IISMOD	0x55000004(L/W, L/HW, B/W) 0x55000006(B/HW)	R/W	IIS 모드 레지스터	0x0

IISMOD	비트	설 명	초기값
마스터 클럭 선택	[9]	0 = PCLK 1 = MPLLin	0
마스터/슬레이브 모드 선택	[8]	0 = 마스터 모드(IISLRCK, IISCLK 출력) 1 = 슬레이브 모드(IISLRCK, IISCLK 입력)	0
송/수신 모드 선택	[7:6]	00 = No transfer 01 = 수신 모드 10 = 송신 모드 11 = 송·수신 모드	00
Left/Right 채널 동작 레벨	[5]	0 = Low Left 채널 (High Right 채널) 1 = High Left 채널 (Low Right 채널)	0
시리얼 전송 포맷	[4]	0 = IIS 호환 포맷	0

		1 = MSB(Left)-justified 포맷	
시리얼 전송 비트	[3]	0 = 8 비트 1 = 16 비트	0
마스터 클럭 주파수 선택	[2]	0 = 256fs 1 = 384fs	0
시리얼 비트 클럭 주파수 선택	[1:0]	00 = 16fs 01 = 32fs 10 = 48fs 11 = N/A	00

▶ IIS 프리스케일러 레지스터(IIS Prescaler Register, IISPSR)

레지스터	어드레스	R/W	설 명	초기값
IISPSR	0x55000008(L/W, L/HW, B/W) 0x5500000A(B/HW)	R/W	IIS 프리스케일러 레지스터	0x0

IISPSR	비트	설 명	초기값
프리스케일러 A 제어	[9:5]	Data value: 0 ~ 31	00000
프리스케일러 B 제어	[4:0]	Data value: 0 ~ 31	00000

프리스케일러 A는 IISLRCK나 SCK클럭을 만드는데 사용되고 프리스케일러 B는 외부의 코덱 클럭을 결정하는데 사용된다. 주파수는 입력주파수에서 프리스케일러값+1 값을 나눈 주파수가 사용된다.

▶ IIS FIFO 제어 레지스터(IIS FIFO Control Register, IISFCON)

레지스터	어드레스	R/W	설 명	초기값
IISFCON	0x5500000C(L/W, L/HW, B/W) 0x5500000E(B/HW)	R/W	IIS FIFO 제어 레지스터	0x0

IISFCON	비트	설 명	초기값
송신 FIFO 액세스 모드 선택	[15]	0 = Normal 1 = DMA	0
수신 FIFO 액세스 모드 선택	[14]	0 = Normal 1 = DMA	0
송신 FIFO	[13]	0 = Disable 1 = Enable	0
수신 FIFO	[12]	0 = Disable 1 = Enable	0
송신 FIFO 데이터 카운트 (읽기 전용)	[11:6]	카운트 값 = 0 ~ 32	000000
수신 FIFO 데이터 카운트 (읽기 전용)	[5:0]	카운트 값 = 0 ~ 32	000000

▶ IIS FIFO 레지스터(IIS FIFO Register, IISFIFO)

앞에서 언급했다시피 IIS 버스에는 64바이트 FIFO가 내장되어 있다. 이 64바이트는

16비트 32개로 구성되어 있다. IISFIFO레지스터를 이용해 이 16비트 값을 액세스 할 수 있다.

레지스터	어드레스	R/W	설 명	초기값
IISFIFO	0x55000010(L/HW) 0x55000012(B/HW)	R/W	IIS FIFO 레지스터	0x0

IISFIFO	비트	설 명	초기값
FENTRY	[15:0]	송・수신 IIS 데이터	0x0

18.4 IIS 버스 기능 연습

18.4에서는 지금까지의 IIS 버스 설명을 기반으로 MSTK2440보드에 IIS 제어 기능을 실험하도록 하겠다. 실험을 통해 IIS 버스 제어 방법을 이해하도록 하자. MSTK2440 보드에는 IIS버스에 필립스사의 UDA1341TS 오디오 코덱 칩이 연결되어 있다.

18.4.1 UDA1341TS를 이용한 IIS 버스 실험

MSTK2440보드에 내장된 UDA1341TS 오디오 코덱 칩은 필립스사에서 제조되고, IIS 버스 인터페이스 및 L3 인터페이스를 지원한다. 최대 20비트까지의 길이를 가지는 IIS 인터페이스와 20비트까지 길이의 MSB-justified 데이터 포맷과 16, 18, 20비트 길이를 가지는 LSB-justified 데이터 포맷, 그리고 LSB-justified 16, 18, 20비트 입력과 MSB-justified 출력이 합쳐진 형태를 가지는 포맷을 지원한다.

또한 L3 인터페이스를 통하여 de-emphasis, volume, bass boost, treble, soft mute 등과 같은 재생모드에 필요한 DSP 기능들을 프로세서가 직접 제어할 수 있다.

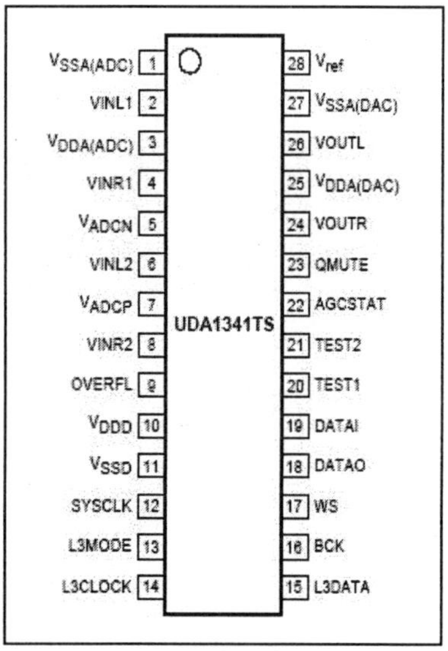

[그림 18.4] UDA1341TS

여기에서는 UART로 웨이브 파일을 다운로드 시켜 IIS버스를 통해 UDA1341TS에 사운드를 출력하는 실험을 할 것이다. 그리고 EINT0 인터럽트(S1 스위치)를 이용하여 UDA1341TS의 기능 중

하나인 Mute 기능을 구현해 보도록 하겠다.

▶ 실험 내용

UDA1341TS 오디오 코덱칩에 IIS 인터페이스를 이용하여 웨이브파일을 전송하고 이어폰을 통해 소리를 확인해 보도록 하자. 웨이브 파일은 UART 또는 USB 채널을 이용해 MSTK2440보드에 다운받을 수 있다. 여기서는 UART 채널로 받아 IIS 인터페이스를 통해 오디오 코덱 칩에 전송하고 L3 인터페이스 방식을 이용하여 Mute 기능을 구현한다.

▶ 프로그램

Chapter18 폴더의 IIS_UDA1341 폴더 안의 Iis_uda1341.mcp 프로젝트 파일을 오픈한다. 프로그램을 컴파일하고 DNW를 이용해 바이너리 파일을 다운로드 시켜 실행해 본다. main_app.c 리스트를 보자.

```
/*-----------------------------------------------------------------
 Project : MSTK2440 IIS TEST Program, Iis_uda1341.mcp
 Description : IIS 테스트 프로그램
-----------------------------------------------------------------*/

#include <stdlib.h>
#include <string.h>

#include "def.h"
#include "option.h"
#include "2440addr.h"
#include "2440lib.h"
#include "mmu.h"

#include "iis.h"

#define    UART0
extern size, Buf;

//==================================================================

void Main(void)
{
    U32 i=0;

    #if ADS10
```

```
    __rt_lib_init();                          // for ADS 1.0
    #endif

    Port_Init();

    MMU_Init();

    Uart_Init(UART0, 115200);
    Uart_Select(UART0);                       // UART0 console
    Uart_TxEmpty(0);

    Delay(0);                                 // calibrate Delay()

    Uart_Printf("\n\n");
    Uart_Printf("-----------------------------------------------\r");
    Uart_Printf(" MSTK2440 IIS UDA1341 Test Program\n");
    Uart_Printf("-----------------------------------------------\r\n");

    Uart_Printf("\nPlay Wave File.\n");

    IIS_Port_Init();

    Select_IIS_Master_CLK();

    Download_Wave_File();

    Init1341(PLAY_IIS);

    IIS_PlayWave_DMA2(Buf+0x30, size);

    IIS_Port_Return();

    while(1) {
        Led_Display(0xa);
        Delay(1000);

        Led_Display(0x5);
        Delay(1000);
    }
} // end of Main().
```

메인함수를 보자. IIS_Port_Init() 함수에서 IIS 및 L3 통신을 위한 포트를 초기화 한다. GPB[4:2]는 Output(L3CLOCK), Output(L3DATA), Output(L3MODE)으로 구성하였다. L3 인터페이스는 GPIO핀의 출력으로 구현한다. GPE[4:0]을 I2SSDO, I2SSDI, CDCLK, I2SSCLK, I2SLRCK으로 설정하였다. 그리고 GPF0은 EINT0으로 설정하였다.

Select_IIS_Master_CLK()는 IIS 통신을 위한 마스터 클럭을 선택하는 함수로 여기서는 MPLLin을 선택하였다. Download_Wave_File() 함수는 UART 채널로 웨이브 파일을 다운로드 받는 함수이다. DNW를 이용해 파일을 전송할 수 있으며 size(4) +data(n)+cs(2) 프로토콜에 의해 전송되므로, size 정보를 가지고 그 크기만큼 전송 받을 때까지 0x31000000번지부터 데이터를 저장한 후 빠져나온다. 수신방식은 RXD 인터럽트 방식을 사용했으며 전송을 마친 후에는 인터럽트를 Disable시키고 빠져나온다.

Init1341(PLAY_IIS)는 UDA1341TS을 초기화하는 함수로 리셋이나 시스템 클럭 설정, 데이터 입력 포맷 설정, 내부 ADC/DAC 이득(Gain) 설정, ADC/DAC On/Off 등을 제어하게 된다. IIS_PlayWave_DMA2(Buf+0x30,size) 함수는 0x31000000+0x30번지에 저장되어 있는 웨이브 파일을 IIS 컨트롤러로 전송함으로써 UDA1341TS로 데이터를 보내는 루틴이다. DMA를 이용하여 데이터를 전송하고 전송이 완료되면 인터럽트가 발생하여 화면에 '@@@' 표시가 나타난다. 또한 전송이 완료 후에는 재전송하도록 DMA 모드가 오토-리로드로 설정되어 있다. 키 입력이 들어오면 IIS 및 DMA를 멈추고 루틴을 빠져나오게 된다.

▶ L3 인터페이스

UDA1341TS 오디오 코덱칩은 L3 버스를 통해 어드레스와 데이터를 입력받아 초기화한다. 볼륨 조절이나 뮤트 같은 제어 기능도 L3버스를 통해 제어한다. UDA1341TS 초기화 프로그램을 설명하기 전에 L3버스를 이용한 설정 방법에 대해 먼저 알아보자.

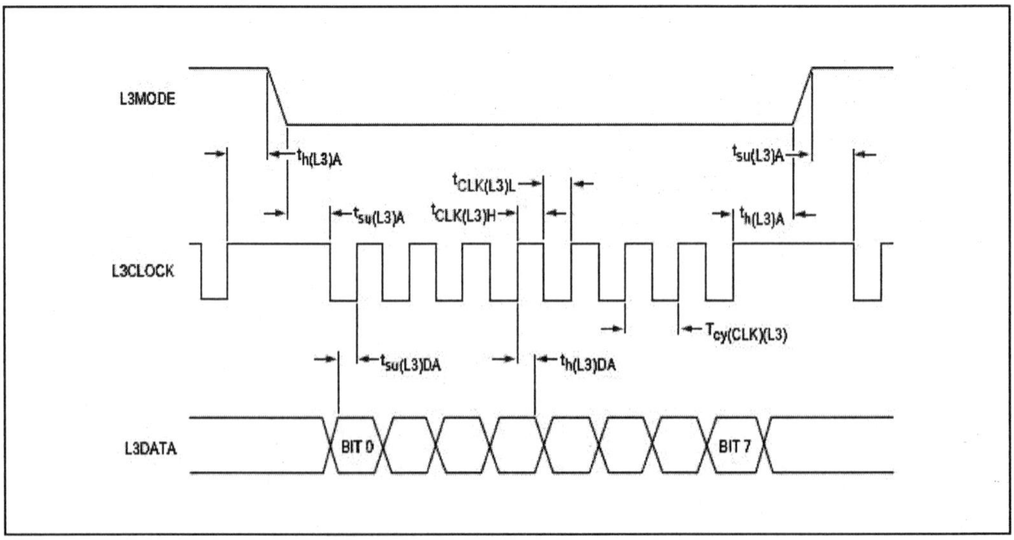

[그림 18.5] 어드레스 모드 타이밍

L3 인터페이스에서 데이터의 전송은 크게 어드레스 전송모드와 데이터 전송모드로 나뉘어 먼저 어드레스를 지정하고 데이터를 전송하는 형태이다. [그림 18.5]는 어드레스 전송모드의 타이밍도이다.

S3C2440A는 L3 버스 인터페이스를 따로 지원하지 않기 때문에 여기에서는 GPIO 출력을 이용해 데이터를 출력하였다. 어드레스 모드이기 위해서는 L3MODE 출력이 Low여야 하고, 그 상태에서 데이터 첫번째 비트를 출력하고 L3CLOCK 신호를 Low에서 High로 변화시키면 첫번째 LSB가 출력되는 것이다. 이렇게 해서 MSB (BIT7)까지 8비트 어드레스를 전송한다.

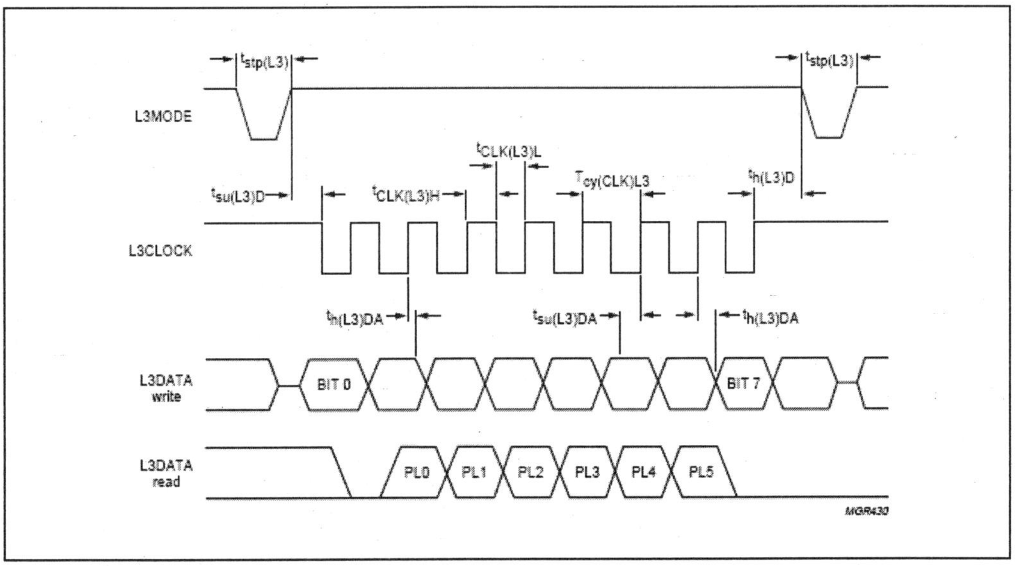

[그림 18.6] 데이터 전송 모드 타이밍

[그림 18.6]은 데이터 전송 모드의 타이밍을 보여주고 있다. L3MODE출력이 어드레스 모드와 반대로 High일 때 데이터 입·출력이 이루어진다. 이제 어드레스 모드와 데이터 전송 모드를 결합하여 UDA1341TS 디바이스를 설정하는 방법을 구체적으로 알아보자.

어드레스 전송모드에서 8비트 데이터 중 앞의 6비트는 디바이스 어드레스이고, 하위 2비트는 UDA1341TS내에 어떠한 레지스터 그룹을 선택할지를 결정하는 모드 설정 비트이다. 다음의 [표 18.2]를 보면 하위 2비트 값이 무엇을 의미하는지 알 수 있다. Bit[1:0]=00이면 DATA0 모드가 선택되어 볼륨이나 음색 설정에 필요한 레지스터를 액세스 할 수 있도록 선택된 것이다. 마찬가지로 비트 값을 바꾸면 DATA1 모드와 STATUS 모드를 선택할 수 있다.

[표 18.2] 어드레스 모드에서 데이터 레지스터 그룹 선택

BIT1	BIT0	MODE	TRANSFER
0	0	DATA0	Direct 어드레스 레지스터 : volume, bass boost, treble, peak 검출 위치, de-emphasis, mute ,mode filter 설정
			확장 어드레스 레지스터 : digital mixer control, AGC control, MIC sensitivity control, input gain, AGC time constant, AGC output level 설정
0	1	DATA1	UDA1341로부터 peak level value read-out
1	0	STATUS	reset, system clock frequency, data input format, DC-filter, input gain switch, output gain switch, polarity control, double speed, power control
1	1	X	-

어드레스 전송 모드에서 모드 선택이 끝나면, 데이터 전송 모드에서 실제 설정에 필요한 데이터를 전송한다. [표 18.3]을 보면서 데이터 전송 모드에서의 데이터 전송 방법에 대해 알아보자. 어드레스의 하위 2비트를 10b로 선택하면 STATUS 레지스터 모드를 선택한 것이다. [표 18.3]은 STATUS 모드에서의 레지스터 그룹이다. Bit[7:0]은 데이터 전송 모드에서 전송한 데이터 값을 의미한다. 데이터 BIT[7] 값에 따라 선택되는 항목이 바뀌게 된다.

[표 18.3] STATUS CONTROL

BIT7	BIT6	BIT5	BIT4	BIT3	BIT2	BIT1	BIT0	설 명
0	RST	SC1	SC0	IF2	IF1	IF0	DC	RST = reset
								SC=시스템 클럭 주파수(2bit)
								IF = 데이터 입력 포맷(3bit)
								DC = DC-Filter
1	OGS	IGS	PAD	PDA	DS	PC1	PC0	OGS = 출력 Gain switch
								IGS = 입력 Gain switch
								PAD = ADC 극성
								PDA = DAC 극성
								DS = double speed
								PC = power control(2bit)

여기서 간단하게 예를 들어보자. Bit[7:0]=01000000b로 설정하였다면, Bit[7]=0이므로 [표 18.3]에서 위의 항목이 선택되고, RST=1이 되므로 칩을 리셋한다는 설정이다. 이런 방법으로 UDA1341TS 디바이스를 초기화하고 여러 기능들을 제어할 수 있다. 다른 모드들도 같은 방법으로 설정할 수 있다. 다른 모드에 대해서는 데이터쉬트를 참조하도록 하고 여기에서는 사용하는 항목에 대해서만 설명하도록 하겠다.

void Init1341(int mode)

```
void Init1341(int mode)
{
    //Port Initialize
    //----------------------------------------------------------
    //   PORT B GROUP
    //Ports  :   GPB4      GPB3    GPB2
    //Signal :  L3CLOCK L3DATA    L3MODE
    //Setting:  OUTPUT    OUTPUT  OUTPUT
    //           [9:8]       [7:6]       [5:4]
    //Binary :      01,         01,          01
    //----------------------------------------------------------

    //Start condition : L3M=H, L3C=H
    rGPBDAT = rGPBDAT & ~(L3M|L3C|L3D) |(L3M|L3C) ;
    //The pull up function is disabled GPB[4:2] 1 1100
    rGPBUP = rGPBUP & ~(0x7<<2) |(0x7<<2) ;
    //GPB[4:2]=Output(L3CLOCK):Output(L3DATA):Output(L3MODE)
    rGPBCON = rGPBCON & ~(0x3f<<4) |(0x15<<4) ;

    //L3 Interface
    _WrL3Addr(0x14 + 2) ;                        // STATUS (000101xx+10)
    //0, 1, 01, 000, 0 : Status 0, Reset, 384fs, IIS-bus, no DC-filtering
    _WrL3Data(0x50, 0);

    _WrL3Addr(0x14 + 2) ;                        // STATUS (000101xx+10)
    _WrL3Data(0x81, 0) ;                         // bit[7:0] => 1,0,0,0, 0,0,01
}
```

Init1341() 함수는 UDA1341TS 디바이스를 초기화 해주는 내용으로 구성되어 있다. 그 내용을 보면 우선, L3 인터페이스를 위한 포트를 설정한다. GPB[4:2]인 L3CLOCK, L3DATA, L3MODE 세 단자를 각각 출력 핀으로 설정하고, L3MODE(L3M)와 L3CLOCK(L3C) 출력을 High로 출력한다. 포트 초기화 후에 UDA1341TS의 상태 제어(Status Control) 레지스터 그룹을 설정하여 UDA1341TS을 우리가 사용하고자 하는 용도에 맞도록 초기화해야 한다.

리스트에서 _WrL3Addr(0x14+2)는 어드레스 모드를 나타내는 함수이다. 여기서 함수로 전달되는 인수를 보면 0x16이다. 즉 00010110b인데, 앞의 6비트 000101b는 UDA1341TS 칩의 디바이스 어드레스를 나타내고 뒤에 10b는 [표 18.2]에서 보듯이 UDA1341TS 'Status 모드' 레지스터 그룹을 선택하는 것이다.

_WrL3Data(0x50,0)는 데이터 전송모드 함수로서 UDA1341TS의 상태 제어를 위한 데이터 0x50을 전송하는 함수이다. 이것은 01010000b이므로 Bit[6]=1, Bit[4]=1로 설정하는 것이다. 즉 RST=1, SC0=1이므로 리셋을 하고 시스템 클럭을 384fs로 설정하는 것이다. 다시 _WrL3Addr(0x14+2) 함수를 실행해 두번째 상태 제어를 위한 어드레스를 출력하고, _WrL3Data(0x81, 0) 함수를 실행해 두번째 상태 제어값을 전송한다.

이번에는 모드는 그대로 선택하고 데이터를 0x81값을 전송하였다. 0x81은 10000001b이므로 [표 18.3]에서 아래 항목들이 선택되고 Bit[0]=1이 설정된 것이다. PC0=1이므로 이 설정은 UDA1341TS 내부 DAC를 On한다는 것이다. [표 18.4]는 STATUS 모드의 해당 비트들 설정값으로 표와 비교해 보길 바란다.

[표 18.4] STATUS 모드에서의 설정 비트

비트명		기 능(Bit7=0)
RST		
0		No Reset
1		Reset
SC1	SC0	
0	0	512fs
1	1	384fs
0	0	256fs
1	1	Not used
DC		
0		No DC filtering
1		DC filtering

비트명			기 능(Bit7=0)
IF2	IF1	IF0	
0	0	0	IIS Bus
0	0	1	LSB-Justified 16bits
0	1	0	LSB-Justified 18bits
0	1	1	LSB-Justified 20bits
1	0	0	MSB-Justified
1	0	1	LSB-Justified 16bits input MSB-Justified output
1	1	0	LSB-Justified 18bits input MSB-Justified output
1	1	1	LSB-Justified 20bits input MSB-Justified output

비트명	기 능(Bit7=1)
OGS	
0	0dB
1	6dB
IGS	
0	0dB
1	6dB
PAD	
0	Non-inverting
1	inverting
PDA	
0	Non-inverting
1	inverting

비트명		기 능(Bit7=1)	
DS			
0		Single speed feedback	
1		double speed feedback	
PC1	PC0	ADC	DAC
0	0	Off	Off
0	1	Off	On
1	0	On	Off
1	1	On	On

여기까지 설정하고 나면, IIS버스를 통해 사운드 데이터를 전송받아 스피커 쪽으로 출력하기 위한 기본설정을 끝낸 것이다.

다음의 [그림 18.7]은 다중 전송시의 어드레스 출력 및 데이터 출력에 대한 타이밍도이다. 여기서 t_{stp}(L3)라는 타이밍이 있는데 이를 L3MODE Halt Time 이라고도 말한다. 이 시간 동안 L3CLOCK이 High를 유지하고 있어야 하며, UDA1341TS의 경우 최소 190ns 이상을 유지하여야 한다. 이 타이밍은 다중 전송시뿐만 아니라 데이터 전송 모드에도 해당되는 것이다. 이 부분에 대해서는 소스 코드에서도 wait() 함수를 실행해 처리하도록 하였다.

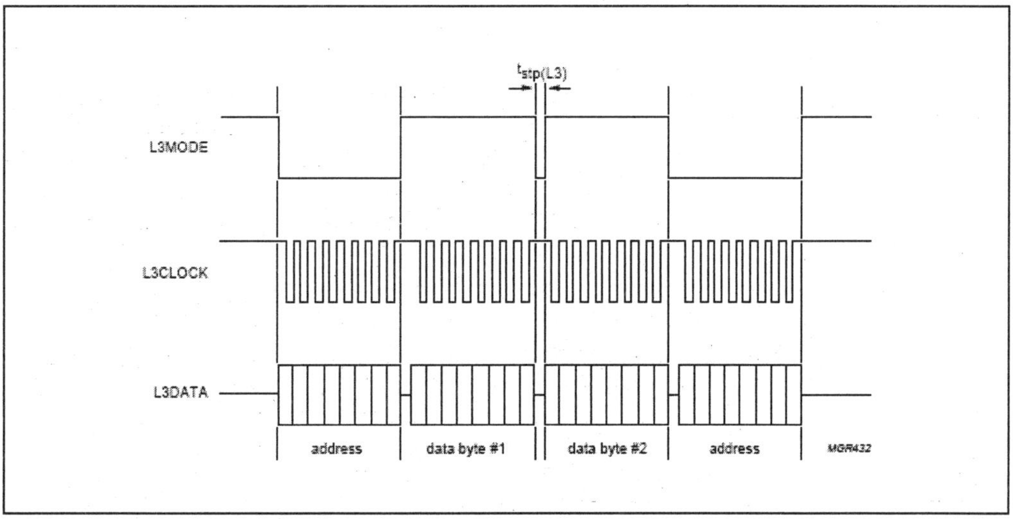

[그림 18.7] 다중 데이터 전송 타이밍

Void IIS_PlayWave_DMA2(unsigned char *start_addr, U32 play_size)

```
void IIS_PlayWave_DMA2(unsigned char *start_addr, U32 play_size)
{
     pISR_DMA2  = (unsigned)DMA2_Done ;
     pISR_EINT0 = (unsigned)Muting ;

     rIISCON = (1<<5) + (1<<2) + (0<<1) ;
     rIISMOD = (1<<9)+(0<<8) + (2<<6) + (0<<5) + (0<<4) + (1<<3) + (1<<2)+
               (1<<0) ;
     rIISFCON = (1<<15) + (1<<13) ;

     Uart_Printf("\nIISLRCK = %d Hz", (int) IIS_Codec_CLK/384) ;
     rINTMSK     = ~(BIT_EINT0 | BIT_DMA2) ;
```

```
    //DMA2 Register Setting
    rDISRC2  = (int)(start_addr) ;
    rDISRCC2 = (0<<1) + (0<<0) ;
    rDIDST2  = ((U32)IISFIFO) ;
    rDIDSTC2 = (0<<2) + (1<<1) + (1<<0) ;
    rDCON2   = (1<<31)+(0<<30)+(1<<29)+(0<<28)+(0<<27)+(0<<24)+(1<<23)+
               (0<<22)+(1<<20)+(play_size/2) ;

    //No-stop, DMA2 channel On, and No-sw trigger
    rDMASKTRIG2 = (0<<2) + (1<<1) + (0<<0) ;

    Uart_Printf("\nIf you want to mute or no mute,
               Push the 'EIN0' button repeatedly.\n") ;
    Uart_Printf("Press any key to exit!\n") ;
    Uart_Printf("\nPlay...\n") ;

    //IIS Tx Start
    rIISCON |= 0x1 ;                        // IIS Interface start

    while(!Uart_GetKey());

    //IIS Tx Stop
    Delay(10) ;                             // For end of H/W Tx
    rIISCON  &= ~(1<<0) ;                   // IIS Interface stop

    rDMASKTRIG2  = (1<<2) ;                 // DMA2 stop
    rIISFCON = 0x0 ;                        // For FIFO flush

    rINTMSK |= (BIT_EINT0 | BIT_DMA2) ;

    Uart_Printf("\nEnd of Play!\n") ;
}
```

IIS_PlayWave_DMA2() 함수는 0x31000000번지로 다운로드한 웨이브 파일을 DMA를 이용해 IIS 컨트롤러 FIFO에 전송하는 함수이다. IIS FIFO에 사운드 데이터를 전송하면 IIS 컨트롤러는 이 데이터를 UDA1341TS에 다시 전송한다.

프로그램에서는 이 일련의 과정을 처리하도록 IIS 관련 레지스터를 설정하고 있다. IIS 프리스케일러 설정 Disable, Transmit DMA service Enable, 마스터 클럭을 MPLLin로 설정, Master 모드, Transmit 모드, IIS 포맷, 16비트, 384fs, 32fs, Transmit FIFO 액세스 모드를 DMA모드로, Transmit FIFO Enable 등 IIS 사용을 위한 초기화 및 데이터 전송을 위한 DMA 설정을 한다.

DMA 레지스터 설정을 보자. DMA 전송에 사용되는 소스 어드레스(0x31000000+0x30), 목적지 어드레스 설정(IISFIFO), DISRCC2 설정을 통해 DMA 소스 어드레스의 위치가 AHB 버스상에 존재함을 설정하고(Sdram 메모리이기 때문), DMA 전송 시마다 소스 어드레스는 증가해야 하므로 Increment를 설정한다.

DIDSTC2 설정을 통해 목적지 주소는 고정 주소로 설정하고, APB 버스에 연결된 것으로 설정한다. 그리고 TC값이 0이 될 때 인터럽트가 발생하도록 설정한다.

DCON2 설정을 통해 Handshake 모드 선택, SYNC, INT, TSZ, SERVMODE, DMA request 소스 선택, SWHW_SEL, TC가 0이 되었을 때 오토-리로드 설정, 전송 데이터 크기, TC(Transfer Count)값 등을 설정한다.

DMASKTRIG2 설정을 통하여 DMA 정지에 대한 설정 및 DMA 채널 On/Off, 소프트웨어모드에서의 DMA request 트리거에 대하여 설정한다. DMA에 대한 자세한 내용은 20장에서 다시 설명하도록 하겠다. 레지스터 내용을 함께 보면서 설정값과 직접 비교해 보면 이해가 편할 것이다.

IISCON[0]번 비트를 1로 셋 시켜 IIS 동작을 시작하고, IIS 컨트롤러는 DMA request 신호를 보내어 DMA 데이터 전송이 시작된다. 이제부터 DMA는 설정한대로 자동적으로 데이터 블록을 전송하고 프로그램에서 멈추고자 할 때까지 동작하게 된다. 여기서는 PC 키보드 입력이 들어오면 IIS 및 DMA 동작을 멈추고 루틴을 빠져나간다.

__irq DMA2_Done & __irq RxInt(void)

```
void __irq DMA2_Done(void)
{
    ClearPending(BIT_DMA2) ;                // Clear pending bit
     Uart_Printf("\n@@@") ;
}
void __irq RxInt(void)
{
    rSUBSRCPND=BIT_SUB_RXD0 ;          // Clear pending bit (Requested)
    rSUBSRCPND ;
    ClearPending(BIT_UART0) ;

    *_temp ++= RdURXH0() ;
}
```

바로 앞의 리스트는 인터럽트 서비스 함수에 대한 코드이다. 하나는 DMA 인터럽트이고 다른 하나는 UART Rx 인터럽트이다. 본 프로그램에서는 UART 채널로 웨이브 파일을 다운받으며, 데이터 수신시마다 Rx 인터럽트가 발생한다. DMA는 TC에 설정한 데이터 블록 크기만큼의 데이터 전송을 완료할 때마다 인터럽트가 걸리도록 DMA 레지스터를 설정하였다. 한 번 전송이 끝날 때마다 화면에 '@@@'가 표시되는 것을 확인할 수 있다. DMA 레지스터에 오토-리로드로 설정을 하였기 때문에 CURR_TC가 0이 되면 TC값이 다시 로드되어 반복해서 동작하게 된다.

void __irq Muting(void)

```
void __irq Muting(void)
{
    ClearPending(BIT_EINT0) ;                    // Clear pending bit

    if(mute)    //Mute
    {
      _WrL3Addr(0x14 + 0) ;                      // DATA0 (000101xx+00)
      _WrL3Data(0xa4, 0) ;                       // 10,1,00,1,00:after, no de-emp, mute, flat
      mute = 0 ;
      Uart_Printf("\nMute on...\n") ;
    }
    else                                         // No mute
    {
      _WrL3Addr(0x14 + 0) ;                      // DATA0 (000101xx+00)
      _WrL3Data(0xa0, 0) ;                       // 10,1,00,0,00:after, no de-emp, no mute, flat
      mute = 1 ;
      Uart_Printf("\nMute off...\n") ;
    }
}
```

이 부분은 외부 인터럽트 서비스 함수소스 코드이다. UDA1341TS의 DSP 기능 중 Mute를 테스트하기 위한 루틴이다. S1 스위치를 누르면 EINT0 인터럽트가 발생하고, 그때마다 Mute 기능이 Enable/Disable 하도록 되어 있다. 누를 때마다 Mute 값은 반전되고 화면에 메시지를 출력한다.

소스코드를 보자. Mute 조건일 경우를 보면 _WrL3Addr(0x14+0)를 실행하고 _WrL3Data (0xa4, 0)를 실행한다. 앞부분에서 설명하였는데 _WrL3Addr() 함수는 어드레스를 출력하는 함수이고 인자값이 0x14이다. 즉, 00010100b이다. 앞 6비트는 디바이스 어드레스이고 하위 두 비트가 00b이므로 DATA0 모드를 선택한 것이다. DATA0 (direct 어드레스 레지스터) 모드([표 18.2])에서는 volume, bass boost, treble, peak 검출 위치, de-emphasis, mute, mode filter 등을 설정할 수 있다. [표 18.5]는 DATA0 모드의 설정값을 보여주고 있다. 여기서는 _WrL3Data(0xa4, 0) 함수를 실행해 0xa4 즉, 10100100b를 전송한다. 상위 두 비트가 10b이므로 표에서 세번째 항목에 대한 설정을 의미한다. 데이터 값에서 하위 세번째 비트가 1이므로 Mute 기능을 설정하겠다는 의미이다.

[표 18.5] DATAO 모드 CONTROL

BIT7	BIT6	BIT5	BIT4	BIT3	BIT2	BIT1	BIT0	기 능
0	0	VC5	VC4	VC3	VC2	VC1	VC0	VC = volume control(6bit)
0	1	BB3	BB2	BB1	BB0	TR1	TR0	BB = bass boost(4bit) TR = treble(2bit)
1	0	PP	DE1	DE0	MT	M1	M0	PP = peak detection position DE = de-emphasis(2bit) MT = mute M = mode switch(2bit)
1	1	0	0	0	EA2	EA1	EA0	EA = extened address(3bit)
1	1	1	ED4	ED3	ED2	ED1	ED0	ED = extened data(5bit)

[표 18.6] DATAO 모드 설정값

비 트		기 능
MT		
0		No Mute
1		Mute
DE1	DE0	
0	0	No de-emphasis
0	1	de-emphasis : 32KHz
1	0	de-emphasis : 44.1KHz
1	1	de-emphasis : 48KHz

[표 18.6]과 같이 MT값이 1로 설정되어 있으므로 MUTE 기능이 동작하는 것이다. DE1, DE0은 00b로 설정되어 있으며 PP(Peak 검출 위치 설정)는 1로 설정되어 있다. 만약 Volume을 제어하고 싶다면 상위 2비트 값이 00b여야 하므로 데이터 값을 00XXXXXXb 형태로 전송하면 된다. 하위 6비트 값으로 Volume을 설정을 할 수 있으며, 그 범위는 0dB에서 -∞dB까지로 값이 1증가할 때마다 1dB 단위로 변화한다. 다음의 [그림 18.8]은 Iis_uda1341.bin을 다운로드 하여 실행한 화면이다. IIS 마스터 클럭을 MPLLin(XTal)인 16.93MHz로 설정하였다. 이 상태에서 DNW 메뉴의 [Serial Port]→[Transmit]를 실행해 웨이브 파일을 선택하면 UART 채널을 통해 MSTK2440에 다운로드 된다. 다운로드가 완료되면 DMA가 동작하고 화면에 '@@@'

라는 문자를 확인할 수 있다.

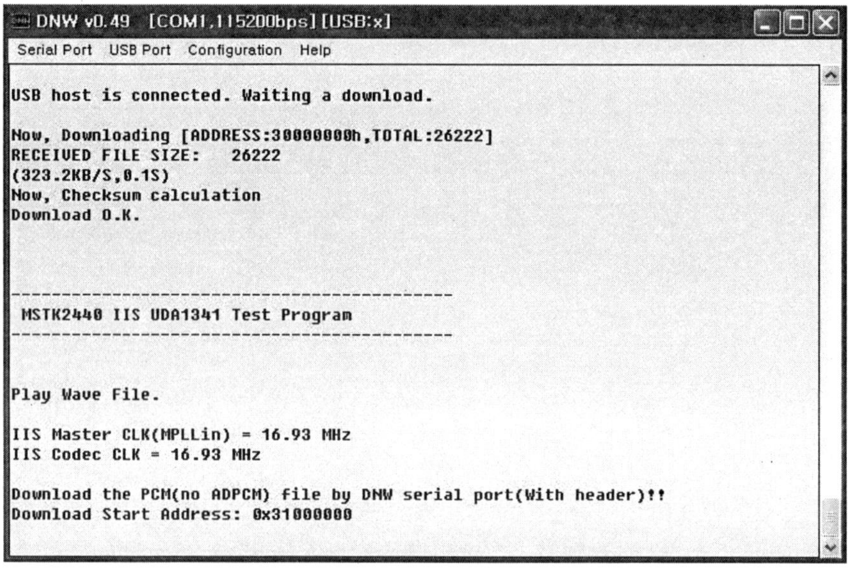

[그림 18.8] Iis_uda1341 실행 화면

이 상태에서 외부 인터럽트 스위치(EINT0)를 누르면 Mute On이 되고, 다시 누르면 Mute off 상태로 된다. 이 동작은 스위치를 누를 때마다 반전된다.

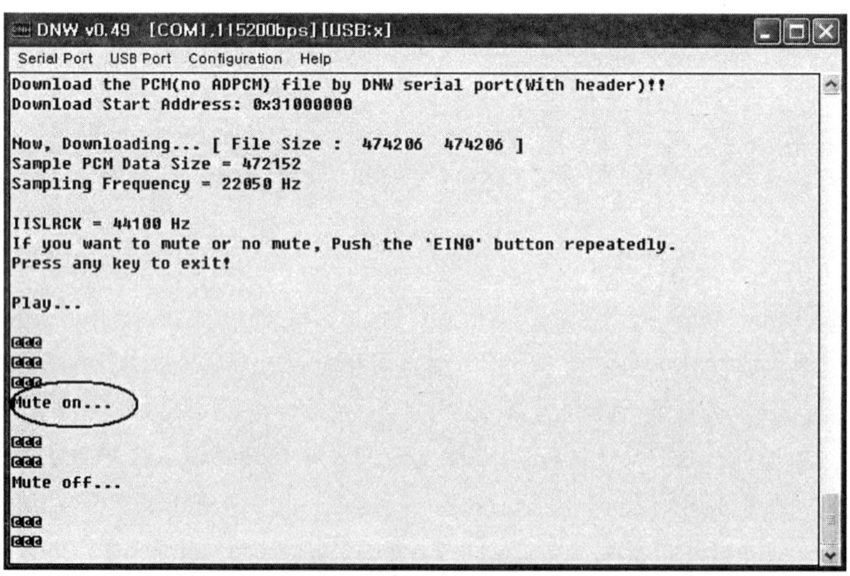

[그림 18.9] 웨이브 파일 플레이 화면

제19장 Clock & Power Management

19.1 Clock & Power Management 기능 연습

(SLOW 모드, IDLE 모드, SLEEP 모드)

19. Clock & Power Management

클럭과 전원관리 블록은 클럭제어(Clock Control)로직, USB제어(USB Control)로직, 전원제어(Power Control)로직 이렇게 세 부분으로 구성된다. 클럭제어로직(Clock Control Logic)에서 FCLK(CPU 클럭), HCLK(AHB 버스 클럭), 그리고 PCLK(APB 버스 클럭)에 필요한 클럭을 발생시킨다.

S3C2440A에는 두 개의 PLL(Phase Locked Loop)을 내장하고 있다. FCLK와 HCLK, 그리고 PCLK에 사용되어지는 PLL(MPLL) 한 개와 USB 블록(48MHz)에 사용되는 PLL(UPLL) 한 개이다. 클럭제어로직에서는 PLL을 사용하지 않는 저속 클럭 발생이 가능하며, 또한 전력소비를 줄이기 위해 각각의 내부장치에 클럭을 공급할 것인지 말 것인지의 제어가 가능하다.

CPU가 동작함에 있어 전원제어로직(Power Control Logic)에서는 소비전력을 줄이기 위해 여러 가지 동작 모드를 제공한다. 실제로 S3C2440A에서는 네 가지의 전원모드가 있다.

- **NORMAL 모드** : 모든 내부장치들에 클럭 공급이 가능한 모드이다. 이 모드에서 모든 장치들이 동작하면 전력소비는 최대가 된다. 단, 사용하지 않는 내부장치들의 클럭을 중지시켜 전력소비를 줄일 수 있다.
- **SLOW 모드** : 대개 클럭속도가 높아지면 그 만큼 소비전력도 증가한다. SLOW모드에서는 내부의 PLL을 사용하지 않고 외부클럭을 입력받아 사용한다. PLL에서의 전력소비를 줄일 수 있다.
- **IDLE 모드** : FCLK에 공급되는 클럭을 중지시키는 모드이다. CPU코어에서 소비되는 전력소모를 줄일 수 있다. 다른 장치들에는 클럭을 공급하므로 인터럽트 요구에 의해서 IDLE 모드에서 탈출할 수 있다.
- **SLEEP 모드** : 이 모드에서는 내부의 전원공급 자체를 중지시킨다. Wake-Up 로직에만 전원을 공급하여 대부분의 전력소비를 차단시킨다. EINT[15:0] 또는 RTC 알람(Alarm) 인터럽트에 의해 모드 탈출이 가능하다.

S3C2410A, S3C2440A ARM 프로세서는 휴대폰, PDA, 네비게이션 등에 주로 사용되는 모바일 프로세서이다. 따라서 전원 부분에 대한 다양한 모드를 제공함으로써 전력소비를 최대한 줄이고자 하는 것이다. 우리가 요즘 사용하는 휴대장치들이 다양하고 화려

한 기능들을 많이 제공하고 있지만 아직도 전원부분(배터리)에 대한 기술은 이러한 기술의 진보를 받쳐주지 못하고 있다.

따라서 좀더 소비전력을 줄이고자 하는 노력이 진행되어 왔으며, 여기서 사용하고자하는 ARM 프로세서가 각광을 받는 이유 중 하나가 저전력이라는 점에 있다. 또한 전력소비를 최소화하기 위해 다양한 모드 기능을 지원하고 있어 최적의 어플리케이션을 만들 수 있다.

[그림 19.1]은 S3C2440A 프로세서의 내부 Peripheral 블록 로직의 전력소비를 나타내는 표이다. 전력소비가 각 블록별로 어떠한지 한눈에 알아볼 수 있다. 더욱 놀라운 건 다 합하더라도 LED 두 개 정도의 전력을 소비한다는 것이다.

(Unit: mA)

Peripherals	NFC	LCD	USBH	USBD	Timer	SDI	UART	RTC	ADC	IIC	IIS	SPI	Camera	Total
Current	1.7	2.8	0.37	0.79	0.32	1.0	2.7	0.45	0.26	0.32	0.78	0.16	14.25	26.26

[그림 19.1] 내부 장치들의 소비전력

[그림 19.1]은 FCLK:HCLK:PCLK = 300:100:50MHz, 1.2V를 사용하였을 때를 기준으로 측정한 것이다. 이 그림은 각 Peripheral의 소비전력을 나타낸 것으로 만약 카메라를 사용하지 않는다면, Camera 블록의 공급 클럭을 차단할 수 있으며 그렇게 하면 대략 14.25mA의 내부 블록 소비전력을 줄일 수 있다. 프로세서 내부 CLKCON 레지스터 설정으로 제어가 가능하다.

카메라 블록을 포함한 총 소비전력이 26.26mA이고 여기에 카메라 블록을 제외한다면 대략 12mA 정도 된다. LED 한 개의 소비전력과 비슷한 수준이다. 또한 IDLE, SLOW, SLEEP 모드를 통해서 전체적인 소비전력을 줄이는 방법이 있다. 각각의 모드에서 다시 설명하도록 하겠다. [표 19.1]은 4장에서도 이미 나왔던 내용이지만 다시 한 번 살펴보자.

[표 19.1] 각 전원모드 별 클럭과 전원상태

모드	ARM920T	AHB Modules(1) / WDT	전원관리	GPIO	RTC 클럭	APB Modules (2) & USBH/LCD/NAND
NORMAL	O	O	O	SEL	O	SEL
IDLE	X	O	O	SEL	O	SEL
SLOW	O	O	O	SEL	O	SEL
SLEEP	OFF	OFF	wake-up 이벤트 기다림	이전상태	O	OFF

USB Host, LCD 컨트롤러, NAND 컨트롤러와 WDT를 제외한 APB 인터페이스 블록들과 GPIO 블록들은 선택적으로 제어할 수 있으며, WDT를 포함하여 AHB 블록들은 같

은 묶음으로 제어한다. O은 Enable, X는 Disable, OFF는 파워오프를 나타낸다. NORMAL 모드와 IDLE 모드, SLOW 모드에 대해서는 전원관리를 통해서도 소비전력을 줄일 수 있다. RTC 클럭은 Wake-Up시 Alarm 인터럽트로 사용하기 때문에 항상 공급해 준다.

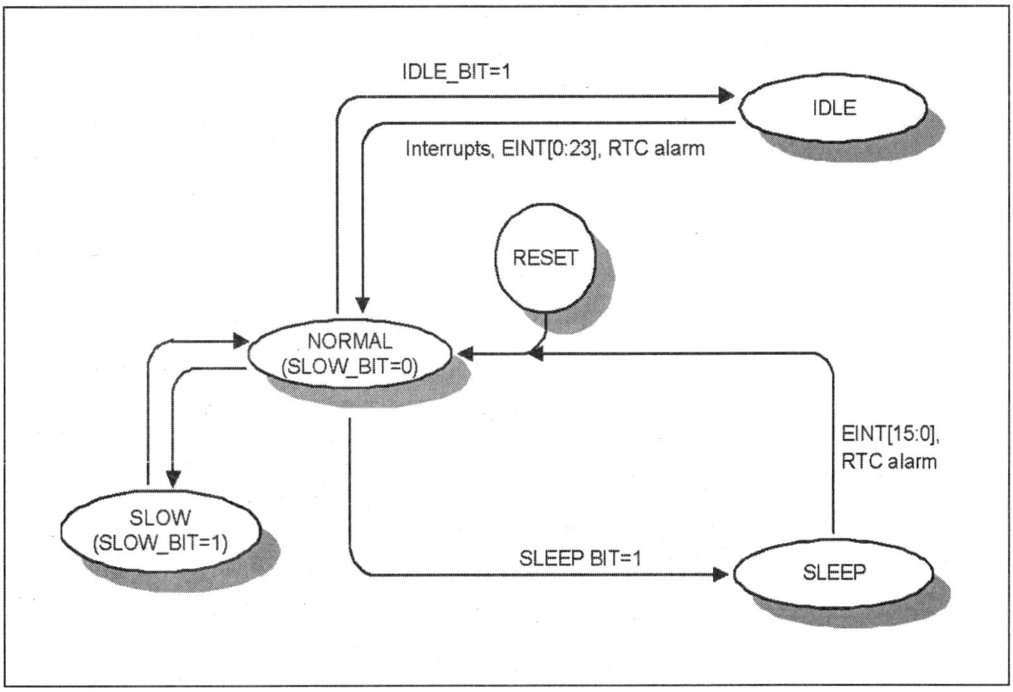

[그림 19.2] 전원모드의 상태도

[그림 19.2]를 보면 NORMAL 모드에서 각 모드로 전환 및 복귀되는 상황을 한눈에 알 수 있다. 지금부터는 각 모드별 세부사항 및 소스 코드 테스트를 통해서 내부적으로 어떻게 동작하는지를 검토해 보도록 하겠다.

19.1 Clock & Power Management 기능 연습

S3C2440A 프로세서는 클럭제어 로직과 전원제어 로직이 있어 전력손실을 최소화할 수 있다. 전원제어 로직 모드에는 SLOW 모드, IDLE 모드, SLEEP 모드, NORMAL 모드가 있다. 이러한 모드의 진입은 어떠한 방법으로 이루어지는지, 그리고 탈출은 어떻게 되는지에 대해서 알아보도록 하자.

19.1.1 SLOW 모드, IDLE 모드, SLEEP 모드 실험

MSTK2440 전원을 켜고 Chapter19 폴더의 PLL_Power 폴더 안의 Pll_power.bin 이미지 파일을 다운로드 한다.

▶ 실험 내용

0번 SLOW 모드, 1번 IDLE 모드, 2번 SLEEP 모드 진입 테스트를 해보고, EINT0 인터럽트(External 스위치 입력) 및 Alarm 인터럽트를 통해서 모드 탈출을 실험해 보도록 하자.

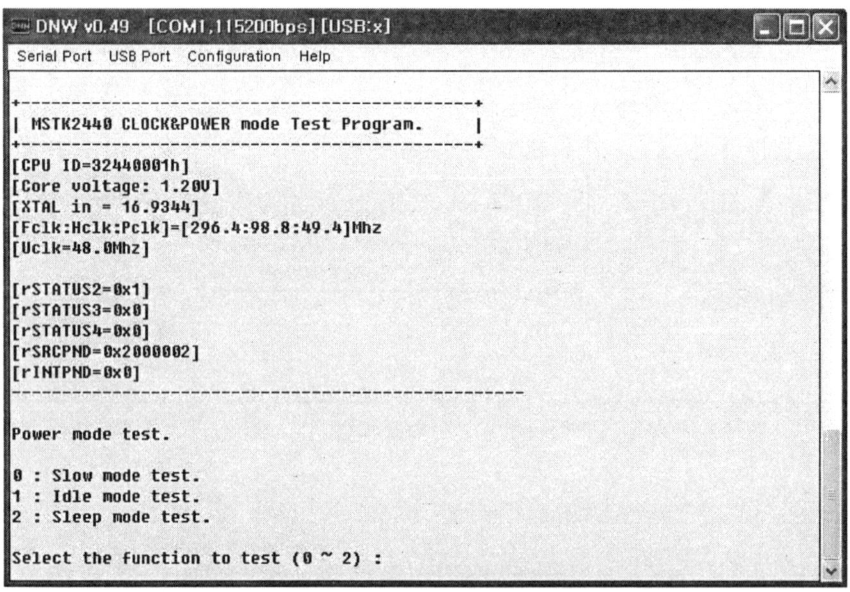

[그림 19.3] PLL_Power 프로젝트 실행화면

▶ 프로그램

ADS를 실행하여 Chapter19 폴더의 PLL_Power 폴더 안의 Pll_power.mcp 프로젝트 파일을 오픈 한다. 프로그램을 컴파일하고 DNW를 이용해 바이너리 파일을 다운로드 시켜 실행해 본다. main_app.c 리스트를 보자.

```
/*-----------------------------------------------------------------
  Project : MSTK2440 Clock & POWER TEST Program, Pll_Power.mcp
  Description : Clock & POWER 테스트 프로그램
-----------------------------------------------------------------*/
```

```
#include <stdlib.h>
#include <string.h>

#include "def.h"
#include "option.h"
#include "2440addr.h"
#include "2440lib.h"
#include "mmu.h"

void Isr_Init(void);

void Clk0_Enable(int clock_sel) ;
void Clk1_Enable(int clock_sel) ;
void Clk0_Disable(void) ;
void Clk1_Disable(void) ;

extern void Calc_Clock(int print_msg) ;
extern U32 Mdiv, Pdiv, Sdiv, Fclk, Hclk, Pclk, Hdivn, Pdivn, Hclk_Ratio, Pclk_Ratio,
Ref_Cnt ;

void Main(void)
{
    int i, voltage=120, ch ;

    Port_Init() ;

    MMU_Init() ;

    Calc_Clock(0) ;
    UPDATE_REFRESH(Hclk) ;

    Isr_Init() ;
    Uart_Init(0, 115200) ;
    Uart_Select(0) ;                        // UART0 console
    Uart_TxEmpty(0) ;

    Delay(0) ;                              // calibrate Delay()

    rDSC0 = (0<<31)|(0x3<<8)|(0xff<<0) ;
    rDSC1 = (0x3<<28)|(0x3<<26)|(0xfffff<<0) ;
    Uart_Printf("uDSC0/1:%x,%x\n", rDSC0, rDSC1) ;

    Uart_Printf("\n\n+---------------------------------------------+\n") ;
    Uart_Printf(     "| MSTK2440 CLOCK&POWER mode Test Program.      |\n") ;
    Uart_Printf(     "+---------------------------------------------+\n") ;
```

```
Uart_Printf("[CPU ID=%xh]\n", rGSTATUS1) ;

Uart_Printf("[Core voltage: %4.2fV]\n", (float)voltage/100) ;

Uart_Printf("[XTAL in = %6.4f]\n", (float)FIN/MEGA) ;
Uart_Printf("[Fclk:Hclk:Pclk]=[%4.1f:%4.1f:%4.1f]Mhz\n",
            (float)Fclk/MEGA, (float)Hclk/MEGA, (float)Pclk/MEGA) ;
Uart_Printf("[Uclk=%4.1fMhz]\n", (float)UCLK/MEGA) ;
Uart_Printf("\n") ;

Uart_Printf("[rSTATUS2=0x%x]\n", rGSTATUS2) ;
Uart_Printf("[rSTATUS3=0x%x]\n", rGSTATUS3) ;
Uart_Printf("[rSTATUS4=0x%x]\n", rGSTATUS4) ;
Uart_Printf("[rSRCPND=0x%x]\n", rSRCPND) ;
Uart_Printf("[rINTPND=0x%x]\n", rINTPND) ;

Clk0_Enable(2);// 0:MPLLin, 1:UPLL, 2:FCLK, 3:HCLK, 4:PCLK, 5:DCLK0
Clk1_Enable(3);// 0:MPLLout, 1:UPLL, 2:RTC, 3:HCLK, 4:PCLK, 5:DCLK1

Uart_Printf("-----------------------------------------------\n") ;
Uart_Printf("\nPower mode test.\n") ;

// Battery fault setting.
rMISCCR = (rMISCCR & ~(0x7<<20)) | (1<<22) | (1<<21) | (0<<20) ;

while(1) {
Uart_Printf("\n0 : Slow mode test.\n") ;
Uart_Printf("1 : Idle mode test.\n") ;
Uart_Printf("2 : Sleep mode test.\n") ;

Uart_Printf("\nSelect the function to test (0 ~ 2) : ") ;

ch = Uart_Getch() ;

if((ch>=0x30)&(ch<=0x32))
{
     Uart_Printf("%d\n", ch-'0') ;
     Uart_Printf("-------------------------------------------\r\n") ;
}
else Uart_Printf("\n") ;

switch(ch){
     case '0':
          Test_SlowMode() ;
          break ;
     case '1':
          Test_IdleMode() ;
```

```
                break ;
            case '2' :
                Test_SleepMode() ;
                break ;
            default :
                break ;
        }
        }
} // end of Main().

//===============================================================
void Isr_Init(void)
{
rINTMOD        = 0x0 ;                         // All=IRQ mode
rINTMSK        = BIT_ALLMSK ;                  // All interrupt is masked.
rINTSUBMSK     = BIT_SUB_ALLMSK ;              // All sub-interrupt is masked.
}

void Clk0_Enable(int clock_sel)
{    // 0:MPLLin, 1:UPLL, 2:FCLK, 3:HCLK, 4:PCLK, 5:DCLK0
    rMISCCR = rMISCCR&~(7<<4) | (clock_sel<<4) ;
    rGPHCON = rGPHCON&~(3<<18) | (2<<18) ;
}
void Clk1_Enable(int clock_sel)
{    // 0:MPLLout, 1:UPLL, 2:RTC, 3:HCLK, 4:PCLK, 5:DCLK1
    rMISCCR = rMISCCR&~(7<<8) | (clock_sel<<8) ;
    rGPHCON = rGPHCON&~(3<<20) | (2<<20) ;
}
void Clk0_Disable(void)
{
    rGPHCON = rGPHCON&~(3<<18) ;    // GPH9 Input
}
void Clk1_Disable(void)
{
    rGPHCON = rGPHCON&~(3<<20) ;    // GPH10 Input
}
```

SLOW 모드

SLOW 모드는 Non-PLL 모드라고도 한다. 즉 PLL을 사용하지 않기 때문이다. [그림 19.4]를 보면 SLOW_BIT가 1로 설정되면서 SLOW 모드로 진입하게 되고 FCLK 주파수가 변화됨을 볼 수 있다. PLL 로직을 사용하지 않는 SLOW 모드로의 진입만으로 전력소비가 감소한다.

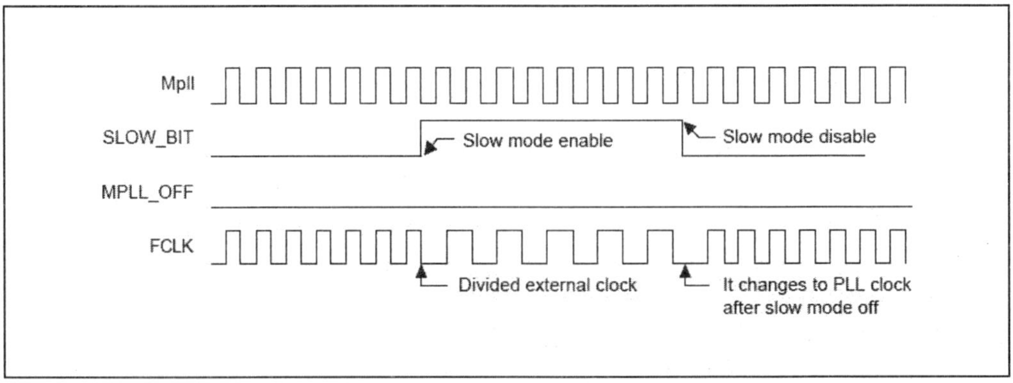

[그림 19.4] Slow 모드 진입

FCLK는 PLL 출력없이 입력 클럭(XTIpll or EXTCLK)의 Divider 값에 의해서 주파수가 설정된다. 그 분배비를 설정하는 부분이 다음의 CLKSLOW 레지스터의 [2:0] 세 비트인 SLOW_VAL 값이다. 또한 이 값은 CLKDIVN 레지스터의 HDIVN 값과 PDIVN 값에 의해서 FCLK:HCLK:PCLK 값이 나누어지게 된다.([그림 19.5] 참조)

레지스터	어드레스	R/W	설 명	초기값
CLKSLOW	0x4C000010	R/W	Slow clock control register	0x00000004

CLKDIVN	비트	설 명	초기값
UCLK_ON	[7]	0 : UCLK ON UPLL lock time은 자동적으로 insert 된다. 1 : UCLK OFF	0
Reserved	[6]	-	-
MPLL_OFF	[5]	0 : Turn on PLL 최소 300us의 정도의 PLL 안정화 시간 후에 SLOW_BIT가 0으로 clear될 수 있다. 1 : Turn off PLL SLOW_BIT가 1일 때 PLL은 off 된다.	0
SLOW_BIT	[4]	0 : FCLK = Mpll (MPLL Output) 1 : SLOW mode FCLK = 입력 클럭/(2XSLOW_VAL), SLOW_VAL>0 FCLK = 입력 클럭, SLOW_VAL = 0	0
Reserved	[3]	-	-
SLOW_VAL	[2:0]	SLOW_BIT가 ON 되어 있을 때의 SLOW clock 분배비	0x4

SLOW_VAL	FCLK	HCLK		PCLK		UCLK
		1/1 Option (HDIVN=0)	1/2 Option (HDIVN=1)	1/1 Option (PDIVN=0)	1/2 Option (PDIVN=1)	
0 0 0	EXTCLK or XTIpll / 1	EXTCLK or XTIpll / 1	EXTCLK or XTIpll / 2	HCLK	HCLK / 2	48 MHz
0 0 1	EXTCLK or XTIpll / 2	EXTCLK or XTIpll / 2	EXTCLK or XTIpll / 4	HCLK	HCLK / 2	48 MHz
0 1 0	EXTCLK or XTIpll / 4	EXTCLK or XTIpll / 4	EXTCLK or XTIpll / 8	HCLK	HCLK / 2	48 MHz
0 1 1	EXTCLK or XTIpll / 6	EXTCLK or XTIpll / 6	EXTCLK or XTIpll / 12	HCLK	HCLK / 2	48 MHz
1 0 0	EXTCLK or XTIpll / 8	EXTCLK or XTIpll / 8	EXTCLK or XTIpll / 16	HCLK	HCLK / 2	48 MHz
1 0 1	EXTCLK or XTIpll / 10	EXTCLK or XTIpll / 10	EXTCLK or XTIpll / 20	HCLK	HCLK / 2	48 MHz
1 1 0	EXTCLK or XTIpll / 12	EXTCLK or XTIpll / 12	EXTCLK or XTIpll / 24	HCLK	HCLK / 2	48 MHz
1 1 1	EXTCLK or XTIpll / 14	EXTCLK or XTIpll / 14	EXTCLK or XTIpll / 28	HCLK	HCLK / 2	48 MHz

[그림 19.5] SLOW_VAL값 설정

다음의 [그림 19.6]은 SLOW 모드에서 NORMAL 모드로 전환할 때 소프트웨어로 PLL Lock Time을 주고 모드를 변경할 때의 FCLK의 변화를 보여주고 있다. 그림에서 보듯이 모드 변경 후(CLKSLOW 레지스터의 SLOW_BIT=0) 바로 FCLK가 PLL 출력으로 전환됨을 확인할 수 있다.

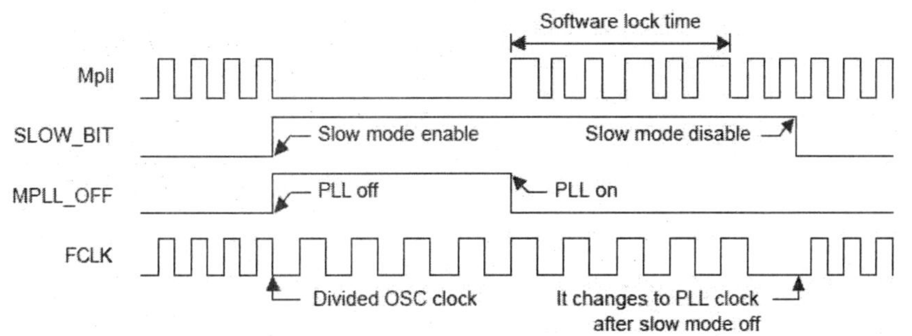

[그림 19.6] SLOW모드 → NORMAL 모드(소프트웨어 락타임)

[그림 19.7]에서 소프트웨어 PLL Lock Time 없이 SLOW 모드 Disable(SLOW_BIT=0) 설정 및 PLL ON(MPLL_OFF=0) 설정을 동시에 하면 그림과 같이 하드웨어적으로 Lock Time이 발생하고, 그 후에 FCLK 출력이 PLL 출력으로 바뀌게 된다.

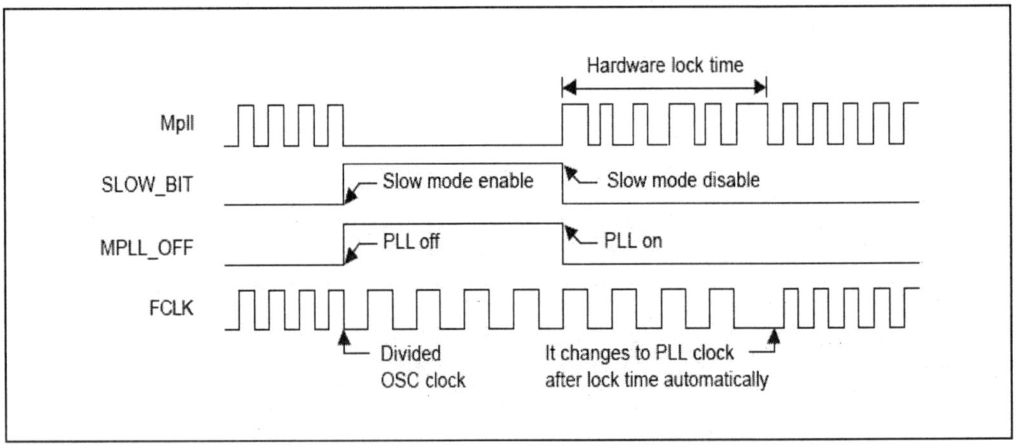

[그림 19.7] SLOW 모드 → NORMAL 모드(하드웨어 락타임)

Void SlowMode(void)

```
void SlowMode(void)
{
    int I ;
    unsigned int saveREFRESH ;

    slowExit=0 ;

    // GPIO and Interrupt setting
    rGPFCON=(rGPFCON & ~(0x3<<0)) | (0x2<<0) ;        // PF0=EINT0
    rEXTINT0=(rEXTINT0&~(0x7<<0)) | (0x2<<0) ;        // EINT0=falling edge triggered

    pISR_EINT0=(U32)SlowEint0Int;
    rINTMSK=~BIT_EINT0 ;                              // Unmask eint0

    Uart_Printf("[SLOW MODE TEST]\n") ;
    Uart_Printf("  Press EINT0 key to exit SLOW mode\n") ;
    Uart_Printf("  Check the CLKOUT0 pad clock is the same as X-tal input
                   in Slow mode.\n") ;
    Uart_Printf("  Compare the LED Blink speed at each mode.\n") ;
    Uart_Printf("\n  Press any key to enter slow mode.\n") ;
    Uart_TxEmpty(1);                      // To avoid being crushed the character

    Clk0_Enable(2);           // 0:MPLLin, 1:UPLL, 2:FCLK, 3:HCLK, 4:PCLK, 5:DCLK0

    while(!slowExit) {
        Led_Display(0xa) ;
        for(i=0; i<1000000; i++) ;
```

```
            Led_Display(0x5) ;
            for(i=0; i<1000000; i++) ;

            if(Uart_GetKey()!=0) break ;
        }
    //FCLK=FIN/1, SLOW mode, MPLL=off, UPLL=off
    rCLKSLOW=(1<<7)|(1<<5)|(1<<4)|(0<<0) ;

    // Re-setting the refresh count for 12MHz HCLK.
    saveREFRESH=rREFRESH ;
    rREFRESH=(1<<23)|(U32)(2048+1-12*7.8) ;          // Trp=2clk, Trc=4clk

    while(!slowExit) {
        Led_Display(0xa) ;
        //DoQsort() ;
        for(i=0; i<1000000; i++) ;

        Led_Display(0x5) ;
        //DoQsort() ;
        for(i=0; i<1000000; i++) ;
    }

    rINTMSK=BIT_ALLMSK ;

    rCLKSLOW=0|(1<<4)|(0<<5) ;          // PLL on,MPLL=on
    for(i=0;i<2048;i++);                // S/W MPLL lock-time
    rCLKSLOW=0|(0<<4)|(0<<5) ;          // NORMAL mode, PLL on, MPLL=on
}
```

SLOW 모드에서는 Wake-Up으로 외부 인터럽트를 사용하였다. 특별한 이유는 없고 테스트하기 가장 편리한 방법이기 때문이며, 사용자 용도에 맞도록 변경할 수 있다. 코드를 살펴보면 외부 인터럽트를 사용하기 위한 초기화 과정이 있다. GPF0 단자를 EINT0으로 사용하는 설정과 트리거 레벨을 설정하고 인터럽트 서비스 함수 시작 주소를 대입한다. 마스크 비트를 언마스크 함으로써 이후부터 외부 인터럽트를 활성화시킨다. MSTK2440에서는 EINT0을 테스트 할 수 있는 스위치가 실장되어 있어 버튼을 눌러 해당 인터럽트를 발생시킬 수 있다. Clk0_Enable(2) 함수를 통해서 CLKOUT0 핀으로 출력이 나오게 설정하였고 FCLK 출력을 확인하고자 인수에 2를 대입하였다.

그 후 무한루프로 들어가서 LED 출력 및 루프를 빠져나가기 위한 UART로의 키 입력을 감시한다. 키 입력이 들어오면 루프를 빠져나오고 CLKSLOW 설정을 통해서 SLOW 모드로 진입하게 되는 것이다. CLKSLOW 레지스터 4, 5, 7번 비트에 1을 대입함으로써 PLL을 끄고 SLOW 모드로 진입하는 설정을 한다.

이때 CLKOUT0 단자를 오실로스코프 등으로 확인해 보면 외부 클럭이 출력되는 것을 확인 할 수 있을 것이다. 0번 비트인 SLOW_VAL은 0으로 설정하였으므로 외부 클럭 주파수가 확인된다. MSTK2440 보드에는 CON12 외부 확장 커넥터에 출력 포트를 확보하였으므로 회로도를 참조하여 파형을 확인해보기 바란다.

CLKSLOW 레지스터 설정 후 무한 루프로 들어가서 LED를 ON/OFF 하며, 이 무한 루프는 slowExit 변수를 조건으로 동작하게 된다.

해당 인터럽트가 발생하여 변수에 1을 대입하면 무한루프를 빠져나오고, rCLKSLOW =0|(1<<4)|(0<<5)를 통해 PLL을 On 한다. 300us 정도 후에 SLOW_BIT를 0으로 클리어 할 수 있으므로 for(i=0;i<2048;i++) 문을 통해 일정 시간의 소프트웨어 MPLL Lock Time을 주고 rCLKSLOW=0| (0<<4)|(0<<5) 문을 통해 SLOW 모드를 탈출하여 NORMAL 모드로 진입하게 된다.

다음의 외부 인터럽트 서비스 함수는 SLOW_ESC 변수를 1로 설정하여 SLOW 모드에서의 무한루프를 빠져나오도록 한다.

void __irq SlowEint0Int(void)

```
void __irq SlowEint0Int(void)
{
    ClearPending(BIT_EINT0) ;
    SLOW_ESC=1 ;
}
```

여기까지 설명한 내용을 실험을 통해 확인해 보자.

[그림 19.8]은 SLOW 모드 진입을 실행했을 때 화면이다. 프로그램이 처음 실행되면 Normal 모드에서 for 루프에 의해 지연된 시간 주기로 LED가 비교적 빠르게 점등된다. PC 키보드의 아무 키나 눌러주면 SLOW 모드로 진입하고 LED가 느리게 점등되는 것을 확인할 수 있다.

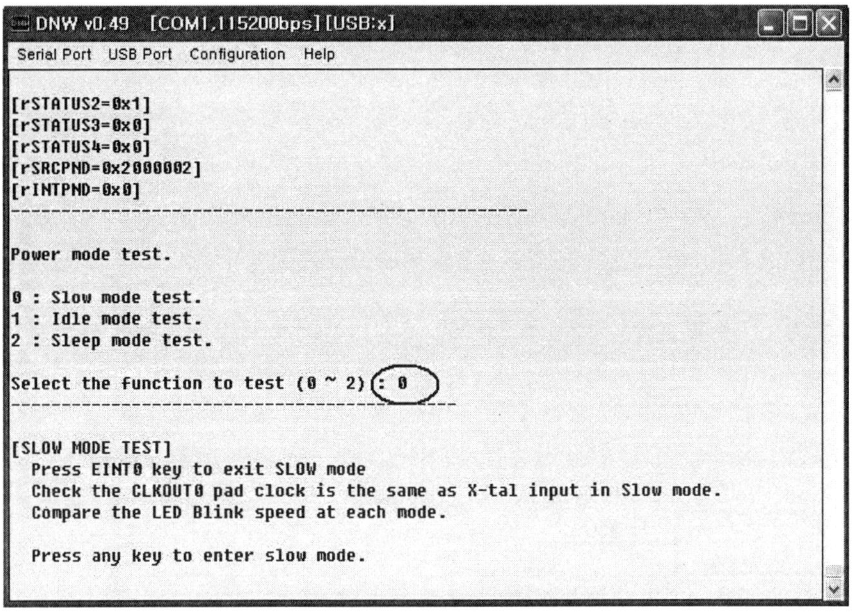

[그림 19.8] SLOW 모드 진입 실험

IDLE 모드

여기서 DVS에 대해 잠시 언급하고자 한다. DVS 란 Dynamic Voltage Scaling의 약자로 IDLE 모드에서 전압 조정을 통해 소비전력을 줄이는데 효과가 아주 좋은 방법이다. ARM 프로세서가 IDLE 모드로 진입하거나 FULL로 동작할 필요가 없는 경우 내부 블록 전압(VDDi)과 코어 전압(VDDiarm)을 떨어트려서 소비전력을 낮추는 것이다. DVS 방법에는 전압을 조절하는 방법과 클럭을 조절하는 방법이 있다. 코어 전압을 조절하는 방식으로의 DVS로는 최대 50% 정도의 소비전력을 줄이는 효과가 있다.

DVS Pins	Voltage spec.	Normal operating voltage	DVS low voltage
VDDiarm	300Mhz: 1.2V(1.15V ~ 1.25V) 400Mhz: 1.3V(1.25V ~ 1.35V)	300Mhz: 1.2V 400Mhz: 1.3V	Min 1.0V
VDDi	300Mhz: 1.2V(1.15V ~ 1.25V) 400Mhz: 1.3V(1.25V ~ 1.35V)	300Mhz: 1.2V 400Mhz: 1.3V	Min 1.0V

[그림 19.9] DVS 전압 공급 범위

ARM 프로세서가 IDLE 모드로 진입하게 되면 그 진입한 위치에서 동작을 멈추게 된다. 그 후 외부 Wake-Up 이벤트가 발생하면 그 위치부터 다시 동작하게 된다. 반면 SLEEP 모드에서는 재부팅을 하며 특정 위치로 분기하여 SDRAM 메모리 초기화 및 스택 초기화 등의 작업을 한다. 근본적으로 동작에 차이가 있다. DVS 전원

공급 핀은 VDDi(Internal block power)와 VDDiarm(ARM920T power)에 연결한다. DVS에는 둘 이상의 다양한 전압공급이 필요하다. 하나는 NORMAL 모드에서의 정상 전압 공급이 가능하여야 하고 다른 하나는 DVS 동작을 위한 low level 전압 공급이 가능하여야 한다.

[그림 19.9]는 DVS의 High 레벨 및 Low 레벨 전압 범위를 표시하고 있다.

[그림 19.10]과 [그림 19.11]을 같이 보면 이해가 빠를 것이다.

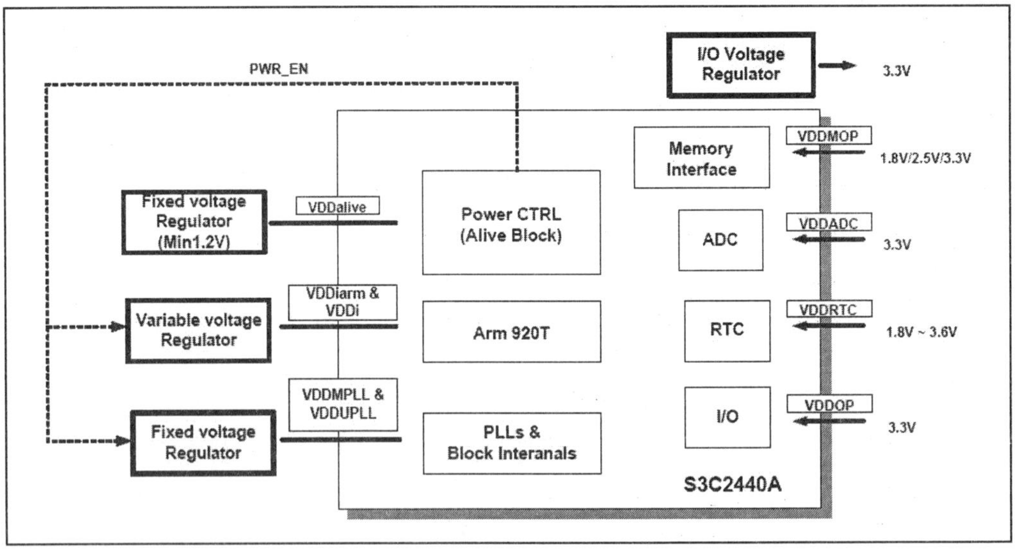

[그림 19.10] S3C2440A의 전원공급 구조

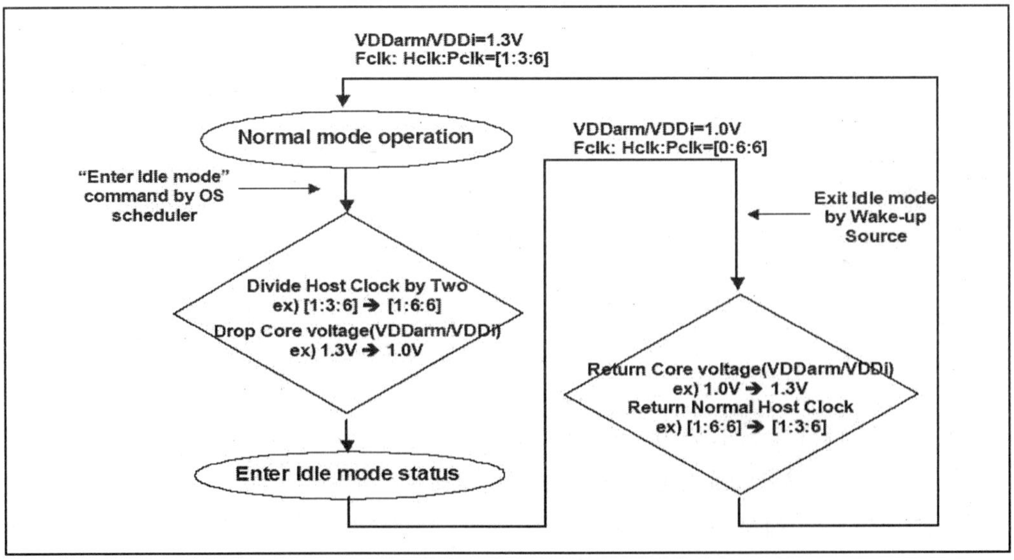

[그림 19.11] IDLE 모드에서의 전압과 클럭 변화

프로세서가 IDLE 모드에 진입하면 VDDi와 VDDiarm에 1.0V 정도까지의 낮은 전압을 공급함으로써 전력소비를 줄이는 것이다. 이와 같은 전압을 공급하기 위해서는 MAX1718이라는 디바이스가 필요하며 프로세서가 이 디바이스를 제어함으로써 출력 전압을 조절할 수 있다. MSTK2440 보드에는 MAX1718 디바이스가 실장되어 있지 않아 DVS 테스트를 할 수는 없다. 관련자료는 삼성전자 홈페이지에서 다운받을 수 있다. [그림 19.11]은 NORMAL 모드에서 IDLE 모드로 진입하였을 때 DVS 동작으로 인한 전압 다운 및 클럭을 변경하는 일련의 과정을 보여주고 있다.

[그림 19.12]는 NORMAL 모드에서와 IDLE 모드에서 DVS 로직을 사용하였을 경우의 프로세서 코어 소비전력과 사용하지 않았을 경우의 코어 소비전력을 보여주고 있다. 배터리를 전원으로 사용하는 경우라면 중요한 문제가 될 것이다.

FCLK [Mhz]	DVS Scheme application (VDDiarm/VDDi)	Core Power [mW]		Difference Without→with
		With DVS	Without DVS	
300	Running mode	**51**	**74**	+23mW(45%)
	Idle mode	**32**	**64**	+32mW{100%}
400	Running mode	**68**	**139**	+71mW(104%)
	Idle mode	**46**	**113**	+67mW(146%)

[그림 19.12] DVS 사용시 코어 소비전력

Test condition

- Core current = I_VDDi + I_VDDiarm at 1.2V @300MHz, 1.3V @400MHz
  (VDDalive/VDDUPLL/VDDMPLL 소비 전류는 제외)
- DVS를 위한 코어 전압은 1.0V로 다운
- FCLK:HCLK:PCLK = (300:50:50), (0:50:50) MHz for 300MHz,
  (400:67:67), (0:67:67) MHz for 400MHz.

[그림 19.13]과 [그림 19.14]는 S3C2440A 프로세서에서 DVS 사용시와 사용하지 않았을 경우의 총 소비전력을 보여주는 것이다. 본 자료는 삼성전자에서 테스트한 결과 값이며, OS 동작시의 테스트 값으로 OS 타임 틱은 1msec에서 10msec 범위이다.

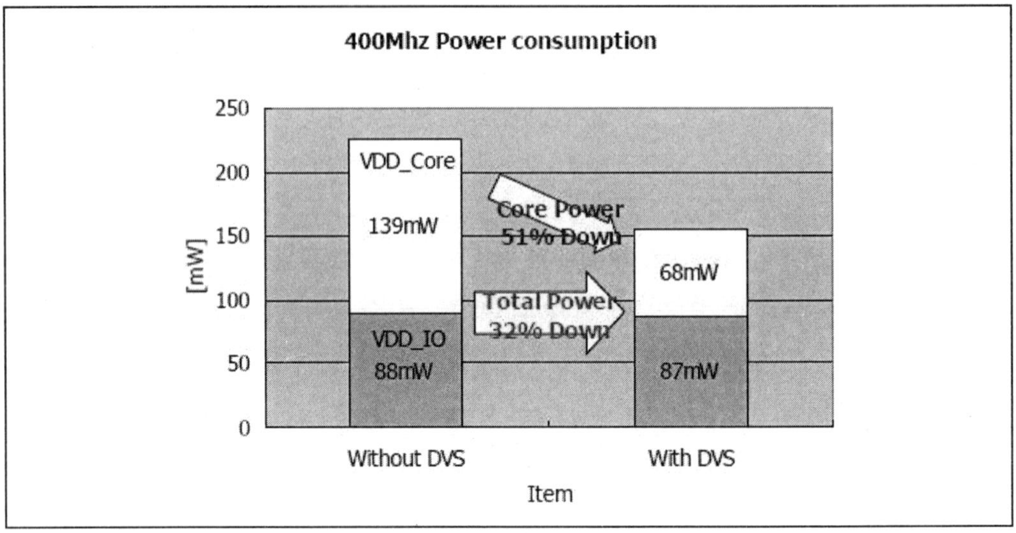

[그림 19.13] 400MHz 전력소비(DVS 비교)

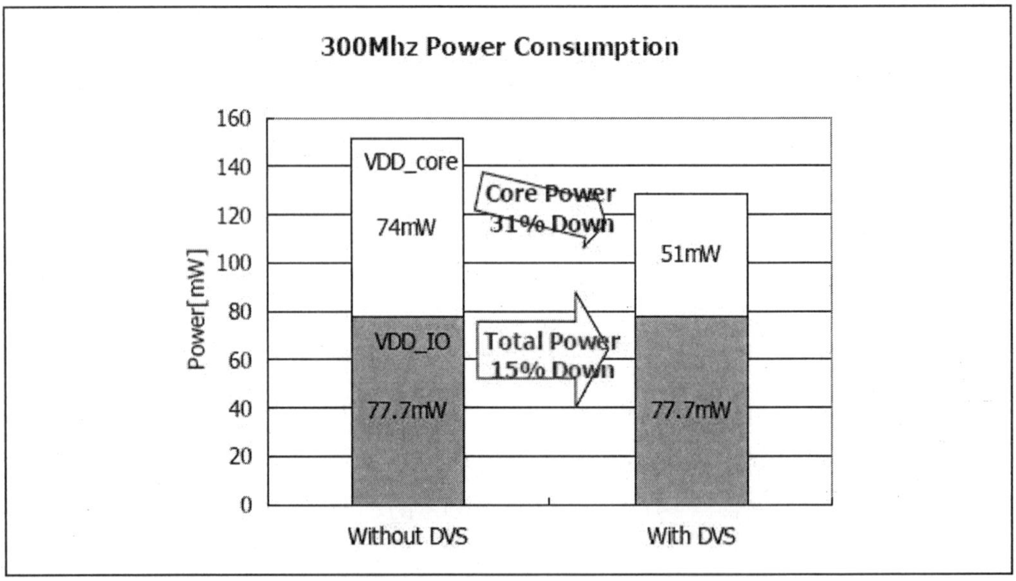

[그림 19.14] 300MHz 전력소비(DVS 비교)

Void IdleMode(void)

```
void IdleMode(void)
{
    int I ;
    int extintMode ;
```

```
    MMU_SetAsyncBusMode() ;
    //ARM920T should be in the async bus mode
    //because FCLK is used for ARM920T in the async bus mode.

    Uart_Printf("[IDLE Mode Test]\n") ;
    Uart_Printf("After 10 seconds, S3C2440 will wake up by RTC
                alarm interrupt.\n") ;
    Uart_Printf("S3C2440 will also wake up by EINT0.\n") ;

    Uart_TxEmpty(1) ;                        // Wait until UART0 Tx buffer empty.

    rGPFCON=rGPFCON & ~(3<<0)|(2<<0) ; // PF0=EINT0
    rEXTINT0=rEXTINT0&(7<<0)|(0x2<<0) ;  // EINT0=falling edge triggered

    pISR_EINT0=(U32)Eint0In ;
    pISR_RTC=(U32)AlarmInt ;

    rSRCPND = BIT_EINT0|BIT_RTC ;        // to clear the previous pending states
    rINTPND = BIT_EINT0|BIT_RTC ;

    rINTMSK=~(BIT_EINT0|BIT_RTC) ;

    SetAlarmWakeUp() ;
    rRTCCON = 0x0 ;                          // R/W disable, but interrupt will be generated.

    rCLKCON|=(1<<2) ;                        // enter IDLE mode.

    for(i=0;i<10;i++) ;
    //wait until S3C2400X enters IDLE mode.
    //wait EINT0 interrupt or RTC alarm interrupt

    rCLKCON&=~(1<<2) ;
    //turn-off IDLE bit. IDLE bit should be turned off after wake-up.

    Uart_Printf("Return to Normal Mode.\n") ;

    rINTMSK=BIT_ALLMSK ;
}
```

IDLE 모드에서는 FCLK 클럭을 중지시키기 때문에 CPU는 명령 실행을 하지 않는다. 그냥 가만히 멈춰서 있게 된다. IDLE 모드를 Wake-Up하는 방법에는 두 가지 방법이 있다. EINT[23:0] 인터럽트를 사용하는 방법과 RTC ALARM을 사용하는 방법이 있다. 아무런 일도 안하고 멈춰 있다가 해당 인터럽트가 발생하면 깨어나서 그 다음 동작을 수생한다.

소스 코드를 보면 인터럽트를 사용하기 위한 기본적인 초기화를 한 후에 RTC를 설정한다. 10초 후에 Alarm 인터럽트가 발생하도록 설정하는 것으로 가만히 놔두면 10초 후에 Alarm 인터럽트가 발생하여 IDLE 모드에서 빠져나오게 된다. 외부 인터럽트가 발생하여도 마찬가지이다. 외부 인터럽트 EINT[23:0] 사이에 아무 인터럽트가 발생하면 IDLE 모드에서 빠져나온다. 여기서 주의해야 할 점은 CLKCON[2] 비트는 자동적으로 클리어 되지 않기 때문에 프로그램에서 이 비트를 클리어 해주어야 한다.

Eint0Int & AlarmInt

```
static void __irq Eint0Int(void)
{
    ClearPending(BIT_EINT0) ;
    Uart_Printf("EINT0 interrupt is occurred for IDLE wake-up.\n") ;
}
static void __irq AlarmInt(void)
{
    ClearPending(BIT_RTC) ;
    Uart_Printf("ALARM interrupt is occurred for IDLE wake-up.\n") ;
}
```

외부 인터럽트와 Alarm 인터럽트 서비스 루틴 내용을 보여주고 있다. 특별한 설정이 필요 없으며, 인터럽트 자체만으로도 모드를 빠져나올 수 있다.

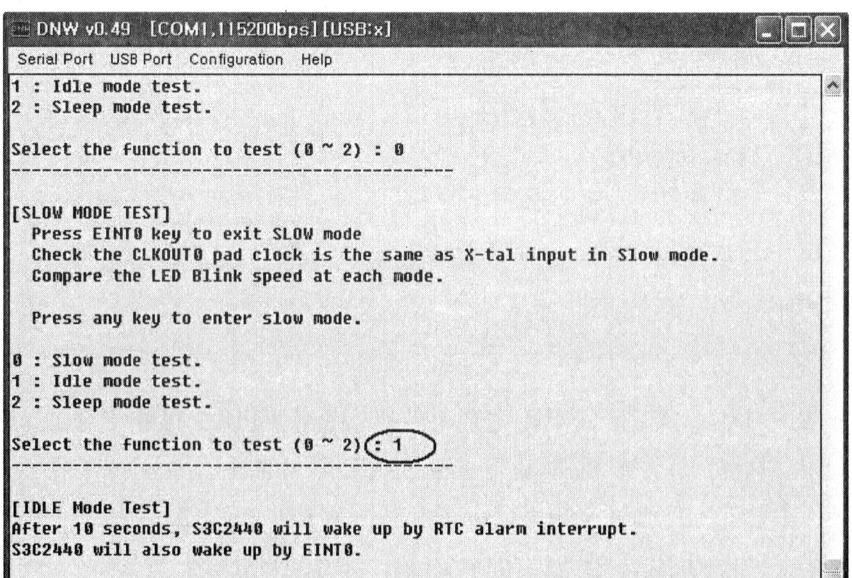

[그림 19.15] IDLE 모드 진입

여기까지 설명한 내용을 실험을 통해 확인해 보자. [그림 19.15]는 프로그램을 실행하여 ILDE 모드 진입을 실행한 화면이다. IDLE 모드에서는 ARM920T 코어가 아무런 일도 하지 않기 때문에 Wake-Up 신호가 없으면 그대로 멈춰 있게 된다. 화면에 표시된 메시지대로 10초를 기다리거나 EINT0 입력 스위치 S1을 누르면, IDLE 모드에서 빠져나와 Normal 모드로 복귀했음을 알리는 메시지를 출력한다. 바로 앞의 리스트에서 보다시피 해당 Wake-Up 신호가 무엇인지도 표시해 준다.

직접 실험해 보도록 하자.

SLEEP 모드

SLEEP 모드로 진입하면 내부 코어 및 Peripheral 블록에 대한 전원공급이 차단된다. 그런데 여기서도 두 가지 전원은 필요하다. 하나는 전원 컨트롤 블록을 위한 전압이고 다른 하나는 Wake-Up 로직을 위한 전압이다. SLEEP 모드로 진입하기 위해서는 따라야 할 절차가 있으며, SLEEP 모드에서 탈출한 후에도 처리해 주어야 할 절차가 있다. 다음을 보자.

SLEEP 모드로 들어가기

① SLEEP 모드에 맞는 GPIO 구성(Configuration)을 설정한다.

② 모든 인터럽트를 마스크 한다.

③ Wake-Up 신호를 위해 RTC Alarm 및 외부 인터럽트를 설정한다.

④ MISCCR[13:12] = 11b로 설정함으로써 USB 모드를 Suspend로 설정한다.

⑤ GSTATUS3, 4 레지스터에 저장하고자 하는 값을 설정한다.
Wake-Up 되었을 때 참조하게 될 최초 시작 위치를 나타내는 어드레스 저장 및 기타 의미있는 내용들을 저장해 놓을 수 있다. ROM 프로그램의 스타트업 코드에는 GSTATUS2 레지스터를 검사하는 루틴을 만들어 놓아서 지금 부팅이 RESET에 의한 부팅인지 아니면 SLEEP 모드에서 깨어난 것인지를 확인할 수 있다. 따라서 SLEEP 모드에서 Wake-Up된 것이라고 확인되면 SLEEP 모드 탈출에 필요한 초기화를 한 후 GSTATUS3 레지스터에 저장되어 있는 시작 주소를 참조하여 그 번지로 점프하게 된다. 그러면 SLEEP 모드에서 깨어났을 때 미리 정해놓은(SLEEP 모드로 들어가기 전에 프로그램에서 정해놓은) 주소로 분기할 수 있는 것이다.

⑥ MISCCR[1:0] 설정을 통해서 DATA[15:0] 및 DATA[31:16] 포트에 pull-up 설정을 Enable할지 Disable할지 설정한다. 버스 외부에 74LVCH162245 같은 버스

홀더가 있다면 pull-up 저항을 Disable하고 아니면 pull-up 저항을 Enable한다.

⑦ LCDCON1 레지스터의 ENVID 비트를 클리어 함으로써 LCD 출력 동작을 멈춘다.

⑧ TLB를 채우기 위해 REFRESH 레지스터와 CLKCON 레지스터를 읽는다.

⑨ REFRESH[22]=1b를 설정함으로써 SDRAM이 Self-refresh 모드가 되도록 한다.

⑩ SDRAM Self-refresh 설정이 완료될 때까지 기다린다.

⑪ SLEEP 모드 동안에 SDRAM 신호(SCLK0, SCLK1, SCKE)를 Disable하기 위해 MISCCR[19:17]=111b로 설정한다.

⑫ CLKCON 레지스터에 SLEEP 모드 비트를 셋함으로써 SLEEP 모드로 진입하게 된다.

SLEEP 모드에서 깨어나기

SLEEP 모드에서 깨어나기 위해서는 EINT[15:0] 외부 인터럽트가 발생하거나 RTC Alarm 인터럽트가 발생하면 된다. 그런데 ARM 프로세서가 정상 동작을 하기 위해서 필요한 절차가 있다.

① GSTAUS2[1]을 검사해서 SLEEP 모드에서 Wake-Up되었는지 확인해 본다.

② MISCCR[19:17]=000b를 대입함으로써 SDRAM 신호(SCLK0, SCLK1, SCKE)를 Enable 한다.

③ SDRAM 메모리 컨트롤러를 초기화한다.

④ SDRAM Self-refresh가 release 될 때까지 기다린다.

⑤ SLEEP 모드에 진입하기 전에 GSTATUS3 레지스터에 SLEEP 모드에서 깨어났을 때 시작할 어드레스 주소를 미리 저장해 놓았었다. 이 레지스터는 SLEEP 모드 동안에는 그 값을 유지하게 된다. 따라서 이 레지스터 값을 PC(Program Counter)에 대입함으로써 그 번지로 점프하게 된다.

⑥ EINT[3:0]에 대해서 SRCPND 레지스터 체크
EINT[15:4]에 대해서 EINTPEND 레지스터 체크

[표 19.2] GSTATUS0 레지스터

GSTATUS0	비트	설 명
nWAIT	[3]	nWait 핀 상태
NCON	[2]	NCON 핀 상태
RnB	[1]	RnB 핀 상태
BATT_FLT	[0]	BATT_FLT 핀 상태

[표 19.3] GSTATUS1 레지스터

GSTATUS1	비트	설 명
CHIP ID	[0]	ID 레지스터 = 0x32440001

[표 19.4] GSTATUS2 레지스터

GSTATUS2	비트	설 명
Reserved	[3]	Reserved
WDTRST	[2]	와치독 리셋에 의한 부팅 (1을 써줌으로서 clear 된다.)
SLEEPRST	[1]	Sleep 모드에서의 wakeup에 위한 부팅 (1을 써줌으로서 clear 된다.)
PWRST	[0]	Power on reset에 의한 부팅 (1을 써줌으로써 clear 된다.)

[표 19.5] GSTATUS3 레지스터

GSTATUS3	비트	설 명
inform	[31:0]	Inform 레지스터. Power on reset인 경우에 clear 된다.

[표 19.6] GSTATUS4 레지스터

GSTATUS4	비트	설 명
inform	[31:0]	Inform 레지스터. Power on reset인 경우에 clear 된다.

[표 19.7] MSLCON 레지스터

Register	Address	R/W	설 명	초기값
MSLCON	0x560000cc	R/W	Memory sleep control 레지스터	0x0

※ Sleep 모드에서의 메모리(외부 장치) 인터페이스 핀 상태 설정

MSLCON	비트	설 명	
PSC_DATA	[11]	DATA[31:0] 핀 상태(슬립모드에서) 0: Hi-Z 1: Output "0"	0
PSC_WAIT	[10]	nWait 핀 상태(슬립모드에서) 0: input 1: Output "0"	0
PSC_RnB	[9]	RnB 핀상태(슬립모드에서) 0: input 1: Output "0"	0
PSC_NF	[8]	낸드플래쉬 I/F 핀상태(슬립모드에서) (nFCE, nFRE, nFWE, ALE, CLE)	0

		0: Inactive(nFCE,nFRE,nFWE,ALE,CLE=11100) 1: Hi-Z	
PSC_SDR	[7]	nSRAS, nSCAS 핀상태(슬립모드에서) 0: Inactive("1") 1: Hi-Z	0
PSC_DQM	[6]	DQM[3:0]/nWE[3:0] 핀상태(슬립모드에서) 0: Inactive 1: Hi-Z	0
PSC_OE	[5]	nOE 핀상태(슬립모드에서) 0: Inactive("1") 1: Hi-Z	0
PSC_WE	[4]	nWE 핀상태(슬립모드에서) 0: Inactive("1") 1: Hi-Z	0
PSC_GCS0	[3]	nGCS[0] 핀상태(슬립모드에서) 0: Inactive("1") 1: Hi-Z	0
PSC_GCS51	[2]	nGCS[5:1] 핀상태(슬립모드에서) 0: Inactive("1") 1: Hi-Z	0
PSC_GCS6	[1]	nGCS[6] 핀상태(슬립모드에서) 0: Inactive("1") 1: Hi-Z	0
PSC_GCS7	[0]	nGCS[7] 핀상태(슬립모드에서) 0: Inactive("1") 1: Hi-Z	0

SLEEP 모드에서의 핀 설정

① Wakeup을 위한 EINT[15:0] 구성

Level 신호(H, L) 또는 edge 신호(rising, falling, both) 설정 및 EINT 기능으로 GPIO 설정(EINT[15:0])이 이루어져야 하며 nBATT_FLT 핀은 H 레벨이여야 한다.(MSTK2440에서는 VDD3.3에 풀업되어 있음)

② SLEEP 모드에서의 데이터 버스 풀업 저항 설정

SLEEP 모드에서는 MSLCON[11] 레지스터 설정을 통하여 데이터 버스(D[31:0])를 Hi-Z 상태 또는 Low 출력 상태로 설정할 수 있다.

데이터 버스는 소비전력을 줄이기 위하여 풀업을 Enable 하고 Hi-Z 상태로 설정하는 것과 풀업을 Disable 하고 Low 출력을 내도록 설정 할 수 있다. 풀업 설정은 MISCCR 레지스터를 통하여 제어가 가능하다. 외부 데이터 버스 상에 74LVCH162245 와 같은 외부 버스 홀더가 있다면 사용자는 풀업을 Disable 한 Low 출력이나 풀업을 Disable 한 Hi-z 상태로 설정하도록 한다.

③ SLEEP 모드에서의 출력 포트 설정

출력 포트에 부하가 없는 상태라면 출력을 H로 설정하는 것이 좋다. 출력이 Low 인 경우 칩(S3C2440A) 포트 내부 기생저항(parasitic resistance) 때문에 전력소비가 발생한다. 따라서 이와 같은 경우라면 H출력을 함으로써 전력소비가 발생하는 것을 막을 수 있다.

④ Battery Fault Signal(nBATT_FLT)

BATT_FUNC(MISCCR[22:20])가 10Xb이고 Normal 모드인 경우 nBATT_FLT가 Low이면 인터럽트(interrupt request)가 발생하게 되고 Sleep 모드에서는 wakeup이 발생하게 된다. BATT_FUNC(MISCCR[22:20])가 11Xb인 상태에서 CPU가 Sleep 모드이고 nBATT_FLT가 Low이면 어떠한 Wake-Up 소스에 의해서도 Wake-Up 되지 않는다. 이는 배터리로 동작하는 시스템에서의 Low 배터리로 인한 오동작을 막기 위함이다.

※Note : SLEEP 모드에서 터치스크린 패널을 사용하지 않는다면 이 단자를 그라운드 처리를 하지 말고 Floating 처리해야 한다. SLEEP 모드 동안에는 XP, YP 단자가 H출력을 유지하고 있기 때문이다. 또한 A/D 컨버터는 스탠바이 모드로 설정되어 있어야 하고 USB는 Suspend 모드이어야 한다.

S3C2410A, S3C2440A ARM 프로세서에는 PWREN이라는 파워 Enable 단자가 있어 레귤레이터 출력의 On/Off를 제어해 줄 수 있다. ARM 프로세서가 SLEEP 모드에 들어가면 PWREN 단자는 Low로 떨어지고 이로 인해서 레귤레이터 출력은 차단되게 된다. 따라서 내부코어 및 Peripheral 블록에 대한 전원 공급은 차단된다.(VDDi, VDDiarm, VDDMPLL, VDDUPLL)

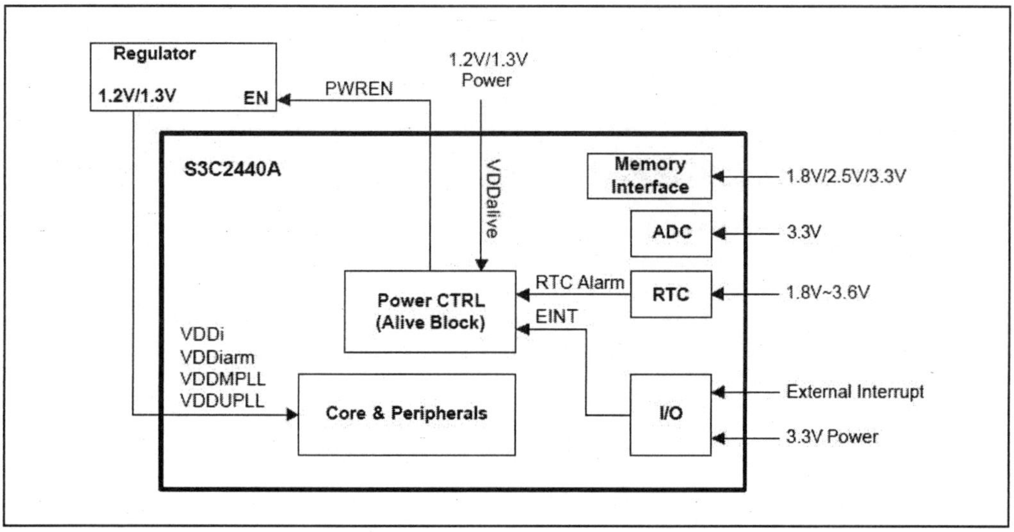

[그림 19.16] PWREN 신호를 이용한 레귤레이터 셧다운

여기서 한 가지 짚고 넘어가야 할 것이 이렇게 전원 공급을 차단하기 위해서는

그에 따른 회로 디자인이 필요하다. 레귤레이터는 출력이 차단될 수 있는 Shutdown 단자가 있어야 하고 또한 PWREN 신호선도 그 단자에 연결되어 있어야 한다. MSTK2440 보드에서는 PWREN 단자를 TP(Test Pointer)로 연결해 놓았으며, 따로 레귤레이터에는 연결되어 있지 않다.

Void SleepMode(void)

```
void SleepMode(void)
{
    int i, mode, error=0 ;
    U32 portStatus[33+3] ;

    Uart_Printf("[Sleep Mode Test]\n") ;

    #if 1
    Uart_Printf("nBATT_FLT pin should be tested.\n") ;
    Uart_Printf("\nBattery fault interrupt setting.\n") ;
    Uart_Printf("Detect low-level.\n") ;

    Uart_Printf("0 : Reset system during nBATT_FLT=0.\n") ;
    Uart_Printf("4 : System will be wake-up from sleep mode
                during nBATT_FLT=0.\n") ;
    Uart_Printf("6 : System will ignore Eint0 signal during nBATT_FLT=0.\n") ;
    Uart_Printf("7 : Disable Battery function.\n") ;
    Uart_Printf("Select battery function : ") ;

    i = Uart_GetIntNum() & 0x7 ;

    rMISCCR = (rMISCCR & ~(0x1f<<20)) | (i<<20) ;
    Uart_Printf("rMISCCR0:%x\n", rMISCCR) ;
    rMISCCR |=(0x67<<3) ;
    Uart_Printf("rMISCCR1:%x\n", rMISCCR) ;

    pISR_BAT_FLT = (U32)BattFaultInt ;
    rSRCPND = BIT_BAT_FLT ;
    rINTPND = BIT_BAT_FLT ;

    rINTMSK = rINTMSK & ~(BIT_BAT_FLT) ; // unmask.
    #endif

    // NOTE:
    // Any interrupt can't be available in Sleep mode.
    // because SDRAM enters into self-refresh mode during Sleep mode.
    // ISR code is on the SDRAM.

    Uart_Printf("\nAlarm Wake-Up (y/n)? ") ;
    if(Uart_Getch()=='y')
```

```
    {
        Uart_Printf("\nS3C2440 will wake up by RTC alarm(10 sec) or
                EINT0 .\n") ;
        SetAlarmWakeUp() ;
    }
    else
    {
        Uart_Printf("\nPush EINT0 button for wake-up from sleep mode.\n") ;
    }

    rRTCCON=0x0 ;                   // R/W disable, 1/32768, Normal(merge), No reset
    rADCCON|=(1<<2) ;

    /* Pin Configuration in Sleep Mode */
    rMISCCR|=(1<<12) ;              // USB port0 = suspend
    rMISCCR|=(1<<13) ;              // USB port1 = suspend

    Uart_Printf("\nrMISCCR = %x\n", rMISCCR) ;

    rGSTATUS3=(U32)StartPointAfterSleepWakeUp ;
    Uart_Printf("\nrGSTATUS(Restart target address after wake-up) ;
            %x\n", rGSTATUS3) ;
    rGSTATUS4=0xaaaaaaaa ;

    Uart_TxEmpty(1) ;               // Wait until UART0 Tx buffer empty.

    ConfigSleepGPIO() ;
    ConfigMiscIO() ;

    rMISCCR=rMISCCR|(3<<0) ;        // Data[31:0] Pull-Up Disable
    Lcd_EnvidOnOff(0) ;             // LCD must be off before entering Sleep mode.

    //==================================================
    //VERY IMPORTANT NOTE
    //To enter SLEEP/SLIDLE mode, MMU TLB-fill operation should be prohibited
    //because MTT table is in SDRAM and SDRAM is in the self-refresh mode.
    //So, we will fill TLB before entering SDRAM self-refresh
    //instead of disabling MMU.
    rREFRESH ;    // To fill TLB for the special register used in EnterPWDN rCLKCON ;
    //==================================================

    EnterPWDN(0xffff8) ;            // Sleep Mode
}
```

소스의 내용을 보면 SLEEP 모드로 들어가기 위한 절차대로 코딩되어 있는 것을 확인할 수 있을 것이다.

여기서 눈여겨봐야 할 부분이 rGSTATUS3=(U32)StartPointAfterSleepWakeUp 부분이다. GSTATUS3 레지스터에 StartPointAfterSleepWakeUp 루틴의 시작주소를

대입하였다. 모니터 프로그램에서는 SLEEP 모드에서 Wake-Up 되었는지를 확인하고 맞으면 GSTATUS3 레지스터에 저장된 어드레스를 PC에 저장하기 때문에 결국 StartPointAfterSleepWakeUp 루틴으로 점프 하는 것이다.

마지막 부분에 EnterPWDN(0xffff8)은 모니터 프로그램 스타트업 코드에 코딩되어 있다. 그 곳으로 점프하여 SDRAM REFESH, MISCCR[19:17] 설정 및 CLKCON 레지스터 설정으로 SLEEP 모드로 진입하고 프로세서는 Wake-Up 신호가 발생할 때까지 SLEEP 모드를 유지하게 된다.

EnterPWDN

```
EnterPWDN
    mov r2, r0              ; r2=rCLKCON
    tst r0, #0x8            ; SLEEP mode?
    bne ENTER_SLEEP
    ...............
ENTER_SLEEP
    ldr r0,=REFRESH
    ldr r1, [r0]            ; r1=rREFRESH
    orr r1, r1, #BIT_SELFREFRESH
    str r1, [r0]            ; Enable SDRAM self-refresh
    mov r1, #16             ; Wait until self-refresh is issued, which may not be needed.
0   subs r1,r1,#1
    bne %B0
    ldr  r1,=MISCCR
    ldr  r0, [r1]
    orr  r0, r0, #(7<<17)   ; Set SCLK0=0, SCLK1=0, SCKE=0.
    str  r0, [r1]
    ldr r0,=CLKCON          ; Enter sleep mode
    str r2, [r0]
    b .                     ; CPU will die here.
```

Check Wake-Up from SLEEP MODE

```
; Check if the boot is caused by the wake-up from SLEEP mode.
    ldr  r1, =GSTATUS2
    ldr  r0, [r1]
    tst  r0, #0x2
    ;In case of the wake-up from SLEEP mode, go to SLEEP_WAKEUP handler.
    bne WAKEUP_SLEEP
```

이 부분은 MSTK2440 모니터 프로그램 스타트업 코드 부분이다. 최초 부팅을 하면 Wake-Up에 의해 이 루틴에 진입한 것인지 GSTATUS2[1] 값을 비교하여 맞으면 WAKEUP_SLEEP 루틴으로 점프하도록 하는 루틴이다.

WAKEUP_SLEEP

```
WAKEUP_SLEEP
    ; Release SCLKn after wake-up from the SLEEP mode.
    ldr  r1, =MISCCR
    ldr  r0, [r1]
    bic  r0, r0,#(7<<17)   ; SCLK0:0->SCLK, SCLK1:0->SCLK, SCKE:0->=SCKE.
    str  r0, [r1]

    ; Set memory control registers
    ldr  r0, =SMRDATA
    ldr  r1, =BWSCON   ; BWSCON Address
    add  r2, r0, #52       ; End address of SMRDATA
0
    ldr  r3, [r0], #4
    str  r3, [r1], #4
    cmp r2, r0
    bne %B0

    mov r1, #256
0   subs r1, r1, #1        ; wait until the SelfRefresh is released.
    bne %B0

    ldr r1,=GSTATUS3       ; GSTATUS3 has the start address just after SLEEP wake-up
    ldr r0, [r1]

    mov pc, r0
```

앞부분에서 'SLEEP 모드에서 깨어나기'에 필요한 절차에 대해 설명하였다. 위 코드를 보면 MISCCR 레지스터 설정, SDRAM 컨트롤러 초기화, Self-refresh가 Release될 때까지 필요한 시간동안 Wait, 그리고 GSTATUS3 레지스터 값을 PC(Program Coutner)에 대입하기까지 일련의 과정이 설명 부분과 같음을 알 수 있다.

[그림 19.17]은 프로그램을 실행시켜 2번 메뉴, SLEEP 모드 테스트를 선택한 화면이다. GSTATUS2, GSTATUS3, GSTATUS4 레지스터의 값이 출력되어 있는데 각각 0x1, 0x0, 0x0이다. GSTATUS2 값이 0x1이라는 것은 Power On Reset되었다는 의미이다.

GSTATUS2[3:0] 비트들은 부팅에 대한 정보를 가지고 있는데 0x2이면 SLEEP 모드에서의 Wake-Up 부팅된 것이고 0x4는 Watch Dog Reset인 경우이다.

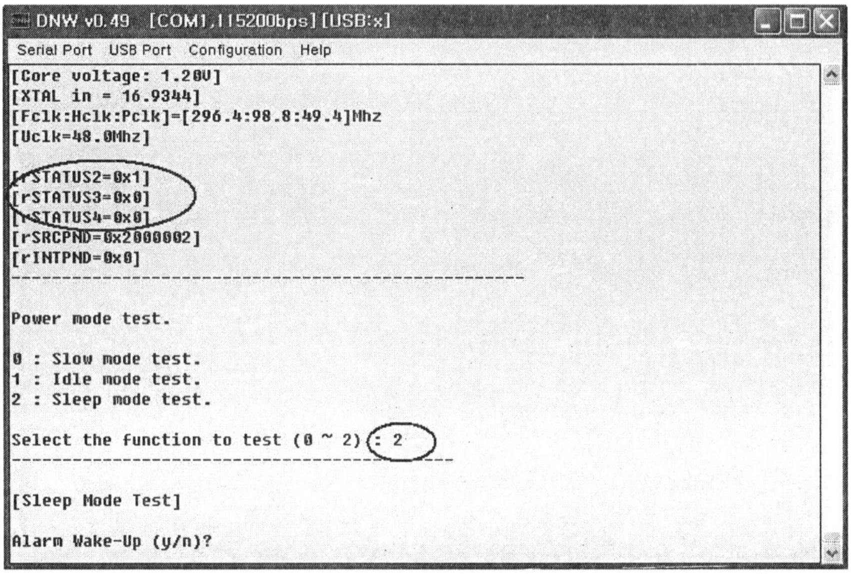

[그림 19.17] SLLEP 모드 실험

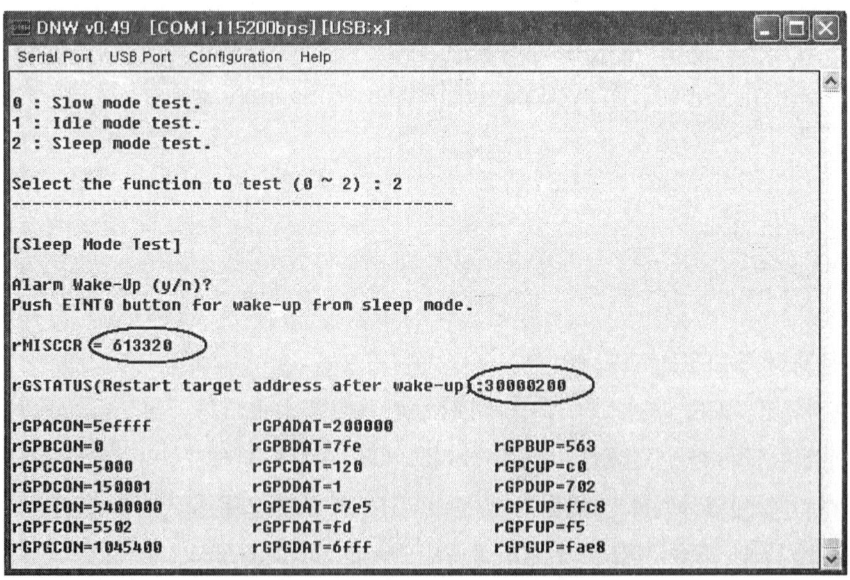

[그림 19.18] SLEEP 모드 진입 설정

[그림 19.18]은 SLEEP 모드에 진입하기 위해 설정하는 내용을 보여주는 것이다. 여기서 MISCCR 레지스터 값이 0x613320이다. 이는 0110 0001 0011 0011 0010 0000b이

므로 MISCCR[22:20]=110b, MISCCR[18:16]=001b, MISCCR[13:12]=11b, MISCCR[10:8]=011b, MISCCR[6:4]=010b, MISCCR[1:0]=00b로 설정된 것을 의미한다. 이 값들은 우리가 SLEEP 모드로 진입하기 위해 설정하여 준 값들임을 알 수 있다.

여기서 MISCCR[22:20] 값은 배터리 Fault 기능에 대한 설정으로 S3C2440A 프로세서는 nBATT_FLT 단자 상태로 Battery Fault 인터럽트나 Wake-Up Event를 발생시킬 수 있다. 여기서의 설정은 SLEEP 모드 상태에서 nBATT_FLT가 0인 동안은 모든 Wake-Up 이벤트는 무시한다는 설정으로 MSTK2440에서는 이 단자가 VDD3.3V에 Pull-up 되어 있다.

GSTATUS3에는 0x30000200 주소가 대입되어 있음을 보여 준다. 이 또한 SLEEP 모드로 진입하기 전에 소프트웨어로 코딩해 주는 부분으로 시스템이 SLEEP 모드에서 깨어나면 0x30000200 주소로 점프하게 된다.

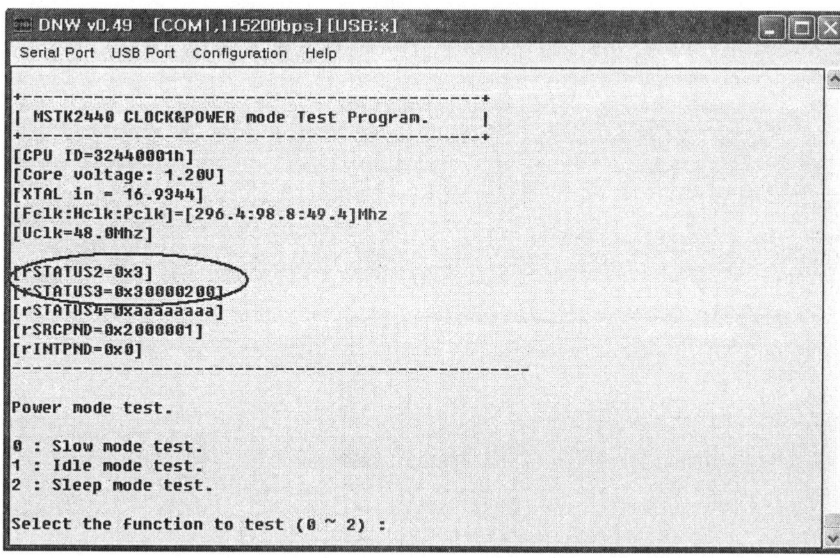

[그림 19.19] SLEEP 모드에서 벗어난 경우

[그림 19.19]는 SLEEP 모드에서 Wake-up 된 화면을 보여주는 것이다. GSTATUS2가 0x3을 나타내고 있다. SLEEP 모드에서의 Wake-Up은 하드웨어 리셋과 동일하다. 값이 11b 이므로 Power On Reset 비트(GSTATUS2[0])와 SLEEP Reset 비트(GSTATUS2[1])가 둘 다 1로 설정되어 있는 것이다.

GSTATUS3 레지스터 값을 보면 Wake-Up 되기 전에 시작 주소 값과 동일 값이 들어 있다. 지금 Wake-Up 되어 동작하는 프로그램은 좀 전에 SLEEP 모드에 진입했던 그 프로그램이다. 그 값이 그대로 유지되어 있음을 알 수 있다.

```
;=======
; ENTRY
;=======
ResetHandler
    ldr   r0, =WTCON            ; watch dog disable
    ldr   r1, =0x0
    str   r1, [r0]

    ldr   r0, =GPBCON           ; LED ALL OFF
    ldr   r1, =0x155500
    str   r1, [r0]
    ldr   r0, =GPBDAT
    ldr   r1, =0x3ff
    str   r1, [r0]

    B test

    EXPORT StartPointAfterSleepWakeUp
StartPointAfterSleepWakeUp

    ldr   r0, =GPBCON           ; LED
    ldr   r1, =0x155500
    str   r1, [r0]
    ldr   r0, =GPBDAT
    ldr   r1, =0x140            ; x001 0100 0000 GPG[10:0]
    str   r1, [r0]

test
    ldr   r0, =INTMSK
    ldr   r1, =0xffffffff       ; all interrupt disable
    str   r1, [r0]

    ldr   r0, =INTSUBMSK
    ldr   r1, =0x3ff            ; all sub interrupt disable
    str   r1, [r0]
```

SLEEP 모드로 진입하기 전에 C함수에서 rGSTATUS3 레지스터에 'StartPointAfterSleepWakeUp' 루틴 주소를 대입한 것을 기억할 것이다. 또한 SLEEP 모드에서 깨어나면 이 번지로 점프한다고 설명하였다. 그 번지가 프로그램 스타트업 코드에 위치하고 있다. 위 코드는 프로그램의 스타트업 코드이다. 최초 MSTK2440에 전원을 인가하면 모니터 프로그램이 동작하고 USB로 프로그램을 다운로드하면, 다운로드 후 RAM 번지 0x30000000으로 점프한다. 이 프로그램이 동작하면서 사용자 키 입력에 의해 SLEEP 모드로 들어가고, Wake-Up이 발생하면 모니터 프로그램이 0x0번지부터 부팅하게 된다. 그리고 SLEEP 모드 탈출에 필요한 루틴을 거쳐 RAM 프로그램 'StartPointAfterSleepWakeUp' 루틴으로 점프하는 것이다. RAM 프로그램 ENTRY 포인터인 ResetHandler로 부팅되는 것이 아니고 소스 상에 음영 처리한 부분 'Start PointAfterSleepWakeUp' 부분부터 시작하는 것이다.

위의 코드를 보면 ResetHandler 다음에 MSTK2440에 있는 LED 4개를 모두 끄는 루틴이 있고 B test 명령을 만나 test 레이블로 점프를 한다. 즉 LED6, LED8을 켜는 루틴은 실행되지 않는다. SLEEP 모드 진입 후 Wake-Up 이벤트(여기서는 EINT0 스위치를 누른다)가 발생하면 'StartPointAfterSleepWakeUp' 위치로 점프하므로 LED6, LED8이 켜지는 것을 확인할 수 있을 것이다. MSTK2440 보드에서는 GPB5가 LED6에 GPB6이 LED7, GPB7이 LED8, GPB8이 LED9에 연결되어 있다.

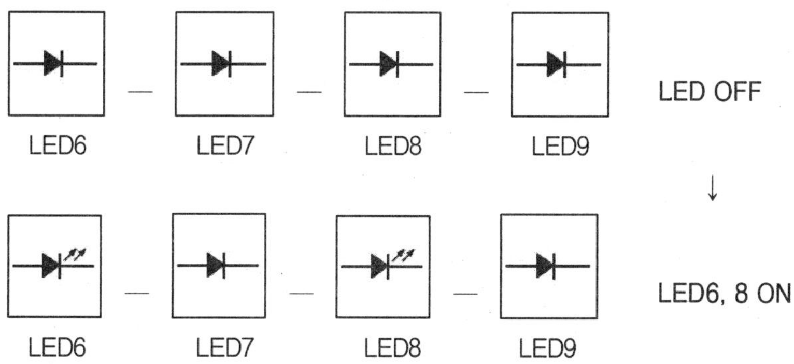

제20장

DMA Controller

20. DMA(Direct Memory Access) Controller

DMA란 Direct Memory Access의 약자로 메모리와 주변장치 간에 CPU를 개입시키지 않고 직접 데이터를 전송하는 방식을 말한다. CPU를 거치지 않기 때문에 전송속도 면에서나 CPU 효율적인 면에서 아주 유용한 데이터 전송 방법이라 할 수 있다. 이 밖에도 PIO(Programed I/O) 방식과 인터럽트 방식이 있으며 PIO 방식은 말 그대로 프로그램에 의해 직접 I/O 과정을 순차적으로 처리하는 것이고, 인터럽트 방식은 인터럽트라는 이벤트를 이용해 데이터 전송을 하는 것이다. 이 두 방식은 CPU의 직접적인 개입으로 데이터 전송이 이루어지는 방식이다.

S3C2440A는 DMA 전송방식을 지원한다. 외부 장치와 DMA 방식의 데이터 전송을 위해 2개의 외부 DMA 소스를 지원하고, UART나 SDI, SPI 같은 내부장치와 데이터 전송에도 사용할 수 있다. Timer를 이용하여 규칙적인 시간간격으로의 데이터 전송에도 DMA 장치를 사용할 수 있다. 20장에서는 DMA의 개념과 동작방법, DMA를 이용하는 장치들, 그리고 DMA를 사용하기 위한 설정방법에 대해 알아볼 것이다. S3C2410A도 DMA 전송방식을 지원하며 S3C2440A가 DMA 소스 그룹이 두 개 더 많다.

20.1 DMA(Direct Memory Access)의 구성

S3C2440A는 시스템 버스와 Peripheral 버스 사이에 4 채널의 DMA 컨트롤러를 지원한다. 각 DMA 채널은 시스템 버스 혹은 Peripheral 버스에 연결된 디바이스들 간 데이터 전송을 제약 없이 수행할 수 있다. 시스템 버스와 시스템 버스 간, 시스템 버스와 Peripheral 버스 간, Peripheral 버스와 Peripheral 버스 간에 DMA 채널을 이용한 데이터 전송이 가능하다는 것이다.

DMA의 큰 장점은 CPU의 간섭 없이 데이터 전송이 가능하다는 것이다. 따라서 CPU 입장에서는 데이터를 전송하는데 필요한 시간을 절약할 수 있게 된다. 물론 데이터 버스 라인을 동시에 공유할 수는 없으나 결과적으로는 CPU의 일을 덜어주는 효과가 있는 것이다. DMA의 동작은 소프트웨어에 의해 시작될 수도 있고, 내부장치나 외부 DMA 요구에 의해 시작될 수도 있다.

▶ DMA Request Source

DMA 컨트롤러의 각 채널은 Source0~Source6까지의 DMA request 소스를 선택할 수가 있다. 이는 DCON 레지스터의 제어로 가능한데, [23] 비트를 H/W request mode로 설정하고 [26:24] 비트를 통하여 DMA request 소스를 선택할 수 있다. 이것을 하드웨어 DMA 요청 모드라고 하며, 반대로 소프트웨어 DMA 요청 모드에서는 이러한 소스들은 의미가 없다. 다음의 [표 20.1]을 보자.

[표 20.1] 각 채널별 DMA 소스

	Source0	Source1	Source2	Source3	Source4	Source5	Source6
Ch-0	nXDREQ0	UART0	SDI	Timer	USB device EP1	I2SSDO	PCMIN
Ch-1	nXDREQ1	UART1	I2SSDI	SPI0	USB device EP2	PCMOUT	SDI
Ch-2	I2SSDO	I2SSDI	SDI	Timer	USB device EP3	PCMIN	MICIN
Ch-3	UART2	SDI	SPI1	Timer	USB device EP4	MICIN	PCMOUT

[표 20.1]에서 nXDREQ0과 nXDREQ1은 외부 장치에 의한 DMA 소스이다. Source0에서 Source4까지는 S3C2410A도 동일하지만, Source5와 Source6은 S3C2440A에만 있는 소스 그룹이다.

20.2 DMA의 동작

DMA 동작은 다음의 세 가지 동작 상태에 의해 처리되는데, 여기에서는 이것을 three-state FSM(Finite State Machine)이라고 한다.

- State-1 : DMA 요구를 기다리는 상태로 현재 상태에서 DMA_ACK와 INT REQ는 0이다. DMA 요구가 있으면 State-2 상태로 넘어간다.
- State-2 : State-2에서는 DMA_ACK가 1로 되고 DMA 제어 레지스터의 DCON [19:0]값을 카운터(CURR_TC)에 로드 시킨다.
- State-3 : State-3은 DMA의 실제 세부동작을 핸들링 하는 sub-FSM 단계가 실행된다. sub-FSM은 소스 어드레스로부터 데이터를 읽어 목적지 어드레스에 데이터를 써넣는다. 이 동작은 데이터 바이트 사이즈(Byte, Half-Word, Word)와 전송 사이즈(Unit or Burst4)를 고려하여 이루어진다.

이 동작은 'Whole Service 모드'에서는 카운터(CURR_TC)가 0이 될 때까지 반복하고 'Single Service 모드'에서는 한 사이클만 실행된다. Main FSM이 세부 한 사이클이 끝날 때 마다 CURR_TC값을 감소시키고 CURR_TC 값이 0이 되면 INT_REQ(인터럽트 요청) 신호를 출력한다.

단, DMA 제어 레지스터 DCON[29](인터럽트 설정)=1로 설정되어 있어야 한다.

▶ 외부 DMA DREQ/DACK 프로토콜

외부 디바이스의 DMA 요청을 처리하는 DMA 프로토콜은 세 가지 모드가 있다. Single Service Demand, Single Service Handshake 그리고 Whole Service Handshake Mode가 바로 그것이다.

- DMA 기본 타이밍

DMA 서비스는 DMA 동작동안 Read와 Write 사이클 한 쌍이 실행되는 것을 의미하는데, 이것이 DMA의 한 동작 사이클이 된다. 다음의 [그림 20.1]은 기본적인 DMA 타이밍도이다.

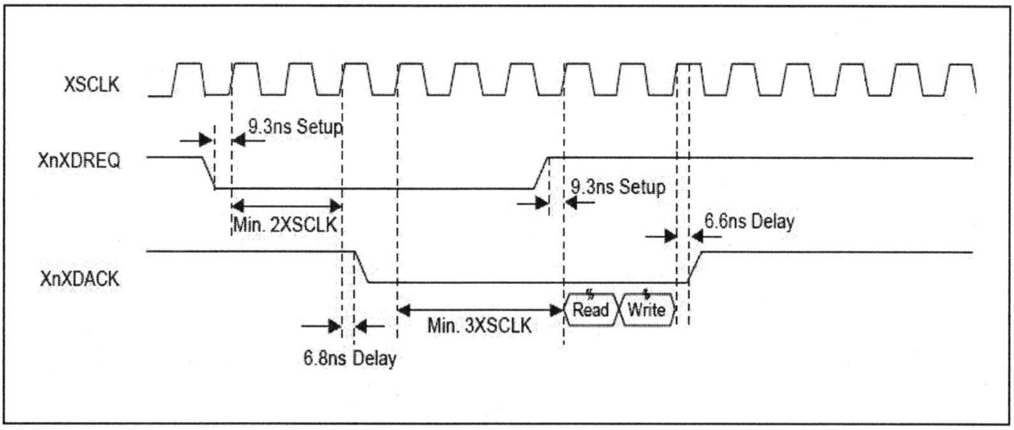

[그림 20.1] Basic DMA Timing Diagram

여기에서 XnXDREQ와 XnXDACK의 셋업 시간과 지연시간은 세 가지 모드에 대해 같은 값이 적용된다. 타이밍도를 보면 외부 DMA 요청 XnXDREQ 신호가 '0'으로 되는 셋업 시간 이후에 XSCLK 두 클럭 다음에 XnXDACK 신호가 '0'으로 출력된다. XnXDACK 신호가 출력되고 DMA는 버스에 대한 제어권을 넘겨받아 Read /Write 각 한 사이클을 마치고 XnXDACK 출력을 '1'로 만든다.

• 데이터 전송 사이즈

DMA 한 사이클에서 데이터를 전송하는 전송단위는 다음의 두 가지가 있다.

- Unit 전송 사이즈 : Read/Write 각 한 번으로 DMA 한 사이클을 구성한다.
- Burst4 전송사이즈 : 연속하여 Read 네 번, Write 네 번으로 DMA 한 사이클을 구성한다.

20.3 DMA의 제어

▶ DMA Initial 소스 레지스터(DMA Initial Source Register, DISRCn)

레지스터	어드레스	R/W	설 명	초기값
DISRC0	0x4B000000	R/W	DMA 0 initial source register	0x00000000
DISRC1	0x4B000040	R/W	DMA 1 initial source register	0x00000000
DISRC2	0x4B000080	R/W	DMA 2 initial source register	0x00000000
DISRC3	0x4B0000C0	R/W	DMA 3 initial source register	0x00000000

DISRCn	비트	설 명	초기값
S_ADDR	[30:0]	전송할 소스 데이터의 베이스 어드레스 이 값은 CURR_SRC 값이 0이고 DMA_ACK가 1일 때만 CURR_SRC로 로드 된다.	0x00000000

▶ DMA Initial 소스 제어 레지스터(DMA Initial Source Control Register, DISRCCn)

레지스터	어드레스	R/W	설 명	초기값
DISRCC0	0x4B000004	R/W	DMA0 initial 소스 제어 레지스터	0x00000000
DISRCC1	0x4B000044	R/W	DMA1 initial 소스 제어 레지스터	0x00000000
DISRCC2	0x4B000084	R/W	DMA2 initial 소스 제어 레지스터	0x00000000
DISRCC3	0x4B0000C4	R/W	DMA3 initial 소스 제어 레지스터	0x00000000

DISRCCn	비트	설 명	초기값
LOC	[1]	DMA 소스 위치 선택 0 : 시스템 버스(AHB)에 위치 1 : Peripheral 버스(APB)에 위치	0
INC	[0]	어드레스 증가 모드 선택 0 = 증가 1 = 고정 이 비트가 0이면 전송 후에 전송한 데이터 사이즈만큼 어드레스를 증가시킨다. 1이면 데이터 전송 후에도 어드레스는 변경되지 않는다.	0

▶ DMA Initial 목적지 레지스터(DMA Initial Destination Register, DIDSTn)

레지스터	어드레스	R/W	설 명	초기값
DIDST0	0x4B000008	R/W	DMA0 initial 목적지 레지스터	0x00000000
DIDST1	0x4B000048	R/W	DMA1 initial 목적지 레지스터	0x00000000
DIDST2	0x4B000088	R/W	DMA2 initial 목적지 레지스터	0x00000000
DIDST3	0x4B0000B8	R/W	DMA3 initial 목적지 레지스터	0x00000000

DIDSTn	비트	설 명	초기값
D_ADDR	[30:0]	데이터 전송 목적지의 베이스 어드레스 이 값은 CURR_DST 값이 0이고 DMA_ACK가 1일 때만 CRUU_DST로 로드 된다.	0x00000000

▶ DMA Initial 목적지 제어 레지스터(DMA Initial Destination Control Register, DIDSTCn)

레지스터	어드레스	R/W	설 명	초기값
DIDSTC0	0x4B00000C	R/W	DMA0 initial 목적지 제어 레지스터	0x00000000
DIDSTC1	0x4B00004C	R/W	DMA1 initial 목적지 제어 레지스터	0x00000000
DIDSTC2	0x4B00008C	R/W	DMA2 initial 목적지 제어 레지스터	0x00000000
DIDSTC3	0x4B0000CC	R/W	DMA3 initial 목적지 제어 레지스터	0x00000000

DIDSTCn	비트	설 명	초기값
CHK_INT	[2]	오토-리로드 설정시 인터럽트 발생시점 선택 0 : TC가 0이 되면 인터럽트 발생 1 : 오토-리로드 과정이 끝난 후에 발생	0
LOC	[1]	DMA 목적지 위치 선택 0 : 시스템 버스(AHB)에 위치 1 : Peripheral 버스(APB)에 위치	0
INC	[0]	어드레스 증가 모드 선택 0 = 증가 1 = 고정 이 비트가 0이면 전송 후에 전송한 데이터 사이즈만큼 어드레스를 증가시킨다. 1이면 데이터 전송 후에도 어드레스는 변경되지 않는다.	0

▶ DMA 제어 레지스터(DMA Control Register, DCONn)

레지스터	어드레스	R/W	설 명	초기값
DCON0	0x4B000010	R/W	DMA0 제어 레지스터	0x00000000
DCON1	0x4B000050	R/W	DMA1 제어 레지스터	0x00000000
DCON2	0x4B000090	R/W	DMA2 제어 레지스터	0x00000000
DCON3	0x4B0000D0	R/W	DMA3 제어 레지스터	0x00000000

DCONn	비트	설 명	초기값
DMD_HS	[31]	Demand 모드/Handshake 모드 선택 0 : Demand 모드를 선택 1 : Handshake 모드를 선택	0
SYNC	[30]	DREQ/DACK synchronization 선택 0 : DREQ와 DACK가 PCLK(APB clock)에 동기 1 : DREQ와 DACK가 HCLK(AHB clock)에 동기 DMA를 요청하는 장치가 AHB 시스템 버스에 연결되어 있으면 1로 설정하고, APB 버스에 연결되어 있으면 0으로 설정한다.	0
INT	[29]	CURR_TC(terminal count)에 대한 인터럽트 설정 0 : CURR_TC 인터럽트 불가 (폴링모드로 Count값 관찰해야 함) 1 : 전송이 완료되면 인터럽트 요청됨 (CURR_TC가 0이 되는 경우)	0
TSZ	[28]	DMA 한 사이클에서 전송 사이즈 선택 0 : Unit 전송(read/write 한 사이클) 1 : Burst4 전송(read 4 /write 4사이클)	0
SERVMODE	[27]	Single service 모드/ Whole service 모드 선택 0 : Single service 모드 선택 1: Whole service 모드 선택	0
HWSRCSEL	[26:24]	각 채널별 DMA 소스 선택 DCON0: 000:nXDREQ0 001:UART0 010:SDI 011:Timer 100:USB device EP1 DCON1: 000:nXDREQ1 001:UART1 010:I2SSDI 011:SPI 100:USB device EP2 DCON2: 000:I2SSDO 001:I2SSDI 010:SDI 011:Timer 100:USB device EP3 DCON3: 000:UART2 001:SDI 010:SPI 011:Timer 100:USB device EP4 DCON0: 101:I2SSDO 110:PCMIN DCON1: 101:PCMOUT 110:SDI DCON2: 101:PCMIN 110:MICIN DCON3: 101:MICIN 110:PCMOUT 이 설정은 하드웨어 모드를 선택하였을 때만 유효하다.	00
SWHW_SEL	[23]	Software(S/W request mode) / Hardware (H/W request mode) 선택 0: S/W request 모드 선택 (DMA는 DMASKTRIG 제어 레지스터의 SW_TRIG 비트에 의해 트리거 된다) 1: H/W request 모드 선택 (DMA 소스는 비트[26:24], HWSRCSEL에 의해 선택된다)	0
RELOAD	[22]	오토-리로드 On/Off 선택	0

		0: 오토-리로드 On (전송 카운트 값이 0이 되면 오토-리로드 시킴) 1: 오토-리로드 Off (전송 카운트가 0이되면 DMA 채널 Trun-off)	
DSZ	[21:20]	전송 데이터 바이트 사이즈 00 = Byte 01 = Half word 10 = Word 11 = reserved	00
TC	[19:0]	전송 카운트 초기값 설정 여기에서 실제 전송되어 지는 바이트 수는 다음의 수식에 의해 계산할 수 있다. Byte수 = DSZ×TSZ×TC 여기서, DSZ는 바이트 사이즈 DCONn[21:20]의 설정이고, TSZ는 전송모드에 따라 1 또는 4이다.(Unit or Burst4) 이 값은 CURR_TC값이 0이고 DMA_ACK가 1일 때만 CURR_TC에 로드 된다.	00000

▶ DMA 상태 레지스터(DMA Status Register, DSTATn)

레지스터	어드레스	R/W	설명	초기값
DSTAT0	0x4B000014	R	DMA0 상태 레지스터	000000h
DSTAT1	0x4B000054	R	DMA1 상태 레지스터	000000h
DSTAT2	0x4B000094	R	DMA2 상태 레지스터	000000h
DSTAT3	0x4B0000D4	R	DMA3 상태 레지스터	000000h

DSTATn	비트	설명	초기값
STAT	[21:20]	DMA 컨트롤러의 상태 00: DMA 컨트롤러가 Ready 상태에 있음 01: DMA 전송 중(Busy 상태)	00b
CURR_TC	[19:0]	전송 카운트 현재 값 DCONn[19:0] 값을 초기값으로 로드시키고 DMA한 사이클이 끝날 때마다 값을 감소시킨다.	00000h

▶ DMA 현재 소스 레지스터(DMA Current Source Reigster, DCSRCn)

레지스터	어드레스	R/W	설명	초기값
DCSRC0	0x4B000018	R	DMA0 현재 소스 레지스터	0x00000000
DCSRC1	0x4B000058	R	DMA1 현재 소스 레지스터	0x00000000
DCSRC2	0x4B000098	R	DMA2 현재 소스 레지스터	0x00000000
DCSRC3	0x4B0000D8	R	DMA3 현재 소스 레지스터	0x00000000

DSTATn	비트	설 명	초기값
CURR_SRC	[30:0]	DMAn에 대한 현재 소스 어드레스	0x00000000

▶ DMA 현재 목적지 레지스터(DMA Current Destination Register, DCDSTn)

레지스터	어드레스	R/W	설 명	초기값
DCDST0	0x4B00001C	R	DMA0 현재 목적지 레지스터	0x00000000
DCDST1	0x4B00005C	R	DMA1 현재 목적지 레지스터	0x00000000
DCDST2	0x4B00009C	R	DMA2 현재 목적지 레지스터	0x00000000
DCDST3	0x4B0000DC	R	DMA3 현재 목적지 레지스터	0x00000000

DSTATn	비트	설 명	초기값
CURR_DST	[30:0]	DMAn에 대한 현재 목적지 어드레스	0x00000000

▶ DMA 마스크 트리거 레지스터(DMA Mask Trigger Register, DMASKTRIGn)

레지스터	어드레스	R/W	설 명	초기값
DMASKTRIG0	0x4B000020	R/W	DMA0 마스크 트리거 레지스터	000
DMASKTRIG1	0x4B000060	R/W	DMA1 마스크 트리거 레지스터	000
DMASKTRIG2	0x4B0000A0	R/W	DMA2 마스크 트리거 레지스터	000
DMASKTRIG3	0x4B0000E0	R/W	DMA3 마스크 트리거 레지스터	000

DMASKTRIGn	비트	설 명	초기값
STOP	[2]	DMA 동작 정지 1: 현재의 DMA 사이클이 끝나자마자 DMA 정지 CURR_TC, CURR_SRC, 그리고 CURR_DST는 0이 된다.	0
ON_OFF	[1]	DMA 채널 On/Off 비트 0: DMA 채널 Off (DMA 요청 무시) 1: DMA 채널 On (DMA 요청 가능) 오토-리로드 설정이 되어 있지 않으면 CURR_TC 값이 0이 되면 자동으로 0으로 설정된다.	0
SW_TRIG	[0]	Software request 모드에서 DMA 채널 트리거 비트 1: DMA 컨트롤러에 DMA를 요청함	0

20.4 DMA 기능 연습

20.4에서는 지금까지의 DMA 설명을 기반으로 MSTK2440보드에서 DMA를 이용한 데

이터 전송 실험을 하도록 하겠다. 실험을 통해 DMA 사용 목적 및 장점, 사용방법에 대해서 이해하도록 하자. MSTK2440 보드에는 External 디바이스와의 DMA 핸드쉐이크 통신을 할 수 있도록 인터페이스가 확보되어있다.

20.4.1 DMA를 이용한 데이터 전송 실험

S3C2440A에는 DMA 채널이 4개가 있다. 이 4개의 DMA를 이용하여 시스템 버스(AHB)와 Peripheral 버스(APB) 간에 데이터를 전송을 할 수 있는데, 여기서는 시스템버스 간의 DMA 전송 실험을 하도록 한다. Peripheral 버스와의 실험은 18장 IIS 버스 부분에서 설명을 하였으므로 참조하기 바란다.

DMA를 요청하는 Request 신호에는 하드웨어 Request 모드가 있고 소프트웨어 Request 모드가 있다. 하드웨어 Request는 말 그대로 peripheral 디바이스에 의해서나 External 디바이스에 의해서 DMA 전송을 요구하는 것이고, 소프트웨어 Request 모드는 프로그램 내에 소프트웨어 설정으로 DMA 전송을 하고자 설정하는 것이다. 여기서는 앞에서 설명하지 않은 소프트웨어 방식으로 테스트 해보도록 하겠다.

▶ 실험 내용

자동메뉴와 수동메뉴가 있으며 수동메뉴에서는 DMA 채널 설정, 소스어드레스 및 목적지 어드레스 설정, Data 크기(Byte, Half-Word, Word), 전송 사이즈 (Unit or Burst4) 설정을 변경해 가며 다양하게 전송 실험을 해볼 수 있다. 설정한 값에 따라 TC(Transfer count)가 얼마로 설정되는지, 데이터 전송이 얼마만큼의 속도로 이루어지는지 등을 확인해 보도록 하자.

자동메뉴를 선택하면 DMA0, DMA1, DMA2, DMA3 4개의 채널을 차례대로 동작시키며 Byte, Halfword, Word 단위 및 Burst Transfer 등 다양한 모드로 데이터 복사를 하며, 각 동작 상태에서의 전송시간 및 정상적인 데이터 전송이 이루어 졌는지를 출력한다.

▶ 프로그램

Chapter20 폴더의 DMA_Test 폴더 안의 Dma_Test.mcp 프로젝트 파일을 오픈한다. 프로그램을 컴파일하고 DNW를 이용해 바이너리 파일을 다운로드 시켜 실행해 본다. main_app.c 리스트를 보자.

```
/*-------------------------------------------------------
 Project : MSTK2440 DMA Transfer test, DMA_Test.mcp
 Description : DMA를 이용한 데이터 전송 프로그램
--------------------------------------------------------*/
#include <stdlib.h>
#include <string.h>
#include "def.h"
#include "option.h"
#include "2440addr.h"
#include "2440lib.h"
#include "dma.h"
#include "mmu.h"

//----------- Constant Definition ----------------------
#define UART0  0                          // UART0

//----------- Function Declaration ---------------------
void Isr_Init(void);                      // 인터럽트 초기화
static void __irq Dma0Done(void);
static void __irq Dma1Done(void);
static void __irq Dma2Done(void);
static void __irq Dma3Done(void);
void DMA_M2M(int ch,int srcAddr,int dstAddr,int tc,int dsz,int burst);

//----------- Global Variables -------------------------
typedef struct tagDMA
{
    volatile U32 DISRC;                   // 0x0
    volatile U32 DISRCC;                  // 0x4
    volatile U32 DIDST;                   // 0x8
    volatile U32 DIDSTC;                  // 0xc
    volatile U32 DCON;                    // 0x10
    volatile U32 DSTAT;                   // 0x14
    volatile U32 DCSRC;                   // 0x18
    volatile U32 DCDST;                   // 0x1c
    volatile U32 DMASKTRIG;               // 0x20
}DMA;

static volatile int dmaDone;

void Manual__DMA(void)
{
    U8 dma_ch, data_size, burst;
    U32 src, dst, tc;
```

```
    Uart_Printf(" Select the DMA channel : 0. ch0  1. ch1  2. ch2  3. ch3\n");
    Uart_Printf(" Select num : ");
    dma_ch = Uart_GetIntNum();
    if(dma_ch>3) dma_ch = 0;

    Uart_Printf(" Source sddress =");
    src = Uart_GetIntNum();
    Uart_Printf(" Destination sddress =");
    dst = Uart_GetIntNum();

    Uart_Printf(" Select the Data size : 0. Byte 1. Half word(2Byte) 2. Word(4Byte)\n");
    Uart_Printf(" Select num : ");
    data_size = Uart_GetIntNum();
    if(data_size>2) data_size = 0;

    Uart_Printf(" Select the trasfer size : 0. Unit transfer 1. Burst transfer\n");
    Uart_Printf(" Select num : ");
    burst = Uart_GetIntNum();
    if(burst>1) burst = 0;

    tc = (dst-src)/(((data_size==0)+(data_size==1)*2+(data_size==2)*4)*(burst ? 4:1));
    Uart_Printf(" tc = 0x%x 0x%x 0x%x", tc, data_size, burst);
    DMA_M2M(dma_ch, src, dst, tc, data_size, burst);            // word,burst
}

void Auto__DMA(void)
{
    DMA_M2M(0,0x31000000,0x31000000+0x800000, 0x8000,2,1); // word,burst
    //DMA Ch 0
    DMA_M2M(0,0x31000000,0x31000000+0x800000,0x80000,0,0); // byte,single
    DMA_M2M(0,0x31000000,0x31000000+0x800000,0x40000,1,0); // halfword,single
    DMA_M2M(0,0x31000000,0x31000000+0x800000,0x20000,2,0); // word,single
    DMA_M2M(0,0x31000000,0x31000000+0x800000,0x20000,0,1); // byte,burst
    DMA_M2M(0,0x31000000,0x31000000+0x800000,0x10000,1,1); // halfword,burst
    DMA_M2M(0,0x31000000,0x31000000+0x800000, 0x8000,2,1); // word,burst

    //DMA Ch 1
    DMA_M2M(1,0x31000000,0x31000000+0x800000,0x80000,0,0); // byte,single
    DMA_M2M(1,0x31000000,0x31000000+0x800000,0x40000,1,0); // halfword,single
    DMA_M2M(1,0x31000000,0x31000000+0x800000,0x20000,2,0); // word,single
    DMA_M2M(1,0x31000000,0x31000000+0x800000,0x20000,0,1); // byte,burst
    DMA_M2M(1,0x31000000,0x31000000+0x800000,0x10000,1,1); // halfword,burst
    DMA_M2M(1,0x31000000,0x31000000+0x800000, 0x8000,2,1); // word,burst
```

```
	//DMA Ch 2
	DMA_M2M(2,0x31000000,0x31000000+0x800000,0x80000,0,0); // byte,single
	DMA_M2M(2,0x31000000,0x31000000+0x800000,0x40000,1,0); // halfword,single
	DMA_M2M(2,0x31000000,0x31000000+0x800000,0x20000,2,0); // word,single
	DMA_M2M(2,0x31000000,0x31000000+0x800000,0x20000,0,1); // byte,burst
	DMA_M2M(2,0x31000000,0x31000000+0x800000,0x10000,1,1); // halfword,burst
	DMA_M2M(2,0x31000000,0x31000000+0x800000, 0x8000,2,1); // word,burst

	//DMA Ch 3
	DMA_M2M(3,0x31000000,0x31000000+0x800000,0x80000,0,0); // byte,single
	DMA_M2M(3,0x31000000,0x31000000+0x800000,0x40000,1,0); // halfword,single
	DMA_M2M(3,0x31000000,0x31000000+0x800000,0x20000,2,0); // word,single
	DMA_M2M(3,0x31000000,0x31000000+0x800000,0x20000,0,1); // byte,burst
	DMA_M2M(3,0x31000000,0x31000000+0x800000,0x10000,1,1); // halfword,burst
	DMA_M2M(3,0x31000000,0x31000000+0x800000, 0x8000,2,1); // word,burst
}

void DMA_M2M(int ch,int srcAddr,int dstAddr,int tc,int dsz,int burst)
{
	int i,time;
	volatile U32 memSum0=0,memSum1=0;
	DMA *pDMA;
	int length;

	length=tc*(burst ? 4:1)*((dsz==0)+(dsz==1)*2+(dsz==2)*4);
	Uart_Printf("[DMA%d MEM2MEM Test]\n",ch);
	switch(ch)
	{
	case 0:
	 pISR_DMA0=(int)Dma0Done;
	 rINTMSK&=~(BIT_DMA0);
	 pDMA=(void *)0x4b000000;
	 break;
	case 1:
	 pISR_DMA1=(int)Dma1Done;
	 rINTMSK&=~(BIT_DMA1);
	 pDMA=(void *)0x4b000040;
	 break;
	case 2:
	 pISR_DMA2=(int)Dma2Done;
	 rINTMSK&=~(BIT_DMA2);
	 pDMA=(void *)0x4b000080;
	 break;
```

```
case 3:
     pISR_DMA3=(int)Dma3Done;
      rINTMSK&=~(BIT_DMA3);
      pDMA=(void *)0x4b0000c0;
     break;
}

Uart_Printf("DMA%d %8xh->%8xh,size=%xh(tc=%xh),dsz=%d,burst=%d\n",
            ch, srcAddr,dstAddr,length,tc,dsz,burst);

Uart_Printf("Initialize the src.\n");

for(i=srcAddr;i<(srcAddr+length);i+=4)
{
 *((U32 *)i)=i^0x55aa5aa5;
 memSum0+=i^0x55aa5aa5;
}

Uart_Printf("DMA%d start\n",ch);

dmaDone=0;

pDMA->DISRC=srcAddr;
pDMA->DISRCC=(0<<1)|(0<<0);              // inc,AHB
pDMA->DIDST=dstAddr;
pDMA->DIDSTC=(0<<2) | (0<<1)|(0<<0); // inc,AHB
pDMA->DCON=/*tc|*/(1<<31)|(1<<30)|(1<<29)|(burst<<28)|(1<<27)|\
          (0<<23)|(1<<22)|(dsz<<20)|(tc);
// HS,AHB,TC interrupt,whole, SW request mode,relaod off
pDMA->DMASKTRIG=(1<<1)|1;                // DMA on, SW_TRIG

Timer_Start(3);                           // 128us resolution
while(dmaDone==0);
time=Timer_Stop();

Uart_Printf("DMA transfer done. time=%f, %fMB/S\n",(float)time/ONESEC3,
           length/((float)time/ONESEC3)/1000000.);
rINTMSK=BIT_ALLMSK;

for(i=dstAddr;i<dstAddr+length;i+=4)
{
 memSum1+=*((U32 *)i)=i^0x55aa5aa5;
}
Uart_Printf("memSum0=%x,memSum1=%x\n",memSum0,memSum1);
if(memSum0==memSum1)
 Uart_Printf("DMA test result--------------------------------O.K.\n");
```

```
	else
	Uart_Printf("DMA test result-----------------------------ERROR!!!\n");
}
//---------- Main Function ---------------------------
void Main(void)
{
	unsigned char i, ch;

	#if ADS10
	__rt_lib_init(); //for ADS 1.0
	#endif

	Port_Init();
	ChangeUPllValue(60,4,2);		// 48MHz for USB
	for(i=0; i<7; i++);
	ChangeClockDivider(13,12);
	ChangeMPllValue(97,1,2);		// 296Mhz
	Isr_Init();
	Uart_Init(UART0,115200);
	Uart_Select(UART0);		// UART0 selected for debugging
	MMU_Init();
	Delay(0);		// Calibrate Delay()

	Uart_Printf("\n\n");
	Uart_Printf("MSTK2440 DMA Transfer Test Program\n");
	Uart_Printf("-------------------------------------------\n");

	while(1)
	{
	Uart_Printf("\n0 : Manual.....\n");
	Uart_Printf("1 : Auto.....\n");
	Uart_Printf("Select the function to test (0 ~ 1) : ");
	ch = Uart_Getch();
	if((ch>=0x30)&(ch<=0x31))
	{
		Uart_Printf("%d\n", ch-'0');
		Uart_Printf("-------------------------------------------\r\n");
	}
	else Uart_Printf("\n");
	switch(ch){
		case '0':
			Manual__DMA();
			break;
```

```
            case '1':
                Auto__DMA();
                break;
            default:
                break;
        }

            Led_Display(0);
            Delay(1000);
            Led_Display(15);
            Delay(1000);
        }//while
}

void Isr_Init(void)
{
        rINTMOD=0x0;                          // All=IRQ mode
        rINTMSK=BIT_ALLMSK;                   // All interrupt is masked.
}

static void __irq Dma0Done(void)
{
        ClearPending(BIT_DMA0);
        dmaDone=1;
}

static void __irq Dma1Done(void)
{
        ClearPending(BIT_DMA1);
        dmaDone=1;
}

static void __irq Dma2Done(void)
{
        ClearPending(BIT_DMA2);
        dmaDone=1;
}

static void __irq Dma3Done(void)
{
        ClearPending(BIT_DMA3);
        dmaDone=1;
}
```

메인함수를 보자.

메뉴 키 입력을 통해서 수동으로 DMA 전송 실험을 할 것인지 자동으로 할 것인지를 선택한다. 먼저 수동메뉴를 선택하면 사용하고자 하는 DMA 채널을 선택하고 소스 어드레스, 목적지 어드레스, 데이터 사이즈, 전송 사이즈를 선택할 수 있다. 여기서 데이터 사이즈는 Byte, Half-워드, 워드를 뜻하며 전송 사이즈는 Unit(1사이클) 전송인지 Burst4인지를 나타낸다.

본 소스코드에서는 소스 어드레스에서 목적지 어드레스로 데이터를 전송하는데, 그 데이터 크기는 목적지 어드레스에서 소스어드레스를 뺀 크기만큼으로 설정하였다. 사용자가 목적지 어드레스 특정영역에 소스어드레스의 특정영역을 전송하고 싶다면, 소스 코드를 조금 변경하여 테스트 해볼 수 있을 것이다.

키 입력을 통해 선택이 끝나면 DMA 전송을 위한 레지스터를 설정한 후 DMA 사이클을 시작한다. 시작 후 데이터 전송이 모두 끝나면 DMA 인터럽트가 발생하고 DMA 전송 시작부터 DMA 전송 끝까지에 걸리는 시간을 계산하여 화면에 표시해 준다. 위에서 설정한 데이터 크기 및 데이터 사이즈, 전송 사이즈에 따라 전송하는데 걸리는 시간이 달라짐을 확인할 수 있을 것이다.

DMA 관련 레지스터를 어떻게 설정하는지 확인해 보자. DISRCC 및 DIDSTC 레지스터를 소스 및 목적지 어드레스가 AHB 버스상에 있으며, Increment 어드레스라고 설정한다. 소스 어드레스에서 목적지 어드레스까지 증가하면서 데이터 전송을 하기 때문이다.

DCON 레지스터의 TC(Transfer counter)값, 데이터 사이즈, 오토-리로드 off, S/W request 설정, Whole service 모드 설정, 전송 사이즈, 인터럽트 Disable 설정, AHB Sync 설정, 핸드쉐이크 모드를 설정한다. DMASKTRIG 레지스터를 소프트웨어 Request 모드로 DMA를 동작시킨다는 설정과 DMA를 시작하겠다는 설정을 한다. 지금부터 DMA 전송이 시작된다.

Timer_Start() 함수를 실행해 와치독 타이머를 가동하고, 데이터 블록 크기만큼 모두 전송 완료할 때까지 DMA 전송을 계속한다. 전송이 완료되면 인터럽트가 발생하고 Timer_Stop() 함수를 실행해 그때까지 카운트된 값을 기준으로 전송하는데 소요된 시간을 계산하여 화면에 표시한다. 마지막으로 정상적으로 데이터 전송이 이루어졌는지 확인하는 것을 끝으로 루틴을 빠져나온다.

자동메뉴를 선택하면 DMA0, DMA1, DMA2, DMA3 4개의 채널을 차례대로 동작시키며 Byte, Halfword, Word 단위 및 Burst Transfer 등 다양한 모드로 데이터 복사를 하게 된다.

[그림 20.2]는 Dma_test.bin을 다운로드하여 실행시킨 화면이다. 두 가지 메뉴가 있으며 0번은 수동 DMA 테스트 모드, 1번은 자동 DMA 테스트 모드이다.

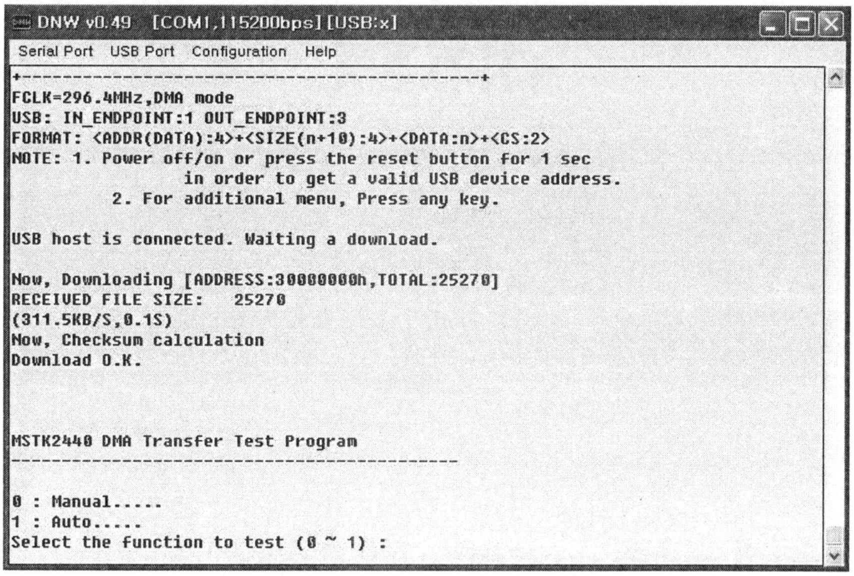

[그림 20.2] DMA 테스트 실행 화면

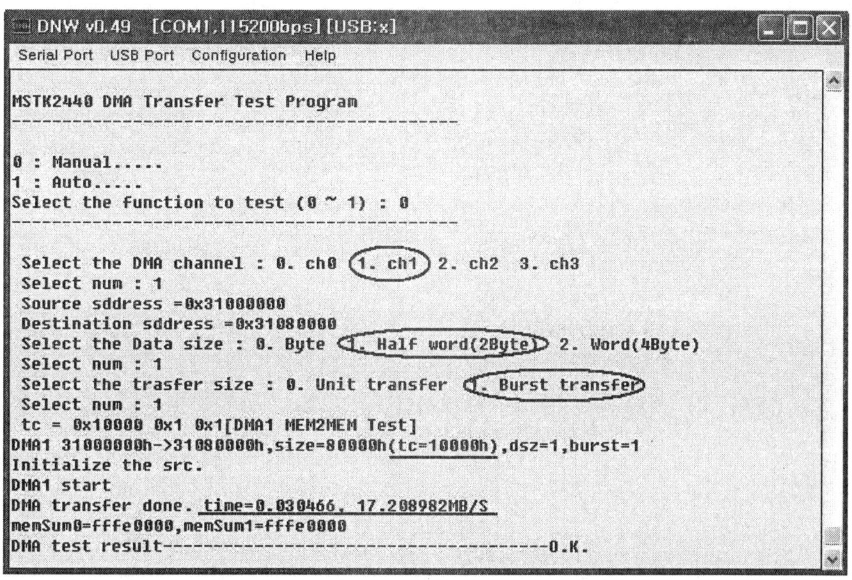

[그림 20.3] 수동 입력 DMA 테스트 화면

[그림 20.3]은 수동 DMA 테스트 모드를 선택하였을 때의 화면이다.
키입력을 마치면 DMA가 시작되고 데이터 전송을 마친 후에 TC값과 전송시간, 전송 결과값 등을 화면에 표시한다.

INDEX

ARM® Instruction Set
Quick Reference Card

Key to Tables	
{cond}	Refer to Table **Condition Field {cond}**. Omit for unconditional execution.
<Operand2>	Refer to Table **Flexible Operand 2**. Shift and rotate are only available as part of Operand2.
<fields>	Refer to Table **PSR fields**.
<PSR>	Either CPSR (Current Processor Status Register) or SPSR (Saved Processor Status Register)
{S}	Updates condition flags if S present.
C*, V*	Flag is unpredictable in Architecture v4 and earlier, unchanged in Architecture v5 and later.
Q	Sticky flag. Always updates on overflow (no S option). Read and reset using MRS and MSR.
x,y	B meaning half-register [15:0], or T meaning [31:16].
<immed_8r>	A 32-bit constant, formed by right-rotating an 8-bit value by an even number of bits.
<immed_8*4>	A 10-bit constant, formed by left-shifting an 8-bit value by two bits.

<a_mode2>	Refer to Table **Addressing Mode 2**.
<a_mode2P>	Refer to Table **Addressing Mode 2 (Post-indexed only)**.
<a_mode3>	Refer to Table **Addressing Mode 3**.
<a_mode4L>	Refer to Table **Addressing Mode 4 (Block load or Stack pop)**.
<a_mode4S>	Refer to Table **Addressing Mode 4 (Block store or Stack push)**.
<a_mode5>	Refer to Table **Addressing Mode 5**.
<reglist>	A comma-separated list of registers, enclosed in braces, { and }.
{!}	Updates base register after data transfer if ! present.
+/-	+ or –. (+ may be omitted.)
§	Refer to Table **ARM architecture versions**.

Operation		§	Assembler	S updates	Q	Action
Move	Move		MOV{cond}{S} Rd, <Operand2>	N Z C		Rd := Operand2
	NOT		MVN{cond}{S} Rd, <Operand2>	N Z C		Rd := 0xFFFFFFFF EOR Operand2
	PSR to register	3	MRS{cond} Rd, <PSR>			Rd := PSR
	register to PSR	3	MSR{cond} <PSR>_<fields>, Rm			PSR := Rm (selected bytes only)
	immediate to PSR	3	MSR{cond} <PSR>_<fields>, #<immed_8r>			PSR := immed_8r (selected bytes only)
	40-bit accumulator to register	XS	MRA{cond} RdLo, RdHi, Ac			RdLo := Ac[31:0], RdHi := Ac[39:32]
	register to 40-bit accumulator	XS	MAR{cond} Ac, RdLo, RdHi			Ac[31:0] := RdLo, Ac[39:32] := RdHi
Arithmetic	Add		ADD{cond}{S} Rd, Rn, <Operand2>	N Z C V		Rd := Rn + Operand2
	with carry		ADC{cond}{S} Rd, Rn, <Operand2>	N Z C V		Rd := Rn + Operand2 + Carry
	saturating	5E	QADD{cond} Rd, Rm, Rn		Q	Rd := SAT(Rm + Rn)
	double saturating	5E	QDADD{cond} Rd, Rm, Rn		Q	Rd := SAT(Rm + SAT(Rn * 2))
	Subtract		SUB{cond}{S} Rd, Rn, <Operand2>	N Z C V		Rd := Rn – Operand2
	with carry		SBC{cond}{S} Rd, Rn, <Operand2>	N Z C V		Rd := Rn – Operand2 – NOT(Carry)
	reverse subtract		RSB{cond}{S} Rd, Rn, <Operand2>	N Z C V		Rd := Operand2 – Rn
	reverse subtract with carry		RSC{cond}{S} Rd, Rn, <Operand2>	N Z C V		Rd := Operand2 – Rn – NOT(Carry)
	saturating	5E	QSUB{cond} Rd, Rm, Rn		Q	Rd := SAT(Rm – Rn)
	double saturating	5E	QDSUB{cond} Rd, Rm, Rn		Q	Rd := SAT(Rm – SAT(Rn * 2))
	Multiply	2	MUL{cond}{S} Rd, Rm, Rs	N Z C*		Rd := (Rm * Rs)[31:0]
	accumulate	2	MLA{cond}{S} Rd, Rm, Rs, Rn	N Z C*		Rd := ((Rm * Rs) + Rn)[31:0]
	unsigned long	M	UMULL{cond}{S} RdLo, RdHi, Rm, Rs	N Z C* V*		RdHi,RdLo := unsigned(Rm * Rs)
	unsigned accumulate long	M	UMLAL{cond}{S} RdLo, RdHi, Rm, Rs	N Z C* V*		RdHi,RdLo := unsigned(RdHi,RdLo + Rm * Rs)
	signed long	M	SMULL{cond}{S} RdLo, RdHi, Rm, Rs	N Z C* V*		RdHi,RdLo := signed(Rm * Rs)
	signed accumulate long	M	SMLAL{cond}{S} RdLo, RdHi, Rm, Rs	N Z C* V*		RdHi,RdLo := signed(RdHi,RdLo + Rm * Rs)
	signed 16 * 16 bit	5E	SMULxy{cond} Rd, Rm, Rs			Rd := Rm[x] * Rs[y]
	signed 32 * 16 bit	5E	SMULWy{cond} Rd, Rm, Rs			Rd := (Rm * Rs[y])[47:16]
	signed accumulate 16 * 16 bit	5E	SMLAxy{cond} Rd, Rm, Rs, Rn		Q	Rd := Rn + Rm[x] * Rs[y]
	signed accumulate 32 * 16 bit	5E	SMLAWy{cond} Rd, Rm, Rs, Rn		Q	Rd := Rn + (Rm * Rs[y])[47:16]
	signed accumulate long 16 * 16 bit	5E	SMLALxy{cond} RdLo, RdHi, Rm, Rs			RdHi,RdLo := RdHi,RdLo + Rm[x] * Rs[y]
	Multiply with internal 40-bit accumulate	XS	MIA{cond} Ac, Rm, Rs			Ac := Ac + Rm * Rs
	packed halfword	XS	MIAPH{cond} Ac, Rm, Rs			Ac := Ac + Rm[15:0] * Rs[15:0] + Rm[31:16] * Rs[31:16]
	halfword	XS	MIAxy{cond} Ac, Rm, Rs			Ac := Ac + Rm[x] * Rs[y]
	Count leading zeroes	5	CLZ{cond} Rd, Rm			Rd := number of leading zeroes in Rm
Logical	Test		TST{cond} Rn, <Operand2>	N Z C		Update CPSR flags on Rn AND Operand2
	Test equivalence		TEQ{cond} Rn, <Operand2>	N Z C		Update CPSR flags on Rn EOR Operand2
	AND		AND{cond}{S} Rd, Rn, <Operand2>	N Z C		Rd := Rn AND Operand2
	EOR		EOR{cond}{S} Rd, Rn, <Operand2>	N Z C		Rd := Rn EOR Operand2
	ORR		ORR{cond}{S} Rd, Rn, <Operand2>	N Z C		Rd := Rn OR Operand2
	Bit Clear		BIC{cond}{S} Rd, Rn, <Operand2>	N Z C		Rd := Rn AND NOT Operand2
Compare	Compare		CMP{cond} Rn, <Operand2>	N Z C V		Update CPSR flags on Rn – Operand2
	negative		CMN{cond} Rn, <Operand2>	N Z C V		Update CPSR flags on Rn + Operand2
No Op	No operation		NOP			None

ARM Instruction Set
Quick Reference Card

Operation		§	Assembler	Action	Notes
Branch	Branch		`B{cond} label`	R15 := label	label must be within ±32Mb of current instruction.
	with link		`BL{cond} label`	R14 := R15 – 4, R15 := label	label must be within ±32Mb of current instruction.
	and exchange	4T,5	`BX{cond} Rm`	R15 := Rm, Change to Thumb if Rm[0] is 1	
	with link and exchange (1)	5T	`BLX label`	R14 := R15 – 4, R15 := label, Change to Thumb	Cannot be conditional. label must be within ±32Mb of current instruction.
	with link and exchange (2)	5	`BLX{cond} Rm`	R14 := R15 – 4, R15 := Rm[31:1] Change to Thumb if Rm[0] is 1	
Load	Word		`LDR{cond} Rd, <a_mode2>`	Rd := [address]	Rd must not be R15.
	User mode privilege		`LDR{cond}T Rd, <a_mode2P>`		Rd must not be R15.
	branch (§ 5T: and exchange)		`LDR{cond} R15, <a_mode2>`	R15 := [address][31:1] (§ 5T: Change to Thumb if [address][0] is 1)	
	Byte		`LDR{cond}B Rd, <a_mode2>`	Rd := ZeroExtend[byte from address]	Rd must not be R15.
	User mode privilege		`LDR{cond}BT Rd, <a_mode2P>`		Rd must not be R15.
	signed	4	`LDR{cond}SB Rd, <a_mode3>`	Rd := SignExtend[byte from address]	Rd must not be R15.
	Halfword	4	`LDR{cond}H Rd, <a_mode3>`	Rd := ZeroExtent[halfword from address]	Rd must not be R15.
	signed	4	`LDR{cond}SH Rd, <a_mode3>`	Rd := SignExtend[halfword from address]	Rd must not be R15.
	Doubleword	5E*	`LDR{cond}D Rd, <a_mode3>`	Rd := [address], R(d+1) := [address + 4]	Rd must be even, and not R14.
Load multiple	Pop, or Block data load		`LDM{cond}<a_mode4L> Rn{!}, <reglist-pc>`	Load list of registers from [Rn]	
	return (and exchange)		`LDM{cond}<a_mode4L> Rn{!}, <reglist+pc>`	Load registers, R15 := [address][31:1] (§ 5T: Change to Thumb if [address][0] is 1)	
	and restore CPSR		`LDM{cond}<a_mode4L> Rn{!}, <reglist+pc>^`	Load registers, branch (§ 5T: and exchange), CPSR := SPSR	Use from exception modes only.
	User mode registers		`LDM{cond}<a_mode4L> Rn, <reglist-pc>^`	Load list of User mode registers from [Rn]	Use from privileged modes only.
Soft preload	Memory system hint	5E*	`PLD <a_mode2>`	Memory may prepare to load from address	Cannot be conditional.
Store	Word		`STR{cond} Rd, <a_mode2>`	[address] := Rd	
	User mode privilege		`STR{cond}T Rd, <a_mode2P>`	[address] := Rd	
	Byte		`STR{cond}B Rd, <a_mode2>`	[address][7:0] := Rd[7:0]	
	User mode privilege		`STR{cond}BT Rd, <a_mode2P>`	[address][7:0] := Rd[7:0]	
	Halfword	4	`STR{cond}H Rd, <a_mode3>`	[address][15:0] := Rd[15:0]	
	Doubleword	5E*	`STR{cond}D Rd, <a_mode3>`	[address] := Rd, [address + 4] := R(d+1)	Rd must be even, and not R14.
Store multiple	Push, or Block data store		`STM{cond}<a_mode4S> Rn{!}, <reglist>`	Store list of registers to [Rn]	
	User mode registers		`STM{cond}<a_mode4S> Rn{!}, <reglist>^`	Store list of User mode registers to [Rn]	Use from privileged modes only.
Swap	Word	3	`SWP{cond} Rd, Rm, [Rn]`	temp := [Rn], [Rn] := Rm, Rd := temp	
	Byte	3	`SWP{cond}B Rd, Rm, [Rn]`	temp := ZeroExtend([Rn][7:0]), [Rn][7:0] := Rm[7:0], Rd := temp	
Coprocessors	Data operations	2	`CDP{cond} <copr>, <op1>, CRd, CRn, CRm{, <op2>}`	Coprocessor defined	
	Alternative operations	5	`CDP2 <copr>, <op1>, CRd, CRn, CRm{, <op2>}`		Cannot be conditional.
	Move to ARM reg from coproc	2	`MRC{cond} <copr>, <op1>, Rd, CRn, CRm{, <op2>}`		
	Alternative moves	5	`MRC2 <copr>, <op1>, Rd, CRn, CRm{, <op2>}`		Cannot be conditional.
	Two ARM register move	5E*	`MRRC{cond} <copr>, <op1>, Rd, Rn, CRm`		
	Move to coproc from ARM reg	2	`MCR{cond} <copr>, <op1>, Rd, CRn, CRm{, <op2>}`		
	Alternative moves	5	`MCR2 <copr>, <op1>, Rd, CRn, CRm{, <op2>}`		Cannot be conditional.
	Two ARM register move	5E*	`MCRR{cond} <copr>, <op1>, Rd, Rn, CRm`		
	Load	2	`LDC{cond} <copr>, CRd, <a_mode5>`		
	Alternative loads	5	`LDC2 <copr>, CRd, <a_mode5>`		Cannot be conditional.
	Store	2	`STC{cond} <copr>, CRd, <a_mode5>`		
	Alternative stores	5	`STC2 <copr>, CRd, <a_mode5>`		Cannot be conditional.
Software interrupt			`SWI{cond} <immed_24>`	Software interrupt processor exception	24-bit value encoded in instruction.
Breakpoint		5	`BKPT <immed_16>`	Prefetch abort *or* enter debug state	Cannot be conditional.

ARM Addressing Modes
Quick Reference Card

Addressing Mode 2 - Word and Unsigned Byte Data Transfer

Pre-indexed	Immediate offset	[Rn, #+/-<immed_12>]{!}	
	Zero offset	[Rn]	Equivalent to [Rn,#0]
	Register offset	[Rn, +/-Rm]{!}	
	Scaled register offset	[Rn, +/-Rm, LSL #<immed_5>]{!}	Allowed shifts 0-31
		[Rn, +/-Rm, LSR #<immed_5>]{!}	Allowed shifts 1-32
		[Rn, +/-Rm, ASR #<immed_5>]{!}	Allowed shifts 1-32
		[Rn, +/-Rm, ROR #<immed_5>]{!}	Allowed shifts 1-31
		[Rn, +/-Rm, RRX]{!}	
Post-indexed	Immediate offset	[Rn], #+/-<immed_12>	
	Register offset	[Rn], +/-Rm	
	Scaled register offset	[Rn], +/-Rm, LSL #<immed_5>	Allowed shifts 0-31
		[Rn], +/-Rm, LSR #<immed_5>	Allowed shifts 1-32
		[Rn], +/-Rm, ASR #<immed_5>	Allowed shifts 1-32
		[Rn], +/-Rm, ROR #<immed_5>	Allowed shifts 1-31
		[Rn], +/-Rm, RRX	

Addressing Mode 2 (Post-indexed only)

Post-indexed	Immediate offset	[Rn], #+/-<immed_12>	
	Zero offset	[Rn]	Equivalent to [Rn],#0
	Register offset	[Rn], +/-Rm	
	Scaled register offset	[Rn], +/-Rm, LSL #<immed_5>	Allowed shifts 0-31
		[Rn], +/-Rm, LSR #<immed_5>	Allowed shifts 1-32
		[Rn], +/-Rm, ASR #<immed_5>	Allowed shifts 1-32
		[Rn], +/-Rm, ROR #<immed_5>	Allowed shifts 1-31
		[Rn], +/-Rm, RRX	

Addressing Mode 3 - Halfword, Signed Byte, and Doubleword Data Transfer

Pre-indexed	Immediate offset	[Rn, #+/-<immed_8>]{!}	
	Zero offset	[Rn]	Equivalent to [Rn,#0]
	Register	[Rn, +/-Rm]{!}	
Post-indexed	Immediate offset	[Rn], #+/-<immed_8>	
	Register	[Rn], +/-Rm	

Addressing Mode 4 - Multiple Data Transfer

Block load		Stack pop	
IA	Increment After	FD	Full Descending
IB	Increment Before	ED	Empty Descending
DA	Decrement After	FA	Full Ascending
DB	Decrement Before	EA	Empty Ascending
Block store		**Stack push**	
IA	Increment After	EA	Empty Ascending
IB	Increment Before	FA	Full Ascending
DA	Decrement After	ED	Empty Descending
DB	Decrement Before	FD	Full Descending

Addressing Mode 5 - Coprocessor Data Transfer

Pre-indexed	Immediate offset	[Rn, #+/-<immed_8*4>]{!}	
	Zero offset	[Rn]	Equivalent to [Rn,#0]
Post-indexed	Immediate offset	[Rn], #+/-<immed_8*4>	
Unindexed	No offset	[Rn], {8-bit copro. option}	

ARM architecture versions

n	ARM architecture version *n* and above.
*n*T	T variants of ARM architecture version *n* and above.
M	ARM architecture version 3M, and 4 and above, except xM variants.
*n*E	All E variants of ARM architecture version *n* and above.
*n*E*	E variants of ARM architecture version *n* and above, except xP variants.
XS	XScale coprocessor instruction

Flexible Operand 2

Immediate value	#<immed_8r>	
Logical shift left immediate	Rm, LSL #<immed_5>	Allowed shifts 0-31
Logical shift right immediate	Rm, LSR #<immed_5>	Allowed shifts 1-32
Arithmetic shift right immediate	Rm, ASR #<immed_5>	Allowed shifts 1-32
Rotate right immediate	Rm, ROR #<immed_5>	Allowed shifts 1-31
Register	Rm	
Rotate right extended	Rm, RRX	
Logical shift left register	Rm, LSL Rs	
Logical shift right register	Rm, LSR Rs	
Arithmetic shift right register	Rm, ASR Rs	
Rotate right register	Rm, ROR Rs	

PSR fields (use at least one suffix)

Suffix	Meaning	
c	Control field mask byte	PSR[7:0]
f	Flags field mask byte	PSR[31:24]
s	Status field mask byte	PSR[23:16]
x	Extension field mask byte	PSR[15:8]

Condition Field {cond}

Mnemonic	Description	Description (VFP)
EQ	Equal	Equal
NE	Not equal	Not equal, or unordered
CS / HS	Carry Set / Unsigned higher or same	Greater than or equal, or unordered
CC / LO	Carry Clear / Unsigned lower	Less than
MI	Negative	Less than
PL	Positive or zero	Greater than or equal, or unordered
VS	Overflow	Unordered (at least one NaN operand)
VC	No overflow	Not unordered
HI	Unsigned higher	Greater than, or unordered
LS	Unsigned lower or same	Less than or equal
GE	Signed greater than or equal	Greater than or equal
LT	Signed less than	Less than, or unordered
GT	Signed greater than	Greater than
LE	Signed less than or equal	Less than or equal, or unordered
AL	Always (normally omitted)	Always (normally omitted)

Vector Floating Point Instruction Set
Quick Reference Card

Key to Tables	
`{cond}`	See Table **Condition Field** (on ARM side).
`<S/D>`	S (single precision) or D (double precision).
`<S/D/X>`	As above, or X (unspecified precision).
`Fd, Fn, Fm`	Sd, Sn, Sm (single precision), or Dd, Dn, Dm (double precision).

`{E}`	E : raise exception on any NaN. Without E : raise exception only on signaling NaNs.
`{Z}`	Round towards zero. Overrides FPSCR rounding mode.
`<VFPregs>`	A comma separated list of *consecutive* VFP registers, enclosed in braces ({ and }).
`<VFPsysreg>`	FPSCR, or FPSID.

Operation		Assembler	Exceptions	Action	Notes
Vector arithmetic	Multiply	`FMUL<S/D>{cond} Fd, Fn, Fm`	IO, OF, UF, IX	Fd := Fn * Fm	
	and negate	`FNMUL<S/D>{cond} Fd, Fn, Fm`	IO, OF, UF, IX	Fd := – (Fn * Fm)	
	and accumulate	`FMAC<S/D>{cond} Fd, Fn, Fm`	IO, OF, UF, IX	Fd := Fd + (Fn * Fm)	
	negate and accumulate	`FNMAC<S/D>{cond} Fd, Fn, Fm`	IO, OF, UF, IX	Fd := Fd – (Fn * Fm)	
	and subtract	`FMSC<S/D>{cond} Fd, Fn, Fm`	IO, OF, UF, IX	Fd := – Fd + (Fn * Fm)	
	negate and subtract	`FNMSC<S/D>{cond} Fd, Fn, Fm`	IO, OF, UF, IX	Fd := – Fd – (Fn * Fm)	
	Add	`FADD<S/D>{cond} Fd, Fn, Fm`	IO, OF, IX	Fd := Fn + Fm	
	Subtract	`FSUB<S/D>{cond} Fd, Fn, Fm`	IO, OF, IX	Fd := Fn – Fm	
	Divide	`FDIV<S/D>{cond} Fd, Fn, Fm`	IO, DZ, OF, UF, IX	Fd := Fn / Fm	
	Copy	`FCPY<S/D>{cond} Fd, Fm`		Fd := Fm	
	Absolute	`FABS<S/D>{cond} Fd, Fm`		Fd := abs(Fm)	
	Negative	`FNEG<S/D>{cond} Fd, Fm`		Fd := – Fm	
	Square root	`FSQRT<S/D>{cond} Fd, Fm`	IO, IX	Fd := sqrt(Fm)	
Scalar compare		`FCMP{E}<S/D>{cond} Fd, Fm`	IO	Set FPSCR flags on Fd – Fm	Use FMSTAT to transfer flags.
	Compare with zero	`FCMP{E}Z<S/D>{cond} Fd`	IO	Set FPSCR flags on Fd – 0	Use FMSTAT to transfer flags.
Scalar convert	Single to double	`FCVTDS{cond} Dd, Sm`	IO	Dd := convertStoD(Sm)	
	Double to single	`FCVTSD{cond} Sd, Dm`	IO, OF, UF, IX	Sd := convertDtoS(Dm)	
	Unsigned integer to float	`FUITO<S/D>{cond} Fd, Sm`	IX	Fd := convertUItoF(Sm)	
	Signed integer to float	`FSITO<S/D>{cond} Fd, Sm`	IX	Fd := convertSItoF(Sm)	
	Float to unsigned integer	`FTOUI{Z}<S/D>{cond} Sd, Fm`	IO, IX	Sd := convertFtoUI(Fm)	
	Float to signed integer	`FTOSI{Z}<S/D>{cond} Sd, Fm`	IO, IX	Sd := convertFtoSI(Fm)	
Save VFP registers		`FST<S/D>{cond} Fd, [Rn{, #<immed_8*4>}]`		[address] := Fd	
	Multiple, unindexed	`FSTMIA<S/D/X>{cond} Rn, <VFPregs>`		Saves list of VFP registers, starting at address in Rn.	
	increment after	`FSTMIA<S/D/X>{cond} Rn!, <VFPregs>`		synonym: FSTMEA (empty ascending)	
	decrement before	`FSTMDB<S/D/X>{cond} Rn!, <VFPregs>`		synonym: FSTMFD (full descending)	
Load VFP registers		`FLD<S/D>{cond} Fd, [Rn{, #<immed_8*4>}]`		Fd := [address]	
	Multiple, unindexed	`FLDMIA<S/D/X>{cond} Rn, <VFPregs>`		Loads list of VFP registers, starting at address in Rn.	
	increment after	`FLDMIA<S/D/X>{cond} Rn!, <VFPregs>`		synonym: FLDMFD (full descending)	
	decrement before	`FLDMDB<S/D/X>{cond} Rn!, <VFPregs>`		synonym: FLDMEA (empty ascending)	
Transfer registers	ARM to single	`FMSR{cond} Sn, Rd`		Sn := Rd	
	Single to ARM	`FMRS{cond} Rd, Sn`		Rd := Sn	
	ARM to lower half of double	`FMDLR{cond} Dn, Rd`		Dn[31:0] := Rd	Use with FMDHR.
	Lower half of double to ARM	`FMRDL{cond} Rd, Dn`		Rd := Dn[31:0]	Use with FMRDH.
	ARM to upper half of double	`FMDHR{cond} Dn, Rd`		Dn[63:32] := Rd	Use with FMDLR.
	Upper half of double to ARM	`FMRDH{cond} Rd, Dn`		Rd := Dn[63:32]	Use with FMRDL.
	ARM to VFP system register	`FMXR{cond} <VFPsysreg>, Rd`		VFPsysreg := Rd	Stalls ARM until all VFP ops complete.
	VFP system register to ARM	`FMRX{cond} Rd, <VFPsysreg>`		Rd := VFPsysreg	Stalls ARM until all VFP ops complete.
	FPSCR flags to CPSR	`FMSTAT{cond}`		CPSR flags := FPSCR flags	Equivalent to FMRX R15, FPSCR

Exceptions	
IO	Invalid operation
OF	Overflow
UF	Underflow
IX	Inexact result
DZ	Division by zero

FPSCR format								Rounding		(Stride – 1)*3			Vector length – 1						Exception trap enable bits								Cumulative exception bits				
31	30	29	28				24	23	22	21	20		18	17	16				12	11	10	9	8				4	3	2	1	0
N	Z	C	V				FZ	RMODE		STRIDE			LEN						IXE	UFE	OFE	DZE	IOE				IXC	UFC	OFC	DZC	IOC

FZ: 1 = flush to zero mode. Rounding: 0 = round to nearest, 1 = towards +□, 2 = towards –□, 3 = towards zero. (Vector length * Stride) must not exceed 4 for double precision operands.

If Fd is S0-S7 or D0-D3, operation is Scalar (regardless of vector length).	If Fd is S8-S31 or D4-D15, and Fm is S0-S7 or D0-D3, operation is Mixed (Fm scalar, others vector).
If Fd is S8-S31 or D4-D15, and Fm is S8-S31 or D4-D15, operation is Vector.	S0-S7 (or D0-D3), S8-S15 (D4-D7), S16-S23 (D8-D11), S24-S31 (D12-D15) each form a circulating bank of registers.

Thumb® Instruction Set
Quick Reference Card

All Thumb registers are Lo (R0-R7) except where specified. Hi registers are R8-R15.

Operation		§	Assembler	Updates	Action	Notes
Move	Immediate		MOV Rd, #<immed_8>	N Z	Rd := immed_8	8-bit immediate value.
	Lo to Lo		MOV Rd, Rm	N Z * *	Rd := Rm	* Clears C and V flags.
	Hi to Lo, Lo to Hi, Hi to Hi		MOV Rd, Rm		Rd := Rm	Not Lo to Lo. Flags not affected.
Arithmetic	Add		ADD Rd, Rn, #<immed_3>	N Z C V	Rd := Rn + immed_3	3-bit immediate value.
	Lo and Lo		ADD Rd, Rn, Rm	N Z C V	Rd := Rn + Rm	
	Hi to Lo, Lo to Hi, Hi to Hi		ADD Rd, Rm		Rd := Rd + Rm	Not Lo to Lo. Flags not affected.
	immediate		ADD Rd, #<immed_8>	N Z C V	Rd := Rd + immed_8	8-bit immediate value.
	with carry		ADC Rd, Rm	N Z C V	Rd := Rd + Rm + C-bit	
	value to SP		ADD SP, #<immed_7*4>		R13 := R13 + immed_7 * 4	9-bit immediate value (word-aligned). Flags not affected.
	form address from SP		ADD Rd, SP, #<immed_8*4>		Rd := R13 + immed_8 * 4	10-bit immediate value (word-aligned). Flags not affected.
	form address from PC		ADD Rd, PC, #<immed_8*4>		Rd := (R15 AND 0xFFFFFFFC) + immed_8 * 4	10-bit immediate value (word-aligned). Flags not affected.
	Subtract		SUB Rd, Rn, Rm	N Z C V	Rd := Rn – Rm	
	immediate 3		SUB Rd, Rn, #<immed_3>	N Z C V	Rd := Rn – immed_3	3-bit immediate value.
	immediate 8		SUB Rd, #<immed_8>	N Z C V	Rd := Rd – immed_8	8-bit immediate value.
	with carry		SBC Rd, Rm	N Z C V	Rd := Rd – Rm – NOT C-bit	
	value from SP		SUB SP, #<immed_7*4>		R13 := R13 – immed_7 * 4	9-bit immediate value (word-aligned). Flags not affected.
	Negate		NEG Rd, Rm	N Z C V	Rd := – Rm	
	Multiply		MUL Rd, Rm	N Z * *	Rd := Rm * Rd	* C and V flags unpredictable in §4T, unchanged in §5T.
	Compare		CMP Rn, Rm	N Z C V	update CPSR flags on Rn – Rm	Can be Lo to Lo, Lo to Hi, Hi to Lo, or Hi to Hi.
	negative		CMN Rn, Rm	N Z C V	update CPSR flags on Rn + Rm	
	immediate		CMP Rn, #<immed_8>	N Z C V	update CPSR flags on Rn – immed_8	8-bit immediate value.
	No operation		NOP		R8 := R8	Flags not affected.
Logical	AND		AND Rd, Rm	N Z	Rd := Rd AND Rm	
	Exclusive OR		EOR Rd, Rm	N Z	Rd := Rd EOR Rm	
	OR		ORR Rd, Rm	N Z	Rd := Rd OR Rm	
	Bit clear		BIC Rd, Rm	N Z	Rd := Rd AND NOT Rm	
	Move NOT		MVN Rd, Rm	N Z	Rd := NOT Rm	
	Test bits		TST Rn, Rm	N Z	update CPSR flags on Rn AND Rm	
Shift/rotate	Logical shift left		LSL Rd, Rm, #<immed_5>	N Z C*	Rd := Rm << immed_5	Allowed shifts 0-31. * C flag unaffected if shift is 0.
			LSL Rd, Rs	N Z C*	Rd := Rd << Rs[7:0]	* C flag unaffected if Rs[7:0] is 0.
	Logical shift right		LSR Rd, Rm, #<immed_5>	N Z C	Rd := Rm >> immed_5	Allowed shifts 1-32.
			LSR Rd, Rs	N Z C	Rd := Rd >> Rs[7:0]	* C flag unaffected if Rs[7:0] is 0.
	Arithmetic shift right		ASR Rd, Rm, #<immed_5>	N Z C	Rd := Rm ASR immed_5	Allowed shifts 1-32.
			ASR Rd, Rs	N Z C*	Rd := Rd ASR Rs[7:0]	* C flag unaffected if Rs[7:0] is 0.
	Rotate right		ROR Rd, Rs	N Z C*	Rd := Rd ROR Rs[7:0]	* C flag unaffected if Rs[7:0] is 0.
Branch	Conditional branch		B{cond} label		R15 := label	label must be within – 252 to + 258 bytes of current instruction. See Table Condition Field (ARM side). AL not allowed.
	Unconditional branch		B label		R15 := label	label must be within ±2Kb of current instruction.
	Long branch with link		BL label		R14 := R15 – 2, R15 := label	Encoded as two Thumb instructions. label must be within ±4Mb of current instruction.
	Branch and exchange		BX Rm		R15 := Rm AND 0xFFFFFFFE	Change to ARM state if Rm[0] = 0.
	Branch with link and exchange	5T	BLX label		R14 := R15 – 2, R15 := label Change to ARM	Encoded as two Thumb instructions. label must be within ±4Mb of current instruction.
	Branch with link and exchange	5T	BLX Rm		R14 := R15 – 2, R15 := Rm AND 0xFFFFFFFE Change to ARM if Rm[0] = 0	
Software Interrupt			SWI <immed_8>		Software interrupt processor exception	8-bit immediate value encoded in instruction.
Breakpoint		5T	BKPT <immed_8>		Prefetch abort *or* enter debug state	

Thumb Instruction Set
Quick Reference Card

Operation		§	Assembler	Action	Notes
Load	with immediate offset, word		LDR Rd, [Rn, #<immed_5*4>]	Rd := [Rn + immed_5 * 4]	
	halfword		LDRH Rd, [Rn, #<immed_5*2>]	Rd := ZeroExtend([Rn + immed_5 * 2][15:0])	Clears bits 31:16
	byte		LDRB Rd, [Rn, #<immed_5>]	Rd := ZeroExtend([Rn + immed_5][7:0])	Clears bits 31:8
	with register offset, word		LDR Rd, [Rn, Rm]	Rd := [Rn + Rm]	
	halfword		LDRH Rd, [Rn, Rm]	Rd := ZeroExtend([Rn + Rm][15:0])	Clears bits 31:16
	signed halfword		LDRSH Rd, [Rn, Rm]	Rd := SignExtend([Rn + Rm][15:0])	Sets bits 31:16 to bit 15
	byte		LDRB Rd, [Rn, Rm]	Rd := ZeroExtend([Rn + Rm][7:0])	Clears bits 31:8
	signed byte		LDRSB Rd, [Rn, Rm]	Rd := SignExtend([Rn + Rm][7:0])	Sets bits 31:8 to bit 7
	PC-relative		LDR Rd, [PC, #<immed_8*4>]	Rd := [(R15 AND 0xFFFFFFFC) + immed_8 * 4]	
	SP-relative		LDR Rd, [SP, #<immed_8*4>]	Rd := [R13 + immed_8 * 4]	
	Multiple		LDMIA Rn!, <reglist>	Loads list of registers	Always updates base register.
Store	with immediate offset, word		STR Rd, [Rn, #<immed_5*4>]	[Rn + immed_5 * 4] := Rd	
	halfword		STRH Rd, [Rn, #<immed_5*2>]	[Rn + immed_5 * 2][15:0] := Rd[15:0]	Ignores Rd[31:16]
	byte		STRB Rd, [Rn, #<immed_5>]	[Rn + immed_5][7:0] := Rd[7:0]	Ignores Rd[31:8]
	with register offset, word		STR Rd, [Rn, Rm]	[Rn + Rm] := Rd	
	halfword		STRH Rd, [Rn, Rm]	[Rn + Rm][15:0] := Rd[15:0]	Ignores Rd[31:16]
	byte		STRB Rd, [Rn, Rm]	[Rn + Rm][7:0] := Rd[7:0]	Ignores Rd[31:8]
	SP-relative, word		STR Rd, [SP, #<immed_8*4>]	[R13 + immed_8 * 4] := Rd	
	Multiple		STMIA Rn!, <reglist>	Stores list of registers	Always updates base register.
Push/ Pop	Push		PUSH <reglist>	Push registers onto stack	Full descending stack.
	Push with link		PUSH <reglist, LR>	Push LR and registers onto stack	
	Pop		POP <reglist>	Pop registers from stack	
	Pop and return		POP <reglist, PC>	Pop registers, branch to address loaded to PC	
	Pop and return with exchange	5T	POP <reglist, PC>	Pop, branch, and change to ARM state if address[0] = 0	

Document Number

ARM QRC 0001E

Change Log

Issue	Date	By	Change
A	June 1995	BJH	First Release
B	Sept 1996	BJH	Second Release
C	Nov 1998	BJH	Third Release
D	Oct 1999	CKS	Fourth Release
E	Oct 2000	CKS	Fifth Release

www.arm.com

클릭!! www.ohm.co.kr

"Ohm사/R&C사에서는 마이컴 관련 교재와 함께 KIT를 제작 판매하고 있습니다. 준비된 실습키트와 부품SET는 엔지니어와 학생들에게 보다 많은 시간을 절약해주고 학습능률을 최대한으로 올려줄 것입니다!"

OK-8051 KIT

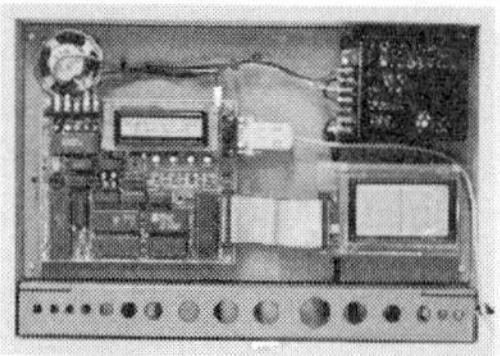

H/W 사양
CPU : 80C32(12 MHz)
A/D, D/A 컨버터 전압, 온도,
광센서 타이머 & 직렬통신
Real-time clock(battry backup)
TEXT & GRAPH LCD 채용

S/W 사양
DL51제공
예제와 소스 제공
개발 환경(μ Vision, dScope)
매크로 어셈블러 A51
C컴파일러 C51
(BL51, OH51, OC51, LIB51)

▣ 관련도서 : 어셈블리와 C언어로 익히는 8051 마스터

T-51 KIT

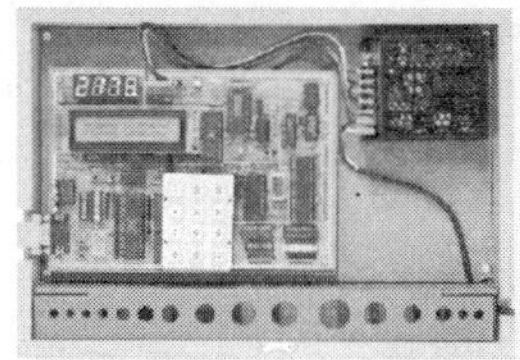

H/W 사양
CPU : 8051/8052/80C251
디지털 입출력 포트
7SEGMENT & TEXT LCD
키패드 (64키까지 확장 가능)
A/D, D/A컨버터 내장
타이머, 직렬통신, 센서 실험

S/W 사양
AnyCpu Tutor(WINDOWS용)
*직렬통신,그래픽 터미널 기능
*프로그램 컴파일 통합 환경
*Os51.hex 트레이스 & 실행

▣ 관련도서 : C로 쓰는 8051

OK-128 KIT

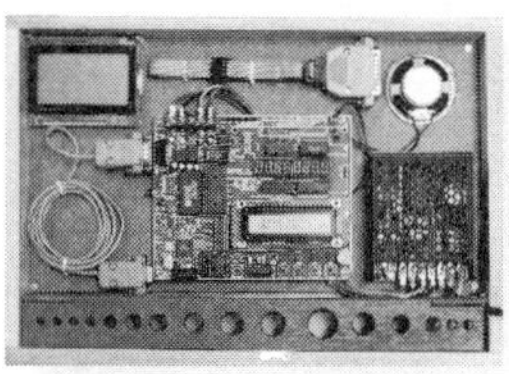

CPU : ATmega128-16AI(16MHz)
AD, D/A 컨버터(8BIT)
Real-time clock (battery backup)
TEXT & GRAPH LCD 모듈 JTAG
ICE 에뮬레이터 사용
AVR ISP와 직렬 포트 사용
ISP와 병렬 포트 사용
RS-232C 직렬통신 포트 2개
24BIT & 16BIT 병렬 입출력 기능
병렬포트용 ISP케이블 기본

▣ 관련도서 : AVR ATmega 128 마스터

OK-162 KIT / OK-8515 KIT

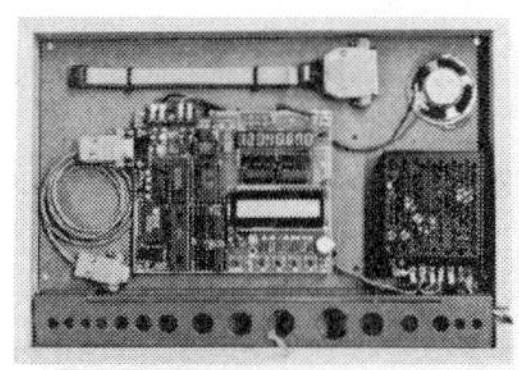

CPU : ATmega162-16PI(16MHz)
메모리 : 내부 플래시 16KB,
내부 EEPROM 512 바이트
내부 SRAM 1KB, 외부 SRAM 32KB(62256)

I/O : 16*2행 텍스트 LCD 모듈
8개의 7세그먼트 LED
DS12C887 리얼타임 클럭
8채널 8비트 A/D, 8비트 D/A 등 20여 가지의
IO 기능 내장

프린터 포트를 사용하는 AVR ISP 다운로드
케이블 제공
모든 소프트웨어는 윈도우 운영체제에서 사용

▣ 관련도서 : AVR ATmega162마스터
▣ 관련도서 : AVR ATmega8515마스터

MDS-196 KIT

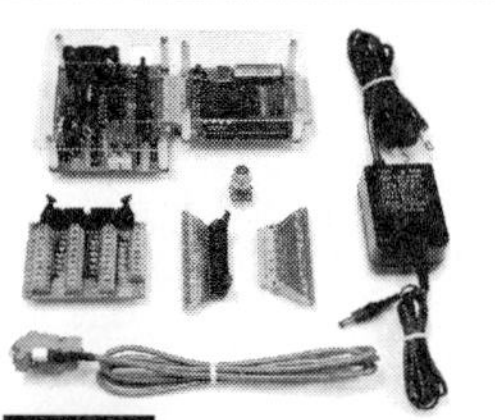

H/W 사양 (31,32 공통)
DSP : TMS320C31 PQL-40 (31 KIT)
TMS320C32 PCM 50 (32 KIT)
12BIT × 8CH. A/D MAX122BCNG
12BIT × 4CH. D/A AD664JN-BIP
Real-time clock (battery backup)
페러렐포트를 이용한 프로그램 다운로드
RS-232C 시리얼통신
TEXT & GRAPH LCD 채용
XDS510 에뮬레이터용 콘텍터
시스템 I/O 확장용 콘넥터
디지털 신호처리 및 서보제어에 응용

▣ 관련도서 : 인텔 80C196KC의 모든것

OK-196 KIT

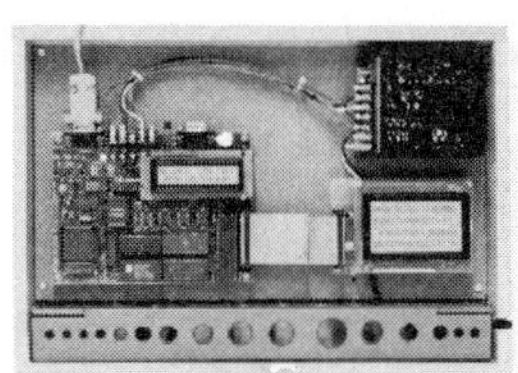

H/W 사양
CPU : N80C196KC20
4층 에폭시 기판
Real-time clock (battry backup)
EPLD 채용, 타이머 & 직렬통신
A/D, D/A 컨버터
TEXT & GRAPH LCD 채용

S/W 사양
DL51, 예제와 소스 ASM. : ASM96
링커 : RL96.EXE
OH.EXE, LIB96.LIB
부동소수점 LIB. FPAL96.LIB
C컴파일러 IC96.EXE

▣ 관련도서 : 어셈블리와 C언어로 익히는
80C196KC 마스터(I)
80C196KC 마스터(II)

TMS-31 KIT

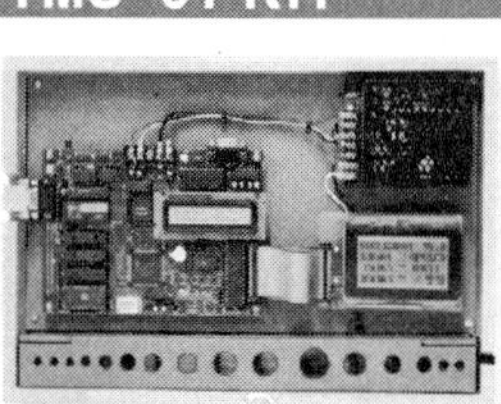

H/W 사양 (31,32 공통)
DSP : TMS320C31 PQL-40 (31 KIT)
TMS320C32 PCM 50 (32 KIT)
12BIT × 8CH. A/D MAX122BCNG
12BIT × 4CH. D/A AD664JN-BIP
Real-time clock (battery backup)
페러렐포트를 이용한 프로그램 다운로드
RS-232C 시리얼통신
TEXT & GRAPH LCD 채용
XDS510 에뮬레이터용 콘텍터
시스템 I/O 확장용 콘넥터
디지털 신호처리 및 서보제어에 응용

▣ 관련도서 : TMS320C31 마스터

TMS-32 KIT

S/W Tool 사양 (31,32 공통)
C : CL30, AC30, OPT30,
CG30,CLIST
ASM. : Ar30. LNK30.
UTIL : AR30, MK30,HEX30
Debug : SIM30, EMU30

▣ 관련도서 : TMS320C32 마스터

구입문의 : 학습기기 R&C사 / 도서출판 Ohm사 ✆ 02) 776-4868-9

AVR-8515 Kit

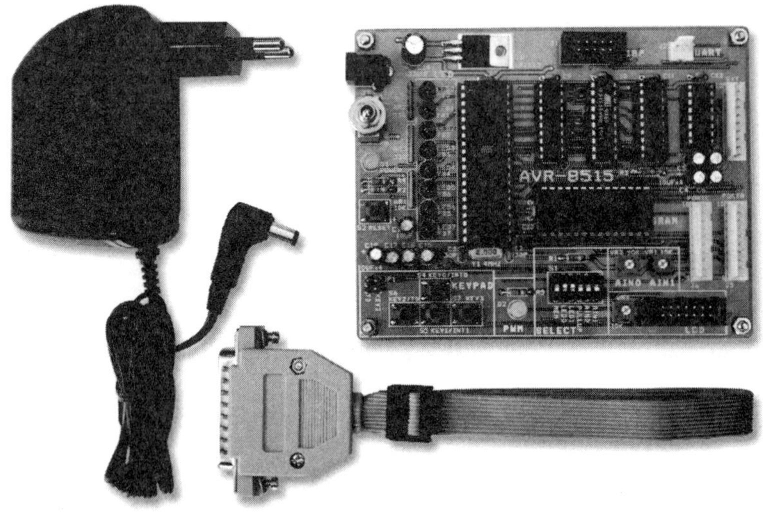

♣ 부품 SET 별도 판매

저 자 : 조영준
ISBN : 89-7101-717-1
판 형 : B5
쪽 수 : 301
가 격 : 25,000원

AVR-8515 KIT의 주요 사양

항 목	사 양	비 고
CPU	AT90S8515	4MHz 클럭 사용(8MHz 까지 가능)
메모리	RAM : 32K 바이트	선택적 사용
내장 주변장치	B 포트 : LED×8	선택적 사용
	D 포트 : LED×4	인터럽트와 연동 사용
	PWM	LED로 확인
	아날로그 입력	가변저항 이용
	직렬 포트 : RS232C	MAX232 내장
외부 인터럽트	RAM : 32K 바이트	스위치 입력
디스플레이	LCD : 16 문자 × 2줄	C 포트에 연결
전원	+9V ~ +12V 외부 전원 사용	아답터 잭, 5V 정전압 회로 내장
외부 인터페이스	ISP 케이블	프로그래밍용(PC의 프린터 포트에 연결)
PCB 외형	132×102mm 2층 에폭시 기판	

ATMEL사의 AVR 8 비트 RISC 프로세서인 AT90S8515의 기본적인 하드웨어 구조와 프로그래밍 연습을 해볼 수 있는 **쉽고 간단하며, 저렴한** Training KIT이다. 가장 기본적인 기능을 익히고 실험하는데 필요한 최소한의 하드웨어로 구성되어 초보자가 익히고 실험하기에 적합하다.

ISP 케이블과 CodeVisionAVR C 컴파일러를 이용하여 사용자가 작성한 프로그램을 PC로 다운로드하여 즉시 실험해 볼 수 있기 때문에 롬라이터와 같은 별도의 장비가 필요하지 않으며, 기본적인 사양만으로 설계되어 학생들이나 AVR을 익히려는 일반인이 사용하기 적합한 저가형 KIT이다.

구입문의 : 학습기기 R&C사 / 도서출판 Ohm사 ✆ 02) 776-4868-9

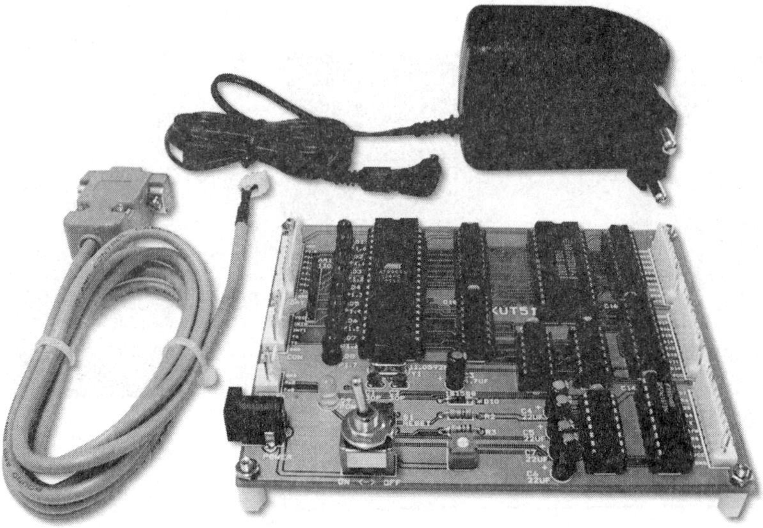

♣ 부품 SET 별도 판매

저 자 : 신동욱, 조영준
ISBN : 89-7101-718-X
판 형 : B5
쪽 수 : 382
가 격 : 28,000원

KUT-51 KIT의 주요 사양

항 목	사 양	비 고
CPU	AT89C51(ATMEL)	11.0592MHz 클럭 사용
메모리	FLASH : 4K 바이트 RAM : 32K 바이트	AT89C51에 내장 프로그램 & 데이터 메모리로 사용
내장 주변장치	P1 포트 : LED×8 직렬 포트 : RS232C	커넥터를 통해 외부와 연결 가능 MAX232 내장
디스플레이	LCD : 16문자 ×2줄	외부 커넥터에 연결
확장 커넥터	입력 : 8 비트 출력 : 8 비트 LCD : 8 비트 P1 포트 : 8 비트 인터럽트 신호 : 4 비트 총 36비트	래치에 의한 입력 래치에 의한 출력 래치에 의한 출력 - 4비트 제어 P1 포트의 입출력 사용 INTn, Tn 신호
전원	+5V의 외부 전원 사용	아답터 잭, 5V 정전압 아답터 사용
프로그래밍	직렬 포트에 의한 다운로딩	모니터 프로그램 내장
PCB 외형	127×101mm 2층 에폭시 기판	

Intel의 MCS51과 100% 호환되는 ATMEL의 AT89C51을 사용한 **KUT51 Training KIT**는 8051을 배우고 익힐 수 있는 최소한의 기능을 내장하고 있다. 간단하게 구성되었기 때문에 가격이 저렴하고 크기가 작아 좁은 공간에서도 쉽게 사용할 수 있으며, 응용 실험을 할 수 있도록 외부 커넥터를 내장하여 사용자가 직접 구성한 외부 기기나 책의 응용예제에 사용된 보드 등을 제작 연결하여 실험해 볼 수 있도록 되어 있다. 또한, **AT89C51 내부의 플래시 메모리에 모니터 프로그램을 내장하고 있어서 별도의 롬라이터가 필요없이 시리얼 포트를 통해서 프로그램을 다운로드하여 실행시켜 볼 수 있는 장점**이 있다.
KEIL-C 컴파일러 평가판을 사용하여 C언어와 어셈블러로 플그램을 연습할 수 있다.

OK-8051 Kit

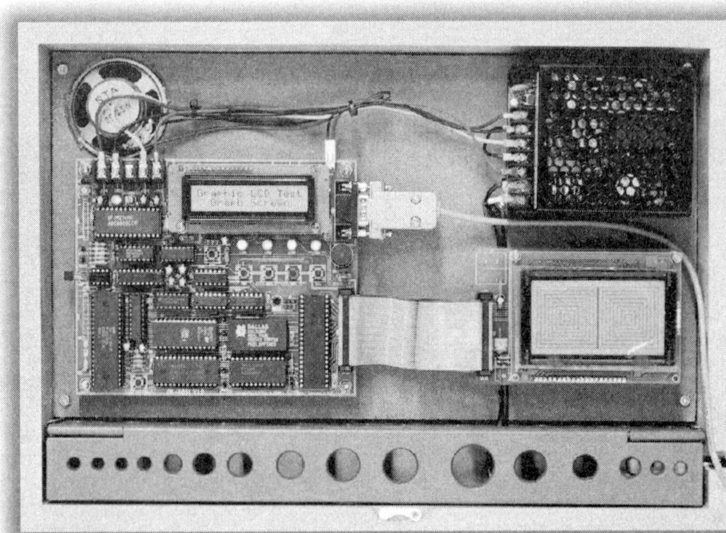

저 자 : 윤덕용
ISBN : 89-7101-715-5
판 형 : B5
쪽 수 : 870
가 격 : 30,000원

OK-8051 KIT의 주요 사양

항 목	사 양	비 고
CPU	89C52(12MHz)	12MHz 수정발진 모듈 사용
ROM	27C256-15(32 KB)	모니터 프로그램 및 응용 프로그램
RAM	62256-7(32 KB) (80C32에 내장된 256바이트는 별도)	사용자의 프로그램 및 데이터 저장
프로그램의 입력 및 실행	1. IBM PC의 직렬 포트를 사용하는 방법 (RS-232C 통신 에뮬레이터 DL51 기본 제공) 2. 키트에 ROM을 삽입하여 사용하는 방법 3. ROM 에뮬레이터를 사용하는 방법	1. 9핀 RS-232C 케이블 기본 제공 2. 모니터 프로그램 기본 내장 (트레이스 기능, 2개의 브레이크 포인트 기능, 역어셈블러 내장)
I/O	1. CPU가 직접 제어하는 I/O (1) RS-232C 직렬통신 포트(CN2) (2) +5V용 버저, 스피커 사운드 제어 (3) 스위치에 의한 사용자 인터럽트 (4) 포트1 콘넥터(CN3) 2. DS12C887 배터리 백업형 리얼타임 클럭 3. 82C54 타이머 (1) 외부 클럭 입력(CN4) (2) 스피커 출력(CN5) 4. 82C55 병렬 인터페이스 (1) 외부 병렬 입출력 콘넥터(CN4) (2) 4개의 키입력 스위치 및 상태표시 LED (3) 스텝 모터 제어 콘넥터(CN6) 5. 16자×2행 LCD 모듈 (backlight 가능) 6. ADC0809 8채널 8비트 A/D 컨버터 (1) 전압센서, 온도센서, 광센서 각 1개 (2) 4채널 아날로그 입력 콘넥터(CN7) 7. DAC0800 8비트 D/A 컨버터	1. 기본적인 주변 인터페이스용 LSI와 TTL 소자만을 사용하여 저렴한 가격으로 손쉽게 키트를 조립할 수 있도록 설계 2. A/D 입력 범위는 0V~+5V 3. D/A 출력 범위는 0V~+10V, -10V~+10V 중에서 선택 사용 4. 모니터 프로그램 사용시 9600, 19200 bps 중에서 선택 사용 5. 어셈블리 및 C언어로 작성된 수십가지의 응용 예제 프로그램을 기본으로 제공
전원	+5V, ±15V (또는 ±12V도 사용 가능)	±15V는 아날로그 회로에서만 사용
PCB	160×130mm 양면 에폭시 기판	

구입문의 : 학습기기 R&C사 / 도서출판 Ohm사 ✆ 02) 776-4868-9

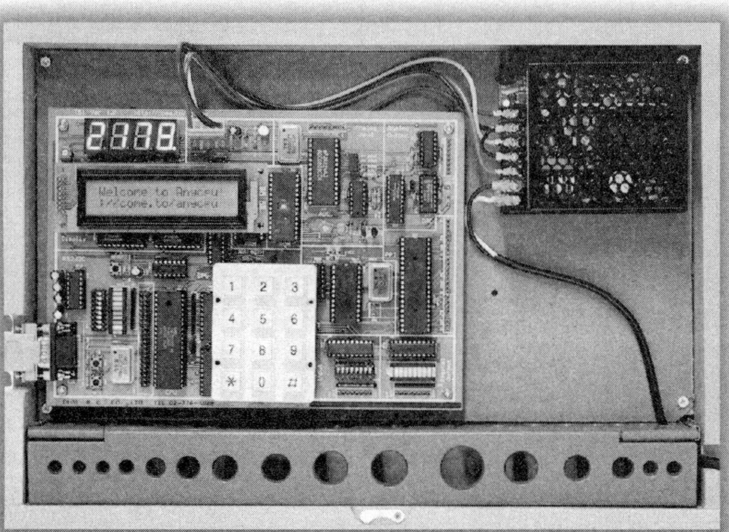

♣ PCB 별도 판매

저 자 : 박귀태, 이상락
ISBN : 89-7101-713-9
판 형 : B5
쪽 수 : 650
가 격 : 25,000원

T-51 KIT의 주요 사양

항 목	사 양	비 고
CPU	8051/8052 겸용 80C251 지원	11.0592MHz 15배 성능 향상
메모리	ROM : 32K 바이트 RAM : 32K 바이트	27C256, 플래시 사용 가능 62256
내장 주변장치	P1 포트 : LED×8, 스위치×8 직렬 포트 : RS232C 타이머/카운터 : 16비트×2	 MAX232 내장 입력 스위치 내장
외부 인터럽트	2채널	입력 스위치 내장
디지털 입출력 포트	디지털 입력 : 8채널, 스위치×8 내장 디지털 입력 : 8채널, LED×8 내장 PPI 8255 : 24채널 입출력	8핀 헤더 제공 8핀 헤더 제공 8핀 헤더×3 제공
디스플레이	7세그먼트 표시기 : 4자리 LCD 표시기 : 20자×2줄	숫자 표시용 80×2, 40×4 확장 가능
키패드	12키	전화기용, 64키 확장 가능
아날로그 입력 DAC	8채널 입력 입력범위 : 0~5[V] 분해능 : 8비트 변환시간 : 100usec 가변저항, Cds, 온도센서, DAC 루프백 내장	ADC0809 OpAmp 버퍼 내장 8핀 헤더 제공 LM35DZ
아날로그 출력 DAC	1채널 출력 출력범위 : 0~5 또는 ±10V[V] 안정시간 : 150nsec 슬루레이트 : 8mA/usec	DAC0800 OpAmp 버퍼 내장 8핀 헤더
전원	−12, 0, +12, 0, 5[V]	5핀 헤더
윈도우용 소프트웨어	문제출시, 풀이제시 프로그램 컴파일 통합환경 프로그램 다운로드 트레이스, 실행 직렬통신 터미널, 그래픽 터미널	AnyCpu Tutor 제공 Keil사 제공 AnyCpu Tutor 제공 Os51.hex 제공 AnyCpu Tutor 제공

저 자 : 김대근, 정순배 외
ISBN : 89-7101-725-2
판 형 : B5
쪽 수 : 770
가 격 : 33,000원

MDS-196 KIT의 주요 사양

항 목	사 양	비 고
CPU	N80C196KC20(20MHz)	
ROM	27C256-15(32 KB)	
RAM	62256-7(32 KB) (80C196KC에 내장된 488바이트는 별도)	
프로그램의 입력 및 실행	1. IBM PC의 직렬 포트를 사용하는 방법 2. 키트에 ROM을 삽입하여 사용하는 방법	
I/O	1. 기본 입출력 기판 (1) 출력 장치-LCD 모듈 (2) 입력 장치-키패드 2. 응용 보드 (1) 소형 DC 모터 제어 회로 (2) 스텝 모터 구동 회로 (3) AD 변환기 - 광센서 - 온도센서 - 가변저항 3. 다양한 시스템 응용을 위한 입출력 인터페이스 보드	 16문자×2줄 LCD 사용 16진 숫자 입력 스위치 16개 제어 입력 스위치 3개 PWM을 이용한 속도 제어 고속 출력(HSO)를 이용한 구동회로 고속 입력(HSI) 기능을 이용 포토 TR과 적외선 LED 사용 CdS 광센서 사용 외부 확장용 전원 회로 포함
전원	+12V(외부 입력 전압), +5V(정전압 회로 내장)	+12V는 모터 제어에 사용

TMS-31 Kit

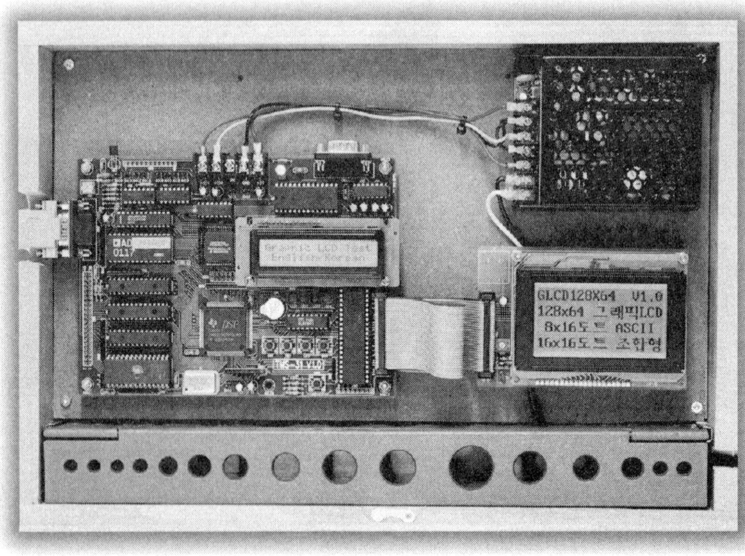

♣ 중간형 별도 판매
PCB+CPU+EPLD

저 자 : 윤덕용
ISBN : 89-7101-750-3
판 형 : B5
쪽 수 : 636
가 격 : 30,000원

TMS-31 KIT의 주요 사양

항 목	사 양	비 고
DSP	TMS320C31PQL-40 (40MHz)	40MHz 수정발진 모듈사용
ROM	27C256(32 KB) 또는 27C512(64KB)	PCB 진단 및 각종 응용 프로그램
RAM	68257-15(32 KB)×4개= 32K 워드 (TMS320C31에 내장된 2K 워드는 별도)	사용자의 프로그램 및 데이터용
프로그램의 입력 및 실행	1. XDS-510 에뮬레이터를 사용하는 방법 2. 내장 ROM을 사용하는 방법 3. IBM PC의 프린터포트를 사용하는 방법	1. 에뮬레이터용 콘넥터 내장 2. 예제가 포함된 27C256 기본 제공 3. 프린터포트용의 케이블 기본 제공
A/D 컨버터	12비트 MAX122 1개 (5MHz, 2.6μs) 8채널 아날로그 스위치 (1) 4개 채널은 콘넥터로 아날로그 입력 (2) 반고정 저항에 의한 −5V~+5V 입력 (3) 온도센서 LM35DZ 입력 (4) 2개 채널은 D/A 컨버터의 출력을 입력	1. 아날로그 입력 범위는 −5V~+5V 2. 아날로그 출력 범위는 −5V~+5V 3. 내장된 D/A 컨버터의 출력을 A/D 컨버터에 입력함으로써 외부에 별도의 함수발생기를 사용하지 않고 신호처리 실험이 가능
D/A 컨버터	12비트 AD664 (4채널 전압 출력) (1) 4개 채널 모두 콘넥터로 외부출력 (2) 2개 채널은 A/D 컨버터에 입력 가능	
기타 I/O	1. 시스템 확장용 콘넥터 2. 8255A 1개 내장 (1) 16자×2행 LCD 모듈 (backlight 가능) (2) buzzer (3) 4개의 상태표시용 LED (4) 4개의 입력키 (5) 8255A를 통한 외부 입출력 콘넥터 3. 8251A 및 MAX232 내장 외부와 RS-232C 직렬통신 4. 직류 서보모터 제어를 위한 콘넥터	
전원	+5V, ±15V (또는 ±12V)	±15V는 A/D, D/A 컨버터에서 사용
PCB	180×130mm 4층 에폭시 기판	

OK-128 Kit

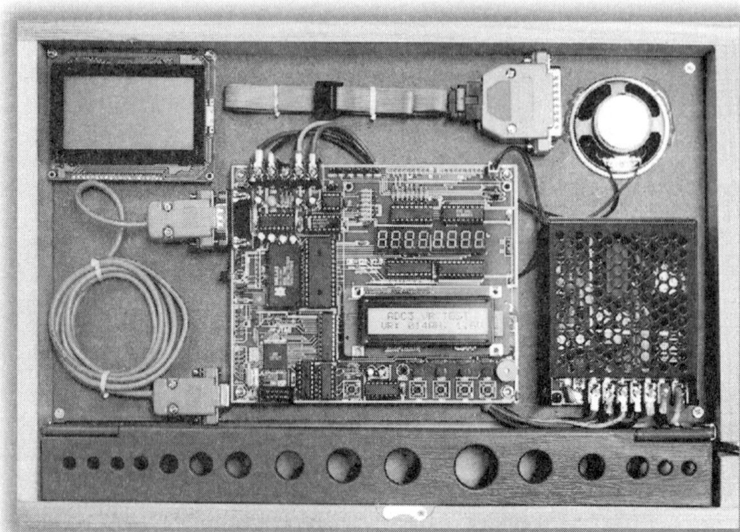

♣ PCB 별도 판매
(CPU 포함)

저 자 : 윤덕용
ISBN : 89-7101-765-1
판 형 : B5
쪽 수 : 920
가 격 : 38,000원

OK-128 KIT의 주요 사양

항 목	사 양	비 고
CPU	ATmega128-16AI(16MHz)	16MHz 수정발진자 사용
ROM	CPU에 내장된 128KB의 플래시 메모리	프로그램 저장
외부 RAM	62256-7(32 KB) (CPU에 내장된 4KB는 별도)	사용자 데이터 저장
프로그램의 입력/실행	1. JTAG ICE 에뮬레이터를 사용하는 방법 2. AVR ISP와 병렬 포트를 사용하는 방법 3. 기타 ISP와 직렬 포트를 사용하는 방법	1. 병렬포트형 AVR ISP 케이블 제공 (직렬포트형과 USB 포트형은 옵션) 2. 테스트 프로그램 기본 제공
I/O	1. CPU 프로그램용 콘넥터 (1) AVR ISP용 10핀 DIP 콘넥터(CN2) (2) JTAG ICE용 10핀 DIP 콘넥터(CN3) 2. CPU가 직접 제어하는 I/O (1) 2개의 RS-232C 직렬포트(CN4, CN5) (2) 4개의 키입력 스위치(SW1~SW4) (3) 4개의 상태표시 LED(LED1~LED4) (4) +5V용 버저 (5) 스피커 사운드 출력(CN6) (6) LM35D에 의한 온도센서(ADC1, ADC2) (7) 가변저항에 의한 전압센서(ADC3) (8) DAC0800 8비트 D/A 컨버터 (9) AT93C56 및 AT24C16 직렬 EEPROM (10) 도트 매트릭스 LED 접속(CN10) (11) 병렬 I/O 포트 확장 콘넥터(CN9) 3. 16자×2 문자 텍스트형 LCD 모듈 4. 128×64 도트 그래픽형 LCD 모듈 5. 8개의 7세그먼트 LED 6. DS12C887 배터리 백업형 리얼타임 클럭 7. 8비트 병렬출력 인터페이스(CN7) 8. 스텝모터 구동 인터페이스(CN8)	 STK200/300의 AVR ISP 표준 Atmel사의 JTAG ICE 표준 RS-232C 통신 케이블 기본 제공 A/D 입력 범위는 0V~+5V 0V~+10V, -10V~+10V 중에서 선택 화면밝기 조절 및 백라이트 기능 포함 화면밝기 조절 및 백라이트 기능 포함 ULN2803 출력
전원	+5V, ±15V (또는 ±12V도 사용 가능)	±15V는 아날로그 회로에서만 사용
PCB 외형	160×130mm 양면 에폭시 기판	

☞ 이것은 *OK-128*키트와 *OK-64*키트 겸용이므로 ATmega64-16AI를 조립하면 *OK-64*키트가 된다.

구입문의 : 학습기기 R&C사 / 도서출판 Ohm사 ✆ 02) 776-4868-9

OK-162 Kit

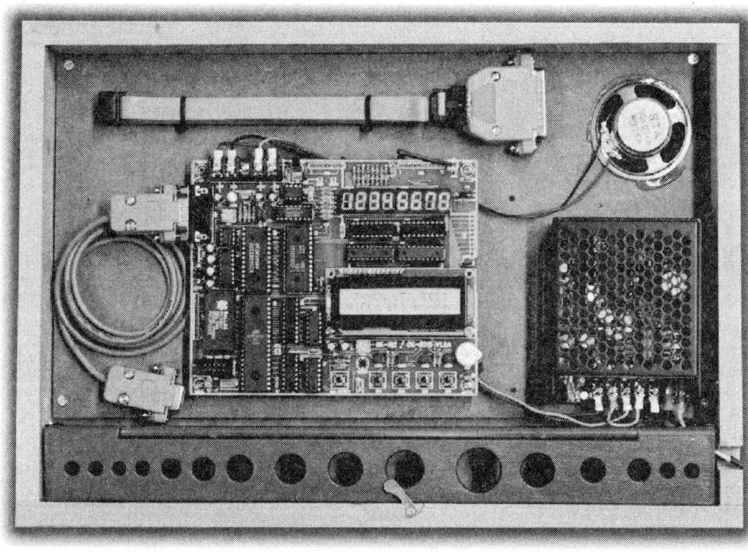

♣ PCB 별도 판매
(MPU 장착)

저 자 : 윤덕용
ISBN : 89-7101-759-7
판 형 : B5
쪽 수 : 726
가 격 : 32,000원

OK-162 KIT의 주요 사양

항 목	사 양	비 고
CPU	ATmega162-16PI(16MHz)	16MHz 수정발진자 사용
ROM	CPU에 내장된 16KB의 플래시 메모리	프로그램 저장
외부 RAM	62256-7(32 KB) (CPU에 내장된 1KB는 별도)	사용자 데이터 저장
프로그램의 입력/실행	1. AVR ISP와 병렬 포트를 사용하는 방법 2. 기타 ISP와 직렬 포트를 사용하는 방법 3. JTAG ICE 에뮬레이터를 사용하는 방법	1. AVR ISP 케이블 기본 제공 2. 응용 프로그램 기본 제공 (☞ JTAG 콘넥터는 사용자가 조립)
I/O	1. CPU 프로그램용 콘넥터 (1) AVR ISP용 10핀 DIP 콘넥터(CN2) (2) JTAG용 콘넥터는 사용자가 조립해야 함 2. CPU가 직접 제어하는 I/O (1) 포트 B 및 포트 D 확장 콘넥터(CN3) (2) 2개의 RS-232C 직렬포트(CN4, CN5) (3) 4개의 키입력 스위치(SW1~SW4) (4) 4개의 상태표시 LED(LED1~LED4) (5) +5V용 버저, 스피커 사운드 출력(CN6) (6) DAC0800 8비트 D/A 컨버터 (7) SPI 직렬통신에 의한 시리얼 EEPROM (8) 아날로그 비교기(J2, J3) 3. CPU 외부의 확장 I/O (1) 16자×2 문자 텍스트형 LCD 모듈 (2) 8개의 7세그먼트 LED (3) 8비트 병렬출력 인터페이스(CN7) (4) 스텝모터 구동 인터페이스(CN8) (5) DS12C887 베터리 백업형 리얼타임 클럭 (6) 8비트 8채널 A/D 컨버터 ADC0809 - 전압센서(VR1), 온도센서(LM35), 광센서(CdS) - 4채널 A/D 입력 콘넥터(CN9)	 STK200/300의 AVR ISP 표준 RS-232C 통신 케이블 기본 제공 0V~+10V, -10V~+10V 중에서 선택 화면밝기 조절 및 백라이트 기능 포함 ULN2803 출력 A/D 입력 범위는 0V~+5V
전원	+5V, ±15V (또는 ±12V도 사용 가능)	±15V는 아날로그 회로에서만 사용
PCB 외형	160×130mm 양면 에폭시 기판	

☞ *OK-162* 키트는 *OK-8515* 키트와 PCB를 공통으로 사용한다.

OK-8515 Kit

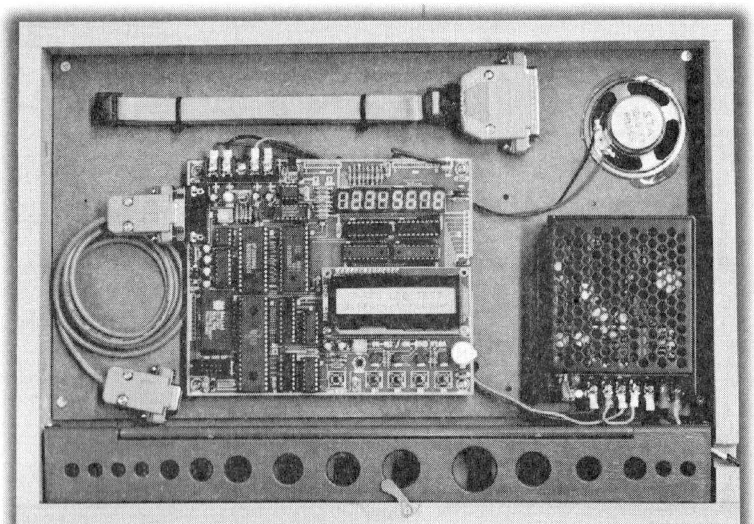

♣ PCB 별도 판매

저 자 : 윤덕용
ISBN : 89-7101-762-7
판 형 : B5
쪽 수 : 692
가 격 : 28,000원

OK-8515 KIT의 주요 사양

항 목	사 양	비 고
CPU	ATmega8515-16PI(16 MHz)	16 Mhz 수정발진자 사용
ROM	CPU에 내장된 8KB의 플래시 메모리	프로그램 저장
외부 RAM	62256-7(32 KB) (CPU에 내장된 512바이트는 별도)	사용자 데이터 저장
프로그램의 입력/실행	1. AVR ISP와 병렬 포트를 사용하는 방법 2. 기타 ISP와 직렬 포트를 사용하는 방법	1. AVR ISP 케이블 기본 제공 2. 응용 프로그램 기본 제공
I/O	1. CPU 프로그램용 콘넥터 AVR ISP용 10핀 DIP 콘넥터(CN2) 2. CPU가 직접 제어하는 I/O (1) 포트 B 및 포트 D 확장 콘넥터(CN3) (2) 1개의 RS-232C 직렬포트(CN4) (3) 4개의 키입력 스위치(SW1~SW4) (4) 4개의 상태표시 LED(LED1~LED4) (5) +5V용 버저, 스피커 사운드 출력(CN6) (6) DAC0800 8비트 D/A 컨버터 (7) SPI 직렬통신에 의한 시리얼 EEPROM (8) 아날로그 비교기(J2, J3) 3. CPU 외부의 확장 I/O (1) 16X2 문자 텍스트형 LCD 모듈 (2) 8개의 7세그먼트 LED (3) 8비트 병렬출력 인터페이스(CN7) (4) 스텝모터 구동 인터페이스(CN8) (5) DS12C887 배터리 백업형 리얼타임 클럭 (6) 8비트 8채널 A/D 컨버터 ADC0809 -전압센서(VR1), 온도센서(LM35), 광 센서(CdS) -4채널 A/D 입력 콘넥터(CN9)	STK200/300의 AVR ISP 표준 RS-232C 통신 케이블 기본 제공 0V~+10V, -10V~+10V 중에서 선택 화면밝기 조절 및 백라이트 기능 포함 ULN2803 출력 A/D 입력 범위는 0V~+5V
전원	+5V, ±15V (또는 ±12V도 사용 가능)	±15V는 아날로그 회로에서만 사용
PCB 외형	160×130mm 양면 에폭시 기판	

☞ *OK-8515* 키트는 *OK-162* 키트와 PCB를 공통으로 사용한다.

구입문의 : 학습기기 R&C사 / 도서출판 Ohm사 ✆ *02) 776-4868-9*

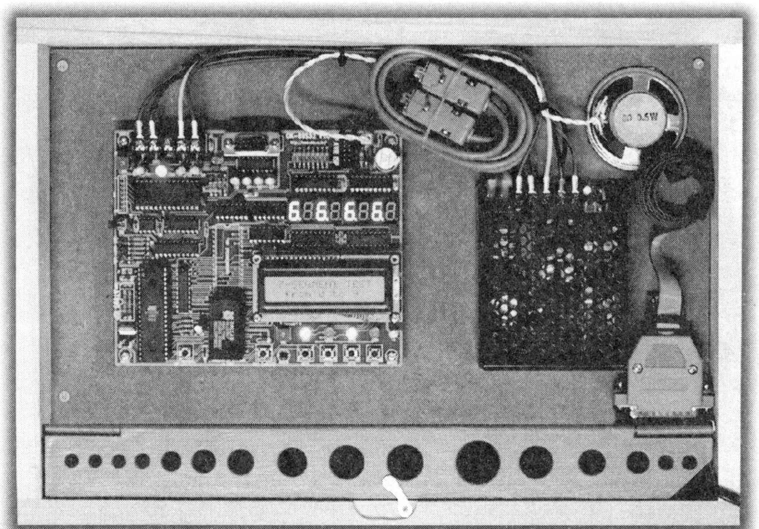

♣ PCB 및 AT89S ISP 케이블 별도 판매

저 자 : 윤덕용
ISBN : 89-7101-769-4
판 형 : B5
쪽 수 : 830
가 격 : 30,000원

OK-89S52 KIT의 주요 사양

항 목	사 양	비 고
CPU	AT89S52-24PC 또는 AT89S52-24PI (AT89S51이나 AT89S8253도 사용 가능)	24MHz 수정발진자 사용
ROM	1. CPU에 내장된 8KB의 플래시 메모리 2. 외부 확장 27C256 또는 29C256(32KB)	사용자 프로그램용
RAM	CPU에 내장된 256 바이트	스택 및 데이터 저장용
프로그램의 입력/실행	1. 병렬포트형 AT89ISP를 사용(Atmel 표준) 2. 병렬포트형 AVR ISP를 사용 3. 직렬포트형 AVR ISP를 사용 4. USB포트형 AVR ISP를 사용	1. AT89S ISP 케이블(Atmel 호환) 2. AVR-ISP Parallel 케이블(기본 제공) 3. AVR-ISP Studio/STK500 케이블 4. USB-ISP 케이블
I/O	1. CPU가 직접 제어하는 I/O (1) RS-232C 직렬통신 포트(CN4) (2) +5V용 버저 (3) 스피커 사운드 출력(CN5) (4) 4개의 키입력 (5) 스위치에 의한 사용자 인터럽트(SW2) (6) AT89S ISP 케이블 접속용 콘넥터(CN2) (7) AVR ISP 케이블 접속용 콘넥터(CN3) 2. 외부 확장 I/O (1) 16×2행 텍스트형 LCD 모듈 (2) 8글자의 7세그먼트 LED (3) 4개의 상태표시 LED (4) ADC0809 8채널 8비트 A/D 컨버터 - 전압센서, 온도센서, 조도센서 각 1개 - 4채널 아날로그 입력 콘넥터(CN6) (5) DAC0800 8비트 D/A 컨버터 (6) DS12C887 배터리 백업형 리얼타임 클럭	backlight 기능 사용 가능 A/D 입력 범위는 0V~+5V D/A 출력 범위는 0V~+10V, -10V~+10V 중에서 선택 사용
전원	+5V, ±15V (또는 ±12V도 사용 가능)	±15V는 아날로그 회로에서만 사용
PCB 외형	160×130mm 양면 에폭시 기판	

KUT-128 인터페이스 보드 + MCU 보드 장착

MCU 보드 ▶

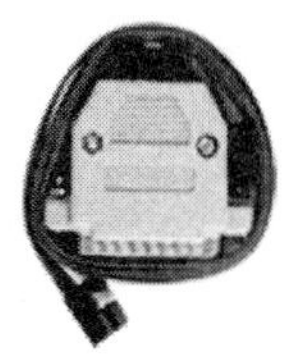

♣ 상품 구성
Interface 보드+CPU 보드(Full Set) 판매
Interface 보드 별도 판매
MCU 보드 별도 판매

저 자 : 신동욱/오창헌 공저
ISBN : 89-7101-768-6
판 형 : B5
쪽 수 : 380
가 격 : 20,000원

KUT-128 KIT의 주요 사양

항 목	사 양	비 고
MCU	ATmega128	16MHz 클럭 사용
내장 주변장치	• 포트 B, F : 7-Segment × 4 • 포트 C : LED × 8 • 포트 E : 스위치 × 4 • PWM 출력 • 아날로그 입력 비교 • A/D변환 2 입력	• 동적 구동 • 선택적 사용 • 인터럽트와 연동 사용 • LED로 확인 • 가변 저항 이용 • 가변저항 이용
전원	+5V	아답터 잭
외부 인터페이스	• 포트 A 커넥터 • 포트 C 커넥터 • 포트 G 커넥터 • RS-232 커넥터 • LCD 커넥터 • ISP 커넥터	• 5V, PA0-PA7, GND(10핀) • 5V, PC0-PC7, GND(10핀) • 메모리, I/O 확장 제어신호(10핀) • MAX232 내장(3핀) • 4비트 데이터 버스 방식 (16문자 × 2라인 LCD 사용) • ISP 케이블 제작 필요 (또는 Ohm사 별매품 이용 가능)
PCB 외형	KUT-128 MCU 보드 : 38mm × 40mm KUT-128 인터페이스 보드 : 142mm × 104mm	2층 에폭시 기판 2층 에폭시 기판

KUT-128 완성 보드는 Atmel사의 AVR 8비트 RISC 프로세서인 ATmega128 MCU 보드와 인터페이스 보드로 구성되며, ATmega128의 기본적인 기능을 익히고 실험하는데 필요한 최소한의 하드웨어로 구성된 **쉽고 간단하며, 저렴한 트레이닝 키트**이다. 기존의 트레이닝 키트와는 달리 많은 주변기기를 내장하고 있지 않기 때문에 크기가 작아서 PC 옆에 놓고 사용하기에도 편리하다. 그리고 어느 정도의 기본 학습이 끝나면, 단순한 교육용 키트가 아니라 독자 여러분이 제작하는 졸업작품 또는 응용 시스템의 메인 CPU 보드로도 손쉽게 이용할 수가 있다. 책에서 소개된 ISP 케이블과 *CodeVisionAVR C* 컴파일러를 이용하여 사용자가 작성한 프로그램을 PC로부터 다운로드 하여 즉시 실험해 볼 수 있기 때문에 롬라이터와 같은 별도의 장비가 필요하지 않다.

GLCD128X64

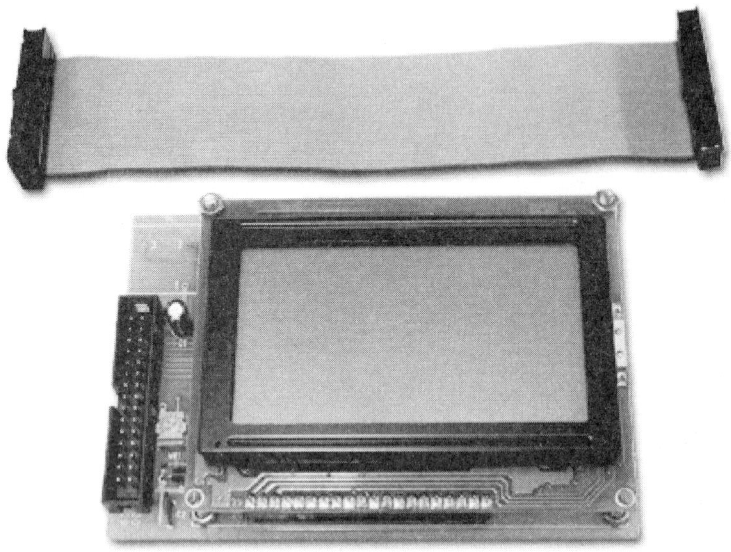

♣ PCB 포함

저 자 : 윤덕용
ISBN : 89-7101-760-0
판 형 : B5
쪽 수 : 798
가 격 : 43,000원

그래픽 LCD 확장보드의 주요 사양

항 목	사 양	비 고
해상도	128×64 도트, 단색	
사용 가능 LCD 모듈	(1) 삼성 SDI UG-13B04-SEAT5-2 (2) 현대 LCD HG12605NY-LY (3) 기타 이와 호환되는 그래픽형 LCD 모듈	EL 백라이트형 LED 백라이트형
접속 가능 키트	(1) *OK-8051* 키트 (2) *OK-196* 키트 (3) *TMS-31* 키트 (4) *TMS-32* 키트	
인터페이스 방법	(1) 82C55A를 사용하여 구동 (2) HIF3F-30PA-2.54DSA 콘넥터를 사용	
전원	키트에서 공급되는 +5V (LCD 모듈 내부에서 -10V를 만들어 사용)	30핀(전원 포함) EL 백라이트형은
PCB 외형	114×75 mm 양면 에폭시 기판	인버터 사용

그래픽형 LCD 모듈 확장보드 *GLCD128X64*는 *OK-8051* **키트**, *OK-196* **키트**, 그리고 *TMS-31/32* **키트**에 128×64 해상도의 그래픽형 LCD 모듈을 확장하여 사용할 수 있는 제품이다.

이들 키트에는 모두 16자×2행의 텍스트형 LCD 모듈이 내장되어 있으므로 이를 사용하는데는 문제가 없으나, 이들 키트들이 그래픽형 LCD 모듈은 가지고 있지 않으므로 이를 사용하려면 외부에 추가로 확장하여야 한다.

MSTK2440 Training Kit

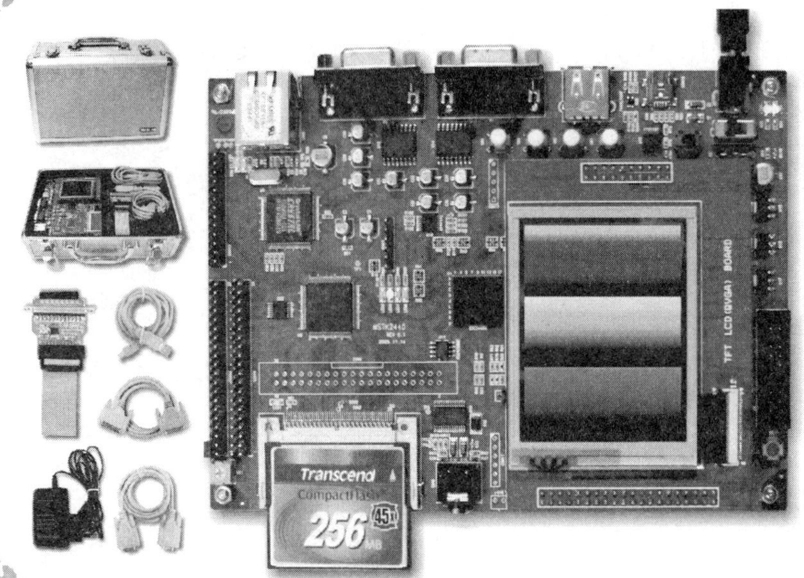

♣ 완성품 판매
RAM 별도 판매

저 자 : 홍건표/하동호 공저
ISBN : 89-7101-770-8
판 형 : B5
쪽 수 : 728
가 격 : 35,000원

MSTK2440 Training Kit의 주요 사양

항 목	사 양	
CPU	Samsung S3C2440A-40 (ARM920T with MMU) - CPU Operation Frequency : Up to 400MHz	
Boot ROM	AM29LV800 Nor Flash (1MByte) K9F1208 Nand Flash (64MByte)	
SDRAM	K4S561632E 4EA (128MByte)	
LCD	2.8" LTP280QV-E01 (240×320 Size TFT LCD, Touch Screen)	
Peripheral	IDE & CF Interface	XC95144XL-TQ100 (각각 1 Port)
	Ethernet	CS8900A (10 Based-T 1 Port)
	SD/MMC	1 Slot
	Audio	UDA1341TS (Audio Jack)
	Serial	RS-232 2 Port
	USB	Host & Device
	Speaker	0.25W/20mm
	JTAG	20 Pin Box Header
	Infrared Receiver	KSM603LM
	Key Pad	4EA & 1 External Interrupt SW
	Connector	Data, Address, Camera, IrDA External Interrupt, GPIO
Internal Function	IIC	AT24C16 EEPROM
	Timer, Watch-Dog, RTC, ADC(10bit 8:1 Mux CH & Pen Drag)	
OS Support	uC/OS-II	
OPerating Temperature	0 ~ 70°C	

MSTK2440은 삼성전자 S3C2440A(ARM920T 코어) 기반의 트레이닝 키트입니다. S3C2440A는 최대 400MHz까지의 빠른 속도와 다양한 Peripheral을 가지고 있는 강력한 프로세서이며 RTOS(Real Time O/S) 포팅 및 Pen Drag, CF & HDD 인터페이스가 가능합니다.

OK-1280/2560 Kit

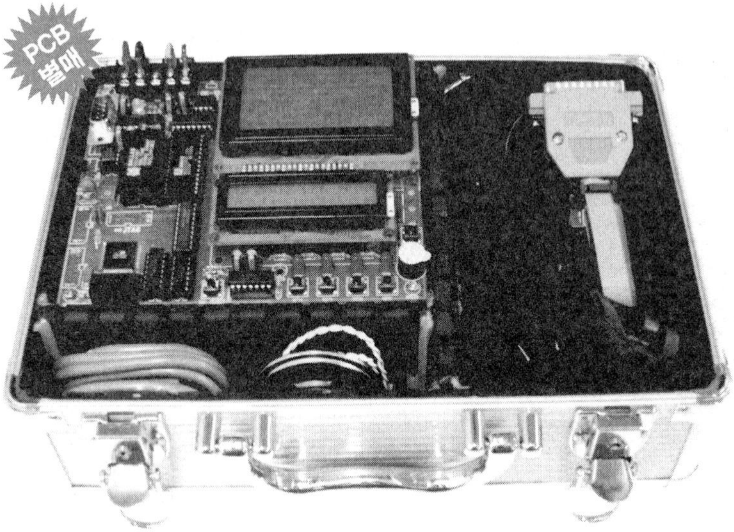

♣ PCB 별도 판매
(CPU 포함)

저 자 : 윤덕용
ISBN : 89-7101-773-2
판 형 : B5
쪽 수 : 1092
가 격 : 43,000원

OK-1280/2560 KIT의 주요 사양

항 목	사 양	비 고
CPU	ATmega1280-16AU(16MHz) 또는 ATmega2560-16AU(16MHz)	16MHz 수정발진자 사용
ROM	CPU에 내장된 128/256KB의 플래시 메모리	프로그램 저장
RAM	CPU에 내장된 8KB의 플래시 메모리	스택 및 사용자 데이터 저장
프로그램의 입력/실행	1. AVR ISP 다운로드 케이블을 사용하는 방법 2. JTAG ICE 에뮬레이터를 사용하는 방법	1. 병렬포트형 AVR ISP 케이블 제공 (직렬포트형과 USB 포트형은 옵션) 2. 테스트 프로그램 및 예제 기본 제공
I/O	1. CPU 프로그램용 콘넥터 (1) AVR ISP용 10핀 DIP 콘넥터(CN2) (2) JTAG ICE용 10핀 DIP 콘넥터(CN3) 2. CPU가 직접 제어하는 I/O (1) 4개의 키입력 스위치(KEY1~KEY4) (2) 4개의 상태표시 LED(LED1~LED4) (3) 외부 인터럽트 스위치(SW2) (4) +5V용 버저, 스피커 사운드 출력(CN6) (5) LM35D에 의한 온도센서(ADC1, ADC2) (6) 가변저항에 의한 전압센서(ADC3) (7) DAC0800 8비트 D/A 컨버터 (8) AT93C56 및 AT24C16 직렬 EEPROM (9) 2개의 RS-232C 직렬포트(CN4, CN5) (10) 병렬 I/O 포트 확장 콘넥터(CN8~CN10) (11) 16×2 문자 텍스트형 LCD 모듈 (12) 128×64 도트 그래픽형 LCD 모듈 (13) 8개의 7세그먼트 LED (14) 스텝모터 구동 인터페이스 콘넥터(CN7) 3. DS12C887 배터리 백업형 리얼타임 클록	 STK200/300의 AVR ISP 표준 Atmel사의 JTAG ICE 표준 A/D 입력 범위는 0V~+5V 0V~+10V, -10V~+10V 중에서 선택 RS-232C 통신 케이블 기본 제공 화면밝기 조절 및 백라이트 기능 포함 화면밝기 조절 및 백라이트 기능 포함 ULN2803 출력
전원	+5V, ±15V (또는 ±12V도 사용 가능)	±15V는 아날로그 회로에서만 사용
PCB 외형	160×130mm 양면 에폭시 기판	

☞ 이것은 *OK-1280* 키트와 *OK-2560* 키트 겸용이므로 자신이 원하는 MCU 소자를 조립하면 된다.

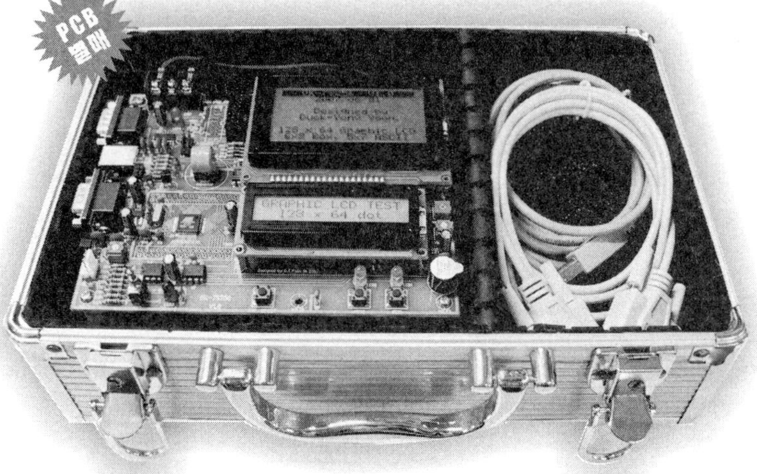

ARM 시작하기 시리즈 1
ARM7TDMI
AT91SAM7S256으로 시작하기

저 자 : 윤덕용
ISBN : 89-7101-775-9
판 형 : B5
쪽 수 : 924
가 격 : 39,000원

CPU 보드 별매

☞ CPU는 메인보드에 직접 납땜할 수도 있고, CPU보드에 납땜하여 메인보드에 장착할 수도 있다.

OK-7S256 키트의 주요 사양

항 목	사 양	비 고
CPU	AT91SAM7S256-AU-001	1.메인 보드에 직접 조립하는 방법 2.CPU 보드를 사용하는 방법(CN10~11)
ROM	CPU에 내장된 256KB(64KW)의 플래시 메모리	프로그램 및 상수 데이터 저장
RAM	CPU에 내장된 64KB의 SRAM	프로그램, 스택, 사용자 데이터 저장
프로그램의 입력/실행	1. USB포트형 다운로드 케이블을 사용하는 방법 2. 직렬포트형 다운로드 케이블을 사용하는 방법 3. JTAG 인터페이스를 사용하는 방법	1. USB A-B형 케이블 사용(기본 제공) 2. RS-232C 케이블 사용(기본 제공) 3. *OK-JTAG* 케이블 사용(선택 사양)
I/O	1. CPU 프로그램용 콘넥터 (1) JTAG 인터페이스용 20핀 콘넥터(CN2) (2) JTAG 인터페이스용 14핀 콘넥터(CN3) (3) USB 포트용 4핀 콘넥터(CN4) (4) 직렬포트 DBUG용 9핀 콘넥터(CN5) 2. SAM-BA Boot 프로그램을 플래시 메모리에 로드하는 장치(SW2 및 LED3) 3. CPU가 직접 제어하는 I/O (1) 2개의 키입력 스위치(KEY1~KEY2) (2) 2개의 상태표시 LED(LED1~LED2) (3) +5V용 버저, 스피커 사운드 출력(CN7) (4) 16×2 문자 텍스트형 LCD 모듈 (5) 128×64 도트 그래픽형 LCD 모듈 (6) LM35D에 의한 온도센서(AD4) (7) 가변저항에 의한 전압센서(AD5) (8) 외부 A/D 입력 콘넥터(CN8, AD6~AD7) (9) RS-232C 직렬통신 포트(CN6) (10) SPI를 사용한 SD/MMC 카드 인터페이스(CN9) (11) SPI를 사용한 AT93C56 직렬 EEPROM (12) TWI를 사용한 DS1307 리얼타임 클록 (13) 3개의 테스트 포인트 TP1~TP3	 Wiggler 호환의 *OK-JTAG*을 사용 Wiggler 호환의 *OK-JTAG*을 사용 표준 USB A-B형 케이블 사용 표준 9핀 RS-232C 케이블 사용 약 10초의 동작시간 동안 LED3이 점등 화면밝기 조절 및 백라이트 기능 포함 화면밝기 조절 및 백라이트 기능 포함 A/D 입력 범위는 0V~+3.3V 표준 9핀 RS-232C 케이블 사용 전원 백업 기능 포함(배터리, 수퍼캡) 각각 PWM0, PWM1, PCK1 출력
전원	+5V(키트에서 +3.3V 레귤레이터 사용)	CPU 내부에서 +1.8V 레귤레이터 사용
PCB	160×130mm 양면 에폭시 기판	

☞ *OK-7S256* 키트에는 필요하면 AT91SAM7S512/256/128/64/321을 조립하여 사용할 수도 있다.

전자공작 및 인터페이스 외

도서 및 키트는 OHM사 홈페이지 SHOP에서 구입 가능!

적외선 6족 보행로봇

♣ 부품 SET로 판매

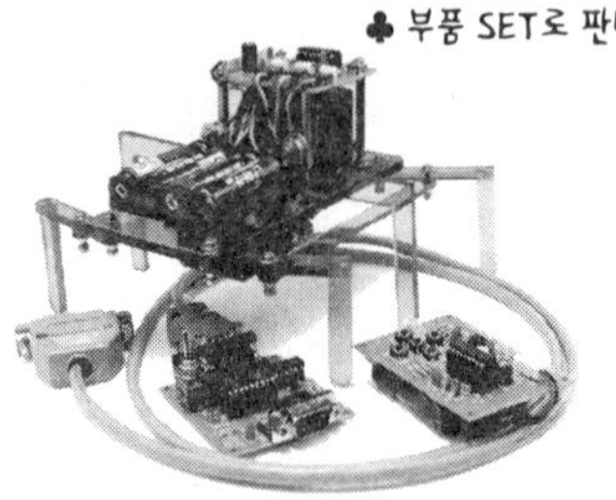

적외선 송신기로부터 전송 되어온 데이터를 판독하여 3개의 서브모터를 순차적으로 구동하여 로봇을 보행할 수 있고 프로그램에 의하여 보행속도도 조절할 수 있다.
교재 : 적외선으로 움직이는 PIC ROBOT

적외선 주행로봇 & 라인트레이서

♣ 부품 SET로 판매

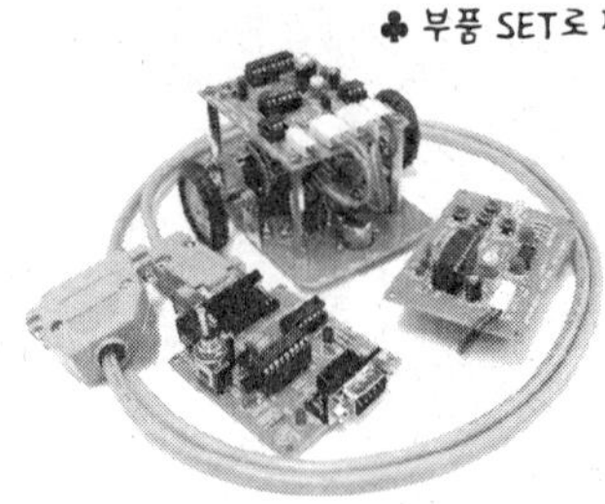

기어모터(감속비 38:1)를 채용하므로서 정밀제어가가능하고, 360도 회전이 가능하며 빠른 스피드를 낼 수 있다. 데이터의 송수신 방법은 6족 로봇과 동일
교재 : 적외선으로 움직이는 PIC ROBOT

PIC 응용 제작

♣ 부품 SET로 판매

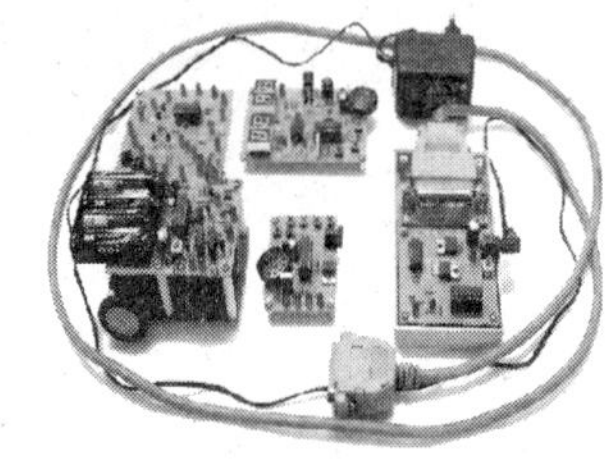

PIC프로그래머, 암호인식 초인종 하트무늬 깜빡이, 시계와 라인트레이서등의 아이템으로 구성되어 있어 마이컴 입문자들에게 유익한 실습키트임.
교재 : PIC16F84 응용 제작

침입자 경보기

♣ 부품 SET로 판매

레이저빔을 가로질러가는 사람이나 물체가 있다면 경보를 울리는 키트. 응용범위가 매우 넓은 아이템(작품 1,2키트 포함)
교재 : 기초로봇의 제작

라인트레이서

♣ 부품 SET로 판매

검정라인을 추적하여 주행 6개의 적외선 센서
패키지 구성
*센서감지와 비교. 제어회로
*로봇프레임 & 기어박스
교재 : 기초로봇의 제작

축구로봇

♣ 부품 SET로 판매

RF를 이용한 로봇 제어, 4ch. 송수신 가능
패키지 구성
* RF 송수신회로 제어회로
* 로봇프레임SET & 기어모터 SET
교재 : 기초로봇의 제작

라인마우스-깨돌이

♣ 부품 SET로 판매

C PU:V25
RAM:61256
ROM:27256
모터구동부:SLA7024*2조
밧데리:SANYO 1.2 250mA 3A*10개
* CPU,모터,센서,몸체부로 구성
* 기본 프로그램이 포함

V-IO Board

완제품

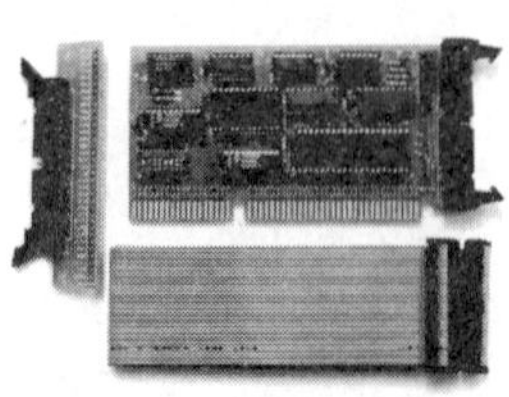

♣ 부품 SET도 판매함

PC의 ISA슬롯을 이용하는 인터페이스카드로A/D, D/A컨버터를 이용한 아날로그 디지털 상호변환 신호처리와 I/O, 타이머, 카운터, 스텝모터, LCD제어등에 활용할 수 있다.
교재 : C가 미는 로보트 I, II, III

C-패러렐포트 I

완제품

PC의 페러럴 포트를 이용하여 LED, 7Segment, 키패드 입력등의 실험을 할 수 있는 키트
교재 : C로 미는 PC자동제어응용
C로 쓰는 윈도우즈 병렬포트
VB로 미는 PC 자동제어 응용

C-패러렐포트 II

완제품

정역회전, 스피드조절, 센서의 동작을 실험해 볼 수 있는 스테핑모터 모듈
교재 : VB 로 미는 PC 제동제어 응용
그 밖의 마이컴 응용교재

AT89C Writer

완제품

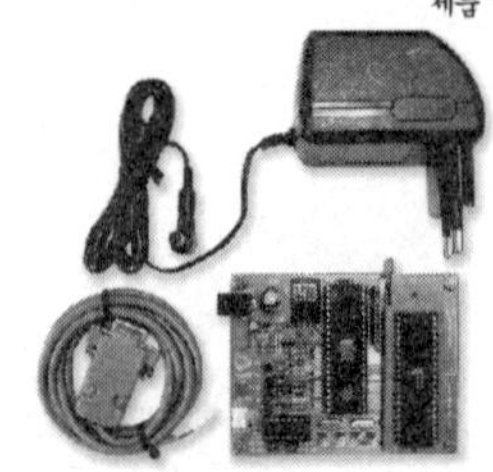

AT89C51,52 40DIP 핀 AT89C1051, 2051, 4051 20DIP 핀 지원
RS-232C serial 다운로드
TEXTOOL 장착, 라이터 전용프로그램 제공
(TEXTOOL에 장착된 89C51은 제외)

구입문의 : 학습기기 R&C사 / 도서출판 Ohm사 ✆ 02) 776-4868-9

도서 및 키트는 OHM사 홈페이지 SHOP에서 구입 가능!

AVR ISP Studio / STK500 · AVR ISP Studio / AvrProg [직렬포트형]

RS-232C 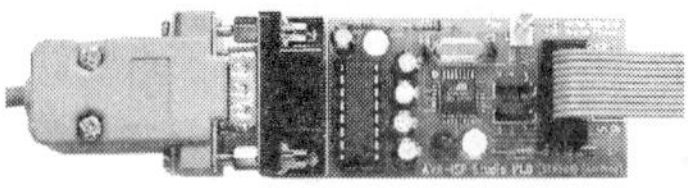 ISP

AVR ISP Studio 다운로드 케이블은 퍼스널컴퓨터 측에서 어떤 통신프로그램을 사용하는지에 따라 **AVR ISP Studio/STK500** 모델과 **AVR ISP Studio/AvrProg** 모델로 나누어진다. 이것들은 동일한 하드웨어를 사용하지만 ATmega8에 장착되는 펌웨어가 서로 다르다.

(1) AVR 모델의 모든 ATmega 패밀리에 적용
(2) 별도의 장비 없이 이 케이블만으로 사용자 프로그램을 다운로드
(3) AVR Studio 프로그램과 함께 사용
(4) 초고속 다운로드
(5) 10핀 80센티 플랫 케이블 포함

AVR ISP 케이블 [USB형]

노트북 사용자에게 꼭 필요한

USB  ISP

(1) AVR 모델의 모든 ATmega 패밀리에 적용
(2) 별도의 장비 없이 이 케이블만으로 사용자 프로그램을 다운로드
(3) AVR Studio 프로그램과 함께 사용
(4) 초고속 다운로드
(5) 10핀 80센티 플랫 케이블 포함

AVR ISP 케이블 [직렬포트형]

RS-232C  ISP

(1) AVR 모델의 모든 ATmega 패밀리에 적용
(2) 별도의 장비 없이 이 케이블만으로 사용자 프로그램을 다운로드
(3) PonyProg2000 프로그램과 함께 사용
(4) 병렬포트형 AVR ISP와 비슷한 다운로드 속도
(5) 10핀 80센티 플랫 케이블 포함

USB TO RS-232C 컨버터 동글

노트북 사용자에게 꼭 필요한

USB 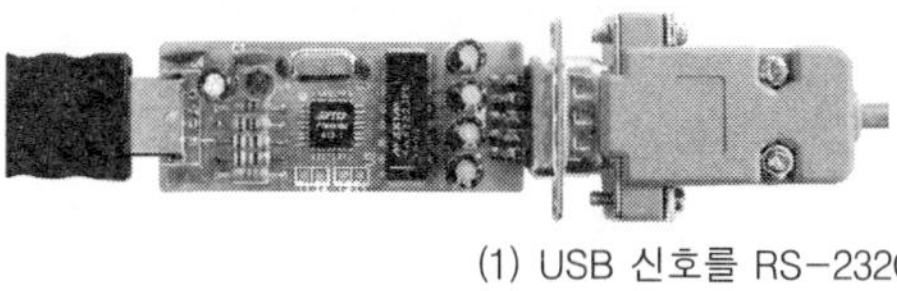 RS-232C

(1) USB 신호를 RS-232C 신호로 변환
(2) USB 포트를 가상적인 COM3 포트로 사용
(3) 하이퍼터미널등과 같은 직렬통신 프로그램 사용
(4) 9600, 19200, 115200 등 하이퍼터미널에서 설정할 수 있는 모든 통신 포맷 사용 가능
(5) 본사의 모든 키트에서 직렬통신 또는 모니터 프로그램용으로 사용 가능

MOTOR CONTROL BOARD

이 보드는 OK-128/162/8515 키트 또는 JJ-128 키트에 접속하여 스텝모터 및 직류서보모터를 동시에 구동 또는 제어할 수 있는 I/O 확장 보드.

스텝모터 또는 직류서보모터를 동시에 구동하지 않고 하나씩만 구동한다면 8051 등의 임의 마이크로콘트롤러 키트에 적용할 수 있다.

케이블 외

도서 및 키트는 OHM사 홈페이지 SHOP에서 구입 가능!

AVR ISP 케이블 [USB형]

노트북 사용자에게 꼭 필요한

USB 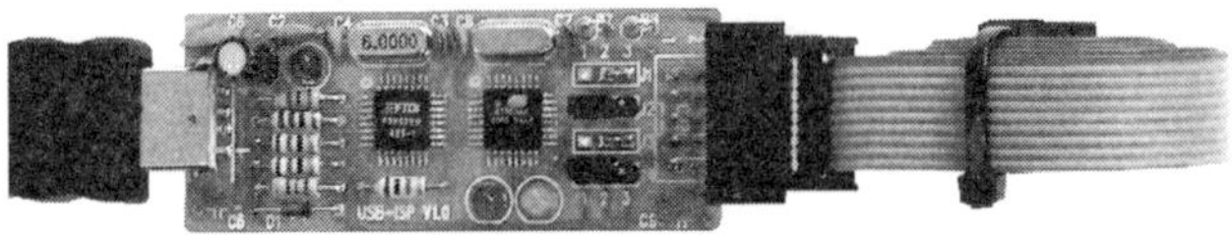 ISP

(1) AVR 모델의 모든 ATmega 패밀리에 적용
(2) 별도의 장비 없이 이 케이블만으로 사용자 프로그램을 다운로드
(3) AVR Studio 프로그램과 함께 사용
(4) 초고속 다운로드
(5) 10핀 80센티 플랫 케이블 포함

AVR ISP 케이블 [직렬포트형]

RS-232C 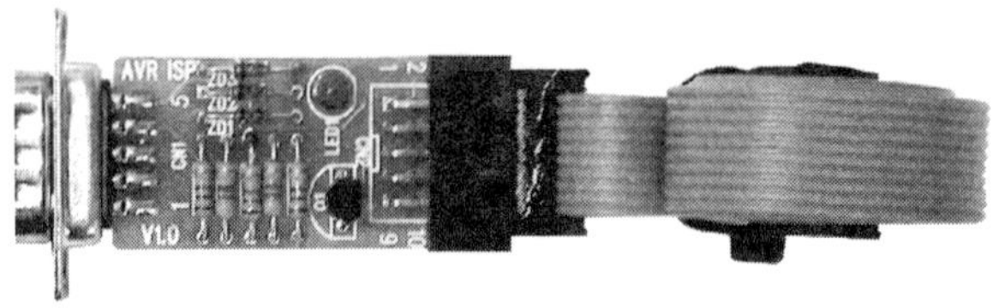 ISP

(1) AVR 모델의 모든 ATmega 패밀리에 적용
(2) 별도의 장비 없이 이 케이블만으로 사용자 프로그램을 다운로드
(3) PonyProg2000 프로그램과 함께 사용
(4) 병렬포트형 AVR ISP와 비슷한 다운로드 속도
(5) 10핀 80센티 플랫 케이블 포함

USB TO RS-232C 컨버터 동글

노트북 사용자에게 꼭 필요한

USB 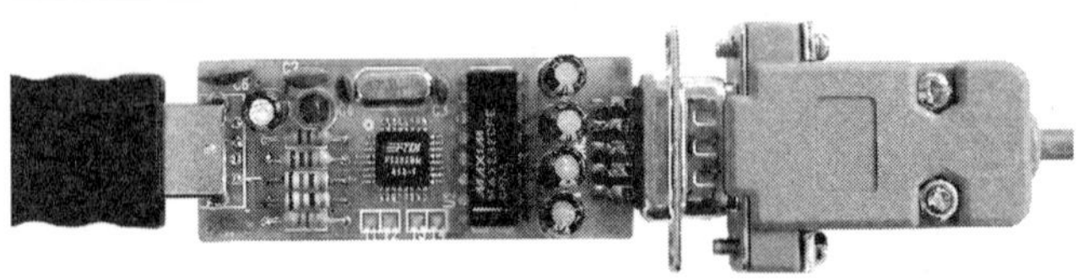 RS-232C

(1) USB 신호를 RS-232C 신호로 변환
(2) USB 포트를 가상적인 COM3 포트로 사용
(3) 하이퍼터미널등과 같은 직렬통신 프로그램 사용
(4) 9600, 19200, 115200등 하이퍼터미널에서 설정할 수 있는 모든 통신 포맷 사용 가능
(5) 본사의 모든 키트에서 직렬통신 또는 모니터 프로그램용으로 사용 가능

MOTOR CONTROL BOARD

이 보드는 OK-128/162/8515 키트 또는 JJ-128 키트에 접속하여 스텝모터 및 직류서보모터를 동시에 구동 또는 제어할 수 있는 I/O 확장 보드.

스텝모터 또는 직류서보모터를 동시에 구동하지 않고 하나씩만 구동한다면 8051 등의 임의 마이크로콘트롤러 키트에 적용할 수 있다.

구입문의 : 학습기기 R&C사 / 도서출판 Ohm사 ✆ 02) 776-4868-9

http://www.ohm.co.kr
E-mail : ohm@ohm.co.kr

ARM920T S3C2410A, S3C2440A를 이용한
개발자들을 위한 ARM 프로세서 -기초에서 실무까지-

1판 4쇄	2009년 1월 10일
초판발행	2006년 5월 5일
저 자	홍건표 · 하동호 공저
발 행 인	곽종학
발 행 처	도서출판 **Ohm사**
주 소	140-150 서울 용산구 갈월동 17번지. 세기B/D
전 화	02-776-4868~9
팩 스	02-779-6757
등록번호	1975년 9월 12일 제3-3호

ISBN 89-7101-770-8 정가 35,000원